박윤선 성경주석

개역개정판

구약주석
레위기·민수기·신명기

A Commentary on LEVITICUS·NUMBERS·DEUTERONOMY

구약주석
레위기·민수기·신명기

발행일	2024년 8월 23일
지은이	박윤선
펴낸곳	도서출판 영음사
주 소	서울특별시 강남구 광평로 56길 8-13, 1406호
전 화	02-3412-0901
팩 스	02-3412-1409
이메일	biblecomen@daum.net
등 록	2008년 4월 21일 제2021-000311호

디자인 디자인집(02-521-1474)

ISBN 978-89-7304-006-3(03230)

※ 신저작권법에 의하여 보호받는 저작물이므로 무단 전재와 무단 복제를 금합니다.
※ 책 값은 뒷표지에 있습니다.
※ 잘못된 책은 구입처에서 교환하여 드립니다.

박윤선 성경주석

개역개정판

구약주석
레위기·민수기·신명기

A Commentary on LEVITICUS·NUMBERS·DEUTERONOMY

박윤선 지음

도서출판 **영음사**

너는 이스라엘 자손의 온 회중에게 말하여 이르라
너희는 거룩하라 이는 나 여호와 너희 하나님이 거룩함이니라
(레 19:2)

דַּבֵּר אֶל־כָּל־עֲדַת בְּנֵי־יִשְׂרָאֵל
וְאָמַרְתָּ אֲלֵהֶם קְדֹשִׁים תִּהְיוּ
כִּי קָדוֹשׁ אֲנִי יְהוָה אֱלֹהֵיכֶם

내 교훈은 비처럼 내리고 내 말은 이슬처럼 맺히나니
연한 풀 위의 가는 비 같고 채소 위의 단비 같도다
(신 32:2)

יַעֲרֹף כַּמָּטָר לִקְחִי תִּזַּל כַּטַּל אִמְרָתִי
כִּשְׂעִירִם עֲלֵי־דֶשֶׁא וְכִרְבִיבִים עֲלֵי־עֵשֶׂב

머리말

이 주석을 집필하기 시작한 때는 1969년 봄이었다. 주님의 도우심으로 오늘에 이 책을 내놓게 됨을 감사하는 바이다. 많은 성도들이 레위기를 흥미 있게 읽지 못하는 경향이 있으나 이 주석을 읽음으로써 상징과 비유와 예표로 계시된 하나님의 진리를 깨닫는 데 조금이나마 도움이 된다면 더 이상 기쁨이 없겠다.

필자는 이 주석에서 오경의 저자가 모세임을 부인하는 몇몇 고등비평가들(Samuel R. Driver, Gerhard von Rad, Martin Noth)의 그릇된 학설들을 낱낱이 비판하고 오경이 모세의 저술임을 성경에 입각하여 밝히 변증하였다. 이 점에 대하여 독자들은 평주(評註)를 자세히 참고하시기를 바란다.

이 주석은 칼빈주의 성경해석 원리에 따라 저술하였다. 각 장 주석 끝에 실려 있는 설교자료가 독자들에게 본문 안에 담긴 신령한 뜻을 깨닫는 데 도움이 되기를 바라는 바다. 이 주석 사업을 위하여 기도와 후원 및 각 방면으로 협력해 주신 성도들에게 감사하여 마지않는다. 이 주석을 읽는 이마다 영적 은혜로 충만해지시기를 바라는 바다.

1971년 3월

지은이

구약주석
레위기·민수기·신명기

A Commentary on LEVITICUS·NUMBERS·DEUTERONOMY

레위기·민수기·신명기 주석
목차

총서론
I. 각 책의 명칭	19
II. 각 책의 저자	20
III. 모세의 위치	20
IV. 마소라 학자들의 공적	22
V. 각 책의 내용 분해	22
레위기	22
민수기	23
신명기	24
VI. 고등비평 학설의 무너짐	25
1. 여호수아서에 관하여	27
2. 사사기에 관하여	29
3. 사무엘서에 관하여	30
4. 열왕기상하에 관하여	32
5. 에스더서에 관하여	33
6. 욥기에 관하여	34
7. 호세아서에 관하여	35
8. 요엘서에 관하여	35
9. 아모스서에 관하여	37

10. 오바댜서에 관하여	37
11. 요나서에 관하여	37
12. 미가서에 관하여	39
13. 나훔서에 관하여	40
14. 하박국서에 관하여	40
15. 스바냐서에 관하여	41
16. 학개서에 관하여	41
17. 스가랴서에 관하여	41
18. 말라기서에 관하여	41

레위기

해석

제1장	46
제2장	57
제3장	64
제4장	69
제5장	77
제6장	83
제7장	87
제8장	91
제9장	95
제10장	99
제11장	104
제12장	110

제13장	115
제14장	122
제15장	127
제16장	130
제17장	135
제18장	138
제19장	142
제20장	153
제21장	156
제22장	159
제23장	162
제24장	166
제25장	169
제26장	177
제27장	185

특별참고

번제에 대하여	51
소제에 대하여	60
화목제에 대하여	67
속죄제에 대하여	74
희년의 표상적 의미 (참조. 사 61:1)	175

민수기

해석

제1장	194
제2장	198
제3장	201
제4장	208
제5장	213
제6장	219
제7장	223
제8장	229
제9장	234
제10장	242
제11장	247
제12장	254
제13장	260
제14장	265
제15장	274
제16장	280
제17장	288
제18장	294
제19장	300
제20장	307
제21장	313
제22장	321
제23장	328
제24장	335

제25장	340
제26장	344
제27장	348
제28장	353
제29장	360
제30장	367
제31장	374
제32장	379
제33장	383
제34장	395
제35장	398
제36장	403

설교

설교_ 주님을 따르자(9:15-23)	238
설교_ 모세의 엎드림(14:1-5)	266
설교_ 맥추절의 의미(28:26-31)	357
설교_ 감사를 풍성히 하자(29:12-38)	363
설교_ 진실을 지키자(30:1-2)	368
설교_ 세상에서 나오라(33:3-4)	384
설교_ 하나님의 권능(33:3-4)	386
설교_ 마라와 엘림(33:9)	390
설교_ 아론의 죽음에 대하여(33:38-39)	391

신명기

해석

제1장	409
제2장	419
제3장	424
제4장	431
제5장	437
제6장	450
제7장	456
제8장	461
제9장	469
제10장	475
제11장	482
제12상	488
제13장	498
제14장	506
제15장	513
제16장	519
제17장	522
제18장	527
제19장	533
제20장	537
제21장	542
제22장	549
제23장	555
제24장	560

제25장	566
제26장	570
제27장	574
제28장	576
제29장	584
제30장	589
제31장	596
제32장	603
제33장	616
제34장	623

설교

설교 하나님의 인도를 회고함(1:1-46)	415
설교 하나님만 믿고 순종하자(2:13-37)	423
설교 모세의 마지막(3:23-29)	426
설교 우리의 사랑의 유일한 대상(6:4-9)	451
설교 광야의 훈련(8:1-5)	464
설교 성전의 의의(12:11-14)	492
설교 실천주의에서 살자(30:11-14)	591
설교 강하고 담대하라(31:7-8)	597
설교 하나님 말씀의 역사(32:1-4)	604
설교 하나님과 그의 교회(32:9-12)	608
설교 모세의 무덤(34:1-6)	626
설교 모세의 죽음에 대하여(34:1-8)	629

특별참고
    십계명의 계시사적 의의 439
    이방인의 소위 예언들 531

참고문헌
    참고문헌 633

총서론

Ⅰ. 각 책의 명칭

레위기. 이 책의 히브리 원문의 명칭은 "바이크라"(וַיִּקְרָא)인데 그것은 이 책의 첫 단어를 따라서 붙인 이름이다. 바이크라는 "또 부르시고"라는 의미이다. 우리말 번역에서 "레위기"라고 한 것은 70인역(LXX)을 따라 취한 이름인데 이 책에 기록된 제사의 예법을 레위 족속에게 맡겼다는 뜻에서 그런 이름이 채택되었다.

민수기. 이 책의 히브리 원문의 명칭은 "베미드바르"(בְּמִדְבַּר)이다. 1:1에 있는 이 말은 '광야에서'라는 뜻을 지니고 있다. 우리말 번역에 "민수기"라고 한 것은 70인역(LXX)의 "수효들"(ἀριθμοί)이라는 명칭에서 취한 것이다. 이 명칭은 이 책에 특히 20세 이상의 남자들을 계수한 기록이 많은 데서 유래되었다.

신명기. 이 책의 히브리 원문의 명칭은 "데바림"(הַדְּבָרִים)인데 그것은 '말씀들'을 의미한다. 70인역(LXX)은 이 단어를 '둘째 율법'(Deuteronomion)이라는 뜻으로 번역하였다. 이것은 모세가 모압 평원에서 이스라엘 백성에게 다시금 설명한 율법을 가리킨다. 우리말 번역에서 "신명기"라고 한 것도 이런 뜻을 염두에 두었을 것이다.

II. 각 책의 저자

레위기는 물론 모세의 저술이다. 이 책의 27장 중 20장이 "여호와께서 모세에게 말씀하여 이르시되"라는 말씀으로 시작된다. 이같이 모세는 하나님의 말씀을 받은 것이 확실한데 그가 그것을 기록하지 않았을 리가 없다. 그 자신이 학문에도 능통하였으니(행 7:22) 오경의 모든 책을 기록함에 가장 합당한 자격자였다. 오경에는 모세가 하나님의 말씀을 직접 받은 증거와 그 말씀을 기록한 증거들이 많이 있다(출 17:14; 24:4, 12; 34:27, 28; 민 33:2; 신 4:13; 5:22; 10:2-5; 31:9, 19, 22).

민수기의 저자도 모세인 사실에 대하여 우리는 의심할 여지가 없다. 오경 전체의 저작자가 모세인 사실을 필자는 창세기 주석 서론(제1부 구약 총서론)에서 자세히 다루었으니 참조하라.

신명기의 저자가 모세인 사실도 그 책 자체가 강력히 말하고 있다 (31:9, 24-26). 그뿐만 아니라 이 책의 말씀이 모세의 저술임을 확증하는 의미에서 그의 이름이 여러 번 거론되었다. 그러므로 이 책이 므낫세 시대 혹은 요시야 시대에 기록되었다고 하는 고등비평가의 학설은 성립될 수 없다.

III. 모세의 위치

벨하우젠(Wellhausen) 학파는 잘못 말하기를, 모세는 유일신론자가 아니며 그가 발표하였다는 율법도(십계명까지) 후대의 것이라고 하였다. 그러나 이것은 억지 주장이다. 만일 벨하우젠 학파의 말이 옳다면 모세를 율법의 선포자로 여긴 이스라엘의 전통을 어떻게 설명할 수 있는가? 이스라엘 백성은 여호와 하나님의 말씀만을 절대로 순종해야 할 말씀으로 알고 있었으며, 여호와의 말씀인 율법이 모세로 말미암았다고 엄격히 믿어 내려온 것이다. 이런 엄격한 전통에서는 인간의 과장이나 신화가 범접할 수 없었다.

구약시대에 모세가 하나님의 말씀을 기록하지 않았다면 "구약"이라는 책이 성립될 수 없었다. 히브리서 저자는 3:2-6에서 모세를 구약시대 계시의 대표자로 소개하였다. 그 말씀은 신명기 18:15에 기록된 모세의 예언을 해설한 것이다. 그 예언은 "네 하나님 여호와께서 너희 가운데 네 형제 중에서 너를 위하여 나와 같은 선지자 하나를 일으키시리니 너희는 그의 말을 들을지니라"라고 한 말씀이다. 여기 이른바 "나와 같은 선지자"는 곧 '그리스도'를 의미한다. 모세가 그리스도를 가리켜 자기와 같은 선지자라고 한 것은 무슨 뜻인가? 그것은 그리스도께서 신약시대에 중보자가 되신 것이, 모세가 구약시대 전반에 걸쳐서 하나님의 계시를 전달하는 대표가 된 것과 마찬가지임을 지적함이다. 물론 천국의 본질 문제에 있어서는 예수 그리스도께서 구약시대에도 모세와 기타 모든 성도들을 위한 중보자이시다. 모세도 그리스도로 말미암아서만 계시를 받았다. 구약시대의 모든 선지자들의 사역은 모세로 말미암아 받은 율법과 신지식을 옹호하는 것에 불과하였다. 다시 말하면 그들의 사역은 모세를 통해 주어진 율법과 약속을 그대로 지켜 나아가도록 세워진 파수꾼에 불과하다. 그러므로 모세 한 사람이 구약시대를 대표할 만하다.

모세는 그리스도의 모형이라고도 할 수 있으니, 그 이유는 모세를 통한 구약의 계시가 신약의 그리스도를 예표 혹은 예언하였기 때문이다(고전 10:1-4). 그뿐 아니라 모세는 선지자요(신 18:15), 제사장이요(출 24:4, 8), 또한 왕(입법자)이었다. 이같이 그가 세 직분을 겸한 것은 그리스도를 예표한다. 물론 그리스도는 모세보다 말할 수 없이 탁월한 수준에서 이 세 가지 직분을 겸하신 것이다. 이같이 모세는 구약시대에서 독특한 위치를 차지하고 있다. 그러므로 하나님께서는 이스라엘 백성들로 하여금 모세를 "믿게 하려 함"(출 19:9)이라고 하셨다(참조. 출 14:31). 그리고 모세를 원망하는 것은 바로 하나님을 원망하는 것으로 간주되었다(히 3-4장). 이같이 모세는 구약시대의 대표자였다. 그러나 우리가 기억할 것은 모세도 그리스도를 위해서 있었다는 사실이다(요 5:45-47).

IV. 마소라 학자들의 공적

히브리어 구약 사본들에는 본래 모음 부호가 없었다. 그런데 마소라(전통주의자)라고 불리는 유대인 학자들(AD 600-950)이 모음 부호와 악센트 부호를 고안하여 본문을 정확하게 읽도록 하였다. 그리고 그들은 재래의 본문을 그대로 보존시키기 위하여 각주(foot note)를 붙였다. 또 그들은 구약 각 책의 총 절수, 총 문자 수, 총 단어 수를 계수하여 책 끝에 표시하였다.

V. 각 책의 내용 분해

레위기
1) 이스라엘이 하나님께 접촉하는 규례들(1:1-16:34)
   ① 제사 의식(1:1-7:38)
   ② 제사장의 헌신(8:1-9:24)
   ③ 제사장의 실수에 대해 벌하심과 경고(10:1-20)
   ④ 모든 결례들(11:1-15:33)
   ⑤ 대속죄일에 대한 규례들(16:1-34)

2) 하나님과 교제하는 규례들(17:1-27:34)

   ① 성결을 보존하기 위한 규례들(17:1-22:33)

   ② 거룩한 절기를 지키는 규례들(23:1-44)

   ③ 등대와 진설병에 대한 규례들(24:1-23)

   ④ 안식년과 희년에 대한 규례들(25:1-26:2)

   ⑤ 약속과 경고(26:3-46)

   ⑥ 서원과 십일조에 대한 규례들(27:1-34)

민수기

1) 시내산에서 출발하기 위한 이스라엘의 준비(1:1-10:10)

   ① 백성을 계수함(1:1-54)

   ② 진영을 정비함(2:1-34)

   ③ 제사장들과 레위 사람들에 대한 훈시(3:1-4:49)

   ④ 백성들로 하여금 더럽히지 않게 함(5:1-31)

   ⑤ 나실인이 지킬 규례(6:1-27)

   ⑥ 감독 된 자들이 드린 예물들(7:1-89)

   ⑦ 등대를 밝힘(8:1-4)

   ⑧ 레위 사람들을 깨끗하게 함(8:5-26)

   ⑨ 유월절 지키는 법(9:1-14)

   ⑩ 이스라엘이 하나님의 인도를 따라감(9:15-23)

   ⑪ 이스라엘 진영이 동하고 정함에 대한 나팔 소리(10:1-10)

2) 시내산에서 모압으로 가는 이스라엘(10:11-22:1)

   ① 시내산에서 가데스 바네아에 도착함(10:11-14:45)

   ② 범죄한 이스라엘이 하나님의 징계를 받아 광야에서 유리함(15:1-19:22)

③ 가데스 바네아에서 모압 평원에 이르는 새 출발(20:1-22:1)
  3) 모압 평원에서의 일들(22:2-36:13)
    ① 발람의 예언과 바알브올의 사건(22:2-25:18)
    ② 여러 가지 교훈(26:1-31:54)
    ③ 요단강 동편에서 땅을 두 지파 반에게 나누어 줌(32:1-42)
    ④ 이스라엘의 광야 노정기(33:1-56)
    ⑤ 가나안 땅에 들어가기 전에 하나님께서 이스라엘에게 일러주신 말씀(34:1-36:13)

신명기

1) 모세의 첫째 훈화(1:1-4:43)
    ① 역사적 서론(1:1-5)
    ② 호렙산에서 모압 평원에 이르기까지의 여행을 회고함 (1:6-3:29)
    ③ 새로운 세대에게 율법을 지키라고 함(4:1-40)
    ④ 요단강 동편에 도피성들을 지정함(4:41-43)
2) 모세의 둘째 훈화(4:44-26:19)
    ① 머리말(4:44-49)
    ② 10계명 해석과 신정국가의 원리들(5:1-11:32)
    ③ 특별한 율법들에 대한 해석(12:1-26:19)
3) 모세의 셋째 훈화(27:1-30:20)
    ① 율법을 석판에 새김과 화복의 선언(27:1-26)
    ② 복과 저주에 대한 예언들(28:1-68)
    ③ 모압 평원에서 하나님의 언약을 재강조하고 이스라엘의 충성을 다짐함(29:1-30:20)

4) 모세의 최후(31:1-34:12)

① 모세의 마지막 말씀 및 여호수아를 후계자로 택한 사실(31:1-13)

② 하나님께서 장차 이스라엘의 타락을 경고하시기 위하여 모세에게 노래를 지어 백성을 가르치라고 명하심과 모세의 즉각적인 순종 (31:14-22)

③ 하나님께서 여호수아를 모세의 후계자로 임명하심(31:23)

④ 모세가 장차 이스라엘의 타락을 경고함(31:24-29)

⑤ 장차 이스라엘의 타락을 경고한 모세의 노래(31:30-32:47)

⑥ 하나님께서 모세에게 주신 예고: 느보산에 올라가 가나안 땅을 바라본 후 거기서 죽으리라고 하심(32:48-52)

⑦ 모세가 임종 전에 이스라엘을 축복함(33:1-29)

⑧ 모세의 죽음과 그 시신이 모압 땅 골짜기에 장사됨(34:1-8)

⑨ 모세의 후계자 여호수아와 모세의 위대한 사역에 대한 회고(34:9-12)

VI. 고등비평 학설의 무너짐

고등비평은 하등비평과 다르다. 하등비평은 본문비평인 반면에, 고등비평은 본문을 그대로 본래의 것으로 가정하고 그 본문의 저작자와 그 저술 연대와 그 글의 내용이 믿을 만한가에 대하여 문제를 제기한다. 이 비평 운동이 지난 18-19세기에 활발하였는데 아스트뤽(Jean Astruc)을 위시하여 그라프-벨하우젠(Graf-Wellhausen), 또는 그 후에 드라이버(Samuel R. Driver) 등에 의하여 발전되었다. 그러나 이 비평 운동의 많은 주장은 실제로 근년에 이르러 고고학의 발굴에 의하여 뒤집혔다. 예를 들면 누지(Nuzi) 지방과 마리(Mari) 지방에서 고고학자들이 찾아낸 것은 성경에 기록된 족장들의 가족

풍습이 역사적 사실과 일치함을 드러냈다.

벨하우젠은 19세기 말엽에 다음과 같이 주장하였다. 곧 구약의 가장 오랜 서적으로 알려졌던 것이 사실은 가장 후년에 기록되었다는 것이다. 그는 소위 제1엘로힘 문서(P, 예를 들면 창세기 1장의 기록 시기)를 가장 후년인 포로 후 시대로 돌린다. 그리고 신명기(D)는 요시야 시대에 기록되었다고 하였다. 드라이버도 벨하우젠과 마찬가지로 요시야 시대 직전에 어떤 사람이 신명기의 법전 부분을 저술하여 후세(요시야 시대)의 종교개혁을 꾀하였다고 한다. 그러나 이들은 성경을 잘못 해석하면서 그런 주장을 하니 그 학설은 신빙성이 없다.

예를 들면, 이들은 구약(특히 레위기)의 제사 제도가 모세 시대에 이루어진 것이 아니라고 한다. 그들은 특히 예레미야 7:22-23을 논거로 하였다. 곧 "사실은 내가 너희 조상들을 애굽 땅에서 인도하여 낸 날에 번제나 희생에 대하여 말하지 아니하며 명령하지 아니하고 오직 내가 이것을 그들에게 명령하여 이르기를 너희는 내 목소리를 들으라 그리하면 나는 너희 하나님이 되겠고 너희는 내 백성이 되리라 너희는 내가 명령한 모든 길로 걸어가라 그리하면 복을 받으리라 하였으나"라고 한 말씀이다. 그러나 이 구절의 "번제나 희생에 대하여"(עַל־דִּבְרֵי עוֹלָה וָזֶבַח)라는 말의 문자역은 "번제와 희생 까닭에"이다. 이것은 하나님께서 번제와 희생을 명하신 것이 제물을 요구하심이 아니라 '그 제사를 드리는 자들의 믿음을 구하신 것뿐'이라는 의미이다. 이런 사상은 시편 50:8-14에도 있으니 "나는 네 제물 때문에 너를 책망하지는 아니하리니 네 번제가 항상 내 앞에 있음이로다 내가 네 집에서 수소나 네 우리에서 숫염소를 가져가지 아니하리니 이는 삼림의 짐승들과 뭇 산의 가축이 다 내 것이며 산의 모든 새들도 내가 아는 것이며 들의 짐승도 내 것임이로다 내가 가령 주려도 네게 이르지 아니할 것은 세계와 거기에 충만한 것이 내 것임이로다 내가 수소의 고기를 먹으며 염소의 피를 마시겠느냐 감사로 하나님께 제사를 드리며 지존하신 이에게 네 서원을 갚으며"라고 한 말씀이다.

이 학설에 대하여 많은 반대자들이 반대론을 펴냈다. 야후다(A. S. Yahuda)는 벨하우젠의 학설을 반박하여 오경은 이스라엘의 광야시대에 저술되었다고 한다. 그는 오경(특별히 오경 끝부분)에 애굽어 풍이 섞여 있다는 이유로 그와 같이 주장하였다(Yahuda, 1929). 벨하우젠을 따르던 묄러(Wilhelm Möller)와 그리피스(Benjamin Griffith) 등도 신명기(D)가 요시야 시대의 저술이 아니라고 하였으며, 슈태르크(Willy Staerk)는 "신명기의 문제"(Das Problem Deuteromiums)라는 책을 저술하여 벨하우젠의 학설을 반대하였다. 고등비평의 강력한 지지자 훔베르트는 이 모든 반대론을 읽고 '문서설(고등비평)은 붕괴된다'고 말하였다.[1]

고등비평가들은 구약의 어떤 책들의 저작자와 그 역사성에 대한 종래의 전통적 견해를 전복시키려고 시도하였다. 그러나 그들의 학설은 성립될 수 없다. 그들은 모세를 오경의 저작자가 아니라고 주장하면서 오경의 순정성을 부인하였다. 이에 대하여 필자는 그들의 학설이 잘못된 사실을 필자의 창세기 주석 서론("고등비평의 오류")에서 지적하였다. 그들의 사고방식이 틀린 사실은 구약 다른 책들에 대한 그들의 천단한 학설을 보아도 드러난다. 그들의 학설은 다음과 같다.

1. 여호수아서에 관하여

고등비평가들은 이 책의 저자를 여러 사람으로 생각한다. 그들이 그렇게 생각한 이유는 여호수아서의 자료들이 통일되어 있지 않고 상충된다는 것이다. 그러나 이 책 속에 여러 가지 상충되는 자료들이 있다는 것은 이 책을 바로 이해하지 못한 데서 생긴 오해이다. 예를 들면 다음과 같은 것들이다.

---

1) P. Humbert, "Die Neuere Genesis-Forschung," *Theologische Rundschau*. 1934.

1) 그들의 말대로 소위 '여호와 문서' 기자에 의하면(13:13; 15:13-19, 63; 16:10; 17:12-13, 16-18; 19:47) 이스라엘 지파들이 가나안 땅에서 각기 단독으로 전쟁하였으나 '엘로힘 문서' 기자에 의하면(2-12장) 여호수아가 이스라엘의 모든 지파들을 통합하여 그 군대를 거느리고 가나안을 정복하였다는 것이다. 그러나 위의 두 가지가 서로 다른 듯한 기록들은 실제로 서로 어긋나는 것이 아니다. 2-12장의 말씀은 여호수아의 주도하에 수행된 대국적인 전쟁의 승리를 말해 준다. 그 가운데 어떤 지역들은 아직 가나안 거민들을 쫓아내지 못한 곳들도 있었다(13:1). 따라서 13장 이후에는 각 지파가 분깃으로 받은 각 영토에서 가나안 거민들을 진멸하는 작전 내용을 보여 준다.

2) 4:8과 4:9에 같은 내용이 기록되었는데 12개의 기념석을 세운 장소가 일치하지 않다고 한다. 그러나 8절에는 그들이 유숙하는 곳에 12개의 돌을 보관했다고 하였고(후일에 여호수아가 여리고 동편 길갈에 12개의 돌을 세웠다; 4:20), 9절에는 12개의 돌을 강 가운데 세웠다고 하였으니, 실상 기념석을 두 곳에 세운 것이다.

3) 여리고 성 함락에 관한 기사에 있어서 6:3, 7, 10에는 이스라엘 군대가 성 주위를 일곱 번 돌았다고 하며, 4, 6절에는 제사장 일곱이 돌았다고 하니 같은 사건을 소개하는 기록이 일치하지 않다고 주장한다. 그러나 이 두 가지 말도 실상 서로 충돌되는 것이 아니다. 그때 제사장들은 군대와 함께 언약궤 앞에 행하였으므로 군대가 성을 돌았다는 기록이나, 제사장들이 성을 돌았다는 기록이 다 성립될 수 있다. 이 사실은 8-9절과 13절에 자세히 기록되어 있다.

4) 고등비평가들의 주장에 의하면, 아이 성 함락에 동원된 인원수가 8:3에는 3만 명이라고 되어 있는데 8:12에는 5천 명이라고 되어 있다고 한다. 그러나 이것도 두 가지 문서가 접합되었으므로 그렇게 된 것이 아니다. 여기 숫자의 차이는 다음과 같이 해결된다. ① 여호수아가 두 차례 복병시킨 경

우(한 번은 3만 명, 또 한 번은 5천 명) 문제 될 것이 없고 ② 필사자들이 숫자를 베낄 때에 실수하는 일이 있었다면 이는 원본의 착오가 아니었다. 그것은 필사자가 5(h)를 30(l)으로 잘못 보고 베낀 것일 것이다(C. F. Keil & F. J. Delitzsch). ③ 또 다른 학자들은 3절의 3만 명은 그 전원이 복병 작전에 투입된 것이 아니고 그때 전투에 출전한 병력의 총수이고, 그 수효 가운데 5천 명을 복병으로(12절) 편성했다고 한다. 위의 세 가지 해석 중 어느 것이 옳든 간에 여기서 군인의 수효가 일치하지 않은 것은 두 가지 문서에서 나온 것이 아니다. 저작자로서 두 가지 문서의 내용을 읽어보지도 않고 그저 눈을 감은 채로 그것들을 봉합시킬 사람은 없을 것이다.

고등비평가들의 견해에 의하면 여호수아서에는 여호와 문서의 기자와 엘로힘 문서의 기자가 각각 어떤 부분을 기록한 바 있고, 신명기 편집자(RD)도 기록한 것(1장과 24장)이 있고, 거기에 제사문서(P) 기자가 첨부한 것도 있다고 한다. 이와 같은 주장은 그들의 추측에 불과할 뿐 아무런 객관적인 근거를 가지지 못하였다.

2. 사사기에 관하여

고등비평가들의 견해에 의하면 사사기가 다음과 같은 단계를 거쳐 이루어졌다고 한다. ① BC 12세기-10세기까지는 사사기의 이야기들이 구전으로 있었고 ② BC 10세기-8세기까지는 기록(여호와 문서와 엘로힘 문서)의 형태를 갖추게 되었으며 ③ BC 8세기-7세기까지는 위의 여호와 문서와 엘로힘 문서가 편집되었고 ④ BC 7세기 말에 신명기식 기자의 편집도 받았고 ⑤ 포로 후 시대에 다시 최종적 편집을 통하여 현재의 형태를 갖추게 되었다고 한다.

또 다른 고등비평가들은 위의 연대보다 더 늦게 잡아서 BC 630년-200년 어간에 사사기가 형성되었다고 한다. 그러나 위의 모든 학설은 근거 없는 문서설을 따른 것이다. 해리슨은 이와 같은 문서설을 가리켜 신화적

(Mythical)이라고 하였다.[2]

사사기가 왕정시대 초기에 기록된 증거는 확실하다. 1:21에 "여부스 족속이 베냐민 자손과 함께 오늘까지 예루살렘에 거주하니라"라고 한 말씀이 있다. 여부스 사람이 예루살렘에서 멸절되기는 다윗이 왕위에 오른 지 제7년의 일이었다(삼하 5:6-8).

3. 사무엘서에 관하여

고등비평가들에 의하면 사무엘서에 같은 사건에 대한 언급이 두 번 혹은 그 이상 나온 일이 있다고 하면서 이 책의 저작자가 한 사람만이 아니라고 한다. 그러나 그들의 주장과 같이 과연 한 사건에 대한 기록이 이 책에 중복적으로 나오는가? 그들이 제시한 다음과 같은 장절들을 검토하려고 한다.

1) 엘리 가문의 멸망에 대한 사무엘상 2:31-36과 3:11-14의 두 기록은 각각 다른 두 저자들의 말이라고 할 수 없다. 사무엘상 2:31-36은 어떤 선지자가 엘리에게 직접 경고한 것이고, 3:11-14은 하나님께서 사무엘에게 주신 것이다.

2) 사울이 기름 부음 받은 동일한 기사가 세 번 나온다고 하지만, 실상 그것은 같은 사건에 대한 중복적 기록이 아니다. 그 가운데 9:26-10:1은 사울이 기름 부음을 받은 기사이고, 10:17-24은 사울이 이스라엘 대중 앞에 소개된 기사이며, 11:15은 사울을 왕으로 추대한 기사이다. 고등비평가들이 이 기사들을 같은 사건에 대한 세 사람의 기록으로 생각한 것은 오해이다.

3) 고등비평가들은 다윗이 사울에게 소개된 동일한 사건이 두 번(삼상 16:14-23; 17:55-58) 나왔다고 한다. 그러나 사무엘상 16:14-23은 사울에게 악신이 들어왔을 때 다윗이 수금을 탐으로 사울을 도와준 기사이고, 17:55-

---

2) R. K. Harrison, *Introduction to the Old Testament* (London: Tyndale Press, 1970), p. 689)

58은 다윗이 블레셋을 이김으로 사람들을 놀라게 했을 때 새삼 사울 왕에게 재인식된 기사이다. 이 두 가지 기사는 같은 사건에 대한 것이 아니다.

4) 고등비평가들은 골리앗을 죽인 이야기가 두 번 기록되었는데 일치하지 않다고 한다(삼상 17장; 19:5; 21:9; 삼하 21:19). 그러나 사무엘하 21:19에 언급된 가드 골리앗은 다윗이 죽인 그 골리앗이 아니다. 거기 나온 가드 골리앗(גָּלְיָת הַגִּתִּי)은 골리앗의 아우다(대상 20:5).

위에 제시된 것과 같이 고등비평가들은 정당하지 않은 근거에서 사무엘서를 여러 저자의 글이라고 주장한다. 그들은 사무엘서를 두 시대의 자료들로 분류하여 주로 여호와 문서(BC 10세기)와 엘로힘 문서(BC 8세기)로 성립되었다고 하며, BC 7세기에 편집되었다고 한다. 그리고 BC 6세기에 신명기 편집자(RD)가 자료를 첨가한 것도 있다고 한다. 아이스펠트(Eissfeldt)는 거기 L자료도 있다고 분석하였는데 그것은 유목 생활을 존중시한 경향을 가진 것이라고 하며, 그것이 BC 964-722년 사이에 기록되었다고 주장한다. 모르겐슈테른(Julian Morgenstern)은 사무엘서에서 다시 K 자료도 분석한다. 여호와 문서 기자와 엘로힘 문서 기자도 이 문서에서 자료를 끌어낸 바 있다고 한다. 그 연대는 BC 899년이라고 하며, 주로 모세의 생애에 관한 이야기였다고 한다.

위에 소개한 것과 같이 고등비평가들은 사무엘서가 여러 문서의 편집으로 이루어졌으므로 단일 저자의 글이 아니라고 한다. 그러나 ① 사무엘서가 실상 단일성을 지니고 있음을 보아서 고등비평가들의 이론은 성립될 수 없다. 그뿐만 아니라 ② 만일 고등비평가들의 말대로 사무엘서에 일치하지 않은 중복된 기록들이 있다면 그 편집자들은 그 단편 문서들을 눈을 감고 되는대로 봉합시켰다는 말이 된다. 이것은 모순된 주장이다. 편집 역사상에 있어서 그런 맹목적인 편집자는 없을 것이다.

4. 열왕기상하에 관하여

고등비평가들에 의하면 열왕기상하는 요시야 왕 시대와 관련이 있다고 하는 신명기 저자 학파가 두 차례에 걸쳐 편집하였다고 한다. 한 번은 그것이 요시야 왕이 죽은 직후(BC 600)에 편집되었고, 두 번째는 50년 후에 재편집 되었다고 한다. 이 학설의 대표자는 파이퍼(Robert H. Pfeiffer)이다. 이런 주장의 근거로 열왕기에 신명기 신학(왕의 흥망이 여호와의 율법을 지키는 여부에서 결정된다고 함)이 강조된 까닭이라고 한다. 그러나 이 학설은 많은 약점을 가지고 있다.

1) 열왕기에 임금들의 선행이나 악행을 "여호와 보시기에"라는 말로 표준 삼아 지적했다고 해서 그것이 신명기 기자(모세가 아니고 다른 사람이라고 함)의 사고방식이라고 판단할 필요는 없다. 신본주의 사상은 구약 모든 책의 저자들에게 공통으로 있었다. 그뿐만 아니라 신명기는 요시야 시대 직전 혹은 직후에 편집된 것이 아니고 그보다 훨씬 일찍이 모세가 저술한 것이다.

2) 열왕기에 대한 신명기 학파의 편집을 주장하는 자들은 열왕기상하에도 여호와 문서와 엘로힘 문서 또는 L 문서가 각각 포함되어 있다고 한다. 그러나 이러한 문서설은 헛된 상상에 불과한 것이다.[3]

3) 그뿐만 아니라 위의 학설을 주장하는 자들 가운데는 어디서 어디까지가 첫 번째 편집에 속하고, 또 어디서 어디까지가 두 번째 편집에 속하는지에 대하여 통일된 의견이 없다. 그러므로 고등비평가들이 말한 신명기 학파의 열왕기 편집설은 성립될 수 없다. 열왕기는 예레미야나 혹은 그와 동시대의 선지자가 다른 선지자들의 기록들도 사용하면서 기록하였던 것이다. 선지자의 권위를 가진 자들 외에는 유다 왕과 이스라엘 왕의 역사를 기록할 만한 자격이 없었다(대하 9:29; 12:15; 13:22; 20:34; 32:32).

---

3) R. K. Harrison, *Introduction to the Old Testament* (London: Tyndale Press, 1970), p. 731.

5. 에스더서에 관하여

고등비평가들은 이 책의 내용을 역사적 사실이라고 하기 어렵다고 한다. 그들이 내세우는 이유들은 다음과 같다.

1) 유대 여자 에스더가 왕후가 되었다는 것은 페르시아의 법에 용납될 수 없다는 것. 그러나 이것은 문제 될 것이 없다. 아하수에로 왕은 크세르크세스(Xerxes) 왕을 말함인데 그는 폭군이었다. 그러므로 그는 자기 마음에 드는 아름다운 여자를 임의로 취하였을 것이다.

2) 헤로도토스(Herodotus)에 의하면 크세르크세스 왕 제7년 이후의 왕후는 아메스트리스(Amestris)인데 이때 에스더가 왕후가 되었다는 에스더서의 기록은 신빙성이 없다는 것. 그러나 크세르크세스가 BC 480년에 헬라와 싸워 패전하고 돌아와서 궁녀들로부터 위로받기를 원하였는데 이때 에스더가 왕후로 선발되었을 것이다(참조. 2:16 이하). 크세르크세스는 아메스트리스라는 왕후가 있었음에도 불구하고 에스더를 취하였을 것이다.

3) 아하수에로(크세르크세스) 왕이 에스더의 생각을 따라서 유대인의 원수 75,000명이라는 방대한 수효를 죽였다는 것(9:16)은 믿을 수 없다는 것. 그러나 이 점에 대해서도 해결이 없지는 않다. ① 모르드개의 원수 하만은 유대 민족을 전멸시킬 음모를 세웠으나(3:6), 이제 그의 계획이 실패됨에 따라서 집권자가 된 에스더는 자기 민족을 최후까지 구출하기 위하여 근본적 대책을 세웠을 것이다. 그것은 유대 민족을 멸절시키려던 자들 대다수를 도륙함이었다. ② 그런데 옛날 히브리 문헌에는 숫자를 문자로 기록하는 일이 있었다. 필사자들이 그 문자를 오해했을 경우에는 수효가 많아지기도 한 것이다. 70인역(LXX)에는 위의 숫자(75,000)가 15,000명으로 기록되었으니, 우리는 그때 살육당한 자들의 수효가 75,000명이라고 고집하기도 어렵다. ③ 우리는 고대 근동 국가들의 폭군들이 다수의 사람을 살해함을 그리 문제시하지 않았던 사실도 고려해야 한다.

4) 모르드개가 유다의 여고냐 왕과 함께 바벨론에 포로되어 온 해(에 2:5-6)가 BC 597년이었다면 그가 아하수에로 왕의 파사 집권시대(BC 485-465)에는 노인이었을 것이다. 그런 늙은 사람이 어떻게 아하수에로 왕에게 등용되었을까 의문이라는 것. 그러나 에스더 2:6 끝에 "모르드개도 함께 사로잡혔더라"라고 한 문구의 "모르드개"라는 말이 히브리 원문에는 없고 "그"(אֲשֶׁר)라는 관계 대명사가 있을 뿐인데 그것은 (히브리 원문의 순서대로) 그 바로 윗말(2:5) "기스"를 선행어로 가진다고 함이 더욱 자연스럽다. "기스"라는 사람은 모르드개의 증조부였다. 그렇다면 이 문제는 잘 해결된다.

6. 욥기에 관하여

고등비평가들은 욥기의 저작자가 한 사람이 아니라고 한다. 그들은 서론과 결론이 한 사람의 글인 반면에 본론은 다른 사람의 글인 듯하다고 한다. 그들이 그렇게 말하는 주요한 이유는 다음과 같다.

1) 서론과 결론은 산문체로 되었는데 본론은 시가체로 되었다는 것. 그러나 이것은 문제될 것이 없다. 서론과 결론은 그 책에 대한 부록과 같은 해명이니 그것이 산문체로 쓰일 것이 기대된다. 슈타인뮬러(Steinmueller)는 BC 1900년경에 저술된 애굽의 책 한 권(Tale of the Eloquent Peasant)이 역시 그런 체제로 된 사실을 지적한다.[4]

2) 서론과 결론은 욥을 유목민으로 묘사한 반면(1:3, 13-17; 42:12) 본론은 농업하는 자로 묘사하였으니(31:8, 12, 38-40) 두 부분이 서로 충돌된다는 것. 그러나 이것도 문제 될 것이 없다. 옛날의 목축업자들은 대부분 경작도 겸하였다는 사실이 알려진다(창 4:2; 욥 1:14).

---

4) J. E. Steinmueller, *A Companion to Scripture Studies II : Special Introduction to the Old Testament* (New York: J. F. Wagner/London: B. Herder, 1942), p. 166.

3) 서론과 결론을 보면 욥의 자녀들이 다 죽은 것으로 묘사되었는데 19:17에는 그가 재난을 당한 후에도 아직 자녀들이 있는 것으로 기록되었다는 것. 그러나 이것도 문제 될 것이 없다. 19:17의 "내 동포들"(בְּנֵי בִטְנִי)이라는 말이 "내 아들"이라고 잘못 번역된 것이다. 이 말은 "내 동생들" 혹은 "내 동포들"이라고 번역되어야 한다.

4) 서론은 욥의 고난의 원인이 무엇임을 말하였으나, 본론은 그런 사실을 전혀 말하지 않는다는 것. 그러나 이것도 문제될 것이 없다. 서론은 욥의 고난이 하늘에서 작정된 것이라고 그 원인을 말하였으나, 본론의 목적은 고난의 현실을 당한 욥으로서 그 고난의 원인을 몰라서 고민하는 실정을 기록하였다. 욥이 고난당하는 이유를 하늘에 계신 하나님은 아시지만(서론의 말과 같이), 욥 자신은 몰랐던 것이다. 그러므로 서론과 본론이 이 문제에 있어서 서로 다르게 기록된 것이 도리어 자연스럽다.

7. 호세아서에 관하여

호세아서의 저자와 관련하여 볼츠(Volz)와 마르티(Karl Marti)는 이 책에서 이스라엘이 복 받을 일에 대한 장절들(11:8-11; 14:4-8)은 호세아의 글이 아니라 하고, 남쪽 나라에 대한 장절(12:2)도 그렇다고 한다. 그러나 ① 장차 이스라엘이 복 받을 일에 대한 예언은 이 책의 체제와 어긋난 것이 아니다. 호세아는 하나님의 긍휼도 자기의 신앙 체험으로 강조한다. ② 호세아는 남쪽 나라에도 관심이 컸고 북쪽 나라는 반역 국가임을 인정하였다(3:4; 8:4). 그러므로 그가 남쪽 나라에 대하여 말할 처지도 되었다.

8. 요엘서에 관하여

고등비평가들은 요엘서를 포로 후 시대의 저술이라고 한다(Driver, Merx, Cornill, Oesterley, Robinson). 그러나 그들의 이와 같은 이론은 성립될 수 없다. 그 이유는 이 책의 문체가 포로 후 시대의 예언서들(학개서, 스가랴서, 말라기서)과 다르기 때문이다. 위의 비평가들의 말에 의하면,

1) 이 책에는 "왕"이라는 말이 없고 장로들과 제사장들에 대한 관설만 나왔으니, 그것이 포로 후 시대에 저술된 증표라고 한다. 그러나 그것은 도리어 요엘 시대(어린 왕 요아스 시대)의 사회상(社會相)을 보여 준다(왕하 11:21). 일곱 살에 왕이 된 요아스는 왕권을 행사할 수 없었을 것이다.

2) 3:2에 유대인이 외국에 포로 된 사실이 언급되었는데 그것은 그 저자의 시대가 포로 후 시대인 사실을 알게 한다고 한다. 그러나 그 포로는 유대인의 바벨론 포로가 아니라 블레셋과 두로에 포로 됨을 가리킨다. 3:4의 말씀이 이 사실을 밝혀 준다.

3) 이 책에 우상에 대한 언급이 없는 점이 포로 후 시대를 연상하게 한다고 한다. 그러나 우상에 대한 언급은 나훔서, 스바냐서, 오바댜서와 같은 포로 이전 시대의 예언서들 가운데도 없다.

4) 외스털리(Oesterley)와 로빈슨(Robinson)은 이 책의 묵시문학적 색채가 있는 부분(욜 2:28-29)이 신구약 중간기(마카비 시대; BC 200년경)에 기록되었다고 한다. 그 이유는 계시문학이 신구약 중간기에 많이 나왔기 때문이라고 한다. 그러나 묵시문학적인 색채가 있는 글은 포로 전 시대에 기록된 이사야서에도 포함되어 있다(참조. 사 13:10).

5) 유대인이 헬라인에게 팔린 사건 같은 것(3:6)은 포로 후 시대의 일이라고 한다. 그러나 이런 일은 포로 전 시대에도 있었다. 이런 일에 대한 기록은 이미 BC 8세기의 앗수르 문헌에도 나와 있다(Harrison, 1970, p. 877). 그뿐만 아니라 블레셋이 유다를 정복한 것이 여호람 왕 때(BC 889-883)에 되었으니(대하 21:16-17), 그때 유대인들은 노예 매매에 종사한 두로에도 팔려갔을 것이다. 그러므로 요엘서는 블레셋에 보복한 웃시야 왕(대하 26:6) 이전에 기록되었을 것이다.

9. 아모스서에 관하여

고등비평가들은 아모스서에 후대인들의 삽입구들이 많이 들어 있다고 주장한다. 파이퍼는 이 책에 있는 메시아 약속(9:9-15)과 찬송들(4:13; 5:8; 9:5-6)이 그런 삽입구들에 속한다고 하고, 아이스펠트는 1:9, 10, 11, 12; 2:4, 5 등을 후대의 삽입구로 간주한다. 그러나 이들의 주장은 객관적 근거가 없는 것이다. 외스털리와 로빈슨은 9:11-12에 있는 "다윗의 무너진 천막"이라는 말을 가리켜 이 책이 포로 후 시대의 작품인 증표라고 한다. 그러나 "다윗의 무너진 천막"이라는 말은 포로 이전 시대에 유다 왕국의 약화된 형편을 의미할 수도 있다. 이와 같은 해석은 고등비평가 벤첸(Bentzen, Aage)도 인정한다(1949, p. 141).

10. 오바댜서에 관하여

외스털리와 로빈슨은 이 책의 저자가 누구인지 알 수 없고, 다만 에돔을 공격한 예언집이라고 한다. 그리고 그들은 이 책이 BC 6세기 말에서 BC 2세기 중엽에 이르러 형성되었을 것이라고 추측한다. 또 다른 학자들(Pfeiffer, Rudolph, Eissfeldt)도 이 책의 순정성을 믿지 않는다. 그러나 위의 학설들은 객관적 근거가 없는 막연한 추측이다. 이 책의 형성 시기를 포로 후 시대로 생각할 이유는 전혀 없다. 이 책에 유다가 압박 받은 일에 대한 말씀이 나온다(10-14절). 그러나 그것을 굳이 바벨론의 유다 침략을 언급한 것이라고 해석할 필요가 없다. 여호람 때에(848-841)도 유다가 블레셋과 에돔의 침해를 당한 일이 있었다(대하 21:16-17; 욜 3:3-6; 암 1:6. 참조. 왕하 8:20-22; 대하 21:8-20).

11. 요나서에 관하여

요나서가 BC 8세기의 선지자 요나의 기록이라는 데 대하여 고등비평가들은 다음과 같은 이유들을 들어 반대한다.

1) 아이스펠트는 요나가 고기 뱃속에 들어갔던 이야기를 신화라 하고, 요나서의 저작자가 누구인지 알려지지 않았다고 하면서 이 책이 포로 후 시대에 속한다고 주장하였다. 그 이유는 그 이야기 속에 아람어풍이 있기 때문이라고 한다(외스털리와 로빈슨은 이 점을 더욱 강조함). 그러나 위의 학설은 신빙성이 없다.

① 요나는 구약의 역사서에도 기록된(왕하 14:25) 실제 인물이었고, ② 예수 그리스도께서는 요나의 역사적 사건(고기 뱃속의 3일간)이 그리스도 자신의 죽음에 대한 표적이라고 말씀하셨으며, 요나의 니느웨 전도 사건으로써 장차 임할 심판의 때를 예언하셨다(마 12:39-41; 16:4; 눅 11:29-32). ③ 요나서에 포함되어 있다는 아람어풍이 반드시 포로 후 시대의 성격을 띤 것은 아니다. 아람어풍은 후대의 히브리 문학에만 있는 것이 아니라 상고시대의 히브리 문학에도 있다는 것이 권위 있는 학자들의 증언이다.[5]

2) 또 다른 비평가들은 말하기를 "요나"라는 이름이 이 책에 나오는 것은 이 책의 저자가 요나가 아니라 다른 사람인 증표라고 한다. 그러나 이것은 실상 난제가 아니다. 저자가 자기 이름을 자기의 작품 속에 포함시키는 것은 옛날 저술가들의 풍습이기도 하다. 크세노폰(Xenophon)이 저술한 아나바시스(Anabasis)가 그러하다.

3) 요나서는 앗수르 시대의 요나가 저술한 것이 아니라 BC 430년경에 유대인의 편협한 국수주의(Nationalism)를 파쇄하기 위하여 내놓은 우화(fiction)라고 한다. 이 견해에 의하면 "요나"라는 인물은 순종하지 않는 이스라엘을 풍유하고, "바다"는 이방, "큰 물고기"는 바벨론, "물고기 뱃속의 요

---

5) R. D. Wilson, *Is the Higher Criticism Scholarly?* (Nashville, Tenn., Dallas, Tex. [etc.]: Publishing House of the M. E. Church, South, Lamar & Barton, agents, 1924), pp. 31-32; *A Scientific Investigation of the Old Testament* (Chicago: Moody Press, 1959), 112-122.

나"는 이스라엘이 바벨론에 포로 되었던 사실을 각각 풍유한다고 한다.[6] 그러나 우리는 이 학설을 받을 수 없다. 이 책의 형태는 역사적 기록으로 되어 있다(Unger). 그뿐만 아니라 위의 풍유는 자연스럽지 않다. 요나가 사흘 동안 고기 뱃속에 있었다는 이야기가 유다의 바벨론 포로생활을 풍유했다면 어찌하여 70년이 3일로 풍유되었겠는가?

4) 또 다른 비평가들은 다음과 같이 말한다. 저자 요나가 앗수르 시대의 사람인 경우에 왜 그때의 왕을 "니느웨 왕"(3:6)이라고 하고, "앗수르 왕"이라고 하지 않았을까 한다. 다시 말하면 앗수르가 망한 지 오랜 후에 요나만이 "앗수르 왕"이라는 말 대신에 "니느웨 왕"이라는 말을 사용하였을 것이라는 추측이다. 그러나 이런 추측은 성립될 수 없다. 한 나라의 왕을 그 나라 수도의 왕이라는 뜻으로 말한 실례는 다른 데도 있다. 구약은 북국 이스라엘 왕을 "사마리아 왕"이라고도 하였고(왕상 21:1), 수리아 왕 벤하닷(Benhadad)을 "다메섹 왕"이라고도 하였다(대하 24:23). 다메섹은 수리아의 수도였다.

5) 비평가들은 니느웨 성읍의 크기가 "사흘 길"(3:3)이라고 한 것을 역시 문제시한다. 다시 말하면 그것은 그 도시를 너무 크게 과장하는 신화적 표현이라는 것이다. 그러므로 이 책은 역사적 사실을 말하지 않음이 명백하다고 한다. 그러나 요나서의 이와 같은 표현은 선지자가 그 성읍을 두루 다니며 하나님의 심판 경고를 선포할 기간이 사흘 동안이나 걸린다는 뜻이다(Archer).

12. 미가서에 관하여

BC 8세기에 미가라는 선지자가 미가서를 저술하였다는 데 대하여 고등비평가들은 반대한다. 파이퍼는 이 책의 단일성을 부인하고 1-3장만이 선지자 자신의 글이고(2:12, 13은 제외함), 4:1-5:15의 부분은 포로시대에 부가된

---

6) Aage Bentzen, *Introduction to the Old Testament II* (Copenhagen: Gad, 1949), p. 146.

것이라고 한다. 아이스펠트도 이와 유사한 주장을 한다. 또 다른 학자들은 6, 7장이 포로시대 후의 사상이라고 한다. 그 이유는 이 부분이 흩어진 이스라엘 백성을 포로 상태에서 귀환시킬 사건에 대하여 말하기 때문이라고 한다. 그러나 1:2; 3:1; 6:1에 나오는 같은 말, 곧 "들으라"는 말이 거듭 나옴을 보아서도 이 책이 단일 저자 미가의 글임이 분명하다. 비평가들의 이론은 주로 이 책에 유대 민족을 그 흩어진 데서 돌아오게 하리라는 약속이 포로 이전 시대의 글일 수 없다는 데 근거하고 있다. 그러나 선지자 미가는 하나님의 성령에 의하여 장차 유다가 외국에 사로잡힐 것과 또한 하나님의 은혜로 돌아오게 될 것을 겸하여 예언할 수 있다.

13. 나훔서에 관하여

나훔서는 요나와 동일하게 니느웨가 받을 심판을 제목으로 한 선지서이다. 3:8-10을 보아서 우리는 이 책의 저술 시기가 애굽의 테베(No-Amon)가 망한(BC 663) 후이고(3:8), 니느웨가 망하기 전(BC 612)(3:1, 7)이었다고 생각한다. 그럼에도 불구하고 파이퍼는 1:11-2:2이 부분적으로 후대인의 보충 삽입구이고, 1:2-10은 전적으로 후대인의 보충 삽입구이며, 2:3-3:19만이 완전히 나훔의 저술이라고 한다. 그러나 그의 이와 같은 말은 근거가 없는 것이다.

14. 하박국서에 관하여

하박국은 바벨론이 흥왕하던 시기에 예언하였다(BC 607년경)(참조. 합 1:6). 그러므로 그 시대는 유다의 여호야김 시대였을 것이다. 그럼에도 불구하고 비평가들은 이 책의 3장이 BC 3세기 혹은 BC 4세기에 저술되었다고 한다. 그 이유는 3장의 말씀이 시로 되었기 때문이라고 한다. 그러면 시로 표현된 글은 모두 포로 후 시대의 산물인가? 그들의 이론은 신빙할 만한 근거가 없는 것이다.

15. 스바냐서에 관하여

스바냐서는 요시야 시대(BC 640-608) 직전의 작품이다(1:1). 1:4-6, 8-9, 12; 3:3, 7에 보면 그때 유다 백성의 도덕이 부패하였으니 그 저술 시기는 분명히 요시야의 개혁 이전이다. 비평가 아이스펠트는 말하기를, 1:2-2:3과 3:1-7, 11-13은 스바냐의 기록이지만, 3장의 남은 부분은 후대인의 보충 삽입구라고 한다. 그러나 이 학설은 객관적 근거가 없다.

16. 학개서에 관하여

학개는 스가랴처럼 귀환한 유대인들의 성전 재건을 권장하였다(BC 520년경)(참조. 학 1:1). 외스털리와 로빈슨은 말하기를, 학개가 친히 이 책을 쓴 것이 아니라 그와 같은 시대에 어떤 사람이 기록하였다고 한다. 그러나 이 학설은 확실한 이유 없이 말한 것이다.

17. 스가랴서에 관하여

스가랴는 학개와 동일하게 귀환한 유대인들에게 성전 재건을 권장하였다. 그는 학개보다 두 달 늦게 예언하였다(BC 520년). 스가랴서의 마지막 부분(9-14장)은 그의 후년의 예언으로 생각된다. 그러나 어떤 고등비평가들은 이 부분을 아주 다른 사람의 글이라고 한다. 이 학설은 성립될 수 없다. 그 이유는 이 부분에도 그 앞부분(1-8장)의 문체가 없지 않기 때문이다. 앞부분과 좀 다른 문체가 이 부분(9-14장)에 있으나, 저자의 문체가 그의 말년에는 그 초기 작품보다 다르게 될 수도 있다는 점에서 그 문제는 잘 해결된다.

18. 말라기서에 관하여

말라기서는 BC 5세기 후반(435년경)에 기록되었다고 한다. 그렇게 생각된 이유는 그의 예언 시대가 성전이 이미 건축된 때이므로(1:7, 10; 3:1), 그 시대의 죄악이 느헤미야 시대의 죄들과 같은 까닭이다. 그 시대의 죄악은 예컨대 제사장들의 부패(1:6과 느 13:4-9 비교)와 십일조를 등한히 함(3:7-12과 느 13:10-14 비교)과 같은 것이다. 비평가들도 말라기서의 연대를 이보다 늦게 잡지 않는다.

구약주석
레위기

A Commentary on THE BOOK OF LEVITICUS

레위기 주석
목차

해석
- 제1장   46
- 제2장   57
- 제3장   64
- 제4장   69
- 제5장   77
- 제6장   83
- 제7장   87
- 제8장   91
- 제9장   95
- 제10장   99
- 제11장   104
- 제12장   110
- 제13장   115
- 제14장   122
- 제15장   127
- 제16장   130
- 제17장   135
- 제18장   138
- 제19장   142

제20장	153
제21장	156
제22장	159
제23장	162
제24장	166
제25장	169
제26장	177
제27장	185

특별참고
번제에 대하여	51
소제에 대하여	60
화목제에 대하여	67
속죄제에 대하여	74
희년의 표상적 의미(참조. 사 61:1)	175

제 1 장

✤ 내용분해

1. 하나님께서 제사법을 명하심(1-2절)
2. 소를 제물로 드리는 번제(3-9절)
3. 양이나 염소를 제물로 드리는 번제(10-13절)
4. 비둘기를 제물로 드리는 번제(14-17절)

✤ 해석

1-2 여호와께서 회막에서 모세를 부르시고. 여기 "회막"(אֹהֶל מוֹעֵד)이라는 히브리어는 하나님께서 그의 백성을 '만나는 장막'이라는 뜻이다. 이 일에 있어서 주체자는 하나님이시다. 하나님은 성막의 제도를 통하여 그의 백성에게 모든 진리를 계시하셨다. 그가 이때 모세를 부르셨다고 하였으니, 이것은 역시 기독교의 계시 성격을 보여 준다. 기독교의 계시 성격은 어디까지나 그것이 하나님으로부터 유래했으니 객관적인 성격을 지닌다. 다시 말하면 이것은 인간의 뜻밖에 하나님께서 그 종들을 불러주신 결과이고 인간의 명상이

나 연구에서 생긴 산물이 아니다. 그러므로 그것은 절대 신빙성 있는 하나님의 계시 사건이다.

누구든지 여호와께 예물을 드리려거든. 여기 "예물"(קָרְבָּן)이라는 말의 히브리어는 보통 예물을 의미하지 않고 '하나님께 드리는 예물'을 말함이다(S. R. Hirsch). 사람은 하나님 앞에 나올 때에 무슨 예물이든지 가지고 나오도록 되어 있다(출 23:15).

가축 중에서 소나 양으로 예물을 드릴지니라. 우리는 여기서 구약의 제사법에 있어서 제물의 성격이 유순한 것으로 성립된 것을 볼 수 있다. 소나 양은 인류에게 가장 많은 봉사를 할 뿐만 아니라 그 성질이 순한 편이다. 제물로 사용된 소와 양은 그리스도를 비유한 것이다. 에베소서 5:2에 "그리스도께서⋯우리를 위하여 자신을 버리사 향기로운 제물과 희생제물로 하나님께 드리셨느니라"고 하였다. 그는 하나님의 아들이면서도 탄생하신 곳은 외양간이었다(눅 2:7). 그는 우리를 위하여 극도로 낮아지셨다(고전 5:7하).

구약시대에 짐승을 잡아 피를 제물로 바치는 일은 하나님께서 명하신 제도였다. 특별히 가인과 아벨이 하나님께 각각 제물을 드렸다. 이 일에 있어서 아벨의 제물은 하나님께 열납되었으나 가인의 것은 그렇지 못하였다. 그 원인은 무엇이었는가? 그것은 성경의 말씀으로 밝힐 수밖에 없다. 히브리서 11:4을 보면 아벨은 믿음으로 바쳤다는 것이 그 열납된 원인이지만, 겸하여 더 나은 제사(제물)를 드린 점이 역시 그 원인이기도 하다. "더 나은 제사"(제물)라는 것은 믿음의 태도만을 말함이 아니고, 제물의 합당한 성격을 가리킨다. 그러면 제사를 드림에 있어서 신앙만이 필요한 조건이 아니고, 하나님의 뜻에 부합한 객관적인 예배 방법도 필요한 조건이다. 우리는 믿되 옳게 믿어야 한다. 그리스도로 말미암지 않고는 아버지께로 올 자가 없다(요 14:6).

그러면 가축으로 제물을 삼는 제도는 어떻게 시작되었는가?

1) 그것이 하나님의 언약에 의하여 제정된 것은 확실하다(시 50:5). 그 제

사의 의미에 대하여 옛적 사람들의 이해 정도보다 그 제사 제도를 성립시킨 언약 성격이 더 중요하다. 그 이유는 그것이 하나님의 권위에 의한 것이기 때문이다. 신앙은 하나님께서 주시는 선물이며, 그의 권위를 배경으로 하고 그 효력을 발생한다. 시편에서 종종 강조하는 것은 참제사의 외부적 의식보다 신자의 내부적 믿음과 순종이다(시 50:9-15).

2) 하나님의 계시가 인간에게는 예전적 성격(Sacramental Character)으로 나타날 수밖에 없다. 육신을 입은 인간은 영적 사실들에 대하여(또는 미래의 사실들에 대해서도 예전적 성격이 있는 것으로 취급할 수 있다. 예전은 '상징에 의하여 영적 사실들을 표현하는 하나님의 제도'이다. 폴 틸리히(Paul Tillich)는 실존주의 신학자이면서도 이 점을 강조하여 말하기를 "개신교는 종교의 예전적 성격을 신중하게 취급해야 한다. 종교에 예전적 성격이 없어진다면 보이는 교회도 없어질 것이다"라고 하였다.[7] 구약에 포함된 제사 제도는 예전적 의의를 가진다. 히브리서 9:9에 말한 대로 "이 장막은 현재까지의 비유니"라고 한 말씀이 이 뜻이다.

히브리서 저자는 구약시대의 제사 제도를 가리켜 "육체의 예법"이라고 하며 그것을 신약의 영적 제도에 대한 예표라고 하였다. 그는 구약의 제도와 다르게 신약의 제도는 양심적 또는 영적 성격이 있는 것이라고 말하였다. 이것은 신약이 구약과는 다르게 내부적 성격이 있는 것임을 지적하는 표현들이다(롬 7:14; 히 8:2; 9:1). 다음에 나오는 표현들도 구약의 예전적 성격을 나타낸다. 곧, 시온 산(하늘산)에 대조되는 "만질 수 있고 불이 붙는 산"(히 12:18, 22), 은혜에 대조되는 "음식"(히 13:9), 제물(소, 양, 염소, 비둘기)에 대조되는 "입술의 열매"(히 13:15), 육체와 상관된 계명의 법에 대조되는 "불멸의 생명의 능력"(히 7:16) 등이다.

---

7) P. Tillich, *The Protestant Era*. (Chicago: University of Chicago Press, 1948), p. 94.

3 그 예물이 소의 번제이면 흠 없는 수컷으로 회막 문에서 여호와 앞에 기쁘게 받으시도록 드릴지니라. 구약시대에 이같이 하나님 앞에 바쳐진 흠 없는 제물은 장차 오실 그리스도의 속죄 사업을 예표한 것이다. 히브리서 8:5에 말하기를 "그들이 섬기는 것은 하늘에 있는 것의 모형과 그림자라" 하였고, 히브리서 9:10에는 말하기를 "이런 것은 먹고 마시는 것과 여러 가지 씻는 것과 함께 육체의 예법일 뿐이며 개혁할 때까지 맡겨 둔 것이니라"라고 하였다.

"번제"(עֹלָה)라는 말의 히브리어는 '올라감'을 의미한다. 이 제사의 특징은 그 제물이 된 가축(양, 염소)을 제단 위에서 완전히 태우는 것이다. 이것은 그리스도께서 우리 죄를 담당하시고 전적으로 희생이 되실 것을 비유한다 (엡 5:2). "흠 없는 수컷"은 제물의 완전성을 가리킨 것이다. 그리스도는 완전하신 하나님의 아들이시기 때문에 그분을 비유하는 가축은 완전해야 할 것이다. 말라기 시대에 이스라엘이 부패하여 불완전한 제물을 드렸기 때문에 하나님의 책망을 받았다(말 1:6-8, 13-14절). "기쁘게 받으시도록 드릴지니라." 하나님 앞에 예물을 드릴 때는 완전한 예물, 곧 흠 없는 수컷으로 기쁘게 받으시도록 드려야 한다.

4-5상 여기서는 제물을 드리는 자가 그 제물이 된 소를 친히 죽여야 할 것을 말해준다.

번제물의 머리에 안수할지니. 그가 그 희생제물의 머리에 안수한 것은 자기의 죄악을 그 짐승에게 전가시킴을 의미한다(16:21). 특별히 여기 "안수"(סָמַךְ)라는 말은 '그의 손을 단단히 누른다'라는 뜻이다. 이같이 그의 무거운 죄짐은 전적으로 희생제물(그리스도를 예표한 것)에게로 옮겨진 것이다.

그는 여호와 앞에서 그 수송아지를 잡을 것이요. 하나님께 제사하는 자가 친히 제물이 된 가축을 죽인 것은 의미심장하다. 우리도 우리의 죄 때문에 하나님께 제물을 드렸으니, 곧 그리스도시다. 그리스도는 우리의 죄 때문에 죽으셨으므로 결국 우리가 그를 죽인 셈이다(참조. 히 6:6).

5하 아론의 자손 제사장들은 그 피를 가져다가 회막 문 앞 제단 사방에 뿌릴 것이며. 제물은 제사 드리는 자가 예비하였지만 제사를 집행하는 자는 그 자신이 아니고 제사장이다. 이같이 죄인은 하나님께 직접 접촉할 수 없었다. 죄인과 하나님 사이에는 중보자가 절대 필요하다. 우리의 제사장 되시는 예수 그리스도께서도 자기 자신을 제물로 삼으시고 우리를 위하여 제물 드리는 일을 집행하여 주셨다. 우리는 중보자 예수님을 절대로 신뢰해야 한다.

"피를···사방에 뿌린" 것은 제물을 드리는 일도 피 공로를 앞세우고야 할 수 있음을 말해준다. 그때 가축의 피는 그리스도의 보혈을 예표했다. 히브리서 9:22에 말하기를 "피 흘림이 없은즉 사함이 없느니라"고 하였다.

6-9 여기서 "제단 위에 불"은 하나님의 공의를 비유한다. 하나님의 공의는 인간의 죗값을 요하며, 또한 그 요구를 채움으로 만족함이 되어야 한다. 그 불이 제물을 태운 것이 그 뜻이다.

이는 화제라 여호와께 향기로운 냄새니라. "화제"라는 말은 '불로 태우는 제사'라는 뜻이다. 그것이 "여호와께 향기로운 냄새"가 된다고 함은 비유적 언사이다(참조. 엡 5:2). "향기로운 냄새"(רֵיחַ־נִיחוֹחַ)라는 말의 히브리어는 '안식의 냄새'라는 뜻이다. 이 말씀의 뜻은 하나님의 진노가 만족함이 되어서 안정된 상태를 말함이다.

10-13 양이나 염소가 제물로 채택된 이유에 대하여는 위의 2절 해석을 참조하라. 흠 없는 수컷에 대하여는 3절의 해석을 참조하라.

제단 북쪽 여호와 앞에서 그것을 잡을 것이요. 가축을 잡는 곳으로 "제단 북쪽"을 택한 것은 편리를 위하여 그렇게 한 것이다.

14-17 새의 번제. "새"를 번제물로 바치는 자는 극빈자라고 할 수 있다. 가난한 자도 그 생활 형편에서 가능한 대로 제물을 바치도록 되어 있다. 하나님께서는 그 사람의 생활 형편에 따라 제물을 배정하셨다. 이것은 하나님께서 없는 것을 요구하시지 않고 각기 형편대로 즐거이 바치는 것을 기뻐하심이다

(고후 8:12; 9:7). 비둘기는 그리스도의 사역 성격을 비유한다(참조. 눅 2:24).

맹수들은 제물이 될 수 없었다. 제물로 택함이 된 동물들은 인간의 지배 아래 있는 유순한 것들에 국한되어 있다. 이같이 제물을 택한 원리는 신령한 뜻을 가지고 있다. 제물로 택함 받은 가축들이나 새들은 모두 유순한 것들이다. 그것들은 죽기까지 순종하신 그리스도의 온유하신 덕을 상징한다.

그것의 머리를 비틀어 끊고. 이것은 폭력으로 비참하게 죽임당함을 말한다. 이것은 그리스도의 죽으심이 비참할 것을 예표한다.

* * * * *

{ 특별참고 }
번제에 대하여

1. 해설

"번제"(עֹלָה)라는 말의 히브리 원어는 '올라간다'는 뜻인데 온전히 헌신함을 의미하기에 적합한 명칭이다. 번제의 마지막 순서는 단 위에서 제물을 불사름이다. "불사른다"는 말은 히크티르(הִקְטִיר)이니, 아주 소멸시켜 처분하기 위해 불사른다는 말(שָׂרַף = 사라프)과는 다르다. 단 위에서 불사름(הִקְטִיר)은 소멸시키기 위한 것이 아니고, 그 제물을 태워 그것을 더욱 고상하게 승화시키기 위한 것이다. 게할더스 보스(Geerhardus Vos)는 이 점을 잘 지적하였다.[8] 그러므로 이와 같은 동사의 개념도 번제가 헌신(consecration)을 비유한 것

---

8) Geerhardus Vos, *Biblical Theology: Old and New Testaments* (Edinburgh; Carlisle, Pa: Banner of Truth Trust, 1975. p. 186. "The verb does not describe burning of the consuming kind, but of sublimating kind, a process whereby something is changed into a finer substance."

임을 보여 준다. 헌신은 실상 사람이 하나님께 드림이 되어 더 나은 인격으로 변화하게 한다. 그러므로 여기 이 제사에 특수 용어라고 할 수 있는 "향기로운 냄새"(רֵיחַ־נִיחוֹחַ)라는 말도 이와 같은 헌신의 결과를 잘 진술한다. 이 제사는 '전적으로 헌신함'을 의미하므로 전체 혹은 온전한 제사를 의미하는 칼릴(כָּלִיל)이라는 명칭도 받았다. 이것이 헌신제임에도 불구하고 희생의 피를 가져다가 제단의 사면에 뿌리는 순서를 지니고 있다(레 1:5). 구약의 제사는 그 어느 종류든지 속죄적 요소와 독립된 것이 없다(Vos). 이것은 신약에 있어서 신자가 무슨 일을 하든지 "그리스도 안에서"(골 1:4, 28; 2:3, 6, 7, 9, 10, 11, 12) 함과 같은 원리이다. 신자가 헌신한다 하더라도, 그에게 계속적으로 있는 결점과 불완전성의 문제가 속죄로 해결되어야 한다.[9]

그리고 번제를 드리는 일은 이스라엘 민족 전체를 위하여 성전에서 계속되었다(출 29:38-46; 민 28:3; 레 6:9). 이것은 이스라엘이 계속적으로 은혜를 받아(제물 자체도 하나님이 주신 것) 헌신해야 할 것을 상징한다. 헌신은 특별한 인물들에게만 국한된 것이 아니라 주님의 백성이라면 누구나 해야 하는 일반적인 규칙에 속한 것이다.

2. 번제의 계시사적 의의 혹은 예언적 의의

하나님께 제물을 드려야 한다는 사상은 인류의 심령에 처음부터 뿌리 박고 내려온 것이다. 헤르만 바빙크(Herman Bavinck)는 다음과 같이 말하였다. "인간이 타락하기 이전 역사에는 제사에 관한 말씀이 성경에 없다. 그러나 그때도 일반적인 문화 활동의 요소로서의 제사 행위가 있었던 것은 부인할 수 없다. 어쨌든 인류의 범죄로 말미암아 제사 제도는 변천되었고 속죄제

---

9) P. Fairbairn, *The Typology of Scripture: Viewed in connection with the Entire Scheme of the Divine Dispensations* (Philadelphia: Daniels & Smith, 1852), 1852, p. 302.

는 제도화 되었다. 타락한 사람은 하나님의 선에 대한 관념보다 그의 진노의 인상을 깊이 가지고 살게 되어, 예배와 감사만이 아니라 두려움으로 속죄제물을 드리게 된 것이다"라고 하였다(1929, pp. 355-356). 그리고 바빙크는 인류가 하나님께 제사함에 있어서 중보자 제도가 필요하게 되었다고 한다. 즉, 특별히 거룩한 사람들이 다른 사람들을 위하여 제사를 드렸다는 것이다. 이같이 내려오다가 마침내 제사장 제도가 생겼다(1929, p. 357). 그러나 제사 제도에 있어서 인류가 잘못하는 일들이 많아졌으므로 하나님께서 이스라엘에게 친히 제사하는 법을 계시하여 주셨다. 그것은 종교 윤리적인 제사이다.

위에서 말한 것과 같이 인류는 하나님께 제사 드리는 것이 그의 살과 뼈와 같이 필요한 것이었는데 그들은 무언중에 절대로 완전한 제물과 제사장을 요구하게 되어 왔다. 이 요구가 그리스도로 말미암아 단번에 성취된 것이다. 바빙크는 말하기를 "그리스도 안에서 모든 성약이 아멘 되었다"라고 하였다.[10]

그리스도는 모든 제사의 완성이시다. 그는 원천적인 의미에서 우리를 위하여 하나님께 번제를 드려 주셨다. 그는 대제사장으로서 자기 자신을 제물로 바치셨으니, 그것은 그의 백성을 대신하신 것이다(요 17:19; 엡 5:2; 시 40:6 이하). 일반 신자들의 헌신은 그리스도 안에서 하게 된다. 곧, 그리스도께서 드리신 번제에서 반영된 헌신을 하게 되는 것이다. 그들도 그와 같이 헌신함으로 하나님께 번제물이 된다. 위에서 말한 것과 같이 이것은 그리스도의 헌신의 결과다. 이런 의미에서 히브리서 9:14에 말하기를 "하물며 영원하신 성령으로 말미암아 흠 없는 자기를 하나님께 드린 그리스도의 피가 어찌 너희 양심을 죽은 행실에서 깨끗하게 하고 살아 계신 하나님을 섬기게 하지 못하겠느냐"라고 하였다.

---

10)　H. Bavinck, *G.D.*, 1929, p. 363. "in Hem zijn alle beloften Gods ja en amen."

↓ 평주

1. 고등비평가 마르틴 노트(Martin Noth)는 레위기 1장이 제사 문서(포로 후 시대)에 속한다고 한다. 그의 이론은 이러하니, 곧 "아론의 자손"이라는 칭호가 "제사장"이라는 말에 붙어 있기 때문이라고 한다.[11] 고등비평가들은 말하기를, 제사장직을 레위 족속 전체의 소속으로 하지 않고 아론의 아들들에게만 소속시킨 것은 제사법전(포로 후 시대 산물이라고 함)이 처음으로 한 것이라고 한다. 그러나 이와 같은 견해는 잘못된 것이다. 아론의 자손들만이 제사장이었던 사실은 이스라엘 역사의 초기부터 된 일이다. 처음부터 레위 사람 모두가 제사장은 아니었으므로 레위 사람보다 제사장이 권위 있는 자로 알려져 있었다. 제사장은 재판장의 권위를 가졌고(신 17:9; 19:17; 24:8) 레위 사람은 과부나 고아와 함께 동정을 받을 처지에 있었다(신12:12, 18, 19; 14:27; 16:11, 14; 26:12, 13).

2. 고등비평가 마르틴 노트는 9절의 "여호와께 향기로운 냄새"라는 말이 바벨론의 신화 사상에서 유래된 것이라고 잘못 말한다. 그는 말하기를 "바벨론의 홍수 설화인 길가메시 서사시에 의하면 홍수 후의 제사에 있어서 신들이 향기로운 냄새를 맡았다는 말이 있다"고 한다.[12] 그러나 마르틴 노트의

---

11) M. Noth, *Das dritte Buch Mose: Leviticus* (Göttingen: Vandenhoeck & Ruprecht, 1962), p. 11. "In der vorliegenden Form gehört das Brandopferritual von 3. Mos. 1 zum literarisch sekumdären Zuwachs der Priesterschrift (P); das zeigt sich an der Einleitungsformel (vgl. zu B. 1) sowie an der zwar vorhandenen, aber nicht konsequent durchgeführten Redaktion im Sinne von P, die vor allem die "Aaron Söhne" anstatt des ursprünglich einfach und allgemein genannten "Priesters" und wahrscheinlich auch das "Begegnungs-Zelt" ein geführt hat."

12) M. Noth, *Das dritte Buch Mose: Leviticus* (Göttingen: Vandenhoeck & Ruprecht, 1962), p. 14. "Sie scheint aus der kultischen Sprache und Vorstellungswelt des Zweistromlandes zu stammen. Nach der Sintfluterzählung im Gilgamesh: Epos XI. "rochen die Götter den Duft" des nach der Flut dargebrachten Opfers."

이와 같은 견해는 잘못된 것이다. 바벨론의 길가메시 서사시의 설화는 다신론 사상이다. 유일신주의를 가진 레위기 기자(모세)가 그런 신화를 인용했을 리 만무하다.

| 설교자료

1. 하나님께 제물을 드리는 자가 번제물의 머리에 안수하는 것은 자기 죄를 그 짐승에게 전가시키는 행위이다. 이같이 드리는 제물이 하나님께 열납된다고 한다(3-4절). 그것을 하나님이 기쁘게 받으신 이유는 장차 오실 그리스도의 속죄적 희생을 예표하기 때문이다. 사람들은 구약시대나 신약시대나 그리스도 안에서만 하나님과 화목할 수 있다. 고린도후서 5:19에 "곧 하나님께서 그리스도 안에 계시사 세상을 자기와 화목하게 하시며 그들의 죄를 그들에게 돌리지 아니하시고"라고 하였으며, 고린도후서 5:21에는 "하나님이 죄를 알지도 못하신 이를 우리를 대신하여 죄로 삼으신 것은 우리로 하여금 그 안에서 하나님의 의가 되게 하려 하심이라"라고 하였다.

2. 제단에 번제물을 드리기 전에 먼저 희생의 피를 뿌린 것은 의미심장하다(5절). 하나님께 제물을 바치는 일도 먼저 그것을 바치는 자의 사죄 받는 조건이 선행되어야 한다. 피 흘림이 없이는 사죄가 없다(히 9:22). 죄의 값은 사망이므로(롬 6:23) 생명을 대표하는 피를 제단에 뿌리도록 되었던 것이다. 물론 이 피는 그리스도의 피를 예표한 것이다(참조. 롬 3:25). 사람이 그리스도의 피를 믿을 때 비로소 하나님과의 교통이 열린다.

3. 번제의 의미는 신자가 자기 자신과 모든 것을 '전적으로 하나님 앞에

바친다'는 뜻이다(9절). 사람이 하나님을 섬기는 법은 자기의 모든 것을 다함으로 성립된다. 신명기 6:5에 말하기를 "너는 마음을 다하고 뜻을 다하고 힘을 다하여 네 하나님 여호와를 사랑하라"고 하였다(참조. 마 22:37). 마귀는 인간에게서 어떤 한 부분이라도 착취하기를 원한다. 그 이유는 마귀는 하나님께 대하여 반역자이기 때문이다. 그러나 하나님은 사람에게서 그 존재와 그 소유 전부를 제물로 받기 원하신다. 그 이유는 그가 인간을 지으시고 또 그에게 모든 것을 주셨기 때문이다. 그뿐만 아니라 인간은 자기의 모든 것을 하나님께 다 바칠 때 자기 자신이 잘 되고 하나님의 축복을 받기 때문이다. 그가 모든 것을 하나님께 바치는 것이 진리에 합당한 일이다.

제 2 장

↓ 내용분해

1. 고운 가루로 소제를 드림(1-3절)
2. 구운 떡으로 소제를 드림(4-13절)
3. 처음 익은 곡식으로 소제를 드림(14-16절)

↓ 해석

1 누구든지 소제의 예물을 여호와께 드리려거든. 여기 "소제"라는 말의 히브리어(מִנְחָה)는 '선물'을 의미한다. 이 제사에 있어서는 동물의 희생을 제물로 하지 않고 다만 곡물을 제물로 삼는다. 그러나 이런 제사도 동물의 피로 드리는 속죄를 배경으로 하고 성립된다. 곡물로 드리는 제사는 일찍이 가인도 드린 바 있었다(창 4장). 그러나 그의 제사가 하나님께 열납되지 못한 이유는 그것이 피의 속죄를 배경으로 하지 않은 까닭이었다.

"소제"는 그리스도께서 그의 모든 노력을 하나님께 바치신 데 대한 예표이다. 신자들도 그리스도 안에서 모든 노력을 하나님께 바칠 때 그것이 소제가 된다.

고운 가루. 이것은 곡식이 가루가 되도록 희생이 된 것 같은 그리스도의 노력을 비유한다. 기름은 성령을 비유하고, 유향은 기도와 경건을 비유한다.

2-3 **제사장은 그 고운 가루 한 움큼과 기름과 그 모든 유향을 가져다가 기념물로 제단 위에서 불사를지니.** 소제에 있어서도 제사를 집행하는 자는 제사장이다. 사람은 누구든지 중보자(곧, 제사장) 없이 하나님 앞에 접근할 수 없다. 우리의 중보자는 예수 그리스도이시다. "고운 가루"(סֹלֶת)는 거친 가루와 대조가 된다. 앞의 것이 아름다운 순종의 노력을 상징한다면 뒤의 것은 그렇지 못한 것을 가리킨다. "기념물"(אַזְכָּרָה)이라는 말은 하나님 앞에 상달될 제물 부분을 말함이다. 그것을 "불사름"은 '하나님께 바친다'는 뜻이다.

향기로운 냄새. 1:9에 있는 같은 말 해석을 참조하라. 남은 것은 아론과 그 자손에게 돌릴지니. 이것은 하나님의 백성이 하나님의 은혜에 참여함을 상징한다.

4-10 이 부분에 언급된 제물은 화덕에 구운 것, 철판에 부친 것, 냄비의 것이다. 이 세 가지 차이점은 사람들의 생활 형편에 따라 배정된 것뿐이다. 하나님은 사람에게서 없는 것을 강요하시지 않는다(고후 8:12). 우리는 여기서도 하나님의 사랑을 알 수 있다.

11 소제물에 있어서 누룩과 꿀은 어디까지나 금물로 되어 있다. 누룩은 부패하게 하는 것으로서 죄악을 비유하는데 그것이 제물과 관련될 수 없다. 꿀도 누룩처럼 부패하게 하는 작용을 가지고 있다고 한다(W. H. Gispen).

12-13 **처음 익은 것으로는 그것을 여호와께 드릴지나 향기로운 냄새를 위하여는 제단에 올리지 말지며.** 곧, 누룩과 꿀이 처음 익은 곡식과 함께 하나님을 위하여 헌납될 수 있다고 함은 그것들도 처음 난 것으로써는 하나님께 바침이 될 수 있다는 뜻이다. 실상 그것들은 하나님께 헌납되는 순서를 경유하여 제사장

들의 식용으로 공급된다. 그것들을 제단에는 올리지 말라고 함은 그것들을 끝까지 하나님의 것으로 만드는 의미에서 제단에서 태워서는 안 된다는 뜻이다. 이 말씀은 결국 11절 끝에 있는 내용과 같다. 곧 "너희가 누룩이나 꿀을 여호와께 화제로 드려 사르지 못할지니라"고 한 말씀이 그 뜻이다(참조. 레 7:13; 23:17; 신 26:2, 12; 대하 31:5).

소금을 치라. "소금"은 언약을 상징한다. 그런데 언약이라는 것은 ① 하나님과 사람과의 화목을 성립시킨다는 것이다(막 9:50). ② 언약이라는 히브리어(ברית)는 '자른다'는 뜻으로부터 왔으니, 옛날 사람들이 언약할 때 짐승을 죽여 쪼갠(자른) 데서부터 유래된 것이다. 이는 약속을 어길 경우 그처럼 죽임이 된다는 의미이다(창 15:9-10). 그러므로 언약은 변하지 않는다는 의미도 있다. 하나님께서 그 백성의 제사를 받으시고 그들에게 은혜를 주실 것은 변하지 않는 사실이다. ③ 참 하나님이신 여호와는 사람을 접촉하시되 계약의 원리로 하신다. 곧, 그가 먼저 사람을 찾아오셔서 약속의 형식으로 제사의 법을 가르쳐 주시고 그대로 하나님을 섬기도록 길을 열어 놓으셨다. 그가 그렇게 하지 않으셨더라면 인간은 영원하도록 하나님을 섬길 수 없을 것이고, 또 하나님을 알지도 못하였을 것이다. 하나님께서 말씀하시기를 "누가 먼저 내게 주고 나로 하여금 갚게 하겠느냐"(욥 41:11)라고 하셨다(참조. 민 18:19; 대하 13:5).

그리고 하나님은 그의 언약과 관련된 진리대로 제물을 드리는 자에게 마침내 갚아주신다.

14-16 첫 이삭을 볶아 찧은 것으로 네 소제를 삼되. "볶아 찧은 것"은 그리스도의 수난을 상징한다.

위에 말한 소제의 모든 목적은 그리스도께서 하나님께 순종하여 고생을 바치심에 대한 예표라고 할 수 있다. 따라서 그것은 신자가 하나님께 순종과 수고로 일한 결과를 바침에 대해서도 비유한다고 할 수 있다(참조. 시 40:6 이하).

*****

{ 특별참고 }
소제에 대하여

1. 해설

"소제"는 히브리 원어로 민하(מִנְחָה)인데 '선물'이라는 뜻이다.

1) 이것은 고운 가루로 만든 떡을 기름과 향과 소금과 함께 드리는 제물이다. 보스는 이 제물의 이런 재료들도 사람의 생을 유지시키는 것이므로 역시 생명을 의미한다고 하였다.[13] 소금은 하나님께 대한 신자의 순결성(부패의 반대)을 상징하고, 기름은 성령을, 향은 기도를 각각 상징한다(Ibid).

2) 이 제사는 이교에서처럼 신께 무엇을 기증함이 아니다. 성경의 교훈에 의하면 사람이 하나님께 제물을 바치는 것은 그가 하나님께로부터 받은 것을 인정하는 뜻으로 하나님께 다시 바치는 것이다.

3) 이 제사는 독립적으로 성립되지 못하고 언제나 피의 제물과 동반된다(Fairbairn). 이는 속죄를 받아서 신자가 된 자들도 무슨 일을 하든지 주님의 피 공로 안에서만 행해야 됨을 가리킨다.

4) 이 제사는 하나님의 백성이 노력을 바치는 것에 대한 상징이다. 다시 말하면 이것은 그들이 하나님께 노력을 바쳐 의로운 행위에 풍부해야 할 것을 상징하는 것이다. 이 제사의 제물이 식물성에 속한 것이므로 그것은 땅을 힘들게 경작하고 재배하여 생산한 것을 바침이다. 이 제사의 주요 제물인 곡물을 곱게 갈아서 가루를 만든 것도 인간의 희생적 노력을 비유한다. 그런데

---

13) G. Vos, *Biblical Theology: Old and New Testaments* (Edinburgh; Carlisle, Pa: Banner of Truth Trust, 1975), pp. 175-176.

이 제물이 일용할 음식물로 된 것을 보면 그 바침이 되는 노력의 종류가 영적 사업에 국한되지 않고 일반적인 사업과도 관련되어 있다. 사람은 그 모든 활동과 노력으로 주님의 영광을 드러내야 한다. 이 제사가 그의 소유의 일부를 바침으로 성립되지만 그것은 전부를 바친다는 것을 의미한다. 로마서 11:16에 "처음 익은 곡식 가루가 거룩한즉 떡덩이도 그러하고 뿌리가 거룩한즉 가지도 그러하니라"고 한 말씀이 이 뜻이다. 그러므로 신자는 모든 활동과 노력으로 주님을 섬겨야 한다. 고린도전서 10:31에 말하기를 "그런즉 너희가 먹든지 마시든지 무엇을 하든지 다 하나님의 영광을 위하여 하라"고 하였다.

2. 소제의 계시사적 의의(혹은 예언적 의의)

우리는 식물성에 속한 제물을 드린 역사를 구약에서 많이 본다. 이런 제사는 가인도 드렸다(창 4:3). 그것이 그때 하나님께 열납되지 못한 원인은 소제의 법대로 가축의 피와 동반되어야 할 것을, 그가 그렇게 실행하지 않은 사실에 있고, 또 그의 불신앙 때문이기도 하였다(히 11:4). 성막과 성전에 늘 비치되었던 진설병도 실상 소제물과 동일한 원리를 지니고 있었다. 그것은 이스라엘 백성 전체가 드린 예물을 의미하는데 하나님 앞에 드려야 할 그들의 의로운 노력의 열매를 비유한다. 이것은 신약시대의 신자들이 하나님께 바쳐야 할 모든 의로운 노력을 예표한다. 그러나 신자들의 이와 같은 생활은 그리스도께서 소제물이 되어주신(생명의 떡이 되어주신) 사실을 믿는 데서 반영되어 나오는 것이다. 예수님은 친히 아버지를 순종하시는 노력으로 소제물이 되셨다(요 4:32-34; 6:35).

⚜ 평주

마르틴 노트는 2장의 문투가 통일되어 있지 않은 것으로 보아 이것은 본래부터 있던 것이 아니고 후대에 삽입되었다고 한다. 그가 이같이 말하는 이유로는 문투가 통일되어 있지 않은 점이라고 한다.[14] 그는 말하기를 "4-10절에는 2인칭 단수("네가")로 된 단어들이 나오고, 11-12절에는 2인칭 복수(히브리어대로는 "너희가")로 된 단어들이 나온다. 그리고 13절부터는 다시 2인칭 단수로 되돌아간다"라고 하였다(1962, p. 17). 그러나 그의 이와 같은 논법은 성립될 수 없다. 하나님께서는 이스라엘 민족을 가리켜 2인칭 단수("네가")로 말씀하시고 또 2인칭 복수("너희가")로도 말씀하실 수 있다. 이런 표현은 얼마든지 융통될 수 있다. 이런 것을 문제시하여 레위기의 순정성을 의심하는 것은 잘못이다.

| 설교자료

1. 신자는 하나님 앞에서 "고운 가루"와 같은 신앙 인격을 가져야 한다(1절). 고운 가루는 하나님 앞에서 가루가 되는 정도로 수고하며 순종하는 생활을 비유한다고 할 수 있다. 실상 이같이 된 인격은 그리스도 한 분뿐이시다(히 5:8-9). 신자들은 그리스도 안에서 그의 은혜로 말미암아 이런 인격이 되도록 힘써야 한다. "순종이 제사보다 낫고 듣는 것이 수양의 기름보다 낫다"(삼상 15:22).

---

14) M. Noth, *Das dritte Buch Mose: Leviticus*. (Göttingen: Vandenhoeck & Ruprecht, 1962), p. 16. "Das zeigt sich schon an der Formulierung."

2. 신자는 하나님 앞에서 "무교병"과 같은 인격이 되어야 한다(4절). 다시 말하면 그는 죄와 상관없이 하나님 앞에서 살아야 한다(히 9:28). 신자는 그리스도의 보혈 공로로 말미암아 하나님 앞에 거룩하다고 간주될 수 있고(참조. 롬 4:5), 또한 성령으로 말미암아 점점 거룩해질 수 있다(벧전 1:2. 참조. 살전 5:23; 벧전 1:15). 요한1서 3:3에 말하기를 "주를 향하여 이 소망을 가진 자마다 그의 깨끗하심과 같이 자기를 깨끗하게 하느니라"라고 하였다.

3. 신자는 하나님 앞에서 "소금"과 같은 신앙 인격이 되어야 한다(13절). 소금은 변하지 않는 것을 비유하는데 "언약의 소금"이라는 말이 그 뜻이다. 신자는 하나님 앞에서 언제나 신앙을 지켜서 변함이 없어야 한다. 에베소서 6:24에 말하기를 "우리 주 예수 그리스도를 변함없이 사랑하는 모든 자에게 은혜가 있을지어다"라고 하였다.

제3장

✣ 내용분해

1. 소를 제물로 드리는 화목제(1-5절)
2. 양을 제물로 드리는 화목제(6-11절)
3. 염소를 제물로 드리는 화목제(12-17절)

✣ 해석

1 **사람이 만일 화목제의 제물을 예물로 드리되 소로 드리려면.** 여기 "화목제"(זבח שלמים)라는 말은 "평안제"라고 번역될 수 있다. 이것은 감사제를 가리킨다(시 107:22). 이것은 자원하는 마음으로 기쁘게 바치는 것을 그 특색으로 한다.

그런데 이 점에 있어서 우리가 명심할 것은 이런 감사제에 있어서도 하나님 앞에 속죄의 제물을 바치는 순서가 있다는 사실이다(참조. 8절). 이것을 보면 인간은 하나님께 감사할 때도 중보자로서 희생이 되신 그리스도로 말미암아서만 할 수 있다는 것이다(롬 1:8).

2 그 예물의 머리에 안수하고. 이것은 제사 드리는 자의 죄가 그 제물된 가축에게 전가된다는 뜻이다. 이것은 물론 그리스도의 대신 속죄를 예표한다. 회막 문에서 잡을 것이요. 사람이 속죄함을 받기 전에는 하나님이 계신 곳에 들어갈 수 없다. 먼저 문 앞에서 그를 대신하여 희생되는 속죄의 제물이 있어야 한다. 이런 의미에서 그리스도께서 우리를 대신하여 죽으셨고 그 결과로 우리는 하나님으로 더불어 화평을 누린다(롬 5:1).

제사장들은 그 피를 제단 사방에 뿌릴 것이며. "제단" 위에 제물을 드리기 전에 먼저 제단 자체도 속죄함을 받아야 한다. 만물이 인간의 죄로 말미암아 더럽혀졌으므로 만물도 그리스도의 보혈로만 깨끗해진다(골 1:20).

3-5 내장에 덮인 기름과 내장에 붙은 모든 기름과 두 콩팥과 그 위의 기름 곧 허리 쪽에 있는 것과 간에 덮인 꺼풀을 콩팥과 함께 떼어낼 것이요 아론의 자손은 그것을 제단 위의 불 위에 있는 나무 위의 번제물 위에서 사를지니. 여기 기록된 여러 가지 "기름"은 간단히 말해서 가축의 속에 있는 모든 좋은 것들을 가리킨다. 이것은 비유니, 곧 그리스도께서 하나님께 감심으로 드리신 순종을 비유한다. 그의 순종은 피동적 순종이 아니고 능동적 순종이었다. 그에게는 골고다의 순종만 아니라 겟세마네의 순종도 있었다. 그와 마찬가지로 우리 신자들도 우리 속에 있는 모든 좋은 것을 하나님께 바쳐 순종하며 감사해야 한다. 다윗은 말하기를 "내 영혼아 여호와를 송축하라 내 속에 있는 것들아 다 그 성호를 송축하라"(시 103:1)고 하였다. 여호와께 향기로운 냄새. 1:9에 있는 같은 말 해석을 참조하라.

7 만일 그의 예물로 드리는 것이 어린 양이면. 여기 "어린 양"이라는 말의 히브리어(כֶּשֶׂב)는 그저 "양"이라고 번역될 수도 있는 낱말이다(창 30:32; 레 1:10). 위의 6절에 나온 "양"(צֹאן)이라는 말은 '양 떼'라는 뜻이다.

여호와 앞으로 끌어다가. 이 말씀을 보면 희생제물은 하나님이 기뻐하실 만한 것이어야 되며, 그의 공의를 만족시키기 위한 것이어야 한다. 이에 해당될 희생제물은 오직 예수 그리스도뿐이시다.

8 이 구절에 대하여는 2절의 해석을 참조하라.

9-11 미골에서 벤 기름진 꼬리. 팔레스타인과 아프리카에는 기름지고 굵은 꼬리를 가진 양이 있다. "미골"은 그런 꼬리가 붙은 뼈를 말함이다.

모든 기름을…불사를지니. 4-5절의 해석을 참조하라.

여호와께 드리는 음식이니라. 이것은 비유니, 하나님을 기쁘시게 하기 위한 제물이라는 뜻이다(참조. 민 28:2; 레 21:6, 8, 17, 21-23; 22:25).

12-13 만일 그의 예물이 염소면. "염소"는 성경에서 어떤 때에 불의한 자를 비유하기도 한다(마 25:32-33). 그러나 비유라는 것은 어떤 때에 매우 융통성이 있다. 창세기 49:9-10에서는 "사자"를 메시아로 비유했으나 베드로전서 5:8에서는 사자의 사나움을 마귀의 활동으로 비유하였다. 그러므로 여기서 "염소"는 비교적 유순한 가축으로 맹수와 반대되는 동물이니, 그리스도의 희생을 상징한다고 볼 수 있다.

14-16 위의 4-5절의 해석을 참조하라. 3장에 기록되지는 않았으나 화목제에 있어서 제물의 남은 부분을 제사장들과 제사 드린 자가 함께 먹는 순서가 있다(7:11-21). 이와 같은 순서는 신자들이 하나님의 은혜를 받아 누리는 것을 보여 준다. 이것은 신약 교회의 성찬식을 예표한다.

17 기름과 피를 먹지 말라. 구약시대에 "기름과 피"는 생명의 상징이었다. 생명을 신성시하는 의미에서 그것을 먹을 수 없다. 피는 오직 하나님께만 드릴 수 있는 요소이다(삼하 23:16-17; 참조. 창 9:4; 레 7:23-27; 17:10-14; 19:26; 신 12:16, 23-25; 15:23; 삼상 14:33; 행 15:20, 29).

*****

{ 특별참고 }

화목제에 대하여

"화목제"(זבח שלמים)라는 말은 '화평의 제사'를 의미한다. 이것은 감사, 서원 등을 위한 것으로 자원하여 드리는 것이지만, 모든 다른 제사처럼 속죄의 요소도(2절) 지니고 있다. 이것은 신자가 하나님 앞에서 무슨 일을 하든지 그리스도의 피를 힘입어야 할 것을 예표한다.

이 제사에 있어서 하나님께 기름을 바친 것은(레 3:3-5), 생명을 그에게 바치는 뜻이니 가장 좋은 것을 드리는 의미이다. 이는 그리스도 신자들이 하나님께 감사할 때에 가장 좋은 것을 드려 그 감사의 뜻을 표시함이다. 이 제사는 그리스도로 말미암아 성취된 평강의 열매(롬 5:1)를 예표한다.

화목제에 있어서 제사를 드리는 자들의 제물을 먹는 순서가 중요하다. 어떤 학설에 제물을 먹는 순서는 속죄의 의미가 없는 제사에 국한된 것이라고 하지만 그것은 잘못이다. 실상 속죄제 이외의 모든 제사에도 피를 뿌리는 순서가 있다. 제물을 먹는 순서는 특별한 의미가 있다. 그것은 제물을 먹는 것이 여러 가지 영적 법칙에 따라야 함을 보아서 알 수 있다(레 22:10-16, 30). 제물을 먹는 일은 제물로 비유되신 그리스도에 대한 신자들의 특별한 신앙 자세를 비유한다. 곧, 신자들은 밖에서 그리스도를 바라보며 믿는 것으로 만족한 것이 아니라 그를 신앙하되 음식을 섭취하듯이 그를 심령 속에 모셔야 한다는 것이다.

우리는 유월절 행사의 규례를 봄으로 이 진리를 더욱 자세히 깨닫는다. 이스라엘은 유월절을 지킬 때 먼저 문설주에 양의 피를 발랐다(출12:7). 그것은 속죄를 비유한다. 그리고 그 뒤에는 그들이 집안으로 들어가서 양의 고기를 먹었다. 그 고기를 먹는 데 있어서 여러 가지 규칙이 있었으니(출 12:8-11), 이는 무의미한 것이 아니었다. 그것은 그리스도를 믿은 신자들이 좀 더 깊은 믿음으로 들어가야 한다는 영적 진리를 예표한다.

예수님도 신자들이 음식물을 먹고 마시듯이 믿어야 할 것을 가르치셨다(요 6:53). 먹고 마시듯이 믿는다는 것은 무슨 뜻인가? ① 사람에게 있어서 먹는 일은 자기가 친히 먹어야 하는 것처럼, 그리스도를 믿어 구원을 받는 일도 자기가 친히 해야 한다는 뜻이다. 남이 나를 대신하여 그리스도를 믿어 줄 수 없다. ② 믿음을 지속하기 위해서는 음식을 속으로 섭취하듯이 그리스도로 더불어 심령 속에 교통하여 영적 생명을 받아야 한다는 뜻이다. 그리스도의 인성도 우리 심령 속에 생명이 되지만 그의 신성도 그러하다. 그리고 그의 구속행위, 그의 죽으심, 그의 부활 능력도 우리 심령 속에 생명력이 된다.

| 설교자료

1. 화목제는 하나님 앞에서 사죄를 받은 자가 기뻐서 드리는 감사제이다. 신자는 무엇보다도 사죄 받은 것을 기뻐할 줄 알아야 한다(참조. 눅 7:37-50; 시 116:16).

2. 화목제물을 바침에 있어서는 특별히 가축의 내장에 붙어 있는 기름을 그 주요한 제물로 삼았다(3-5, 9-10, 15절). 여기서 우리는 두 가지 중요한 뜻을 알아볼 수 있으니 ① 기름은 제물 중에 가장 값진 것을 가리킨다는 것. 시편 63:5에 말하기를 "골수와 기름진 것을 먹음과 같이 나의 영혼이 만족할 것이라"고 하였다. ② 이와 같은 제물은 우리의 감사가 속에서 나와야 될 것을 가르쳐 준다. 시편 103:1에 말하기를 "내 영혼아 여호와를 송축하라 내 속에 있는 것들아 다 그의 거룩한 이름을 송축하라"고 하였다.

제 4 장

✤ 내용분해

1. 제사장이 범죄한 경우에 드릴 속죄제(1-12절)
2. 이스라엘 온 회중이 범죄한 경우에 드릴 속죄제(13-21절)
3. 족장이 범죄한 경우에 드릴 속죄제(22-26절)
4. 평민이 범죄한 경우에 드릴 속죄제(27-35절)

✤ 해석

1 여호와께서 모세에게 말씀하여 이르시되. 이 말씀을 보면 모세가 받은 말씀은 객관 세계의 하나님께로부터 온 것이지, 모세의 마음에서 난 것이 아니다. 기독교의 계시는 어디까지나 타율(곧 神律)에 속한 것이다. 1:1의 해석을 참조하라.

2-3 누구든지 여호와의 계명 중 하나라도 그릇 범하였으되. 여기 이른바 "그릇 범하였다"(תֶחֱטָא בִשְׁגָגָה)는 말은 짐짓 범한 죄도 아니고 오범죄(誤犯罪)도 아니다. 이것은 연약하여 범죄한 것을 가리킨다. 뒤에 있는 〈특별참고〉를 참조하라.

기름부음을 받은 제사장. 이것은 대제사장을 말함이다(출 29:29; 레 16:32; 21:10). 대제사장 자신도 연약에 싸여 있다(히 5:2). 그러므로 그도 범죄할 수 있고 따라서 속죄함을 받아야 한다. 그러므로 그 자신은 겸손하여 남들을 동정할 수 있고, 또한 제사하는 일에 있어서 남들을 도와줄 수 있다(히 5:1-4).

속죄제. 이 말의 히브리어(חַטָּאת)는 '죄'라는 뜻인데 "속죄제"라는 말로도 사용된다.

백성의 허물이 되었으면. 대제사장은 백성을 대표하는 자이므로, 그의 범죄는 백성에게 해를 끼친다. 그러므로 그는 더욱 죄책을 지게 되고 속죄를 받아야 한다(참조. 약 3:1).

흠 없는 수송아지로 속죄제물을 삼아. "흠 없는 수송아지"는 완전무결(完全無缺)하신 그리스도를 상징한다.

4 그 수송아지의 머리에 안수하고. "안수"(סָמַךְ = 힘있게 누름)는 그 수송아지에게 죄책을 전가하는 의미를 가진다. 물론 이것은 장차 오실 그리스도께서 우리의 죄악을 담당하시고 속죄의 죽음을 죽으실 사실에 대하여 예표하는 것이다(엡 5:2).

6 그 제사장이 손가락에 그 피를 찍어 여호와 앞 곧 성소의 휘장 앞에 일곱 번 뿌릴 것이며. "성소의 휘장 앞"이라는 것은 성소와 지성소 사이에 있는 휘장 앞을 말함이다. 거기에 "피를···뿌릴 것"은 그 휘장 앞 땅에 뿌렸다는 것이니, 지성소에 들어가는 입구에 뿌린 것을 말한다. 이같이 피를 뿌린 것은 그리스도의 피로 말미암아서만 하나님이 계신 곳(지성소)에 들어갈 수 있게 된 것을 비유한 행동이다(히 10:19-22). 피를 "일곱 번" 뿌릴 것은 그리스도의 완전무결하신 피를 예표한다.

2-35절에 보면 속죄제에 있어서 피를 뿌리는 행사가 제사를 드리는 자(범죄자)의 신분이나 수효(제사장, 온 회중, 족장, 평민의 한 사람)에 따라서 차이가 있는 이유는 무엇인가? 이에 대하여 약간의 설명이 필요하다. 직책이 중요

한 자와 회중 전체가 제사를 드리는 경우에는 그들의 죄책이 더욱 무거우므로 제물의 피를 장막 안에 들어가서 뿌렸고, 제사를 드리는 자가 보통 사람인 경우에는 그 죄책이 덜 무거우므로 성막 뜰에 있는 번제단에 피를 뿌린 것이다.

7 **그 피를 여호와 앞 곧 회막 안 향단 뿔들에 바르고.** "향단 뿔들"은 능력의 역사를 가져올 수 있는 힘 있는 부르짖음(기도)을 비유한다. 거기에 바른 피는 예수님의 피를 상징하는 것으로서 아벨의 피보다 더 낫게 말하는 것이다(히 12:24). 우리의 기도는 그리스도의 피로 말미암아서만 하나님께 상달되며 따라서 힘과 능력이 된다.

그 송아지의 피 전부를 회막 문 앞 번제단 밑에 쏟을 것이며. 이것은 단 위의 모든 제사를 성립시키는 것이 단 밑에 쏟은 피 공로(그리스도의 피)에 의한다는 뜻이라고 한다. 그러나 다른 학자에 의하면 이와 같은 행사는 그 쓰고 남은 피를 신성시함으로 그것을 깊은 곳에 처분하여 드러나지 않게 함이라고 한다.

8-10 여기서는 그 송아지의 기름을 제물의 요점으로 간주하여 하나님께 바침이다. 기름은 피와 함께 생명의 표상으로서 오직 하나님께만 드려야 한다(참조. 레 3:17; 삼하 23:16-17). 하나님 앞에 기름을 바친다는 사상은 우리 인격의 내부적인 진수(眞髓)를 바친다는 의미이다.

11-12 **그 송아지의 전체를 진영 바깥 재 버리는 곳인 정결한 곳으로 가져다가 불로 나무 위에서 사르되.** 이것은 장차 오실 그리스도의 육체가 예루살렘 밖에서 고난을 받으시고 처분 당하실 것을 예표하는 것이다. 히브리서 13:11-13에 말하기를 "이는 죄를 위한 짐승의 피는 대제사장이 가지고 성소에 들어가고 그 육체는 영문 밖에서 불사름이니라 그러므로 예수도 자기 피로써 백성을 거룩하게 하려고 성문 밖에서 고난을 받으셨느니라 그런즉 우리는 그 능욕을 지고 영문 밖으로 그에게 나아가자"라고 하였다.

13 **이스라엘 온 회중이 여호와의 계명 중 하나라도 부지중에 범하여.** 여기 "회

중"(קָהָל)이라는 말의 히브리어는 '교회'를 의미한다. 여기서는 교회의 단체적 범죄를 취급한다. 예를 들면 사울 시대에 백성이 피를 먹은 것과 같은 범죄이다 (삼상 14:33).

14 그 범한 죄를 깨달으면 회중은 수송아지를 속죄제로 드릴지니. 속죄제보다 앞서 필요한 것은 죄를 깨닫는 순서이다. 그러나 사람이 죄를 깨닫는 것만으로 그 죄악 문제를 해결하는 것은 아니다. 그는 속죄함을 받기 위하여 하나님께 제사를 드려야 한다. 오늘날 우리도 죄악 문제를 해결 받으려면 먼저 죄를 깨닫고 예수 그리스도를 속죄의 제물로 믿어야 한다.

15 회중의 장로들이 여호와 앞에서 그 수송아지 머리에 안수하고. 장로들은 회중을 대표하여 이와 같은 의식을 행하였다. 그들의 안수는 회중의 죄를 가축에게 전가(轉嫁)시키는 행위였다. 그런데 이것은 어디까지나 상징적인 행위이고, 죄악을 물리적으로 전달함이 아니다. 만일 그것이 물리적 전달의 행사였다면 어떻게 회중의 죄가 남들(장로들)의 안수에 의하여 가축에게 전달될 수 있겠는가? 그러므로 우리는 신약시대의 안수도 다만 의식적이고 상징적인 행사라고 본다. 신약 교회가 이런 행사를 신중히 집행할 때 그 안수 받은 자에게 은혜가 임한다(딤후1:6).

16-18 이 구절들에 관하여는 5-7절에 있는 같은 말씀 해석을 참조하라.

19 이 구절은 8-10절까지의 내용을 말한다.

20 그 송아지를 속죄제의 수송아지에게 한 것같이 할지며. 대제사장이 범죄한 경우에 수송아지를 제물로 취급한 것처럼(3절), 여기서도 같은 수속을 밟아 간다는 뜻이다.

21 위의 11-12절의 해석을 참조하라.

22-24 여기 족장(נָשִׂיא)이라는 말의 히브리어는 '시장'(市長), 혹은 '왕'을 의미하기도 한다.

부지중에 범하여. 이 말에 대해서는 뒤에 있는 〈특별참고〉를 참조하라.

그가 범한 죄를 누가 그에게 깨우쳐 주면 그는 흠 없는 숫염소를 예물로 가져다가. 이 말씀을 보면 사람이 죄를 깨닫기 전에는 속죄의 필요를 느끼지도 못한다. 그는 깨달은 후에 비로소 흠 없는 숫염소를 드리게 된다. 언뜻 생각할 때 염소는 제물로서 마땅하지 않은 것 같다(마 25:32-33). 그러나 염소도 맹수와는 달리 가축에 속하는 유순한 동물이므로 그것이 제물로 택함이 되었다.

그 숫염소의 머리에 안수하고. 위의 15절 해석을 참조하라. 번제 희생을 잡는 곳. 이것은 번제단의 북쪽을 말한다(1:11).

25 제사장은 그 속죄 제물의 피를 손가락에 찍어 번제단 뿔들에 바르고. 이와 같은 행사는 대제사장을 위한 속죄제나 회중을 위한 속죄제의 경우와 다르다. 대제사장과 회중을 위한 경우에는 피를 향단 뿔에 발랐으나, 여기서는 제단 뿔에 발랐다. 대제사장과 회중(교회)의 신분은 하나님과 관계됨에 있어서 어느 개인보다 중하므로 그들의 죄악은 성소 안에서 해결 받았다. 그러나 관원의 죄악은 외부적인 통치에 관계된 것이므로 성막 바깥뜰에 있는 번제단에서 해결을 받는다. 그 피는 번제단 밑에 쏟고. 위의 7절에 있는 같은 말 해석을 참조하라.

26 이 구절에 대하여는 3:3-5의 해석을 참조하라.

27-29 여기서는 일반인으로서 범죄한 경우에 드리는 속죄제에 대하여 말한다. 암염소. 제물의 성별(性別)에 대하여는 우리가 따질 필요가 없다. 그 이유는 제물에서 중요하게 사용되는 부분은 피와 기름이기 때문이다.

번제물을 잡는 곳. 이것은 번제단 북편을 가리킨다(1:11).

30-31 이 부분 말씀에 대하여는 25-26절의 해석을 참조하라.

32-35 이 부분 말씀은 일반인을 위한 속죄제에 대한 말씀의 계속이다. 다만 제물을 "어린 양"으로 택하는 경우에 대하여 말한다.

*****

{특별참고}
속죄제에 대하여

대학생이 배우는 셰익스피어(Shakespeare)의 글이 영어라면 중학생이 배우는 초급 영어도 영어이다. 그와 같이 그리스도로 말미암는 속죄는 인류의 죄악 문제를 해결하는 방법이므로 레위기에 기록된 속죄제도 같은 뜻을 가지고 있다. 다만 앞의 것이 그 완성된 실물임에 대하여 뒤의 것은 그 예표인 것이다. 은행에서 발급하는 현찰과 보증 수표가 같은 효력을 가짐과 같다. 구약시대는 하나님의 아들 예수 그리스도가 오시기 전이었으므로 피를 흘려 속죄해 주시는 그의 죽으심을 실물로 보여줄 수 없었다.

우리는 무슨 일에 있어서나 고차원적인 것을 알려면 그 기본 원리를 배워야 한다. 예수 그리스도로 말미암는 속죄의 교리를 배움에 있어서, 우리는 먼저 그것에 대한 구약의 예표적 계시의 내용을 자세히 알아야 한다. 우리는 속죄제에 대하여 여러 가지 면으로 알아야 한다.

1) "속죄제"(חַטָּאת)라는 말의 히브리어는 '죄'라는 뜻이다. 이 제사는 범죄함으로 인하여 행해지는 것이므로 이 말로 다른 제사들과 구분을 지었다. 예수 그리스도께서는 죄를 알지도 못하시되 우리를 대신하여 "죄로 삼음"(고후 5:21)이 되셨다는 말씀은 '속죄제물'이 되셨다는 의미이다.

2) 속죄제는 사람이 연약하여 지은 죄를 용서받을 수 있도록 제정된 것이다. 4장에 "그릇", 혹은 "부지중에"라는 말이 나오는데 이 말들은 같은 히브리어(בִּשְׁגָגָה)를 다르게 번역한 것이다(4:2, 13, 22, 27절). 이 말은 엄격히 '실

수로'(by erring, by mistake, or by oversight)라는 뜻이다.[15] 여기서 사람이 실수로 범죄하였다는 것은 그가 그의 범행이 죄인 줄 전혀 모르고 행한 것을 가리키지 않고 그가 알면서도 그의 연약성이나 외부의 시험에 의해서 그 죄를 범한 것을 말한다. 쿠르츠(Johann Heinrich Kurtz)도 이 점을 잘 지적하였다.[16] 이와 같은 범죄는 오범(신 4:42)과 다르다. 또한 "짐짓 죄를 범한" 것과도 다르다(히 10:26-29; 마 12:31; 요일 5:16).

3) 가축의 머리에 안수하는 행동의 의미는 중요하다. 여기 "안수"는 '손을 단단히 누른다'(סָמַךְ אֶת־יָדוֹ)는 뜻을 가진다. 이것이 시편 88:7의 "심히 누른다"(סָמְכָה)는 말과 같다. 가축의 머리에 안수함은 신자가 그리스도께 자기의 죄짐을 전가시키는 행위를 비유하는 것으로 그것은 신앙의 행위이다. 신자는 그리스도를 믿음에 있어서 이같이 단단히 해야 한다. 스펄전(Charles Haddon Spurgeon)은 말하기를 "이것은 신앙의 본질이다. 신앙은 우리를 그리스도께 접촉시킬 뿐만 아니라 우리의 무거운 죄짐을 가지고 그에게 기울어지도록 만든다."라고 하였다.[17]

4) 제사장이 그 손가락에 피를 찍어 가지고 성소의 휘장에 뿌린 것과 향단 뿔에 바른 것(레 4:5-7)은 의미심장하다. 이 일은 그리스도께서 우리의 죄 때문에 자신의 피를 가지고 하늘 성소에 들어가실 것을 예표한 것이다(레 5:6-7). 이 일은 하나님께서만 아시는 곳에서 행해짐으로 족한 것이다. 그 이유는 이 일이 하나님을 상대한 것이기 때문이다. 피를 지성소 입구의 휘장에 뿌린 것은 죄인이 그리스도의 피 공로로만 하나님 앞에 들어갈 수 있음을 예표한다. 그리고 그것을 향단의 뿔에 바른 것은 죄인이 그리스도의 피를 믿음

---

15) P. Fairbairn, *The Typology of Scripture: Viewed in connection with the Entire Scheme of the Divine Dispensations* (Philadelphia: Daniels & Smith, 1852), p. 284.
16) Kurtz, J. H. *Sacred Offerings*, p. 90.
17) C. H. Spurgeon, *Christ in the Old Testament: Sermons on the Foreshadowing of our Lord in Old Testament History, Ceremony, and Prophecy.* (London: Passmore and Alabaster, 1899), p. 349.

으로만 기도의 향을 얻게 됨을 가리킨다.

5) 피를 번제단 밑에 쏟음도 중대한 의미를 가진다(7절). 그것은 범죄자의 인격이 하나님께 열납되게 하는 힘이 그리스도의 피밖에 없다는 것을 예표한다. 번제단은 신자들이 헌신과 감사를 위하여 가축을 불태우는 곳인데 그 밑은 그 근거, 기초 등을 의미한다. 그 기초가 피로 성립된다는 의미로 제사장은 그 밑에 피를 쏟는다.

6) 송아지의 가죽과 모든 부분을 진 밖에 가져다가 불사른 것도 의미심장하다(4:11-12). 이것은 그리스도께서 예루살렘 성 밖에서 십자가에 죽임이 되실 것을 비유한다(히 13:11-12).

| 설교자료

1. 범죄한 제사장이나 회중을 위하여 하나님께 제사드릴 때는 제사장이 성소의 장 앞에 피를 일곱 번 뿌렸다(1-26절). 이같이 성소의 장 앞에까지 간 것은 그들이 범한 죄가 중대하기 때문이다. 다시 말하면 제사장이 범죄하였다는 사실과 회중이 범죄하였다는 사실은 중대한 것이다. 그러므로 제사를 실행하는 제사장이 성소의 장 앞에까지 들어간 것이다.

2. 제사장이 성소의 장 앞에 일곱 번 피를 뿌린 것은 의미심장하다(6, 17절). 이것은 지성소에 들어갈 수 있는 길을 여는 의미이다. 사람이 하나님 앞에 들어갈 수 있도록 해주는 것은 가축의 피로 예표된 그리스도의 피 밖에 없다. 히브리서 10:20에 말하기를 "그 길은 우리를 위하여 휘장 가운데로 열어 놓으신 새로운 살 길이요 휘장은 곧 그의 육체니라"라고 하였다(참조. 막 15:37-38).

제 5 장

✣ 내용분해

1. 속죄제를 드려야 할 몇 가지 경우(1-13절).
   1) 법정에서 지정된 증인이 범인의 죄상을 말해주지 않는 경우(1절)
   2) 불결한 것을 만진 경우(2-3절)
   3) 조급하게 맹세한 경우(4절)
   4) 위의 세 가지 죄에 대하여 드리는 속죄제(5-13절)
2. 성물을 범했을 때 드리는 속건제(14-19절)

✣ 해석

1 만일 누구든지 저주하는 소리를 듣고서 증인이 되어 그가 본 것이나 알고 있는 것을 알리지 아니하면 그는 자기의 죄를 져야 할 것이요 그 허물이 그에게로 돌아갈 것이며. "저주하는 소리"는 재판장이 증인에게 책임지고 실토하라고 요구함을 가리킨다. 이 구절의 뜻은 다음과 같다. 곧, 재판장에게서 증인으로 지명받은

자가 범인의 죄상을 알면서도 증거해 주지 않으면 그 증인 자신이 죄를 지게 된다는 것이다. 그런 자는 결국 도적과 마찬가지다. 잠언 29:24에 말하기를 "도둑과 짝하는 자는 자기의 영혼을 미워하는 자라 그는 저주를 들어도 진술하지 아니하느니라"라고 하였다.

본문을 보면 하나님의 법은 어디까지나 정직과 진실을 위주로 한다. 그뿐만 아니라 그것은 사회의 죄악에 대하여 각 개인이 연대책임을 져야 할 것을 말해준다. 하나님을 아는 자들은 남들의 죄악에 대하여 무책임하게 지날 수 없고 그것을 막아내도록 힘써야 한다.

2-3 만일 누구든지 부정한 것들 곧 부정한 들짐승의 사체나 부정한 가축의 사체나 부정한 곤충의 사체를 만졌으면 부지중이라고 할지라도 그 몸이 더러워져서 허물이 있을 것이요. 만일 부지중에 어떤 사람의 부정에 닿았는데 그 사람의 부정이 어떠한 부정이든지 그것을 깨달았을 때에는 허물이 있을 것이요. 여기 "부정"하다 함은 의식적(儀式的) 부정을 말함이니, 종교 윤리적 불결을 상징한 것으로 생각되어야 한다. 하나님이 사람들로 하여금 물적(物的)인 불결을 통하여 종교 윤리적 불결을 느끼게 하려고 그것(물적인 불결)을 멀리 하게 하신 것이다. 예를 들면 그는 이스라엘에게 할례의 제도를 세워서 종교 윤리적 성결을 가르치셨다(신 10:16). 동물의 사체의 부정과 사람의 부정에 대하여는 레위기 11-15장까지 자세히 기록되었다.

4 만일 누구든지 입술로 맹세하여 악한 일이든지 선한 일이든지 하리라고 함부로 말하면…그것을 깨닫게 되었을 때에는 그 중 하나에 그에게 허물이 있을 것이니. 이것은 경솔한 맹세가 죄라는 뜻이다. 곧, 악을 행하겠다고 경솔히 말해도 그것은 죄이고, 혹 선을 행하겠다고 경솔하게 말하고 그대로 실행하지 않는 것도 죄라는 것이다. 위의 어느 경우든지 그와 같이 행동한 자가 잘못인 줄로 깨달은 때부터 그것이 처리 대상이 된다. 본문에 "그중 하나(악이나 선 중 하나)에" 허물이 있다는 것이 그 뜻이다.

경솔히 맹세한 것이 본인에게 알려지기 전에도 하나님 보시기에는 죄가 된다. 그러나 그 사건을 처리하기는(속죄제를 드리므로), 본인이 그것을 죄로 인식한 뒤에 하는 것이 하나님의 법이다.

예수님께서는 도무지 맹세하지 말라고 하셨는데(마 5:33-37), 그것은 여기 4절의 말씀과 같이 경솔한 맹세를 금하신 것이다. 그런 맹세는 (1) 허세를 부리는 위협이거나 혹은 외식이다. (2) 그러므로 이것은 하나님을 믿지 않고 자기의 힘으로 무엇이나 할듯이 덤비는 교만이다.

5 이 중 하나에 허물이 있을 때에는 아무 일에 잘못하였노라 자복하고. 여기 이른바 "이 중 하나에 허물이 있다"고 함은 위의 세 가지(증인의 책임을 회피한 행동, 1절; 부정하게 된 죄, 2, 3절; 경솔히 맹세한 죄, 4절) 중 어느 하나에 해당되는 죄라는 의미이다.

"잘못하였노라" 하며 자복함은 그 죄를 위한 속죄제를 드리기 전에 필요한 순서로 되어 있다. 4장에 기록된 속죄제들은 이런 순서를 가지지 않았다. 그 이유는 무엇인가? 4장에 기록된 죄들은 명백히 알려진 것들이기 때문이다. 그러나 여기(5:1-4)에 기록된 일들은 죄로 인식하기 어려운 것들이었다. 이런 의미에서 이 부분에 "부지중에"(3절)라는 말, "함부로 말하면"(4절)라는 말, "깨닫지 못하다가"(4절)라는 말들이 기록되었다. 이런 경우에는 먼저 그 범인들이 그 사건들을 죄로 인식하는 것이 필요하다. 그 뒤에야 그것에 대한 속죄제의 순서가 오게 되었다. 그 범인들이 깨닫지 못하여 그 사건의 해결책이 시행되지 못한 경우에 있어서 그 범인들은 행복한 처지에 있다고 할 수 없다. 그 반면에 ① 그 범인이 그 사건을 잘못된 것으로 알고 책임을 지고 회개하며 자복하는 경우에 그는 확실히 행복하다. 잠언 28:13에 말하기를 "자기의 죄를 숨기는 자는 형통하지 못하나 죄를 자복하고 버리는 자는 불쌍히 여김을 받으리라"고 하였다. 그뿐만 아니라 ② 죄를 자복하는 자는 하나님의 옳음을 드러내는 자가 된다. 시편 51:4에 말하기를 "주께서 말씀하실 때에 의로우시다 하고 판단하실 때에 순전하시다 하리이다"라고 하였다.

6 그 잘못으로 말미암아 여호와께 속죄제를 드리되. 여기 "속죄제"라는 말은 히브리 원어 아샴(אָשָׁם)이라는 말을 번역한 것이다.

양떼의 암컷 어린 양이나 염소. 이 문구의 히브리어(נְקֵבָה מִן־הַצֹּאן כִּשְׂבָּה אוֹ־שְׂעִירַת עִזִּים)를 직역하면 "떼에서 암컷 곧 어린 암양이나 혹은 어린 암염소"라고 해야 한다. 여기서 왜 암컷만을 속죄제물로 말하였는지 우리는 알기 어렵다.

7 만일 그의 힘이 어린 양을 바치는 데에 미치지 못하면…산비둘기 두 마리나 집비둘기 새끼 두 마리를 여호와께로 가져가되. 이 말씀을 보면 ① 하나님께서 제물을 정하실 때에 가난한 자를 깊이 동정하신 사실이 알려진다. 하나님은 특별히 가난한 자들에게 중점적으로 복음을 전하신다(눅 4:18; 약 2:5). 그가 이같이 하시는 이유는 가난한 자들이 부한 자들보다 겸손하여 복음을 잘 받기 때문이다. 그러나 구원 운동에 있어서, 그가 부한 자들을 제외시키시는 것은 아니다. 그는 부한 자도 회개시켜 구원하실 수 있는 능력이 있다(마 19:23-26). ② 하나님은 제물을 택하심에 있어서 이같이 융통성이 있게 하신다. 그가 그렇게 하시는 이유는 그때 제물 된 가축이, 참 제물이신 그리스도의 그림자에 불과하였기 때문이다(엡 5:2).

8-9 이 부분에 대하여는 1:14-17의 해석을 참조하라. 여기서도 제사 드리는 역할은 제사장이 혼자서 맡아 주관하였다. 제사는 그 일을 위하여 하나님께서 세우신 자만이 할 수 있다(히 5:1-4). 우리 신자들의 제사를 담당하신 이는 오직 예수 그리스도뿐이시다.

11-13 이 부분에서는 또다시 가난한 자들을 위한 특수한 제사법이 기록되어 있다(참조. 7절 해석).

고운 가루 십분의 일 에바. 그런데 이상한 것은 "고운 가루"가 어떻게 속죄제물이 되는가? 속죄제물은 피 흘릴 수 있는 가축이라야 될 수 있지 않은가? 그러나 여기서 이것이 문제될 것은 없다. 하나님께서는 자기 백성에게서 있는 대로 받으시고 없는 것을 받지 않으신다(고후 8:12). 그뿐만 아니라 여기 "고운 가루"는 가축을 대신하는 의미에서 채택된 것이고, 그것 자체가 독립적으로 속죄제물의 가치를 가진 것은 아니다(Gispen).

그 위에 기름을 붓지 말며 유향을 놓지 말고. "기름"과 "유향"은 소제의 특징이다(2:1). 그러므로 그것들은 속죄제에 사용될 수 없었다. 그것을 기념물로 한 움큼을 취하여. 여기서 "기념물"이라는 말은 고운 가루를 가리키는데 '하나님 앞에 상달될 제물'이라는 뜻이다. 이 중에 하나를 범하여 얻은 허물. 5절 초두의 같은 말 해석을 참조하라.

14-16 이 부분부터는 속건제(אשם)가 취급된다. 속건제는 속죄제와 어떻게 다른가? "속건제"는 제2급의 속죄제라고 할 수 있다(Fairbairn). 속죄제는 하나님의 계명을 어긴 죄악 때문에 드리는 것이고(4:1-5:13), 속건제는 하나님의 권위나 사람의 권리 침해와 같은 잘못 때문에 드리는 것이다(5:14-6:7).

누구든지 여호와의 성물에 대하여 부지중에 범죄하였으면. 곧, 하나님께 제물을 드리는 데 있어서 등한히 했거나 혹은 부족하게 한 것을 가리킨다.

네가 지정한 가치를 따라 성소의 세겔로 몇 세겔 은에 상당한 흠 없는 숫양. "성소의 세겔"은 일반 시장의 세겔보다 2배의 가치를 가진다고 한다. "몇 세겔"은 두 세겔 이상을 말한다.

17-19 여호와의 계명 중 하나를 부지중에 범하여도 허물이라. 여기서도 성물에 관하여 잘못한 죄를 취급하는데 특별히 그 범인이 그 행한 바가 죄가 되는지 안 되는지 확실히 알지 못하는 경우를 취급한다. "부지중에"(בשגגה)라는 말이 이 부분에 두 번 나오는데(17, 18절) 이와 같은 뜻을 가진다. 사람이 어떤 때에 자기의 행한 바가 죄가 되는지 혹은 안 되는지 확실히 알지 못하는 때가 있다. 그는 그런 경우 양심상 불안감을 갖는다. 이런 때에도 속건제가 필요하다.

| 설교자료

1. 진리를 알고도 증거하지 않는 것은 죄악이다(1절). 에스겔 3:18에 말하기를 "가령 내가 악인에게 말하기를 너는 꼭 죽으리라 할 때에 네가 깨우치지 아니하거나 말로 악인에게 일러서 그의 악한 길을 떠나 생명을 구원하게 하지 아니하면 그 악인은 그의 죄악 중에서 죽으려니와 내가 그의 피 값을 네 손에서 찾을 것이고"라고 하였다.

2. 구약시대에는 사람이 짐승의 사체와 같은 부정한 것을 만졌어도 하나님 앞에서 그것이 불결로 인정되었다. 그런 불결은 죄악을 비유하는 것이다(2, 3절). 그런데 사람이 이런 불결을 접촉하되 부지중에 그렇게 되었어도 역시 허물로 인정되었다. 이것을 보면 하나님께서 인간의 죄악을 엄중하게 취급한 사실을 알 수 있다. 사람은 부지중에라도 죄를 범하지 않도록 주의해야 한다.

3. 우리는 무의식중에 하는 말도 주의해야 한다(4절). 마태복음 12:36에 말하기를 "내가 너희에게 이르노니 사람이 무슨 무익한 말을 하든지 심판 날에 이에 대하여 심문을 받으리니"라고 하였다. 전도서 5:1-2에 말하기를 "너는 하나님의 집에 들어갈 때에 네 발을 삼갈지어다 가까이 하여 말씀을 듣는 것이 우매한 자들이 제물 드리는 것보다 나으니 그들은 악을 행하면서도 깨닫지 못함이니라 너는 하나님 앞에서 함부로 입을 열지 말며 급한 마음으로 말을 내지 말라 하나님은 하늘에 계시고 너는 땅에 있음이니라 그런즉 마땅히 말을 적게 할 것이라"고 하였다.

제 6 장

↓ 내용분해

1. 남의 재산에 손해를 입혔다가 돌려주고 속건제를 드림(1-7절)
2. 제사법에 대해 추가된 설명(8-30절)
   1) 번제(8-13절)
   2) 소제(14-18절)
   3) 대제사장을 위한 소제(19-23절)
   4) 속죄제(24- 30절)

↓ 해석

1-3 누구든지 여호와께 신실하지 못하여. 여기 신실하지 못하여 짓는 죄는 남의 물건을 맡았다가 돌려 주지 않고 그 사실을 부인하거나, 혹은 남의 재산을 횡령하고도('도둑질'이라는 말이 그 뜻임) 그 사실을 부인하거나, 또 혹은 남의 재물을 강제적으로 탈취하고도 그 사실을 부인하는 등 거짓된 행동을 의

미한다. 모든 죄악은 언제나 거짓된 행동이다. 사람이 범죄할 때도 남을 속여가면서 하고, 그 후에는 그 사실을 감쪽같이 가리려고 한다. 사람들 이 속이는 모든 행동의 원인은 보이지 않는 데서 감찰하시는 하나님 앞에서 신실하지 못한 심리작용에 있다(2절).

4-5 그 본래 물건에 오분의 일을 더하여 돌려보낼 것이니. 이것은 그 주인의 재산에 어떤 손해라도 끼치지 않도록 만전을 기함이다. 그 범죄자는 반드시 하나님 앞에 속건제를 드리고 사죄를 받아야 할 터인데 그는 그렇게 되기 전에 먼저, 그가 훔쳤던 남의 재물을 완전히 돌려 주는 순서가 있어야 한다. 그 이유는 그가 드릴 제물은 그의 도적한 물건에서 나와서는 안되기 때문이다. 하나님은 도적의 물건을 받지 않으신다. 사람이 하나님께 드릴 제물은 어디까지나 그 자신의 희생 정신에서 바쳐져야 한다.

6-7 제사장은 여호와 앞에서 그를 위하여 속죄한즉 그는 무슨 허물이든지 사함을 받으리라. 속죄는 제물 자체로만 성립되는 것이 아니고 제사장의 바치는 행위를 경유하여 성립된다. 이 사실은 그리스도로 말미암아 받을 속죄를 비유한다. 우리가 그리스도로 말미암아 받는 속죄는 두 가지로 성립된다. 곧, 그의 바치신 속죄제물(자기의 생명을 희생하심)과 그의 바치신 행위이다.

8-13 이 부분은 번제물을 바침에 있어서 지켜야 할 두 가지 규례를 보여 준다.

1) 제단 위의 불이 꺼지지 않도록 함. 제단 위의 불은 처음에 하늘에서 내려온 불이다(9:24). 하나님께 드리는 제사는 여호와의 불로 드려야만 열납되도록 한 것이다. 그러므로 그 불을 계속 보존시키기 위하여 제사장은 끊임없이 제단에 연료를 공급하도록 되어 있다. 인간의 영혼을 구원하는 속죄는 이같이 하나님의 권위에 의해서만 성립되도록 하였다. 그럼에도 불구하고 아론의 두 아들 나답과 아비후는 다른 불을 담아 가지고 여호와 앞에 분향하려다가 하나님의 벌을 받았다(10:1-2).

2) 제사장이 의복을 입는 자세한 법규(10-11절). 우리는 이 법규에 대하여 신령한 뜻을 알아내기 어렵다. 그러나 한 가지 확실한 것은 거룩한 제사를 드림에 있어서 법규가 자세한 사실이다. 하나님께서 이같이 이스라엘에게 자세한 규칙을 주신 목적은 하나님께 대한 그들의 순종 여부를 보시려는 데 있기도 하다.

14-18 **거룩한 곳 회막 뜰에서 먹을지니라.** 아론과 그 자손이 소제를 드린 후에 분깃으로 받은 것을 먹되 반드시 "회막 뜰"에서 먹도록 한 것은 신령한 뜻을 가진다. 곧, 그 먹는 행위도 아직까지 제사의 의미를 가진다는 것이다. 다시 말하면 그것이 종교적 의미를 가진다. 이것은 신약시대에 신자들이 속죄의 제물이 되시는 그리스도의 살과 피를 믿음으로 받는(먹는 행동이 이를 비유함) 것을 비유한다(참조. 요 6:53-56).

19-23 이 부분은 대제사장이 위임받을 때 하나님께 드리는 소제를 말해 준다.

에바. 한 에바는 41.2 리터다.

26 **회막 뜰 거룩한 곳에서 먹을 것이며.** 이 말에 대하여는 16절에 있는 같은 말 해석을 참조하라.

27 **그 피가 어떤 옷에든지 묻었으면 묻은 그것을 거룩한 곳에서 빨 것이요.** 곧, "피"는 거룩한 제물이므로 성막의 외부에 나가지 못하도록 최선을 다하는 행동이다. 거룩한 것을 외부에 접촉시키면 그것이 거룩한 것을 속된 것으로 만드는 과오를 범함이다. 이같이 성별 제도는 옛날부터 엄격하였다. 성별이 폐지되면 결국 하나님의 권위를 무시하는 것이며 동시에 하나님의 권위에 의존하는 신앙도 성립될 수 없다.

28 **그 고기를 토기에 삶았으면 그 그릇을 깨뜨릴 것이요.** "토기"는 제물로 소용된 고기의 성분을 흡수한다. 그러므로 제물을 성별하는 제도 아래서 그 토기는 깨뜨릴 수밖에 없었다. 그 이유는 거기에 흡수되어 있는 고기의 성분을

제거할 다른 방법이 없기 때문이다.

유기에 삶았으면 그 그릇을 닦고 물에 씻을 것이며. "유기"에 묻은 고기의 성분은 닦기만 해도 제거된다. 그러므로 그릇은 깨뜨릴 필요가 없었다.

| 설교자료

1. 신자는 남의 물질을 취급함에 있어서 신실해야 한다(2-5절). 그것이 역시 남을 내 몸같이 사랑하는 행위이다. 에베소서 4:25에 말하기를 "그런즉 거짓을 버리고 각각 그 이웃과 더불어 참된 것을 말하라 이는 우리가 서로 지체가 됨이라"고 하였다. 삭개오는 예수님 앞에 서서 말하기를, 내가 "만일 뉘 것을 토색한 일이 있으면 사 배나 갚겠나이다"(눅 19:8)라고 하였다.

2. 번제단의 불은 언제나 끄지 않고 붙어 있어야 했으며, 번제물을 아침마다 태우도록 되어 있었다(12-13절). 여기 꺼지지 않는 불은 죄인들에게 대한 하나님의 진노를 비유한다. 이런 영원한 불과 같은 진노는 번제물로 비유된 예수 그리스도의 속죄로만 만족함이 된다. 그러므로 예수 그리스도로 말미암아 우리에게 오는 의(義)는 영원한 의이다(참조. 단 9:24; 히 9:22).

제 7 장

✤ 내용분해

1. 속건제(贖愆祭)에 대한 추가 법규(1-10절)
2. 화목제에 대한 추가 법규(11-36절)
   1) 가축에 수반(隨伴)되는 피 없는 예물들(11-14절)
   2) 제물의 고기를 먹는 규례와 기름과 피에 대한 규례(15-27절)
   3) 화목제물 중 제사장들이 차지할 분깃(28-36절)
3. 모든 제사법에 대한 결론(37-38절)

✤ 해석

1-5 하나님께 드리는 제물은 피와 기름이다. 피와 기름은 생명을 비유하는데 인간은 자기의 죄값을 대신하여 희생될 생명을 하나님께 드려야 한다. 짐승의 생명은 장차 오실 그리스도의 속죄적 희생을 예표한다.

피를 단 사면에 뿌린 것은 제물을 드리는 장소에 피밖에 보이지 않도록 하기 위함이었다. 이것은 자신이 범한 죄로 인하여 상심된 죄인으로 하여금 하나님 앞에서 화해(和解)를 느끼도록 하기 위한 것이다. 기름을 단 위에 불 사름은 "대속물을 완전히 하나님께 바친다"는 뜻이다.

6-10 이 부분의 말씀은 속건제의 제물 중에서 제사장의 소유가 될 부분에 대하여 말한다. 하나님께서는 신령한 일을 행하는 자들에게 합당한 보수를 주신다(참조. 마 10:10; 고전 9:13). 그러나 이 점에 있어서 우리가 명심할 것이 있다. 곧 제사장이 자기의 분깃을 먹되 거룩한 곳에서만 먹도록 되어 있다. 그것은 그 받은 분깃도 거룩하게 사용해야 함을 가리킨다. 여기에는 탐심이 용납되지 못한다. 엘리의 두 아들 홉니와 비느하스는 당시의 제사장들로서 제물에 탐심으로 행하다가 망하였다(삼상 2:12-17).

11-14 화목제물로 가축을 드리는 법인데(3:1-5), 피 없는 예물들을 드리는 것은 감사가 넘쳐서 모든 것을 다 드림을 의미한다. 그리고 유교병을 거제(제사장이 제물을 높이 들어 올렸다가 내리는 방식)로 드리는 것은 그 제사를 드리는 자의 부패성까지 높이 들어 하나님의 처분에 맡기는 행동이다. 패트릭(Patrick)은 말하기를 "이때 유교병만은 제단에 올려놓지 않고 다만 부패를 제거한다는 의미에서 거제로 드린다"고 하였다.

15-21 여기서는 화목제를 드린 후에 그 제물을 먹는 규례에 대하여 자세히 말한다. ① 희생의 고기는 일반적으로 제사를 드린 당일에 먹는다(15절). 그것은 그 자리에 모인 사람들과 함께 즐기며 감사하기 위함이다(삼하 6:17-19). ② 서원을 위한 예물이면 제사한 이튿날까지 남겨두고 먹을 수 있다(16-18절). 이 제물을 취급함에 있어서는 하루의 여유를 더 부여했는데 그 이유를 우리는 알 수 없다. 그러나 사흘까지 고기를 남겨두지 않은 이유는 그것이 부패하면 제물의 성격을 상실하기 때문이다. ③ 제육(祭肉)에 부정한 것을 용납하지 못한다(19-21절). 이것도 하나님 앞에 드린 제물이 절대로 거룩해야 할 것을 상징한다. 구약시대의 제물은 지극히 거룩하신 그리스도를 상징

한다. 그러므로 불결한 것을 만진 자도 제육을 먹지 못하였다.

22-27 이 부분의 말씀은 짐승의 기름이나 피를 먹지 말라는 규례이다. 기름이나 피는 제물의 요점이었다. 그것들은 생명을 대표한 것이므로 속죄의 가치를 상징하는 것이다. 그러므로 제물을 존중히 여기는 정신으로 사람들은 그것들을 먹지 않아야 한다.

28-36 제물의…가슴을…오른쪽 뒷다리를 하나님께서 아론과 그의 자손. 곧 제사장들의 분깃으로 구별해 주셨다. 제사를 드린 본인이 제사장의 봉사에 대하여 감사하는 의미에서 이런 것들을 헌납한다. 신약시대의 신자들은 대제사장이신 그리스도의 중보 역사에 대하여 다음과 같이 감사한다. 곧, 신자들은 제물의 가슴에 해당되는 심장을 그리스도께 드리고, 또 제물의 뒷다리와 같은 손발을 드린다.

요제와 거제. "요제"는 제사장이 그 제물의 가슴을 들어서 모든 사람이 보도록 흔들어 드리는 제사이다. 그리스도인은 이같이 공식적으로 그리스도께 감사해야 한다. "거제"는 그저 제물을 들어서 바친다는 뜻이다(32절).

37-38 이 구절들은 모든 제사에 대한 결론적 말씀이다.

| 설교자료

1. "화목제"에 있어서 제사장들은 그 분깃을 당일에 먹도록 되어 있다(15절). 이와 같은 규례의 목적은 ① 제물을 거룩하게 사용하기 위함이다. 제물을 여러 날 동안 보유하면 그것이 부패하여짐에 따라서 제물의 존엄성이 없어진다. 이러므로 신자들은 신앙생활에 있어서 언제나 성별(하나님의 말씀, 예배)을 존중히 해야 한다. 거기에 신적 권위를 추앙하는 신앙이 보존된다. ② 형제를 사랑하기 위함이다. 제사장들이 제물을 탐하여 여러 날 저축하여 두는 것 같은 행위는 형제애와 배치된다. 그러므로 그들은 그것을 많은 사람들

과 함께 나누어 먹어야 한다. 형제애는 신앙생활에 있어서 중요한 요소이다 (요일 4:20).

2. "요제"는 가축의 가슴을 여호와 앞에 흔들어 바침이다(30절). 곧, 제사장이 그것을 동서남북으로 두루 흔들어 온 천하 사람들이 다 볼 수 있게 그것을 바친다는 것이니, 이것이야말로 확정적이고 공적인 봉헌을 의미한다. 우리 신자들은 자신을 하나님 앞에 바칠 때 이같이 공적으로 또는 전적으로 바쳐야 한다.

3. "거제"는 그저 쳐들어 바친다는 뜻이다(32절). 헹스텐베르크(Ernst Wilhelm Hengstenberg)에 의하면 하늘에 계신 하나님께 바친다는 뜻이라고 한다. 물론 다른 제물도 하나님께 바치는 것이지만, 그것들은 또 다른 신령한 뜻을 가지고 있다. 거제의 의미를 생각할 때 우리들이 명심할 것이 있다. 곧, 사람들은 하나님 앞에 바친다고 하면서도 자기의 명예를 위하는 일도 많으니, 그렇게 바치는 것은 하나님께 바침이 아니다. 하나님께 바친다는 뜻은 그 바치는 자의 마음속에 그 바친 물질을 인색하게 생각하는 것도 없고, 사람들의 칭찬을 받으려는 생각도 없다. 그는 전적으로 하나님만을 사랑하여 그것을 바친다.

제 8 장

8장은 제사장의 위임식에 대하여 말한다.

✤ 내용분해

1. 성복(聖服)과 관유(灌油)와 제물을 준비함(1-2절)
2. 회중을 모음(3-4절)
3. 아론과 그 아들들을 물로 씻기고 복장을 입힘(5-13절)
4. 모세가 아론과 그 아들들을 위하여 속죄제를 드림(14-17절)
5. 번제를 드림(18-21절)
6. 화제를 드림(22-29절)
7. 남은 행사들(30-36절)

   1) 아론과 그 아들들의 옷에 피와 기름을 뿌림(30절)
   2) 아론과 그 아들들이 제물을 먹고 남은 것을 불사름(31-32절)
   3) 그들이 7일 동안 회막 안에 유함(33-36절)

↓ 해석

1-4 여호와께서 모세에게 말씀하여 이르시되. 참된 종교의 성립은 지극히 높고 참되신 하나님(요 8:26)의 말씀 권위에만 근거한다. 인간은 자력(自力)으로 구원받을 수 없다.

모세가 여호와께서 자기에게 명령하신 대로 하매. 이때 모세는 하나님과 회중 사이에 세움이 된 중보자로 사역하였다. 하나님이 세우신 자가 아니고는 하나님의 일을 할 수 없는 법이다. 참 종교는 모든 일에 있어서 신본주의(神本主義)로 성립된다. 여기에 진정한 권위가 있고 따라서 진정한 신앙의 원리도 있다.

6 모세가 아론과 그의 아들들을 데려다가 물로 그들을 씻기고. 이것은 성령(생수로 비유됨)으로 그들의 죄를 깨끗하게 하는 상징적인 의식이다(히 9:13-14; 10:22). 하나님을 섬기는 자는 먼저 깨끗해야 한다(시 24:4; 참조. 약 3:17). 이런 의식은 성막 뜰에 있는 물두멍에서 행한 것이다. 이같이 처음에는 제사장의 온몸을 씻겼으나 이후에는 손발만 씻는다. 예수님께서 제자들의 발을 씻기신 것도 이런 뜻이 있는 것이다(요 13:10).

7-9 에봇. 이것은 대제사장의 어깨 위에 걸치는 것인데 그것은 제사장 옷의 특징이라고 할 만큼 중요한 것이다. 그것이 상징적으로 죄를 가려 주어서 하나님 앞에 나아갈 수 있게 하는 자격을 성립시킨다. 그러므로 구약시대에는 하나님 앞에 나아가는 자들이 에봇을 그 대표적인 예복으로 입었다(삼상 2:28; 14:3; 21:9; 22:18; 23:6; 30:7; 참조. 삿 8:27). 예수님은 우리의 속죄자시요 중보자로서 에봇과 같으시다.

흉배. 이것은 가슴에 다는 것으로 우림과 둠밈을 거기에 넣는다. "우림"과 "둠밈"의 모양은 알려지지 않았으나 그것은 '빛'과 '완전'을 의미하며 하나님의 뜻을 확인하는 데 사용되었다. 이것도 그리스도를 상징한다.

10-12 관유. 이것은 바르는 기름을 가리키는데 몰약, 육계, 창포, 계피, 감람으로 제조된 것이다(출 30:22-25). 이같이 관유는 여러 가지 재료로 합성되어 향기를 낸다. 이것은 성령의 여러 가지 은사들의 연합을 비유한다(참조. 시 133:2).

13 아론의 아들들(일반 제사장들)의 옷은 대제사장의 옷에 비하여 퍽 간소하다. 그만큼 그들도 대제사장을 가까이에서 따라야 할 위치에 있다. 대제사장 아론은 그리스도의 상징이고, 그 아들들은 신자들을 상징한다.

14-29 이 부분에 세 가지 제사가 기록되었는데 곧 속죄제, 번제, 화목제(위임제) 등이다. 여기 중요한 말씀 몇 가지만 해석하고자 한다. ① **속죄제**는 대제사장 자신의 죄를 사함받는 제사이고(14-17절) ② **번제**는 대제사장이 전적으로 자기를 하나님께 바치는 제사이고(18-21절) ③ **위임식 제사**는 직무를 맡는 제사 행위로서 제사장의 순종을 그 중점으로 가르친다(22-29절). 그들의 귀와 손발에 피를 바른 것은 그들이 하나님의 인도대로 잘 순종함으로 직무를 수행해야 할 것을 보여 준다(23-24절; 참조. 시 40:6; 히 10:5). ④ **요제**는 제물을 흔들면서 공적(公的)으로 바침을 가리킨다(27절).

30 모세가 아론과 그 아들들에게 피와 기름을 다시 뿌렸다. 이것은 그들이 성직자이므로 보통 사람보다 배나 성결해야 할 것을 가리킨다.

31 이 구절은 제사장들이 제육을 먹음에 대하여 말한다. 이 규례는 신자들이 그리스도의 희생을 영적으로 먹음(믿음을 비유)을 예언한 것이다.

33-35 이 부분에서는 아론과 그 아들들이 칠 일 동안 회막문 밖에 나가지 못할 것을 명하신다. 이것은 그들이 성직에 전무할 것을 보여 준다(참조. 시 84:4; 잠 8:34; 눅 10:4).

| 설교자료

1. 대제사장의 복장은 특수하다(6-9절). 대제사장 아론이 그리스도의 표상인 것처럼 그 찬란한 복장은 그리스도의 의를 상징한다. 그리스도는 하나님의 아들로서 무궁한 의를 가지시고 하나님과 우리 사이에 중보적 역사를 하신다. 우리는 의로우신 그리스도로 말미암아 하나님과 교통할 수 있게 된다. 그러므로 특별히 바울 서신은 이 사실을 강조하는 의미에서 하나님을 섬기는 신자의 생활이 그리스도 안에서만 성립된다고 한다. 바울 서신에는 "그리스도 안에서" 또는 "주 안에서"라는 말이 많이 나온다.

2. 대제사장(아론)과 제사장들(아론의 아들들)의 위임식 제사에 바쳐질 제물(수양)의 피를 그들의 "오른쪽 귓부리와 그의 오른쪽 엄지 손가락과 그의 오른쪽 엄지 발가락"(23-24절)에 바른 것은 의미심장하다. 그것은 그들의 봉사가 스스로 성립될 수 없고 오직 예수 그리스도의 피로만 완전하게 됨을 비유한다. 오늘날 우리 신자들의 모든 활동도 그리스도의 피로 깨끗하게 함이 되어야 한다. 그러므로 우리는 그 보혈을 믿고 모든 일을 해야 한다(요일 1:7).

제 9 장

아론과 그 아들들이 직무 실행에 착수하게 됨

✤ 내용분해

1. 모세가 명하여 제물을 마련하게 함(1-6절)
    1) 아론과 그 아들들을 위한 제물(2절)
    2) 백성을 위한 제물(3-4절)
    3) 명령이 실행됨(5-6절)
2. 아론에게 명하여 아론 자신과 그 백성을 위하여 하나님께 제물을 드리라고 함(7절)
3. 아론이 제사를 드림(8-21절)
    1) 아론이 자기 자신을 위하여 속죄제와 번제를 하나님께 드림(8-14절)
    2) 아론이 백성을 위하여 속죄제, 번제, 화목제를 하나님께 드림(15-21절)
4. 아론의 두 번 축복과 그 결과(22-24절).
    1) 제사드리기를 마치고 백성을 축복함(22절)

2) 성막에 들어갔다가 나와서 다시 축복함(23절)
3) 불이 여호와 앞에서 나와 제물을 불사름(24절)

✤ 해석

1-4 제사직에 취임한 아론과 그 아들들은 제사를 드리기 위해 먼저 제물을 준비해야 한다. 아론과 그 아들들은 자기들을 위한 제사에 자신들이 제물을 준비해야 하고, 이스라엘 백성도 자신들을 위한 제사에 역시 그리해야 한다. 사람은 누구든지 값없이 제물을 드려서는 안된다(참조. 삼하 24:24).

오늘 여호와께서 너희에게 나타나실 것임이니라. 하나님은 그리스도의 보혈을 비유한 그들의 제사를 보시고 그들을 만나주신다. 피흘림이 없이는 사유함이 없다(히 9:22).

6 이는 여호와께서 너희에게 하라고 명령하신 것. 모세는 분명히 밝히기를 위의 부탁은 하나님의 말씀 권위에 근거한 것이라고 한다. 모세의 신앙은 어디까지나 하나님의 권위에만 근거하고 성립된 것이다. 그것만이 참되고도 가능한 신앙의 원리이다.

7 이 구절에서는 모세가 아론에게 제사를 실행하라고 명한다. 그러나 여기서도 어디까지나 하나님이 명령하신 내용대로만 하라고 덧붙인다. 이런 신본주의가 아니면 참 종교는 성립될 수 없다. 우리가 구원 문제(종교문제)에 있어서 하나님이 명령하신 대로 해야 한다는 것은 무거운 짐이 아니다. 오히려 이 말씀은 우리의 힘으로는 불가능한 어려운 짐들을 벗겨 주시고자 하시는 복음의 말씀이다. 그것은 우리의 지혜로 찾아 들어갈 수 없는 곳에 안내자의 인도를 받는 평안이다.

8-14 이 부분에서는 아론이 자기를 위하여 속죄제와 번제를 드림에 대

하여 말한다. 이 점에 있어서 히브리서 5:1-3의 말씀을 읽으라.

15-21 여기서는 대제사장 아론이 백성을 위하여 제사 드린 사실에 대하여 말한다. 그 제사는 속죄제, 번제, 소제, 화목제 등이다.

22-24 대제사장이 백성을 위하여 두 차례 축복하였다. 이것은 예수님께서 부활하신 후 감람산에서 제자들에게 축복하실 것과 재림하시어 구원하실 것을 비유한다고 한다(Bonar).

불이 여호와 앞에서 나와 제단 위의 번제물과 기름을 사른지라. 이것은 제단에 전혀 불이 없었는데 이때 기적적으로 처음 불이 제물에 붙었다는 것이 아니고, 이미 있던 불에 하늘에서 불이 내려와 가세하였다는 뜻이라고 한다(Delitzsch). 이 기적은 하나님께서 그 제단에 드린 제사들을 기쁘게 받으신다는 뜻으로 나타났다.

| 설교자료

1. 아론은 대제사장의 자격으로 먼저 자기 자신을 위하여 하나님께 제물을 드렸다(8-14절). 그 이유는 그 자신도 죄인이었기 때문이다(히 5:1-3). 오늘날 신약시대의 사역자들도 언제나 자기 자신의 구원을 위하여 먼저 힘써야 한다. 자기 자신의 구원 문제에 대하여 등한히 하는 자가 어떻게 남의 구원 문제를 위하여 일할 수 있으랴? 그것은 불가능하다. 그러므로 바울은 에베소 장로들에게 부탁하기를 "여러분은 자기를 위하여 또는 온 양 떼를 위하여 삼가라"(행 20:28) 하였고, 또 디모데에게도 부탁하기를 "네가 네 자신과 가르침을 살펴 이 일을 계속하라 이것을 행함으로 네 자신과 네게 듣는 자를 구원하리라"(딤전 4:16)고 하였다.

2. 아론은 대제사장의 자격으로 하나님의 백성을 위하여 하나님께 예물

을 드렸다(15-21절). 우리가 이 점에 있어서 기억할 것은 그는 하나님이 세워 주신 사역자의 자격으로 하였다는 것이다. 히브리서 5:4에 말하기를 "이 존귀는 아무도 스스로 취하지 못하고 오직 아론과 같이 하나님의 부르심을 받은 자라야 할 것이니라"고 하였다. 하나님이 세우신 사역자가 실행하는 성역이 참된 것이고, 또 하나님의 백성에게 은혜를 베풀어 주신다. 하나님이 세우신 사역자는 하나님의 백성에게 생명과 같이 귀하다.

제 10 장

✤ 내용분해

1. 나답과 아비후가 하나님 앞에 다른 불로 분향하였으므로 형벌을 받아 죽음(1-2절)
2. 모세가 하나님의 성별(聖別)에 대하여 역설함(3절)
3. 모세가 나답과 아비후의 장례를 명함과 주의사항(4-7절)
4. 아론과 그 자손들은 포도주나 독주를 마시지 말 것(8-11절)
5. 소제와 거제와 요제의 제물을 먹는 법(12-15절)
6. 아론의 남은 아들들이 속죄 제육을 먹지 않았음에 대한 모세의 책망 (16-18절)
7. 아론의 설명에 대하여 모세가 만족하게 생각함(19-20절)

✤ 해석

1 여호와께서 명령하시지 아니하신 다른 불을 담아 여호와 앞에 분향하였더니. 여

기 "다른 불"은 무엇을 의미하는가? 이것은 하늘에서 내려온 불(9:24)이 아니라 그들이 스스로 피운 불이다. 이 해석이 정당하다고 할 이유는 문맥상으로 보아 그 바로 앞에 있는 말씀(9:24)이 하늘에서 내려온 불을 말하며 그 불(9:24)은 제물을 태우는 불이기 때문이다. 제사장들이 분향할 때는 제단에서 항상 타고 있는 그 불을 이용하도록 일찍이 명령을 받은 듯하다(16:12).

사람이 하나님께 제사를 드릴 때는 언제든지 인간적 방법으로 어떤 행사든지 할 수 없다. 참 종교는 제사의 모든 규례를 어디까지나 하나님의 계시에 의해서만 실행한다.

2 불이 여호와 앞에서 나와 그들을 삼키매. 여기서 "삼켰다"는 말은 아주 태워버렸다는 뜻이 아니다. 나답과 아비후가 이때 하나님의 불로 말미암아 어떤 형태로 죽임이 되었는지 우리는 알 수 없다. 확실히 그들의 옷이 타지는 않았다(5절). 그러므로 여기 삼켰다는 말은 그들을 죽였다는 뜻과 같다. 사람들이 범하는 죄는 같아도 하나님의 벌하시는 방법이 언제나 똑같지는 않다. 특별히 하나님께서 법을 세우시는 장면에서 그 법을 어기는 자들은 더욱 급격한 벌을 받았다. 그 이유는 그런 장면에서 법을 어기는 것은 하나님을 대면하여 모독하는 것과 같기 때문이다.

3 나는 나를 가까이 하는 자 중에서 내 거룩함을 나타내겠고. 곧, 하나님을 봉사하는 제사장들은 마땅히 자신들을 성별하여 하나님의 성별을 지킴으로 하나님을 거룩하게 섬겨야 한다는 것이다. 하나님께서 거룩하게 섬김을 받으실 때 모든 사람 앞에서 영광을 받으신다. 모든 사람들은 제사장의 행동을 봄으로 하나님을 알게 되며 높이게 된다(참조. 마 5:13-16).

4-5 이 부분 말씀을 보면 그 죽은 자들의 직계 가족들(제사장족)이 시체를 운반하도록 되어 있지 않다. 제사장들은 성소에서 봉사하는 일에만 전무(專務)하도록 되었다.

그들을 옷 입은 채 진영 밖으로 메어 내니. 그들의 옷은 물론 제사장의 성복이었다. 하나님께서 그의 성별하신 법규를 그대로 보호하시는 의미에서 그들의 옷은 입은 그대로 두셨다. 그들의 시체를 진 밖으로 운반한 것은 거기 있는 무리들로 하여금 이 비참한 사실을 알게 하기 위함이었다. 하나님의 거룩한 법을 범한 자들은 이같이 벌을 받는다는 사실이 모든 사람들에게 알려져야 한다(참조. 사 66:24).

6-7 너희는 머리를 풀거나 옷을 찢지 말라 그리하여 너희가 죽음을 면하고. 곧, 제사장들은 주님을 위하여 거룩한 일에 종사하는 것이므로 죽은 자들을 위하여 지나친 슬픔에 잠기면 안된다는 것이다. 그들은 그들의 성역(聖役)을 실행하는 데 늘 집중되어 있어야 한다.

오직 너희 형제 이스라엘 온 족속은 여호와께서 치신 불로 말미암아 슬퍼할 것이니라. 다시 말하면 일반 민중은 그 죽은 자들의 죄악을 섭섭하게 여기는 의미에서 슬퍼할 수 있다는 것이다. 하나님께서는 사람들의 정당한 슬픔을 금하지 않으신다.

관유가 너희에게 있은즉 너희는 회막 문에 나가지 말라. 곧 기름 부음 받은 제사장들은 회막 안에서 성역에 전념하여야 할 것이므로 다른 일로 외출해서는 안 된다는 것이다.

8-11 여기서는 제사장들이 성역을 실행하는 때에 술을 마시지 말 것을 당부한다. 이와 같은 금령의 목적은 그들로 하여금 거룩한 것을 잘 분별하여 시행하게 하려는 것과 백성에게 진리를 바로 가르치도록 하려는 것이다.

12-15 이 부분에서는 제사장들로 하여금 자기들의 분깃인 제물을 거룩한 곳에서 먹으라고 가르친다. 제물을 먹는 것도 제사의 한 순서이므로 그들은 그것을 법대로 먹어야 한다. 제물은 예수 그리스도의 몸을 비유하는데 신약시대의 성도들은 그것을 영적으로 먹는다. 먹는다는 것은 믿음을 비유하는 말이다(참조. 요 6:35).

16-20 이 부분의 말씀을 보면 그때 아론과 그 아들들이 그들의 분깃인

제물은 먹지 않은 사실이 있었다. 이 점에 있어서 모세는 그들의 잘못을 지적하였다. 물론 속죄제물의 피를 성소 안에까지 가지고 들어가게 된 그 제물은 제사장들이 먹지 않고 태워버린다(4:21; 6:30). 그러나 성막 뜰에서만 제물의 피가 처분되어진 경우에는 제사장들이 속죄제물을 먹는 법이었다(6:26). 이때에 제사장들이 속죄제를 드린 염소(16절)의 고기는 그들이 마땅히 먹었어야 될 것이다. 이때 아론의 대답이 그럴듯하였다. 곧 **"오늘 그들이 그 속죄제와 번제를 여호와께 드렸어도 이런 일이 내게 임하였거늘 오늘 내가 속죄제물을 먹었더라면 여호와께서 어찌 좋게 여기셨으리요"**(19절)라고 하였다. 이 말씀의 뜻은 아론과 그 가족이(나답과 아비후도 포함된) 하나님께 제사를 드렸어도 불상사가 생겼으니 제물을 먹는 것이 하나님께 합당하지 않다는 것이다. 이것은 아론과 그 가족의 근신(慬愼) 행위를 말한다. 모세는 이 말을 옳게 여겼다.

| 설교자료

1. 나답과 아비후의 사건은 만고에 주님의 사역자들에게 거울삼아 되돌아볼 사건이 되어야 한다(1-2절). 하나님을 섬기는 방법은 오직 하나님의 방법대로 해야 한다. 다시 말하면 하나님이 제정하여주신 모든 제도와 그 말씀대로만 순종함에 있는 것이다. 이것이 참된 종교, 곧 타율주의 종교의 원리이다. 타율주의 종교라는 것은 사람으로 하여금 자기 자신을 거부하고 오직 주님을 따르도록 하는 것이니, 거기에만 참다운 구원이 있다. 그 이유는 사람이 스스로 자기를 구원할 수 없기 때문이다. 그러므로 하나님을 섬기는 데 있어서 하나님의 방법을 무시하고 자기들의 방법을 취한 나답과 아비후는 하나님 앞에서 벌을 받은 것이다. 그러므로 우리는 하나님을 섬기는 데 있어서 하나님의 말씀 외에 다른 것을 따르지 않아야 한다. 우리는 이 일에 생사

문제가 걸려 있는 줄 알고 긴장을 풀지 말아야 한다.

    2. 아론의 아들 나답과 아비후가 죽은 때에 아론의 직계 가족들은 과도히 슬퍼하지 않도록 경고를 받았다(6절). 이것은 신구약 성경이 가르치는 진리에 부합한 경고이다. 주님의 사자들은 온전히 하나님을 섬기는 자들이니, 그들은 인정에 매이지 않아야 한다. 그뿐만 아니라 그들의 소망은 혈통에 있지 않고 하나님께 있는 것이므로 언제나 가족보다 하나님을 더 위해야 한다. 그러므로 누가복음 14:26에 예수님께서 말씀하시기를 "무릇 내게 오는 자가 자기 부모와 처자와 형제와 자매와 더욱이 자기 목숨까지 미워하지 아니하면 능히 내 제자가 되지 못하고"라고 하셨다.

    3. 제사장들은 하나님 앞에서 봉사할 때 포도주나 독주를 마시지 말라고 경고 받았다(9절). 그 목적은 그들로 하여금 신령한 일들과 진리를 바로 분변하게 하려는 것이다(10절). 이것을 보면 하나님 앞에서 봉사하는 것이 참으로 엄숙한 일임을 알 수 있다. 하나님을 섬기는 그 자리에서는 최대 한도로 심령이 건전해야 될 것이었다. 그렇지 못하면 나답과 아비후같이 거룩한 법을 위반할 우려가 있다. 그러므로 주님의 종들이 하나님을 섬길 때는 생사 문제가 좌우되는 긴장감으로써 수행해야 한다.

제 11 장

✦ 내용분해

1. 짐승들 중 사람이 먹을 수 있는 것과 먹을 수 없는 것(1-8절)
2. 물고기들 중 사람이 먹을 수 있는 것과 먹을 수 없는 것(9-12절)
3. 새들 중 사람이 먹을 수 있는 것과 먹을 수 없는 것(13-19절)
4. 곤충들 중 사람이 먹을 수 있는 것과 먹을 수 없는 것(20-23절)
5. 접촉으로 인한 불결(24-40절)
6. 기어다니는 것들을 먹지 말라고 함(41-43절)
7. 결론(44-47절)

✦ 해석

1-2 육지의 모든 짐승 중 너희가 먹을 만한 생물은 이러하니. 구약은 외부적(윤리적이 아님)인 것들(음식물)에 대해서도 "정하다", 혹은 "부정하다"는 의미를 붙여서 하나님 백성의 구별된 생활을 장려했다. 하나님께서 이스라엘에게

어떤 동물을 먹지 말라고 하신 목적은 ① 유대인들로 하여금 우상 섬기는 이방 민족들과 가까이 교제하지 못하도록 하려는 것이다. 사도행전 10:10-16에 하나님께서 베드로에게 모든 불결한 동물들을 먹으라고 계시하셨다. 그것은 베드로가 이방인들의 세계에 기탄없이 들어가서 전도해야 할 것을 보여주기 위한 계시였다. 그러므로 레위기 11장의 음식물 규례는 이방인들과 유대인들과의 장벽을 형성하는 요소도 있다고 생각된다. ② 이 규례는 역시 이스라엘에게 성결의 도를 가르쳐 신약의 복음을 지향한 영적 준비를 이루는 것이다. 히브리서 9:9-10에 말하기를 "이 장막은 현재까지의 비유니 이에 따라 드리는 예물과 제사는 섬기는 자를 그 양심상 온전하게 할 수 없나니 이런 것은 먹고 마시는 것과 여러 가지 씻는 것과 함께 육체의 예법일 뿐이며 개혁할 때까지 맡겨 둔 것이니라"고 하였다.

3 모든 짐승 중 굽이 갈라져 쪽발이 되고 새김질하는 것은 너희가 먹되. 하나님께서 이와 같은 법을 그때의 유대인들에게 주신 목적이 있다. 그것은 깨끗한 짐승으로는 성결을 의미하고, 깨끗하지 못한 짐승으로는 죄악을 상기시켜 나타내려는 것이었다. 물론 깨끗하지 못한 짐승의 고기를 먹으면 위생적으로 좋지 못한 경우도 있을 것이다. 그러나 여기서 하나님이 염두에 두신 것은 위생의 목적보다 상징적으로 성결을 가르치시려는 목적이었다.

굽이 갈라지고 새김질하는 짐승은 풀만 먹는 것들이며 매우 정결한 짐승들이다. 그러므로 이것들로 인간의 도덕적 성결을 가르칠 수 있다.

4-8 사반. 이 짐승은 "바위너구리"를 말한다. 사반은 초식 동물이며 바위 틈에서 산다. 그것들은 흔히 떼를 지어 다닌다고 한다. 그 몸집은 토끼만 하고 털색은 누런데 배 밑은 희다(잠 30:26).

토끼도 새김질은 하되 굽이 갈라지지 아니하였으므로 너희에게 부정하고. 토끼는 실상 먹었던 것을 토하여 새김질하는 일은 없다. 그러나 그것이 계속적으로 입을 움직이면서 새김질하는 것 같은 동작은 하고 있다. 학자들에 의하면 토끼가 그 이빨을 갈기 위하여 그렇게 입노름을 한다고 한다. 어쨌든 그 입놀림이 새김질하는 모양과 같은 것은 사실이다. 그러므로 그 동작을 새김질이라고 해도 무방한 것이다. 성경은 여기서 그 입의 모양을 가지고 말하는 것뿐이고 새김질과 관계된 위(胃)의 구조 같은 것을 생각하지는 않았다.

그 주검도 만지지 말라. "주검"은 죄악을 상징한다. 그러므로 하나님께서는 이 말씀으로 사람들로 하여금 죄를 멀리해야 할 것을 비유적으로 가르치셨다.

9 지느러미와 비늘 있는 것은 너희가 먹되. 어떤 학설에서 고기는 비늘을 통하여 몸 속에 있는 더러운 것을 분비시킨다고 한다. 따라서 비늘 있는 고기는 독이 없다고 한다. 그러나 여기서 비늘 없는 고기보다 비늘 있는 고기가 깨끗하다고 한 이유는 비늘 없는 고기는 죄악을 상징할 수 있는 뱀과 같기 때문이다.

10-12 비늘 없는 모든 것은 너희에게 가증한 것이라. 여기 "가증하다"는 말이 네 차례 나온다. 이런 중언체(重言體)는 뜻을 강조하기 위한 것이다. 그러면 "비늘 없는" 고기는 어떤 것을 가리키는가? 그것은 보통으로는 뱀처럼 생긴 것으로서 죄악을 상징한다. 어떤 학자는 이것이 연체 동물(조개나 굴 같은 것)도 포함한다고 하며 그것이(열대 지방에서는) 위생적으로 좋지 않다고 한다 (Hertz).

13-19 이 부분에 기록된 새들은 모두 생물을 잡아먹고 사는 것들이므로 그 성질이 포악하다. 그러므로 이것들은 악독을 상징한다고 할 수 있다(참조. 신 14:12-20의 해석).

20-23 여기서는 곤충 가운데 날개가 있으면서도 기어다니는 것은 먹지 말라고 한다. 우리는 이런 곤충에 대하여 잘 알지 못하지만 하나님께서 그것들을 더럽게 보셨으므로 그것이 역시 죄악을 상징한다. 그와 반면에 곤충 중에도 뛰는 종류는 먹으라고 하셨으니 그것은 죄악을 상징할 만한 더러움이

없기 때문이다.

24-28 여기서는 위에 말한 모든 부정한 동물들의 주검에 대하여 사람들이 접촉하지 말 것을 다시 경고한다. 주검은 언제나 죄악을 상징한다.

29-40 여기서는 기어다니는 짐승의 주검이 무엇에 접촉이 되든지 그것이 불결해진다는 것이다. 그런 경우에는 그 불결해진 것을 물에 담그라는 것이다. 불결해진 질그릇은 깨뜨리라고 한다(34, 35절).

하나님께서 그때 이스라엘 백성을 가르치신 목적은 그들로 하여금 외부적 정결을 힘쓰게 하여 심령의 정결을 사모하는 의식(意識)을 배양하려는 것이었다. 죄의식이 없는 자들은 이같이 외부적으로라도 불결을 배척하는 예민한 감각이 필요하였다. 이와 같은 심리작용을 통하여 영적 정결을 사모하는 마음을 얻게도 된다.

41-43 이 부분에는 배로 다니는 것이나, 혹은 많은 다리를 가지고 기는 것들을 먹지 말라는 금령이 기록되었다. 그런 것들은 뱀의 모양을 가졌기 때문에 여기서 먹지 말라고 하였다. 뱀은 죄악의 상징이다(참조. 창 3:14).

44-45 여기서는 하나님께서 위에 말한 정결법의 이유를 알려주신다. 그가 그런 정결법을 주신 이유는 그들을 구원하신 여호와 하나님 자신이 거룩하시기 때문이다.

46-47 여기서는 위에 진술된 모든 말씀에 대하여 결론을 짓는다.

| 설교자료

하나님의 백성은 동물들을 보고도 성결의 덕을 배워야 한다.

1. 새김질하고 굽이 갈라진 짐승들은 식물성을 먹이로 취한다(3절). 이같이 그 짐승들은 비교적 착한 종류라고 할 수 있다. 그러므로 그것들은 깨끗

한 것의 표상이라고 할 수 있다. 로마서 13:10에 말하기를 "사랑은 이웃에게 악을 행하지 아니하나니"라고 하였다.

2. 하나님께서 새김질하고 굽도 갈라진 짐승만이 깨끗하다고 하셨으니, 이 두 가지 정결의 조건이 구비되어 있는 짐승만이 이스라엘의 먹을 만한 것이었다(4-8절). 그 두 가지 조건 가운데 한 가지만 구비되고 다른 한 가지는 없는 종류는 불결한 짐승으로 판정되었다. 이것은 하나님의 백성이 성결을 파수함에 있어서 타협주의는 금물임을 보여 준다.

3. 특별히 돼지고기는 이스라엘 백성에게 금물이었다(7절; 참조. 사 66:3, 17). 돼지는 더러운 것을 그 습성으로 가지고 있다. 회개하고 나서 죄를 다시 짓는 자들은 돼지와 같은 자들이다. 베드로후서 2:22에 말하기를 "돼지가 씻었다가 더러운 구덩이에 도로 누웠다"라고 하였다.

4. 물고기들 중 지느러미와 비늘이 있는 것들(9절)은 주로 물에 뜨며, 또 물 밖에까지 뛰어오를 때도 있다. 이것은 신자들이 하나님을 바라보며 위에 소망을 두는 비약하는 생활을 비유한다고 할 수 있다. 그러나 비늘이 없고 지느러미도 없는 고기들은 주로 진탕 속에 구멍을 뚫고 거기서 살거나 혹은 물 밑에서 기어다니며 살고 있고, 그것들의 생활 습관의 특징은 뱀과 비슷하다고 할 수 있다(창 3:14). 그것들은 땅에 속하여 땅의 것을 좋아하는 불택자들을 상징한다.

5. 새들 중 독수리나 매와 같은 것들(13-14절)은 육식 동물이니 그것들은 잔인하다. 잔인성은 신자의 덕이 아니다. 예레미야 12:8-9에 말하기를 "내 소유(타락한 이스라엘)가 숲속의 사자 같이 되어서 나를 향하여 그 소리를 내

므로 내가 그를 미워하였음이로라. 내 소유가 내게 대하여는 무늬 있는 매가 아니냐 매들이 그것을 에워싸지 아니하느냐 너희는 가서 들짐승들을 모아다가 그것을 삼키게 하라"라고 하였다.

제 12 장

✜ 내용분해

1. 산모에 대한 결례(1-5절)
    1) 남자를 낳은 경우(1-4절)
    2) 여자를 낳은 경우(5절)
2. 결례를 끝내기 위한 제사(6-8절)
    1) 산모가 제물을 제사장에게로 가져감(6절)
    2) 제사장이 그 제물을 여호와께 드림(7절)
    3) 가난한 자의 힘에 맞는 제물을 제정함(8절)

✜ 해석

1 여호와께서 모세에게 말씀하여 이르시되. 이때 하나님께서 어떤 방법으로 모세에게 말씀하셨는지 확실히 알 수 없으나 그가 외부에서 들을 수 있도록 말씀을 주셨을 것이다. 모세는 여호와께서 대면하여 아신다고 성경에 몇 차

례나 기록되었다(민 12:6-8; 신 34:10; 약 2:23). 특별히 민수기 12:6-8에 말하기를 "이르시되 내 말을 들으라 너희 중에 선지자가 있으면 나 여호와가 환상으로 나를 그에게 알리기도 하고 꿈으로 그와 말하기도 하거니와 내 종 모세와는 그렇지 아니하니 그는 내 온 집에 충성함이라. 그와는 내가 대면하여 명백히 말하고 은밀한 말로 하지 아니하며 그는 또 여호와의 형상을 보거늘 너희가 어찌하여 내 종 모세 비방하기를 두려워하지 아니하느냐"라고 하였다.

2 여인이 임신하여 남자를 낳으면 그는 이레 동안 부정하리니. 여기 "이레 동안 부정하다"는 것은 다른 사람을 접촉할 수 없는 정도의 부정을 말한다. 4절에 말하는 추가적인 33일 부정 기간은 또다른 의미가 있는 것이니, 하나님의 성소에 나갈 수 없는 부정을 말함이다.

그러면 어찌하여 여인이 해산한 것 때문에 당분간 부정한 자로 취급되는가?

1) 켈로그(Rev. S. H. Kellogg)는 해산 자체가 어느 정도 죄악시되는 것처럼 생각하였다. 그는 창세기 5:3의 "아담은···자기의 모양 곧 자기의 형상과 같은 아들을 낳았다"는 말씀이, 범죄한 아담이 좋지 못한(저주받은) 모양으로 난 아들을 의미한 듯이 생각하였다. 그리고 그는 모든 해산은 위와 같이 죄인을 번식시키는 의미에서 한편으로는 좋은 일이 아니라고 하였다.[18] 그러나 성경 말씀은 사람이 후손을 생산함에 대하여 악한 것이라고 말하지 않는다(시 127:4; 128:3).

2) 해산에 관한 결례는 인류의 조상의 범죄와 관련되어 있다. 하와는 범죄의 결과로 해산의 고통을 받도록 되었다(창 3:16; 해산 자체가 물론 죄는 아니지만). 알더스(G. Ch. Aalders)도 말하기를 "축복으로 받은 해산이 육체의 고

---

[18] S. H. Kellogg, *The Book of Leviticus*. (New York: A.C. Armstrong and Son, 1891), pp. 307-312.

통을 동반하게 된 것이 그 받은 벌이다"라고 하였다.[19] 죄악의 결과로 받는 고통은 저주다. 이 때문에 해산과 관련된 결례도 있을 수 있다.

3) 델리취는 다음과 같이 말한다. 곧, 레위기의 이 부분 말씀(11:28, 39; 12:1-5; 13-15장)에 취급된 대로 주검, 산모(피와 관계된), 나병을 불결하게 여긴 것은 인체가 파괴된 그 결과(분출물)를 부정하게 본 것이라고 한다(Keil/Delitzsch, 1978, p. 374). 이것들이 불결하게 생각되는 이유는 인체의 파괴가 아담의 범죄로 말미암아 저주를 받은 결과이기 때문이다. 이 해석이 정당하다고 생각되는 이유는 본문에도 산모에게 있어서 불결한 것이 그 분출된 "피"라고 하였기 때문이다(3절). 2절도 실상 같은 내용을 말한다. **월경할 때와 같이 부정할 것이며**라고 한 말씀이 역시 분출된 피의 부정을 말한다.

3 여덟째 날에는 그 아이의 포피를 벨 것이요. 이것은 아이에게 행하는 할례를 말함이다. 이에 대하여 학자들 간에 의견이 다르다. 어떤 학자들은 아브라함이 할례를 실시하기(창 17:10-14) 전에도 다른 민족들 가운데 그런 제도가 있었다고 한다. 그러나 그것이 다른 민족들 가운데 일찍이 있었든지 없었든지 문제될 것은 없다(필자는 아브라함 이전에 다른 민족들 가운데 있었다고 믿지는 않지만). 이스라엘 민족의 할례를 행한 목적이, 다른 민족들의 그것과 같지 않은 것이 중요한 점이다. 다른 민족들은 그것을 위생적 목적으로 시행하였을 것이나, 하나님의 지시를 받은 아브라함은 그것을 종교적 목적으로 시행하였다. 그것은 하나님의 백성이 된 표요, 인간의 부패한 성질을 제거한다는 상징적 의식이다(참조. 골 2:11).

4 삼십삼 일을 지내야 산혈이 깨끗하리니. 2절의 해석 참조.

5 여자를 낳으면 그는 두 이레 동안 부정하리니. 여기 "두 이레 동안"이라는 말

---

19) G. C. Aalders, *De Goddelijke Openbaring in de Eerste Drie Hoofdstukken van Genesis* (Kampen: Kok, 1932), p. 527.

은 칠 일씩 두 번을 가리킨다. 그러면 여자를 낳은 때는 어찌하여 남자를 낳은 때보다 배나 더 불결한가? 이와 같은 제도는 여자로 하여금 원죄의 책임을 더 중하게 생각하게 하려는 것이다. 디모데전서 2:14에 말하기를 "아담이 속은 것이 아니고 여자가 속아 죄에 빠졌음이라"고 하였다. 남자나 여자나 인권에 있어서는 동등하지만, 죄책으로 인하여 이 세상에서 고생을 당하는 데 있어서는 여자 편이 특수한 것으로 성경은 말한다(참조. 창 3:16).

이와 같은 제도는 인간을 괴롭히려는 것을 목적한 것이 아니다. 이것은 사람들로 하여금 죄악의 근원을 깨닫게 하여 더욱 겸손하게 하려는 것이다 (참조. 딤전 2:11-15; 고전 14:34-35).

6-7 산모가 정결하게 되는 기한이 찼다고 해서 자동적으로 하나님 앞에서 정결한 자로 인정을 받는 것은 아니다. 언제나 인간의 부정은 하나님 앞에서 용서를 받아야 궁극적 해결에 이른다. 물론 산모가 그 몸에서 흘러나온 피 때문에 불결하여진 것은 윤리적 불결이 아니라 의식적 불결이다. 그러나 그 의식적 불결은 모세의 법에 있어서 윤리적 불결을 상징한 것이다. 그러므로 그 불결의 문제를 해결함에 있어서 그리스도의 윤리적 속죄를 상징하는 의식적 제사가 필요하였다.

번제를 위하여 일 년 된 어린 양을 가져가고. "번제"는 완전히 인격을 바친다는 의미 있는 제사이다. 속죄제를 위하여 집비둘기 새끼나 산비둘기를 취하여. "속죄제"는 하나님과 나 사이에 가로막힌 죄악을 용서함 받기 위하여 드리는 제사이다.

제사장은 그것을 여호와 앞에 드려서. 제물은 제사를 드려야 할 장본인이 마련하지만, 그 장본인은 그것을 하나님 앞에 드릴만한 자격자는 아니다. 언제나 사람의 제사를 드려 주시는 이는 중보자 그리스도이시다. 그러므로 구약시대에 제사장은 그리스도의 상징으로서 제사 행위를 담당하고 실행하였다.

8 여기에는 하나님께서 가난한 자를 돌보아 주시는 자비가 계시되었다. 하나님께서는 사람이 감당할 수 있는 제물을 받으신다. 고린도후서 8:12에 말하기를 "할 마음만 있으면 있는 대로 받으실 터이요 없는 것은 받지 아니하시리라"고 하였다(참조. 고후 9:7).

| 설교자료

하나님의 백성은 무슨 일을 당하든지 성결을 촉진시킬 생각을 가져야 한다. 우리는 옛날 이스라엘 사회에서 여인이 산후에 지킨 결례에서도 배울 것이 있다. 출생한 아기가 남자인 경우에는 그 산모가 33일 동안의 결례를 지켜야 했고(4절), 여자인 경우에는 66일을 지켰다(5절). 이것을 보면 여자가 출생한 경우 그 산모가 더욱 불결하다는 듯이 생각된다. 우리는 이와 같은 결례의 날수 차별에서 생각할 것이 있다. 이것은 남녀의 인권을 차별함이 아니다. 남녀는 하나님의 뜻에 있어서 동등이지만(고전 11:11-12), 인류가 범죄한 출발에 있어서 아담이 속은 것이 아니고 여자가 속아 죄에 빠지게 되었다(딤전 2:14). 그러므로 이와 같은 범죄의 출발 역사는 여자에게 관련되었음을 기억해야 한다. 이런 의미에서 여자가 출생한 경우에는 남자가 출생한 경우보다 더욱 많은 날 동안의 결례가 필요하였다. 이것은 인생의 범죄 이후 남자보다 여자에게 더 죄가 많다는 의미는 아니다. 다만 인류의 범죄 출발사를 회고하는 의미에서 취해진 행사일 뿐이다. 하나님은 우리로 하여금 죄를 미워하도록 여러 가지 방법으로 가르치신다. 보나는 말하기를 "죄악에 대한 우리의 증오는 영원해야 한다"라고 하였다.[20]

---

20) A. Bonar, *A Commentary on Leviticus* (London: Banner of Truth Trust, 1966), p. 216. "Our hatred of sin must be everlasting."

제 13 장

✤ **내용분해**

1. 사람에게 생기는 나병(1-46절)
    1) 피부에 발생하거나 머리나 수염에 발생한 경우(2-36절)
    2) 해롭지 않은 종류(37-41절)
    3) 대머리에 나타난 경우(42-44절)
    4) 나병환자를 처리함에 대하여(45-46절)
2. 의복에 나병이 발생한 경우(47-58절)
    1) 제사장이 보고 7일 동안 간직하였다가 색점이 퍼진 경우(47-52절)
    2) 퍼지지는 않았지만 다시 7일 동안을 지낸 후에도 변하지 않는 경우 (53-55절)
    3) 옷을 빤 후에 색점의 빛이 연해진 경우와 또는 여전한 경우(56-58절)
3. 결론(59절)

✦ 해석

1-2 만일 사람이 그의 피부에 무엇이 돋거나 뾰루지가 나거나 색점이 생겨서 그의 피부에 나병 같은 것이 생기거든. 그램버그에 의하면 레위기 13-14장에 기록된 "나병"(צָרַעַת)은 그 증상들로 보아서 현대의 나병과 같은 것이 아니라고 한다. 그러므로 그는 그 말을 "나병"이라고 번역하지 말고 히브리 원문대로 두는 것이 좋다고 하였다.[21] 그러나 이 문제를 가지고 의학상 또는 어학상 논쟁을 하는 것보다 우리는 여기서 그 질병이 불결(죄악)을 비유한 점에 유의해 본다. 그 병을 제사장이 검사한 사실과 또한 그 병자가 치료되었을 때에 속건제를 드린 것과 같은 것은 그 병이 죄악의 상징으로 취급된 증표이다. 그러므로 나병은 죄악의 상징으로 생각된다. 다윗은 자기 죄를 나병과 같이 보고 깨끗하게 하여 주시기를 원하는 의미에서 "우슬초로 나를 정결하게 하소서"(시 51:7)라고 하였고, 이사야는 이스라엘의 죄악의 상처를 나병으로 말미암는 상처와 같다는 의미에서 "발바닥에서 머리까지 성한 곳이 없이 상한 것과 터진 것과 새로 맞은 흔적뿐"(사 1:6)이라고 하였다. 나병은 그 환자의 몸을 전부 파상하게 하여 추하게 만든다. 그와 같이 죄악도 인간의 영혼을 파괴시키고 그 인격을 추하게 만든다. 나병은 처음에는 사소한 딱지 같은 것으로 발생하게 된다. 그처럼 죄악도 처음에는 사소한 생각이나 행동으로 출발하는 것이다.

제사장에게로 데리고 갈 것이요. 이때 나병을 진단함에 있어서 제사장이 관계한 것도 이것(나병)이 죄악을 상징한 증거라고 할 수 있다. 죄악 문제를 취급하는 제사장이 이런 병을 관계하게 되는 것은 예언적 의미를 보여 준다. 이

---

21) K. P. C. A. Gramberg, "Leprosy and the Bible," in *The Bible Translator*. Vol. 11. No. 1. January, 1960, pp. 10-23.

것은 장차 신약시대에 예수 그리스도께서 인간의 죄악을 바로 진단하시고 자기 자신이 그 치료 방법이 되어주실 사실을 알려준다.

3 환부의 털이 희어졌고 환부가 피부보다 우묵하여졌으면 이는 나병의 환부라. "털이 희어졌다"든지, "환부가 우묵하여졌다"는 것은 그 질병의 원인이 몸 안의 부패임을 말해준다. 그와 같이 인간의 죄악의 근원도 그 심령의 내부에 있는 것이다.

4-8 제사장이 나병을 진찰함에 있어서 두 번씩이나 칠 일 기간을 두고 시험해 본 것은 그 취급의 신중성을 보여 준다. 이것은 우리가 나병과 같은 죄악을 신중히 취급하여 그것을 방지하도록 힘써야 될 것을 가르친다. 여기서 알려진 대로 나병의 특징은 그 퍼지는 증세에 있다. 이 부분에 "퍼진다"는 말이 네 차례 나온다. 나병은 퍼지는 속도가 느리기는 하지만 반드시 퍼진다. 그와 같이 죄악도 방지하지 않으면 계속적으로 퍼지는 법이다.

9-11 피부에 흰 점과 흰 털이 있을 뿐 아니라 생살까지 터져 나왔으니 그것은 사람 보기에도 즉각 알 수 있는 나병이다. 이것이야말로 그 내부가 얼마나 부패하였는가를 알려 주는 나병이다. 이런 것은 오래된 나병이다. 그와 같이 인간이 범죄하고 오랫동안 회개하지 않으면 모든 추태를 외모에까지 나타낸다.

12-13 나병이 과연 그의 전신에 퍼졌으면 그 환자를 정하다 할지니 다 희어진 자인즉 정하거니와. 보통으로는 나병이 부분적으로 색점이 생기는 법인데 이 경우에 있어서는 갑자기 전신에 흰빛이 퍼져버렸다. 이런 나병은 실상 내부의 병독이 모두 밖으로 발산된 것이다. 그러므로 그런 나병은 그것으로 종지부를 찍는다. 그러므로 제사장은 그것을 정(淨)하다고 선언한다.

이것은 인간이 죄악을 내부에 깊이 간직해 있지 않고 외부로 토하고 마는 것을 비유한다고 할 수 있다. 다시 말하면 그런 죄악은 내부에 아무런 근거가 없고 외부에만 그 죄상을 나타낸 것뿐이다. 겉모양으로 깨끗한 것 같아도 속에 불신앙이 가득한 자는 감추지 않고 죄를 자복하는 자보다 더욱 악하다.

14-17 **그 생살이 변하여 다시 희어지면…정하다 할지니.** 나병환자에게 색점이 생기고 생살이 발생되면 그것은 진성 환자임을 보여 준다. 그러나 생살이 혹시 말라서 보통 종기처럼 되는 수도 있다. 그런 경우에 그것은 나병이 아니다. 이같이 험악해 보이는 죄인도 하나님의 은혜로 회개하고 바로 될 수 있다.

18-23 여기서는 종기로 인하여 생긴 나병의 특징을 보여 준다. 이같이 허물을 고친 사람이 자기도 모르는 가운데 다시 옛 허물을 근거점으로 하고 범죄하여 소망 없이 되는 수가 있다(눅 11:24-26; 요 5: 14). "피부보다 얕고"라는 말은 "피부보다 낮고"라고 번역해야 한다. 그것은 살이 우묵해진 것을 가리킨다. 이 경우에 있어서 특별히 그 색점이 퍼지는 것을 나병의 특징으로 삼았다.

24-28 여기서는 불에 덴 피부에 감염된 나병을 취급한다. 사람의 죄악도 이같이 그의 어떤 약점을 타고 갑자기 일어나 커진다. 여기 화상으로 생긴 나병의 특징도 그 색점이 퍼지는 것을 특징으로 한다.

29-37 여기서는 머리나 수염에 나는 나병을 취급한다. 피부보다 우묵하고 누렇고 가는 털이 났으면 그것은 나병이라고 한다. 사람의 머리와 수염은 남들에게 자랑스럽게 나타나는 부분인데 거기에 생기는 나병은 더욱 추하게 보인다. 그러므로 사람은 자기의 지체를 자랑할 수 없다. 그는 하나님만 자랑해야 한다. 30절 이하에 **"옴"**으로 번역된 히브리 원어는 네테크(נֶתֶק)니, 털이 빠지는 병을 가리킨다. 이와 같은 병이 나병인지 확실히 진단하기 위하여 이레씩 두 번 그 환자를 가두어 둔다. 그것은 죄에 대하여 엄격히 다스려야 할 것을 우리에게 가르친다.

38-39 여기서는 피부에 색점이 생겼어도 그것이 어루러기라면 해롭지 않은 병이라고 한다.

40-44 여기서는 대머리를 취급한다. 대머리 자체는 반드시 질병이라고

는 할 수 없다. 그러나 대머리에 색점이 생기면 그것은 나병이라고 한다. 앤드루 보나는 이 점에 있어서 다음과 같은 신령한 뜻을 말한다. 곧 "머리털이 빠짐은 진리를 따르던 자들이 떨어짐을 비유하는데 다만 일시적으로 떨어지는 것은(대머리만으로는) 완전한 타락이 아니다. 마가는 바울과 바나바를 따르다가 떨어졌던 일이 있었다. 그러나 배교한 것은 아니었다. 그는 후에 유익한 일꾼으로 다시 나왔다"라고 하였다.

우리는 이 점에 있어서 차라리 다음과 같은 교훈을 얻을 수 있다고 본다. 곧, 대머리가 무슨 깊은 질병의 증표나 되는 듯이 보이지만 그러나 그 내용은 그렇지 않다는 것이다. 이같이 어떤 사람은 큰 죄인같이 보이지만 그가 그리스도의 속죄를 믿는 한, 그 생활 내막에는 흠이 없다.

45-46 이 부분 말씀은 나병환자들의 처신법을 가르친다. 곧 그들은 ① 비애의 처지를 취한다(45절). 옷을 찢음과 머리를 푸는 것은 죽음 때문에 슬퍼하는 모양이다. 그들은 실상 죽은 것과 같다(민 12: 12). 그리스도 밖에 있는 사람들이 이와 같다(엡 2:1). ② 불결의 처지를 취한다(45절). 그들에게서는 불결한 것이 나올 뿐이다. 그와 같이 그리스도 밖에 있는 사람들은 불결을 연출시킨다. ③ 하나님의 백성과 사귀지 못한다(46절). 그들은 이스라엘 진 밖에서 살았다. 이같이 그리스도 밖에 있는 자들은 하나님과 성도들로 더불어 참다운 교제를 가질 수 없다.

47-59 이 부분에서는 의복에 발생한 나병을 취급한다. 그것은 푸르거나 붉은 색점이 있는 여부로 결정된다. 그런데 그 색점이 퍼졌으면 두말할 것 없이 나병이고(51절), 그것이 퍼지지 않았다 할지라도 그것을 세탁하여 7일을 기다린 후에 그 색점이 변하지 않는 경우에는 역시 나병으로 판정된다. 그것이 나병으로 판정된 경우에는 그 옷을 불사르라고 한다(52, 55, 57절). 우리는 이 점에 있어서 몇 가지 중요한 신령한 뜻을 취한다.

1) 하나님을 섬기는 성결을 세워 나감에 있어서, 사람이 사용하는 도구

나 환경에 대하여서까지 조심하여 그것들을 깨끗이 하도록 힘쓸 것을 가르친다. 유다서 23절에 말하기를 "어떤 자를 그 육체로 더럽힌 옷이라도 싫어하여 두려움으로 긍휼히 여기라"고 하였으며, 데살로니가전서 5:22에는 말하기를 "악은 어떤 모양이라도 버리라"고 하였다. 이사야는 자기가 사는 환경이 불결한 데 대하여도 책임지는 의미에서 말하기를 "화로다 나여 망하게 되었도다 나는 입술이 부정한 사람이요 나는 입술이 부정한 백성 중에 거주하면서 만군의 여호와이신 왕을 뵈었음이로다"(사 6:5)라고 하였다.

2) 인간은 환경을 의지하고 안심할 수 없는 존재임을 가르친다. 사람들은 종종 자기가 쓰는 도구나 환경을 믿고 안심한다. 그러나 그들이 명심해야 될 것은 그 도구나 환경이 갑자기 사고를 일으켜 사람을 해할 수 있다는 것이다. 사람은 하나님만 믿고 다른 것을 의지하지 않아야 한다. 히스기야는 자기 궁중의 은금과 보화를 자랑하다가 하나님의 채찍을 맞았다(참조. 사 39장).

3) 사람은 마땅히 죄악을 단호히 끊어 버리는 용단이 있어야 한다. 나병이 의복에 발생한 경우에 그 의복은 불사름이 되었다. 불사른다는 것은 그 질병을 화급히 멸절시키는 용단이다. 예수님은 말씀하시기를 "만일 네 오른 눈이 너로 실족하게 하거든 빼어 내버리라"고 하셨다(마 5:29).

| 설교자료

구약시대에 있어서 나병은 죄악의 상징으로 취급되었다. 그것은 환자였던 사람이 치료되었을 때 하나님께 제물을 드린 후에야 완전히 사회에 복귀할 수 있었던 사실로 보아서(14:10-32) 알 수 있다. 우리는 당시의 나병에 관한 검사 결과를 보아서 깨달을 것이 있다.

1. 판정을 신중히 한 사실. 그 판정이 확실하지 않은 경우에 제사장은 7

일 동안 그 환자를 가두었다가 그 후에 다시 검사하였다(4, 5, 21, 26, 33, 54절). 이같이, 오늘날 우리도 남을 쉽게 정죄하면 안 된다. 교회는 어떤 죄의 혐의를 받는 사람을 취급할 때 조급히 서두르지 말고 충분한 증거가 나타나도록 시일을 기다려야 한다(참조. 딤전 5:24-25). 그러나 그 일에 있어서 교회는 그 혐의 받는 자를 불쌍히 여기며 문제된 죄건이 그에게 없기를 바라면서 일을 취급해야 한다(갈 6:1).

2. 판정된 나병환자를 격리시킨 일(46절). 여기서 우리가 깨닫는 것은 죄악에서 멀리 떠나야 한다는 것이다. 하나님께서는 "동이 서에서 먼 것같이"(시 103:12) 우리의 죄악을 우리에게서 멀리 옮기신다고 한다. 그런데도 우리가 죄를 가까이할 것인가? 구원에 대한 장애물이라면 오직 나의 죄악뿐이다(사 59:1-2).

3. 나병은 사람의 어느 지체로든지 들어옴. 그것은 피부(2절), 머리(29절), 이마(41-42절), 의복(47절) 등에 전염된다고 한다. 이같이 인간은 모든 지체를 통하여 범죄한다. 로마서 7:23에 말하기를 "내 지체 속에서 한 다른 법이 내 마음의 법과 싸워 내 지체 속에 있는 죄의 법으로 나를 사로잡는 것을 보는도다"라고 하였다. 그러므로 골로새서 3:5에는 말하기를 "땅에 있는 지체를 죽이라"고 하였다.

제 14 장

↓ 내용분해

1. 나병환자가 깨끗해진 때에 제사장에게서 정결하다는 선언을 받는 의식(1-9절)
2. 8일 후에 하나님께 드릴 제물들(10-32절)
3. 가옥에 나병의 표가 나타났을 때 취하는 처사(33-53절)
4. 모든 나병에 대한 훈시의 결론(54-57절)

↓ 해석

1-3 나병 환자가 정결하게 되는 날의 규례는 이러하니. "나병"에 대한 결례에 대하여 우리가 영적 의미를 취할 것이 있다. 곧, 나병은 점차적으로 썩어 들어가는 병인 만큼, 성경에서 죄로 상징되었다. 다윗은 자기의 죄를 나병과 같이 보고 말하기를 "우슬초로 나를 정결하게 하소서"(시 51:7)라고 하였다. 이 질병에서 고침 받은 자가 역시 결례를 경유한 다음에 깨끗하다는 선언을 받았

다. 언뜻 보면 이것은 이상하게 생각된다. 나병환자가 그 병에서 치료되었으면 그것으로 족할 터인데 그가 하나님께 속건제를 드린 뒤에야 깨끗하다는 인정을 받는 이유는 무엇인가? 그 대답은 다음과 같다. 곧, 나병환자가 죄인으로 비유되었으므로 그가 치료된 뒤에도 과거의 죄를 용서 받는 순서가 필요하였다. 그것이 속건제를 필요하게 만든 것이다. 속건제를 드린 후에 깨끗하다는 선언을 받는 것은 신약시대 신자들이 그리스도로 말미암아 받는 칭의를 예표한다.

4-7 치료된 나병환자의 깨끗함을 선언하는 예식에 있어서 사용된 재료들이 역시 신령한 뜻을 가졌다. 백향목은 부패와 반대되는 영생을 상징하고, 홍색실은 그리스도의 피로 말미암는 구원을 상징하고(수 2:18), 우슬초는 향기 있는 식물인데 역시 부패와 반대되는 것으로서 죄를 정결하게 함을 비유한다(시 51:7). 나병은 죄악과 죽음을 상징하는 것이므로 그것의 정결을 선언하는 예식에 있어서 이런 재료들이 사용된다. 흐르는 물은 생명을 상징하고, 죽임이 된 새의 피는 속죄하여 주시는 그리스도의 피를 상징하고, 질그릇은 생명의 복음을 지니고 있는 인간을 상징한다(고후 4:7). 물이 있는 데서 피를 뿌리도록 한 것은 역시 그리스도의 옆구리에서 나온 물과 피를 상징한다(요 19:34). 그리고 들에 놓아주는 살아있는 새는 그리스도의 부활을 비유한다.

8-9 여기서는 치료된 나병환자가 이제부터 하나님의 백성의 사회에 들어가기 위한 준비에 대하여 말한다. 그는 나병환자로 있을 때 지니고 있었던 모든 것을 깨끗이 제거한다. 옷을 빠는 것과 털을 미는 것과 몸을 씻는 것들이 다 그와 같은 일이다. 그는 이 준비를 이레 동안 한다. 7일이라는 기간은 완전수를 비유하는 것인데 그 기간은 신자가 칭의를 받은 후에도 모든 죄악의 잔재를 버리며 성화되는 기간을 비유한다. 하나님께서는 보통 칭의된 자로 하여금 성화의 과정을 갖도록 하기 위하여 땅에 머무는 기간을 주신다.

10-11 여기서는 깨끗함을 받은 나병환자가 드릴 제사에 대하여 가르친

다. 제물로서는 보통 수양 둘과 암양 하나인데 모두 흠없는 것이어야 되고, 소제물로서는 고운 가루와 기름이다. 나병을 고침 받은 자가 하나님께 제사 드리는 이유는 무엇일까? 그것은 물론 나병이 죄악의 상징인 까닭이다. 본문의 에바는 22리터이고, 록은 0.35리터이다.

12-13 속건제. 여기 "속건제"는 나병환자가 영 밖으로 쫓겨나가기 전에 질병으로 이스라엘을 더럽혔던 허물을 용서받기 위한 제사이다.

14-18 여기 기록된 속건제는 제사장의 취임식 제사와 유사한 점이 있다. 제사장은 직무적으로 하나님께 헌신하는 제사를 드렸고, 깨끗함을 받은 나병환자는 신정국가의 백성으로서 하나님께 바침이 된다는 의미에서 제사를 드린다. 그도 이제부터는 하나님을 위하여 모든 활동을 하게 된다(성직자는 아니지만). 이런 의미에서 그도 성별된 자이다. 이 성별을 나타내기 위하여 그의 몸의 지체(손, 발, 귀)에 피를 바르게 되며(14절), 기름도 바르게 된다. 피는 사죄를 위한 것이고 기름은 성별을 위한 것이다.

19-20 나병이 치유된 사람은 속죄제와 번제와 소제도 겸하여 드린다. 이같이 함으로 그는 이스라엘이 정규적으로 가지는 영적 특권들을 회복하게 된다.

21-32 여기서는 가난한 자가 나병이 치유되었을 때 드릴 제물을 지시한다. 하나님께서는 제사 드리는 자가 감심으로 드리도록 하기 위하여 그들의 힘에 맞는 것을 드리게 하신다. 하나님께서는 특별히 가난한 자를 긍휼히 여기신다.

33-42 이 구절들은 사람이 사는 집에 나병이 발생한 경우에 처리하는 법들을 말한다. 만일 그 집의 벽에 색점이 발생되었으면 제사장을 청하여 집을 검사하게 하고 7일 동안 그 집을 폐쇄하게 한다. 7일 후에 그 색점이 퍼졌으면 그 부분을 뜯어버리고 새롭게 고쳐 꾸민다. 이 문제에 있어서 우리는 다음과 같은 신령한 뜻을 생각할 수 있다.

① 인간의 죄 때문에 땅도 저주를 받았으므로 땅의 것으로 지은 집에도 병균이 발생한다. 이 사실을 아는 인생들은 하나님이 보내신 구주 예수 그리스도를 믿어 새 하늘과 새 땅을 사모해야 한다. ② 사람들은 종종 자기가 사는 가옥을 지나치게 의지한다. 그들이 하나님을 믿지 않고 가옥에서 안식을 즐길 때에 하나님께서는 어떤 때에 그 가옥에 갑자기 사고를 일으키신다.

43-47 위에 말한 것과 같이 집을 수리한 후에라도 색점이 다시 발생하면 그 집을 아주 헐어 버리도록 되어 있다. 이같이 하나님께서는 회개하지 않고 끝까지 죄를 범하는 자들을 아주 내어버리신다.

48-53 위에서 이미 말한 바와 같이 나병 색점이 발생한 부분을 수리한 후에 색점이 퍼지지 않았으면 그 집은 정결한 집으로 인정받게 되어 있다. 그러나 그 후에라도 집 주인은 그 집을 정결하게 하는 의식을 거행해야 한다. 그 의식은 나병환자가 깨끗해진 뒤에 거행되는 그것과 같다. 앞에 있는 1-9절의 해석을 참조하라.

54-57 이 부분은 위에 기록된 나병에 대한 처리 방법에 관한 결론이다.

| 설교자료

1. 고침받은 나병환자 때문에 제사장이 행한 예식에서 신령한 뜻이 발견된다. ① 물이 있는 데서 피를 뿌린 것(6절)은 그리스도의 옆구리에서 나온 물과 피를 예표한다(요 19:34). 그리스도의 옆구리에서 흘러 나온 물과 피는 나병환자같이 부패한 우리 인생들을 구원한다. ② 나병에서 나음 받은 사람은 그 옷을 빨고 털을 밀고 몸을 씻었다(8절). 이같이 그리스도의 속죄를 받아 하나님의 자녀가 된 자들은 옛 사람을 벗어버려야 한다(참조. 엡 4:22).

2. 나병이 나은 사람으로서, 사회에서 인정받는 것(1-9절)만으로 족한 것

이 아니다. 그는 하나님께 제물을 바치고 하나님께 인정을 받아야 한다. 이 때문에 그는 번제와 소제와 속죄제를 하나님께 드리게 된 것이다(10-32절). 그와 같이 우리 인생들은 회개하여 사람들에게 인정받는 것으로 만족해서는 안 된다. 우리는 하나님께 헌신하여 완전히 하나님의 것이 되어야 한다(참조. 롬 6:12-23).

3. 옛날 이스라엘 사람들의 소유물에도 나병이 발생하였다(34절). 이것은 인간의 소유물에도 병통이 있을 수 있다는 사실을 암시한다. 사람이 자기 재물을 바로 사용하지 않으면 그것이 그에게 유익이 되지 못하고 도리어 병이 된다. 야고보서 5:2-3에 말하기를 "너희 재물은 썩었고 너희 옷은 좀먹었으며 너희 금과 은은 녹이 슬었으니 이 녹이 너희에게 증거가 되며 불 같이 너희 살을 먹으리라 너희가 말세에 재물을 쌓았도다"라고 하였다.

제 15 장

↓ 내용분해

1. 남자의 유출병(2-15절)
2. 부지중 설정(16-17절)
3. 성교로 인한 설정(18절)
4. 여자의 월경으로 인한 불결(19-24절)
5. 여자의 혈루증으로 인한 불결(25-30절)
6. 위에 기록된 모든 부정을 처리하는 데 대한 결론(31-33절)

↓ 해석

본 장의 내용을 취급하기 전에 먼저 독자들이 주의할 것이 있으니 그것은 다음과 같다. 곧 성경의 말씀이 죄악을 판단함은 의사가 병을 진단함과 같아서 솔직하고 엄격하다. 따라서 성령님은 이 점에 있어서 사람처럼 부끄러움을 느끼거나 말하기를 회피하는 기미가 전혀 없다.

1-3 누구든지 그의 몸에 유출병이 있으면 그 유출병으로 말미암아 부정한 자라. 여기 "유출"(זוב)이라는 말의 히브리 원어는 '병적으로 정액이 계속 분비됨'을 의미한다. 그렇다면 이것은 육체의 질병인데 어찌하여 종교적 부정으로 생각되는가? 이것은 다음과 같이 해석된다. ① 이것은 정액 자체가 더럽다는 것이 아니라 불결한 방법으로 유출됨이 죄악과 사망의 표라는 것이다(Gispen). 사람이 본래 범죄하지 않았더라면 그런 병적인 현상이 생기지 않았을 것이다. ② 매킨토시(C. H. Mcintosh)는 다음과 같이 말한다. 곧, 여기서는 타락한 인간성(nature) 그대로가 하나님 앞에 용납될 수 없고 불결함을 면하지 못한다는 것이다. 사람은 그리스도의 옆구리에서 흐른 물과 피로만(그리스도의 십자가의 속죄적 희생으로만) 하나님 앞에 설 수 있다. ③ 이와 같은 불결은 사람들의 속에서 넘쳐 나오는 악한 생각이나 미움이나 교만이나 그와 같은 태도들을 비유한다. 이와 반대로 예수님에게는 은혜와 능력과 성결이 넘쳐흐른다. 그러므로 혈루증이 있는 여인이 그의 옷에 손을 댐으로 혈루증이 그쳐졌다(막 5:28-29).

4-12 여기서는 위에 진술된 유출병자의 몸에 접촉된 자와 그가 앉았던 (혹 누웠던) 자리에 접촉된 자도 불결하다고 한다. 이것은 죄악의 무서움을 비유적 언사로 보여줌이다. 회개하지 않는 죄인은 자신이 하나님의 저주 아래 있을 뿐 아니라 그가 사용하는 물건까지도 저주 아래 있다. 요나가 범죄하고 다시스로 가는 배를 탔을 때에 그 배에 함께 탔던 승객들도 불안에 빠졌었다(참조. 욘 1장).

4-12절 가운데 **"저녁까지 부정하리라"**는 문구가 일곱 번 나온다. 이것은 무슨 뜻인가? 어찌하여 부정해진 자가 옷을 빨고 몸을 씻은 후에도 저녁때까지 부정한가? 이것은 다음과 같은 비유의 뜻을 가진다. 곧, 저녁으로 시작되는 밤은 죽음을 비유하는데 신자들도 완전히 깨끗해지는 때는 죽는 때부터라는 뜻이다.

13-15 여기서는 유출병자가 고쳐진 때에 시행할 종교 의식에 대하여 말한다. 그가 7일 동안 흐르는 물에 몸을 씻음은 신자가 의롭다 함을 얻은 후에도 계속적으로 성령("흐르는 물")으로 성화되어야 할 것을 비유한다. 그리고 그는 다시 제사장을 통하여 속죄제와 번제를 드려야 한다. 그 부정하였던 사람이 이제 깨끗해지기는 하였어도 그의 과거의 불결을 속죄하지 않으면 안 될 처지이다. 그리고 그는 전적으로 자기를 하나님께 바치는 뜻으로 번제도 드려야 될 것이다.

16-18 여기서는 계속되는 유출이 아니라 아마도 정액을 유출한 경우의 처사를 말씀해 준다. 이에 관해서는 위의 2-12절의 해석을 참조하라. 사람의 몸에서 나온 정액은 그의 몸의 분열과 파괴를 의미하므로 그것은 죽음을 상징한다. 그러므로 그것도 불결(죄)을 상징한다.

19-24 여기서는 여인이 그 월경으로 불결해진 경우를 취급한다. 이 점에 있어서 문제 되는 것은 월경은 자연 법칙인데 왜 그것을 종교적 불결로 간주하는가 하는 것이다. 이 문제에 대하여 다음과 같이 말할 수 있다. ① 피의 유출은 사람의 몸이 파괴된 것이니 그것은 죽음과 같이 간주된다. 그러므로 그것은 죄악과 저주를 상징한다. ② 여자의 월경은 생산과 관련되어 있는 것으로 창세기 3:16에 기록된 저주, 곧 생산의 수고 중 하나이다. 이런 의미에서도 그것은 하와의 범죄와 관련된 것이다. 그러므로 그 피는 죄악과 죽음을 상징하는 것이다.

25-27 여기서는 여자의 혈루증을 취급한다. 그 피를 종교적으로 불결하다고 할 이유에 대하여는 위에 있는 19-24절의 해석을 참조하라.

28-30 여기서는 혈루증이 있는 여자가 깨끗해진 뒤에도 그를 위하여 하나님께 드릴 제사에 대하여 말씀한다. 그것은 남자의 유출병이 나은 후에 드리는 제사법(13-15절)과 같다.

31-33 이 구절들은 위에 나온 모든 부정을 처리하는 법들에 대한 결론이다.

제 16 장

✤ 내용분해

1. 속죄소에 무시로 들어올 수 없다는 경고(1-2절)
2. 속죄일에 아론이 지성소에 들어갈 때 준비할 제물들(3-5절)
3. 아론이 자기와 그 가족을 위하여 드릴 제사(6-14절)
4. 아론이 하나님의 백성을 위하여 드릴 제사(15-22절)
5. 아론이 지성소에서 제사를 끝마치고 나와서 할 일들(23-28절)
6. 결론적으로 부탁함(29-34절)

✤ 해석

1-2 아론의 두 아들이 여호와 앞에 나아가다가 죽은 후에. 아론의 아들들이 하나님 앞에 분향을 잘못한 사실은 10장에 기록되어 있다. 하나님께 제사하는 법규는 하나님이 친히 제정하신 것이므로 사람이 마음대로 변동할 수 없는 것이다. 범죄한 인간은 자기의 방법대로 하나님께 직접 나아갈 수 없고 전적

으로 하나님의 자비로우신 방법을 순종할 것밖에 없다. 그럼에도 불구하고 사람이 자기 뜻대로 하나님 앞에 제사 드리는 방법을 지어낸다면 그것은 도리어 큰 죄악이 된다. 우리가 주님을 믿는다는 것은 주님의 인격을 의지할 뿐 아니라 그의 말씀을 순종하는 것이다.

속죄소 앞에 아무 때나 들어오지 말라. "속죄소"는 지성소 안 법궤 위에 자리하고 있다. 여기 "무시로"라는 말은 모든 때를 말함이니, 속죄소에 출입하는 일은 1년에 한 번만 있을 것이고 어느 때나 할 수 없다는 것이 이 문구에 계시되어 있다. 대제사장이 거기 1년에 한 번만 들어가도록 되어 있는 규례는 예수 그리스도께서 단번에 속죄제를 완성하실 사실에 대하여 예언한 것이다(히 9:25-26).

3-5 거룩한 세마포 속옷을 입으며. 대제사장이 속죄일을 당하여 지성소에 들어갈 무렵에 그가 입었던 성복을 벗어 놓고 이처럼 초라하게 세마포 옷만 입도록 된 것은 뜻있는 일이다. 그는 이제 속죄일을 당하여 지성소에 들어갈 때 겸손한 종으로 들어간다는 의미가 여기 내포되어 있다. 이것은 그리스도께서 하늘의 영광을 버리시고 종의 형상을 취하시고, 하나님의 백성을 위하여 대신 속죄의 역사를 하실 일에 대한 예표이다(참조. 빌 2:6-8).

6 아론은 자기를 위한 속죄제의 수송아지를 드리되 자기와 집안을 위하여 속죄하고. 그가 먼저 자기를 위하여 속죄할 이유는 자기도 연약에 싸여 있는 죄인이기 때문이다(참조. 히 5:2-3). 인간은 언제든지 하나님 앞에서 먼저 자기를 반성해야 하며 자기 허물을 고쳐야 한다. 그것이 남들을 위하여 일할 만한 지도자의 자격이다.

8-10 이 부분에서는 속죄일에 드리는 특이한 제사법을 보여 준다. 곧, 두 염소로 제물을 삼아 바치되 하나는 죽여서 속죄제물로 바치고, 다른 하나는 산채로 바쳐 광야로 보낸 것이다. 광야로 보내는 산 염소는 아사셀을 위하여 보낸다고 했는데 그 뜻은 알기 어렵다. "아사셀"(עֲזָאזֵל)이라는 히브리어는 '보

냄이 된 염소'라는 뜻이다. 그저 이 말의 뜻대로 신령한 의미를 취하는 것이 옳다고 본다. 곧, 아사셀을 위한 염소를 속죄제물로 드림은 그 속죄를 받는 사람이 받을 뻔하였던 저주와 죄악이 멀리 옮겨진다는 의미일 뿐이다(참조. 시 103:12; 요 1:29). 일설에 여기 아사셀은 마귀를 의미한다고 하는데 아사셀로 보내는 염소 머리에 죄악을 실어 보내는 것은 모든 죄악을 마귀에게 보낸다는 뜻이라고 한다. 그러나 이 해석은 자연스럽지 않다. 성경의 다른 부분에 마귀를 아사셀이라고 한 적이 없다.

11-14 이 부분에서는 아론이 지성소에 들어가서 제사를 드린 내용을 보여 준다. 그 제사에 있어서 그는 무엇보다도 먼저 지성소에서 분향하였다(13절). 분향은 보통 성소에서 하는 법인데 속죄일에 한하여 지성소에서 하게 되었다. 이것은 신약시대에 신자가 직접 하나님 앞에 나아가 기도할 수 있게 됨을 예표한 것이다. 그 기도는 이같이 요긴하므로 여기서 무엇보다도 먼저 실행된다. 기도는 실상 신앙의 표현이니 하나님께 나아가는 자는 무엇보다 먼저 신앙이 있어야 한다. "믿음이 없이는 기쁘시게 못하나니 하나님께 나아가는 자는 반드시 그가 계신 것과 또한 그가 자기를 찾는 자들에게 상 주시는 이심을 믿어야 할지니라"(히 11:6)고 하였다.

향연으로 증거궤 위 속죄소를 가리게 할지니(13절). 이 말씀은 향연으로 비유된 기도가 얼마나 많아야 될 것인가를 보여 준다. 요한계시록 5:8에도 "향이 가득한 금대접"이라고 하였고, 요한계시록 8:3에는 "많은 향을 받았다"고 하였다. 신자는 기도를 많이 하는 가운데 은혜를 받는다.

피를 가져다가 손가락으로 속죄소 동쪽에 뿌리고 또 손가락으로 그 피를 속죄소 앞에 일곱 번 뿌릴 것이며(14절). 다른 모든 제사에서는 피를 속죄소 앞에까지 가지고 들어가지 못하였다. 그런데 속죄일에 대제사장이 그것을 가지고 들어간 것은 장차 그리스도께서 자기의 보혈로 우리를 완전히 속죄하여 주심으로 하나님과 사람 사이의 장벽이 없어질 것을 비유한다. 여기서 피를 뿌린 것은 신자들이 그리스도의 보혈에 의하여 하나님 앞에 나아갈 수 있게 됨을 비유한다. 특별히 7이란 수는 완전수이므로 일곱 번 뿌렸다는 것은 그리스도의 보혈의 절대 완전성을 나타낸다.

15-16 이 구절은 백성을 위하여 드리는 제사를 말해 준다. 이 제사에 있어서도 역시 피를 뿌리는 것이 그 요점이다. 이것은 신약시대의 신자들이 하나님께 나아가는 길이 예수 그리스도의 피를 믿는 것밖에 없음을 역설하는 것이다. 그러므로 히브리서 10:20에 말하기를 "그 길은 우리를 위하여 휘장 가운데로 열어 놓으신 새로운 살 길이요 휘장은 곧 그의 육체니라"고 하였다. 다시 말하면 휘장 같은 그리스도의 육체가 십자가 위에서 파상되셨으므로 하나님께 나아가는 우리의 길이 열렸다는 것이다.

17 여기서는 속죄일의 제사가 끝나기 전에는 누구든지 성막에 들어갈 수 없다고 한다. 사람이 죄악문제를 해결하기 전에는 하나님께 접근하지 못한다.

18-19 대제사장 아론이 지성소에서 제사를 끝마치고 나오는 길에 제단을 위하여 속죄제를 드린다. 제단은 물건이지만 역시 죄인들 가운데 자리하고 있는 것이므로 그것의 철저한 순결을 위해서도 속죄제가 필요하게 되었다. 이와 같은 제사법을 보면 하나님 앞에 용납되는 것은 오직 한 가지밖에 없었다. 그것은 그리스도의 보혈을 예표하는 희생의 피였다.

20-22 여기서는 아사셀 염소를 보내는 의식에 대하여 말한다. 6-10절까지에 있는 해석을 참조하라.

23-25 대제사장은 세마포 옷을 벗어버리고 물로 몸을 씻은 후에 다시 거룩한 옷을 입는다. 그리고 그는 자기 자신과 백성을 위하여 번제단에서 속죄제를 드린다.

26-28 이 부분에서는 아사셀 염소를 몰고 갔던 사람이 지킬 규례와 제물의 가죽과 고기와 기타 모든 것을 내어다 불사른 사람이 진으로 들어오는 방

법에 대하여 말한다. 그것은 물론 옷을 빨고 몸을 물로 씻는 것이었다. 이런 제도는 성물을 거룩하게 취급하고 속되게 하지 않도록 하는 구별법이다.

29-34 여기서는 속죄일에 드리는 제사법에 대하여 결론적으로 가르친 것이다. 이 점에 있어서 우리가 두어 가지 특이한 말씀을 본다. 곧, ① 속죄일은 스스로 괴롭게 하는 날이라고 한다(29절). 이것은 사람이 회개하며 죄악을 떠나는 날임을 보여 준다. ② 속죄일은 큰 안식일이라고 한다(31절). 이것은 하나님의 백성이 속죄를 받음으로 하나님과 화목하게 됨을 가리킨다.

| 설교자료

1. 아사셀을 위하여 광야로 내보낸 염소(10절)는 무엇을 의미하는가? "아사셀"(עֲזָאזֵל)이라는 히브리 원어는 '떠난 염소'(scape goat)를 의미한다. 아사셀 염소는 속죄 받은 하나님의 백성에게 저주가 임하지 않도록 멀리 사람이 없는 땅(광야)으로 보냄이 되었다.

2. 속죄의 날은 스스로 괴롭게 하는 날이라고 한다(29절). 이는 우리가 '자신을 반성하며 회개하는 날'이라는 뜻이다. 사람은 자기를 쳐 복종시키는 지혜가 있어야 한다(고전 9:27). 우리를 가장 해롭게 하는 원수는 나 자신이다.

제 17 장

✛ 내용분해

1. 가축을 잡아 먹는 법규(1-9절)
    1) 머리말(1-2절)
    2) 성막문 앞에서 잡음(3-6절)
    3) 들에서 다른 신에게 제사하지 말 것(7-9절)
2. 이스라엘은 피를 먹지 말 것(10-16절)
    1) 피를 먹지 말아야 할 일반적 원리(10-12절)
    2) 피를 처분하는 방법과 그 이유(13-14절)
    3) 사람이 스스로 죽은 짐승이나 들짐승에게 찢겨 죽은 것을 먹은 경우(15-16절)

✛ 해석

1-2 하나님께서 이스라엘 백성 전체가 지켜야 할 규례를 3절 이하에서

명령하신다. 하나님의 규례는 사람을 결박하려는 것이 아니라 보호하기 위한 것이다.

3-6 사람이 고기를 먹는 것은 가정 안에서 이루어지는 사생활에 속한다. 그러나 그것도 하나님 앞에서 거룩해야 한다. 그러므로 이 일에 대하여 그들이 먼저 하나님께 제물을 바쳤다. 하나님의 백성은 먹고 마시는 일에 있어서도 거룩하게 하도록 되어 있다(딤전 4:4-5).

자기 백성 중에서 끊어지리라. 여기 "끊어지리라"고 한 말씀이 사형을 의미하였는지, 혹은 출교를 당함인지 우리는 잘 알 수 없다. 그러나 우리가 이 점에 있어서 확실히 아는 것이다. 그것은 하나님을 섬기는 백성에게 성결이 생명보다 더 중요시된 사실이다.

7 그들은 전에 음란하게 섬기던 숫염소에게 다시 제사하지 말 것이니라. "숫염소"에게 제사함은 애굽 풍속이었다. 이스라엘이 애굽에 있을 때부터 그런 미신을 받아들인 일이 있었다. 그러므로 하나님께서 여기서 그것을 금지시키신다.

8-9 이 구절들은 이스라엘로 하여금 들에서 우상을 섬기지 못하도록 그 기회를 막기 위한 교훈이다. 하나님께서 그들에게 회막문으로 와서만 제물을 드리라고 지시하셨다.

10-12 여기서는 이스라엘 백성이 피를 먹지 말아야 할 이유에 대하여 자세히 말한다. 피를 먹지 말아야 할 이유는 두 가지이다. ① 피에 생명이 있는 까닭(11절)이고, 또한 ② 피를 속죄제물로 삼기 때문이다(11절).

피를 신성하게 여기는 사상은 본래 하나님께로부터 온 것이다. 하나님께서는 창세 전부터 그의 독생자의 보혈로 그의 백성을 구속하시기로 작정하셨다(벧전 1:19-20). 그는 그의 이와 같은 뜻을 그의 백성에게 가르치시기 위하여 인류 역사의 초기에서부터 짐승의 피라도 신성시하여, 먹지 않도록 지시하셨다(창 9:4). 그리고 구약시대의 모든 제사는 속죄의 피를 그 중심으로 삼았다. 이같이 피는 존중시되어 다른 것으로는 이룰 수 없는 구속(시 49:7-8)을 오직 피로써 성립시켜 왔다. 구약시대에 가축의 피는 장차 오실 그리스도의 보혈을 상징한 것이었다. 그와 같이 오랫동안 상징에 의하여 바라보던 실물, 곧 예수 그리스도는 기약대로 오셔서 우리의 죄를 담당하시는 의미로 십자가 위에서 그 거룩한 피를 흘리셨다.

우리는 그의 피를 절대로 믿을 만하다. 그 이유는 그리스도의 피는 바로 하나님의 언약의 피이기 때문이다(마 26:28). 그가 영원 전부터 이런 속죄의 계획을 세우시고 마침내 그것을 이루셨다(참조. 계 1:5; 5:9; 7:14; 12:11).

13 그것의 피를 흘리고 흙으로 덮을지니라. 이런 행동은 그 피를 하나님께로 돌리는 동기로 취하는 것이다(Keil & Delitzsch). 이같이 그리스도인의 모형인 구약시대 이스라엘은 짐승을 사냥할 때도 하나님 백성의 본분을 명심해야 할 것이다(고전 10:31).

15 스스로 죽은 것이나 들짐승에게 찢겨 죽은 것. 이런 것들이 식료품이 될 수 없는 이유는 그 고기 속에 피가 포함되어 있기 때문이다.

옷을 빨고 물로 몸을 씻을 것이며. 성결의 법을 어긴 자는 이같이 속죄의 규례를 지켜야 한다. 신자는 자신이 범한 죄를 회개함 없이 지나가지 못한다(참조. 출 4:24).

제 18 장

↓ 내용분해

1. 애굽의 풍속을 따르지 말고 여호와의 규례를 지키라고 당부하심(1-5절)
2. 골육지친과 통혼하지 말라고 하심(6-18절)
3. 기타 모든 성에 관한 불결을 금하심(19-23절)
4. 사람이 위의 모든 불결한 일들을 범한 경우에 받아야 할 형벌(24-30절)

↓ 해석

1-5 하나님께서 이스라엘의 성적 생활을 거룩하게 보존시키기 위하여 여러 가지 규례들(6-23절)을 주셨다. 먼저 서두에서 "나는 여호와 너희의 하나님이니라"고 말씀하시면서 그들로 하여금 이방인들과 달리 이 규례들을 엄격히 지키도록 다짐하셨다. 이 말씀을 보면 그들이 장차 차지할 가나안의 민족들은 성생활에 있어서 극히 난잡하였던 것이 분명하다. 성경에서 몸을 성전이라고 하였는데(고전 6:19), 사람이 그것을 음란하게 사용하면 하나님을

섬기는 그의 생활도 더럽힘이 된다(참조. 고전 6:13, 15-16).

"**나는 여호와 너희의 하나님이니라**"라고 하신 말씀은 하나님께서 바로 그들의 유일하신 하나님이시며, 유일하신 구주이심을 알게 하는 것이다. 따라서 그들이 여호와 하나님만 순종해야 할 것을 보여 준다. 그들은 잡신을 섬기는 애굽 민족이나 가나안 민족들의 추잡스러운 생활에서 구별되어야 할 것이었다. 이같이 기독교는 처음부터 지극히 고상한 윤리로 빛을 드러내는 참된 종교이다.

6 각 사람은 자기의 살붙이를 가까이 하여 그의 하체를 범하지 말라 나는 여호와이니라. 여기 "자기의 살붙이"(שְׁאֵר בְּשָׂרוֹ)라는 말의 히브리 원어는 '살 중의 살'이라는 뜻이다. 결혼으로 연합하는 것은 같은 "살"과 결합하는 것이 아니고 친속이 아닌 둘이 한 몸이 되는 원리에 속한다(창 2:24). 이 아래 기록된 성적 생활의 제재는 어느 한 민족만이 지켜야 할 것이 아니고 보편성을 띤 계율이라고 할 수 있다. 그 이유는 ① 이것들이 의식적 법규가 아니라 도덕적 법규로 제7계명을 광범위하게 해설한 것과 같고 ② 신약에 있어서 이 규례들을 계속적으로 세워 나아가기 때문이다(고전 5:1).

7-18 여기서 금지한 것은 ① 부모의 하체와 기타 윗사람의 하체를 범하지 말라는 것. 결혼이라는 것은 연령적으로 비슷한 상대와 하는 것을 원칙으로 한다(말 2:14). 그러므로 부모의 하체를 침해하는 것은 하나님이 지어내신 자연법을 위반함이다. 그뿐만 아니라 그것은 부모를 모독하는 죄악이다. 이와 같은 규례는 가정의 평화를 위한 하나님의 법이다. 성생활에 있어서 상하(上下)의 구별이 없어지면 가정은 시기와 분쟁의 장소가 되고 말 것이다. 그뿐만 아니라 인류의 계보가 극히 어지러워져서 누가 누구의 자손인지 알기 어려울 것이다. ② 동생의 하체를 범하지 말라는 것(9, 11, 16절). 친형제 사이는 혈통적으로 자기 자신과 같으니 성적 교제의 대상이 될 수 없다. 그것은 자연 원리가 금할 뿐만 아니라 하나님의 말씀이 이를 막는다. ③ 손아래 사람

의 하체를 범하지 말라는 것(10, 15, 17절). 손아래 사람의 하체를 범하는 것은 결국 자기 자신의 하체를 범하는 것과 같은 것이다. 손아래 사람은 성적 교제의 대상이 될 수 없는 것이 우선 자연법에서 그러하다.

위의 모든 규례들은 첫째, 가정의 화평과 질서와 계보를 유지함에 있어서 절대로 필요하였다. 위와 같은 도덕률은 물론 하나님의 종교적 질서를 보존시키기 위해서도 필요하였다. 그뿐만 아니라 하나님의 종교가 필연적으로 발생시킬 윤리는 이렇게 될 수밖에 없다. 둘째, 위의 모든 규례들은 인류의 성격과 사회의 구조가 그 자연적 원리에 있어서도 요청하는 것이다. 그러므로 옛날 함무라비(Hammurabi) 법전에서도 누구든지 자기 부친이 별세한 후에 그 모친과 간통하였으면 사형에 처하였던 것이다(Gispen).

19-21 여기서는 일반적으로 음란한 죄악을 금지하였다. 경도로 불결해진 여인과 동침함은 성욕이 넘친 죄악이므로 금지하였다. 그리고 다른 사람의 아내와 통간한 것도 역시 그렇게 볼 수 있다. 여기서 몰렉 우상 숭배를 금지한 것은 그 미신 종교에 있어서 넘치는 음행이 동반하였기 때문이다. 몰렉, 혹은 몰록 우상은 암몬의 미신 종교였는데 그 종교 의식에서는 자녀들로 하여금 불을 통과하여 나가게 해서 몰록 신에게 바치는 것이었다(참조. 왕상 11:7; 신 12:31; 18:10; 시 106:37-38). 좀 더 자세히 말하면 몰록 우상은 놋으로 제조되었는데 쇠로 만든 왕좌 위에 세움이 되었다. 그 머리는 송아지와 같은데 면류관으로 장식되었고, 그 팔은 자기에게로 오는 자들을 포옹하려는 자세로 만들어졌다. 그 속에는 불이 피워져 있는데 아동들이 그 앞에서 불을 통과하지 않으면 아이 때에 사망한다는 미신이 붙어 있었다.

22-23 여기서는 순리대로 되지 않는 패륜적인 성관계를 정죄한다. 패륜적인 성관계는 당시 이방 세계에 유행되었었다. 이 법규들은 하나님의 백성으로 하여금 그런 악한 풍속을 물리치도록 명령한다.

24-30 이 부분에 제시된 규례들은 위의 법규들을 범하는 자들이 당할

벌을 보여준다. 그 벌은 그들이 그 땅에서 축출된다는 것이다. 그 땅도 스스로 그 주민을 토하여 내느니라고 한 말씀이 그 뜻인데 같은 말씀이 두 번이나 나온다(25, 28절). 이 규례들을 범하는 자들이 그 땅에서 축출된다는 것은 미래에 될 일로만 생각될 것이 아니다. 그것은 이스라엘이 가나안 땅을 차지하게 될 때에 거기에 살던 가나안 족속들이 쫓겨나가는 현실로 곧 실증이 될 것이었다(24-25, 27-28절).

제 19 장

⚜ 내용분해

1. 머리말: 거룩하라(1-2절)
2. 부모를 경외하라(3상)
3. 안식일을 지키라(3하)
4. 우상을 섬기지 말라(4절)
5. 화목제물을 먹는 방법(5-8절)
6. 추수할 때 곡식을 남겨둠으로 불쌍한 자들을 도와주라(9-10절)
7. 도적질하거나 거짓말하지 말라(11-12절)
8. 남을 압제하지 말라(13-14절)
9. 재판할 때에 공평하게 하라(15-16절)
10. 모든 사람들을 사랑하라(17-18절)
11. 종자를 혼합하지 말라(19절)
12. 주인과 종 사이에 되어진 음행에 대한 판단의 규례(20-22절)
13. 각종 과목을 심고 열매를 먹는 규례(23-25절)
14. 이방 풍속을 따르지 말라(26-28절)

15. 딸을 기생이 되게 하지 말라(29절)
16. 성소를 존중히 하라(30절)
17. 신접한 자와 박수를 믿지 말라(31절)
18. 노인을 공경하며 하나님을 경외하라(32절)
19. 타국인을 사랑하라(33-34절)
20. 도량형을 공평하게 하라(35-36절)
21. 결론(37절)

↓ 해석

1-2 너는 이스라엘 자손의 온 회중에게 말하여 이르라 너희는 거룩하라 이는 나 여호와 너희 하나님이 거룩함이니라. 여기서 우리들이 주목하는 것은 하나님께서 이스라엘 온 회중에게 거룩하여지라는 말씀이다. 하나님의 참된 종교는 몇몇 사람만이 특혜를 입는 귀족주의가 아니다. 하나님의 백성은 누구든지 다 거룩하여질 수 있는 은혜를 받을 수 있다. 사람은 누구든지 하나님을 참되게 섬겨 거룩하여져야 한다. 성결은 행복보다 귀하다. 우리가 거룩해야 할 이유는 거룩하신 하나님이 우리 하나님이시기 때문이다. 하나님과의 관계가 유지되려면 우리 자신들이 거룩해야 한다.

3 너희 각 사람은 부모를 경외하고. 부모를 경외하는 것은 하나님을 경외하는 것과 밀접한 관계를 가지고 있다. 그 이유는 부모가 자식에게 있어서 이 땅에서 하나님의 대리자 격이기 때문이다. 성경에 하나님의 사랑이 종종 부모의 사랑으로 비유되어 있다(참조. 히 12:7-10).

나의 안식일을 지키라. 안식일의 목적은 사람을 하나님께로 성별하기 위한 것이며, 계약의 증표도 된다(사 56:4, 6; 겔 20:20).[22] 곧 인류로 하여금 하나님이 만물을 창조하신 사건을 기억하도록 하기 위한 것이다. 이것은,

    1) 하나님이 만물을 창조하시고 제7일에 쉬신 것을 본받아 인류가 지키기 시작한 것이니, 모세가 계명을 선포하기 이전에도 지켜 왔었다(참조. 창 2:1-3; 8:10-12; 출 16:5, 23-30). 안식일 제도는 창조질서에 속한 법이고 유대민족만 위한 특별법이 아니다. 창조질서에 속한 법은 어느 인종이든지, 어느 민족이든지(심지어 육축들도), 어느 시대 사람이든지 다 지켜야 할 법이다. 이는 마치 창조질서에 속한 부모와 자식 사이의 도덕이, 인류에게 보편적이고 영구적인 법으로 계속됨과 마찬가지이다.[23] 그러므로 안식일법에 있어서 종교 윤리적인 요소는 어느 시대에나 폐지되지 않는다. 이 안식일법은 종교적으로는 사람으로 하나님을 예배하게 함이고, 윤리적으로는 사람의 원기를 소생하게 하는 긍휼의 제도이다. 이 두 가지와 관련된 금령들은 첫째로 그날 세상 직업적 노동을 쉬는 것이며(출 20:8-11), 둘째로는 오락을 금하는 것이다(사 58:13).

    2) 안식일 제도에 있어서 그 의식적인 요소들은 인류의 외부적인 환경에 속한 것들이므로 변동될 수 있다. 이 제도의 의식적 요소들은 날짜에 관한 요소와 또는 유대인들로 하여금 그들의 특수한 환경에서 그 제도를 지키게 하기 위한 요소들이다. 이런 의식적 요소들에는 변동성이 있다는 것이 성경적 근거이다(참조. 민 9:11). 그러므로 신약시대에 이르러서 의식적 요소들로서 유대적 환경에 속하였던 것들은 모두 폐기되었다. 예를 들면 안식일에 불도 피우지 못하게 한 것(출 35:3), 진설병을 갈아놓는 것(레 24:8), 가축으로 제물을 드리는 것(민 28:9-10) 등이 폐기되었고, 날짜도 신약시대에는 주일(일

---

22) G. Vos, *Biblical Theology: Old and New Testaments* (Edinburgh; Carlisle, Pa: Banner of Truth Trust, 1975), p. 270.

23) C. Hodge, *Systematic Theology*. 3 vols (Grand Rapids: Eerdmans, 1952), p. 323.

요일)로 변동되었다. 이런 변동은 그 요소들이 그리스도 사건으로 그 목적을 성취하였기 때문이며(골 2:16-17), 구약시대의 외부적인 종교 환경이 신약 종교의 영적 환경으로 바뀐 데서 생긴 것이다. 안식일 제도가 이런 변동을 받은 것이 어떤 뚜렷한 교회 회의에 의한 것이 아니고 신약 계시운동에 따라오는 현상이다. 신약성경에는 사도들과 성도들이 주일을 지켰다는 말씀이 있을 뿐이다(행 20:7; 고전 16:2; 계 1:10). 그와 반면에 안식 제도의 근본적 요소들(직업적 노동을 쉬는 것과 오락을 금하는 것)은 영구히 계속된다. 안식일을 지키는 것은 신자가 하나님의 백성된 표이며(겔 20:20), 내세의 안식을 바라보게 하는 모형적 의미도 가진다(히 4:9-11).

4 너희는 헛된 것들에게로 향하지 말며 너희를 위하여 신상들을 부어 만들지 말라. 우상은 헛되므로 하나님께서 우상 숭배를 금지하셨다(참조. 사 44:9-20).

5-8 이 부분에서는 화목제물을 먹는 규례에 대하여 가르친다. 그 요점은 제사 드린 후에 제물을 제3일까지 남겨두지 말고 먹든지 불사르든지 하라는 것이다. 이것은 공연한 말씀이 아니고 신령한 뜻을 가진 중요한 규례이다. 이것은 장차 신약시대의 신자들이 예수님의 속죄하여주신 살과 피를 먹을 것에 대한 비유의 말씀이다(참조. 요 6:53-56). 신자들이 예수님의 살을 먹는다 함은 역시 비유적 표현이다. 그것은 우리를 위하여 희생이 되어주신 예수님의 속죄의 사실을 먹고 마시듯이 속으로 깊이 믿어야 할 것을 가르친다.

9-10 여기 계시된 하나님의 말씀을 보면 하나님께서 불쌍한 사람들을 깊이 생각하여 주심에 대하여 우리가 알 수 있다. 그는 그 백성에게 모든 행사에 있어서 긍휼을 기억하게 하신다. 그 백성들이 밭에서 곡식을 거둘 때에도 전부를 다 거두어들이지 말고 얼마를 남겨서, 가난한 자들로 하여금 그것을 거두어 가게 하셨다. 이 점에 있어서 우리가 특별히 주목하는 것은 하나님께서 그 백성으로 하여금 타국 사람을 불쌍히 여기도록 하신 사실이다. 인간은 민족 감정이 앞서서 타국인을 무시하기 쉽다. 하나님은 그것을 죄악시

하시고 이 점에서 인간의 타락한 본능과 정반대로 가르치셨다. 타국 사람들은 특별히 고독을 느끼며, 모든 활동에 있어서 그 살고 있는 환경의 생소함을 느낀다. 그들은 언제나 많은 애로 가운데서 살고 있다. 그러므로 그들은 마땅히 불쌍히 여김이 되어야 한다.

11-12 여기서는 하나님께서 도적질과 거짓말을 금하신다. 이 두 가지 죄악이 함께 취급될 이유는 그것들이 서로 관련되어 있기 때문이다. 도적질은 정직하지 못한 행동이다. 자기가 힘써서 벌지 않고 남의 재산을 탈취하니 그것이 부정이다(참조. 엡 4:25, 28).

13-14 여기서 하나님은 사람들로 하여금 남을 압제하지 말라고 하셨는데 남을 압제하는 행동이 어떠한 것인지 몇 가지 기록되어 있다. ② 품꾼의 삯을 그 일한 날에 주지 않음. ③ 귀먹은 자를 저주함. ④ 소경 앞에 장애물을 놓는 것 등이다. 이 말씀을 보면 압제의 죄악을 분별함에 있어서 그것이 얼마나 명석한 것인가를 알 수 있다. 이것이야말로 하나님의 진리의 광명이다.

15-16 이 부분의 말씀은 사람들을 공정하지 않게 판단함을 금한다. 공정하지 않은 판단은 다음 몇 가지로 되어 있다. ① 가난한 자의 편을 드는 것. ② 세력 있는 자의 편을 드는 것. ③ 남을 논단하는 것. ④ 이웃을 대적하여 죽을 지경에 빠뜨리는 것 등이다. 위의 네 가지는 사람들이 흔히 범하기 쉬운 죄악이다. 사람이 가난한 자를 볼 때는 그의 불쌍한 사정 때문에 그의 잘못을 공정하게 취급하지 않으며, 세력 있는 자를 볼 때는 그에게 아부하기 위하여 공정한 말을 하지 않게 되며, 두루 돌아다니며 사람을 폄론할 때는 그 뜨거운 증오심 때문에 지나치게 헐뜯기 쉽고, 이웃을 대적하게 되면 그 흥분된 적개심 때문에 너무 지나치게 그를 해치기 쉽다.

17-18 여기에는 사랑의 법이 계시되어 있다. 그것은 ① 형제를 마음으로 미워하지 말 것. ② 이웃을 책선할 것. ③ 원수를 갚지 말 것. ④ 동포를 원망하지 말 것. ⑤ 이웃 사랑하기를 자기 몸과 같이 할 것 등이다.

이 말씀을 보면 구약의 도덕과 신약의 도덕이 같은 사실을 볼 수 있다. 여기 기록된 다섯 가지가 다 사랑의 지극한 장면을 보여준다. 마음으로도 미워하지 말아야 한다는 것과 남을 사랑하기를 내 몸과 같이 하라는 것은 그 대표적인 것이다.

19 여기서 가르친 것은 하나님께서 창조하신 본래의 종류를 다른 것과 혼잡시키지 말라는 것이다. 하나님께서 특별히 이 말씀을 이스라엘에게 주신 목적은 그들로 하여금 참 종교의 질서를 순수하게 지켜나가게 하려는 데 있다. 이스라엘은 일상생활에 있어서 순수함을 힘씀으로 말미암아 종교 면에 있어서도 이교와 타협하지 않는 순결을 파수하게 될 것이었다.

20-22 여기서는 속량되지 못한 여종이 정혼되어 있는 경우에 그 집주인이 그녀로 더불어 음행한 경우에 그가 받을 벌이 어떠함을 보여 준다. 그녀가 아직 속량되지 못하였으므로(그때의 풍속에 의하면 아직까지 그 집주인의 소유로 되어 있음) 그 집주인이 받을 벌은 경한 것으로 제정되어 있다. 그는 다만 하나님 앞에 범죄한 것뿐이니 하나님 앞에서 사죄 받기 위하여 속건제물을 드림으로 사죄를 받는 것이다.

23-25 여기서는 이스라엘 백성이 가나안 땅에 들어가서 과목을 재배함에 대한 법규를 말해 준다. 곧, 처음 3년 동안은 그 맺히는 열매를 먹지 말 것이고, 제4년에 맺힌 열매를 하나님께 드리고, 제5년의 것부터 먹으라는 것이다. 처음 3년 동안의 열매를 먹지 말라는 명령에 대하여 어떤 학자들의 설명은 위생에 해롭기 때문이라고 한다. 그러나 다른 학자들은 하나님께서 이스라엘의 순종 여부를 보시기 위하여 그런 명령을 주셨다고 한다. 그러나 그보다는 다음과 같이 생각하는 것이 옳을 것이다. 처음 3년 동안 생산되는 과실은 할례 받지 못하였다고 하니(23절), 그것은 그 땅이 하나님께서 보시기에 가나안 민족들의 우상 숭배로 말미암아 더럽혀진 사실을 상기시킨 것이다. 그러므로 이스라엘이 그 땅을 사용함에 있어서도 성결의 법을 배우도록 하

신 것이다. 구약시대에는 하나님께서 그 백성을 가르치심에 있어서 외부적 방법을 많이 사용하셨다.

여기서 우리가 기억할 것은 제4년에 맺힌 열매를 하나님께 드린 사실이다. 그만큼 하나님의 백성은 옛날부터 하나님 제일주의를 지키도록 되었다. 그들은 무슨 일에 있어서나 하나님을 영화롭게 할 자들이었다. 그러나 오늘날 신자들 중에는 하나님보다 자신을 위주하고 하나님을 그다음 순서로 생각하니, 우리의 신앙이 참으로 부족한 것을 알 수 있다.

그리하면 너희에게 그 소산이 풍성하리라. 하나님께서는 우리가 사용하는 땅과 모든 물질도 지으셨다. 그러니만큼 우리가 그를 순종하기만 하면 필요한 경우에 물질적 축복도 받는 것이다. 불신자들도 현세 생활을 영위함에 있어서 무의식 중에도 하나님의 법도를 순종하면 물질적 축복을 받는다. 예를 들면 성경에 많이 강조한 대로 근면과 진실을 지키는 자들이 물질적으로 풍성해진다(엡 4:28; 행 20:34-35; 잠 10:4; 13:4; 22:29).

26-28 여기서는 이스라엘 백성으로 하여금 이방 풍속을 본받지 않도록 하기 위하여 몇 가지 가르친다. 그 풍속들은 주로 미신과 관련되어 있다.

1) 무엇이든지 피째 먹지 말라고 함. 그때 이방 사람들은 피 먹는 것을 꺼리지 않았다. 그러나 하나님께서는 그때 이스라엘로 하여금 피를 먹지 못하게 하셨으니(레 17:10-16), 이것을 보면 이스라엘의 종교는 하나님에게서 온 것이고 이방 사람들에게는 심판을 의미하는 것이었다. 종교 진화론을 말하는 자들은 이스라엘의 종교가 이방 종교에서 유래되었다고 하나, 그것은 전혀 성립될 수 없는 말이다.

2) 복술과 술수를 행하지 말라고 함. 복술과 술수도 그때 이방인들의 사회에 성하였던 것이다. 그것들은 물론 미신적이고 마귀와 관련된 것이다.

3) 머리 가를 둥글게 깎지 말고 수염 끝을 손상하지 말 것. 이 말씀도 이방인의 풍속을 금지시킨 것이다. 하나님께서 당시 이스라엘로 하여금 그런

풍속을 멀리 하도록 하신 것은 이방 민족들이 우상을 섬기는 자들이었기 때문이다.

4) 죽은 자를 애도하기 위하여 살을 베지 말 것. 그때 이방인들은 과도한 슬픔을 표하기 위하여 몸에 상처를 내면서 무늬를 새기는 일이 있었다. 인간에게 슬픔이 있을 수 있지만 지나치게 슬픔으로 빠져 들어가는 것은 금물이다. 가족이나 친척의 죽음으로 인하여 지나치게 슬퍼하는 것은 하나님보다 그 죽은 자들을 더 사모하고 사랑하는 잘못된 행동이다.

29 네 딸을 더럽혀 창녀가 되게 하지 말라. 이 말씀도 가나안 민족들의 악한 풍속을 물리치라는 명령이다. 그때 가나안 민족들은 극도로 음란하여 그들이 섬기는 신당에 창기의 방을 시설하고 있었다. 음행이 그들의 종교의식의 순서가 될 만큼 그들은 극도로 부패하였었다. 그러므로 하나님께서 이제 이스라엘 신정국가를 그 땅에 세우시려 하실 때에 이런 죄악을 완전히 추방하려 하신 것이다.

30 내 안식일을 지키고. 3절에 있는 같은 말 해석을 참조하라. **내 성소를 공경하라.** 이것은 성소를 존중히 여기라는 의미이다.

31 이 구절이 가르치는 말씀은 그 윗절에 있는 하나님을 섬김에 대하여 필요한 것이다. 하나님을 섬기는 자는 미신을 근절시켜야 한다. 한 사람이 두 주인을 섬기지 못하는 것처럼 미신과 하나님을 겸하여 섬길 수 없다(참조. 출 22:18; 신 18:10-11; 대상 10:13; 사 8:19).

32 너는 센 머리 앞에서 일어서고 노인의 얼굴을 공경하며 네 하나님을 경외하라 나는 여호와이니라. 노인을 존경할 이유는 특별히 그가 장수한 것이 하나님의 축복으로 된 것이기 때문이다. 잠언 16:31에 말하기를 "백발은 영화의 면류관이라 의로운 길에서 얻으리라"고 하였다. 물론 여기서 취급되는 장수는 의로운 생활로 인하여 받은 선물이다. 우리는 이 사실을 생각해 볼 때에 노인을 존경하지 않을 수 없다(참조. 잠 14:27; 19:23). "노인을 공경하라"는 말씀이

있은 뒤에 "네 하나님을 경외하라"는 말씀이 따르는 데는 이유가 있다. 노인을 공경하는 심리는 어떤 의미에서 하나님을 섬기는 경건과 관련되어 있다. 진정한 의미에서 권위를 존중할 줄 안다면 하나님을 경외할 것이다. 권위를 업신여기는 것은 이단자들의 행위에 속한다(벧후 2:10; 유 1:8). 이 점에 있어서 물론 우리가 구분할 것이 있다. 그것은 진리에 입각하여 권위를 바로 식별하고 존중하는 것이 이 본문의 내용이라는 것이다. 유교에서도 노인을 존중해야 할 것을 가르치기는 한다. 그러나 진리에 입각한 교훈이 아니므로 그 근본에 있어서 유교의 경로사상은 하나님을 섬기는 데로 인도하지 못한다.

33-34 여기서는 하나님께서 이스라엘 백성에게 그들의 경내에 우거하는 외국인을 자기 자신같이 사랑하라고 하신다. 이것도 하나님의 긍휼이다. 그는 외국인들이 이스라엘 나라에서 외롭게 지내는 것을 불쌍히 여기셨다. 하나님을 섬기는 자들은 이와 같은 참된 긍휼을 본받아야 할 것이다. 남을 긍휼히 여기는 자는 그 자신이 하나님의 긍휼을 받는다. 이런 의미에서 긍휼은 심판을 이기는 유력한 덕(德)이다(약 2:13). 그러므로 긍휼의 심리가 강한 자는 평안을 지니고 있다. 하나님께서는 이스라엘이 이런 긍휼을 가지도록 하기 위하여 그들로 하여금 애굽 땅에서 나그네 생활을 한 사실을 회고하도록 하신다.

35-36 여기서는 이스라엘이 일반 사무에 있어서 공평해야 할 것을 가르친다. 에바는 고체량의 단위로 22리터에 해당되고, 힌은 액체량의 단위로 3.6리터에 해당한다.

37 나는 여호와니라. 위의 모든 규례들은 하나님께서 이스라엘 민족을 애굽에서 구원하신 구주님의 권위로 명하신 것이다. "여호와"라는 성호는 이스라엘을 찾아 오셔서 그들과 더불어 계약하시고 그들의 구원을 이루시는 하나님이신 사실을 가리킨다.

| 설교자료

1. 하나님의 백성은 언제나 가난한 자들을 돌보라는 말씀을 받았다. 잠언 14:31에 말하기를 "가난한 사람을 학대하는 자는 그를 지으신 이를 멸시하는 자요 궁핍한 사람을 불쌍히 여기는 자는 주를 공경하는 자니라"고 하였다(참조. 잠 19:17; 21:13).

2. 원수를 갚지 말라는 교훈은 신구약이 다 가르치고 있다(18절; 참조. 마 5:39, 44; 롬 12:17-21). 사람이 그 원수를 갚지 않아야 할 이유는 여러 가지이다. ① 원수를 갚아 주시는 이가 심판장이신 하나님이시니, 피해자인 사람이 원수를 갚으면 스스로 자기를 심판장으로 만드는 참람한 죄를 범하기 때문이다. ② 피해자로서 원수를 갚으면 자기 자신을 악화시켜 하나님의 은혜를 잃어버리기 때문이다. ③ 피해자로서 원수를 갚지 않을 때에 그 원수가 도리어 감화를 받아 선하여질 수 있기 때문이다.

3. 우리는 노인을 존경해야 한다(32절). 여기서 "노인"이라고 한 것은 아버지는 물론이고 일반적으로 연령이 높은 사람을 가리킨다. 그들을 존경해야 할 이유는 ① 그들을 존경하는 것이 자연법을 지키는 것이기 때문이다. 자연법도 하나님이 지어내신 것이다. 사람이 자연법을 어길 때에는 그것에 대한 필연적 보응을 받는다. 필연적 보응이라는 것은 무엇인가? 예를 들면 사람이 높은 데서 떨어지면 그 몸에 상처를 받음과 같은 것이다. 노인은 젊은 사람보다 경험이 많고 부모와 같은 자니 그를 높이는 것이 자연법에 합당하다. 이사야 10:15에 말하기를 "도끼가 어찌 찍는 자에게 스스로 자랑하겠으며"라고 하였다. ② 사람이 장수하게 된 것은 하나님의 은혜로 된 것이다. 그러므로 우리는 노인을 볼 때 그에게 생명을 공급하여주신 하나님을 기억

해야 한다. 이런 의미에서 우리는 노인을 존경해야 한다. 이것이 신본주의 처지에서 실행되는 경로의 도덕이다.

제 20 장

↓ 내용분해

1. 몰렉 우상을 섬기는 자를 벌함(1-5절)
2. 신접한 자와 박수를 따르는 자를 벌함(6-8절)
3. 부모를 저주하는 자를 벌함(9절)
4. 간음, 기타 부자연스럽고 악한 성적(性的) 행동을 벌함(10-21절)
5. 거룩하라는 일반적 명령(22-27절)

↓ 해석

1-5 몰렉. 이것은 암몬 족속의 우상인데 가나안에서도 역시 이 우상을 섬겼다. 그것은 놋으로 제조되었으며 머리가 송아지 같았다. 그 우상은 불로 뜨거워져 있었다. 그것을 섬기는 자는 자기 자녀를 그 불에 태워 바쳤다고 한다. 그것이 그처럼 악한 우상주의였으므로 그 우상을 섬긴 자는 죽어 마땅하다.

6-8 접신한 자와 박수무당을 음란하게 따르는 자. 접신술자나 박수는 실상 마귀와 사신을 섬기는 자들이다. 그러므로 그들을 따르는 자는 하나님 백성의 자격을 상실하였다. 이스라엘 백성은 여호와 하나님만 섬겨야 될 하나님의 선민이다. 그 일을 위하여 그들은 이제 가나안에 입주하게 될 것이다. 그들 중 여호와를 섬기지 않는 자는 누구든지 멸망을 당할 가나안 원주민과 같은 취급을 당하지 않을 수 없다. 다시 말하면 그런 자는 멸망 받아 마땅한 자이다.

9 만일 누구든지 자기의 아버지나 어머니를 저주하는 자는 반드시 죽일지니. 부모를 저주하는 자는 다음과 같은 두 가지 죄악을 범한 셈이다. ① 권위와 근원에 대한 소생으로서의 반역(사 45:10)과 ② 죽이기까지 하려는 악독(저주)을 토함이다.

10-21 이 부분에서는 모든 불법한 성적 행동을 벌함에 대하여 말한다. 그 벌은 주로 사형이다. 이 점에 있어서 우리는 몇 가지 깨달을 것이 있다.

1) 음행을 그렇게까지 엄벌한 것을 보니(10절) 그것이 얼마나 무서운 죄악인가를 알 수 있다. 음행은 실상 사람을 끝까지 멸망시키는 악이다. 그 죄에 빠진 자는 그 자리에 나오지 못하고 망한다. 그러므로 그 죄악은 엄벌에 처하게 되었다.

2) 난륜적 또는 패륜적 성적 행동은 가정을 극도로 문란하게 만들며 인류를 짐승으로 타락시키는 죄악이다(참조. 18:6-23의 해석). 특별히 사람이 짐승과 교합하는 죄악은 말할 수 없이 악하다. 15-16절에 남자가 짐승과 교합하면 반드시 죽이고 너희는 그 짐승도 죽일 것이며 여자가 짐승에게 가까이 하여 교합하거든 너는 여자와 짐승을 죽이되 이들을 반드시 죽일지니 그 피가 자기에게로 돌아가리라고 하였다. 우리는 이 말씀을 볼 때 한 가지 난제를 품게 된다. 곧 하나님께서 이스라엘을 명하여 가나안 족속을 전멸하도록 하신 사실에 대해 이해하기 어려운 점이다. 어떻게 자비하신 하나님이 그렇게까지 하셨던가? 그러나 우리는 가나안 족속들의 타락 상태가 말할 수 없이

심각하였음을 알 때 그 난제가 풀린다. 가나안족들 중에는 짐승으로 더불어 교합하였던 사실이 있었다. 그러므로 하나님께서 이스라엘이 가나안에 들어가기 전에 그들의 악한 풍속을 본받지 않도록 미리 단속하시며 경고하신 것이다. 그렇게까지 타락한 자들은 실상 인간이라고 할 수 없으리만큼 극도로 악한 자들이다. 그런 자들은 하나님의 심판을 받아 마땅한 것이다.

3) 위의 모든 난륜적인 행동을 사형으로 다스리게 하신 것을 보면 하나님은 생명보다 성결을 더욱 중대시하신다. 그는 죄인의 죽는 것을 기뻐하시지 않으신다(겔 18:23). 그러나 악인이 극단적으로 악해지면 하나님은 그를 멸하신다.

22-23 이스라엘 백성은 쫓겨난 가나안 족속들의 풍속을 따르지 말아야 한다. 이스라엘이 눈 앞에서 보다시피 가나안 족속들이 쫓겨난 원인은 그들의 죄악 때문이었다. 그러므로 이스라엘은 이 사실을 명심하고 가나안 족속들의 전철을 다시 밟지 않아야 한다.

24-26 이스라엘 백성은 하나님께서 그의 소유로 구별시킨 백성이다. 그러므로 그 백성은 하나님이 정해주신 성결의 법을 지켜야 한다. 특별히 이 점에 있어서 "짐승이 정하고 부정함과 새가 정하고 부정함"을 구별한 것은 그 시대의 종교 의식으로서 중요하였던 것이다. 그 시대에는 사람들이 짐승을 제물로 사용하였으므로 그것들이 그들의 중요한 생활, 곧 종교 생활에 직접 관계를 가지고 있다.

27 남자나 여자가 신접하거나 박수가 되거든 반드시 죽일지니. "신접"한 자와 "박수"는 미신의 앞잡이들인 만큼, 하나님께 가증한 자들이요, 하나님 백성의 원수들이다. 이런 자들이 당시 가나안 민족들 중에 많았다. 그러므로 이스라엘 민족 중에도 이런 미신을 따르는 자들은 멸망 받을 가나안 민족과 함께 취급되었다.

제 21 장

✙ 내용분해

1. 제사장들은 자기 가족 외에 다른 사람들의 시체로 인하여 더럽히지 말라고 하심(1-4절)
2. 그들은 이방 풍속과 같은 슬픔을 표하지 말라고 하심(5-6절)
3. 그들은 부정한 결혼을 하지 말라고 하심(7-8절)
4. 그들의 딸이 음행하면 그 딸을 불사르라고 하심(9절)
5. 대제사장은 어떤 시체에든지 가까이 하지 말라고 하심(10-12절)
6. 대제사장은 부정한 결혼을 못한다고 하심(13-15절)
7. 아론의 자녀들 중에 몸에 흠이 있는 자들은 제단에 나아가지 못한다고 하심(16-24절)

✙ 해석

1 죽은 자를 만짐으로 말미암아 스스로를 더럽히지 말려니와. 여기 이른바 더럽

힌다고 함은 시체에 접촉함을 가리킨다. 시체에 접촉됨을 종교적인 불결로 보는 관념은 구약시대의 독특한 교훈이다. 그것은 그 시대의 이스라엘 자손들을 가르치기 위한 의식적인 법규였다. 제사장은 하나님께 나아가는 직분이므로 죄악과 저주의 상징인 시체와 접촉할 수 없었다. 그리스도를 통해서만 하나님께 나아가게 되는 신약시대에 있어서는 이런 종교적 제도가 필요하지 않게 되었다(히 9:10).

2-3 그의 살붙이인 그의 어머니나 그의 아버지나 그의 아들이나 그의 딸이나 그의 형제나 출가하지 아니한 처녀인 그의 자매로 말미암아서는 몸을 더럽힐 수 있느니라. 여기 "더럽힐 수 있다"는 말은 가족들의 시체를 만질 수 있다는 말이다. 이것은 자연적인 애정을 정당시하는 문구라고 할 수 있다. 신자는 모든 사람을 자기 몸과 같이 사랑하여야 한다. 그러나 자기의 가족에 대한 책임은 자기가 친히 져야 할 위치에 있다(딤전 5:8).

5-6 제사장이 된 자는 이방인들처럼 과도히 슬퍼하지 말아야 한다(살전 4:13). 극도의 슬픔을 표시하는 의미에서 털을 이상하게 깎거나 몸에 상처를 내서는 안 되었다. 이런 행위들은 이방 풍속이었다. 제사장은 생명과 위로를 주는 성직인 만큼 그런 이방 풍속을 따를 수 없다.

7-8 제사장은 흠이 있거나 또는 흠이 있었던 여자를 아내로 취할 수 없다. 그 이유는 그가 예수 그리스도의 예표이므로 어느 면으로든지 완전을 보여주어야 하겠기 때문이다.

9 제사장의 딸이 음행하면 그 딸은 불사름이 되었다. 이런 형벌은 제사직의 성결을 유지하기 위한 것이다. 성직자의 자녀가 불경건하면 더 큰 벌을 받는다는 진리가 여기 이 말씀에 포함되었다. 누가복음 12:48에 "알지 못하고 맞을 일을 행한 종은 적게 맞으리라 무릇 많이 받은 자에게는 많이 요구할 것이요 많이 맡은 자에게는 많이 달라 할 것이니라"라고 하였다.

10-12 시체 접촉으로 몸을 더럽히지 말 것에 대하여 대제사장의 경우는

제사장의 경우보다 더욱 엄하다. 초상이 난 경우에도 그는 성소에서 나오지도 못하게 되어 있다(참조. 1절 해석). 대제사장의 이와 같은 처신은 인륜보다 천륜이 더 귀하다는 것을 보여준다. 예수님도 말씀하시기를 "죽은 자들로 자기의 죽은 자들을 장사하게 하고 너는 가서 하나님의 나라를 전파하라"(눅 9:60)고 하셨다.

13-15 이 부분 말씀에 대하여는 7-8절의 해석을 참조하라. 대제사장은 그리스도를 상징하고 그의 아내는 교회를 상징한다. 그 아내의 성결은 신약 교회, 곧 그리스도의 아내의 성결을 비유한다(Bonar)(참조. 고후 11:2; 엡 5:27).

16-24 여기서는 인간 중에 지체 장애자나 흠이 있는 자는 제사장직을 행하지 못하도록 한다. 제사장은 장차 오실 대제사장, 곧 그리스도의 표상이므로 육신으로도 완전함을 보여주도록 되어 있다. 이런 법규가 신약시대의 성직자들에게 그대로 실행되어야 할 것은 아니다(히 9:10).

제 22 장

✣ 내용분해

1. 성물을 가까이 하는 규례(1-7절)
2. 몸을 더럽히지 말 것(8-9절)
3. 성물을 먹지 못할 신분과 먹을 신분(10-13절)
4. 성물을 잘못 먹은 죄에 대한 처벌(14-16절)
5. 흠 없는 제물을 하나님께 드릴 것(17-25절)
6. 갓난 양이나 염소를 하나님께 드리는 방법(26-28절)
7. 먹을 제물은 당일에 먹을 것(29-30절)
8. 하나님의 계명을 지키라고 함(31-33절)

✣ 해석

1-7 여기서는 사람이 부정한 몸으로 성물(제물)을 먹지 말 것에 대하여 말한다. 옛날 이스라엘 민족은 성결에 대하여 물적(物的)으로 구별하는 의식

을 교육 받았다. 이런 물적인 사고방식은 구약계시 시대에 필요하였다. 사람이 외부적 정결을 숭상함으로 내부적 성결 또는 영적 성결에 대한 의식에 이를 수 있다. 불결 혹은 부정의 법규에 대해서는 11:24-47; 15:1-33을 참조하라.

구약시대에 하나님의 백성이 제물을 먹은 것은 신약시대의 신자들이 믿음에 의하여 그리스도의 죽음(살과 피)의 공효를 받아들임을 비유한다(요 6:35, 53-56). 사람이 부정한 마음 그대로는 예수님을 믿을 수 없다. 그는 죄를 회개해야 믿음의 은혜를 받을 수 있다.

8-9 제사장들은 성물을 먹는 신분이므로 불결한 고기를 먹을 수 없다(17:15-16).

10-13 여기에 성물을 먹는 법규에 대하여 또 하나의 규례가 기록되었다. 곧, 제사장의 집에 늘 살고 있는 자들만이 성물을 먹을 수 있고, 잠깐 다녀가는 자들은 먹을 수 없다는 것이다. 이것은 영생의 기업을 누릴 자들이 어떤 자임을 밝혀 주는 비유의 의미도 나타낸다. 영생의 기업은 하나님의 권속들만이 누린다(요 8:35-36; 엡 2:19).

14-16 성물을 먹을 자격이 없는 사람이 부지중에 성물을 먹으면 그 죄로 인하여 형벌을 받게 할 것이라고 한다.

17-25 이 부분의 말씀은 흠이 있는 제물을 하나님께 드리지 말라고 당부한다. 하나님께서는 이스라엘이 흠 있는 제물을 하나님께 드린 죄악에 대하여 말라기 선지자를 통하여(말 1장) 다음과 같이 책망하셨다. ① 그것은 하나님을 멸시한 죄요(6절) ② 그들이 은혜 받기를 간구하여도 하나님은 듣지 않으시겠다고 하시며(9절) ③ 그런 범죄를 하러 오는 자들을 물리치는 의미에서 성전 문을 닫으라고 하시고(10절) ④ 그런 자들은 저주를 받게 된다고 하셨다(14절).

26-28 여기서는 사람이 하나님께 제물을 드릴 때 잔인하게 하지 말 것을

가르쳐 준다. ① 가축의 새끼는 태어난 후 곧바로 제물로 사용될 수 없고 7일 동안 그 어미와 함께 있게 하고(27절) ② 어미와 새끼를 같은 날에 잡지 말라고 한다(28절). 하나님께서는 이런 규례에 의하여 그의 백성으로 하여금 잔인성을 멀리하도록 하셨다.

29-30 이 구절들은 먹을 분깃으로 남은 제물을 먹되 그 제물은 그날에 먹고 이튿날까지 두지 말라고 한다. 이 말씀은 제물을 신속히 많은 사람들에게 나누어주어야 할 것을 가르친다.

31-33 이 부분의 말씀은 위의 모든 부탁에 대한 결론이다. 하나님께서는 제사장들에게 그의 명하신 것을 지키라고 하신다. 그 이유는 그가 제사장들을 성결하게 하시려는 것이며(32절) 또한 그 자신은 이스라엘 민족을 애굽에서 인도해 내신 구주이시기 때문이다(33절).

제 23 장

❧ 내용분해

1. 성회의 제도를 선포하는 머리말(1-2절)
2. 안식일의 성회(3절)
3. 유월절과 무교절의 성회(4-8절)
4. 초실절의 성회(9-14절)
5. 오순절의 성회(15-21절)
6. 추수할 때의 긍휼(22절)
7. 나팔절의 성회(23-25절)
8. 속죄일의 성회(26-32절)
9. 초막절의 성회(33-44절)

❧ 해석

1-2 성회로 공포할 여호와의 절기. 하나님께서 제정해 주신 여러 절기들이

23장에서 선포된다. 그 절기들은 하나님을 중심한 것이며, 신자들의 영적 소생을 위한 것이다. 인간은 하나님을 즐거워할 때에만 그 심령이 평안해지며 살게 된다. "성회"(מִקְרָאֵי קֹדֶשׁ)로 번역된 히브리어의 문자역은 "거룩의 소집들"이다. 이것은 그 모임을 성립시키신 이가 하나님이심을 알게 한다. 기독교는 신본주의이다. 하나님이 언제나 절대적 주동자이시고 인간은 언제나 수동적 위치에 있다. 여기서 죄인들은 조용해지고 하나님의 평강이 다스린다.

3 쉴 안식일. 이 말의 히브리어(שַׁבַּת שַׁבָּתוֹן)는 '안식의 안식일'이라는 뜻이다. 이것은 안식을 극히 강조하는 문구이다. 하나님은 이 괴로운 세상에 처한 우리가 안식을 경험하기를 심히 원하신다. 사람이 하나님의 안식을 맛볼 때에 참된 안식이 있다. 사람의 심령은 언제나 이와 같은 안식을 누려야 한다.

여호와의 안식일. 안식일은 여호와께서 그 지으신 만물을 즐거워하시는 그 날부터 시작되었다. 그날에 사람들은 하나님을 즐거워하게 되어 있다. 그날에 신자가 하나님께 예배 드림이 바로 하나님을 즐거워함인데 그것이 곧 영혼의 안식이다. 이것은 장차 올 영원한 안식의 모형이다.

4-8 여기서는 누룩 없는 떡의 절기에 대하여 말한다. 이것은 이스라엘의 교력(敎曆) 1월 14일 저녁(유월절)을 지나 그다음 날부터 시작하여 한주간 계속된다. 유월절에는 이스라엘이 애굽에서 구원받은 사실을 기념한다. 그리고 그 후 1주간은 누룩 없는 떡의 절기로 구원받은 자가 거룩하게 살아야 할 것을 상징한다(고전 5:6-8).

여호와의 유월절(פֶּסַח לַיהוָה)이라고 번역된 히브리어(5절)는 '여호와의 영광을 위한 유월절'이라는 의미이다. 여호와께서 애굽에 재앙을 내리실 때 이스라엘의 모든 집을 넘어가심으로 그들의 맏아들을 아껴 주셨다. 그러므로 이스라엘은 하나님께 감사하며 그날을 지키게 되었다. 신자들은 은혜를 받기 위하여 간절히 힘써야 한다. 그러나 받은 은혜를 늘 기억하며 하나님께 감사하는 일도 그만큼 전심으로 해야 한다.

성회로 모이고 아무 노동도 하지 말지니라(8절). "성회"는 하나님께 예배하기 위함이다. 이스라엘의 절기들은 그 어느 것이든지 사람으로 하여금 참된 즐거움이 되시는 하나님을 생각하며 접촉하게 하려는 것이다. 이런 의미에서 그 절기들은 하나님을 중심한 것이고, 사람의 세속적 일락을 위한 것이 아니다. 이 절기에 아무 노동도 하지 않음은 노동을 죄악시함이 아니라 다만 ① 그 절기의 시간들을 온전히 하나님께 대한 예배와 묵상에 전적으로 사용하도록 하기 위함이며 ② 그 절기를 통하여 영적 안식을 표상하려는 까닭이다.

9-14 이 부분에는 초실절에 대한 자세한 설명이 있다. 초실절은 유월절 이후 첫째 안식일 다음 날이다. 이날에는 이스라엘이 처음 익은 곡식 단을 하나님께 바친다. 여기서 하나님께 드려진 처음 익은 곡물의 첫 이삭 한 단은 부활하신 예수님을 비유한다(고전 15:20). 그러므로 이것은 일반 신자들의 부활을 보장하는 것이기도 하다.

15-21 이 구절들은 오순절에 대하여 말한다. 오순절은 초실절로부터 50일째 되는 날이다(15-16절). 이날에 이스라엘이 바친 제물은 주로 떡 두 개였다. 이 제물은 신약 교회를 비유한다. 신약 교회는 예수님이 가루와 같이 희생되셨음으로 이루어진 단체이다. 그 떡의 수효가 두 개로 된 것은 만족한 복음 증거를 표상한다(계 11:3). 이때 떡 두 개와 아울러 양들도 제물로 바쳤다(18-19절). 하나님께 무엇이든지 바칠 때는 피 없이 성립될 수 없다. 그리스도인들은 감사나 헌신도 그리스도의 피(양의 피로 예표 된)로 말미암아서만 성립된다.

아무 노동도 하지 말고. 8절 이하의 같은 말 해석을 참조하라.

22 너희 땅의 곡물을 벨 때에 밭 모퉁이 까지 다 베지 말며 떨어진 것을 줍지 말고 그것을 가난한 자와 거류민을 위하여 남겨 두라. 의식적인 절기들에 대한 말씀들 가운데 가난한 자들을 구제해야 한다는 말씀이 끼어 있는 것은 당연하다. 여호와의 종교는 긍휼을 기억한다. 인간은 종교의식을 행한 것으로써 만족하지

말고, 보다 중요한 공의와 사랑을 행해야 한다(참조. 렘 7:4-7).

23-25 여기서는 나팔절에 대하여 말한다. 나팔절은 교력 7월 1일인데 그 때는 나팔을 부는 것이 특징이다. 그것은 기쁨을 선포하는 의미이다. 이 절기에 나팔을 불어 기념할 것이 무엇인가? 그것은 무엇을 기념한다는 말인가? 그것은 어떤 과거의 역사적 사건을 기념한다는 뜻이 아니라 '미래의 기쁜 일을 내다보며 기억한다'는 뜻이다. 곧, 그리스도의 복음 전파에서부터 그의 재림의 시대들을 내다봄이다(Bonar).

26-32 속죄일에 대한 자세한 말씀이 여기 있다. 그날은 교력 7월 10일인데 이스라엘 백성이 범한 모든 죄악을 위하여 그날에 대제사장이 홀로 지성소에 들어가서 제사를 드렸다. 그날에 백성들이 할 일은 스스로 괴롭게 함, 곧 회개하는 작업이었다. 이것을 역설하기 위하여 "스스로 괴롭게"하라는 말씀이 세 번 나온다(27, 29, 32절). 이같이 회개하지 않는 자는 그 백성 중에서 끊어질 것이라고 한 말씀을 보니, 회개 여부는 그때 이스라엘 백성의 사활 문제에 속한 것이었다. 그것은 현대인에게도 마찬가지이다. 하나님의 자비와 그리스도의 공로가 무한히 크지만 회개하지 않는 자의 죄는 대속될 수 없다. 속죄는 그리스도의 보혈로 죄를 담당하게 하고 사죄함을 뜻한다.

아무 일이나 하지 말라. 이 말씀이 여기 세 번 나왔으니 그것은 강조체 이다. 이 말씀에 대하여는 8절 이하의 같은 말 해석을 참조하라.

33-44 초막절(수장절)은 이스라엘 백성이 광야에서 거처한 역사적 사실을 기념하기 위하여 세운 것이다. 그것은 교력으로 7월 15일부터 한 주간이다. 그때도 이스라엘 백성은 여러 가지 행사를 가진다. ① 안식함. ② 성회를 가짐. ③ 하나님께 제물을 드림. ④ 나뭇가지로 초막을 만들어 그 초막에 거처함 등이다. 이와 같은 행사들(특히 나뭇가지를 가지고 즐거워하는 행사)은 신약시대의 교회가 누릴 즐거움을 상징한다(요 7:37-39). 그와 동시에 영원한 내세에 들어간 성도들의 하나님을 중심한 즐거움을 의미한다(계 7:9-17).

제 24 장

✤ 내용분해

1. 성소의 등불을 늘 켜 두라고 하심(1-4절)
2. 진설병을 비치하라고 하심(5-9절)
3. 하나님의 이름을 훼방한 자를 벌함(10-23절)
   1) 범인의 죄상(10-11상)
   2) 그의 갇힘과 하나님의 지시(11하-14)
   3) 그의 받을 벌이 정당한 이유(15-22절)
   4) 그가 처벌됨(23절)

✤ 해석

1-2 계속해서 등잔불을 켜 둘지며. 여기 "등잔불"은 성령으로 말미암아 나타나는 진리를 비유한다. 간단히 말해서 그것은 성령의 역사이다. 모든 신자들은 계속적으로 성령의 역사에 의하여 복음의 진리를 세상에 보여주어야 한

다(빌 2:14-17).

3-4 아론은…항상 등잔불을 정리할지니. 곧, 아론의 아들들(일반 제사장들)은 등잔불이 계속하여 빛을 발하도록 성전에서 수종들어야 한다는 말씀이다. 오늘날의 교역자들이 제사장에 해당하지는 않지만 그리스도의 종으로서 이와 유사한 일을 한다. 그들은 교회를 받들고 거기서 주님의 빛이 계속적으로 나타나도록 해야 한다.

5-7 떡 열두 개. 이것은 성막 안에 비치될 진설병을 가리킨다. 이것에 대하여 몇 가지 중요한 설명이 필요하다. ① "떡"은 십자가에서 가루와 같이 희생되셔서 생명의 떡이 되신 예수 그리스도를 비유한다(요 6:35, 48, 50, 51, 53절). ② "열두 개"라 함은 12 지파, 곧 하나님의 백성 전체와 관련된 것이다. 이는 예수님께서 하나님의 백성 전체를 위하여 생명의 떡이 되셨다는 것을 상징한다. 이같이 그는 자기 백성을 위하여 풍성한 생명의 양식이 되셨다(요 10:9-10). ③ 순결한 상은 썩지 않는 싯딤 나무로 만들어 정금으로 입힌 상이다. 이것은 썩지 않는 하늘나라를 상징한다. 생명의 떡은 하늘에서 온다. ④ 유향을 그 각 줄 위에 둠은 예수님의 희생(생명의 떡)이 하나님께 기쁨이 된다는 뜻이다.

10-23 하나님을 훼방한 자가 죽임이 된 사실이 여기 기록되었다. 하나님께서는 그 사람의 받을 형벌이 당연함에 대하여 길게 말씀하셨다(15-22절). 하나님의 이름을 공적으로 훼방한 것은 영적으로 하나님을 극도로 미워하는 죄악이다. 그러므로 그 죄를 범한 자는 사형을 당함이 신정국법에 의거했다. 신약시대에 이런 형법이 종교문제와 관련하여 사용되지는 않으나 하나님을 훼방한 죄가 변함없이 큰 죄라는 것은 확실하다.

이스라엘 자손 중에 그의 어머니가 이스라엘 여인이요 그의 아버지는 애굽 사람인 (10절). 이스라엘 민족이 애굽에서 살 때에 그 여인들이 애굽 사람과 결혼한 일들이 있었다. 그러므로 이스라엘 민족이 출애굽하여 광야 여행 중에도 이방인들이 섞여 있었다. 그 이방인들 중에서 하나님의 성결을 범하는 일들이 종종 있었다(참조. 민 11:4).

여호와의 이름을 모독하며 저주하므로(11절). 히브리 원문에는 여기에 "이름"이라는 말이 있을 뿐이고 "여호와"라는 말은 없다. 이같이 된 것은 하나님의 성호를 존중하려는 까닭이라고 한다.[24]

그들이 그를 가두고 여호와의 명령을 기다리더니(12절). 이 말씀을 보면 그때 이스라엘 민족이 범죄자를 무법하게 다루지 않고 어디까지나 하나님의 말씀대로 질서 있게 한 것이 알려진다.

그것을 들은 모든 사람이 그들의 손을 그의 머리에 얹게 하고(14절). 곧, 증인들이 그 범인에게 안수하였다는 뜻이다. 그리고 그 안수는 그 죄책을 그 범인이 홀로 당하라는 뜻이라고 한다(Bonar)(참조. 신 17:7).

---

24) A. Bonar, *A Commentary on Leviticus* (London: Banner of Truth Trust, 1966), p. 437.

제 25 장

✣ **내용분해**

1. 땅의 안식년(1-7절)
2. 희년의 제도(8-55절)
   1) 머리말(8-12절)
   2) 희년 이전의 매매 방법(13-17절)
   3) 희년을 지킬 신앙을 다짐함(18-22절)
   4) 희년 전의 토지 무르는 법규(23-28절)
   5) 성벽 있는 도시의 가옥을 무르는 법규(29-34절)
   6) 이스라엘의 극빈자에게 대한 취급(35-38절)
   7) 노예들을 취급하는 방법과 희년 제도(39-55절)

✣ **해석**

1-7 이 부분의 말씀은 토지의 안식에 대하여 가르친다. 그것은 경작한

지 제7년에는 땅을 방치하여 그 해에는 심지도 않고 정규적 추수도 하지 말 것을 가르친다. 하나님께서는 이와 같은 법규를 제정하여 이스라엘 백성으로 하여금 몇 가지를 깨달아 신앙 훈련을 받게 하신다. 그것은 ① 땅의 주인은 하나님이라는 사실. ② 인간은 농토에 대해서도 쉬게 함으로 그 토질을 비옥하게 해주어야 할 것. ③ 그와 같이 1년 동안은 하나님의 백성이 경작하지 않음으로 영적 활동에 주력하게 된다는 것. ④ 이스라엘 백성이 하나님의 말씀에 순종할 때 물질 문제에 있어서 너그러워진다는 사실. ⑤ 그들은 언제든지 하나님만 의지하고 살아야 한다는 사실. ⑥ 내세의 영원한 평안을 안식년으로 상징한다는 사실 등이다.

안식년의 소출은 너희가 먹을 것이니. 곧, 그해에 저절로 난 곡식들과 과실로써 그들의 생계가 가능해진다는 것이다. 물론 그 해에 그들이 정규적인 추수는 하지 않는다(5절).

8-9 이 구절부터 하나님께서 희년 제도를 제정하여 주신다. 희년은 7월 10일, 곧 속죄일부터 시작되는 것으로 49년을 지난 다음 매 50년 마다 지켜야 할 것이다. 그것이 속죄일부터 시작되는 의미는 매우 깊다. 이것은 그리스도의 복음을 상징한다(참조. 눅 4:16-19). 참된 안식은 그리스도의 보혈로 말미암아 속죄를 받은 자만이 얻게 된다.

10-12 여기서는 희년에 대하여 두어 가지 중요한 요소가 서론격으로 진술된다. ① 자유의 해(1절). 이것은 우리가 죄악의 노예에서 해방됨을 상징한다(요 8:32-36). ② 모든 사람들이 자기의 기업으로 돌아감(10절). 곧, 이스라엘 각 지파의 가족들이 50년 동안에 자기 조상의 기업을 팔고 다른 지방에 가서 살다가도 이 해에는 자기 기업을 회복 받는다는 것이다. 이것은 인간이 그리스도의 속죄로 말미암아 하나님의 기업을 도로 찾아 누리게 됨을 비유한다. ③ 그 해에는 토지를 경작하지 않고 그것으로 하여금 안식하게 함(11-12절). 토지로 하여금 안식하게 함에 대하여는 1-7절에 기록된 안식년에 대

한 해석을 참조하라.

13 이 구절에 대하여는 10절의 같은 말 해석을 참조하라.

14-17 여기서는 희년이 오기 전 50년 동안 이스라엘 백성이 지켜야 할 토지 매매에 대한 법규를 가르친다. ① 서로 속이지 말라는 것(14절). 진실은 천국에 있어서 첫째로 중요한 법이라고 할 수 있는 동시에 현세의 생활에서도 그러하다. 땅 위에 사는 민족들 중에 하나님을 모르는 자들도 무의식적으로라도 하나님의 이 진리를 지킬 때 물질적으로 축복을 받는다. 하나님의 진리는 헛되지 않고 공평하다. 불신자들 중에도 모든 경제 활동에 진실한 자들이 물질적 축복을 받는다. ② 그들이 서로 매매하는 방법은 희년을 표준으로 하였음(15-16절). 곧, 그들이 매매하는 때부터 앞으로 다가올 희년에 이르기까지 산정된 연수를 따라 토지의 가격을 정하였다. 다시 말하면 매년 소출량을 단위로 하고 그 연수의 총량에 따라 가격을 정한 것이다.

너희 각 사람은 자기 이웃을 속이지 말고 네 하나님을 경외하라 나는 너희의 하나님 여호와이니라(17절). 하나님께서는 여기서 또다시 경제 활동에 있어서 이스라엘에게 정직함을 명하셨다. 진실은 참으로 중요한 것으로 하나님을 경외하는 데 있어서 본질이라고 할 수 있다(17절).

18-22 하나님께서는 이 점에 있어서 이스라엘 백성의 신앙을 다짐하신다. 혹 그들이 잘못 생각하기를, 희년과 같은 제도를 지킨다면 생활이 어려워질까 염려할 수 있다(20절). 그러므로 하나님께서는 여기서 약속하시기를, 그의 법규를 지키면 그들이 그 땅에서 안전히 살게 되리라고 말씀하신다(18절). 그 이유는 하나님께서 그들에게 특별히 축복하실 것이기 때문이다(21절).

너희가 여덟째 해에는 파종하려니와 묵은 소출을 먹을 것이며 아홉째 해에 그 땅에 소출이 들어오기까지 너희는 묵은 것을 먹으리라(22절). 하나님은 여기서 희년보다는 안식년을 표준하여 말씀하셨다. 하나님께서 제6년에 그들에게 많은 소출을 주셨기 때문에(21절) 제7년 곧 안식년에도 걱정 없이 먹을 수 있고, 제

8년에도 그렇게 될 것이었다(심지어 제 9년 추수 때까지). 이 말씀을 보면 안식년 제도(희년 제도까지)는 역시 하나님 백성의 신앙 훈련을 위하여 주신 것이라고 생각된다. 사람들은 흔히 물질 문제로 많은 염려를 하게 된다. 매 7년마다 한 해를 경작하지 않는다는 것은 그만큼 생산을 줄이게 되는 것으로 생각하기 쉽다. 그러나 하나님의 생각은 사람의 생각과 다르다(사 55:8-9). 사람은 마땅히 하나님의 나라와 그의 의를 먼저 구해야 한다(마 6:33). 그들이 그렇게 할 때에 하나님의 축복을 받아서 물질적으로도 부요해진다.

23-28 여기서는 땅의 참된 주인이 하나님이시라고 가르쳐 준다. 인생들은 실상 하나님의 땅을 임시로 사용하는 나그네에 불과하다(23절).

너희는 거류민이요 동거하는 자로서 나와 함께 있느니라(23절). 이 말씀의 뜻은 '인생들은 하나님께 대하여 나그네와 같다'는 것이다. "나와 함께 있느니라"고 한 문구는 하나님께 대한 그들의 관계가 '나그네와 같다'는 뜻이다. 그러므로 이스라엘 자손들은 그들이 소유한 땅을 영구히 남에게 팔 수 없다. 그들은 그 팔았던 땅도 다시 물러서 받게 될 처지에 있다. 만일 그들이나 그들의 친척이 그 팔았던 땅을 물러서 받을 힘이 없다면 희년이 올 때 그들이 그것을 자동으로 회수하게 된다. 이같이 희년은 이스라엘의 모든 지파에게 분배한 기업(땅)이 하나님의 주관 아래 있다는 것을 알려 준다.

모든 사람들은 땅 위에 살면서 땅을 이용하고 있다. 비록 그 땅이 문서상 어느 개인, 혹은 단체의 명의로 등기된 것이라 할지라도 실질에 있어서는 하나님께서 그 땅의 주인이심을 우리는 인식하고 그에게 감사해야 한다.

29-34 여기서는 성벽 있는 성내의 가옥을 매매함에 대한 법규를 보여 준다. 만일 누가 그런 집을 팔았으면 판 지 1년 안에는 도로 무를 수 있다는 것이다. 그러나 판 지 1년 안으로 무르지 못하면 그것은 영구히 그 집을 산 사람의 것이 된다.

그리고 성벽이 둘리지 아니한 촌락의 가옥은 언제든지 판 자가 무를 수 있다고 한다. 또한 레위 족속의 성읍에 있어서는 가옥을 판 레위 사람이 그것을 언제든지 무를 수 있다. 이것을 보면 하나님께서 레위 족속을 특별히 대우해 주신 것이 분명하다. 그렇게 하신 이유는 레위 족속이 물질적인 기업이 없이 신령한 일을 위하여 전적으로 수종들기 때문이다.

35-38 이 부분에서는 이스라엘 사람이 극빈한 동포를 도와주는 방법 몇 가지를 가르친다. 이스라엘 사람은 극빈한 동포를 불쌍히 여겨야 한다. ① 그들을 대접함에 있어서는 자기들 가운데 우거하는 나그네처럼 잘 대접할 것(35절). 나그네처럼 대접한다고 함은 그들을 동정하고 위로하며 도와줌을 가리킨다. ② 그들에게 돈을 꾸어줄 때 이자 없이 할 것(36-37절). 하나님께서는 이스라엘 민족이 서로 협력하여 왕성하기를 원하셨다. 그 이유는, 그가 이스라엘 민족을 택하여 세워서 세계 만민 중에 주님의 빛을 드러내시려는 까닭이다. 하나님의 이와 같은 의도는 이스라엘을 이 세상주의처럼 하나의 강국을 만드시려는 것이 아니라 하나님을 공경하는 백성으로서 이방 민족들 앞에 꿀리지 않게 하시려는 것이다. 만일 이스라엘이 물질적으로 궁핍하여 이방 민족들 앞에서 구걸하게 된다면 그것은 하나님께 영광이 되지 않는다. 만일 이스라엘 사람이 자기들 중에 있는 가난한 동포를 압제한다면 그것은 그들이 애굽에서 당한 쓴 경험을 잊어버린 태도이다. 하나님께서 그들을 그런 노예 상태에서 건져내신 것이 아닌가? 그렇다면 그들도 하나님의 마음을 본받아 빈핍한 처지에 있는 동포를 동정하며 건져 주어야 한다(38절).

39-46 이스라엘 사람은 자기 동족이 극히 가난하여 팔려 온 경우에 그를 종으로 대우하지 말고 품꾼으로 여기라는 것이다. 그만큼 그들은 동포를 아끼라는 것이다. 이와 같은 제도는 그들의 혈통 본위로 생각한 것이 아니라 어디까지나 하나님의 구속을 표준하여 생각한 것이다. 이런 의미에서 42절에 말하기를 **"그들은 내가 애굽 땅에서 인도하여 낸 내 종들이니 종으로 팔지 말 것이라"**고 하였다. 하나님께서는 이스라엘의 건국 운동을 민족 지상주의 차

원에서 하신 것이 아니라 하나님의 구원운동으로 하신 것이다.

이스라엘 사람들은 이방인들 중에서 종을 사올 수 있다고 가르친다(44-46절). 이것은 민족 차별의 정신으로 해석될 것이 아니다. 그 시대에는 종을 사는 것이 하나의 풍습이었다. 하나님께서는 당시의 그 풍습을 그대로 허용하시면서도 다만 종들을 학대하지 말아야 할 것을 가르치신 것이다.

47-55 만일 이스라엘 사람이 극히 가난하여 이스라엘 땅에 살고 있는 이방인에게 팔려 종이 된 경우에 그의 친척들은 그를 속량해 주거나 혹은 자기가 친히 속전을 주고 해방되어야 한다고 한다. 그 속전은 팔린 해부터 희년까지 계산된 연수를 따라 정하게 되었다. 물론 그 값은 품꾼의 삯과 같이 하였다(50절). 그리고 그를 속량한 자는 그를 품꾼과 같이 여겨야 하고 엄하게 부릴 수 없었다.

하나님께서는 이스라엘 사람을 특별히 취급하셨다. 그것은 위에서 말한 대로 민족을 차별하는 뜻에서 그렇게 하신 것이 아니라 그들에 대한 그의 구속을 본위로 하신 것이다. 그는 이스라엘 민족을 구속하여 그들을 자기의 품꾼으로 삼으셨다(55절). 그들이 하나님의 품꾼이 된 것은 그들이 하나님의 속죄의 사랑을 받아서 감사하는 마음으로 영원토록 하나님을 섬기는 자가 되었다는 뜻이다. 그러므로 하나님의 품꾼 자격은 고귀하다. 하나님께서 고귀하게 구속하여 주신 백성을 사람의 종으로 삼으면 안된다(참조. 고전 7:22-23). 하나님께서는 이스라엘 민족을 혈통 본위로 취급하시지 않고 어디까지나 영적으로 취급하신다. 그러므로 우리는 구약에 계시된 이스라엘 나라의 성립 원리와 그 역사를 이 세상 다른 나라들의 그것과 같은 것으로 취급해서는 안 된다. 그 이유는 이스라엘 나라와 그 역사는 그 원리에 있어서 신약 교회와 같기 때문이다.

* * * * *

{특별참고}
희년의 표상적 의미(참조. 사 61:1)

표상이란 무엇인가?

1) 하나님께서는 그의 교회를 위한 준비 시대를 가졌다. 그 준비 시대에는 그가 그의 백성을 표상으로 가르치시되 그 교훈도 성령의 감동에 의하여 책에 기록되도록 하셨다. 이 시대의 율법(출 20:1-17, 24; 모든 계명과 제사 제도들)은 사람들을 그리스도께로 인도하는 "초등교사"(갈 3:24)가 된 것이다. 다시 말하면 그것은 더 좋은 약속들과 완성된 구원을 가지고 오실 그리스도를 표지(標識)한다. 하나님께서는 이런 것을 가지고 어린아이와 같은 구약시대의 교회가 당면한 요구를 만족시키실 뿐만 아니라 마지막 때의 장성한 교회(신약시대 교회)의 육성도 목표하신 것이다. 히브리서 11:40에 말하기를 "하나님이 우리를 위하여 더 좋은 것을 예비하셨은즉 우리가 아니면 저희로 온전함을 이루지 못하게 하려 하심이니라"라고 하였다.

2) 진리는 고금이 일반이다. 그 이유는 하나님의 마음이 언제나 변하지 않고 타락된 인간의 실정도 변하지 않기 때문이다. 만일 인류에 대한 하나님의 취급 방법이 시대에 따라서 질적으로 달라진다면 그것은 인류의 성질도 변하고 하나님의 마음도 변한다는 그릇된 결론을 가져오게 된다. 그러나 그럴 수 없다. 구약시대의 제도들과 신약시대 것들과의 관계가 그림자(표상)와 실물의 관계로 대조되기는 한다(히 8:5; 10:1; 골 2:16-17). 그러나 그림자도 실물의 모습을 어느 정도 나타내는 법이다. 물론 신약의 서신들이 구약 계시와 신약 계시의 차이점을 많이 지적하고 있기는 하다. 그러나 그것은 그 당시 불신 유대인들의 헛된 고집을 파괴하기 위한 것이었다. 그들은 구약 계시의 외

부적인 방면을 파수하면서 정작 그것이 지향한 그리스도를 믿지 않았다. 다시 말하면 그들은 그림자 그 자체를 붙들고 실물은 버렸다. 그러므로 신약의 서신에서는 구약 계시의 외부적인 면, 육체적인 면이 신약시대에 더 이상 중요하지 않게 되었다는 진리가 강조된다(히 9:10).

그러면 희년은 무엇을 표상하는가? ① 모든 땅의 소유권을 포기함(레 25:8-28). 이것은 땅이 본래 이스라엘 각 지파에게 분배되었던 대로 돌아가도록 규정한 법규이다. 이는 첫째 아담으로 말미암아 상실된 세상의 후사권이 둘째 아담(그리스도)으로 말미암아 회복됨을 비유한다. 사도 바울이 말한 대로 "만물이 다 너희 것임이라"(고전 3:21-23)고 한 것이 그 뜻이다. ② 모든 종이 해방됨(레 25:54). 희년을 선포함(사 61:1)은 그리스도의 복음이 전파될 것을 비유한다(눅 4:19). 희년에는 모든 종들이 놓임과 같이 그리스도의 복음을 믿는 자는 죄악의 종 된 자리에서 놓인다(요 8:32-36). ③ 희년에는 땅이 안식을 누림. 이것은 그리스도를 믿는 자가 영적 평안과 영원한 평안을 누리게 됨을 의미한다(마 11:28; 히 4:9-11).

제 26 장

✤ 내용분해

1. 우상을 섬기지 말라고 하심(1-2절)
2. 하나님의 계명을 준행할 때에 하나님께서 주실 축복(3-13절)
   1) 풍년(3-5절)
   2) 평화(6-8절)
   3) 번성과 부요(9-10절)
   4) 하나님께서 그들의 하나님이 되심(11-13절)
3. 하나님의 계명을 순종하지 아니할 때에 임할 재앙(14-39절)
   1) 머리말(14-15절)
   2) 일반 재앙들(16-17절)
   3) 이스라엘이 재앙을 받아도 회개하지 않는 경우에 내릴 제1차 추가 재앙(18-20절)
   4) 제2차 추가 재앙(21-22절)
   5) 제3차 추가 재앙(23-26절)
   6) 제4차 추가 재앙(27-39절)

4. 이스라엘이 회개하는 때에 받을 축복(40-45절)
5. 결론(46절)

✢ 해석

1-2 너희는 자기를 위하여 우상을 만들지 말지니. 하나님께서 이스라엘 민족을 가나안 땅으로 인도하시는 목적은 하나님만을 섬기는 신정국가를 세우시기 위함이다. 종교문제는 이스라엘 건국운동에 있어서 근본적인 것이다. 그러므로 하나님께서는 이스라엘에게 우상을 섬기지 말라는 말씀을 그 교훈의 근본으로 삼으셨다.

너희는 내 안식일을 지키며 내 성소를 경외하라. 이 말씀은 이스라엘이 하나님을 섬김에 있어서 중요한 규례이다. 하나님을 섬기는 데 있어서 시간적으로는 안식일 제도가 신앙을 유지시키고, 장소적으로는 다신론을 방지시키기 위한 성소의 단일화가 그러하다. 그때 이방인들은 다신론을 믿으며 곳곳에 우상 신당을 가지고 있었다. 그러나 유일신주의를 굳게 파수하는 이스라엘은 이방인들과 반대로 오직 하나의 성소에서 한 분 하나님께 예배하였다. 그러므로 성소의 단일화는 존중시 되어야 한다.

3-5 내가 너희에게 철따라 비를 주리니(4절). 여기 "철따라"라는 말은 이해하기 어려운 번역이다. 이 말의 히브리 원어(בעתם)는 '그것들의 때', 곧 비가 와야 할 때를 말한다. 하나님께서 적당한 때에 비를 내려 곡식이 잘 되게 하시는 것은 민생(民生)에 대한 그의 축복이다. 사람들은 마땅히 이것을 보고도 하나님이 살아 계심을 깨달아야 한다.

너희의 타작은 포도 딸 때까지 미치며 너희의 포도 따는 것은 파종할 때까지 미치리니(5절). 곧, 이스라엘 땅에 풍작으로 말미암아 타작을 여러 달 계속하게 된다는 것이다. 그 땅에서 곡식 타작은 양력 3월부터 시작되는데 그것이 포도 딸 때(7월)까지 계속되는 것은 여러 농작물이 모두 풍작이기 때문이다. 그리고 포도 따는 것도 파종하는 때(10월)까지 미친다고 하였으니, 이것도 포도 생산이 풍성한 것을 말함이다.

6-8 여기서는 하나님께서 이스라엘 백성으로 하여금 안전하게 살도록 하실 것을 약속하신다. 곧, 그 땅에 짐승들의 해가 없어지며 전쟁의 화를 없게 하시며 면하게 하시겠다는 것이다. 옛날에는 어느 나라에나 짐승들이 사람을 많이 해하였다. 하나님께서는 사람들을 벌하시기 위하여 짐승들을 사용하신 일들도 있다(참조. 왕하 2:23-25). 특별히 하나님께서는 전쟁을 통하여 사람들에게 그의 주권을 알게 하신다. 그는 이스라엘이 그를 순종할 때에 그들로 하여금 전쟁에 승리하도록 하신 역사가 종종 나타났다. 그렇다고 해서 모든 다른 민족들에 대한 그의 섭리적 역사가 없는 것은 아니다. 그는 반기독 국가들이 크게 발전하도록 만드시는 일도 있다. 그가 그렇게 하시는 목적은 그런 세력을 통하여 자기 백성을 겸손하게 만드시려는 것이다. 그는 바벨론을 강한 나라로 만들어 패역한 이스라엘을 징계하신 일도 있다(단 4:1-3).

9 내가 너희를 돌보아 너희를 번성하게 하고 너희를 창대하게 할 것이며 내가 너희와 함께 한 내 언약을 이행하리라. 하나님께서는 그의 택하신 백성과 관계하심에 있어서 언제나 그들과의 계약을 기억하신다. 그는 영이신 고로 우리가 그를 볼 수는 없다. 그러나 그의 계약은 우리 가운데 있어서 그의 권위를 대표한다. 그러므로 우리가 그의 계약을 믿고 그의 말씀을 지킬 때에 그를 기쁘시게 한다. 그리고 그는 언제든지 그 계약대로 역사하신다. 그는 그의 계약을 어기시는 법이 없다. 하나님의 택한 백성이 번성하게 되는 것은 자기 힘으로 되는 것이 아니라 하나님의 능력으로 그렇게 된다. 어떤 때에 하나님의 백성이 그 주위의 악한 세력 때문에 약해지는 일도 있으나 그들은 약할 그때 영적으로는 오히려 강해질 수도 있다(고후 12:10).

11-12 내가 내 성막을 너희 중에 세우리니…나는 너희 중에 행하여 너희의 하나님이 되고 너희는 내 백성이 될 것이니라. 이 말씀은 하나님께서 그 성약으로 더불어 언약하실 때 사용하신 중요한 말씀이다. 그의 성약은 실질에 있어서 자기 자신을 그의 택한 백성에게 제공하시는 것이다. 하나님의 백성에게 있어서 최대의 축복은 하나님 자신을 그들의 기업으로 받음이다. 하나님보다 더 좋은 것은 없다. 하나님은 모든 것의 모든 것이요 그가 바로 영생이다. 우리는 그를 모심으로 영생을 소유하게 된다. 하나님 없는 영생이 있을 수 없다(딤전 6:16).

13 나는 너희를 애굽 땅에서 인도해 내어 그들에게 종된 것을 면하게 한 너희의 하나님 여호와 이니라 내가 너희의 멍에의 빗장을 부수고 너희를 바로 서서 걷게 하였느니라. 하나님께서는 이스라엘로 하여금 과거에 놀랍게 역사하신 그의 권능을 기억하게 하여 앞날에 있을 하나님의 구원을 소망으로 가지게 하신다. 우리는 과거의 은혜를 회고함으로 캄캄한 미래에 대해서도 밝은 전망을 내다본다.

14-17 여기서부터는 이스라엘이 하나님의 말씀을 순종하지 않을 때 그들에게 임할 재앙을 예고한다. 신자들에게는 하나님의 축복만이 귀한 것이 아니라 때로는 그가 보내시는 재앙도 필요하다. 때로는 그가 내리시는 재앙도 그의 살아 계심을 알게 하기 때문이다. 신자들에게 중요한 것은 하나님이 살아 계심을 아는 신앙이다. 그러므로 하나님께서는 그들로 하여금 그런 신앙을 가지도록 하기 위하여, 어떤 때에는 그들에게 재앙을 내리기도 하신다. 하나님은 그가 사랑하시는 자를 징계하신다(히 12:5-8; 욥 5:17-18).

폐병과 열병으로 눈이 어둡고. 하나님께서는 그 사랑하시는 백성에게도 질병을 주셔서 그들로 하여금 회개하게 하신다. 신자들이 교만하여 하나님을 멀리 떠날 때 하나님께서는 그들을 채찍질하신다.

너희가 너희의 대적에게 패할 것이요. 이 말씀에 대하여는 6-8절의 해석을 참조하라.

18 또 만일 너희가 그렇게까지 되어도 내게 청종하지 아니하면 너희의 죄로 말미암아 내가 너희를 일곱 배나 더 징벌하리라. 하나님의 징계를 받으면서도 회개하지 않는 자는 하나님의 진노를 격동시킨다. "일곱 배나 더 징벌" 하시겠다는 말씀이 그것을 암시한다. 이 말이 26장에 모두 네 번 나온다(18, 21, 24, 28절). 하나님께서 회개하지 않는 죄인을 이같이 심하게 벌하시지만, 아직도 그가 벌주시는 이유는 그 죄인을 사랑하시기 때문이다. 완악한 자들을 회개하게 하는 방법은 징벌밖에 없다. 그는 그 죄인이 회개하는 것을 간절히 원하신다(딤전 2:4).

19-20 내가…너희의 하늘을 철과 같게 하며 너희 땅을 놋과 같게 하리니. 이것은 비가 오지 않으므로 하늘은 철과 같이 막힌 것으로 느껴지고, 땅은 놋과 같이 굳어질 것을 가리킨다. 이것은 회개하지 않는 죄인들에 대하여 하늘과 땅도 외면하고 호응하여 주지 않을 참상을 가리킨다. 이런 말씀은 신령한 면에서도 가르치는 바가 있다. 곧, 하나님께서는 회개하지 않는 죄인에게는 아무런 영적 교통도 열어 주시지 않는다는 것이다.

21 너희의 죄대로 너희에게 일곱 배나 더 재앙을 내릴 것이라. 이 말씀에 대하여는 18절의 같은 말 해석을 참조하라.

22 내가 들짐승을 너희 중에 보내리니. 이 말씀에 대하여는 6절의 같은 말 해석을 참조하라.

23-26 나 곧 나도. 이것은 강조체다. 이스라엘 백성이 회개하지 않고 하나님을 대적하면 그들도 적대를 당하게 될 것인데 그 대적하는 이가 하나님이라는 것이다. 하나님을 대적으로 스스로 삼는 자는 참으로 어리석다.

언약을 어긴 원수를 갚을 것이며. 신자들이 하나님의 말씀을 지키지 않는 것은 무엇보다도 성약을 배반하는 반역 행동이다. 그들이 그렇게 할 때 하나님과 원수가 되는 길로 발을 내딛는 것이다.

너희가 성읍에 모일지라도 너희 중에 염병을 보내고. 곧 그들이 전쟁을 피하여 저희가 살던 성읍으로 몰려들어가도 그곳에 염병이 유행하여 그들이 거기서 죽게 된다는 것이다. 이같이 하나님을 반역한 자는 어디를 가든지 평안이 없다. 아모스 5:19에 말하기를 "마치 사람이 사자를 피하다가 곰을 만나거나 혹 집에 들어가서 손을 벽에 대었다가 뱀에게 물림 같도다"라고 하였다.

내가 너희가 의뢰하는 양식을 끊을 때에. 하나님께서는 하나님 외에 다른 것을 의지하는 자들에게 대하여 그들의 의지하는 바를 제거하여 버리신다(참조. 사 3:1-3).

열 여인이 한 화덕에서 너희 떡을 구워 저울에 달아 주리니. 이것은 식료품도 부족하고 연료도 부족하여 그렇게 많은 여인들이 한 화덕에서 떡을 구울 것을 가리킨다. 그처럼 기근이 심한 것은 하나님께서 회개하지 않는 시대에 내리시는 재앙이다. 이와 같은 참상은 그후 왕정시대에 이 예언대로 이루어졌다(왕하 6:25 이하; 렘 14:18; 겔 4:16).

27-39 이 부분에서는 이스라엘이 회개하지 않을 때 추가적으로 내릴 재앙을 다시 말씀한다.

너희의 죄로 말미암아 칠 배나 더 징벌하리니(28절). 18절의 같은 말 해석을 참조하라. 여기 기록된 재앙들은 흉년, 패전, 포로 됨 등이다.

너희가 아들의 고기를 먹을 것이요 딸의 고기를 먹을 것이며(29절). 이것은 극도의 기근을 말해 주는 것인데 이스라엘 민족이 외국의 침략을 당할 극심한 기근을 말함이다. 이스라엘의 후대 역사에 이 예언과 같이 비참한 사건들이 일어났다(왕하 6:28-29; 애 2:20; 4:10). 요세푸스(Josephus)의 고대사에 의하면 로마 군대가 예루살렘을 정복하였을 때 역시 그런 일이 있었다.

너희의 시체들을 부숴진 우상들 위에 던지고(30절). 이방 군대가 이스라엘 땅에 와서 승전하고 이스라엘 사람들의 생명을 그들의 우상과 함께 파멸시킨다는 것은 그들의 멸망이 우상 숭배 때문이었다는 것을 암시한다. 우상도 파괴되고 그들의 시체가 우상과 함께 땅에 굴러다니게 되는 것은 우연한 일이 아니다.

너희의 향기로운 냄새를 내가 흠향하지 아니하고(31절). 그들이 회개할 기회를 놓친 후에 심판을 받는 마당에서는 그들의 기도도 소용이 없어진다. 회개하는 것도 기회가 있다. 시편 32:6에 말하기를 "주를 만날 기회를 얻어서 주께 기도할지라"고 하였다.

그 땅을 황무하게 하리니 거기 거주하는 너희의 원수들이 그것으로 말미암아 놀랄 것이며(32절). 하나님께서 끝까지 회개하지 않는 이스라엘 민족을 모두 흩어버리셨으므로 이스라엘 본토는 황무하게 되고 거기에 외국인들이 거할 뿐이다. 그때 그들이 그렇게 멸망당한 것은 외국인들도 놀랄 지경이다. 그들이 그렇게까지 패망한 것은 하나님의 징벌이 아닐 수 없다.

너희의 본토가 황무할 것이므로 땅이 안식을 누릴 것이라(34절). 여기 "땅이 안식" 한다는 말이 수차 나와서 일찍이 이스라엘이 안식일이나 안식년이나 희년 같은 것을 지키지 않았던 사실을 생각나게 한다. 그들이 안식년에도 경작을 계속하였으므로 땅도 곤란을 당하는 것 같은 비참한 지경에 있었다(35절). 하나님께서 죄인들을 벌하시는 한날 한때가 있어서 잘못된 것을 귀정시키실 때에는 그의 법규를 성취시키신다. 회개하지 않던 이스라엘이 전쟁에 패배를 당하고 멀리 포로로 끌려 가게 될 때에는 그들이 살던 땅이 하나님의 법을 어기면서 경작되던 참상을 면하고 안식을 누리게 되는 셈이다. 하나님께서 여기에 땅의 안식에 대하여 강조체로 말씀하신 이유가 바로 이 점에 있다.

너희 남은 자에게는 그 원수들의 땅에서 내가 그들의 마음을 약하게 하리니(36절). 이것은 전쟁에서 죽고 남은 자들이 외국으로 도망해 가거나 혹은 사로잡혀 가서 거기서 쇠잔하여질 것을 예언한다. 하나님께서 그들과 함께하시지 않으므로 그들에게는 아무런 생기나 담력이 없다(참조. 37-39절).

그러나 그들이 회개하고 하나님께 돌아오기만 하면 그런 비참한 형편에서도 다시 잘 될 수 있다. 이 사실은 아래의 40-45절이 보여 준다.

40-45 여기서는 외국에 사로잡혀(혹은 도망하여) 가서 고생하는 이스라

엘 민족이 회개하며 주님을 찾을 때에 다시 하나님의 사랑을 받게 될 것을 예언한다.

그 할례 받지 아니한 그들의 마음이 낮아져서 그들의 죄악의 형벌을 기쁘게 받으면 (41절). 이 말씀을 보면 구약시대에도 "할례"라는 것이 외부적인 표식만을 의미하지 않고 내부적인 심령의 변화를 요구하는 것이었음이 분명하다. 징벌을 받는 이스라엘 민족이 살과 같이 부드러운 마음으로 그 징벌을 달게 받으면 그것은 회개하는 마음이다. 그들이 그와 같이 할 때에 하나님께서는 그들을 다시 돌보신다.

언약을 생각하고 그 땅을 권고하리라(42절). 9절의 같은 말 해석을 참조하라. 44-45절에서도 언약에 대하여 강조한다.

제 27 장

✤ 내용분해

1. 하나님께 바치기로 서원한 것들을 대속하는 법에 대하여(1-27절)
    1) 하나님께 바치기로 서원한 사람(2-8절)
    2) 하나님께 바치기로 서원한 가축(9-13절)
    3) 하나님께 바치기로 서원한 집들과 땅(14-25절)
    4) 처음 난 것들에 대한 특별한 조치(26-27절)
2. 아주 바친 것들에 대한 특별한 조치(28-29절)
3. 십일조를 바침에 대하여(30-33절)
4. 결론(34절)

✤ 해석

1-8 여기서는 하나님께 몸을 바치기로 서원하였던 자가 부득이해서 서원대로 실행하지 못하는 경우에 그 대신 바쳐야 할 속전에 대하여 말한다.

그 속전은 여기서 세겔로 액수를 정하였다. 세겔로 말하면 그때 중형과 경형의 구분이 있었다. 중형은 순은 14그램이고 경형은 7그램이다. 그런데 몸을 바치기로 서원하였던 자가 그대로 실행하지 못하게 되어 속전을 바치는 경우에 있어서 사람에 따라 각각 다르게 제정되어 있다. ① 20-60세까지의 남자는 50세겔(여자는 30세겔), ② 5-20세까지의 남자는 20세겔(여자는 10세겔), ③ 1개월-5세까지의 남자는 5세겔(여자는 3세겔), ④ 60세 이상의 남자는 15세겔(여자는 10세겔)이고, 그 밖에 극빈자는 제사장의 재량에 맡겨 액수를 정한다. 이 점에 있어서 우리가 생각할 것이 두 가지 있다.

1) 그때 하나님께 몸을 바친다는 것은 성전에서 필요한 일을 돕는 것이었다. 그런데 그것이 서원했던 대로 실행되지 못한 경우에는 속전을 바치도록 하였고, 그 속전은 성전을 수리하거나 기타 성전 소속의 용도를 위해 사용되었다(왕하 12:14). 이같이 그때 이스라엘 민족은 성전을 중심하고 있었던 것을 알 수 있다. 그들의 생활은 하나님을 중심하였으니 그것은 신약 교회의 예표라고 할 수 있다. 그들은 하나님을 섬기는 일에 대하여 책임을 지고 있었다.

2) 이 점에 있어서 또 한 가지 우리가 생각할 것은 서원했던 자가 몸을 바치지 못하는 경우에라도 가혹한 부담을 지도록 되지 않았다는 것이다. 하나님께서는 사람들에게 감당할 수 없는 짐을 지우지 않으신다. 이 점에 있어서 가난한 자를 특별히 생각해 주신 사실도(8절) 이것을 가르친다. 하나님께서는 사람들이 그의 말씀을 기쁨으로 순종하는 것을 원하신다(고후 8:12; 9:7).

9-15 그것을 변경하여 우열간 바꾸지 못할 것이요 혹 가축으로 가축을 바꾸면 둘 다 거룩할 것이며(10절). 이 구절의 의미는 다음과 같다. 곧, 어떤 사람이 하나님께 가축을 가져다 바쳤는데 그후에 그가 그것을 다른 가축과 바꾸어 넣을 수 없다는 것이다. 일단 무엇을 바쳤으면 그것은 바친 그대로 있다는 뜻이다. 만일 그가 다른 가축을 바꾸어 넣는 경우에는 그전 것을 도로 찾아가지 못하고 둘 다 바친 것이 된다 "둘 다 거룩할 것이며"라는 말씀이 그 뜻이다.

제사장은 우열 간에 값을 정할지니 그 값이 제사장의 정한 대로 될 것이며 만일 그가 그것을 무르려면 네가 정한 값에 그 오분의 일을 더할지니라(12-13절). 곧, 나귀와 같은 불결한 가축은 하나님께 제물로 바칠 수 없으므로 그 값을 정하여 돈으로 바치도록 한다는 것이다. 만일 소유자가 처음에 바쳤던 가축을 팔지 않고 도로 가지고 가려고 할 때에는 그 정했던 가격의 5분의 1을 첨부해서 바쳐야 도로 가지고 갈 수 있다.

이 점에 있어서 우리가 주목할 수 있는 점은 하나님께 바치기로 서원했던 자가 그 뜻을 변경함에 대하여 제재를 가하신 내용이다. 하나님께서는 그의 백성이 시종일관 진실히 행하는 것을 기뻐하신다. 사람이 하나님께 집을 바치는 문제에 있어서도 동일한 원리가 적용된다.

16-25 여기서는 사람이 자기 밭을 하나님께 바쳤다가 도로 무르는 경우에 실행될 규례를 보여 준다.

한 호멜지기에는 은 오십 세겔로 계산할지며(16절). "한 호멜"은 4리터인데 그것을 50세겔로 계산한다면 은 700그램이 된다. 그 가격의 분량은 17-18절 말씀이 지시해 준다. 곧, 그것을 바치는 자가 희년부터 한다면 소유자의 정가대로 되고, 희년 후에 한다면 다음 희년까지 연수를 따라 값을 정한다.

만일 그가 그 밭을 무르지 아니하려거나 타인에게 팔았으면 다시는 무르지 못하고(20절). 이 구절의 의미는 다음과 같다. 곧, 자기 밭을 하나님께 드려 놓고 해마다 그 부담금을 바치다가 그 밭을 다른 사람에게 팔았으면 다시는 무르지도 못하고 희년 때에도 그것이 자기 것이 되지 못한다는 뜻이다(21절). 이것도 역시 그 소유자가 본래의 뜻을 바꾼 데 대한 벌칙이라고 할 수 있다.

만일 사람에게 샀고 자기 기업이 아닌 밭을 여호와께 성별하여 드렸으면(22절). 곧, 어떤 사람이 자기 조상의 기업과 상관이 없는 다른 사람의 땅을 사서 여호와께 바친 경우를 말한다. 그런 경우에 있어서 그 바친 자는 그 밭에 해당되는 가격을 희년까지 하나님께 바치게 된다(23절).

이십 게라를 한 세겔로 할지니라(25절). "게라"는 은 0.7그램을 말한다. 여기서 우리가 주목할 것이 있다. 그것은 하나님께 제물을 바침에 있어서 신자들이 삼가야 할 것은 그들이 일단 바친다고 하였으면 그대로 변함없이 실행되어야 한다는 것이다.

26 오직 가축 중의 처음 난 것은 여호와께 드릴 첫 것이라 소나 양은 여호와의 것이니 누구든지 그것으로는 성별하여 드리지 못할 것이며. 곧, 가축의 첫 새끼는 율법상으로 으레 하나님의 것이다. 하나님께서 애굽에서 이스라엘의 장자와 처음 난 가축을 죽이지 않고 구원하셨으므로 그것들은 영구히 하나님의 것으로 되어 있다. "그것으로는 성별하여 드리지 못한다" 함은 그것이 이미 하나님의 것이니 새삼스럽게 그것을 성별시켜 드리는 예식을 취할 필요가 없다는 것이다.

27 만일 부정한 짐승이면 네가 정한 값에 그 오분의 일을 더하여 무를 것이요. 곧, 나귀와 같은 부정한 짐승의 첫새끼도 하나님의 것이므로 그것을 그 소유주의 것으로 만들려면 그 가격 외에 5분의 1을 더하여 하나님께 바쳐야 한다.

만일 무르지 아니하려면 네가 정한 값대로 팔지니라. 곧, 불결한 짐승의 첫 새끼를 그 주인이 가질 마음이 없으면 그것을 팔아서 하나님께 돈으로 바치라는 것이다.

28-29 어떤 사람이 자기 소유 중에서 오직 여호와께 온전히 바친 모든 것은 사람이든지 가축이든지 기업의 밭이든지 팔지도 못하고 무르지도 못하나니. 여기서 "아주 바친"(חרם)이라는 말의 히브리 원어는 저주받아 죽게 됨을 의미하는데 이것은 하나님의 공의를 만족시키기 위하여 멸절됨을 의미한다. 예를 들면 하나님께서 가나안 민족을 이스라엘의 손에 의해 멸망시키기 원하셨는데 그것은 여기서 말한 "아주 바친" 것에 해당한다.

온전히 바쳐진 그 사람은 다시 무르지 못하나니 반드시 죽일지니라. 여기 "온전히 바쳐진 그 사람"이라는 것은 하나님을 섬기기 위하여 아주 바쳤다는 뜻이 아니라 하나님의 진노의 대상으로 저주받아 죽임이 될 자로 바침이 된 사실을 가리킨다. 이런 자는 앞에서 이미 말한 바와 같이 죄악이 관영한 가나안 민족과 같은 자들이다.

30-33 여기서는 십일조에 대하여 가르친다. 또 만일 어떤 사람이 그의 십일조를 무르려면 그것에 오분의 일을 더할 것이요(31절). 곧, 가축이나 농산물의 십일조는 하나님의 것이다. 그런데 사람이 그것들을 소유하려면 그것들에 해당되는 가격의 5분의 1을 더하여 하나님께 바쳐야 한다.

목자의 지팡이 아래로 통과하는 것의 열 번째의 것마다(32절). 옛날에 양의 수효를 셀 때에는 목자의 지팡이를 들어 가리키며 세었다. 그렇게 양 떼를 세어서 그 10분의 1을 하나님께 바쳤다. 그 우열을 가리거나 바꾸거나 하지 말라 바꾸면 둘 다 거룩하리니(33절) 이 문구에 대하여는 위의 10절 해석을 참조하라.

구약주석
민수기

A Commentary on THE BOOK OF NUMBERS

민수기 주석
목차

해석
- 제1장   194
- 제2장   198
- 제3장   201
- 제4장   208
- 제5장   213
- 제6장   219
- 제7장   223
- 제8장   229
- 제9장   234
- 제10장   242
- 제11장   247
- 제12장   254
- 제13장   260
- 제14장   265
- 제15장   274
- 제16장   280
- 제17장   288
- 제18장   294
- 제19장   300
- 제20장   307

제21장	313
제22장	321
제23장	328
제24장	335
제25장	340
제26장	344
제27장	348
제28장	353
제29장	360
제30장	367
제31장	374
제32장	379
제33장	383
제34장	395
제35장	398
제36장	403

설교

설교_ 주님을 따르자(9:15-23)	238
설교_ 모세의 엎드림(14:1-5)	266
설교_ 맥추절의 의미(28:26-31)	357
설교_ 감사를 풍성히 하자(29:12-38)	363
설교_ 진실을 지키자(30:1-2)	368
설교_ 세상에서 나오라(33:3-4)	384
설교_ 하나님의 권능(33:3-4)	386
설교_ 마라와 엘림(33:9)	390
설교_ 아론의 죽음에 대하여(33:38-39)	391

제1장

↓ 내용분해

1. 20세 이상 되는 장정의 수효를 조사하라고 하심(1-4절)
2. 이 일에 협력할 사람들을 지시하심(5-16절)
3. 각 지파마다 계수된 사람들의 수효(17-43절)
4. 위에 조사에 해당된 자들의 총수(44-46절)
5. 레위 지파는 여기서 제외됨(47-53절)
6. 결론(54절)

↓ 해석

1-4 이십 세 이상으로 싸움에 나갈 만한 모든 자(3절). 이것은 이스라엘이 광야 여행을 시작할 때에 실시한 인구 조사다. 본문의 말씀을 보아서 이것은 군대 편성을 위한 것이다. 이때 이스라엘 민족의 생활은 나그네 생활인 동시에 군대 생활이었다. 그들은 여행 도중에 대적을 만나며 전투를 하도록 되어 있었

다. 이것은 신약시대의 교회생활에 대한 예표라고 할 수 있다. 신약시대의 교회는 이 세상에서 나그네와 행인과 같다(벧전 2:11). 그뿐만 아니라 교회는 세상 죄악으로 더불어 싸우는 데 있어서 군대와 같다(엡 6:10-17).

5-16 여기서는 그때 각 지파에서 20세 이상 된 사람들을 조사하는 일에 종사할 사람들의 이름이 기록되어 있다. 성경 말씀은 어디서든지 역사적 성격을 보여 주고 있다. 이같이 역사상 실제로 생존했던 사람들의 이름이 기록된 것을 보아도 이 부분의 말씀이 어떤 상상적인 설화가 아니라 확실한 사실을 기록한 것이다. 이같이 하나님의 말씀은 역사적 사건을 그대로 기록했다. 여기에 기록된 여러 이름들 중 나손, 아히에셀, 아히라 외에는 모두 하나님이라는 말과 관련된 이름들이다. 엘리술은 '하나님께서 반석'이라는 뜻이고, 슬루미엘은 '하나님께서 왕성함'이라는 뜻, 느다넬은 '하나님께서 주셨다'는 뜻, 엘리압은 '하나님께서 아버지'라는 뜻, 엘리사마는 '하나님이 들으셨다'는 뜻, 가말리엘은 '하나님이 상급이시라'는 뜻, 아비단은 '하나님 아버지께서 심판하셨다'는 뜻, 바기엘은 '하나님이 만나주셨다'는 뜻, 엘리아삽은 '하나님께서 더해 주셨다'는 뜻이다. 이같이 그들의 이름이 '하나님'이라는 말과 관련된 것을 보아서 그 시대 사람들의 생활이 하나님 중심주의를 지향하고 있었던 것이 알려진다.

16절의 천만 인(אֲלָפִי)이라는 말은 문자적으로 천 명씩 만 배를 말함이 아니라 '천 명들'(thousands)을 의미한다. 그것은 일정한 수효보다는 그저 '다수'라는 뜻이다.

17-19 모세는 각 지파의 두령들을 데리고 이스라엘의 각 지파에서 군인이 될 만한 자들을 조사하였다. 하나님께서는 인류 사회에 질서를 확립하시기 원하셨다. 특별히 신약시대의 교회가 일꾼들을 세우는 데 있어서 질서 정연해야 할 것을 여기서도 가르친다. 고린도전서 14:33에 말하기를 "하나님은 무질서의 하나님이 아니시요 오직 화평의 하나님이시니라"고 하였다.

20-43 이 구절에서는 모든 지파에서 하나님이 지시하신 대로 20세 이상 된 자들을 선별한 결과를 말한다. 그런데 주목할 만한 것은 매 지파에 대하여 동일한 표현을 거듭 사용한 사실이다. 매번 같은 말을 여러 번 반복한 것은 히브리어 문법에 있어서 강조체다. 모세가 여기서 각 지파에 대하여 강조체로 기록한 것은 하나님의 말씀대로 순종한 그들의 행동을 귀하게 여긴 사실을 드러낸 것이다.

우리는 여기서 유다 자손의 수효가 가장 많다는 것을 주목할 수 있다(26-27절). 유다 지파는 이스라엘의 12 지파 중 지도자적 위치를 차지하고 있었다. 이것은 야곱의 예언대로(창 49:8-12) 성취된 사실을 가장 현저하게 보여 준다.

44-46 총계는 육십만 삼천오백오십 명(46절). 이것은 20세 이상으로서 군인이 될 만한 자들을 계수한 것이다(참조. 출 12:37). 그때 여자들과 노인들과 아동들도 있었을 터인데 그렇다면 이스라엘 인구의 총수는 2백만 명에 가깝지 않았을까 생각된다. 이렇게 많은 인구가 광야에서 살았다는 것은 하나님의 기적적인 도우심이 아니고 무엇이랴!

47-53 이 부분의 말씀은 위에서 말한 것처럼 레위 족속이 군대에 종사하지 않고 신령한 일만 취급하게 된 사실에 대하여 말한다. **성막을 운반할 때에는 레위인이 그것을 걷고 성막을 세울 때에는 레위인이 그것을 세울 것이요 외인이 가까이 오면 죽일지며**(51절). 이 말씀을 보면 하나님을 섬기는 일을 특별히 구별하여 거룩하게 취급한 것을 알 수 있다. 그것은 일반 사무와 같이 취급되지 않았으며 누구나 함부로 그 일을 할 수도 없었다. 구약시대에는 이같이 하나님께서 사람들로 하여금 하나님을 두려워해야 될 것을 강조하셨다. "여호와를 경외하는 것이 지식의 근본"(잠 1:7)이다.

| 설교자료

1. 5-15절에는 이스라엘의 군인을 뽑는 일에 종사할 각 지파 두령들의 이름이 자세히 기록되었다. 그들의 이름은 매번 그 부친의 이름과 함께 기록되었다. 이것을 보면 민수기가 성경 다른 책들과 마찬가지로 어디까지나 역사성을 지니고 있음을 알 수 있다. 만일 모세 이후에 어떤 저자가 기록했다면 후대인은 이같이 부친의 이름까지 상세히 기록하지 않았을 것이다. 우리는 진실한 역사성을 지니고 있는 성경을 전적으로 믿는다.

2. 26-27절에 기록된 대로 유다 지파의 숫자가 다른 지파들보다 가장 많은 것은 예언 성취로 된 일이다. 창세기 49:8-12에 있는 유다에 대한 야곱의 예언은 그 족속이 모든 지파들 가운데 군왕적 또는 지도자적 지위를 가질 것을 예고하였다. 그와 같이 가나안 정복에 있어서 유다 지파는 지도자적인 위치에서 일하였고(삿 1:2), 후대에는 많은 왕이 그 지파에서 났으며 메시아도 그 지파에서 나셨다.

3. 레위 지파만은 군 복무를 면제받았으니(47절), 이것은 그들로 하여금 성막 봉사(영적 사역)를 전무하게 하려는 것이었다. 인류에게 있어서는 신령한 일이 가장 중요한데 그것을 전담하는 사람들이 있어야 한다. 그렇지 않으면 그 일이 잘못될 때 다른 사람들까지 하나님의 진노를 당하게 된다(53절).

제 2 장

✥ 내용분해

1. 이스라엘의 모든 지파들로 하여금 성막을 중심하여 진을 치라고 하심 (1-2절)
2. 구체적으로 각 지파에게 진 칠 자리를 지정해 주심(3-31절)
3. 결론(32-34절)

✥ 해석

1-2 이스라엘 자손은 각각 자기의 진영의 군기와 자기의 조상의 가문의 기호 곁에 진을 치되 회막을 향하여 사방으로 치라. 이것은 이스라엘이 하나님 중심주의로 살아야 할 것을 보여 준다. "회막"은 하나님을 섬기는 장소이고, "진"은 그들의 사생활을 위한 장소이다. 이때 그들의 거처가 하나님 섬기는 곳을 중심하고 둘러 있었으니 이스라엘은 그 생활의 외부적 측면에 있어서도 참다운 종교적 의미를 지니고 있었다. 하나님이 그들 가운데 계시므로 그들은 요동하

지 않게 되었다(시 46:5).

3-31 이 구절들에 기록된 말씀은 각 지파들이 진을 치는 방위에 대하여 자세히 가르친다. 곧, 이스라엘의 열두 지파가 성막을 중심하고 동서남북 네 방향에 각각 세 지파씩 진을 치도록 배정되었다.

우리가 여기서 찾아볼 수 있는 영적 진리가 몇 가지 있다.

1) 유다 지파가 가장 먼저 언급되어 그 지파를 모든 지파들의 지도자로 세우신 사실(3절). 유다 지파가 지도자적 역할을 하게 될 것은 오래 전에 창세기 49:8-10에 예언되어 있다

2) 각 지파를 제정함에 있어서 하나님께서 그 자세한 내용까지 지시하셨다. 하나님의 이와 같은 지시에 대하여 각 지파들은 불평할 수 없었다. 가나안 정복은 인간의 힘으로 이룰 것이 아니라 하나님께서 친히 하실 것이었다. 그러니만큼 군대를 편성함에 있어서도 하나님께서 자세히 간섭하셨다.

3) 여기서도 우리는 또다시 하나님의 일에 있어서 질서와 규율이 강조되어 있음을 볼 수 있다. 스펄전(Charles Haddon Spurgeon)은 "질서가 하늘나라에 있어서 첫째 법"이라고 말하였다. 신약시대의 교회도 질서 정연해야 하며, 그 모든 질서에 있어서 하나님의 말씀이 근본이 되어야 한다.

4) 하나님께서 가르쳐주신 각 지파의 진을 칠 위치들은 하나님의 진리대로 되었다. 영광의 천국도 이 질서를 보유하고 있다. 요한계시록 21:12-13에 말하기를 "크고 높은 성곽이 있고 열두 문이 있는데 문에 열두 천사가 있고 그 문들 위에 이름을 썼으니 이스라엘 자손 열두 지파의 이름들이라 동편에 세 문, 북편에 세 문, 남편에 세 문, 서편에 세 문"이라고 하였다. 계시록의 이 구절들은 물론 신령한 이스라엘, 곧 승리한 그리스도 교회와 관련된 것이다. 그러나 여기서도 옛 이스라엘에게 대한 하나님의 질서가 여전히 존중시된 것만은 사실이다.

우리는 하나님의 일을 하는 가운데 그의 초자연적 간섭과 권능을 믿고

진행해야 한다. 그러나 그렇다고 해서 하나님의 일이 무리한 처사를 본질로 가지는 것은 아니다. 우리는 하나님의 지혜를 성경에서 찾아서 그 지혜대로 조직과 질서를 세워 나가야 한다.

32-34 여기서는 각 지파에서 군대에 봉사할 사람들의 총수를 말한다. 그리고 레위 족속이 여기 가담되지 않은 사실이 다시 언급된다. 그것은 하나님의 지시에 따른 것이다.

| 설교자료

1. 이스라엘의 모든 지파들이 진을 칠 때의 위치도 신령한 뜻을 가진다. 그들이 회막(하나님께 예배하는 장소)을 중심으로 하고 그 주위의 사면으로 진을 쳤다(2절). 그것은 하나님 중심주의였다. 그것은 하늘 세계에서 성도들이 하나님의 보좌를 중심으로 하고 있는 것과 마찬가지이다(계 4:3-4).

2. 3-31절에는 이스라엘 모든 지파들이 진을 칠 때 각 지파의 위치가 하나님이 명하신 그대로 배정된 사실이 기록되어 있다. 그것까지 하나님의 명령대로 배정되었으니만큼 그들의 사회에 내분이 없었을 것이다. 하나님의 절대적 권위가 있는 말씀대로 순종하는 사회에는 내분이 없는 법이다.

3. 민수기 저자는 이 부분을 기록할 때 약식 어투를 전혀 쓰지 않고 지파에 따라 진을 친 위치와 수효 등에 대한 기록 방식을 매번 똑같이 반복하였다. 이런 중복체는 진리를 강조하기 위한 것이다. 그러면 여기서 강조하는 것은 무엇인가? 그것은 그들이 그때 모두 하나님의 명령대로 순종하였다는 사실이다. 순종은 제사보다 낫다(삼상 15:22).

제 3 장

✤ 내용분해

1. 머리말(1-13절)
    1) 레위 사람들이 성전 봉사에 있어서 제사장들을 도와줌(1-10절)
    2) 레위 사람들은 모든 이스라엘의 처음 난 자들을 대신하게 됨(11-13절)
2. 레위 자손 중에 1개월 이상 된 남자들을 계수하라고 하심과 모세의 실행(14-37절)
    1) 하나님의 명령과 그 실행(14-20절)
    2) 게르손 계통의 자손들과 그 책임(21-26절)
    3) 고핫 계통의 자손들과 그 책임(27-32절)
    4) 므라리 계통의 자손들과 그 책임(33-37절)
3. 모세와 제사장들이 진 칠 자리와 그 책임, 또는 레위 자손 남자의 총수(38-39절)
4. 이스라엘의 처음 난 남자로서 1개월 이상 된 자들을 계수(40-43절)
5. 그때 레위인보다 이스라엘의 처음 난 자가 더 많음과 이에 대한 처사(44-51절)

⚜ 해석

1-2 **아론과 모세가 낳은 자는 이러하니라**(1절). 여기에 한 가지 난제가 있다. 곧, 2-4절에는 아론의 아들들만 기록되었을 뿐 모세의 아들들에 대하여는 전혀 말한 바가 없다. 그런데 어찌하여 모세의 이름이 아론과 함께 기록되어 그의 소생에 대해서도 기록할 듯한 머리말이 나오는가? 이에 대한 해석은 다음과 같다. 3-4장에 레위 자손에 대하여 기록하면서 그 초두에 모세의 이름도 기록하여 모든 레위 자손들의 대표자라는 의미를 담고 있다. "낳은 자"(תולדת)라는 말의 히브리어는 '계보'라는 의미도 가진다. 당시에 이스라엘의 지도자들이었던 아론과 모세는 실상 모든 레위 자손 계보의 대표자들이라고 할 수 있다.

3-4 **나답과 아비후는 시내 광야에서 여호와 앞에 다른 불을 드리다가 여호와 앞에서 죽어 자식이 없었으며**. 이것은 레위기 10장에 기록된 사건이다. 나답과 아비후는 제단에 붙고 있는 불 외에 다른 불로 분향하였으므로 그들이 여호와의 불에 타서 죽었다. 이와 같은 엄격한 하나님의 징벌은 모든 시대에 하나님 섬기는 자들을 경계할 목적으로 나타났다. 그야말로 일벌백계라고 할 수 있다. 하나님을 섬기는 자는 누구든지 자기의 지혜대로 하지 않고 하나님의 말씀대로 해야만 되는 것이다. 그것 역시 믿음의 법을 말해 준다. 사람이 자기 지혜로 하나님을 참되이 섬길 수 있다면 그것은 그 자신이 참으로 선하여 자율적으로도 구원받을 수 있다는 것과 마찬가지이다. 사람은 허물과 죄로 죽어서 어두워졌으므로 하나님을 아는 일과 섬기는 일에 있어서도 전적으로 하나님의 인도를 받아야 한다. 다시 말하면 그는 범사에 있어서 하나님의 계시(성경)를 따라서 행해야 한다. 이것이 믿음이다.

5-10 이 구절의 말씀은 레위 자손들이 대제사장 아론과 일반 제사장들 앞에서 수종들어야 할 것을 보여 준다. 여기서 분명히 제사장과 레위 사람이

구분되어 있음을 알 수 있다. 9절에 말하기를 "너는 레위인을 아론과 그의 아들들에게 맡기라"고 하였으니 그 말씀이 더욱 이 사실을 밝혀 준다.

고등비평가들은 주장하기를, 바벨론 포로 이전에는 레위 사람들이 모두 제사장들로 간주되어 왔는데 제사장들(아론과 그의 아들들)과 레위 사람들을 구분한 것은 포로 후 시대에 처음으로 된 일이라고 한다. 따라서 그들은 이 부분의 말씀을 포로 후 시대의 기록이라고 한다. 그러나 이와 같은 학설은 인정될 수 없다. 오경에 어디서든지 제사장은 이스라엘의 사회적 난제를 해결해 주는 재판관의 지위(신 17:9; 19:17)에 있으나, 레위 사람들은 그렇지 못하고 도리어 사람들의 동정을 요구하게 될 부속적인 지위(신 12:19; 14:27)에 놓여 있다.[25]

고등비평가들은 대제사장 제도도 포로 이후 시대에 처음으로 생겼다고 한다. 그러나 포로 이전에도 이 제도가 있었던 것이 분명하다(왕하 12:10; 22:4, 8; 23:4; 민 35:25, 28). 포로 이전 시대의 문서에 대제사장이라는 말이 나오지 않는 부분에서도 대제사장을 의미하는 표현들이 나온다. 거기서 "그 제사장"이라는 말(히브리 원어대로)은 '대제사장'을 의미한다.[26]

성막 봉사자로서 하필 레위 족속이 택함을 받은 이유는 무엇인가? 그것은 다음과 같이 설명된다. 곧, 그들은 일찍이 금송아지 우상 사건 때에 그 범죄자들을 벌하는 마당에 특별히 희생적으로 헌신하여 일한 적이 있었다. 그 일에 있어서 그들은 하나님의 영광을 위해서는 인정에 치우치지 않았다(32:29, 신 33:9-10). 이와 같은 그들의 헌신 때문에 그들은 후에 하나님께 전적으로 헌신하고 일하는 족속이 된 듯하다. 그뿐만 아니라 레위 족속에서 하나님께 헌신한 모세와 아론이 나왔으므로 그 족속이 성전 봉사에 전적으로

---

25) 신 12:12, 18; 16:11, 14; 26:12-13.
26) 레 4:6; 민 3:6; 삼상 21:2; 왕하 11:9, 15; 16:15-16; 22:10, 14; 렘 29:25.

수종들게 되었을 것이다. 성전 봉사에 전적으로 종사하는 족속이 있어야 할 것은 진리에 합당하다. 만일 그런 제도가 없었더라면 이스라엘 민족은 육체적 업무에만 전심하고 영적 사역은 등한히 하였을 것이다. 어느 시대든지 하나님을 섬기는 거룩한 일에 전심하는 성직자들이 절대로 필요하다.

아론의 직무와 온 회중의 직무(7절). "아론"은 그리스도를 상징하며, "온 회중"은 신약시대의 교회를 비유한다. 그러므로 레위 지파의 직무는 위로 하나님을 섬기며 아래로 교회에 덕을 세우는 교역자들의 사역을 상징한 것이다.

외인이 가까이 하면 죽임을 당할 것이니라(10절). 여기 "외인"(זָר)이라는 말은 외국인을 말함이 아니고 아론의 자손이 아닌 자를 가리킨다(W. H. Gispen).

11-12 보라 내가 이스라엘 자손 중에서 레위인을 택하여 이스라엘 자손 중에 태를 열어 태어난 맏이를 대신하게 하였은즉(12절). "내가"(אֲנִי)라는 말은 여기서 강조체이다. 이것이 강조체로 사용된 목적은 레위 족속을 수종자로 택하신 이가 하나님 자신이심을 강조하기 위한 것이다. 본래 야곱의 맏아들이 아니었던 레위를 "이스라엘 자손 중에 태를 열어 태어난 맏이를 대신하게 하는" 맏아들처럼 세우신 것은 하나님의 주권에 속한다. 하나님은 종종 이런 선택을 하셨다. 예컨대 장자가 아니었던 야곱에게 장자의 기업을 주심과 같은 것이다.

13 처음 태어난 자는 다 내 것임은 내가 애굽 땅에서 그 처음 태어난 자를 다 죽이던 날에 이스라엘의 처음 태어난 자는 사람이나 짐승을 다 거룩하게 구별하였음이니(출 13:1-16; 22:29-30; 34:19-20; 레 27:26-27; 민 8:16-19; 18:15-17; 신 15:19). "처음 난 자"가 하나님께 속하게 된 역사적 유래는 다음과 같다. 이스라엘 민족이 애굽에서 해방될 무렵에 하나님께서 애굽의 맏아들은 죽이시고 이스라엘의 맏아들은 아끼셨다. 이것은 구속의 사랑이다. 하나님의 구속을 받은 자는 언제나 하나님의 소유이다(사 43:1). 레위 지파 사람들은 이스라엘의 모든 처음 난 자들을 대리하여 하나님의 것이 되었으며, 성전 봉사에 종사하도록 되었다. 이 제도에 남을 대신하여 일하는 원리가 포함되어 있다. 예수님은 우리 신자를 대

신하여 큰 고난을 받으시고 우리를 구원하셨다.

14-20 일 개월 이상된 남자를 다 계수하라(15절). 1개월 이상 된 어린이도 하나님께 속하였다는 의미에서 함께 계수되었다. 하나님께서는 어린이의 입에서 나오는 찬송을 받으신다(시 8:2; 참조. 막 10:13-16).

21-39 여기서는 레위의 자손들 중 일 개월 이상 된 남자들이 계수된다. 이는 레위 자손 중 게르손, 고핫, 므라리 이 세 사람의 계통을 각각 취급하여 계수한 것이다. 이 세 사람의 계통이 각각 거주하는 지점이 다르고 그 맡은 책임도 서로 다르다. 그들이 성막을 둘러싸고 거주한 것은 성막을 보호하는 의미이다. 다시 말해서 그것은 그들이 하나님의 존귀를 호위함이다(시 34:7). 이같이 신약 교회의 신자들도 하나님의 영광을 존엄하게 취급하여 직책에 훼방이 돌아가지 않도록 살아야 한다(고후 6:3). 그들의 책임은 성막과 그 모든 시설과 도구들을 관할하는 것이다. 그러므로 그들만이 이런 것들을 메어서 운반할 수 있었다(민 4:15; 대상 15:2). 이같이 하는 것만이 거룩한 것이었으므로 사람들이 임의로 다르게 하면 화를 받았다 (삼하 6:6-7). 오늘날 교회의 일도 그렇다. 하나님의 일꾼으로 택함 받지 않은 자들이 교회를 맡아서 일하면 그들 자신도 손해보고 교회도 손해를 본다. 로마서 10:15에 "보내심을 받지 아니하였으면 어찌 전파하리요"라고 하였다.

남자는 모두 이만 이천 명이었더라(39절). 이 숫자는 아래의 문맥에 나오는 모든 말씀들(43, 46절)에 비추어 볼 때 정확하다. 그러나 22, 28, 34절을 보면 게르손 계통에서 7,500명이고, 고핫 계통에서 8,600명이고, 므라리 계통에서 6,200명이라고 하였으니, 모두 22,300명이 된다. 그렇다면 레위 족속 남자의 총수가 이 두 가지 계산에 있어서 300명이라는 차질이 생긴다. 이 문제를 어떻게 해결할 것인가? 학자들은 이 문제를 해결하기 위하여 고핫 계통의 8,600명이라는 숫자를 8,300명이라고 고친다. 그들은 이 점에 있어서 필사자(筆寫者)가 본래 300을 의미하는 히브리어(שלש מאות)를 잘못 보고, 600을 의미하는 문구(מאות שש)로 잘못 베꼈다고 생각한다.

40-43 여기서는 하나님께서, 이스라엘의 처음 난 남자와 가축 대신에 레위 족속의 남자와 가축을 하나님께 드릴 것을 말한다. 이 일에 있어서 하나님은 모세에게 이스라엘의 처음 난 남자로서 일 개월 이상 된 자들을 계수하라고 하셨다. 여기서 우리가 주목할 것은 이스라엘의 처음 난 자들의 중요성이다. 그들은 하나님께 속하였으므로 장차 올 신약시대의 교회를 비유한 것이다. 실상 신약시대의 교회를 가리켜 "장자들의 총회"(히 12:23)라고 한다. 그리고 이들이 구속을 받은 것은 그들을 대신한 자 곧 레위 족속으로 말미암았다. 신약시대의 교회가 그리스도로 말미암아 구속받은 사실은 이와 같은 대신 원리에서 된 것이다.

44-51 여기서는 레위 지파로 말미암아 이스라엘의 장자들이 속량을 받는 방법이 제시되어 있다. 곧 레위 사람의 수효와 이스라엘의 장자들의 수효가 비교되어 차질이 생길 때는(이스라엘의 장자들의 수효가 더 많을 때는) 차이가 나는 매 명수대로 속전을 바치도록 한 것이다.

| 설교자료

1. 나답과 아비후의 실수와 그로 인해 받은 벌은 역사상에 길이 남아 있다(4절). 그 사건은 일벌백계의 궁휼을 나타내는 하나님의 처사였다(참조. 레 10:1-2의 해석).

2. 하나님의 신령한 일은 그 일을 위하여 특별히 세움 받은 자들만이 할 수 있다(10절; 참조. 롬 10:15). 이 일을 위하여 세움 받지 않은 자들이 그 일을 하다가는 자신도 손해를 본다. 이 일로 세움 받지 않은 자들은 하나님께서 주신 다른 일이 있으니, 그들은 그 일을 해야 한다. 그 일이 신령한 일은 아니

라도 그 일을 신앙적으로 주님의 영광을 위하여 행하면 하나님을 섬기는 일이 된다. 영국의 어느 집 부엌에 붙여 놓은 표어에 "우리는 여기서 하루 세 번 하나님을 섬기노라"(We serve God here three times a day)고 기록되어 있었다.

3. 하나님께서 구속해 주심을 받은 자들은 그의 소유이다(11-13절). 그 이유는 그들이 죽을 뻔한 자들이었는데 하나님께서 살려 주셨기 때문이다. 우리 신자들은 멸망을 받을 수밖에 없었는데 그리스도의 대속으로 말미암아 구속함이 되었다. 그러므로 우리는 사나 죽으나 주님의 것이다(롬 14:7-8).

4. 레위 자손들은 다른 지파들에게서 구별되어 신령한 일을 맡았다. 그들 중에서도 또다시 가계에 따라서 책임이 세 가지로 구분되었다(21-37절). 이같이 하나님은 사람들이 분업적으로 각기 자기 분야에서 충성하는 것을 원하신다.

제 4 장

✤ 내용분해

1. 고핫 자손들 중에 성막을 위하여 일할 수 있는 자들(1-20절)
2. 게르손 자손들 중에 성막을 위하여 일할 수 있는 자들(21-28절)
3. 므라리 자손들 중에 성막을 위하여 일할 수 있는 자들(29-33절)
4. 각 계통의 수효와 그 총수(34-49절)

✤ 해석

1-3 고핫 자손(참조. 출 6:16; 민 3:17; 대상 6:1). 그 역사에 참가할 만한 모든 자(3절). 여기 "역사"(צָבָא)라는 말은 군대를 의미한다. 하나님의 일꾼을 군인으로 비유한 기록은 신약에도 있다(딤후 2:4). 이런 비유는 하나님의 일꾼 된 자가 엄격한 규율을 지켜야 할 것과 어디까지나 공복이 되어야 할 것을 상기시킨다.

4-16 이 부분은 성막을 운반할 때 레위 족속 중 특별히 고핫 계통 자손들

의 할 일을 보여준다. 이 점에 있어서 우리가 주목할 것은 그들이 성막의 모든 부속품을 어깨에 메어 운반하는 일 외에 다른 일은 할 수 없도록 지정된 사실이다. 그들이 어깨에 메는 것은 성막의 부분들을 올려놓은 "채"였다. 그러므로 여기에 **그 채를 꿰고**라는 말이 네 번 나온다(6, 8, 11, 14절). 성막의 모든 부분을 가까이 접촉하며 다룰 수 있는 자격은 아론과 그의 아들들에게 국한되어 있다(5절). 이 거룩한 일에 있어서 책임 한계가 분명하고 엄격하여 고핫 자손들이 그 한계를 벗어나는 경우에는 하나님으로부터 죽음의 벌을 당하도록 되었다. 이런 의미에서 17-20절에 힘있게 경고한 바 있다.

이 점에 있어서 우리는 하나님의 일에 대한 책임이 각 사람에 따라서 엄격하여 혼동될 수 없음을 알 수 있다. 책임 한계의 이와 같은 성격은 이 세상 일에서는 찾아볼 수 없는 것이다. 그것은 다음과 같은 말씀이 명백하게 보여 준다. 성물은 만지지 말지니 죽을까 하노라(15절) 하였고, 그들은 잠시라도 들어가서 성소를 보지 말 것은 죽을까 함이니라(20절)라고 하였다.

청색 보자기(7절). 4-16절에 "청색 보자기"라는 말이 세 번 나온다(7, 9, 12절). 어떤 학설에 의하면 "청색"은 계약을 지킨다는 의미라고도 하고, 하늘빛을 가리키는 것이므로 하늘나라에 속한 것을 의미한다고도 한다. 그러나 이 색깔이 무엇을 상징하는지 자세히 알기는 어렵다. 하나님께서 친히 청색을 택하셔서 보자기를 만들도록 하셨다. 그러므로 누구든지 그 시대에는 청색을 볼 때마다 하나님의 권위를 기억하고 그 보자기도 신중히 취급해야 할 것이었다(출 25:4; 26:1).

등잔대와 그 모든 기구를 해달의 가죽 덮개 안에 넣어(10절). 여기 "등잔대와 그 모든 기구를"이라는 문구는 문맥상 "그것들을"이라고 번역하는 것이 순조롭다. "그것들"이라는 것은 9절에 기록된 등대와 그 부속품들이다. 4-16절에 기록된 대로 성막 안에 있는 모든 거룩한 것들이 각기 제 종류대로 취급된 것을 볼 수 있다. 이같이 하나님께서 하시는 일은 질서 정연하다.

그 모든 기구니라(16절). 이 말씀은 '그 모든 기구에 대해 감시하는 일'이라는 뜻이다. 성물에 대한 제사장 아론의 아들 엘르아살의 임무는 일반 레위 자손들이 하는 일보다 성소에 깊이 들어가서 그것들을 만질 수도 있고 그것들에 대한 레위 사람들의 임무 수행 태도를 감독하는 일이었다.

17-20 여기서는 하나님께서 일반 레위 자손(고핫 족속)이 성막 안에 있는 성물에 대하여 조심해야 될 것을 다짐한다. 그들은 그 책임 한계를 엄격히 지켜야 할 것이었다.

21-28 여기서는 게르손 자손들이 해야 할 일을 보여준다. 물론 그들이 할 일도 성막의 부속품들을 어깨에 메는 것이었다. 그들은 덮개와 휘장과 문장 등 막는 것들을 운반하였다. 그들도 아론의 아들(이다말)의 감독 아래 이 일을 하였다. 이와 같은 그들의 책임 한계에 대하여 4-16절까지의 해석을 참조하라. 감독 아래서 일하는 자들이라고 해서 결코 저급한 사람들이 아니다. 그들도 하나님이 지정하신 일을 하는 것이므로 그들의 일도 고상하다. 그들은 감독 아래서 활동하므로 그들의 심령에는 도리어 평안이 있을 수 있다. 곧, 그들은 위에서 지시하는 대로만 수행하는 것으로 만족을 느낄 수 있는 처지이다.

29-33 여기서는 므라리 자손이 할 일을 보여준다. 그들은 성막의 부속품들 가운데 가장 외부적인 것들을 맡아 운반하게 되었다. 그들은 성막을 지탱하여 주며 연결해 주는 부속품들을 맡았다.

위에서 이미 말한 바와 같이 고핫 자손들과 게르손 자손들과 므라리 자손들의 각기 맡은 것이 종류대로 된 사실을 볼 수 있다. 이같이 하나님의 일은 질서 정연해야 할 것이다. 질서는 하나님이 세우신 것이고, 하나님께서 기뻐하시는 것이다.

므라리 자손들도 아론의 아들(이다말)의 감독 아래서 일하였다. 이 점에 관해서도 이미 위(21-28절)에서 해설한 바 있다. 그 해설은 28절의 말씀과 관계된 것이다. 그것을 참조하라.

34-49 여기서는 앞에서 하나님이 지시하신 대로 모세와 아론이 순종한 사실을 말해 준다. 그들은 하나님의 명령대로 고핫, 게르손, 므라리 세 족속의 장정들을 계수하였다. 이 일에 대한 기록이 간단하지 않고 길게 또는 자세하게 표현되었다. 이같이 성령께서는 하나님의 말씀에 순종하는 신자들에 대하여 깊은 관심을 가지신다. 그는 그것을 자세히 보기 원하시며, 후세에 자세히 전하기를 원하신다. 모세가 하나님께로부터 자세히 지시를 받은 것도 기쁜 일이지만 그것을 자세하게 순종한 것도 기쁜 일이다.

| 설교자료

1. 성막에서 일하는 자들, 곧 신령한 일들을 하는 자들은 군대와 같다. 3절의 "그 역사"라는 말은 히브리 원어로 '그 군대'를 의미한다. 실상 신령한 일은 생명을 바쳐야 할 수 있고, 또한 규율을 지켜야 할 수 있으며, 엄격하게 하나님의 명령에 순종해야만 할 수 있다(고전 14:33; 딤후 2:4; 히 13:17). 신령한 일은 세상의 죄악과 부패로 더불어 싸우는 일이다. 옛날 이스라엘이 광야에서 법궤를 앞세우고 군대식으로 행진하여 마침내 가나안까지 정복하게 되었다.

2. 고핫 자손과 게르손 자손과 므라리 자손은 각각 성막의 부속 시설들을 운반함에 있어서 자기들의 책임 분야를 엄수하여 월권하지 않았다(17-20절). 그들의 월권은 죽음의 벌로 금지되어 있었다(17-19절). 이것을 보면 신령한 일은 육신의 일과 본질상 다르다. 신령한 일은 하나님께 직속된 거룩한 일이므로 어디까지나 하나님이 구분하시는 대로 실행되어야 한다. 하나님의 일은 속된 것(사람의 소욕대로 하는 일)에서 구별되어 있다.

3. 신령한 일은 사무적인 면도 엄격하게 지니고 있다. 그것은 성막을 위하여 일할 레위 자손들의 수효를 정확히 계수한 사실로 보아서 알려진다(34-49절). 책임 이행에 있어서 사무적인 처사는 정확, 진실, 공평, 근면을 격려하는 것이다. 부정과 나태와 방종으로 얼룩진 사회는 질서가 없고 사무적인 업무에 등한하다.

제 5 장

✣ 내용분해

1. 부정하게 된 자를 진 밖으로 내보내라고 하심과 그것에 대한 순종(1-4절)
2. 다른 사람에게 손해를 끼친 죄악을 처리함(5-10절)
3. 남편에게 의심 받는 여자를 판결함(11-31절)

✣ 해석

1-4 모든 나병 환자와 유출증이 있는 자와 주검으로 부정하게 된 자를 다 진영 밖으로 내보내되. 나병과 유출병과 주검을 종교적으로 불결하게 여겨 취급함에 대하여는 레위기 11:24-40; 13-15장까지의 해석을 참조하라. 당시에 이 세 가지를 종교적으로도 불결하게 취급한 것은 하나의 상징적 교훈을 내포한 것이다. "나병"은 그 부패성과 불결로 인해 죄악을 비유하므로 다윗은 이런 의미에서 사죄 받기 위한 그의 기도에 **"우슬초로 나를 정결하게 하소서"**(시 51:7)라고 하였다. 우슬초는 나병을 고침 받았을 때에 행하는 예식에 사용되었다

(레 14:1-9). "유출병"은 '생명의 붕괴'를 의미하는 것이므로 죽음과 유사하다. 그러므로 이것은 죄악으로 말미암은 저주를 상징한다고 할 수 있다. 그리고 "주검"은 물론 저주를 상징한다(창 3:19). 그러므로 그것은 죄악을 상징한다.

구약시대에 하나님께서 그의 백성을 훈련시키심에 있어서 이런 외부적인 상징들을 통하여 죄악을 멀리해야 될 것을 가르치셨다. 물론 이러한 외부적인 불결을 멀리하는 것이 사회생활에 있어서 위생적 유익을 가져온다고도 할 수 있다. 하나님께서 이런 규례를 제정하실 때 위생적 목적도 생각하지 않으신 바는 아니지만 그보다도 이스라엘로 하여금 종교 윤리적 성결을 강조하기 위해 이런 제도를 주신 것이다.

이스라엘 자손이 그같이 행하여. 이것은 그때 이스라엘 민족이 하나님의 명령에 순종했음을 좋게 여기는 의미에서 기록된 말씀이다. 이와 같은 말씀이 4절에도 거듭 나왔으니 여호와께서 모세에게 이르신 대로 이스라엘 자손이 행하였더라고 한 말씀이다. 히브리어 문법에 있어서 반복은 언제나 강조체이다. 민수기 저자는 강조체로 이스라엘의 순종을 표본으로 보여준다.

5-10 남자나 여자나 사람들이 범하는 죄를 범하여(6절). 여기서 말하는 죄악은 사람들이 남에게 손해를 끼친 과오를 가리킨다. 사람에게 손해를 끼친 죄악은 역시 하나님을 거스른 죄악이다(6절). 이와 같은 범죄를 처리함에 있어서 다음과 같은 것들이 실행된다. ① 자복함(7절). ② 상대방이 받은 손해를 보상하되 5분의 1을 더하여 주며 그 보상을 받을 당사자나 친족이 없을 경우에는 그것을 제사장에게 돌림(7-8절). ③ 속죄제를 드림(8절). 위의 세 가지는 오늘날 신약시대의 신자들에게도 해당된다. 그들도 남에게 손해를 끼친 죄를 범하였을 경우에는 이런 구체적인 회개가 필요하다.

"자복"은 죄책에 대한 공적 승인이다. 이것은 그의 인격에서 이루어지는 회개이니 회개의 본질이라고 할 수 있다. 그리고 상대방에게 손해를 보상하는 것은 회개자가 실행해야 할 당연한 의무라고 할 수 있다. 그가 그리함으로 회개의 열매를 풍부하게 만든다. 그러나 회개자가 이것을 행할 만한 형편이 되어 있지 않을 때는 문제가 달라진다. 십자가에 못 박혀 죽은 강도는 회개를 하였지만 그가 남들에게 끼친 손해는 하나도 배상하지 못하였다(눅 23:39-43). 그럼에도 불구하고 그가 참되이 회개하였으므로 하나님 앞에 용서받은 것은 사실이다.

회개의 최종적인 목적은 하나님과 화목하는 일이다. 거기에 도달하지 못하고 허물이나 고치는 정도로는 회개의 목적을 이루었다고 말할 수 없다. 회개자는 마땅히 하나님을 지향하고 움직여야 되며, 그 앞에서 그리스도의 피를 힘입어 사죄를 받아야 한다.

이스라엘 자손이 거제로 제사장에게 가져오는 모든 성물은 그의 것이 될 것이라(9절). 이 말씀은 윗절의 내용을 정당화시키는 이유이다. 곧, 속죄에 관계된 물질을 제사장이 받는 것은 당연하다는 것이다. "거제"는 제단 앞에서 제사장이 '쳐들어서 바치는 제사'를 의미한다. 무엇을 쳐드는 모습은 위에 계신 하나님께 바친다는 의미를 지닌다.

각 사람이 구별한 물건은 그의 것이 되나니(10절). "구별"했다는 것은 하나님께 바쳤다는 뜻이다.

11-31 이 부분의 말씀은 남편에게 의심 받는 여자를 판결함에 관한 것이다.

1) 사건의 경위를 설명함(11-14절)

이것은 그 여자가 자기 남편에게 의심받는 것이 당연함에도 불구하고 증인이 없어서 그 확실성이 알려지지 않는 경우, 또는 공연히 의심받는 경우를 가리킨다. 이런 일에 대하여는 인간의 지혜로 판단할 수 없는 일이다. 하나님께서 이런 사건을 밝히도록 하신 것은 가정의 평화를 위하여 그렇게 하신 것이다. 어떤 사람들은 하나님의 이와 같은 제도를 오해하여 개인들의 죄를 찾아내기 위한 것이라고 말하며 이런 것을 들어서 구약시대와 신약시대를 대립시킨다. 곧, 구약시대는 정죄의 시대요 신약시대는 용서의 시대라는 것이다.

이와 같은 견해는 세대주의의 잘못된 관찰이다. 은혜로 용서하시는 하나님의 구원 방법은 구약이나 신약이나 마찬가지이고, 재판의 제도도 구약이나 신약에 공통적으로 존재한다. 본문의 교훈은 재판 제도이다. 우리는 구원론과 재판 제도를 혼동하면 안된다.

2) 그 해결책(15-28절)

① 소제를 드림(15절). 소제로 드린 보리가루는 매우 값싼 제물이다. 소제는 일반적으로 좋은 가루로 드리도록 되어 있는데(레 2장) 값싼 보리가루를 드린 것은 그 여자의 곤고한 형편을 보여 준다(삿 7:13; 왕하4:42; 겔 4:12). 그 여자가 억울하게 의심받는 경우에도 곤욕을 당한 처지이고, 확실한 사건이 있어서 의심받는 경우에도 역시 곤고한 처지에 빠진 것이다. 그러므로 그 여자가 드릴 소제는 값싼 보리로 지정되었다. "기름도 붓지 말고 유향도 두지 말라"라는 말씀도 역시 그 제물의 곤궁한 성격을 보여 준다. "의심의 소제"라는 말은 '그 의심을 밝혀 주는 소제'라는 뜻이고, "죄악을 기억나게 하는" 것이라는 말은 '그 여자에게 죄악이 있는 여부를 하나님께서 판정해 주시기를 원하는 소제'라는 뜻이다.

② 제사장이 그 여자에게 시키는 일(16-28절).

첫째, 제사장은 그 여자를 가까이 나오게 하고 토기에 담은 물에 성막 바닥의 티끌을 집어넣는다(16-17절). 이것은 그가 나중에 그 여자로 하여금 마시게 할 것인데 티끌을 먹는 것은 저주받은 것을 상징한다(창 3:14).

둘째, 그 여자로 하여금 머리를 풀게 하고 소제물을 그 손에 들도록 한다(18절). 머리를 푸는 것은 역시 존귀를 떠나 욕된 자리에 처함을 가리킨다.

셋째, 제사장의 저주 선언에 여자는 "아멘 아멘" 하게 한다(19-22절). 다시 말하면 제사장이 그 여자에게 하는 말이, '이 여자에게 실수가 없으면 저주가 임하지 않고 실수가 있으면 저주가 임하리라'라는 선언에 대하여 "아멘 아멘" 하라는 것이다.

넷째, 제사장이 저주의 말을 두루마리에 써서 그 글자를 그 쓴 물에 빨아 넣고 그 여자로 하여금 그 물을 마시게 한다. 물론 제사장은 먼저 그 여자를 위하여 소제를 드리고 그 후에 이 일을 행한다(23-26절).

다섯째, 만일 그 여자가 범죄한 것이 사실이라면 그 물을 마신 후에 저주를 받아 배가 부으며 넓적다리가 떨어진다고 한다. 그러나 그 여자가 결백하면 그 물을 마신 후에도 해를 받지 않는다는 것이다(27-28절). 일이 이같이 되는 것은 그 여자가 마시는 물 자체에서 생기는 마술적인 결과가 아니라 그 재판의 실행자이신 하나님께서 간섭하신 결과이다. 성경 본문은 그 재판이 하나님 중심으로 실시될 것을 말씀하고 있으며, 특별히 하나님 앞에 소제를 드린 사실(25-26절)이 그 뜻을 보여 준다. 이것은 이교도들이 주장하는 것과 같은 마술적 행사와 전혀 다른 것이다.

3) 결론(29-31절)

여인을 여호와 앞에 두고 제사장이 이 법대로 행할 것이라(30절). 이 말씀을 보아도 앞에 기록된 재판 방법은 이교도들의 심리 전술이나 마술적인 미신과 다른 것이다. 여기에 기록된 재판은 하나님의 능력의 역사로 판결을 받게 된다. 우리는 이 부분에서 "여호와 앞에"라는 말씀을 명심해야 한다.

| 설교자료

1. 하나님이 계시기로 지정된 장소에서는 죄악을 멀리해야 한다. 1-2절에 관련된 나병과 유출병과 주검 등은 그때 죄악을 표상한 것이었다. 이 점에 있어서 우리는 외부적 정결도 하나님이 요구하시는 것임을 알아야 한다. 시편 5:4에 말하기를 "주는 죄악을 기뻐하는 신이 아니시니 악이 주와 함께 머물지 못하며"라고 하였다.

2. 범죄자가 죄악 문제를 해결 받는 방법은 구체적이어야 한다(7절). (1) 그는 말로 자복함으로 그 죄악을 죄악으로 분명히 인정해야 하고 (2) 그는 보상하는 일을 해야 한다. 이와 같은 처사가 그 회개의 진실성을 말해 준다. 실상 회개하는 자는 자기의 잘못을 원통히 여기는 마음을 갖고 있으므로 이같이 처사하기를 가볍게 여길 것이다. 삭개오는 "만일 누구의 것을 속여 빼앗은 일이 있으면 네 갑절이나 갚겠나이다"(눅 19:8)라고 하였다.

3. 여자가 남편에게 의심받는 문제를 해결하는 방법을 제시하실 분은 전지전능하신 하나님밖에 없다. 옛날 계시시대에는 하나님께서 그런 문제를 직접 판단하시되 직접적인 기적으로 하셨다(11-30절). 이와 같은 사실은 인간이 해결할 수 없는 문제를 하나님께서 해결해 주신다는 진리를 우리에게 말해준다. 오늘날 신약시대의 신자들도 명심할 것은, 하나님께서는 인간의 힘으로 할 수 없는 것을 해결해 주신다는 것이다. 우리는 하나님께 난제를 아뢰고 그가 해결해 주시기를 바라보는 믿음이 있어야 한다.

제6장

↓ 내용분해

1. 나실인에 관한 법규(1-21절)
   1) 나실인이 지킬 것(1-8절)
   2) 나실인이 시체로 더럽혀졌을 때에 정결을 회복하는 절차(9-12절)
   3) 나실인이 몸을 드리는 법규(13-21절)
2. 아론과 그 아들들의 축도(22-27절)

↓ 해석

1-2 나실인. 히브리 원어(נזיר)의 의미는 하나님을 위하여 '구별된 자' (separated one)를 가리킨다. "나실인"의 서약은 평생토록 지속되는 것도 있고, 일정한 기간만 관계된 것도 있다. 삼손이나 사무엘, 세례 요한은 평생 나실인이었다. 어떤 학설에 나실인 제도는 애굽에서 유래된 것이라고 하나 근거 없는 말이다. 이 제도는 영적으로 절대적으로 온전히 하나님께 헌신하신

그리스도를 예표한다.[27]

3-4 포도주와 독주를 멀리하며 포도주로 된 초나 독주로 된 초를 마시지 말며. 나실인은 하나님께 헌신하여 하나님의 거룩하신 뜻을 분별해야 하므로 정신적으로 흐려지는 물질을 섭취하면 안 될 것이었다(참조. 레 10:8-11; 잠 31:5; 사 28:7). 그뿐만 아니라 술은 향락을 위한 것이므로 하나님의 사람으로서 마실 수 없다. 향락주의는 하나님 제일주의와 반대 된다(참조. 딤후 3:4). 포도즙과 생포도 및 건포도가 나실인에게 금지된 것은 그것들이 호화롭게 사는 사람들의 식료품이기 때문이라고 하나(F. J. Delitzsch), 자연스러운 해석이라고 할 수 없다. 그보다는 그것들이 술을 만드는 재료와 관련된 것이므로 금지되었다.

5 그 서원을 하고 구별하는 모든 날 동안은 삭도를 절대로 그의 머리에 대지 말 것이라. 나실인이 머리털을 기르고 깎지 아니한 것은 무슨 뜻인가? 일설에 머리털은 몸의 강한 힘을 상징하며 그것을 길게 기르는 것은 모든 힘을 하나님께 바친다는 뜻이라고 한다. 그러나 이것은 성경적 근거를 가지지 못한다. 성경에 의하면 머리털을 기르는 것은 그 사람의 머리 위에 주장하는 자가 있음을 상징한다(고전 11:10). 그러므로 나실인이 머리털을 기른 것은 그가 온전히 하나님께 바침이 되었으므로 자기 위에 계신 하나님의 권위를 인식한다는 표지이다.[28]

6-12 여기서는 나실인이 시체를 가까이하지 말 것을 가르친다. 이것은 상징적인 교훈을 주기 위한 제도이다. 죽음은 죄악의 결과이다(창 2:17; 3:19). 나실인은 죄를 멀리하는 의미에서 시체도 멀리하도록 되어 있었다. 만일 그가

---

27) P. Fairbairn, *The Typology of Scripture: Viewed in connection with the Entire Scheme of the Divine Dispensations* (Philadelphia: Daniels & Smith, 1852), p. 371.
28) P. Fairbairn, *The Typology of Scripture: Viewed in connection with the Entire Scheme of the Divine Dispensations* (Philadelphia: Daniels & Smith, 1852), p. 369.

부지중에 시체를 가까이했을 경우에는 다시 지켜야 할 규례가 있다. 그것은 엄격하여 하나님께 이중으로 제사를 드리게 됨이다. 먼저 그 더럽힌 데서 정결함이 되게 하는 속죄제와 번제를 드리고, 다음에 하나님께 자기 자신을 다시 바치는 의미로 속건제를 드린다. 그가 부지중에라도 자기 자신을 더럽히게 된 것 때문에 그처럼 여러 번 제사를 드리게 된다. 이것을 보고 우리가 깨달을 것은 오늘날도 나실인처럼 유달리 성결하게 헌신하는 자의 책임은 무겁다는 것이다. 그는 무의식적으로 범한 과오도 원통히 여겨 깊이 회개하고 또 심각하게 기도해야 한다는 것이다.

13-21 나실인의 헌신하는 서약 기간이 찼을 때에는 주로 네 가지 제사(번제, 속죄제, 화목제, 소제)를 드리기 위해 제물들을 바쳤다(14-15절). 제사장은 그를 대신하여 이런 많은 제물들을 하나님께 바쳤다(16- 20절). 이같이 신약시대의 신자들도 이 세상에서 선한 싸움을 다 싸우고 세상을 떠날 때에 그리스도를 의지해야 한다. 그리스도는 우리의 모든 제물의 완성이시다(엡 5:2).

22-27 이 부분은 아론과 그 아들들이 이스라엘 백성을 축복하는 기도의 내용이다. 그것은 ① 하나님께서 그들을 보호해 주실 것과(24절) ② 그들에게 은혜 주실 것과(25절) ③ 그들에게 평강 주실 것을 기원함이다(26절). 델리취(Franz Julius Delitzsch)는 위의 첫째가 하나님 아버지께서 주시는 것, 둘째는 그리스도 예수가 주시는 것, 셋째는 성령이 주시는 것이라고 각각 나누어 말하였다. 아론은 하나님의 백성을 축복한 점(레 9:22-23)에 있어서 그리스도의 표상이다(참조. 눅 24:50-51).

| 설교자료

1. 나실인의 생활은 신약시대의 신자들이 하나님을 위하여 헌신해야 함

을 가르친다. 예수님은 우리 신자들을 위하여 전적으로 구별된 생활을 하셨다. 그는 우리를 위하여 하나님 앞에 속죄제물까지 되어주셨다. 그는 모든 신자들의 헌신을 가능하게 해주는 원천이시다(요 17:16-19).

2. 나실인이 지키는 일 중에서 우리가 특별히 명심할 것이 있다. 곧, 사람을 취하게 하는 술과 관련된 것은 일체 먹지 않은 사실이다. 하나님께 헌신한 자는 그 심령이 늘 깨어 있어서 진리를 분변해야 되며, 또한 하나님의 성령의 감화를 받아야 한다. 그렇지 못하면 하나님께 사용될 헌신의 의의가 상실된다. 하나님은 사람을 쓰시되 그가 본래 지음을 받은 정상적인 심리를 쓰신다. 예수님은 십자가에 못 박히셨을 때 그 고통을 온전하신 정신으로 그대로 다 받으시기 위하여 쓸개 탄 포도주를 마시지 않으셨다(마 27:34; 막 15:23).

3. 나실인, 곧 헌신자는 부모보다도 하나님께 헌신한 것을 존중히 한다(7절). 이것이 신본주의 종교에 합당한 일이다. 하나님은 우리 부모의 하나님도 되시므로 부모보다 높으시다(신 33:9). 그러나 이와 같은 진리는 우리가 인륜에 있어서 부모를 소홀히 할 수 있다는 것은 아니다. 천륜을 구실로 하여 인륜을 무시하는 것은 바리새인들의 행동과 같은 것이다(막 7:10-13; 요일 4:20).

제 7 장

❖ 내용분해

1. 장막을 세운 후에 족장들이 드린 예물(1-3절)
2. 그 예물들을 배당시킴(4-9절)
3. 제단 봉헌을 위하여 드린 족장들의 예물(10-89절)

   1) 머리말(10-11절)
   2) 유다 지파에 속하는 나손이 드린 예물(12-17절)
   3) 잇사갈 지파에 속하는 느다넬이 드린 예물(18-23절)
   4) 스불론 지파에 속하는 엘리압이 드린 예물(24-29절)
   5) 르우벤 지파에 속하는 엘리술이 드린 예물(30-35절)
   6) 시므온 지파에 속하는 슬루미엘이 드린 예물(36-41절)
   7) 갓 지파에 속하는 엘리아삽이 드린 예물(42-47절)
   8) 에브라임 지파에 속하는 엘리사마가 드린 예물(48-53절)
   9) 므낫세 지파에 속하는 가말리엘이 드린 예물(54-59절)
   10) 베냐민 지파에 속하는 아비단이 드린 예물(60-65절)
   11) 단 지파에 속하는 아히에셀이 드린 예물(66-71절)

12) 아셀 지파에 속하는 바기엘이 드린 예물(72-77절)

13) 납달리 지파에 속하는 아히라가 드린 예물(78-83절)

14) 모든 예물의 총수량(84-89절)

✟ 해석

1 모세가 장막 세우기를 끝내고 그것에 기름을 발라 거룩히 구별하고 또 그 모든 기구와 제단과 그 모든 기물에 기름을 발라 거룩히 구별한 날에. 성막과 그 기구에 기름을 바른 것은 무슨 뜻인가? 구약시대에는 하나님께 대한 신령한 일은 외부적 시설로 상징하였다. 성막과 그 기구들은 하나님을 섬기기 위한 것인데 그것들의 참된 작용은 성령의 역사에 의해서만 성립될 수 있다. 이런 의미에서 모든 것에 기름을 발랐다. 기름은 성령을 비유한다. 오늘날 신약시대에도 교회의 모든 활동이 참되이 이루어지려면 성령으로 말미암아서만 된다. 스가랴 4:6에 말하기를 "만군의 여호와께서 말씀하시되 이는 힘으로 되지 아니하며 능력으로 되지 아니하고 오직 나의 영으로 되느니라"고 하였다. 본문에 "모든"(נׇל)이라는 말이 두 번 나온다. 성령으로 말미암아서만 모든 신령한 활동이 참되이 이루어진다는 것에 대하여는 예외가 없다.

2 이스라엘 지휘관들 곧 그들의 조상의 가문의 우두머리들이요 그 지파의 지휘관으로서 그 계수함을 받은 자의 감독된 자들이 헌물을 드렸으니. 여기서 우리가 주목할 것은 높은 지위에 있는 자들이 하나님께 예물을 드리는 일에 있어서 솔선한 사실이다. 본문도 이 점을 강조하기 위하여 그 예물 드린 자들의 높은 지위에 대하여 여러 가지로 말하고 있다. 곧, "이스라엘 지휘관들", "우두머리들", "지휘관" 등이다. 하나님의 일에 있어서는 지도자의 위치가 높은 자일수록 희생 봉사에 앞장서야 한다. 그 이유는 천국에서는 섬기는 자가 큰 자이

기 때문이다(참조. 눅 22:24-27).

3　덮개 있는 수레 여섯 대와 소 열두 마리이니. 이와 같은 예물은 그때 당면한 요구를 위한 것이다. 그때는 성막의 모든 기구들을 운반할 필요성이 있었던 것이다. 그러므로 그 일을 위하여는 수레와 그것을 끄는 소들이 있어야 될 것이었다. 하나님의 백성은 자기의 개인적 요구보다 하나님의 거룩하신 뜻을 위하여 봉사하는 데 민첩해야 한다. 이스라엘 백성이 바벨론에서 본국으로 돌아왔을 때 그들의 집은 지었으나 성전 건축에는 관심이 없었다. 그러므로 선지자 학개는 그들을 책망하였다(학 1:4, 9).

지휘관 두 사람에 수레가 하나씩이요 지휘관 한 사람에 소가 한 마리씩이라. 곧, 지휘관 두 사람이 합하여 수레 하나씩 바친 셈이고, 지휘관 한 사람마다 소 한 마리씩 바친 셈이다.

4-9　여기서는 족장들이 바친 예물들을 레위 족속에게 분배한 사실에 대하여 말한다. 여기서 우리가 주목할 것은 하나님께서 예물들을 분배하심에 있어서 극히 공평하신 사실이다. 므라리 자손들에게 주신 수레와 소의 수효는 게르손 자손에게 주신 것에 비하여 배나 더하다. 하나님께서 이같이 하신 이유는 므라리 자손들의 맡은 짐이 훨씬 무겁기 때문이었다(참조. 4:21-33). 그리고 고핫 자손에게는 수레나 소를 도무지 주시지 않았다. 그 이유에 대하여는 9절이 설명한다.

10-83　**제단에 기름을 바르던 날에 지휘관들이 제단의 봉헌을 위하여 헌물을 가져다가 그 헌물을 제단 앞에 드리니라(10절).** 여기 "제단의 봉헌"이라는 말은 그때 제단을 완성한 뒤에 처음으로 하나님께 바치는 의식을 말한다. 이때에 이스라엘의 12 지파 족장들이 예물을 바쳤는데 그 자세한 내용은 12절부터 진술된다. 그 내용은 족장들이 같은 수량의 예물을 바친 것이다. 그런데 여기서 특별히 주목할 것은 다음과 같다.

1) 그 예물들과 그 수량에 대하여 열두 번이나 똑같은 말이 되풀이된 사

실이다. 이러한 기록 방법은 세상의 다른 책에서는 볼 수 없는 것이다. 이같이 거듭 말한 것은 하나님께서 모든 족장의 헌물을 똑같이 기뻐하신다는 사실이다. 하나님은 모든 족장들의 헌물에 대하여 매번 똑같은 말로 자세히 기록하도록 하셨으니 그 헌물에 대하여 매번 개별적으로 취급하셔서 향기롭게 받으신 것이 분명하다.

2) 이와 같은 헌물에 있어서 드린 자들의 이름을 매번 기록하였으니 이것도 우리가 명심할 만한 것이다. 드린 자들의 이름을 매번 밝힌 것은 하나님께 예물 드린 귀한 일을 모든 사람들 앞에서 모범으로 보여주려는 것이다.

3) 족장들이 드린 예물들은 모두 제사하는 데 소용되는 것이다. 이 예물의 목록 가운데는 사회사업이나 자선사업을 위한 것이 하나도 없다. 이때에는 그들이 제단에 필요한 것을 드리도록 되었으므로 이같이 될 수밖에 없다. 하나님께서는 가난한 자를 구제하는 일을 하나님 섬기는 일에 관계된 것으로 간주하신다. 잠언 19:17에 말하기를 "가난한 자를 불쌍히 여기는 것은 여호와께 꾸어 드리는 것이니 그의 선행을 그에게 갚아 주시리라"고 하였다. 그러나 우리는 특별히 하나님 봉사에 직접 관계되는 신령한 일을 위하여 물질을 드려야 한다. 예수님의 발에 향유를 부은 마리아의 봉사가 그런 것이다(요 12:1-8).

4) 족장들이 예물을 드린 사실에 대하여 열두 번이나 같은 말을 거듭한 것은 또 한 가지 중요한 뜻을 가진다. 그것은 사람들로 하여금 하나님께 물질을 바치도록 권장하는 의미로 표현된 강조체이다.

84-88 여기서는 위에 말한 모든 예물의 총수량에 대하여 말한다.

89 증거궤(참조. 신 10:3 해석).

그룹. "그룹"(כְּרֻבִים)은 천사들 중의 한 종류이다(창 3:24). 그들의 모양을 만들어 세운 목적은, 거기에 하나님께서 임재하심을 상징하기 위함이다. 그 이유는 "그룹"은 하나님을 수종하는 영이기 때문이다.

| 설교자료

1. 성막과 그 모든 시설에 바른 기름은 성령을 비유한다(1절). 하나님을 섬기는 일은 ① 성령님의 도우심으로 실행되어야 참된 것이다. 하나님은 범죄한 혈육 그대로의 봉사는 받지 않으신다. ② 성령님의 도우심으로 실행되어야 기쁨이 동반된다. 참된 경건은 괴로운 짐이 아니라 즐거움이다(참조. 요일 5:3).

2. 하나님의 성막을 위하여 예물을 드린 자들은 성막 봉사에 필요한 것들을 바쳤다(3-9, 12-83절). 이같이 신약시대 신자들은 교회에 필요한 것을 부족함이 없도록 바쳐야 한다.

3. 하나님을 섬김에 있어서 가장 중요한 것은 제단이다(10절). 그 이유는 참된 종교는 신자가 하나님께 제물을 바침이 가장 중요하기 때문이다. 그 제물 중에는 속죄제물이 중심이 되어 있다. 이와 마찬가지로 신약시대에는 그리스도가 우리의 신앙생활의 중심이다.

4. 이스라엘 열두 지파의 대표들이 하나님께 예물을 드린 내용은 모두 일반이다(12-83절). 그러나 그 같은 내용이 열두 번 거듭 기록되어있다. 이와 같은 기록은 매우 무의미한 중복처럼 보인다. 그러나 우리는 여기서 그 저자의 심리를 이해해야 한다. 이와 같은 중복은 예물을 드린 열두 지파의 귀한 신앙과 충성을 각기 개별적으로 취급하여 역설하는 문체이다. 각 지파의 이런 귀한 신앙의 행위를 개별적으로 기록하지 않고 통합하여 간단히 기록한다면 각 지파의 아름다운 순종을 그대로 드러내지는 못할 것이다.
뿐만 아니라 이와 같은 중복체는 그 기록이 어디까지나 역사적이라는 사실을 보여 준다. 만일 그 저자가 모세보다 훨씬 후대의 사람이었다면 그런 중복체를 사용하지 않고 그저 총괄적으로 또는 문화적으로 말하였을 것이다.

제 8 장

✣ 내용분해

1. 성막에 등불을 밝히라고 하심(1-4절)
2. 레위 자손들을 하나님께 바치는 법과 그 실행(5-26절)
   1) 그들을 바치는 법(5-19절)
   2) 그 실행(20-26절)

✣ 해석

1-4 등잔을 등잔대 앞으로 비추게 할지니라(2절). 이스라엘의 성막에는 창문이 없었으므로 빛이 그곳에 들어올 수 없었다. 성막의 구조가 이같이 된 것도 영적인 뜻을 보여주는 것이니, 이 세상은 캄캄한 밤중과 같다는 것이다. 그러나 그곳에 유일한 빛이 있으니 그것은 하나님의 교회를 통한 진리의 광명(성막의 등대가 상징한)뿐이다. 그러므로 성막 안에는 등대의 빛이 계속적으로 비추어야 될 것이었다. 이 등대와 등잔과 그것에 관련된 부속품들은 전부 하

나님께서 보여주신 대로 제조되었다(4절). 성막 안의 등대에 대하여는 다음 구절들을 참조하라.[29] 이것은 우리를 구원하는 참된 빛, 곧 복음 진리는 사람의 말이 아니고 하나님의 진리라는 것을 상징한다. 우리가 종교적으로는 사람의 말을 믿지 않고 오직 하나님의 말씀만 믿는다. 여기서 참된 신앙의 의미가 성립된다. 우리는 사람보다 무한히 높으신 하나님의 것만을 의뢰할 만하다. 우리들 자신의 것(혹은 사람의 것)은 우리 자신과 함께(사람과 함께) 폐지될 날이 온다(벧전 1:24).

5-13절. 여기서는 레위 사람을 하나님께 바치는 법에 대하여 설명한다. 앞부분에서 등대에 대하여 말씀하였는데 여기서 레위인에 대한 말씀이 나오는 것은 너무 돌연한 것 같다. 그러나 이 두 가지는 서로 관련성이 있다. 레위 사람들은 하나님 봉사에 종사하는 자들이므로 그들은 살아 움직이는 등불과 같이 되어야 한다. 그들이 그렇게 되려면 하나님께 헌신하고 진리대로 봉사해야 한다.

7 너는 이같이 하여 그들을 정결하게 하되 곧 속죄의 물을 그들에게 뿌리고 그들에게 그들의 전신을 삭도로 밀게 하고 그 의복을 빨게 하여 몸을 정결하게 하고. 여기서 "속죄의 물로" 그들에게 뿌린다는 것은 그들을 깨끗하게 하는 상징적 행동이다(참조. 히 9:10; 10:22). 이것은 장차 오실 그리스도의 피로 말미암는 속죄를 예표한 것이다. "그들의 전신을 삭도로 밀게 함"은 레위기 14:8에서 나병의 깨끗함을 선언하는 예식과 같다. 이와 같은 의식은 인간의 죄악이 나병처럼 더럽다는 것을 보여주기도 한다. 레위 사람들은 하나님께 헌신하기 전에 먼저 속죄를 받아 정결하게 되는 것이 절대로 필요하였다. "그 의복을 빨게 한 것"도 역시 같은 의미를 가진다. 하나님을 섬기는 자들에게 먼저 요구되는 것

---

[29] 출 25:31-39; 26:35; 27:20-21; 30:7-8; 37:20-24; 39:37; 40:4, 24-25; 레 24:1-4.

은 성결이다. 야고보서 3:17에 말하기를 "오직 위로부터 난 지혜는 첫째 성결하고"라고 하였다(참조. 딤후 2:21).

8 **또 그들에게 수송아지 한 마리를 번제물로, 기름 섞은 고운 가루를 그 소제물로 가져오게 하고 그 외에 너는 또 수송아지 한 마리를 속죄제물로 가져오고.** 이 구절은 레위 사람들이 하나님께 바침이 되기 위하여 드릴 제물들을 말해준다. 그것은 번제물, 소제물, 속죄제물 등이다. "번제"는 헌신을 위한 것이고, "소제"는 노력을 바치기 위한 것이고, "속죄제"는 죄 사함을 받기 위한 것이다. 이 세 가지 제물은 하나님을 위하여 일하는 자로서 바쳐야만 할 것이다. 그는 헌신의 은혜를 받아야 하고, 노력의 은혜를 받아야 하며, 이것들과 함께 언제나 근본적으로 요구되는 속죄를 받아야 한다. 속죄제 없이는 어떤 종류의 제사도 성립될 수가 없다. 이는 마치 신약시대의 신자가 그리스도(그 피로 사죄하여 주시는 중보자)로 말미암지 않고는 아무 일도 할 수 없음과 같다(요 15:5).

9-10 **이스라엘 자손의 온 회중을 모으고.** 레위 사람들을 하나님 앞에 바치는 예식에 있어서 "온 회중"의 입증은 없어서는 안 될 요소이다. 그 이유는 레위 사람들이 이스라엘 민족 전체를 위하여 거룩한 일에 종사하겠기 때문이다.

이스라엘 자손이 그들에게 안수하게 한 후에. 이때 이스라엘의 안수 행위는 레위 사람들로 하여금 그들(이스라엘 자손)을 대표하게 한다는 의미였다. 이스라엘의 모든 맏아들은 레위 사람들로 대표된다(16절).

11 **레위인을 흔들어 바치는 제물로 여호와 앞에 드릴지니.** "흔들어 바치는 제물"은 무엇인가? 가축의 고기를 가지고 흔들어 드리는 경우에는 가축의 뒷다리나 가슴을 좌우로 흔들어 바친다(레 7:30-34). 그런데 좌우로 흔드는 것은 무엇을 의미하는가? 그것은 이 세상의 모든 방면을 다 주장하시는 하나님께

바친다는 의미이다.³⁰⁾ 레위인을 요제로 바칠 때에 그 실행 방법은 어떻게 되었던가? 그것은 학자들 사이에 의견이 구구하다. 가장 믿을 만한 해석은 제사장이 실제로 레위인을 붙잡고 흔든 것이 아니라 그 대신 제물을 붙잡고 흔들어서 제사 행위를 표시하였다는 것이다. 그러면 레위인을 흔들어 바치는 제물로 하나님께 바친다는 것은 그들로 하여금 하나님의 것이 되게 하는 제사 행위이다. 하나님의 것은 결국 제사장의 분깃이 된다. 그러므로 레위인은 제사장(아론과 그 아들들)을 위하여 수종들게 된다(19절).

12-13 여기서는 위에 말한 대로 레위인 때문에 하나님께 제사를 드리라고 명령하신다.

14-19 여기서는 레위인들을 하나님께 바치는 이유에 대하여 설명한다. 애굽에서 이스라엘의 처음 난 자들이 구속을 받았으므로 그들은 하나님의 것이다(17절). 그런데 하나님께서는 처음 난 자들 대신에 레위 지파를 받으시기로 작정하셨다. 레위인들이 이같이 바쳐지기 때문에 이스라엘은 하나님의 진노의 재앙을 면한다(19절). 신약시대의 신자들도 그리스도로 말미암아 하나님의 구속을 받았으므로 하나님의 것이다.

20-22 여기서는 하나님께서 진술하신 명령대로 실행된 것을 말해준다. 여기 있는 자세한 말씀에 대하여는 5-13절의 해석을 참조하라.

23-26 여기서는 레위인이 그 직분을 실행할 수 있는 연령을 말해준다. 곧 25세 이상 된 자들은 성막에서 봉사하고, 50세(또는 그 이상) 된 자들은 정규적인 봉사는 정지하게 된다. 그러나 그들(50세 부터)은 일반 레위인들의 직책을 감시하는 일을 하도록 되어 있다. 회막에서 돕는 직무를 지킬 것이요라고 한 말씀이 그 뜻이다.

---

30) P. Fairbairn, *The Typology of Scripture: Viewed in connection with the Entire Scheme of the Divine Dispensations* (Philadelphia: Daniels & Smith, 1852), pp. 308-309.

| 설교자료

1. 성막에는 창문이 없고 오직 등불로써 그 안을 밝힌다(1-4절). 성막의 등불은 캄캄한 세상에 있는 교회를 비유한다.

2. 레위인들은 성막 봉사를 위하여 먼저 그들 자신을 위한 번제, 소제, 속죄제 등 많은 제사가 봉헌되었다(5-13절). 이것을 보면 사람이 하나님의 일을 하려고 할 때에 그의 자연적인 인격으로는 할 수 없고 다만 속죄를 받고 거룩하게 된 처지에서만 할 수 있다. 신약시대에는 이와 같은 제도가 성취된 상태에서 신자가 하나님을 섬기게 된다. 그것은 "그리스도 안에서" 혹은 "예수 그리스도로 말미암아" 하나님을 섬기는 것이다(롬 1:8).

3. 레위인들은 다른 지파들의 맏아들을 대신하여 평생 성전에서 봉사하게 되었다(18절). 이것은 예수님께서 우리 모든 신자들의 대신이 되심과 같다.

제 9 장

✤ 내용분해

1. 유월절을 지키라고 함(1-3절)
2. 이스라엘이 이를 실행함(4-5절)
3. 시체로 인해 부정하게 된 사람이 유월절을 지키지 못한 문제와 그 해결책(6-10절)
4. 유월절을 지키는 방법(11-12절)
5. 유월절을 지키지 않는 자가 받을 벌(13절)
6. 유월절과 타국인(14절)
7. 이스라엘 민족이 하나님의 인도하심을 따라 행진하고 머무름(15-23절)

✤ 해석

2 유월절을 그 정한 기일에 지키게 하라. "유월절"은 이스라엘 민족이 애굽에서 구원받은 것을 기념하는 절기이다(출 12장). 이것은 신약 교회의 성찬식에

대한 예표이다(고전 5:7-8). 유월절 잔치를 먹는 방법에 대하여 중요한 것은 아래의 11-12절에서 가르친다. 그 해석을 참조하라.

3 이 달 열넷째 날 해 질 때. 이날은 이스라엘 민족이 애굽에서 떠나가기 위하여 모든 준비를 갖추고 유월절 양을 잡은 날이다(출 12:2-6; 13:3-4).

4-5 여기서는 모세가 이스라엘 자손으로 하여금 하나님의 명령대로 유월절을 지키게 한 사실을 말해 준다. 그들이 이같이 순종한 것은 기록하여 전할 만한 귀중한 사건이다. 개인이나 민족을 물론하고 하나님의 말씀을 순종하는 것만이 유일한 살길이다. 그들이 이 절기를 지킴으로 하나님의 은혜를 기억하게 되고, 하나님의 은혜를 기억함으로 하나님을 믿게 된다. 하나님과 우리의 유일한 참된 관계는 믿음으로만 성립된다.

6-10 그때 어떤 사람들이 시체로 말미암아 부정하게 되어 유월절에 참여하지 못한 일이 있었다(민 19:11-16). 이 문제에 대하여 사람들이 찾아와서 해결을 구하였다. 이때 모세는 또다시 신앙적으로 해결하였으니, 곧 그가 직접 대답하지 않고 하나님의 지시를 기다렸던 것이다(8절).

이 문제에 대한 해답은 그런 특별한 경우에 처한 자들은 유월절을 다른 날, 곧 2월 14일 해 질 때부터 지키도록 한 것이다. 이것을 보면 참된 종교에 있어서는 날짜 문제가 절대적으로 변동할 수 없는 본질적인 문제는 아니다.

11-12 어린 양에 무교병과 쓴 나물을 아울러 먹을 것이요 아침까지 그것을 조금도 남겨 두지 말며 그 뼈를 하나도 꺾지 말아서. "어린 양"은 장차 오실 그리스도를 예표한다(고전 5:7). "무교병"은 죄악을 제거한 생활을 가리키고, "쓴 나물"은 그들이 그때 당한 애굽에서의 고난을 상징한다. "아침까지 그것을 조금도 남겨두지 말라"고 한 것은 어린양의 고기가 그리스도를 예표하는 성물이기 때문이었다. "그 뼈를 하나도 꺾지 말도록 한 것"은 장차 오실 그리스도의 뼈가 꺾이지 않을 것을 예언한 것이다(요 19:36).

위에 말한 바와 같이 유월절 양을 먹는 것은 그리스도인이 그리스도를 믿되 음식을 먹는 것처럼 실제로 믿고 죄를 떠날 것을 비유한다. 이스라엘 민족이 유월절 양을 먹은 뒤에는 애굽에서 급히 떠나 나왔는데(출 12:33-39), 그와 마찬가지로 그리스도인은 죄를 피하여 천성(天城)으로 간다(히 6:18). 구약시대에 하나님의 백성이 지킨 의식적 제도는 신약시대에 그리스도를 중심한 사건을 예표한다. 이 점에 대하여 히브리서는 잘 밝혀 준다. 히브리서 9:9에는 구약의 의식적 제도들이 신약의 비유라 하였고, 히브리서 9:10에는 구약의 제도가 신약으로 대치될 때까지 사용된 "육체의 예법"이라고 하였다. "육체의 예법"(δικαιώμασιν σαρκός)이라는 말은 속죄적 희생의 외부적인 제도를 말함이다. 속죄적 희생의 진수는 실상 내부적인 것인데 이는 그리스도 예수님이시다. 하나님께서 구약시대에 그런 외부적인 예법을 명하신 것은 그때 이스라엘의 믿음과 순종을 알아보시려는 데 있었다(렘 7:22-23). 그런 예법을 신종(信從)하는 자는 그리스도를 신종할 자이다.

13 그러나 사람이 정결하기도 하고 여행 중에도 있지 아니하면서 유월절을 지키지 아니하는 자는 그 백성 중에서 끊어지리니. 유월절을 지키는 것은 그때 하나님의 백성이 된 증표였다. 그러므로 유월절 지키는 것을 원하지 않는 자는 하나님의 백성이 되기를 거부하는 자와 마찬가지이다. 그런 사람은 이스라엘에서 끊어지게 될 것이 필연의 결과이다. 만일 그리스도의 보혈을 기념하는 성찬을 경시하는 자들이 있다면 그들도 역시 하나님의 백성 중에서 끊어질 것이다.

14 이스라엘 사람이 아닌 자로서 유월절을 지키고자 하면 하나님께서 얼마든지 환영하셨다. 이것은 이방인들도 그리스도로 말미암아 구원받을 수 있는 사실을 가리키는 예표라고 할 수 있다.

15-16 여기서부터는 이스라엘 민족이 광야 여행에서 하나님의 인도를 정확히 따라간 사실에 대하여 말한다.

성막을 세운 날에 구름이 성막 곧 증거의 성막을 덮었고 저녁이 되면 성막 위에 불 모양 같은 것이 나타나서(15절). 이것은 구름기둥과 불기둥을 말한다(출 13:21-22).

이 두 기둥은 하나님의 임재를 가리키는 표상이었다. 구름이 성막을 가리운 것은 광야의 뜨거운 햇빛을 가리워 주는 하나님의 보호를 상징한다. 특별히 그것이 성막 위에 임한 것은 하나님께서 성막을 통하여 역사하신다는 것을 가리킨다. 성막은 하나님께서 인간을 구원하시려고 인간과 친근히 교제하시기 위한 처소를 상징한다. 그것은 하나님의 긍휼의 역사를 보여주시는 것으로 이스라엘이 광야의 장막에 거처함을 체휼하시는 증표이다. 이것은 그리스도의 몸을 비유하는 표상이라고 할 수 있는(요 2:19-22) 동시에 역시 신약시대의 교회를 상징하기도 한다(엡 2:21-22).

"불 모양 같은 것"(15절)은 캄캄한 밤중에 빛을 보여주기 위한 것이다. 이것은 하나님의 영광을 가리키는데 죄인들로 하여금 진리를 분변하게 하는 계시를 상징한다. 이것이 성막 위에 나타난 이유에 대하여는 이미 앞에서 설명하였다.

오늘날 신약시대에도 하나님께서는 이 두 가지 방법으로 그의 백성을 인도하신다. 곧, 보호하시는 역사와 깨닫게 하시는 역사이다. 우리는 이 두 가지 역사를 비로 볼 줄 알아야 한다. 하나님의 보호하심은 반드시 우리의 육신을 중심한 것은 아니다. 하나님께서는 어떤 때에 우리의 육신을 곤경에 떨어지도록 하심으로 우리의 영혼을 잘되게 하신다. 또 우리로 하여금 하나님의 말씀(성령의 조명과 함께)에 의하여 진리를 분변하게 하신다. 광야와 같이 괴로운 세상에서 우리는 이 두 가지 하나님의 역사로 말미암아 구원의 길로 가게 된다.

17-22 여기서는 이스라엘이 구름기둥과 불기둥을 기준 삼아 움직이기도 하고 머물기도 했던 사실을 길게 진술한다. 그들은 구름기둥과 불기둥을 따라감에 있어서 하나님의 명령을 충실히 지켰다. 그들은 구름이 성막 위에 머무는 날수가 많든지 적든지 절대 순종하였다(20-23절). 여기서 우리가 특별히 명심해야 될 것은 이스라엘 민족이 그때는 저희의 소원을 희생시키고 전

적으로 하나님의 인도대로 따라간 사실이다. 민수기 저자는 이 점에 대하여 큰 흥미를 느끼고 이 부분에서 같은 말을 많이 거듭하였다.

23 여호와의 직임을 지켰더라. 여기 "직임"(מִשְׁמֶרֶת)이라는 말의 히브리 원어는 하나님께서 부탁하신 말씀을 말함이다.

설교 ▶ 주님을 따르자(민 9:15-23)

15-23절 말씀은 이스라엘 민족이 애굽에서 나와서 광야에 여행하는 동안에 이루어진 일이다. 곧 낮에는 구름 기둥이 성막을 덮었고 밤에는 불기둥이 성막 위에 나타났다. 그때 이스라엘 민족은 구름이 머무는 곳에 머물렀고 구름이 떠날 때에 진행하였다. 우리는 이 사실에서 주님을 따르는 원리를 배울 수 있다. 이 부분(15-23절)의 말씀이 주님을 따르는 우리에게 무엇을 가르치는가?

1. 주님의 역사를 실감하는 것이 필요함(15-16절)

이스라엘 민족은 광야를 여행할 때에 하나님의 구름기둥과 불기둥의 역사를 실감하였으므로 힘있게 전진하였다. 그러면 구름기둥과 불기둥의 역사는 무엇을 의미하는가? 그것은 이스라엘을 위한 하나님의 길 안내와 보호의 역사를 상징한다. 그때 광야의 여행자들에게는 길 안내가 절대로 필요하였고, 낮에 내려 쬐는 뜨거운 열기와 밤에 엄습하는 어두움의 두려움(시 91:5-6)을 막아 주시는 보호의 역사도 필요하였다.

하나님은 오늘날도 우리를 인도하여 주시며 보호해 주신다. 그것은 불기둥의 빛처럼 성경 말씀을 밝히 드러내어 주심이다. 그뿐만 아니라 하나님께서는 우리의 기도를 응답하여 주심으로 우리를 보호하신다. 이것이 역시 우리를 하나님께로 인도하여 주심이다. 필자는 때로 밤에 잠이 들지 않게 되면 그때마다 일어나서 기도한다. 그리하면 졸음이 내 몸을 덮듯이 몰려와서 곤히 단잠을 이루게 된다. 나는 이런 작은 경험에서도 하나님의 사랑을 느꼈다.

2. 주님과 함께 전진함이 필요함(17-22절)

이스라엘이 광야에서 여행할 때 본문이 말한 것과 같이 전진 또 전진하였다. 여기에 "진행"이라는 말이 일곱 번이나 나온다. 그러면 그 전진은 무엇을 가리키는가? 그것은 육의 생각대로 후퇴하지 않고 약속의 땅 가나안을 향하여 전진함이다. 우리는 천성을 향하여 가는 중에 후퇴하지 말고 전진하기만 해야 한다. 우리가 이 세상의 보기 좋은 것(안목의 정욕)이나 이 세상의 자랑거리를 따른다면 그것은 후퇴요 전진이 아니다. 광야에서 전진할 줄만 알았던 모세는 젊은 시절에 애굽 왕궁의 영화를 거절하고 도리어 하나님의 백성과 함께 고난 받는 것을 잠시 죄악의 낙을 누리는 것보다 더 좋아하여 그 길을 택한 사람이었다(히 11:24-25).

3. 주님을 따르는 데 있어서 오래 참는 덕이 필요함(23절)

광야를 여행하던 이스라엘은 오래 참아 가면서 주님의 인도를 따라갔다. 그들은 구름이 장막 위에 머무는 날수가 많든지 적든지 그대로 순종할 따름이었다. 그들은 자기들이 좋을 대로 하지 않았고 하나님의 기뻐하시는 뜻대로 행하였다. 그들은 구름이 머무는 날수가 길 때에도 단기적으로 이렇게 가면 언제 가나안에 갈 것인가 하고 염려하지 않고 유유히 하나님의 인도하심만을 따라서 순종하였다. 22절에 말하기를 "**이틀이든지 한 달이든지 일 년이든지 구름이 성막 위에 머물러 있을 동안에는 이스라엘 자손이 진영에 머물고 행진하지 아니하다가 떠오르면 행진하였으니**"라고 하였다.

우리 신자들도 주님을 따르려면 오래 참을 줄 알아야 한다. 주님의 말씀을 지키기 위하여 참는 것은 고역(苦役)이 아니다. 그렇게 한 뒤에는 하나님의 상급을 받는다(약 1:12). 그러므로 참는 것은 하나님을 기다리는 흥미 있는 일이다. 예수님은 털 깎는 자 앞에서 잠잠한 양같이(사 53:7) 그 입을 열지 아니하셨다. 양은 털이 길게 자라면 여름에는 그것이 짐이 되어 불편해 한다고 한다. 그러므로 목자들이 양털을 깎아주는데 먼저 양들의 온 몸을 깨끗이 씻어 주고 햇볕에 털을 말린 다음 깎는다고 한다. 그때는 양들이 많이 놀라지만 움직이면 제 몸이 상하므로 잠잠히 있다고 한다. 털을 다 깎아준 양들의 몸에는 새 털이 자라서 더욱 유쾌하게 된다고 한다. 이같이 우리가 어떤 난관 중에서도 잘 참으면 하나님의 새로운 은혜를 받게 된다. 본문 말씀은 이스라엘이 하나님의 인도하심에 정확히 순종한 사실을 거듭거듭 말하며 강조한다. 히브리어 문법에 반복은 강조체이다.

| 설교자료

1. 하나님께서 시내 광야에서 이스라엘로 하여금 유월절을 지키도록 하셨다(1-5절). 그것은 이스라엘에 대하여 베푸신 하나님의 구원을 그들로 하여금 영구히 기억하게 하려는 것이었다. 하나님께서는 우리 신자들로 하여금 과거에 받은 은혜를 기억하게 하신다. 우리는 과거에 받은 은혜들을 기억할 때에 항상 감사하게 되며 따라서 은혜를 더 많이 받는다.

2. 그때 어떤 사람이 시체로 인하여 부정하게 되었으므로 다른 사람들과 함께 유월절에 참여하지 못하게 되었다. 그러므로 그들의 문제는 특별하게 취급되었으니, 곧 그들로 하여금 다른 날짜(2월 14일)에 유월절을 별도로 지키게 한 것이다(6-11절). 이것을 보아서 우리는 하나님의 자비를 깨닫는다. 그는 부득이한 사정에 처한 자기 백성의 문제도 해결하여 주셨다. 그는 제사보다 자비를 즐거워하신다(호 6:6).

3. 이스라엘은 광야 여행에 있어서 일거일동을 하나님의 인도대로 하였다(15-23절). 그들은 구름이 머물러 있는 동안 함께 그곳에 거주하였고 구름이 떠날 때 함께 떠났다. 그들이 그같이 함으로 하나님을 모시게 된 일은 무엇보다 귀하다.

제 10 장

↓ 내용분해

1. 나팔 소리에 따라서 행할 일들(1-10절)
2. 시내산에서 이스라엘 민족이 출발한 역사(11-28절)
3. 모세가 그 장인 호밥에게 부탁한 말(29-32절)
4. 모세의 기도(33-36절)

↓ 해석

1-10 이 부분에서는 나팔을 불어서 이스라엘 민족을 지도하는 방법에 대하여 말씀해 주신다. 이것을 보면 그때 하나님께서 이스라엘 민족의 생활을 참으로 자세하게 지도하셨음을 알 수 있다. 나팔을 부는 방법에 대하여는 사람들끼리 그냥 어떤 암호를 정하고 실행할 만한 것이었다. 그러나 이러한 사소한 일에 대해서까지 하나님께서 가르쳐 주셨다는 것은 하나님의 말씀이 우리의 생활 전반에 관계하셔야만 된다는 것을 보여 준다. 신자들은 큰일

에만 하나님의 인도를 받는 것이 아니라 그 생활 전반에 있어서 그렇게 해야 한다. 그것이 신앙이다. 신앙이라는 것은 하나님을 신뢰하되 전적으로 신뢰해야만 그 건전성을 보유하게 된다.

나팔 소리는 하나님의 전능하시고 장엄하신 음성 또는 말씀을 상징한다. 이스라엘이 시내 산에서 율법을 받을 때에 나팔소리와 하나님의 음성이 함께 들렸고(출 19:16, 18, 19), 예수님께서 영광중에 사도 요한에게 말씀하실 때에도 나팔소리 같은 음성으로 말씀하셨다고 한다(계 1:10; 4:1). 또한 그리스도께서 재림하실 때에도 나팔소리가 먼저 나도록 되어 있다(마 24:31; 고전 15:52; 살전 4:16; 참조. 대하 13:14; 사 58:1).

이스라엘 백성은 광야 행진에 있어서 하나님의 말씀을 따라갔다. 이것은 모든 시대 신자의 신앙생활 원리를 보여 준다. 아브라함도 갈대아 우르에서 떠나 가나안으로 갈 때 갈 바를 알지 못하였으나 오직 하나님의 말씀을 따라갔다(창 12:4).

5-10절에는 나팔을 부는 방법 몇 가지가 기록되었다. ① 두 나팔을 부는 것은 민중 전부를 모이도록 알리는 신호이고(3절) ② 하나만 부는 것은 족장들만 나아오도록 알리는 신호이고(4절) ③ 나팔을 울려 부는 것, 곧 곡조를 따라서 떨리는 소리로 부는 것은 이스라엘이 진을 따라 전진할 것을 알리는 신호이며, 또한 대적을 치러 나아갈 것을 알리는 신호이기도 하다(5-9절). 절기에도 나팔을 불도록 되어 있는데(10절) 그 부는 방법은 밝혀지지 않았다.

우리가 이 점에 있어서 몇 가지 명심할 것이 있다. ① 나팔은 제사장들만 불도록 지정되었다는 것. 이것을 보면 나팔 소리는 하나님의 말씀 전파를 상징함이고 제사장들은 하나님의 사역자들이라는 것이다(8절). ② 대적을 치러 나아갈 때도 그들이 나팔을 불면 하나님께서 이스라엘로 하여금 승리하게 하신다고 한다(9절).

그뿐만 아니라 절기에 드리는 제물을 위하여 나팔을 불면 하나님께서 이스라엘을 기억하여 주신다고 한다(10절). 이것을 보면 하나님의 백성이 하나님의 지시대로 순종할 때 반드시 하나님의 축복을 받는다는 것을 알 수 있다. 나팔 소리 자체가 이스라엘에게 축복을 가져온 것이 아니라 하나님께 대한 이스라엘의 순종이 중요한 고로 그렇게 되는 것이다. 사무엘은 "순종이 제사보다 낫다"(삼상 15:22)고 가르쳤다. 그런데 인간은 태만하여 하나님의 말씀이 옳은 줄 알면서도 그 말씀대로 순종하지 않는 때가 많다.

11-12 여기서는 이스라엘 자손이 시내 산에서 출발하여 바란 광야까지 가게 됨을 서론적으로 말해 준다. 우리는 이 점에 있어서도 신령한 뜻을 찾을 수 있다. 시내 산은 이스라엘이 율법을 받은 산인데(갈 4:24), 그들이 거기서 떠난 것은 약속(약속된 가나안 땅)을 향하여 가는 복음 신앙의 길을 비유한다고 할 수 있다. 우리는 율법으로 말미암아 죄악을 깨달은 후 우리 자신에게는 소망이 없는 줄 알고 그리스도만 믿고 약속하신 기업을 바라본다. 그것이 신앙이다.

이스라엘 민족이 바란 광야에 머물게 되었으니 그것도 우리에게 가르치는 바가 있다. 곧, 그들이 시내 광야에서 바란 광야로 옮겨간 것은 이 세상에 있는 신자들의 거할 곳이 광야라는 것이다. 실상 광야는 하나님의 교회를 양육하시기에 적합한 곳이다(계 12:6, 14).

13 이같이 그들이 여호와께서 모세에게 명령하신 것을 따라 행진하기를 시작하였는데. 여기 "이같이"라는 말은 11절의 내용으로 되돌아가서 이스라엘이 시내 산에서 떠나 광야로 여행하게 된 역사적 사실을 좀 더 자세히 말한다는 것이다. 그 자세한 내용은 14-28절에 기록되어 있다. 이 기록을 읽어보면 그것이 역사적 사실을 그대로 말한다는 것을 알 수 있다.

14-28 이 부분에는 각 지파의 지도자들의 이름이 자세하게 기록되었다. 이와 같은 기록은 인간의 상상적 산물이 아니고 역사적 사실이다.

29-32절. 여기에는 모세가 그의 장인 호밥에게 이스라엘이 가는 곳으로 함께 가자고 권면한 사실이 기록되었다.

29 우리와 동행하자 그리하면 선대하리라 여호와께서 이스라엘에게 복을 내리리라 하셨느니라. 모세가 그의 장인 호밥에게 동행하자고 할 때에 여호와의 축복이 이스라엘에게 임할 것을 내다보고 권면한 것이다. 그럼에도 불구하고 호밥은 자기 고향(미디안)과 친족을 그리워하여 모세와 함께 가기를 거절하였다(30절). 사람들은 하나님의 축복보다 육체를 더 사랑하여 그리로 기울어지는 일이 많다.

31 당신은 우리가 광야에서 어떻게 진 칠지를 아나니 우리의 눈이 되리이다. 모세는 그 여행에 있어서 호밥의 도움을 요청하였다. 호밥은 확실히 광야의 지리를 잘 알았을 것이다. 모세가 그에게 도움을 청한 것은 인간을 의지하는 불신앙같이 보인다. 그러나 참 신앙은 이적만 바라보는 것이 아니라 자연 은총의 도움도 이용한다.

32 우리와 동행하면 여호와께서 우리에게 복을 내리시는 대로 우리도 당신에게 행하리이다. 모세는 이스라엘의 장래 문제가 하나님의 장중에서 형통할 줄로 믿었다. 그러므로 그가 호밥에게 다시 권면하였다. 호밥의 최종적 결정이 본문에는 기록되지 않았으나 후대의 역사를 보면 그가 모세를 따라간 것이 분명하다(Knobel). 그의 자손들이 후대에 가나안 땅에 거주한 사실을 보아서 그렇게 해석하는 것이 옳다(삿 1:16; 삼상 15:6; 27:10; 30:29).

33-34 여호와의 언약궤가 그 삼 일 길에 앞서 가며 그들의 쉴 곳을 찾았고. 이것을 보면 법궤는 하나님의 임재를 표상하는 것이다. 법궤가 앞서 가는 것은 하나님께서 이스라엘 민족을 친히 앞서 인도하신 증표이다. 우리 신자들은 언제나 하나님보다 앞서지 말고 하나님의 인도대로 따라가야 한다.

35-36 여기서는 이스라엘이 떠날 때마다 모세가 기도한 것을 알려 준다. 그 기도 내용은 이스라엘이 가는 도중에 원수들을 물리쳐 주시기를 원하는

것이며, 또한 이스라엘이 머무를 때는 그들 가운데 하나님이 계셔 주시기를 원하는 것이다. 이것이야말로 하나님의 백성으로서 진행하든지 머물든지 주님과 함께하기를 원하는 참된 기도이다.

| 설교자료

1. 이스라엘의 광야 여행에 있어서 하나님께서는 그들의 행동을 지시하는 나팔 부는 방법까지 자세히 말해 주셨다(1-10절). 이같이 그가 그들을 자세하게 지도해 주셨으므로 그들은 일거일동에 있어서 하나님을 믿고 따라가는 생활 훈련을 받게 되었다. 우리의 신앙은 하나님의 자세한 말씀을 순종함에 따라서 더욱 철저해진다.

2. 이스라엘은 출애굽한 뒤 제 2년 2월 20일에 구름이 떠남에 따라 시내 광야에서 출발하였다. 그뿐만 아니라 그들은 어디까지나 하나님께서 조직하여 주신 질서대로(2:3-34) 진행하였다(11-28절). 하나님께서는 제사보다 순종을 기뻐하신다(삼상 15:22-23).

3. 모세는 그의 장인 호밥을 권면하여 가나안 땅으로 동행하자고 하였다(29절). ① 이때 모세는 하나님의 약속을 가장 좋은 것으로 알고 믿음으로 말하였다(29절). ② 그러나 호밥은 자기 고향과 친척이 그리워서 모세의 권면을 따르지 않으려고 하였다(30절). 이같이 모세와 호밥은 그 생각하는 방식에 있어서 서로 달랐던 것이다. ③ 그 후에 호밥은 모세의 권면을 받아들였다. 사람이 옳은 권면을 받아들이는 것은 큰 은혜이다(31-32절).

제 11 장

↓ 내용분해

1. 이스라엘 민족의 원망 때문에 있었던 하나님의 진노의 불(1-3절)
2. 이스라엘 민족이 다시 원망함에 대한 모세의 불쾌한 말과 하나님의 처사(4-25절)
3. 엘닷과 메닷의 예언 사건(26-30절)
4. 하나님께서 이스라엘 백성에게 메추라기를 몰아 보내주심과 그들에게 임한 재앙(31-35절)

↓ 해석

1-3 원망하매. 그들은 이전에도 원망하는 죄를 많이 범하였다(참조. 출 14:11; 15:24; 16:2; 17:3). 그들이 이제 와서 또다시 원망하는 죄악을 범했으므로 하나님께서 그들에 대하여 진노하신 것이다. 그 진노는 불이었다(1절).
모세가 여호와께 기도하니 불이 꺼졌더라. 이때 그들은 원망하는 심령이 되었으므로 기도가 막혔다. 그러므로 그들은 모세에게 부르짖었다. 모세는 그들을 위하여 기도하였고, 하나님께서는 모세의 기도를 들으셨다. 여기 "기도하니"(ויתפלל)라는 히브리어는 하나님의 간섭을 '돌이킴' 혹은 '만류시킴'을 의미한다.

4-9 섞여 사는 다른 인종들이(האספסף). 이 말은 '이방인들'을 가리킨다(참조. 출 12:38; 신 29:11; 수 8:35). 그들은 하나님을 섬김에 있어서 진실하지 못했을 것이므로 범죄에 앞장설 것이다.

만나. "만나"에 대한 말씀은 성경 여러 곳에서 찾아볼 수 있다.[31]

7-9절에 기록된 "만나"에 대한 자세한 묘사에 의하면 모양은 진주와 같은 것(7절)이라고 하였으며, 그 맛이 기름 섞은 과자 맛 같았더라(8절)고 하였으니, 이 말씀은 만나가 매우 먹음직하고 또 좋은 음식물이라는 것을 알게 한다. 모세는, 이스라엘 백성이 그렇게 좋은 음식물을 하루도 어김없이 받아 먹으면서도 그 은혜를 감사하게 여기지 않는 것을 죄악시한 것이다. 그들이 만나를 먹게 된 것은 얼마나 행복한가! 그것은 하나님이 기적적으로 주시는 것이니 그들은 그것을 먹을 때마다 신앙의 기쁨을 더할 수 있다. 그뿐만 아니라 그들이 노력한 바 없이 그것을 거저 받고 있으니 얼마나 감사한 일이겠는가! 그럼에도 불구하고 그들은 원망하며 말하기를 "우리의 기력이 다하여"(6절)라고 하였다. 여기서 "기력"(נפשנו)이라는 말은 '생명'이라는 뜻인데 생명이 쇠약하였다는 것은 '몸이 수척하고 기력이 없어졌다'는 것이다.

"만나"에 대하여 고등비평가들의 해석은 다음과 같다. 곧, 시내 광야에는 석류나무와 비슷한 나무가 있는데 야간에는 이 나무에서 진액이 나온다고 하며 그것이 만나와 같다고 한다. 그러나 이런 해석은 잘못된 것이다. 그 나무들에서 분비되는 진액이 얼마나 많았으면 60만 명(20세 이상 된 남자만) 이

---

31) 출 16:4, 13-14; 신 8:3; 느 9:15; 시 78:24-25; 요 6:31-32; 고전 10:3; 계 2:17.

상 되는 대중이 매일 세 때씩 먹을 수 있는 분량을 거둘 수 있었을까? 그 나무에서 가장 많이 분비되는 해에도 그 양은 불과 700파운드 정도라고 한다. 그뿐만 아니라 만나가 제6일에는 다른 날의 배나 내렸고(출 16:5), 제7일에는 도무지 내리지 않은 것도 기적이다(출 16:26). "만나"를 가리켜 "신령한 음식"(고전 10:3)이라고 한 사도 바울의 말씀을 보아서도 역시 만나 사건은 기적적으로 이루어진 것임을 알 수 있다.

특별히 만나는 그리스도를 비유한 음식이었으니(요 6:31-33) 그것은 신령한 것이었다. 만나는 ① 그리스도와 같이 이스라엘에게 거저 주신 선물이었고 ② 그리스도와 같이 모든 사람에게 충족하게 내렸으며 ③ 날마다 내렸으니, 그리스도 신자도 성령으로 말미암아 매일 신령한 양식을 받아야 한다.

10-15 이 부분에서는 이스라엘 민중의 원망 때문에 모세 자신도 신앙적으로 약해진 처지에서 하나님께 호소하는 기도가 기록되었다. 모세의 기도를 분석하면 다음 몇 가지로 나타난다.

1) 하나님께서 이스라엘 모든 백성을 자기에게 맡겨 자기를 괴롭게 하신다고 함(11-12절). 그러나 이것은 모세의 잘못된 판단이다. 하나님이 그에게 이스라엘 백성을 맡기셨으나 실상 하나님께서 그들의 모든 난제를 다 해결해 주시지 않았던가! 실상 이스라엘의 모든 짐을 참으로 맡으신 이는 오직 하나님이시다(시 68:19).

2) 이스라엘 백성에게 줄 수 있는 고기가 없다고 탄식함(13절). 이것도 모세의 불신앙이다. 이스라엘로 하여금 홍해를 육지같이 건너게 하신 하나님께서 그들에게 고기를 공급하지 못하시랴.

3) 그가 죽기를 원함(14-15절). 이것은 그의 일시적인 낙심이라고 할 수 있다. 땅 위의 누구보다도 온유한 모세였지만(12:3) 그는 이스라엘 민중이 심히 불평할 때 하나님께 기도하여 죽기를 원했던 것이다. 믿음으로 사역하던 하나님의 종들도 시험에 들면 탈선된 행동을 하게 된다. 그러므로 "우리를 시험

에 들게 하지 마옵시고"(마 6:13)라는 기도는 누구든지 해야 할 것이다.

16-23절. 이 부분에서는 하나님께서 모세와 그 백성의 난제를 각각 해결해 주신다. ① 모세의 무거운 짐을 덜어 주시기 위하여 장로 70인을 별도로 세우라고 하심(16-17절). ② 고기 먹기를 원하는 백성에게 고기를 주시겠다고 약속하심(18-20절). ③ 모세의 불신앙을 교정시키심(21-23절). 이같이 하나님은 원망하는 이스라엘과 영적으로 약해진 모세에게 세 가지 방법으로 문제를 해결해 주셨다. 하나님께서는 사람들의 문제를 해결해주심에 있어서 만전을 기하신다.

16 백성의…지도자가 될 만한 자. 곧, 일찍이 지도자로 택함 받아(출 18:25) 책임을 잘한 자를 가리킨다(Matthew Henry). 그러나 이곳의 "70인"은 출애굽기 18:25의 그들과 동일한 자들이 아니라는 해석이 있다.

17 네게 임한 영을 그들에게도 임하게 하리니. 어떤 학설에 의하면 하나님께서 모세의 불평에 대하여 책망하지 않으신 대신 그가 받았던 영(성령)의 분량을 감하였다고 한다. 그러나 우리는 여기서 모세가 받았던 영의 분량을 감한다는 사상을 찾아 볼 수 없다. 여기서 볼 수 있는 것은 하나님께서 일을 맡기신 자들에게 그 일을 감당할 영력을 주신다는 것이다(Henry).

18-20 여기서는 두어 가지 영적 의미를 찾아볼 수 있다. 곧, 하나님께서는 물질을 옳지 않은 마음으로 구하는 자들에게도 풍성하게 주시는 일이 있지만 그것이 그들에게 마침내 복이 되지 못한다는 것이다.

21-23 여기에는 모세의 불신앙적 태도가 기록되었다. 신앙이 장성한 자도 실수할 위험성이 있다. 그러므로 스스로 선 줄로 생각하는 자는 넘어질까 조심해야 한다(고전 10:12).

여호와의 손이 짧으냐. 그의 손은 하늘을 주장하시며 바람을 잡으신다(사 40:12; 잠 30:4). 하나님께서 하시기 어려운 것이 그 무엇이랴!

24-25 여기에는 하나님의 말씀을 따라 장로 70인을 세운 모세의 순종이 기록되었다. 그 70인은 세움받을 때 하나님의 영(성령)을 받았다. 하나님의 일은 하나님의 영으로만 참되이 실행된다(슥 4:6).

26 엘닷이라 하는 자와 메닷이라 하는 자 두 사람이 진영에 머물고 장막에 나아가지 아니하였으나 그들에게도 영이 임하였으므로 진영에서 예언한지라. 여기서 우리가 영적 의미를 찾아볼 것이 있다. 첫째, 성령의 은혜는 일정한 장소에서만 받는 것이 아니라는 것과 둘째, 성령은 어떤 때에 일정한 지도자의 지도 범위에 속하지 않은 자들에게도 임하시는 일이 있다는 것이다. 이것은 은혜는 하나님의 뜻대로 역사한다는 것을 보여준다.

28-29 모세는, 엘닷과 메닷의 예언함을 금하라는 여호수아의 청원을 받아들이지 않았다. 이 점에 있어서 세 가지 귀한 영적 교훈이 발견된다. ① 신령한 운동에 있어서 어떤 일정한 지도자를 따르지 않는 자라고 해서 그의 옳은 일을 막을 법은 없다. 만일 막는다면 그것은 당파 운동이 된다(막 9:38). ② 모든 백성이 선지자 되기를 원하시는 여호와의 소원은 신약시대에 이루어진 것이다. ③ 모세는 측근자의 말에 끌리지 않고 진리대로 행한 지도자였다.

31-35 여기서는 하나님께서 많은 메추라기를 이스라엘 진으로 보내어 이스라엘 백성이 배부르게 먹은 것을 말해 준다. 그때 그들은 감사할 줄을 모르고 먹기만 하였으므로(33절) 하나님께서 그들을 재앙으로 치셨다. 그곳 이름을 기브롯 핫다아와(קִבְרוֹת הַתַּאֲוָה)라고 하였으니, 이는 '탐욕의 무덤'이라는 뜻이다.

| 설교자료

1. 신앙이 부족한 자들은 하나님의 좋은 은혜를 받고도 감사할 줄 모르고 원망한다(4-6절).

2. 하나님이 이스라엘에게 기적적으로 주신 만나는 이중으로 은혜가 될 것이었다(7-9절). 그들이 그것으로 육신의 요구를 채울 수 있었고, 또한 그들이 그것을 볼 때마다 하나님의 권능을 기억하며 하나님을 더 믿게 될 것이었다. 이것은 영적 은혜이다.

3. 원망의 울음(10절)은 악독이다. 그것은 하나님의 섭리와 하나님의 사람(모세)의 선한 처사에 대항하여 마귀 편에 가담하는 행동이다. 그것은 실질적으로 하나님과 다투는 우매한 짓이다(시 78:19, 56).

4. 하나님께서 대면하여 아시는 위대한 인물 모세도(신 34:10) 낙심한 적이 있었고(15절), 불신앙으로 떨어진 일이 있었다(21-22절). 그러므로 섰다고 하는 자는 넘어질까 조심해야 한다(고전 10:12). 신자들은 누구든지 겸손할 수밖에 없다. 참된 권능은 언제나 하나님께만 속하였고, 인간 자신에게 속한 것이 아니기 때문이다(시 62:8-12).

5. 하나님은 그의 자녀들을 어떤 자리에서든지 구원하실 수 있다(23절; 참조. 사 59:1-2; 약 4:2-3). 우리 하나님은 천지를 지으신 여호와이시다(시 121:1-8).

6. 하나님은 그의 백성에게 은혜를 주시되 후히 주시기를 원하신다(약 1:5). 그는 그의 백성이 전부 선지자 되기를 원하셨다(29절). 하나님의 이와 같은 소원은 신약시대의 오순절 성령 강림으로 성취되었다(참조. 욜 2:28). 그리스도인들은 하나님께서 그의 아들을 통해 말씀하신 것을 그대로 받고(히 1:1-2) 그대로 증거하는 자들이다(빌 2:15-16; 행 2:38-39). 이 점에 있어서 그들은 선지자들과 같다. 우리는 이같이 후히 주시는 하나님께 은혜를 구하되

성령으로 충만하게 되기까지 사모하자(엡 5:18).

7. 우리가 하나님께 물질을 구하되 탐심으로 구하면 안 된다(골 3:5). 이스라엘 백성은 광야에서 하나님이 주신 메추라기 고기를 탐식하다가 하나님의 벌을 받아 그들의 입 안에 "고기가 아직 잇 사이에 있어 씹히기 전에"(33절) 재앙을 받았다.

제 12 장

↓ 내용분해

1. 아론과 미리암이 모세의 권위를 멸시함(1-3절)
2. 하나님께서 그들을 불러서 문책하심(4-9절)
3. 미리암이 나병에 걸림(10절)
4. 아론이 죄를 자복하고 미리암을 위해 도고함(11-13절)
5. 미리암이 고침을 받았으나 7일 동안 진영 밖에 갇힘(14-15절)
6. 이스라엘이 전진함(16절)

↓ 해석

1 모세가 구스 여자를 취하였더니. 이 말씀도 해석하기 어려운 점이 있다. 이것은 모세가 본처인 십보라 외에 다른 아내를 취하였다는 말인가? 그런 해석은 합당하지 않다. 어떤 학설에 이 말씀은 본래 미디안 여자 십보라를 취하였던 일과 관련된 것이라고 한다. 그 이유는 미디안은 "구스"라는 이름을

가지기도 하기 때문이다(참조. 합 3:7). 그러나 그보다는 이 말씀이 십보라가 죽은 후에 모세가 "구스 여자"와 재혼한 것을 가리킨다고 한다. 요세푸스(Josephus)의 고대사(Antiquitates, 10:2)에 의하면 에티오피아 공주가 모세와 결혼하였다고 한다. 그러나 이것은 성경 말씀이 아니므로 이것으로써 결론을 내릴 수는 없지만 참고할 수는 있다.

2 그들이 이르되 여호와께서 모세와만 말씀하셨느냐 우리와도 말씀하지 아니하셨느냐. 여기서 미리암과 아론은 자기들에게도 모세의 영적 권위과 같은 은혜가 있다고 주장한다. 이것은 명백히 그들의 반역이다. 아론이나 미리암도 물론 신령한 감동을 받고 말씀한 적이 있었다(출 15:20-21). 그러나 모세에게 주신 하나님의 은혜는 이스라엘의 중보자의 위치에서 사역하는 것이었는데 아론과 미리암에게는 이러한 권위가 없었다.

여호와께서 이 말을 들으셨더라. 사람이 지도자를 멸시하되 특별히 그 지도자가 받은 하나님의 은혜에 대하여 그런 태도를 취하는 것은 하나님의 진노를 크게 일으킨다. 그 이유는 그런 행동이 하나님을 멸시하는 것과 같기 때문이다.

3 이 사람 모세는 온유함이 지면의 모든 사람보다 승하더라. 학자들 중에는 이 구절을 근거로 본서를 포함한 오경이 모세의 저술이 아니라고 하는 이들이 있다. 그들은 저작자가 어떻게 자신을 이렇게 칭찬할 수 있을 것인가 하고 의심한다. 그러나 이 문제에 대한 좋은 해답이 있다.

1) 오경이 실질에 있어서는 모세의 저술이지만 이런 문구는 후대의 삽입구이면서도 영감을 받은 저자의 것이라고 한다. 그러나 구약 학자 앨리스(O. T. Allis)는 이와 같은 삽입구설을 반대한다. 그의 해석에 의하면, 12:4에 나온 "갑자기"(פִתְאֹם)라는 말은 여호와께서 모세에게 뜻밖에 나타나셨다는 것이다. 이 말은 그 앞 절에 기록된 모세의 비상한 온유를 전제로 한 것이다. 곧, 모세는 미리암과 아론의 반역하는 말을 들으면서도 그것을 인식하지 못할

정도로 온유하게 지냈는데 하나님께서 갑자기 신원해 주셨다는 것이다. 앨리스의 이와 같은 해석(4절의 "갑자기"라는 말을 보아 3절에 모세의 비상한 온유에 대한 관설이 본래부터 있었다는 것)은 이 부분의 문맥을 밝혀 주는 데 필요하다. 그러나 3절의 기록대로 저작자 모세가 어떻게 자기 자신을 칭찬할 수 있었을까 하는 문제는 아직 풀리지 않는다.

2) 저작자가 자기를 객체화시켜 말하였다고 한다. 저작자가 자기를 제삼자로 내세우는 일은 고대 문서에서도 가끔 발견된다. 예를 들면, 오경에 있어서도 특별히 출애굽기, 레위기, 민수기에는 "모세"라는 명칭이 많이 나온다. 일반 세속 문학에도 저작자들이 자신들의 이름을 그들의 글 내용에 포함시킨 일이 있다. 예컨대 요세푸스, 크세노폰(Xenophon) 등의 작품이 그러하다. 그렇다면 모세도 자신의 이름을 그의 작품에 넣을 수도 있고, 자기의 온유에 대한 말을 할 수 있었을 것이다.

일설에는 "온유"(עָנָו)라는 말이 고난당함을 의미한다고 하면서 이 구절의 난제성을 해결하려고 한다. 만일 그 말이 그렇게 번역될 때는 '이 사람 모세는 지면의 모든 사람들보다 고난을 많이 받더라'고 할 것이다. 그것은 모세가 그때 가장 난처한 자리에 있었다는 스스로의 탄식이 될 것이다. 그는 늘 일반 민중의 원망도 받고 있었는데 이때에는 심지어 그의 형제들까지도 그를 원망하였다. 과연 그때의 처지는 그에게 가장 고통스러웠다.

우리는 오경에 이런 사례가 확실히 있다고 본다. 신명기 33:1에는 그 아래 나오는 말씀이 모세의 것이라고 하면서도 그 내용에 모세라는 이름을 기탄없이 포함하고 있다(신 33:4). 그뿐만 아니라 신약에서도 저자가 자신에 대한 말을 객관화시키기 위하여 자신을 제삼자로 내세운 경우가 발견된다. 고린도후서 12:1-5에 보면 바울이 삼층천에 갔던 체험을 말하기 위하여 자신을 제삼자 격으로 "그리스도 안에 있는 한 사람"이라고 하였다.

3) 또 한 가지 생각할 수 있는 해석은 이때 모세가 대필자를 사용했을 수

도 있다는 것이다. 법궤를 만드는 일에서도 모세는 브살렐을 시켜서 하도록 하였다(출 36장 이하). 그런데 모세는 "내가⋯궤를 만들고"(신 10:3)라고 말하였다. 예레미야도 그의 저술에 있어서 바룩이라는 제자를 사용한 일이 있고(렘 36:4), 바울도 대필자를 사용한 적이 있다(롬 16:22; 살후 3:17; 골 4:18). 이 점에 대하여는 프리만의 『구약 선지서 서론』을 참조하라.[32] 위의 세 가지 해석 중에서 필자는 둘째 해석을 택한다.

4-9 이 부분이 말한 대로 다른 선지자들에게 주신 이상과 꿈의 계시는 어떤 것인가? 본문 6절에 그에게라는 말이 나오는데 그것은 "그의 속에"(in him)라고 번역되어야 한다. 그러므로 이상과 꿈은 그것을 받는 자의 영혼 속에 관계되어 있음이 분명하다(Keil/Delitzsch, 1978, p. 78).

그 반면에 8절에 있는 대로 여호와께서 모세에게는 대면하여 명백히 말하고라는 말씀과 여호와의 형상을 보여주시겠다는 말씀은 특별한 계시 방법을 의미한다. 그것은 무엇을 의미하는가? 그것은 모세에게 임한 계시가 특별하게 객체화되어 있음을 가리킨다. 이것은 그의 저술에 있어서 주관적 입장을 피하고 자기를 제삼자 격으로 객관화시키고 자기 이름을 내세운 원인이 된 것이다. 그는 자신이 저작자이면서도 자기의 "온유"(혹은 고난)에 대하여 말할 수 있었을 것이다(3절).

10 미리암은 나병에 걸려 눈과 같더라. 그때 미리암이 나병에 걸린 것은 물론 하나님의 진노에 의하여 된 것이었다. 하나님께서 사람의 죄를 벌하시기 위하여 이같이 기적적으로 질병을 주신 것은 특별히 계시시대에 있었던 일이다. 죄를 다스리는 방법에 있어서 하나님의 엄격하신 처사는 계시시대의 특징이라고 할 수 있다. 후대에 하나님께서 같은 죄악을 다스리실 때 구약시대처럼 엄격하게 취급하시지 않는다고 해서 이제는 그 죄를 가볍게 여기신다

---

[32] E. F. Hobart, *An Introduction to the Old Testament Prophets* (Chicago: Moody Press, 1968), p. 165.

고 말할 수 없다. 죄는 언제든지 회개하지 않는 자에게 같은 죄로 남아 있고, 마침내 어떤 모양으로든지 다스림을 받을 것이 확실하다.

11 아론이 이에 모세에게 이르되 슬프도다 내 주여 우리가 어리석은 일을 하여 죄를 지었으나 청하건대 그 벌을 우리에게 돌리지 마소서. 아론은 모세의 형이었다(출 7:7). 그러나 이 장면에 있어서 그는 모세에게 "내 주여"(אֲדֹנִי)라고 불렀다. 이것을 보면 모세가 자기를 말할 수 없이 낮추었지만(3절) 하나님의 영적 권위에 의하여 도리어 위엄있게 보인 것이 사실이다. 하나님께서는 온유 겸손하여 하나님만 의지하는 자에게 그의 위엄으로 함께하여 주신다.

12 그가 살이 반이나 썩어 모태로부터 죽어서 나온 자 같이 되지 않게 하소서. 이 말씀을 보면 아론은 모세를 대할 때에 하나님의 위엄이 함께 한 자로 보았던 것이다. 그러므로 그가 미리암의 비참한 처지를 모세에게 해결하여 달라고 청원하였다. 아론의 이와 같은 태도를 보아도 하나님의 계시를 받은 모세는 직접 성령의 기관이었던 것이 사실이다. 따라서 3절의 말씀과 같이 모세는 자기를 객체시하고 자신에게 이루어진 하나님의 은혜(그의 온유)에 대하여 증거할 만하였다.

13 모세가 여호와께 부르짖어 이르되 하나님이여 원하건대 그를 고쳐 주옵소서. 모세는 한 마디도 자기에 대하여 변호하지 않고 미리암을 위하여 기도하였다.

14-15 하나님께서 모세의 기도를 들으시고 미리암의 나병을 고쳐주시되 다만 그를 진 밖에 칠 일을 가두어 그로 하여금 부끄러움을 당하게 하라고 하셨다. 하나님의 교회에서 죄를 범한 자는 부끄러움을 당함으로 하나님의 진노를 풀어드릴 수 있다. 그가 하나님의 진노를 풀어드림으로 무서운 나병 재앙을 면할 수 있었다.

| 설교자료

1. 하나님의 영적 능력을 받은 자를 시기하며 비평하는 자는 하나님의 능

력 자체를 멸시하는 경향으로 흘러가기 쉽다(1-2절). 이것은 큰 죄악이다. 하나님께서는 그런 죄악을 갑자기 징계하신다(4절).

2. 하나님 나라에서는 위대한 사람일수록 온유하다(3절). 모세의 온유는 고난을 달게 받으며 참는 것으로 증명된다. 고린도후서 12:10에 말하기를 "그러므로 내가 그리스도를 위하여 약한 것들과 능욕과 궁핍과 박해와 곤고를 기뻐하노니 이는 내가 약한 그 때에 강함이라"고 하였다.

3. 하나님의 참된 종을 비방한 미리암은 하나님의 징계를 받아서 나병환자가 되었다(10절). 후대에 이런 죄를 범하는 자들은 혹시 이와 똑같은 벌을 받지는 않는다. 그렇지만 하나님께서 그 죄를 동일하게 취급하심에는 틀림이 없다. 하나님은 자비로우셔서 일벌백계주의를 사용하신다.

제 13 장

✤ 내용분해

1. 하나님께서 모세에게 가나안 땅을 정탐하라고 하심(1-2절)
2. 정탐들의 이름(3-16절)
3. 모세가 정탐들에게 부탁한 말(17-20절)
4. 그들이 가나안 땅을 정탐함(21-24절)
5. 정탐들이 돌아와 보고함(25-29절)
6. 갈렙의 격려사와 다른 정탐들의 불신앙적인 언사(30-33절)

✤ 해석

1-2 가나안 땅을 정탐하게 하되. 하나님께서 모세에게 사람들을 보내어 가나안 땅을 정탐하게 하신 것은 그때 민중의 요청을 허락하시는 형식으로 된 것이다(신 1:22-23). 백성들은 불신앙으로 인한 공포심 때문에 이런 요청을 하였다(신 1:21).

지휘관 된 자 한 사람씩 보내라. 정탐하러 보냄이 된 자들은 각 지파의 족장들이므로 유력한 인물들이었다. 그러나 그들이 정탐하고 돌아와서 보고한 사실을 보니 그들 중 다수가 불신앙으로 움직였다. 유력한 인물이라고 해서 반드시 다 신앙을 지키는 것은 아니다. 신앙은 하나님의 선물이다(엡 2:8).

3 바란 광야(참조. 창 21:21; 민 12:16; 삼상 25:1). 이 광야는 현재 바디예트 에티(Badijet ettih)라고 한다(Gispen). 이 땅은 아무것도 심지 못하는 땅이다. 이곳은 시내 광야의 북쪽이고 아라비아의 서쪽에 자리하고 있다.

4-16 여기 열두 정탐들의 이름이 기록되었는데 그들의 부친들의 이름까지 밝힌다. 이것을 보면 오경의 기록은 어디까지나 역사적 사실에 근거한 것이 분명하다.

17-20 네겝 길(17절). 이것은 가나안 땅의 남방을 의미한다. 진영인지 산성인지(19절). "진영"이라는 말은 '촌락'을 가리키고 "산성"은 '군사 시설로 방위되어 있는 도시'를 가리킨다.

담대하라(20절). 이때 그들에게 신앙적 담력이 있어야 가나안 땅에 들어가서 정탐할 수 있다. 그뿐만 아니라 그들이 하나님의 약속을 믿어 담대하지 않고는 후에 돌아와서도 이스라엘에게 소망을 줄 수 없다. 여기 "담대하라"는 것은 '하나님의 약속을 믿고 담대하라'는 신앙적 담력을 말함이다. 선천적으로 겁약한 사람들도 신앙이 독실하면 담대해지는 은혜를 필요에 의하여 받는다.

그 땅의 실과를 가져오라(20절). 모세의 이 부탁은 그 땅의 비옥함을 이스라엘에게 알려주려는 것이다. 이스라엘 백성은 가나안 땅이 좋은 땅이라는 말은 들었으나 실지로 보지는 못하였다. 모세는 실물을 보여줌으로 이스라엘로 하여금 하나님의 약속을 확신하게 하려고 한다.

그 때는 포도가 처음 익을 즈음이었더라. 팔레스타인에 포도가 익는 때는 일년에 몇 번 있는데 "처음 익을 즈음"은 7, 8월 경이다.

21-24 하맛 어귀 르홉은 가나안 북쪽에 있고, 헤브론은 가나안 남쪽에 있다. 아낙 자손은 신체가 거대한 족속인데 그 족속에 속하는 아히만과 세새와 달매는 모두 거인족속을 말함이다.

또 에스골 골짜기에 이르러 거기서 포도 한 송이 달린 가지를 베어 둘이 막대기에 꿰어 메고(23절). 그들이 이같이 한 것은 모세의 부탁대로 순종한 것이다(참조. 20절 해석).

25-29 모세에게 말하여 이르되 당신이 우리를 보낸 땅에 간즉 과연 그 땅에 젖과 꿀이 흐르는데 이것은 그 땅의 과일이니이다(27절). 이와 같은 그들의 보고는 이미 들었던 하나님의 말씀과 그들이 본 사실이 같음을 증명한다(출 3:8). "젖과 꿀이 흐른다" 함은 젖과 꿀이 많이 나는 것을 말한다.

그러나 그 땅 거주민은 강하고 성읍은 견고하고 심히 클 뿐 아니라 거기서 아낙 자손을 보았으며(28절). 그 땅의 형편이 하나님의 말씀과 부합한 사실을 보고 온 그들이 불신앙으로 낙심되는 보고를 하였다. 이것은 모순된 행동이다. 그들이 본 사실이 하나님의 말씀과 동일하다면 그것으로 인해 그들은 오히려 용기를 얻어야 하고 하나님의 신실성을 확신하고 가나안 정복을 담대히 추진해야 될 것이었다. 그럼에도 불구하고 그들의 보고는 비관적으로 끝났다. 그들의 마음은 강대한 아낙 자손들로 인해 겁을 먹었다.

30-33 이 부분에는 정탐들 중의 한 사람인 갈렙의 신앙이 기록된 동시에 다른 사람들의 불신앙이 대조된다. 갈렙은 비관하는 민중을 안돈시키면서 가나안 정복에 승리할 것을 확언하였다. 그는 하나님의 약속을 믿고 담대해져서 가나안을 정복하는 데 불리한 조건들은 그의 안중에 두지 않았다. 신앙은 항상 이같이 움직인다. 하나님 말씀 편에 선 자는 어떤 난관도 문제시 하지 않는다.

다른 정탐들은 또다시 비관적인 말로써 가나안 땅을 악평하였다(32절). 기독교에 대한 불신자들의 악평도 이와 같다. 그들은 하나님이 우리에게 주신 천국의 소망을 악평으로써 꺾으려고 한다. 또한 정탐들은 가나안 땅에 사는 사람들이 장대하다고 하면서 이스라엘의 힘으로써는 싸워서 이길 수 없다고 보고한다(33절). 오늘날 우리의 신앙을 약하게 만드는 자들은 이같이 보이는 현실만으로 계산하는 사람들이다.

| 설교자료

1. 모세 오경은 사실주의에 입각하여 기록된 책이다. 이 책의 저자는 사람들의 이름을 기록함에 있어서 그 조상의 이름까지 소급하여 자세히 기록하였다(4-16절). 이것을 보면 오경은 절대로 믿을 만한 역사성을 지니고 있다. 오경을 후대의 종교적 교훈으로 보고 그 역사성을 무시하는 고등비평가들의 견해는 아주 잘못된 것이다.

2. 하나님이 신자들에게 의를 위하여 담대하라고 말씀하신 것은 그들에게 담대해질 수 있는 은혜를 주셨고 또 주실 것이기 때문이다(20절; 참조. 요 16:33). 담대를 보장하는 구원의 말씀(약속)은 이미 주신 것이고, 그들의 순종에 따라서 주실 은혜(담대하게 하시는 영적 은혜)는 앞으로 주시기로 되어 있다.

3. 정탐꾼 두 사람이 가나안 땅에서 포도 한 송이를 막대기에 꿰어 메고 온 것은 놀라운 일이다(23절). 그것은 하나님의 사람 모세의 부탁대로 한 것이다(20절). 모세는 그것으로 가나안 땅이 아름답고 좋은 땅임을 이스라엘 백성에게 알려 주려고 한 것이다. 그들은 가나안 땅이 좋은 것임을 알 때에 하나님의 약속(출 3:8)이 참됨을 믿게 된다(참조. 27절). 그들의 가나안 정복은 하나님의 약속을 믿음으로만 실현될 것이었다.

4. 가나안을 정탐하고 돌아온 12명 중에 갈렙과(30절) 여호수아(14:6)만이 신앙으로 굳게 섰다. 믿음은 모든 사람의 것이 아니다(살후 3:2). 그러나 하나님은 그의 약속을 믿는 신자의 수효가 소수라고 해서 그 약속의 내용을 변동시키는 법은 없다. 하나님은 불신앙으로 떨어진 다수를 벌하시고 소수인 신자들(여호수아와 갈렙)이 가나안에 들어가도록 끝까지 은혜를 주셨다.

제 14 장

✢ 내용분해

1. 이스라엘 민족의 원망(1-4절)
2. 모세와 아론이 기도함(5절)
3. 여호수아와 갈렙의 굳센 신앙(6-10절)
4. 이스라엘의 불신앙에 대한 하나님의 책망(11-12절)
5. 이스라엘 민족을 위한 모세의 도고(13-19절)
6. 하나님께서 이스라엘의 불신앙에 대하여 주실 징계를 예고하심(20-35절)
7. 가나안 땅을 악평한 정탐들이 재앙으로 인하여 죽음(36-38절)
8. 이스라엘 백성이 후회하면서 전진함을 모세가 만류함(39-43절)
9. 이스라엘 백성이 모세의 말을 듣지 않고 전진하다가 적군에게 패배를 당함(44-45절)

⚜ 해석

1-4 가나안 땅을 정탐하고 돌아온 열 사람의 비판적 보고에 따라서 이스라엘 민중은 공포를 느껴 모세와 아론을 원망하게 되었다. 그 원망은 물론 그들이 거기까지 오도록 만든 그들의 지도자를 좋지 않게 여겨 원망한 것이다. 그리하여 그들은 다른 지도자를 세워 애굽으로 다시 돌아가자고 하였다. 그들이 모세와 아론을 원망하였으나 실상은 하나님을 원망한 셈이다. 그 이유는 모세와 아론은 출애굽에 있어서 하나님의 지도를 받은 수종자들에 불과하기 때문이다.

5 모세와 아론이…엎드린지라. 회중이 모세와 아론을 원망하였을 때에 두 사람의 마음은 극도로 상처를 받았을 것이다. 그러나 두 사람은 회중 앞에서 그것을 문제 삼지 않았다. 그들은 고요히 하나님 앞에 나아가 깊이 기도하였다. 본문의 "엎드렸다"는 말은 비장한 각오를 가지고 기도함으로 문제를 해결해 보려는 그들의 결단성 있는 행동을 가리킨다.

설교▶ 모세의 엎드림(민 14:1-5; 참조. 16:4, 22, 45; 20:6)

본문의 말씀을 보면 이스라엘 민족은 모세와 아론을 원망하면서 극도로 악한 말을 하였다. 그것은 "우리가 한 지휘관을 세우고 애굽으로 돌아가자"(4절)라고 한 말이다. 이것이야말로 모세와 아론을 반역한 말이다. 그것은 하나님께 배은망덕한 죄악이다. 이런 악한 행동 앞에서 그들을 그때까지 지도하던 모세와 아론은 말할 수 없이 큰 상처를 받았을 것이다. 그러나 그들은 회중을 상대하여 말 한마디 하지 않았고 얼굴을 땅에 대고 엎드렸다. 그것은 그들의 간절한 기도를 의미한다. 이 점에 있어서 우리는 몇 가지 생각할 뜻이 있다.

1. 하나님 제일주의

모세와 아론은 회중으로 말미암아 억울함을 당하였으므로 회중에게 할 말이 있었을 것이다. 그러나 그들은 말로써 이기려고 하지 않고 직접 하나님 앞으로 나아갔다. 그들이 몇 마디 말을 한 후에도 기도하러 갈 수 있었을 것이다. 어떻게 생각하면 하나님께서 그런 기도라도 들어주실 것 같다. 그러나 그들이 그렇게 하지 않고, 하나님 제일주의로 기도의 자리를 먼저 택한 것이 아름답다. 이것이야말로 그들이 하나님을 하나님답게 찾아 나아간 귀한 신앙이다. 하나님은 그런 기도를 들어 주시기 기뻐하신다. 신앙생활을 분명히 하는 사람들은 영적 세계에 있어서 선후(先後)를 찾는 일에 분명하다. 서양의 어떤 진실한 신자가 말하기를 "나는 셋째"라고 하였다. 그가 자기를 셋째라고 한 이유는 첫째가 하나님이요, 둘째는 다른 사람들이고, 셋째가 자기라는 뜻이다. 신구약의 말씀이 우리에게 가르치는 경건은 하나님을 첫째로 하는 데 둔다. 성경은 하나님께 제물을 드림에 있어서도 흠 없는 희생제물을 드리도록 가르친다.

2. 기도 만능주의

그들은 어떤 난관을 당하든지 그것을 해결하는 길이 기도밖에 없음을 알았다. 그들이 어려운 일을 당하여 엎드린 것은 이번만이 아니라 이미 여러 번 그렇게 하였다(16:4, 22, 45; 20:6). 기도 만능주의는 진실한 성도의 공통적인 처사 방법이라고 할 수 있다. 다윗도 말하기를 "나는 사랑하나 저희는 도리어 나를 대적하니 나는 기도할 뿐이라"고 하였다(시 109:4).

그런데 우리는 어찌하여 기도 만능주의에서 살지 못하는가? 그 원인은 여러 가지가 있을 것이다. ① 나태하여 그렇게 됨. 많은 사람들이 살길을 버리고 이럭저럭 타락의 길을 간다. 그와 같은 처세는 영적 게으름이 그 원인이 되어 있다. 사람이 어떤 일을 당하든지 기도 만능주의로 기도를 굳세게 해나가면 해결을 볼 것이다. 그럼에도 불구하고 많은 사람들은 게으르기 때문에 기도를 하지 않는다. ② 착각으로 인하여 그렇게 됨. 사람들은 기도를 유력한 방법으로 생각하지 않는다. 당장에 시원한 기도 응답이 없다고 하여 그 일에 흥미를 가지지 않는다. 그러나 이것은 그들의 착각이다. 성경은 무슨 일이든지 기도하면 될 것을 강조한다. 그런 의미에서 예수님은 약속하시기를 "구하라 그리하면 너희에게 주실 것이요 찾으라 그리하면 찾아낼 것이요 문을 두드리라 그리하면 너희에게 열릴 것이니"(마 7:7)라고 하셨다.

3. 간절함

그들이 얼굴을 땅에 대고 엎드렸다는 것은 그들의 기도가 간절함을 의미하는 것이다. 간절하다는 것은 무엇을 의미하는가? 그것은 무엇을 간구함에 있어서 열중하고 또한 정성스러워서 변하지 않음을 가리킨다. 열중하는 것과 정성을 바치는 것은 기도생활에 있어서 생명과 같이 귀하다. 기도에 열중하지 않는다는 것은 그 요구가 뜨겁지 않다는 증거이다. 하나님께서는 그런 기도를 기도로 인정하지 않으신다. 참으로 요구하는 것이 있다면 기도에 열중하는 태도가 나타날 것이다. 열중하는 태도는 정성을 지니고 있는 것이다.

그러나 대부분의 사람들의 기도는 너무나 간절성이 없다. 예를 들면 주로 다음과 같은 경우에 그러하다. ① 예식적인 기도에 무심하게 참여하는 경우. ② 외식으로 기도하는 경우. ③ 하기 싫은 마음으로 기도하는 경우. ④ 항상 기도하지 못하고 불규칙하게 기도하는 경우(우리가 하나님을 사랑한다면 그를 무질서하게 섬길 수 없다). ⑤ 육체의 연약함을 극복하면서 기도하는 사람이 되지 못한 경우. 이 점에 있어서 우리가 기억할 것은 래티머(Hugh Latimer)라는 순교자가 옥중에 있을 때에 몸이 쇠약한 가운데서도 오랫동안 엎드려서 기도한 사실이다.

6-10 이 부분에는 여호수아와 갈렙 두 사람의 신앙적 권면을 보여준다. 그들은 가나안 땅의 실정을 정탐하고 돌아와서 다른 열 사람과는 반대로 신앙으로 굳게 선 자들이다. 여기 기록된 그들의 권면에서 몇 가지 신앙적인 언사를 볼 수 있다.

1) 가나안 땅은 심히 아름다운 땅이라고 함(7절). 가나안 땅을 가리켜 아름답다고 한 것은 일찍이 하나님께서 모세를 불러서 사명을 맡기실 때 말씀하신 것이다(출 3:8). 여호수아와 갈렙이 하나님의 약속 내용을 그대로 믿고 그대로만 말한 것은 귀한 일이다. 이것은 그들이 하나님의 말씀 외에 다른 것은 인정하지 않는 굳센 신앙이라고 할 수 있다.

2) 하나님이 이스라엘과 함께하심을 믿음(9절). 그들은 말하기를 **"여호와는 우리와 함께하시느니라"** 고 하였다. 하나님께서 모세와 함께하시며, 이스라엘 민족을 가나안 땅으로 인도하신다는 것은 역시 일찍이 모세에게 말씀하신 바 있었다(출 3:2). 그뿐만 아니라 이때까지 하나님께서는 그 약속대로 이스라엘 백성과 함께하신 증표를 많이 보여주셨다. 그러니만큼 여호수아와 갈렙은 현재에도 또한 미래에도 하나님이 함께해 주실 것을 믿었다. 특별히 그들은 하나님의 말씀을 순종하며 신앙으로 행하는 자들이었으므로 그 심령 속에도 하나님이 함께하심을 느꼈을 것이다. 그래서 그들은 이 시점에 있어서 이 사실에 대하여 확신 있게 말하기를 "여호와는 우리와 함께 하시느니라"고 하였다. 이 말씀 가운데는 분명히 그들의 확고부동한 신념이 포함되어 있다. **"그 땅 백성을 두려워하지 말라 그들은 우리의 밥이라"** 고 한 말 역시 그들의 확신과 담력을 보여 준다. 진리에 굳게 선 자들은 누구든지 신앙의 담력을 가지는 법이다. 아타나시우스(Athanasius)는 그리스도의 신성을 성경대로 주장했으므로 20년 동안이나 핍박을 받으면서도 언제나 담대하였다. 그는 온 세상이 그를 반대한다는 말을 듣고 대답하기를 "나는 온 세상을 반대하리라"고 하였다.

3) 그들이 핍박을 받는 중에 하나님의 영광이 임함(10절). 이스라엘 회중이 여호수아와 갈렙을 돌로 치려고 하였다. 이것을 보면 그때의 분위기가 이 두 사람을 향하여 극히 험악하였던 것을 알 수 있다. 그러했음에도 불구하고 그들은 굳게 서서 옳은 주장을 굽히지 않았다. 신앙은 진리를 굳게 파수하는 것으로 성립되는 것이다. 그러나 언제든지 진리를 파수하는 자는 쓴잔을 마시는 법이다. 이처럼 쓴잔을 마시는 자를 하나님께서 돌보아주신다. 이런 의미에서 **여호와의 영광이 회막에서 이스라엘 모든 자손에게 나타나시니**라고 하였다. 그러므로 베드로전서 4:14에 말하기를 "**너희가 그리스도의 이름으로 치욕을 당하면 복 있는 자로다 영광의 영 곧 하나님의 영이 너희 위에 계심이라**"고 하였다.

11-12 하나님께서 완악한 이스라엘에게 재앙을 내리시겠다고 하신다.

어느 때까지. 이스라엘은 한두 번만 하나님을 원망한 것이 아니라 그 죄악을 거듭 범하였다. 그러므로 "어느 때까지"라는 말씀이 나왔다. 그들의 이와 같은 태도가 완악하다. 완악은 은혜를 많이 받고도 감사하지 않고 파렴치한 것이다.

13-16 여호와께서 이스라엘 민족을 멸하시겠다고 말씀하심으로(12절) 모세가 기도한다. 모세가 하나님께 기도함은 하나님의 거룩한 이름을 위한 것이다. 곧, 하나님께서 이스라엘을 멸하신다면 이방 민족들이 하나님을 오해하게 될 것임으로 이스라엘 민족을 멸하지 마시기를 기도한 것이다. 이와 같은 기도는 하나님께 합당한 것이다. 그 이유는 모세의 그 기도는 사욕을 위한 것이 아니라 어디까지나 주님의 이름을 높이기 위한 것이기 때문이다. 모세의 이 기도는 모든 기도자들이 지켜야 할 모본을 보여 준다.

17-19 이 구절에도 모세의 기도가 계속되는데 기도를 들어주실 하나님의 성품에 대하여 말한다. 그것은 하나님께서 사랑하시는 성품이다. 기도자가 하나님의 자비를 바라보는 것은 언제나 하나님 앞에 합당한 것이다. 그 이

유는 인간 자신에게는 기도 응답을 받을 만한 아무런 공의가 없기 때문이다. 우리는 신구약 성경에 기록된 모든 기도자들의 간구의 근거가 하나님의 인자(곧, 긍휼과 자비)인 것을 볼 수 있다. 그런데 이 구절에서는 모세가 하나님의 인자를 바라보는 동시에 그의 공의도 폐지될 수 없음에 대하여 말한다. 곧, **형벌 받을 자는 결단코 사하지 아니하시고**(18절)라는 말씀이 그 뜻이다. 그러나 이 점에 있어서 명심할 것은 그가 하나님의 공의에 대하여 말하면서도 하나님의 인자를 바라본 사실이다. 그는 여기서 하나님의 공의가 그의 인자 때문에 폐지되는 것은 아니라는 점을 보여 준다.

20-35 이 부분의 말씀은 모세의 기도에 대한 하나님의 응답이다. 하나님은 갈렙과 여호수아 외에 하나님을 원망하는 죄를 계속한(23절) 민중이 가나안에 들어가지 못할 것이라고 하신다(20-23, 29-30절). 하나님께서 가나안 땅을 이스라엘에게 주시겠다고 하신 약속은 그가 마침내 성취하신다. 그러나 하나님은 그의 공의를 세우시기 위하여 벌할 자들을 벌하신다. 신약시대에도 그의 약속 성취는 이런 원리로 실행된다.

열 번이나 나를 시험하고(22절). 하나님을 시험하였다 함은 하나님을 의심함이니, 그의 존재를 시험함과 마찬가지이다. 그것은 그를 멸시함 이고(23절), 또한 그를 **원망함**이다(27절).

39-45 원망하는 죄를 계속하여 범했으므로 가나안 땅에 들어가지 못하고 광야에서 죽으리라는 하나님의 심판 선고를 받은 이스라엘 대중은 크게 슬퍼하며 회개하는 모습을 취하였다. 그들은 이제 와서 태도를 돌이키는 듯이 가나안을 정복하겠다고 하며 **"우리가 범죄하였음이니이다"**(40절)라고 말한다. 그러나 그들의 이와 같은 태도는 하나님을 참되이 순종하려는 진실성은 지니지 못하였다. 시편 기자는 그들의 태도에 대하여 기록하기를 **"그들이 입으로 그에게 아첨하며 자기 혀로 그에게 거짓을 말하였다"**(시 78:36)고 지적하였다. 과연 그 후에도 그들은 실상 하나님의 말씀을 순종하지 않은 것이

사실이다. 곧, 그들은 하나님의 진노의 소식을 들은 다음날 아침 일찍이 가나안을 향해 출발하였다. 모세가 그들에게 가나안 땅을 향하여 **"올라가지 말라 너희의 대적 앞에서 패할까 하노라"** 고 경고하였음에도 불구하고 그들은 그 말을 듣지 않고 올라갔다가 아말렉 사람들에게 패배를 당하였다.

| 설교자료

1. 민중은 그릇된 선전에 넘어지기 쉽다. 이스라엘 백성은 믿음 없는 정탐들의 악선전(13:31-33)에 미혹되어 또다시 모세와 아론을 원망하였다(14:1-4). 그러므로 민중은 옳은 지도를 받되 계속적으로 받아야 한다.

2. 가나안 땅을 주시겠다고 하신 하나님의 약속을 믿는 자들은 그 어떤 험악한 상황에서도 진리를 위하여 굳게 설 수 있다. 다수의 불신앙에 맞서 저항한 여호수아와 갈렙의 담대한 투쟁 정신은 하나님의 약속에 근거한 그들의 신앙에서 나온 것이었다(참조. 6-10절 해석).

3. 이스라엘의 지도자 모세에게는 사욕이 없었고, 어디까지나 하나님의 영광을 위하는 마음만 있었다. 하나님은 계속적으로 범죄하는 이스라엘 민족을 멸하시고 모세의 자손으로 새 나라를 세우려고 하셨다(12절). 그러나 모세는 이스라엘 백성을 끝까지 구원해 주시기를 기도하였다. 그가 그렇게 기도한 이유는 하나님의 영광 때문이었다(15-16절). 신자들은 살든지 죽든지 언제나 하나님의 영광을 구해야 한다(고전 10:31; 참조. 롬 14:8; 고전 6:20; 빌 1:20-21; 골 3:17; 벧전 4:11).

4. 하나님께서는 죄인을 불러서 회개시켜 구원하신다(마 9:13). 그러나 하

나님은 또한 끝까지 회개하지 않고 죄악을 쌓는 자들(22절)을 벌하신다(23-38절; 참조. 롬 2:4-5). 이와 같은 그의 처사는 신약시대에도 마찬가지이다(참조. 히 3:15-4:2).

제 15 장

✧ 내용분해

1. 여러 가지 제사에 동반되는 소제물의 분량(1-12절)
2. 제사법을 지킴에 있어서는 유대에 우거하는 타국인도 마찬가지라고 함(13-16절)
3. 처음 익은 곡식 가루를 드리라고 함(17-21절)
4. 회중의 범죄로 인한 제사(22-26절)
5. 개인의 범죄로 인한 제사(27-29절)
6. 고의로 범한 죄는 용서받지 못함(30-31절)
7. 안식일을 범한 자가 받은 벌(32-36절)
8. 이스라엘은 옷단 귀에 술을 만듬(37-41절)

✧ 해석

1-12 여기 제물로 드리게 되는 가축의 수효에 따라 소제의 분량이 비례적

으로 결정된다. 우리는 이에 대하여 이유를 다 알 수 없다. 그러나 이스라엘의 제사 예법이 엄격한 법칙대로 성립된다는 것은 사실이다. 하나님께서는 이스라엘에게 이와 같은 법규를 주셔서 그들의 순종 여부를 확인하신 것이다. 사람들이 제사 예법의 이런 복잡한 내용에 대하여 지식이 부족하다 할지라도 그것들을 잘 순종하기만 하면 그것이 하나님을 기쁘시게 하는 것이다.

13-16 여기서는 이스라엘의 제사 규례에 있어서 이스라엘 본토인이나 타국인이 차별이 없음을 말해 준다. 이것은 하나님 앞에서는 유대인이나 이방인이 동등함을 알려주는 동시에, 이방인도 믿음으로 하나님을 섬길 수 있으며 구원받을 수 있다는 것이다.

너희에게나 너희 중에 거류하는 타국인에게나 같은 법도, 같은 규례이니라(16절). 곧, 이방인도 유대인과 마찬가지로 하나님 앞에 설 수 있다는 것이다(참조. 롬 3:29).

17-21 하나님께서는 가나안에 들어갈 이스라엘에게 그 땅에서 처음 익은 열매로써 드리는 제사법을 주셨다. 이스라엘은 처음 익은 곡식가루로 떡을 만들어 거제로 드리게 되어 있다. 처음 익은 곡식을 드리는 것은 하나님 제일주의에서 생각된 귀한 제사이다. 곧, 사람은 무엇보다 먼저 하나님을 기억하라는 것이다. 성경은 처음 익은 곡식 가루를 드릴 때에 모든 다른 곡식도 거룩하게 되어진다고 말한다(롬 11:16). 거룩함이 된다는 것은 하나님께 바침이 되었다는 것이다. 다시 말하면 부분적으로 바쳐진 처음 익은 곡식 제물 때문에 바쳐지지 않은 모든 다른 곡식도 바친 것과 마찬가지로 간주된다는 것이다. 첫 열매는 그리스도의 예표이며(고전 15:23), 또한 그리스도 안에 있는 모든 신자들의 예표이기도 하다(약 1:18. 참조. 롬 8:23; 계 14:4).

22-23 너희가 그릇 범죄하여 여호와가 모세에게 말씀하신 이 모든 명령을 지키지 못하되. 하나님께서는 인간의 연약을 아신다(시 103:14). 그러므로 하나님은 제사법을 내신 후에 또다시 그 법을 어긴 데 대한 제사법도 내셨다. 이같이

하나님께서는 어디까지나 회개하며 살기를 원하는 자들에게 길을 열어 주신다. "그릇 범죄하여"라는 말에 관하여는 레위기 4:2에 있는 같은 말 해석을 참조하라. 이것은 알지 못하여 범한 죄가 아니라 알면서도 미혹에 빠져 일시 저지른 죄악이다.

24-29 여기서는 그릇 범죄한 자가 이스라엘 회중이든지 개인이든지 하나님이 제정하신 제사를 드리면 사죄를 받는다고 한다. 그 범죄자가 이스라엘 회중인 경우에는 보다 많은 제물을 하나님께 바치고(수송아지 하나, 수염소 하나, 소제, 전제), 범죄자가 개인인 경우에는 속죄제로 암염소를 드릴 뿐이다. 이것을 보면 개인보다 단체의 죄가 더 중대함을 알 수 있다. 이와 반대로 사람들은 흔히 단체적인 범죄에 관련해서 책임감을 보다 가볍게 여기는 경향이 있다. 그들은 '모두 다 범죄하였으니 어떻게 할 도리가 없다'고 말하기 쉽다. 그러나 그것은 성경과 반대되는 사고방식이다. 성경의 교훈은 단체적인 범죄를 중대시하여 하나님께 더 엄격한 제사를 드리도록 하였다.

이 부분(24-29절)에서도 하나님께서는 제사 문제에 있어서 이스라엘과 이방인 사이에 차별을 두지 않으셨다(26, 29절).

30-31 여기서는 고의로 범한 죄는 용서 받지 못한다는 것을 보여 준다. "짐짓 범하는 죄"는 어떤 종류인가? 이것은 특별히 하나님의 구원 방법을 무시하는 정도만 아니라 훼방하는 것이니(30절), 신약적으로 말하면 "하나님 아들을 밟고 자기를 거룩하게 한 언약의 피를 부정한 것으로 여기고 은혜의 성령을 욕되게 하는" 죄악이다(히 10:26-29). 이런 죄인은 회개하지 않을 뿐만 아니라 회개를 무시하는 주장을 세워 나아간다. 사람이 아무리 큰 죄가 있어도 회개만 하면 사함을 받는데 회개를 무시하는 자는 용서받을 길이 없다. 그러므로 성경에서 "사망에 이르는 죄"(요일 5:16)라고 하였고, "이 세상과 오는 세상에도 사하심을 얻지 못하리라"(마 12:31-32)고 하였다. 그러므로 사람이 죄가 너무 커서 용서받지 못하는 일은 없고, 죄를 회개하지 않으므로

용서받지 못한다. 우리의 일상생활에 있어서도 의를 행하고 교만한 것보다 불행하게도 죄를 범했지만 회개하는 자가 오히려 천국에 합당하다. 이 점에 있어서 우리가 명심해야 될 것이 있다. "회개"라는 것이 단지 죄를 뉘우치는 것만이 아니라는 사실이다. 죄를 뉘우치는 것은 가룟 유다에게도 있었다. 참된 회개는 속죄제물을 드리고(신약시대에는 예수 그리스도의 공로를 의지하고) 눈물로 용서를 비는 것이다. 그것이 믿음 있는 회개이다.

32-36 여기서는 안식일에 나무하다가 잡힌 사람을 징벌한 데 대하여 가르친다. 하나님께서 그 사람을 죽이라고 하셨으므로 온 회중이 그를 진 밖으로 끌어내다가 돌로 쳐죽였다. 종교적 치를 이같이 체형으로 집행한 것은 신정국가에 속한 일이다. 신정국가에서는 정치와 종교가 일체였으므로 종교적 범죄자가 형벌을 받았다. 그러나 우리가 여기서 명심해야 될 점은 그런 법이 이스라엘의 특수한 사정에 속한 것이었다는 사실이다. 이스라엘이 가나안을 정복하는 목적은 우상주의로 극히 타락한 가나안 민족을 처벌하고 신정국가를 세우려는 데 있었다. 그때 가나안에서 우상주의자들을 모두 멸절시키는 마당에 이스라엘 사람의 우상주의라고 해서 용납될 이유가 없었다. 안식일을 상습적으로 무시하는 자는 여호와의 참 종교를 무시하고 우상 숭배자와 같이 된 자니, 어찌 용납할 수 있었으랴.

신약시대에는 종교적 범죄를 영적으로만 다스리는 법이고 육체적으로 하지 않는다. 그 이유는 신약시대의 교회는 육신의 단체가 아니라 영적 단체이기 때문이다. 따라서 교회는 육체적이고 외부적인 방법으로 운영되는 것이 아니다.

옷단의 "술"은 이스라엘 백성으로 하여금 여호와의 계명을 지킴으로 그들의 소욕대로 행하지 말 것을 기억시키는 것이라고 한다(L. R. Harris, 1980, p. 765).

| 설교자료

1. 하나님께 드리는 제사는 유대인이나 이방인이나 "한 법도, 한 규례"를 따라 드린다(13-16절). 이것은 어느 나라 사람이든지 다 똑같이 죄인이라는 뜻이다. 또한 여호와는 어느 민족에게나 공통적으로 하나님이시라는 뜻을 내포한다. 로마서 3:29-30에 "하나님은 다만 유대인의 하나님이시냐 또한 이방인의 하나님은 아니시냐 진실로 이방인의 하나님도 되시느니라 할례자도 믿음으로 말미암아 또한 무할례자도 믿음으로 말미암아 의롭다 하실 하나님은 한 분이시니라"고 하였다(롬11:29).

2. 하나님께 드린 처음 익은 곡식 가루는 신약시대에 그리스도 안에 있는 신자들을 예표한다(19-21절. 참조. 약 1:18; 계 14:4). 이같이 구약은 구원사적으로 신약의 구원운동을 예표한 것이다. 우리는 구약을 읽을 때마다 그리스도로 말미암은 그 성취를 보고 신앙이 확고해진다.

3. 속죄제를 드림에 있어서 단체의 죄도 각별히 취급된다(24-28절). 그럼에도 불구하고 사람들은 단체의 범죄에 대해서는 문제시하지 않는 경향이 있다. 그들은 단체적인 범죄에 있어서는 자타가 일반으로 관여되었으니 책임소재가 불분명하다고 묵과해 버리기 쉽다. 그러나 그것은 인본주의에서 나오는 착오이다. 단체가 잘못한 것도 하나님께 대한 범죄이므로 그 단체의 죄도 하나님께 용서를 받아야 한다. 이것은 신약시대에도 마찬가지이다. 신약시대에는 그런 경우에 있어서 단체적으로 회개함과 그리스도 신앙을 강화함이다.

4. 고의로 지은 죄는 용서받을 길이 없다(30-31절). 이것은 신약시대에도

마찬가지이다(히 10:26). 이와 같은 죄가 용서받지 못하는 이유는 그런 범죄자가 회개하게 하시는 성령을 배척하는 데까지 이르는 까닭이다(마 12:31-32). 그 정도에까지 이른 범죄는 하나님께서만 식별하시고 판정하신다. 그러므로 사람은 이런 범죄에 이르지 않도록 조심할 뿐이다(요일 5:16).

제 16 장

✤ 내용분해

1. 고라의 반역(1-3절)
2. 모세의 기도와 대책(4-11절)
3. 모세가 다단과 아비람을 부르매 그들이 도리어 대항함(12-14절)
4. 모세의 명령에 의하여 고라당과 아론이 함께 향로를 가지고 하나님 앞으로 나옴(15-18절)
5. 하나님께서 고라당을 멸하려 하시매 모세와 아론이 만류함(19-24절)
6. 모세가 회중에게 고라당을 떠나라고 함(25-27절)
7. 모세가 고라당에게 내릴 재앙을 예고함(28-30절)
8. 고라당의 두목들은 땅 속에 함몰되고 그들을 따르던 250 인은 불로 소멸됨(31-35절)
9. 엘르아살의 향로와 고라당의 향로에 대한 처사(36-40절)
10. 회중의 원망과 그들이 받은 벌(41-50절)

↓ 해석

1-3 고라당의 반역 운동에는 다른 지파 사람들도 관련되어 있었다. 그러나 고라가 레위 자손으로서 주모자였으므로 그의 이름이 선두에 나온다.

너희가 어찌하여 여호와의 총회 위에 스스로 높이느냐(3절). 고라당이 모세와 아론을 향하여 이런 말로 비방한 것은 사실에 근거한 것이 아니다. 이것은 그들의 시기심에서 모세와 아론의 행동을 오해한 것이었든지 아니면 그들이 높아지기 위해서 지어낸 말일 수 있다.

4-11 여기서는 고라의 반역에 대한 모세의 처리 방법이 기록되었다. 모세가 듣고 엎드렸다가(4절). 이 말씀에 대하여는 14:5의 해석을 참조하라.

이렇게 하라 너 고라와 네 모든 무리는 향로를 가져다가 내일 여호와 앞에서 그 향로에 불을 담고 그 위에 향을 두라 그 때에 여호와께서 택하신 자는 거룩하게 되리라(6-7절). 이 내용은 고라당이 제사장 격으로 향로를 가지고 하나님 앞에 나올 때에 하나님께서 그것을 승인하시는지 여부를 보겠다는 것이다. 모세의 이와 같은 처리 방안은 그가 기도하는 중에 하나님의 계시를 받은 대로 한 것이다.

너희에게 작은 일이겠느냐(9절). 곧, 레위 자손들이 이스라엘 민중을 대표하여 성막에서 봉사하게 된 것은 작은 일이 아니고 '귀한 일'이라는 뜻이다. 그럼에도 불구하고 그들이 아론과 그 아들들처럼 제사장직을 구하는 의미에서 반역을 일으켰다(10절). 사람이 무슨 직책을 가졌든지 그것이 하나님께서 주신 것이면 부족함이 없고 귀중한 것이다. 하나님 나라에는 직분 그 자체의 높고 낮음이 없다. 사람이 어떤 직분을 받았든지 성결하게 살고 충성되이 섬기면 높은 자가 된다(딤후 2:21; 눅 22:25-27; 고전 4:2). 4-11절의 말씀을 보면 처음부터 레위 자손들의 직분과 아론과 그 아들들의 직분이 구별되어 있었다. 레위 사람들은 성막에서 제사장들을 수종드는 사역을 하였으나 아론과 그 아들들만은 제사장으로서의 모든 직임을 감당하도록 구별되었다. 고등비평가들은 잘못 말하기를 아론의 후손들만이 제사장으로 구별된 것은 포로 이후 시대부터 시작된 일이라고 한다. 그러나 이와 같은 견해는 잘못된 것이다.

12-14 이 부분에는 다단과 아비람의 악독한 반항이 기록되었다. ① 이스라엘 백성으로 하여금 애굽에서 나오도록 인도한 것은 모세의 잘못이라고 함(13절). 이것은 하나님의 거룩하신 구원 역사를 극도로 악평한 것이다. ② 모세가 이스라엘의 왕이 되려 한다고 함(13절). 이것은 모세를 너무도 오해한 악담이다(12:3). ③ 젖과 꿀이 흐르는 땅으로 인도하여 주지 못한다고 단언함(14절). 이스라엘의 가나안 정복은 하나님께서 정하신 것이니 반드시 이루어지고야 말 것이다. 그럼에도 불구하고 이들은 그것이 불가능하다고 단언하였다. 이것은 그들의 교만이다. ④ 모세가 이스라엘로 하여금 자기를 맹종하게 한다고 함(14절). 그들이 눈을 빼려느냐라고 한 말이 그러한 의미이다. 그러나 모세는 그런 사람이 아니라 이스라엘로 하여금 하나님만 순종하도록 인도한 지도자였다.

15-18 여기서는 6-7절에 말한 방침을 실행에 옮기도록 한다. 곧, 아론과 그 아들들로 하여금 향로를 가지고 나오도록 하고 고라당도 그렇게 하도록 하였다. 누가 하나님께서 택하신 제사장인지 하나님의 기적적인 방법으로 판명되기를 기다리는 것이다. 이때까지는 그것을 판명하는 기적이 어떻게 나타날 것인지 알려지지 않았다.

19-24 이때 고라당이 또다시 모세와 아론을 대적하였는데 우리는 그것이 어떤 모양으로 나온 행동이었는지 알 수 없다. 그러나 그들의 적대 행위가 하나님의 두려운 진노를 격발케 한 것만은 사실이다. 이때 하나님은 그들을 멸망시키려고 결정하셨다. 하나님께서는 모세와 아론의 만류하는 기도가 있었음에도 불구하고 고라당을 멸망시키기로 하셨다.

우리는 이 점에 있어서 모세와 아론의 겸손과 사랑을 주목할 수 있다. 그들은 그때 한 사람(고라) 까닭에 많은 사람들을 멸망시키지 마시기를 구하였다. 하나님의 은혜를 많이 받은 사람들은 언제나 겸손과 사랑을 지니고 있다.

25-27 모세는 이때 하나님의 진노가 나타날 것을 깨닫고 회중으로 하여금 반역자들(고라, 다단, 아비람)의 장막에서 떠나라고 한다. 그때 회중은 모세의 말대로 순종하였다. 우리가 죄인들을 접촉하여 구원으로 인도하는 것은 옳지만(약 5:19-20; 유 22-23), 완악한 죄인들에 대해서는 멀리 해야 한다(시 1:1; 딛 3:10; 요이 10절).

28-30 곧 이 사람들의 죽음이 모든 사람과 같고 그들이 당하는 벌이 모든 사람이 당하는 벌과 같으면 여호와께서 나를 보내심이 아니거니와 만일 여호와께서 새 일을 행하사 땅이 입을 열어 이 사람들과 그들의 모든 소유물을 삼켜 산 채로 스올에 빠지게 하시면 이 사람들이 과연 여호와를 멸시한 것인 줄을 너희가 알리라. 이 말은 모세가 고라당의 죽음이 일반적인 죽음과 달라서 하나님의 특별하신 간섭으로 될 것을 예고한 것이다. 그들이 그런 죽음을 당함으로 모세 자신은 하나님께서 세우신 참 선지자인 것이 판명된다(29절). 따라서 하나님을 멸시한 그들의 죄악(모세를 훼방한 죄)이 드러난다. 언제든지 하나님이 세우신 사람들과 종들은 원수들의 적대 행위로 말미암아 실패하는 법이 없다. 하나님께서는 대적하는 자들을 제재하시고 새로운 역사를 하신다. 그렇게 하심으로 참된 종들은 끝까지 세움이 되고 하나님의 살아 계신 사실이 증명된다.

31-35 여기서는 하나님의 진노가 나타나서 고라당은 갑자기 땅에 묻혀 멸망한 것을 말해 준다. 그리고 고라를 따르던 250명은 불에 타서 죽었다. 땅에 묻혀 죽은 사람들 중에 포함된 자들은 고라, 다단, 아비람 세 사람과 그 가족들과 또는 고라의 종들(고라에게 속한 모든 사람)이다. 그러나 고라의 아들들은 죽지 않고(26:9-11) 번성하였으며, 다윗의 시대에 성전에서 노래하는 자들로 유명하게 되었다(대상 9:19; 대하 20:19). 고라를 따르던 250인은 분향하던 자리에서 불에 타서 죽었으니, 이는 아론의 두 아들 나답과 아비후가

분향을 잘못한 죄로 불에 타서 죽은 것과 똑같은 벌이었다. 이 사건들을 보면 하나님을 섬기는 신령한 일에 있어서 죄를 범하는 것은 참으로 두려운 일임을 알 수 있다.

36-40 여기에는 고라당과 관련된 분향이 잘못된 것을 후세에 알려주기 위하여 지시하신 말씀이 나온다. 곧, 하나님께서 아론의 아들 엘르아살을 시켜서 그 250인의 향로들(250개)의 불을 다른 곳에 쏟으라고 하셨다. 그리고 그 향로는 쳐서 제단을 싸는 편철을 만들게 하셨다. 이 편철로 제단을 입혔으므로 후대 이스라엘에게 고라당의 사건을 경계로 삼게 하셨다.

그 향로는 거룩함이니라(37, 38절). 이것은 그 향로가 하나님께 드렸던 것이므로 거룩하다는 뜻이라고 한다(38절). 그러나 칼빈(John Calvin)은 이 말씀을 다음과 같이 해석한다. 곧, 그 향로에 담았던 불을 다른 곳에 산산이 쏟아 버림으로 그 더러워졌던 것이 깨끗하게 되어진 것이라고 한다. 그와 같이 하여 향로들은 하나님의 공의를 만족시키는 저주를 받은 셈이다. 다시 말하면 그것들은 그런 방법으로 하나님께 바침이 되어 거룩해졌다는 뜻이라고 한다 (1950, pp. 116-117).

41-45 그때 이스라엘 회중은 고라당의 사건 때문에 모세와 아론을 원망하게 되었다. 그들의 이런 행동은 하나님의 엄위 있는 진노 앞에서도 철면피하고도 오만하게 나온 태도이다. 언제나 죄악이 극도에 달하면 하나님의 벌이 즉시 임하는 법이다(14:1-3, 22; 출 15:24; 16:2). 그들이 그와 같이 완악하게 나왔을 때 하나님께서는 그들도 멸하시기로 작정하셨다. 그때 즉시 구름이 회막을 덮었고 여호와의 영광이 나타났다. 그것은 하나님의 진노의 증표였다. 이를 본 모세와 아론은 엎드렸다(45하). 그들의 이와 같은 자세는 이스라엘 온 회중이 멸망 받게 됨을 두려워하여 즉시 기도한 것이다(참조. 14:5 해석). 참된 지도자들은 멸망받아 마땅한 완악한 자들을 위해서도 끝까지 기도한다.

하나님께서는 구약시대나 신약시대를 물론하고 죄악이 관영한 자들을 당장에 벌하신 일이 많다. 어떤 학자들은 악한 사람을 벌하시는 하나님의 처사가 구약시대에만 있었고 신약시대에는 없는 것처럼 잘못 말한다. 그들은 말하기를, 구약은 죄인들을 심판하고 신약은 죄인들을 용서한다고 한다. 그러나 그런 해석은 성경을 세대주의적으로 잘못 본 것이다. 세대주의자들은 용서하고 구원하는 일이 신약에만 있는 것처럼 생각하지만 그런 것이 아니다. 예수 그리스도는 어제나 오늘이나 영원하도록 동일하시다(히 13:8). 그리스도를 계시하는 데 있어서 구약과 신약은 동조하고 있으므로 심판의 진리와 용서의 진리가 구약에도 있고 신약에도 있다. 구약시대 신자들도 믿음으로 구원받았고(창 15:6; 히11:7) 신약시대에도 그러하다. 그리고 완악한 죄인이 벌받은 사건은 신약에도 기록되었다. 곧, 아나니아와 삽비라의 죽음이 그것을 증명한다(행 5:1-11).

46-48 이스라엘 회중이 하나님의 진노 때문에 염병에 걸리기 시작하였다. 이때에 모세는 아론에게 회중을 위하여 분향하라고 지시하였고 아론은 모세의 말대로 순종하였다.

죽은 자와 산 자 사이에 섰을 때에 염병이 그치니라(48절). 우리는 여기서 아론의 제사장 성격을 분명히 볼 수 있다. ① 그는 이스라엘 민중을 사랑하여 위험을 무릅쓰고 전염병자들 가운데 뛰어 들어갔다. ② 그는 이때 하나님이 주신 특별한 권위에 의하여 죽을 자와 살 자를 분별하는 처지에 있었다. 그가 분향함으로 하나님의 참된 백성은 살게 되었다. 그러나 죽을 자들은 이미 죽었다. 이 점에 있어서 제사장 아론은 예수 그리스도의 표상이다. 예수 그리스도의 속죄의 고난을 통하여 하나님이 택하신 자들은 구원을 받은 동시에 불택자들은 멸망을 받게 된 것이다(참조. 고후 2:14-16).

49-50 염병에 죽은 자가 만 사천칠백 명이었더라. 이 말씀에 대하여는 고린도전서 10:10을 참조하라.

| 설교자료

1. 사람이 하나님께서 주신 직분에 대하여 감사한 줄 모르고 높아지기를 원하는 것은 하나님을 반역하는 행동이다(10-11절). 그러므로 하나님께서는 그와 같은 행동을 벌하신다. 고라당이 그와 같이 되었다. 그러므로 사람들은 자기의 천직이 무엇임을 먼저 발견하고 거기에만 충성해야 한다(삿 9:7-15).

2. 모세는 고라당을 멸망시키는 벌이 내리기 전에 먼저 그 벌이 어떠할 것을 예언하였다(28-30절). 그리고 그는 그 예언이 성취될 때에 자신이 하나님의 선지자인 사실이 알려진다고 무리에게 선언하였다. 그후에 과연 그 예언과 같이 고라당에게 멸망이 임하였다(31-35절). 이같이 된 것은 모세와 아론이 하나님께서 세우신 참 선지자들이라는 증표를 주기 위함이었다. 참 선지자들의 말은 그대로 이루어지는 것이 그 특징이요 그 권위였다(신 18:21-22). 선지자의 말은 진실한 것만으로 그의 자격이 인정된다. 혹시 선지자가 이적을 행하지 않았다 할지라도 그의 말이 참되다면 그는 참된 선지자이다. 세례 요한은 이적을 행하지 않았어도 그의 말이 참되었으므로 참 선지자였다(요 10:40-42). 신약시대에도 하나님의 참된 사역자들은 그 전하는 말씀의 진실성으로 그의 참된 자격을 입증한다.

3. 하나님께서는 고라당 사건과 관련되었던 향로들을 쳐서 제단 싸는 편철을 만들게 하셨다(38절). 그가 그렇게 하신 목적은 후대의 이스라엘 사람들로 하여금 그 사건을 기억하게 하여 다시는 반역 행위를 하지 않도록 하시기 위함이었다. 그러므로 기독교에 있어서 하나님의 과거 역사를 참되이 기념하는 것은 모두 하나님의 뜻에 합당하다. 그 이유는 하나님께서 그런 방법으로도 모든 시대의 사람들을 경성하게 하려는 까닭이다. 한 가지 예를 들면

오늘날 주일(主日)을 지키는 것은 그리스도의 부활을 기억하기 위한 것이며 따라서 우리에게 은혜를 주시는 제도가 된 것이다(참조. 시 78:3-8).

4. 이스라엘 민중은 그때 고라당이 당한 무서운 멸망을 보고도 모세와 아론을 원망하였다(41절). 이것을 보면 인간은 하나님의 행사를 바로 받아들이지 않는 근성이 있다. 그 근성은 그들이 조상 때부터 하나님을 반대하는 마귀와 합작하여 어두워졌기 때문이다. 마귀는 하나님이 하시는 일에 대하여 반대로 움직이는 자니, 그런 의미에서 마귀는 "거짓말쟁이요 거짓의 아비"(요 8:44)가 되었다고 한다.

제 17 장

✤ 내용분해

1. 하나님께서 각 족속을 따라 지팡이 하나씩 가져와서 증거궤 앞에 두라고 하심(1-4절)
2. 아론의 지팡이에서는 싹이 날 것이라고 예언하심(5절)
3. 모세가 여호와의 말씀대로 실행함(6-7절)
4. 이튿날 아론의 지팡이에는 움이 돋고 순이 나고 꽃이 피어서 살구 열매가 맺혔음(8절)
5. 모세가 그 모든 지팡이들을 각 지파에게 돌려주었음(9절)
6. 하나님께서 모세에게 아론의 싹 난 지팡이를 증거궤 앞에 간직하여 두라고 하심(10-11절)
7. 이스라엘 백성이 죽을까 두려워함(12-13절)

✣ 해석

1-4 하나님께서는 열두 지파의 수효대로 지팡이를 가져오도록 명령하셨다. 그리고 레위 지파의 지팡이에는 아론의 이름을 쓰라고 하셨다. 그것은 아론의 지팡이를 통하여 이적을 행하시기 위함이었다.

5 내가 택한 자의 지팡이에는 싹이 나리니. 하나님께서 이런 이적을 행하시는 목적은 다음과 같다. 16장에 기록된 대로 이스라엘 백성 중에서 고라당이 일어나 모세와 아론을 반역하였다. 하나님께서는 그의 거룩한 일꾼들을 반역하는 자들의 죄악에 대하여 침묵하실 수 없었다. 그들을 반역한 것은 바로 그들을 세우시고 역사하시는 하나님 자신을 반역한 것과 같기 때문이다. 하나님께서는 그가 사용하시는 아론의 권위를 이스라엘에게 보여주시기 위하여 아론의 마른 지팡이에서 싹이 나게 하겠다고 말씀하신다. 하나님은 계약 신으로서 우리에게 믿음을 주시기 위하여 언제든지 우리를 접촉해 주신다. 우리는 성경 어디서나 볼 수 있는 하나님의 계약적 처사를 여기서도 볼 수 있다. 곧, 그가 미리 말씀하시고 후에 그대로 이루시는 원리이다. 예를 들면 하나님께서 출애굽 사건 전에 열 가지 재앙을 애굽 전역에 내리실 것을 미리 예언하시고 그후에 그대로 행하신 사실이다.

이스라엘 자손이 너희에게 대하여 원망하는 말을 내 앞에서 그치게 하리라. 곧, 고라당의 반역과 같은 반역을 이적으로(마른 지팡이에서 싹이 나게 하심) 종식시키시겠다는 뜻이다. 하나님께서 인간의 악을 엄위로우신 벌로 다스리기도 하시지만 그의 사랑스러운 은혜의 역사로도 하신다. 아론의 마른 지팡이에서 싹이 나는 것은 하나님의 능력의 증거인 동시에 그의 생명의 역사를 상징한다(참조. 8절의 해석).

6-7 모세는 하나님의 명령을 그대로 순종하였다. 사람이 자기 마음대로 하나님의 기적이 나타나도록 할 수 없다. 그것은 하나님께서 그의 필요에 의

하여 적시에 행하신다. 인간은 다만 하나님의 역사가 나타나기 위하여 하나님의 말씀대로 순종할 뿐이다. 순종이 어떤 의미에서는 이적보다 귀하다.

8 이튿날 모세가 증거의 장막에 들어가 본즉 레위 집을 위하여 낸 아론의 지팡이에 움이 돋고 순이 나고 꽃이 피어서 살구 열매가 열렸더라. 이와 같은 기적은 하나님의 약속대로 이루어진 일이다. 특별히 우리는 "살구 열매"라는 말에 대하여 명심할 것이 있다. 곧, 살구나무는 '깨어 있다'는 의미를 가지는데 그것은 하나님의 말씀 성격을 암시한다. 하나님의 말씀은 죽은 것이 아니라 깨어 있어서 때가 되면 마침내 성취를 본다(참조. 렘 1:11-12). 우리는 하나님의 이와 같은 기적이 나타나게 된 시점에 대하여 생각해 볼 만하다. 그 시점은 진노가 있은 뒤에 찾아온 것이다. 하나님께서는 고라당의 반역을 징벌하실 때 그들과 함께 반역했던 250명을 불로 소멸하셨다. 그뿐만 아니라 고라당을 변호하는 의미에서 일어났던 회중 14,700명은 열병으로 죽게 되었다. 이같이 진노가 있는 때에 필요한 은혜는 하나님의 긍휼이다. 하나님께서는 진노 중에도 긍휼을 기억하신다(합 3:2). 그는 언제나 엄하기만 하신 분이 아니다. 욥기 5:17-18에 "볼지어다 하나님께 징계 받는 자에게는 복이 있나니 그런즉 너는 전능자의 징계를 업신여기지 말지니라 하나님은 아프게 하시다가 싸매시며 상하게 하시다가 그의 손으로 고치시나니"라고 하였다. 호세아 6:1에도 말하기를 "오라 우리가 여호와께로 돌아가자 여호와께서 우리를 찢으셨으나 도로 낫게 하실 것이요 우리를 치셨으나 싸매어 주실 것임이라"고 하였다. 아론의 마른 지팡이에서 싹이 난 것은 하나님의 긍휼의 증표라고 할 수 있다. 그 이유는 그것이 생명의 역사이기 때문이다. 10절에 "그들로 내게 대한 원망을 그치고 죽지 않게 할지니라"고 하였으니, 이 말씀을 보면 이런 것을 이스라엘 민족에게 기억시켜서 후에는 하나님을 원망하고 죽는 일이 없도록 하신 것이다. 하나님은 이같이 생명의 역사를 통하여 사람들의 죄악을 방지시키신다.

고등비평가들 중에서 어떤 이들은 본문 말씀을 하나의 신화와 같이 취급하려고 하였다. 그레이(George Buchanan Gray)는 이 점에 있어서 몇 가지 예화들을 소개하였다. 곧, 헤라클레스(Hercules)의 지팡이에서도 싹이 났다고 하고, 아브라함에게 나타났던 천사의 지팡이에서도 그렇게 되었다고 하며, 폴리카르포스의 지팡이에서도 그런 일이 있었다고 한다.

그러나 우리는 다음과 같은 사실을 기억해야 한다. 위에 소개된 이야기들은 신화에 지나지 않지만 성경에 기록된 기적은 신화와 반대되는 하나님의 진실하신 창조적 행적이라는 것이다. 성경에 기록된 모든 말씀은 언제든지 신화주의와 정반대의 정신을 가지고 나타난 것이다. 우리는 이 점에 대하여 역사적 신빙성을 들어서도 말할 수 있다. 하지만 그보다도 성경이 하나님의 계시라는 사실 한 가지로 충분히 확증할 수 있다. 성경이 계시라고 할 때 성경 중의 어떤 말씀만이 그렇다는 뜻이 아니다. 왜냐하면 성경에 기록된 모든 말씀은 유기적으로 서로 연관성을 가지고 있기 때문이다. 그 모든 말씀은 기적에 속한다. 그 이유는 그 모든 진리와 사건들이 인간의 두뇌의 산물이라고 할 수 없는 탁월하고 위대하기 때문이다. 무엇보다도 성경 자체가 그 모든 말씀들과 사건들을 초자연적인 것이라고 주장한다. 이런 의미에서 성경에 기록된 기적들이, 성경 자체의 주장대로 하나님의 창조적 기적에 속한다고 할 때에 우리는 그것을 이상하게 여길 것이 없다. 창조적 기적이라는 것은 어디까지나 진리에 속한 사건으로 신화와는 근본적으로 다른 것이다. 신화는 사람이 꾸며낸 이야기에 불과하다.

9-11 하나님께서는 아론의 지팡이에서 싹이 난 기적을 모든 사람에게 확증시키시고 그것을 영구 보존하게 하여 장래 이스라엘의 범죄(원망하는 죄)를 막도록 하셨다. 곧, 후대의 이스라엘이 아론의 싹 난 지팡이를 생각할 때마다 하나님이 세우신 권위(지도자)를 거스르는 것은 죽어 마땅한 죄로 인정하게 하려 하심이다. 하나님께서는 어느 시대든지 은혜를 주실 때 그 사건으

로 말미암아 후대인들도 동일한 은혜를 받는 것을 원하신다. 하나님께서 과거에 행하신 구원역사를 상고하는 자마다 자신도 하나님께서 살아 계심을 생각하게 되고 또 하나님 앞에서 올바로 살려고 힘쓰게 된다.

12-13 이스라엘 자손이 모세에게 말하여 이르되 보소서 우리는 죽게 되었나이다 망하게 되었나이다 다 망하게 되었나이다…여호와의 성막에 가까이 나아가는 자마다 다 죽사오니 우리가 다 망하여야 하리이까? 이때에 이스라엘 민족은 고라당의 반역죄로 말미암아 많은 사람들이 벌을 받아 멸망한 사건을 목격하였다. 그리고 뒤이어서 하나님의 자비로우신 역사, 곧 아론의 지팡이에서 싹이 나온 기적을 보았다. 그럼에도 불구하고 그들은 그 기적의 깊은 의미를 깨닫지 못하고 두려움에 싸여 있었다. 그들이 하나님의 사랑의 표상이라고 할 수 있는 아론의 지팡이에 싹이 나게 하신 기적에 대하여 자비의 의미를 깨닫지 못한 점은 유감스럽다.

| 설교자료

1. 하나님께서는 그의 참된 종이 애매하게 모욕을 당할 때에(아론은 고라당에게 반대를 받았음, 16:1-3), 반드시 그를 변호하여 주신다. 그는 특별 간섭을 통해 그의 종을 높여주신다. 그 이유는 하나님이 그렇게 하심으로 그의 원하시는 일을 이루시기 때문이다. 그것은 사람을 높이기 위함보다 그의 일을 이루시기 위함이다(1-5절). 예를 들면 하나님께서는 요셉에 대해서도 그와 같이 하셨다(창 39:1-41:57).

2. 아론은 예수님의 표상이다(히 5:1-6). 그의 마른 지팡이에서 싹이 나고 꽃이 피어 열매가 맺힌 것은 죽은 자를 살리시는 하나님의 권능으로 된 일이다(6-9절). 이것은 예수 그리스도께서 무궁한 생명의 능력을 따라 이루실 큰

대제사장의 역사를 예언하는 것이다(참조. 히 7:16). 마른 막대기와 같은 인생들 가운데 하나님의 말씀과 성령으로 말미암아 거듭나서 새로운 생명으로 영원히 살게 되는 자들의 수효는 헤아릴 수 없이 많다(참조. 계 7:9).

제 18 장

✟ 내용분해

1. 아론과 그 아들들의 직책과 레위인의 직책(1-7절)
2. 제사장과 레위인이 받을 보수(8-24절)
3. 레위인이 제사장에게 바칠 것(25-32절)

✟ 해석

1 죄를 함께 담당할 것. 이 말씀은 이 구절에 두 번 나온다. 이것은 제사장들(아론과 그 아들들)이 성소와 제사장직에 대하여 올바로 수행할 책임이 있다는 뜻이다. 그들이 잘못 행하면 죗값을 받는다. 여기 "죄를 담당한다"라는 말이 두 번 나와서 강조되었으니, 이것은 높은 지위에 있는 자들의 책임이 무거운 사실을 보여준다. 야고보서 3:1에 말하기를 "내 형제들아 너희는 선생 된 우리가 더 큰 심판을 받을 줄 알고 선생이 많이 되지 말라"고 하였다.

2-7 여기서는 레위인과 제사장이 각각 직분을 잘 지키고 외인이 범접하

지 못하도록 파수해야 할 것을 보여 준다. 그들이 직분을 파수하지 못하는 때에는 죽임을 당할 위험이 있다. 이것은 16장에 기록된 고라의 사건을 회고하면서 말하였을 것이다. 고라는 레위인으로서의 직책에 대하여 감사할 줄 모르고 제사장이 되려다가 비참한 죽음의 벌을 받았다. 성직을 침범한 죄는 참으로 위험한 것이다. 다른 사람(제사장직이나 레위인의 직에 해당되지 않는 지파 사람들)이 성직을 침범하다가 벌을 받은 일들이 성경에 기록되어 있다. 예를 들면 웃사의 사건(삼하 6:6-7), 웃시야의 사건(대하 26:16-21) 등이다.

8-20 여기서는 제사장들이 받을 분깃에 대하여 길게 말한다. 그것은 다음 두 가지이다. ① **거제물, 또는 요제물**(8-11절). 이것은 가축을 제물로 바칠 때 제단에 불태우는 부분 외에 고기를 쳐들어 바치거나 혹은 흔들어 바치는 것이다. 그것은 하나님께 바침이 되었으나 하나님께서는 그것을 다시 제사장들에게로 돌리신다. ② **처음 익은 모든 열매와 처음 난 모든 가축**(12-20절). 다만 부정한 짐승의 처음 난 것은 속전으로 대신 받는다(16절). 그리고 깨끗한 짐승의 처음 난 것은 하나님께 제물로 드린 뒤에 요제와 거제로 드린 부분이 제사장에게로 돌아간다(18절).

소금 언약이니라(19절). 이것은 변하지 않는 언약이라는 뜻이다.

여호와께서 또 아론에게 이르시되 너는 이스라엘 자손의 땅에 기업도 없겠고 그들 중에 아무 분깃도 없을 것이나 내가 이스라엘 자손 중에 네 분깃이요 네 기업이니라(20절). 이 말씀을 보면 구약시대의 제사장은 일반인과 같이 전토나 재산을 소유하지 못하였다. 그들은 그저 하나님을 유업으로 삼고 살았다. 제사장은 원칙적으로는 그리스도를 비유하는 것이지만 이 방면(하나님을 기업으로 삼는 것)에 있어서는 신약시대의 교역자들을 비유하기도 한다(고전 9:13). 이같이 제사장의 어떤 방면을 가지고 복음의 사역자에 해당시킨 것은 로마서 15:16에도 있다. 교역자들은 물질 면에 있어서 재산을 얻으려고 힘써서는 안 된다. 그는 오직 하나님께만 소망을 두고 주님의 일에만 전심전력해야 한다. 그리하면 하나님께서 언제나 그의 육신 생활을 보장해 주신다. 이런 의미에서 예수님께서도 말씀하시기를 "일꾼이 자기의 먹을 것 받는 것이 마땅함이라"라고 하셨다(마 10:10). 이것은 교역자가 사람 상대로 봉급을 요구해야 한다는 것이 아니고 하나님께서 그들의 필요한 것을 당연하게 여겨서 주신다는 의미이다. 이런 의미에서 본문은 여러 가지 말로 역설한다. **곧 그것을 너와 네 아들들에게 영구한 몫의 음식으로 주노라**(8, 11, 19절), **너와 네 아들들에게 돌리리니**(9, 18절)라고 하였다. "음식"이라는 말은 '분깃'을 의미한다. 이것을 보면 교회가 교역자들의 생활비를 열심으로 공급해야 하나님을 기쁘시게 한다. 바울도 이것을 여러 말로 강조하였다(고전 9:9-14; 딤전 5:17-18).

21-24 여기서는 레위인들이 받을 분깃을 이스라엘 자손들이 바치는 십일조라고 한다. 하나님께 바치는 십일조 제도는 모세의 율법이 처음 제정한 것이 아니고 그보다 훨씬 전에 실행되었다. 곧 아브라함은 자기가 얻은 것에서 십분의 일을 멜기세덱에게 주었다(창 14:20; 참조. 히 7:6). 이것을 보면 십일조 제도는 계시 역사에 있어서도 오랜 근거를 가지고 있다. 그뿐만 아니라 하나님께서 모세를 통하여 이 제도를 세우신 것을 보면 이 제도는 모든 성도들이 지켜야 할 권위 있는 것이다. 말 3:10에 "만군의 여호와가 이르노라 너희의 온전한 십일조를 창고에 들여 나의 집에 양식이 있게 하고 그것으로 나를 시험하여 내가 하늘 문을 열고 너희에게 복을 쌓을 곳이 없도록 붓지 아니하나 보라"고 하였다(말 3:8). 예수님은 신약시대에도 십일조를 바쳐야 한다는 의미로 말씀하셨다(마 23:23). 우리가 이 점에 있어서 기억할 것은 신자가 하나님께 바칠 것이 십일조만이 아니다. 그는 하나님 앞에 나아올 때 빈손으로 오면 안 된다고 성경은 말한다(출 23:15; 34:20; 신 16:16). 그리고 신자가 하나님께 물질을 바칠 때 인색함으로나 억지로 하지 말고 즐거움으로 해야 한다(고후 9:7).

그러나 레위인은 회막에서 봉사하며 자기들의 죄를 담당할 것이요(23절). 이것은 그들이 성막 봉사에 있어서 책임을 잘 감당해야 죄를 면한다는 뜻이다. 레위인은 성막에서 제사장들(아론과 그의 아들들)을 수종드는 자들이었다. 그러나 그 많은 레위인들이 일시에 모두 성막에 동원되는 것은 아니었다. 그러므로 그들 중 많은 사람들이 성막 사역 이외의 신령한 일들에도 역사하였다. 그들은 일반 이스라엘 사람들에게 하나님의 말씀을 가르치기도 하였다. 그들의 이와 같은 사명은 모세가 축복한 말씀이 보장한다(신 33:9-10; 참조. 말 2:4-9). 그러므로 레위인은 신약시대의 교역자를 표상한다고 할 수 있다.

이스라엘 자손 중에는 기업이 없을 것이니(23-24절). 곧, 하나님께서 레위인에게는 가나안 땅의 일정한 지역을 분깃으로 주시지 않는다는 뜻이다. 그들은 하나님을 섬기는 일에만 전심하는 자들이니만큼 이스라엘 자손의 십일조를 그들의 보수로 삼게 한 것이다. 그러므로 그들은 신령한 일에만 전무하고 다른 일은 하지 않도록 했다. 무슨 일이든지 전심전력할 때 그 일이 잘되는 법이다. 오늘날 신약시대의 교역자들이 하는 일의 성격도 그와 같다.

25-32 여기서는 레위인이 자기들이 받는 십일조에서 십일조를 내어 하나님께 거제로 드려야 할 것을 가르친다. 그렇게 드린 거제물은 제사장들의 분깃으로 돌아간다(26-29절).

거제물을 타작 마당에서 드리는 곡물과 포도즙 틀에서 드리는 즙 같이 여기리니(27, 30절). 이것은 그들이 마땅히 받아야 한다는 뜻이다. 농부가 그 타작 마당에서 곡식을 받는 것은 당연한 것이다.

너희가 받은 모든 헌물 중에서 너희는 그 아름다운 것 곧 거룩하게 한 부분을 가져다가 여호와께 거제로 드릴지니라(29절). 곧 레위인은 이스라엘 백성에게서 받은 십일조 중에서 "아름다운 것"(십일조 중의 십일조)을 하나님께 바치라는 뜻이다. 이 말씀은 십일조로 바치는 물건이 아름다운 것이어야 할 것을 가리킨다. "거룩하게 한 부분"이라는 말은 하나님께 바치기로 구별해 놓은 것, 곧 '십일조'를 가리킨다.

| 설교자료

1. 하나님을 섬기는 제도에 있어서 직분의 성별은 그 본질 가운데 하나이다(1-7절). 곧, 사람들은 하나님이 각기 정하여 주신 분야에서 봉사하고 거기서 월권하지 않아야 한다. 구약시대에 제사장들은 성소의 기구와 단에 가까이 할 수 있었으나 레위인은 그렇게 할 수 없었다(3절). 만일 그들이 월권하는 경우에는 죽임을 당하였다. 이러므로 성별은 엄격히 파수되었다.

이와 같은 성별 제도는 결국 하나님의 권위를 의미하는 것이다. 천래의 계시종교는 하나님의 권위로 성립되었으므로 인간 편에서는 신앙의 태도가 있을 뿐이다. 신적 권위를 가진 종교만이 인간의 신앙을 요구할 수 있다. 자율주의 종교에서는 실상 신앙이라는 것이 성립될 수 없다. 그 이유는 그런 세계에서는 인간 스스로가 자기 권위이기 때문이다. 신약시대에도 사람들은 하나님께서 정해주신 대로만 직분을 받아야 한다(참조. 롬 12:6-8; 엡 4:11-12).

2. 하나님의 신령한 일을 맡은 자들은 하나님의 것을 분깃으로 받도록 되어 있다(8-9, 11-12절). 그러나 그들이 그것을 받아 사용하려면 먼저 정결한 자가 되어야 한다. 13절에 말하기를 "네 집에 정결한 자마다 먹을 것이라"고 하였다. 신약시대에도 하나님의 신령한 일을 하는 일꾼들이 봉급을 받는 것은 정당하다. 그러나 그것은 하나님께서 주시는 것이므로 그것을 사용하는 성직자들은 거룩한 생활을 해야 한다(딤후 2:21).

3. 하나님께 드리는 것은 무엇이든지 제일 좋은 것이어야 합당하다. 12-15절을 보면 "첫 소산", 혹은 "처음 익은 열매"라는 말이 거듭거듭 나오는데 그것은 하나님께 드릴 제물이 제일 좋은 것이어야 할 것을 보여 준다. 12절에 "제

일 좋은"이라는 말도 나온다. 신약시대에도 하나님께 예물을 드리는 자들이 이와 같은 원칙을 명심해야 한다. 그럼에도 불구하고 많은 사람이 이 원리를 잊어버리고 하나님께 드린다고 하면서 제일 좋은 것을 드리지 않는다.

4. 제사장들과 레위인들은 이스라엘 족속의 땅에 기업이 없었다. 그들은 이스라엘 자손 중에서 바쳐지는 십일조로 생활을 유지하였다. 그것을 보면 그들은 기업이 없었으므로 어떤 생계 수단도 가지지 않았고 다만 하나님의 일에 전무하도록 되어 있다. 십일조는 처음에 하나님께 속한 것이므로(26절), 그들은 하나님께서 주시는 물질로만 살아간 셈이다. 그렇다면 그들은 하나님의 일만 하고 하나님께로부터 직접 보수를 받은 셈이다. 그러므로 신약시대의 교역자들도 일은 하나님의 일만 하고 보수도 하나님에게서 받는 줄 알아야 한다. 그들은 보수 문제로 사람을 원망하지 말고 다만 성역에 충성할 뿐이다. 마태복음 10:10에 **"일꾼이 자기의 먹을 것 받는 것이 마땅함이라"**고 하였으니, 이는 하나님에게서 받게 될 것을 가리킨 말씀이다.

제 19 장

✣ 내용분해

1. 정결하게 하는 물을 만드는 방법(1-10절)
2. 시체로 인하여 더럽혀진 자들이 정결하게 하는 물로 깨끗하게 됨(11-13절)
3. 시체로 인하여 더럽혀지는 실제적 실례와 정결하게 하는 물을 사용하는 방법(14-21상)
4. 정결하게 하는 물을 뿌린 자의 부정 및 기타 부정(21-22절).

✣ 해석

1-10절. 이 부분에서는 정결하게 하는 물을 만드는 법에 대하여 자세히 말한다.

2 온전하여 흠이 없고 아직 멍에 메지 아니한 붉은 암송아지를 네게로 끌어 오게 하고. "붉은 암송아지"는 십자가에 못 박히신 그리스도의 순종을 상징한다.

암송아지는 수송아지에 비해 보다 유순한 성격을 가졌는데 그것이 "온전하고 흠이 없다"는 것을 보아 그리스도의 완전성을 비유한다. 히브리서 9:13-14에 보면 암송아지의 재(灰)로써 부정한 것을 정결하게 한 것은 외부적으로 역사하였으나 그리스도의 피는 내부적으로 신자들의 양심을 깨끗하게 한다고 하였다. 이 말씀은 암송아지의 잿물로써 깨끗하게 한 의식이 그리스도로 말미암는 정결을 비유한다고 한 셈이다.

3 그것을 진영 밖으로 끌어내어서 자기 목전에서 잡게 할 것이며. 암송아지를 "진 밖"에서 잡은 것은 그리스도께서 예루살렘 성 밖에서 죽임이 되신 사실을 예표한 것이다. 히브리서 13:11-12에 "이는 죄를 위한 짐승의 피는 대제사장이 가지고 성소에 들어가고 그 육체는 영문 밖에서 불사름이니라 그러므로 예수도 자기 피로써 백성을 거룩하게 하려고 성문 밖에서 고난을 받으셨느니라"고 하였다. 그 암소의 붉은 빛도 그리스도의 흘리실 피를 예표한 것이다.

4 제사장 엘르아살은 손가락에 그 피를 찍고 그 피를 회막 앞을 향하여 일곱 번 뿌리고. 제사장 엘르아살의 피를 뿌리는 사역은 신약시대의 성령의 역사를 비유한다. 성령의 역사는 그리스도께서 속죄하여 주시는 피에 의하여 이루어진다. 인류가 구원을 받는 유일한 길은 그리스도의 피밖에 없다. 그러므로 죄인들은 그 죄를 회개함에 있어서 유다처럼 후회하는 정도로 그치지 말고, 피를 흘리신 그리스도를 붙잡고 울어야(회개해야) 된다. "피흘림이 없은즉 사함이 없느니라"(히 9:22)고 하였다. 엘르아살이 회막 앞을 향하여 송아지의 "피"를 뿌린 것은 하나님 앞에 나아갈 수 있는 길은 속죄의 피밖에 없음을 말해 준다. 그러므로 로마서 5:2에 "또한 그로 말미암아 우리가 믿음으로 서 있는 이 은혜에 들어감을 얻었으며"라고 하였고, 에베소서 2:13에는 "이제는 전에 멀리 있던 너희가 그리스도 예수 안에서 그리스도의 피로 가까워졌느니라"고 하였다. 피를 "일곱 번" 뿌린 것은 그리스도의 완전성을 상징한다.

5 그 암소를 자기 목전에서 불사르게 하되 그 가죽과 고기와 피와 똥을 불사르게 하고. 여기 "불사른다"는 말은 고난을 통하여 하나님께 바침이 됨을 비유한다. 그 암소의 "똥"까지 불사름이 된 사실은 그 희생제물의 전체적 희생을 강조함이다. 이같이 그리스도는 우리의 죄를 담당하시기 위하여 고난을 그의 온 몸에 채우셨던 것이다. 그의 수난은 형용할 길이 없다. 그러므로 어떤 신학자는 말하기를 "우리가 지옥에 가 보기 전에는 그리스도의 고난을 알 수 없다"고 하였다. 그 이유는 그리스도는 우리를 대신하여 십자가 위에서 지옥불에 타는 것 같은 고난을 당하셨기 때문이다.

6 동시에 제사장은 백향목과 우슬초와 홍색 실을 가져다가 암송아지를 사르는 불 가운데에 던질 것이며. 일설에 여기 "백향목"은 영생을 상징하고, "우슬초"는 향기 있는 것으로 부패에 대한 반대를 의미하고, "홍색실"은 그리스도의 보혈을 생각하게 한다고 한다. 그러므로 이 세 가지를 암소 태우는 불 속에 함께 넣은 것은 속죄로 깨끗하게 하는 의미를 더해 준다. 이 모든 것은 장차 오실 그리스도로 말미암아 이루어질 영적 정결의 작용을 비유한다. 히브리서 9:9-10에 "이 장막은 현재까지의 비유니 이에 따라 드리는 예물과 제사는 섬기는 자를 그 양심상 온전하게 할 수 없나니 이런 것은 먹고 마시는 것과 여러 가지 씻는 것과 함께 육체의 예법일 뿐이며 개혁할 때까지 맡겨 둔 것이니라"고 하였다.

7-10 여기서는 정결하게 하는 물을 만드는 데 수종든 자들도 불결하다고 한다. 곧, 제사장, 불사르는 자, 재를 거둔 자도 모두 불결하다는 것이다. 이것은 언뜻 보면 이상하다. 그들의 역사는 정결하게 하는 물과 관련된 일에 수종든 이들이 아닌가? 이에 대하여 몇 가지 해석들이 있다.

1) 정결하게 하는 물을 만드는 데 수종드는 자들은 그리스도를 십자가에 죽이기 위한 작업에 참여한 자들을 비유한다는 것이다. 그 일에 참여한 자들은 실상 악한 행동을 한 것이다.

2) 정결하게 하는 물을 만드는 데 수종든 자들은 아직 율법적인 사역자들임에 틀림없었다. 율법은 언제나 양심상으로 온전하게 하지 못한다(히 9:9). 그러므로 그들도 계속 불결하다는 것이다.

3) 사람들을 대신하신 그리스도는 그 자신이 죄로 삼음이 되셨다(고후 5:21). 그는 실상 죄는 없이 죄로 삼음이 되셨다. 그러므로 이런 의미에서 정결하게 하는 물을 만드는 데 수종든 자들이 부정하게 되었다는 것이다(참조. 레 16:26, 28).

11-19 여기서는 암소를 태워 만든 잿물로써 깨끗하게 할 것이 무엇임을 말해준다. 그것은 시체로 말미암아 더러워진 자이다. 이때 하나님께서 시체를 더럽다 하신 것은 그것이 죄악의 결과이기 때문이다. 그러므로 그가 이스라엘에게 시체를 만지지 말라고 하신 것은 죄를 범하지 말아야 할 것을 의식적으로 가르치신 것이다. 우리는 여기서 한 가지 문제를 만나게 된다. 당시 사람들이 시체를 멀리 해야 했다면 시체를 장사하는 것도 잘못이었던가? 그런 것은 아니다. 모세는 죽은 사람들을 장사 지내라고 명령한 일도 있다(레 10:4-5). 그러나 그들이 시체를 장사한 후에도 정결함이 되게 하는 예법을 지켜야 될 것이었다.[33] 이런 의식적 법규는 죽음을 이기신 그리스도께서 오시기 전, 즉 구약시대에 필요하였던 것이다. 그때는 사람들이 이런 법을 지킴으로 말미암아 죄악과 저주를 기억하게 되고, 그것들을 피하여 성결을 힘쓰도록 된 것이었다. 이런 의식적 법규들은 하나님의 백성을 가르치는 효과를 지녔던 것이다.

그는 셋째 날과 일곱째 날에 잿물로 자신을 정결하게 할 것이라 그리하면 정하려니와 셋째 날과 일곱째 날에 자신을 정결하게 하지 아니하면 그냥 부정하니(12절). 곧, 시체

---

33) 레 11:28; 참조. 출 19:10, 14; 레 11:25, 28, 40; 13:6, 34; 14:8-9; 15:8, 11, 17, 27; 16:4, 24; 17:15-16; 22:6; 민 8:7; 31:24.

로 더럽혀진 자는 암소를 태운 잿물을 뿌려서 깨끗하게 하라는 뜻이다. 암소를 태운 재는 일정한 장소에 간직하였고 필요에 의하여 조금씩 사용했던 것이다(9절). 그 당시 사람들이 시체로 더럽혀진 때마다 매번 붉은 암송아지를 잡아서 그 재로써 만든 것은 아니었다. 어떤 유대인 학자들은 말하기를, 모세 때에 붉은 암송아지 한 마리를 잡아 태워서 만든 재가 그 후 천여 년 동안 사용되었다고 한다. 우리는 이 말을 그대로 믿을 수는 없으나 한 가지 분명한 것은 한 번 만든 재를 간직해 두고 늘 사용했던 것은 사실이다. 이는 마치 그리스도께서 한 번 죽으심으로 모든 시대 사람들에게 속죄의 공효가 되심과 같다. 12절에 말한 대로 "셋째 날"에 잿물을 뿌린 것은 그리스도께서 사흘 만에 다시 사실 것을 예표하고, "일곱째 날"에도 그와 같이 한 것은 그리스도의 재림으로 말미암아 성도들의 구원이 완성될 것을 예언한다.

장막에서 사람이 죽을 때의 법은 이러하니(14절). "장막"이라는 것은 광야 생활 중에 이스라엘 사람들이 사용하던 천막을 말한다. 광야에서는 그들이 완전한 주택을 가질 수 없었다. 이 장막 안에서 사람이 죽는 때에는 장막 안의 그릇들도 더러워진다(15절). 죽음이 죗값이라는 의미에서 그때는 주검을 꺼리게 되었다. 그 법규는 구약시대에 있어서 이스라엘로 하여금 죄를 미워하도록 하는 의식(儀式)이었다.

20-22 이 부분에 대하여는 7-10절의 해석을 참조하라.

부정한 자가 만진 것은 무엇이든지 부정할 것이며 그것을 만지는 자도 저녁까지 부정하리라(22절). 여기 이른바 "그것을 만지는 자"라는 말은 부정한 자가 만진 그것을 만지는 자를 의미한다. 이 말씀을 보면 그때 정결을 지키는 것이 참으로 철저하였음을 알 수 있다. 그때 이와 같은 규례가 의식적으로 취급되기는 하였지만, 죄악을 멀리하고 성결을 지키는 데 있어서는 자세하였던 것이다. 실상 죄라는 것은 전염병과 같아서 사소한 것도 커지며 확대된다(참조. 시 1:1).

| 설교자료

1. 하나님께서 모세와 아론으로 하여금 붉은 암송아지를 태워서 잿물을 만들어 정결하게 하는 예식에 사용하게 하셨다(1-10절). 이것은 가축의 희생으로 만들어진 물로, 그리스도의 속죄의 죽음을 전파하는 말씀을 상징한다고 할 수 있다. 에베소서 5:26에 말하기를 "이는 곧 물로 씻어 말씀으로 깨끗하게 하사 거룩하게" 하신다고 하였다(요 15:3). 구약시대에는 속죄하여 주시는 그리스도의 말씀을 외부적 표상으로써만 전파하였다. 그때는 다른 방법이 있을 수도 없다. 이런 외부적 표상이 효과를 내었던 것은 다만 장차 오실 그리스도의 속죄를 의미한 사실에 그 원인을 가진다. 우리는 이와 같은 외부적 표상을 볼 때 오늘날도 신앙을 강화하게 된다. 그 이유는 이것을 볼 때 그리스도는 어제나 오늘이나 영원토록 동일하신 진리인 사실임을 인식하기 때문이다.

2. 붉은 암송아지의 잿물로 정결하게 하는 예식이 매우 엄격하고 자세한 사실이 11-21절에 기록되어 있다. 이것은 그때도 죄악(시체는 인류의 범죄 결과이므로 죄악을 상징한다)을 취급함에 있어서 엄격하였다는 것과 속죄에 대하여 철저히 하였다는 사실을 보여 준다.

신약시대에 있어서도 우리가 그리스도의 속죄를 믿음으로 구원을 받는 것이니 역시 죄악문제를 주의 깊이 취급하고 또한 속죄에 대한 철저한 신앙을 가져야 한다. 하나님의 속죄하여 주시는 은혜를 주의 깊이 취급하지 않는 자는 그 은혜에서 떨어지기 쉽다(참조. 히 2:1-4).

3. 부정한 자가 만진 그것도 부정해졌다고 하니(22절), 그것은 신자가 죄를 멀리 해야 할 것을 가르친다. 데살로니가전서 5:22에 말하기를 "악은 어떤

모양이라도 버리라" 하였고, 유다서 1:23에는 말하기를 "어떤 자를 그 육체로 더럽힌 옷까지도 미워하되 두려움으로 긍휼히 여기라"고 하였다.

제 20 장

✤ 내용분해

1. 미리암의 죽음(1절)
2. 므리바의 사건(2-13절)
3. 에돔이 이스라엘의 통과를 거절함(14-21절)
4. 아론의 죽음(22-29절)

✤ 해석

1 첫째 달에 이스라엘 자손 곧 온 회중이 신 광야에 이르러 백성이 가데스에 이르더니. 여기 "첫째 달"이라는 것은 출애굽한 지 대략 40년이 되는 해의 정월일 것이다. "신 광야에 이르러서." 이 말은 여기에 의미심장하게 기록되었다. 그 이유는 근 40년 전에 이스라엘 민족이 이곳에 와서 범죄하였으므로 40년 동안 광야에서 유리하게 되리라는 비참한 선언을 받았던 곳이기 때문이다 (14:29-35).

미리암이 거기서 죽으매 거기에 장사되니라. 미리암은 중요한 역할을 한 여성이었다. 모세가 갈밭에 버림이 되었을 때 그가 멀리서 지켜보았고, 바로의 딸에게 나아가 자기 어머니를 모세의 유모로 정하도록 하는 역할까지도 하였다(출 2:1-10). 그뿐만 아니라 미리암은 여선지자로서 사역하기도 하였다(출 15:20-21). 미리암은 후에 모세를 비방하는 죄를 범한 적이 있었다(12:1). 그의 자세한 역사에 대하여는 이 이상 알 길이 없다. 이때에 미리암의 연령은 모세보다 적어도 10여 년 더 많았을 것이다. 미리암을 위시하여 아론, 모세 등도 광야에서 죽게 된 것은 하나님의 말씀대로 이루어진 사실이다. 일찍이 하나님께서 말씀하시기를 여호수아와 갈렙 이외에는 이스라엘의 모든 남자들(출애굽 당시 20세 이상이었던 자들)이 다 광야에서 죽으리라고 하셨다(14:20-35; 32:11-12).

2-5 이때에 이스라엘 회중이 물이 없으므로 모세와 아론을 공박하였다. 이들의 이와 같은 범죄는 광야에서 멸망한 조상들의 전철을 밟은 것이다. 인간은 어느 시대에 살든지 마찬가지로 죄인이다. 이때에 회중이 원망한 말은 다음 몇 가지로 분석된다. ① 자기들도 광야에서 죽은 자들처럼 죽었더면 좋을 뻔하였다고 함(3절). ② 애굽에서 광야로 인도되어 죽도록 만들었다고 함(4절). ③ 파종할 것이 없는 광야로 인도되었다고 한다.

그들의 이와 같은 사고방식은 하나님의 사랑과 권능으로 애굽에서 건져 냄이 된 사실을 잊어버린 것이고, 광야에서도 끊임없이 계속되는 하나님의 보호를 감사하지 않는 것이고, 또한 하나님이 늘 말씀하여 주시는 가나안 복지의 소망을 무시하는 것이다. 신자들의 범죄는 언제나 이와 같은 사고방식에서 일어나는 것이다.

6-8 여기서도 모세와 아론은 문제를 가지고 하나님 앞에 나아가 기도하였다. **회막 문에 이르러 엎드리매**라고 한 것은 그들의 기도 행위를 말해 준다. 하나님께서 그들의 기도하는 자리에 나타나셔서 문제 해결을 알려주셨으니,

곧 지팡이를 가지고 회중의 목전에서 반석을 명하여 물이 나게 하라는 것이었다. **회중…의 목전에서** 그렇게 하라는 것은 기독교 이적의 성격을 또 한 가지 보여 준다. 기독교의 이적은 광명정대하여 많은 사람들 앞에서 공적으로 실행되는 것이다. 예수님의 이적도 많은 군중 앞에서 행해진 것이 사실이다.

10-11 모세는 하나님께서 시키신 대로 회중을 반석 앞에 모이게 하였다. 그런데 유감스럽게도 그는 이때에 과오를 범하였다. ① **"반역한 너희여"**(10절)라고 한 것. 이것은 회중을 원망한 말이다. ② **"우리가 너희를 위하여 이 반석에서 물을 내랴"**(10절)라고 한 것. 이 말은 회중 앞에서 망령되이 말한 것이다. 이에 대하여 시편 기자는 성령의 감동으로 기록하기를 "모세가 그의 입술로 망령되이 말하였음이로다"(시 106:33)라고 하였다. 반석에서 물이 솟아나게 하실 이는 하나님이신데 어찌하여 "우리"라고 말하였을까? 오늘날 교역자들도 하나님의 참된 역사를 자기가 하는 것처럼 자신을 높이면 안 된다. ③ **반석을 두 번 치니**(11절). 모세가 반석을 두 번 친 것은 그가 혈기로 과오를 범한 것이다. 출애굽기 17:5-6에 "여호와께서 모세에게 이르시되…네 지팡이를 손에 잡고 가라…너는 그 반석을 치라 그것에서 물이 나오리니"라고 하셨으니, 모세가 반석을 한 번 쳐도 될 것을 두 번이나 친 것은 회중에게 대한 그의 분풀이였고, 그것은 거룩하지 못한 행동이었다.

12-13 여기서는 하나님께서 모세와 아론의 과오를 지적하시고 그 일로 인하여 그들의 지도권이 계속되지 못할 것을 선언하셨다. 그들의 과오에 대하여는 12절에 지적된 대로 불신앙과 하나님의 거룩하심을 나타내지 못한 것이다. 모든 범죄는 다 이 두 가지로 포괄될 수 있다(참조. 10-11절 해석).

므리바(מְרִיבָה)라는 말은 '다툼'이라는 뜻인데 이스라엘 자손이 모세와 다툰 사실을 기억하게 하는 명칭이다. 13절에는 그들의 이 행동을 "여호와와 다투었으므로"라고 하였다.

14-21 여기서는 에돔이 이스라엘에게 길을 빌려 주지 않은 사건에 대하

여 기록한다. 이때에 이스라엘은 매우 온당하게 청원하였던 것이다. ① 에돔을 형제라고 함(14절; 참조. 창 33:1-17). ② 애굽에서 하나님의 구원을 받아 나오는 거룩한 백성임을 알려줌(15-16절). ③ 에돔을 통과하는 도중에 그 나라에 해를 끼치지 않고 순순히 지나가겠다고 함(17, 19절). 이스라엘이 온당하게 청원했음에도 불구하고 에돔은 이스라엘에게 친절을 베풀지 아니하였다. 그러나 하나님께서는 이스라엘에게 에돔을 미워하지 말라고 부탁하셨다(신 23:7).

22-29 여기서는 하나님께서 아론이 죽을 것을 예언하시고 그 뒤에 오래지 않아서 그가 죽은 사실에 대하여 진술한다. 하나님께서는 인간에게 믿음을 주시기 위하여 먼저 예언하시고 후에 그것을 성취하신다. 이것이 언약의 하나님이신 그의 진실성이다. 하나님의 이와 같은 처사로 말미암아 우리의 믿음이 더욱 장성할 수 있다.

모세가 아론의 옷을 벗겨 그 아들 엘르아살에게 입히매 아론이 그 산 꼭대기에서 죽으니라(28절). 여기 이른바 "옷"은 대제사장의 거룩한 의복을 말한다. 그것을 "엘르아살에게 입힌 것"은 아론의 대제사장직을 엘르아살에게 인계해 줌을 상징한다.

아론이 산꼭대기에서 죽은 사실에 대하여 우리는 생각할 것이 있다. ① 그 사건이 모세의 죽음과 같음. 모세도 산에 올라가 죽게 된다. ② 이 두 사람의 죽는 사건은 하나님의 특별하신 취급을 나타낸다. 이 두 사람은 하나님의 특별하신 간섭에 의하여 별세한 것으로 생각된다(참조.신 34:7). 병들어 죽는 사람들이나 사고로 갑자기 죽는 사람들도 역시 하나님의 간섭으로 그렇게 되는 것이다(비록 모세와 아론에게 된 것처럼 하나님의 간섭이 사람들의 눈에 밝히 나타나지는 않았어도). 사무엘상 2:6에 말하기를 "여호와는 죽이기도 하시고 살리기도 하시며"라고 하였다.

| 설교자료

1. 이스라엘 민족이 물이 없어서 또다시 모세와 아론을 원망하였다(2-5절). 그들은 원망의 죄악을 회개하지 않고 거듭거듭 같은 죄를 범하였다. 그럼에도 불구하고 하나님께서는 그들에게 이번에도 기적적으로 물을 공급하여 주신 것이다(6-11절). 이것을 보면 하나님은 인간들에게 언제나 죄대로 갚으시는 것이 아니고 그의 자비하심을 따라 그들을 돌보아 주신다(시 51:1; 103:10).

2. 모세가 하나님의 명령을 따라 반석을 한 번만 쳐도 될 것이었는데 두 번 쳤다(11절). 그것이 그의 불신앙이었고, 또 성결하지 못함이었다(12절). ① 모세는 이 죄악 때문에 가나안 땅에 들어가지 못하게 되었다. 이것은 언뜻 보면 너무 엄한 벌과 같이 생각되나 그런 것이 아니다. 그 이유는 모세 자신에게는 가나안 땅에 들어감이 큰 행복이 아니기 때문이다. 그는 더 나은 본향으로 가는 것이 오히려 행복이다(히 11:16). ② 뿐만 아니라 우리가 이 점에 있어서 한 가지 더 생각할 것은 하나님께서는 백성들의 죄보다 지도자의 죄를 더욱 엄하게 다루신다는 것이다. 그 이유는 지도자 한 사람의 한 가지 작은 죄가 많은 사람들로 하여금 크고 많은 죄를 범하게 하는 결과를 가져오기 때문이다(눅 12:48; 약 3:1).

3. 에돔은 그 나라를 통과하도록 허락하기를 요청하는 이스라엘의 청원을 거부하였다. 이와 같은 거부 행위는 세 가지 중대한 과오를 범한 것이다. ① 형제의 의리를 어겼으며(14절) ② 여호와 하나님의 구원 행위를 무시하였고(16절) ③ 궁지에 빠진 자의 애걸을 들어 주지 않는 무자비한 행동이었다(17, 19절).

위의 세 가지 죄악은 적그리스도의 행동 원리에 속한다. 그것은 하나님도 무시하고 윤리도 무시한 악독한 일이었다. 이 결과로 에돔은 하나님 백성(이스라엘)의 원수가 되었다가 아주 망하였다.

4. 아론은 하나님의 인도를 따라서 호르산에 올라가 별세하였다. 그것도 어떻게 보면 행복한 죽음이다. 그 이유는 하나님께서 그를 사랑하셔서 데려 가셨다고 생각되기 때문이다(참조. 시 116:15).

제 21 장

✤ 내용분해

1. 아랏의 패배(1-3절)
2. 이스라엘이 징계를 받아 불뱀에게 물림(4-9절)
3. 이스라엘의 행진(10-20절)
4. 아모리 왕 시혼의 패배와 바산 왕 옥의 패배(21-35절)

고등비평가 그레이는 말하기를, 21장이 히스기야 시대보다 조금 일찍 기록되었으며, 주로 엘로힘 문서(E)와 여호와 문서(J)의 특징을 지니고 있다고 한다. 그레이가 21장을 후대의 저술로 본 그의 학설의 그릇됨을 밝히려 한다.

✤ 해석

2 이스라엘이 여호와께 서원하여 이르되 주께서 만일 이 백성을 내 손에 넘기시면. 여기 이스라엘이 "나"라는 대명사로 말한 것은 이상한 표현이다. 그러나 이것

은 모세가 이스라엘을 대표하여 서원한 말이다. 이 시점에 이르러서는 이스라엘 민족이 하나님의 뜻을 순종함에 있어서 모세와 동조한 것이 드러난다.

4 **길로 말미암아 백성의 마음이 상하니라.** 그들이 호르 산을 떠나 홍해 길을 경유하여 에돔 땅을 돌아서 가기 때문에(신 2:1) 피곤하여졌다. 마음이 "상하니라"(תִּקְצַר)라는 말은 '짧아졌음'을 의미한다. 곧 '단기적이 되었다'라는 뜻이다.

5 **백성이 하나님과 모세를 향하여 원망하되 어찌하여 우리를 애굽에서 인도해 내어 이 광야에서 죽게 하는가 이 곳에는 먹을 것도 없고 물도 없도다 우리 마음이 이 하찮은 음식을 싫어하노라 하매.** 이때에 그들이 원망하는 말을 한 것은 옳지 않다. 그들의 말이, 모세가 저희를 광야로 인도한 것은 저희로 하여금 죽도록 만든 것이라고 하였으나 사실은 그렇지 않다. 하나님께서 이때까지 그들을 기적적으로 살려 주셨다. 그들이 또 말하기를 "이 박한 식물을 싫어하노라"고 하였으니, 그것은 그들이 하나님께서 주신 만나를 좋지 않게 여긴 말이다. 그러나 만나는 이스라엘 백성에게 매우 좋은 식품이었다(민 11:7-9). 하나님이 은혜로 주신 식품을 싫어하는 것은 배은망덕의 죄악이다.

6 **여호와께서 불뱀들을 백성 중에 보내어 백성을 물게 하시므로 이스라엘 백성 중에 죽은 자가 많은지라.** "불뱀"은 당시 이스라엘 백성이 통과하던 광야에 많이 있었다. 그 뱀은 붉은 반점이 있으며, 사람을 물면 그 상처에 불과 같이 뜨거운 열이 오른다. 그러므로 그 뱀 이름을 불뱀이라고 하게 되었다. 그때 이 뱀들이 이스라엘 백성을 물게 된 것은 하나님의 징벌이었다. 하나님은 자연물을 가지시고 사람들을 벌하기도 하신다.

7 **백성이 모세에게 이르러 말하되 우리가 여호와와 당신을 향하여 원망함으로 범죄하였사오니 여호와께 기도하여 이 뱀들을 우리에게서 떠나게 하소서.** 이스라엘 백성이 이때 회개한 것은 잘한 일이라고 할 수 있지만 그들의 회개가 철저하지 못한 것도 사실이다. 그것은 그들이 그 이후에도 거듭거듭 모세를 원망한 사

실로 보아 알 수 있다.

8-9 여호와께서 모세에게 이르시되 불뱀을 만들어 장대 위에 매달아라 물린 자마다 그것을 보면 살리라 모세가 놋뱀을 만들어 장대 위에 다니 뱀에게 물린 자가 놋뱀을 쳐다본즉 모두 살더라. 이 말씀에 대하여 우리는 몇 가지 생각할 것이 있다. ① 이 말씀은 예수 그리스도께서 십자가에 못 박히실 것을 예언함(요 3:14). ② 그것을 쳐다보는 자가 구원을 받는 이유는 그것이 하나님께서 주신 제도이기 때문임. 우리는 하나님의 명령대로 순종할 때 초인간적인 효과를 볼 수 있다. ③ 쳐다보기만 함으로 구원을 얻음. 쳐다보는 것은 쉬운 일이다. 이같이 구원을 쉽게 받도록 하신 제도는 그 받아지는 구원이 하나님의 능력으로 말미암았음을 보여주기 위한 것이다.

그레이는 말하기를, 이 부분의 놋뱀 기사가 왕정시대 어떤 저자의 기록이라고 하면서, 그 목적은 놋뱀 숭배를 방지하려는 데 있다고 한다. 그러나 본문에는 놋뱀의 우상화에 대한 말씀은 전혀 없고, 그때 놋뱀 설치를 명하신 하나님의 은혜로우신 처사만 말하였다.

놋뱀에 대하여 사유주의자늘은 여러 가지 그릇된 해석으로 설명한다.

1) 토템(Totem), 곧 종족의 표상으로 생각되는 자연물을 숭배하는 사상에서 놋뱀 시설이 유래되었다고 함(W. R. Smith). 그러나 이스라엘의 하나님은 여호와 외에 다른 것을 숭배하는 것을 금하셨으니(출 20:4), 이런 학설은 성립될 수 없다.

2) 해로운 동물을 축출하기 위한 고대 국가들의 풍습에서 유래되었다고 함(Frazer). 이 경우에 있어서는 다음과 같은 설명이 따른다. 어떤 나라에서는 우물에 거머리가 성하므로 놋거머리를 만들어 우물에 넣음으로 그것을 없앤다고 하며, 블레셋 사람들은 쥐의 재앙을 면하기 위해 금쥐를 만들어 그것을 운반하여 국외에 내보낸다고 한다.

그러나 이스라엘의 놋뱀 설치는 다음과 같은 의미를 가졌으므로 이방의 미신과 다르다. ① 본문에 놋뱀을 장대 위에 매달았다는 것은 어느 지점의 사람이든지 그것을 쳐다볼 수 있도록 하는 것이 그 목적이다. 여기 "장대"(נס)라는 말은 '특별한 장대'를 의미하는데 오늘날의 국기 게양대처럼 높이 세울 수 있는 것이다. 그러므로 예수님도 이 점에 유의하시고 "인자도 들려야 하리니"(요 3:14)라고 하셨다. 예수님이 들리우신다 함은 그의 복음이 높이 들리워 만방에 알려져야 할 것을 말씀함이다. ② 하나님께서 하필 불뱀에게 물린 자들로 하여금 뱀의 형상을 바라보도록 하신 것은 그들의 병세를 증가시킬 듯한 일이었다. 뱀에게 물린 자가 뱀을 보기 좋아할 리 없다. 이와 같은 방법은 해를 입히는 자연물을 축출하려고 그 모조물을 다른 곳으로 옮기는 이방 풍습과는 다르다. 하나님께서 불뱀에게 물린 이스라엘로 하여금 그 끔찍한 불뱀을 연상시키는 놋뱀을 쳐다보게 하신 것은 하나의 역리적인 처사이다. 사람에게 신앙을 발생시키려는 계시의 원리는 어떤 때에는 이같이 사람의 이성을 거스린다. 병세를 더할 우려가 있는 행동(놋뱀을 쳐다봄)이라도 하나님의 명령을 순종하는 의미에서 취해진 것은 신앙이다. 그러므로 놋뱀을 설치하도록 한 것은 이방 풍습과 달라서 피해자를 상대한 것이며, 또 그들의 신앙을 위한 것이다. ③ 뿐만 아니라 놋뱀은 그리스도를 상징한 것이다. 그리스도는 죄를 알지도 못하시는 분으로서 죄로 삼으심이 되셨다(고후 5:21; 롬 8:3).

3) 그레이는 놋뱀에 대한 말씀을 전설(혹은 신화)이라고 하였다.[34] 그의 이 말은 사람들의 신앙 교육을 위해 근거없는 놋뱀 이야기를 만들어 낸 것이라고 함이다. 이와 같은 견해는 하나님의 계시 성격을 무시한 것이다. 하나님의 계시는 도리어 신화주의를 파괴하기 위한 것이다.

자유주의자들은 성경의 기적들을 모두 신화라고 하며, 그 역사성을 부

---

34) G. B. Gray, *A Critical and Exegetical Commentary on Numbers* (Edinburgh: T. & T. Clark, 1903), p. 275.

인함이 일반적 경향이다. 예를 들면 그들은 여호수아 6장에 기록된 대로 하나님의 권능으로 여리고 성이 무너진 사실을 신화라고 한다. 가스탕(John Garstang 1930-1936)은 고고학적 발굴에 의하여 여리고 성(BC 1400년에 무너짐)의 고적을 찾아냈다고 하였다. 그러나 오늘날에 와서 캐서린 캐니언(C. Kenyon)은 역시 고고학에 의하여 다른 말을 한다. 곧 가스탕이 발견했다는 그 무너진 성은 여호수아 시대보다 훨씬 이전의 것이라고 한다. 그는 여호수아기의 여리고 성 기사를 신화라고 한다. 그러나 우리는 이것을 안다. 곧, 고고학도 변한다는 것이다. 그러므로 캐니언의 말도 틀린 것으로 드러날 날이 온다.

10-13 여기에는 이스라엘의 광야 여행 중에 그들이 머물렀던 지명들 넷이 나오고, "**떠나**"라는 말도 네 번 나온다. 이런 자세한 지리적 묘사는 민수기 저자가 후대의 전기 작가가 아님을 증명한다. 이러한 기사는 이스라엘의 광야 여행에 동참했던 자만이 기록할 수 있다.

14-15 여호와의 전쟁기. 이것은 어떤 전쟁들에 대하여 기록한 것인지 확실히 알 수 없으나 델리취의 해석에 의하면 이스라엘을 위한 전쟁에 있어서 하나님이 도와주신 사실을 증거하는 모세시대의 시가집이라고 할 수 있다. 여기에 기록된 지리에 대한 노래는 이스라엘이 가나안을 향하여 전진하는 승리의 행진을 찬송하는 것이다. 이것이야말로 목격자의 감상을 그대로 표현한 것이라고 생각된다. 만일 민수기가 후대의 왕정시대 기자의 저술이라면 이 노래가 담고 있는 지리적 감상을 이 본문처럼 생생하게 기록할 수 있을까 함이 문제이다. 순전히 지명들로써 읊어진 이 짧은 노래는 실상 목격자가 아니고는 그 지형에 대한 감흥을 그대로 묘사하기 어렵다. 이것은 개선하는 행군의 기쁜 감상을 풍기는 인상 깊은 노래이다. 이 노래야말로 승전하게 하시는 하나님의 은혜를 지리적으로 느끼면서 읊은 것이다. 이 노래를 읽는 자는 그 문자들의 배경에 깔려있는 그당시 이스라엘의 기쁨을 감상할 줄 알아야 한다.

16-18상 여기서는 그때 이스라엘이 하나님의 은혜로 발견한 우물에 대하

여 말한다. 이스라엘은 그 우물 때문에 하나님께 감사하는 의미에서 노래를 읊었다. 이 노래 가운데 **규와 지팡이로 판 것이로다**(18절)라고 한 가사는 모세의 권위 있는 지도하에서 파게 되었다는 것이다. "규"나 "지팡이"는 여기서 '권위'를 의미한다. **지휘관들⋯귀인들**(18절)은 그때 이스라엘의 '지도자'들을 가리킨다. 그들은 하나님의 인도를 따라 백성을 지도하여 우물을 파게 하였다. 광야에서는 샘물을 발견하기도 어려웠으므로 하나님의 인도를 받는 지도자들만이 그것을 발견하였다. 요한복음 4:6의 "야곱의 우물"이라는 말도 야곱의 지도에 의하여 판 우물을 가리킨다(요 4:12).

16-18절의 노래는 그 현장에서 직접 목격하고 경험한 자 외에는 기록할 필요를 느끼지 못했을 것이다. 이것은 그때의 목격자가 친히 경험한 사실들을 그대로 전하기 위한 서술이라고 생각된다.

18하-20 여기에 또다시 이스라엘의 행진에 대하여 자세한 서술이 나온다. 다섯 개의 지명들(맛다나, 나할리엘, 바못, 모압 들에 있는 골짜기, 비스가)이 나오고, "이르렀다"는 말이 다섯 번 나온다. 이런 기록을 보아도 우리는 목격자 이외에 특별히 후대 왕정시대의 사람으로서는 기록할 수 없음을 알 수 있다. 만일 그레이가 말한 대로 왕정시대의 어떤 기자가 자기 시대의 이스라엘 백성을 회개시키려는 목적으로 기록하였다면 이와 같은 지리적 묘사가 그 목적 달성에 무슨 필요가 있겠는가?

21-32 여기서는 이스라엘이 아모리 왕 시혼을 이긴 사실에 대하여 자세히 말한다. 이스라엘은 처음에 될 수 있는 대로 전쟁을 피하려 하였다(21-22절). 그들이 그렇게 행동한 이유는 그 땅이 약속한 땅 곧 가나안에 속하지 않았기 때문이다. 그들은 그만큼 하나님의 약속에 의해서만 행동하였다. 그런데 그때 아모리 사람들이 이스라엘을 향하여 도전해 왔으므로 이스라엘은 부득불 응전한 결과 이겼다. 이스라엘이 아모리 사람의 왕 시혼을 이긴 것은 그야말로 하나님의 권능으로 되어진 것이었다. 시혼의 왕국은 매우 강성하

였으므로 이 사실을 지적하기 위해서 여기에 시인의 노래가 들어 있다. 이 노래의 내용은 아모리 사람의 왕 시혼은 일찍이 모압을 정복한 용장이었음에도 불구하고 이스라엘이 그 시혼을 이겼다는 것이다. 그런 승리는 하나님의 능력을 보여 준다. 이와 같은 승리에 의하여 이스라엘은 가나안에 들어가기 전에 이미 하나님의 위엄을 떨쳤으므로 가나안 땅의 민족들은 미리부터 공포에 사로잡히게 되었다(수 2:8-11).

이 부분에 나온 자세한 내용은 목격자가 아닌 후대의 어떤 저자로서는 기록할 수 없다고 생각된다. 만일 자기 시대의 민중을 가르치기 위한 후대의 저자라면 그가 정신 교육에는 필요 없는 자료들을 기록했을 리가 없다.

33-35 여기서는 이스라엘이 바산 왕 옥과 싸워서 이긴 사실에 대하여 말한다.

| 설교자료

1. 이스라엘은 광야에 물이 없다고 또다시 원망하는 죄악을 범하였다(5절). 이때에 하나님께서는 그들에게 불뱀들을 보내어 그들을 물어 죽이게 하셨다(6절). 하나님께서는 어떤 때에 그 백성의 죄악을 참으시고 계속하여 은혜를 주시기도 하신다. 그러나 그는 사랑하는 자에게 채찍을 아끼지도 않으신다(히 12:5-8). 그것은 그들로 하여금 죄를 회개하고 살게 하시려는 것이다(참조. 겔 18:31-32).

2. 이스라엘 백성이 이때에 불뱀에게 물려 죽는 재앙을 만나 회개하며 부르짖었다. 그때 모세는 그들을 위하여 하나님께 기도하였다. 하나님은 그 기도를 들으시고 불뱀에게 물린 자들의 구원받을 방법을 보여주셨다(7-8절). 하나님께서는 진심으로 회개하는 자를 물리치지 않으신다. 그는 진심으로

그에게 돌아오는 자에게 찾아오신다(암 5: 4, 6; 슥 1:3).

3. 불뱀에게 물린 자들이 구원을 받는 방법은 장대 위에 달아 놓은 놋뱀을 쳐다봄이다. 이것은 장차 오실 예수 그리스도께서 십자가에 못 박혀 죽으심으로 믿는 자를 구원하실 것을 예표한 것이다(요 3: 14). 예수님은 죄를 알지도 못하신 자로 우리를 대신하여 죄로 삼음이 되신 것은 우리로 하여금 저의 안에서 하나님의 의가 되게 하려 하심이었다(고후 5:21). 그는 죄가 없으시지만 우리를 대신하여 저주받아 죽는 죄인처럼(갈 3:13), 십자가에 높이 달려 죽임이 되셨다. 그를 바라보는 자(그를 믿는 자)는 구원을 받는다. 이사야 45:22에 말하기를 "땅끝의 모든 백성아 나를 앙망하라 그리하면 구원을 얻으리라 나는 하나님이라 다른 이가 없음이니라"고 하였다.

4. 이스라엘 백성은 광야에서 하나님의 인도를 따라 그 나그네 길에서 진행하고 또 진행하였다(10-13절). 여기 "진행"이라는 말이 네 번 나온다. 이것을 보면 그들의 광야 여행은 약속의 땅 가나안을 목표로 하고 여행하는 소망의 길을 간 것이다. 거기에도 노래가 있었다. 그러나 그 노래는 여행자로서 그 주위에서 볼 수 있었던 골짜기와 비탈과 땅 이름들 뿐이었다(14-15절). 그러나 그것도 기쁨의 노래였다. 광야와 같은 이 세상에서 우리가 아직 천국은 볼 수 없어도 그것을 향하여 가는 도중에 소망의 기쁨을 지니고 있다. 우리도 그것을 노래하는 의미에서 세상 환경의 자료를 가지고 그것을 읊어 본다.

이스라엘은 광야의 험한 여행길에서 가끔 우물을 만나게 된다. 그것도 그들이 하나님의 인도를 따라 받는 선물이었다(16-18절). 그러므로 그들은 그 우물로 인해서도 노래를 불렀다(17-18절). 이것은 마치 신약시대의 성도들이 이 세상 여정에서 피곤할 때에 때를 따라 도와주시는 하나님의 위로를 받는 것과 마찬가지이다.

제 22 장

✤ 내용분해

1. 모압 왕 발락이 이스라엘을 두려워함(1-4절)
2. 발락이 사람들을 발람에게 보냄(5-14절)
3. 발락의 두 번째 초청에 발람이 응함(15-20절)
4. 발람이 도중에 여호와의 사자(천사)를 만남(21-35절)
5. 발람과 발락의 회견(36-41절)

 고등비평가들은 22-24장까지는 두 가지 문서(J, E)로 되었다고 한다. 그들이 이같이 말하는 것은 이 부분에 "여호와"라는 말이 열 아홉 차례 나오고, "하나님"이라는 성호가 열 차례 나오는 것을 이유로 든다. 따라서 고등비평가들은 이 부분 말씀이 왕정시대에 기록되었다고 주장한다. 그러나 우리는 그 학설이 잘못된 것을 본문 해석에 의하여 밝히 지적할 수 있다.

↓ 해석

1-3 모압이 심히 두려워하였으니 이스라엘 백성이 많음으로 말미암아. 고등비평가 그레이에 의하면, 이스라엘이 왕정시대에 이르러서야 많은 백성을 가진 나라가 되었을 것이라고 하면서 민수기는 왕정시대의 어떤 저자의 글이라고 한다. 그러나 그때 이스라엘 사람의 수효가 많았다는 것은 군대의 수효가 많았다는 뜻이다. 그때 이스라엘 장정의 거의 전부가 군인이었을 것이니 그 수효가 많았을 것은 확실하다. 여기 "이스라엘 백성의 많음을 인함이라"고 한 것은 하필 왕정시대에 번성한 인구를 생각하였다고 할 것은 없다.

4-6 여기서는 모압 왕 발락이 미디안 장로들과 협의하고 사자들을 발람에게 보내어 이스라엘을 저주하도록 할 계획을 세웠다고 한다. 발락이 이때에 병력으로 이스라엘을 대항하지 않고 종교의 방법으로 난국을 해결하려고 하였으니, 그것은 그가 하나님의 힘을 믿으려는 좋은 방침인 것 같다. 그러나 그가 하나님께 대하여 올바른 방법으로 처사하지 않았으니 잘못이다. ① 그가 이스라엘을 두려워할 필요가 없었는데 두려워한 것이 잘못이다. 하나님께서 이스라엘로 하여금 모압을 해하지 않도록 이미 방침을 세우신 사실(신 2:9)을 그는 몰랐었다. ② 그가 하나님께서 축복하신 이스라엘을 저주할 계책을 세운 것은 역시 그의 어두운 처사였다. 불신자는 이같이 종교적으로 어두운 까닭에 하나님의 뜻을 거스르는 일이 많다.

미디안 장로들(4절). 이때에 미디안 사람들은 모압 민족과 서로 합작한 것이 드러난다. 그런데 그들의 지도에 응하여 발락은 발람을 청하도록 결정한 듯하다는 학자가 있으나 확실히 알 수 없다.

강 가 브돌에 보내어 발람을 부르게 하여(5절). 여기 "강 가"라는 말은 유프라테스강을 가리킨다. "발람"은 메소포타미아 사람이다(신 23:4). "발람"이라는 이름의 뜻은 '백성을 파멸시키는 자'이다. 그러면 발람은 어떤 사람인가? ①

퀴넨(Abraham Kuenen)은 22:2-24:25에 기록된 발람과 31:8, 16에 기록된 발람이 각기 다른 사람이라고 하며, 뒤의 기록을 포로 이후 시대의 제사 문서(P)에 돌리고, 22:2-24:25에 기록된 발람은 참된 선지자로서 포로 이전 왕정시대의 사람이라고 한다. ② 페더슨(Johannes Pedersen)은 발람을 하나님의 사람이라고 한다. 그에 의하면, 술사와 선지자가 같은 부류였다고 한다. 그는 잠언 16:10의 케셈(קסם)이라는 말(점술: divination)도 좋은 뜻(하나님의 말씀)으로 쓰였다는 이유를 들어 그의 학설을 강력히 주장한다. 그러나 "케셈"은 '점(占)'을 의미하기도 하고, 때로는 '선전'이나 '판결'을 의미한다. 구약은 언제나 요술과 모든 미신 행위를 정죄한다(레 19:31; 신 18: 9-14; 왕하 17:17). ③ 올브라이트(William F. Albright)는 말하기를, 발람은 전에 바벨론의 바루(Baru) 제사장이었는데 여호와 종교로 개종하였고, 후에 이스라엘을 반역한 자라고 한다. ④ 델리취는 발람이 브올(בעור)의 아들이라는 이유로 자초지종 마술사였던 사실을 지적하였다. 곧, 브올이라는 말의 뜻이 '멸망시킨다'는 것이니, 그것은 마술에 의하여 사람들을 잘못되게 만드는 것을 가리킨다. 발람이 이런 마술을 행하는 자의 아들이었다면 처음부터 마술사였을 것이다.

7-8 복채를 가지고(7절). 이것을 보면 당시 술사들이 보수를 위하여 일했던 것이 분명하다. 이것이 참된 선지자들과 다른 점이다. 참된 선지자들은 하나님을 위하여 자기 자신을 희생하고, 사람들이 듣든지 말든지 예언하였다(겔 2:5).

발람이 그들에게 이르되 이 밤에 여기서 유숙하라(8절). 발람이 만일 참된 예언자였다면 그때 이스라엘에게서 되어진 일들이 하나님께서 하신 일이었음을 깨달았을 것이다. 그럼에도 불구하고 이스라엘을 저주할 수 있는 여부를 알아보려고 시간적 여유를 만든 것은 그가 참 선지자가 아니었던 증표이다.

9-12 이 사람들이 누구냐(9절). 이것은 하나님께서 발람을 책망하신 말씀이다. 하나님께서는 이스라엘을 저주할 수만 있으면 저주하려는 발람의 태도를 이 말씀으로 정죄하신다. 발람이 그 사람들을 자기와 함께 유숙하도록 한

것부터가 잘못이다.

　그런데 문제는 하나님께서 어찌하여 그런 옳지 않은 자를 만나 주셨을까 하는 것이다. 그러나 이것은 문제될 것이 없다. 하나님께서는 어떤 때에 그의 진리를 나타내시기 위해서는 그의 원수를 사용하시는 일도 있다. 그는 가야바를 통해서도 그리스도의 속죄의 죽음을 예언하도록 하셨다(요 11:49-53). 그때 발람은 이스라엘 하나님의 명성을 알고 하나님의 이름으로 혹 축복하거나 혹 저주하는 일을 한 것이 사실이다. 그러나 그가 하나님의 영광을 위하여 그런 일을 한 것이 아니고 사리사욕을 위하여 그리하였을 것이다. 그러나 하나님은 그런 자를 이용해서라도 이스라엘에게 대한 그의 계획을 계시하셨다. 하나님의 진리는 이같이 진리의 원수까지도 동원되어 그 사람의 본의 아닌 것을 증거하게 하심으로 그 진리의 확실성이 역시 별다르게 나타난다. 그런 때에는 원수라도 별 수 없이 하나님의 진리의 포로가 되어진 것이다.

　하나님이 발람에게 이르시되 너는 그들과 함께 가지도 말고 그 백성을 저주하지도 말라(12절). 하나님께서는 그의 백성을 보호하시되 이같이 철저히 하신다. 그는 어떤 때에 거짓 선지자의 입까지도 주장하여 그 백성에게 해로운 말을 못하게 하신다. 물론 악한 사람들이 하나님의 백성을 훼방하는 일이 있으나 그것은 그들을 해롭게 하지는 못하는 것이다. 참으로 해롭게 하는 저주는 하나님으로부터 오는 것인데 그런 저주가 그의 백성에게는 오지 않는다.

　13-14 여기서는 발람이 발락의 사신들을 돌려보낸 데 대하여 말한다. 그들은 발락에게로 돌아가서 그 모든 경과를 보고하였다.

　15-17 발락은 더 높은 귀족들을 발람에게로 보내어 그로 하여금 이스라엘을 저주하도록 힘썼다. 이때에 발락은 발람에게 더 큰 보수를 주기로 약속한다(17절). 발람은 거짓 선지자로서 보수에 매여 움직인 것이 사실이다.

　18 발람이 발락의 신하들에게 대답하여 이르되 발락이 그 집에 가득한 은금을 내

게 줄지라도 내가 능히 여호와 내 하나님의 말씀을 어겨 덜하거나 더하지 못하겠노라.
발람은 여기서 참 말을 하는 것 같으나 실상 그 중심은 삯을 받으려는 미혹에서 떠나지 못한 것이다. 이 구절에 소개된 그의 말은 실상 하나님께 아첨하는 것밖에 되지 못한다(참조. 시78:36). 거짓된 자들은 자기도 속고 남도 속이려 한다.

여호와 내 하나님. 고등비평가 그레이는 말하기를 "여기서 발람이 본래 사용한 말은 '하나님'이라는 말뿐이었을 것인데 후대 왕정시대의 유대인 저작자가 그 문건에 '여호와'라는 말을 첨부하여 이방의 하나님과 이스라엘의 하나님은 같다는 뜻을 표시하였다"라고 한다.[35] 그러나 이와 같은 견해는 마땅하지 않다. 발람이 그때 이스라엘의 하나님을 빙자하여 예언한 것이 사실이므로 그가 "여호와"라는 성호를 몰랐을 리가 없다.

19 그런즉 이제 너희도 이 밤에 여기서 유숙하라 여호와께서 내게 무슨 말씀을 더 하실지 알아보리라. 이 말도 그가 탐심에 끌려서 발락에게 가고자 하는 마음으로 표현된 것이다. 그는 하나님보다 물질을 더 사랑하였다.

20 밤에 하나님이 발람에게 임하여 이르시되 그 사람들이 너를 부르러 왔거든 일어나 함께 가라. 언뜻 보면 이 말씀은 모순된 듯하다. 발락의 첫번 요청시에는 하나님께서 가지 말라고 하셨는데 두 번째 요청에는 가라고 하셨다. 그러나 이 난제는 쉽게 해결된다. ① 칼빈은 이것을 풍자적인 말씀이라고 한다. 곧, 이때에 하나님께서 기쁘게 허락하시는 것이 아니고 가고자 하는 발람의 태도를 좋지 않게 여기시면서 방임하시는 뜻이라고 한다. ② 기스펜(W. H. Gispen)은 이것을 교육적인 처사라고 한다. 곧, 발락에게로 가고자 하는 발람을 가도록 하여 그 가는 도중에 하나님께서 그를 가르치시려고 하신다는 것이다. 위의 두 해석 중 어느 것을 취하든지 문제는 해결된다.

---

35) G. B. Gray, *A Critical and Exegetical Commentary on Numbers* (Edinburgh: T. & T. Clark, 1903), p. 317.

21-35 이 부분에는 발람이 나귀를 타고 가다가 여호와의 사자를 만났던 사건에 대하여 자세히 기록하였다. 그때 나귀가 사람의 말을 한 것에 대하여 두 가지 해석이 있다. ① 나귀가 말한 것이 아니라 발람이 환상 중에 나귀의 말을 듣는 체험을 하였다는 것. 그러나 본문은 환상을 말하지 않는다. ② 실제로 하나님께서 이적적으로 나귀로 하여금 말하게 하셨다는 것. 이 해석이 본문 문맥에 맞는다.

21-35절에는 발람의 행동이 나귀만도 못하다는 하나님의 교훈이 들어 있다. 그것은 발람이 나귀에게 책망을 받은 사실(28, 30절)과 여호와의 사자의 말 가운데 "나귀가 만일 돌이켜 나를 피하지 아니하였더면 내가 벌써 너를 죽이고 나귀는 살렸으리라"(33절)고 한 말씀을 보아서 알 수 있다.

36-41 여기서는 발락과 발람이 서로 만난 뒤에 벌어진 일들을 간단하게 기록한다.

| 설교자료

1. 모압 왕 발락은 이스라엘 백성의 승리적 행진을 시기하여 그 행진을 저지하는 방책을 강구하였다. 언제든지 하나님의 일을 방해하는 자는 마귀의 책동을 따르는 자이다. 특별히 그가 이스라엘을 방해하려는 방침으로 종교적인 계책을 세운 것을 보면 그가 하나님의 영적 승리를 적대하려는 것이 분명하다. 하나님을 대적하는 자는 번번이 실패하는 법이다(2-6절).

2. 발락은 거짓 선지자 발람을 초청함에 있어서 물질과 명예로써 유혹하였다(7, 17절). 이는 마치 마귀가 예수님을 미혹하려고 한 방법과 같은 것이다(마 4:1-11).

3. 발람은 모압 왕 발락의 초청에 대하여 처음부터 탐심으로 끌렸다. 하나님의 백성을 저주하는 것을 하나님이 허락하실 리가 없음에도 불구하고 그는 하나님께 기도해 보겠다고 말하였다(8, 19절). 언제든지 거짓 선지자는 표면으로는 진리를 말하나, 마음속에는 탐심이 가득하여 옳지 않은 일에도 미련을 가진다(유 1:11).

4. 하나님께서는 사람의 옳지 않은 소원을 금하신다. 그러나 그 사람이 끝까지 그 악한 소원을 품으면 그로 하여금 그 길을 가도록 내버려두신다. 그러므로 하나님은 마침내 발람으로 하여금 그 길을 가도록 내버려두셨다(20절).

5. 발람은 자기 소욕대로 모압 왕 발락에게로 가는 도중에 칼을 뽑아 든 여호와의 사자를 만났다. 그때 그의 탄 나귀는 여호와의 사자를 보았으나 발람은 보지 못하였다. 사람이 탐심으로 인하여 어두워지면 짐승만도 못하다(21-33절).

제 23 장

✤ 내용분해

1. 이스라엘을 저주하려는 발락과 발람의 첫 번째 운동(1-12절)
2. 이스라엘을 저주하려는 두 번째 운동(13-26절)
3. 이스라엘을 저주하려는 세 번째 운동(27-30절)

✤ 해석

1-4 제단 일곱을 쌓고. 여기 "일곱" 수는 바벨론에서도 사용되었다. 그러므로 일곱 제단을 쌓은 것은 이방 종교의 풍습이었다. 발락과 발람은 이스라엘을 저주할 목적으로 합작하며 이방의 종교적 풍습을 그대로 채용하였다. 그럼에도 불구하고 하나님께서 이방 종교 의식을 기뻐하시는 듯 발람을 만나 주신 것은 이해하기 어렵다. 그러나 이것은 발람의 소행을 기뻐하심이 아니라 그 기회를 통하여 발락과 발람의 소원을 꺾어 버리시고 결국 하나님의 뜻을 관철하시려는 것이었다.

5-10 여기 기록된 발람의 예언을 보면 그가 하나님의 뜻을 거슬러 예언할 수 없었고, 어디까지나 하나님께서 주시는 말씀을 그가 전하였다(7-8절). 하나님께서는 어떤 때에 거짓된 자를 통해서도 그의 뜻을 밝히 드러내신다. 그는 원수 가야바를 통해서도 그리스도의 속죄를 예언하셨다(요 11:49-53). 그가 어떤 때에 원수를 통해서 진리를 증거하게 하시는 것이 일반적은 아니지만 특별한 경우에 있는 증거운동이다. 세상 법정에서도 증인을 세울 때 일반적으로는 그 범인에 대하여 가깝지도 않고 원수도 아닌 증인을 세우지만 때로는 그 범인의 원수라도 그 범인의 무죄를 증거할 때는 재판장은 그 말에 크게 주의한다. 원수는 으레 그 범인에게 대하여 해로운 말을 할 터인데 도리어 유익한 말을 했다는 것은 그 범인에게 죄가 없는 사실을 극히 강력하게 증거한 말이 아닐 수 없다.

하나님께서 어떤 때에는 그의 원수를 통해서라도 자기의 진리를 틀림없이 말하게 하는 기회를 만드신다. 그가 발람을 사용하셔서 택한 백성 이스라엘에 대한 장래의 사실들을 그대로 말하게 하신 것이 그 일례이다. 하나님은 발람을 쓰실 때 거짓된 자의 계획을 깨뜨리시고 자기의 일을 이루셨으니, 그것도 하나의 심판 행위였다.

이 백성은 홀로 살 것이라 그를 여러 민족 중의 하나로 여기지 않으리로다. 이 말씀의 뜻은 다음과 같다. 곧, 이스라엘은 유달리 여호와 하나님만 믿고 잘될 것이므로 다른 나라를 의지하지 않을 것이며, 또한 그 위신과 영광이 독특하여 이방 국가들과 동일한 처지에 있지 않다는 것이다. 발람의 이와 같은 예언은 이스라엘 나라가 하나님만 믿고 따르며, 만방에 하나님의 영광을 드러낼 선택받은 민족인 것을 가리킨다.

야곱의 티끌을 누가 능히 세며. 곧, 하나님께서 야곱에게 약속하신 대로 이스라엘이 땅의 티끌같이 많아질 것을 내다본다(창 28:14).

이스라엘 사분의 일. 그때 이스라엘 민족은 네 부분으로 나뉘어 진을 쳤던 것이다(민 2장). 발람은 이때에 그것을 바라보면서 그 민족의 장래가 크게 창성할 것을 내다본 것이다.

나는 의인의 죽음을 죽기 원하며 나의 종말이 그와 같기를 바라노라. 발람은 여기서 본의 아니게 성령의 감동으로 진리를 말하였다. 그는 "의인의 죽음"을 원하였다.

1) "의인의 죽음"은 어떠한 것인가? 그것은 살기 위하여 살다가 죽는 것이 아니다. 그런 죽음은 실패자의 죽음이다. 그 이유는 살기 위하여 사는 자로서 죽음을 당하는 것은 그의 소망을 잃었기 때문이다. "의인의 죽음"은 의를 위하여 죽으려고 살다가 죽는 죽음이다. 그것이 승리자의 죽음이다. 사도 바울은 말하기를 "나의 자랑을 두고 단언하노니 나는 날마다 죽노라"(고전 15:31)고 하였고, 또 말하기를 **"우리 살아 있는 자가 항상 예수를 위하여 죽음에 넘겨짐은 예수의 생명이 또한 우리 죽을 육체에 나타나게 하려 함이라"**(고후 4:11)고 하였다. 우리에게 영적 생명이 강하지 못함은 우리가 죽음을 짊어지지 않기 때문이다. 우리는 날마다 죽을 지경에까지 희생의 길을 가야 한다. 그러면 거기에 강한 성령의 역사가 있다. 바울이 날마다 죽는 것은 하나의 죽는 훈련이었다. 그는 그리스도의 죽으심을 항상 본받는다고 말하였다(빌 3:10). 헤이블록(Sir Havelock)은 콜레라로 죽을 때에 평안한 마음으로 "나는 죽음을 위하여 40년 동안 준비하였다"라고 고백하였다. 마라톤 선수들도 한 번 올림픽 경기에 출전하기 위해서 오랫동안 달리는 훈련을 거듭한다.

2) 의인의 죽음은 소망이 있음. 잠언 14:32에 말하기를 **"의인은 그의 죽음에도 소망이 있느니라"**고 하였다. ① 죽을 때에 죄를 끝내는 고로 소망이 있음. 오랜 투병으로 고생하는 사람이 죽기를 원하는 것같이, 의인은 죄악을 질병보다 미워하며 사망보다 싫어한다. 그러므로 성경에 말하기를 "피 흘리기까지"(히 12:4) 죄를 대적하라 하였고, "죽도록 충성하라"(계 2:10)고 하였다. ② 성도는 죽을 때에 내세에 들어간다. 성도는 복된 내세를 이 세상에서부터

체험하고 있다. 현세에서 이미 그는 내세의 주인공이신 하나님과 교제한다. 그리고 그는 하늘의 능력을 받아서 이 세상에서도 기뻐한다. 그는 이 세상만 좋아하며 즐기고 있는 불신자들의 성공을 부러워하지 않으며, 이 세상을 붙잡고 놓지 않으려는 불신자들의 생활을 볼 때마다 영원한 것을 소유하지 못한 그들을 불쌍히 여긴다.

11-12 대답하여 이르되 여호와께서 내 입에 주신 말씀을 내가 어찌 말하지 아니할 수 있으리이까. 이 말을 보면 발람이 하나님께 충성하는 듯이 보인다. 그러나 사실은 그런 것이 아니다. 그는 이때에 하나님의 포로처럼 되어서 자기로서는 할 수 없이 이스라엘을 축복하게 된다는 것이다.

우리는 이 일에 있어서 이상한 생각을 가질 필요는 없다. 그 이유는 하나님께서 그 백성을 위하여 강하게 역사하시는 현장에서는 하나님을 대적하던 자도 별 수 없이 하나의 포로로서 그의 원하지 않는 일을 하게 되어진다. 그때로 말하면 하나님께서 큰 권능으로 이스라엘 민족을 애굽에서 인도하여 내시고 광야에서 40년 동안 훈련시켜 이제는 가나안 문턱에 도달하여 큰 권능으로 가나안의 강한 민족들을 격파하실 그 시점이었다. 그런데 이 마당에서 누가 감히 이스라엘을 저주하여 패망하게 할 수 있겠는가. 그것은 도저히 있을 수 없는 일이다. 만일 누구든지 그 현장에서 이스라엘을 저주하려다가는 그 혀가 반대로 움직여져서 축복하게 될 수밖에 없을 것이다. 어느 시대에나 하나님의 강하신 역사가 나타나는 장면에서는 이와 같은 원리에 속하는 일들이 일어날 수 있다.

13-14 거기서는 그들을 다 보지 못하고 그들의 끝만 보리니 거기서 나를 위하여 그들을 저주하라. 모압 왕 발락은 여기서도 그의 유치한 사고방식을 드러내고 있다. 발람의 예언 가운데 이스라엘의 수효를 계산할 수 없다(10절)고 한 말을 들은 발락은 생각하기를, 발람이 그들을 저주하지 못한 이유가 그들의 많은 수효에 겁을 낸 것이 아닌가 하고, 이번에는 발람을 인도하여 이스라엘 진의

한 쪽 끝만 보이는 지점에 이르렀다. 그는 생각하기를 '여기서는 이스라엘의 소수만 보이므로 발람이 그들을 저주할 수 있다'고 생각하였던 것이다. 하나님을 모르는 사람들은 누구든지 하나님 앞에서 이같이 어리석게 생각한다.

15 발람은 또다시 이스라엘을 저주해 보려고 발락의 어리석은 말에 협조하였다. 그래서 그는 그 지점에서 전과 같이 행동을 개시하였다. 우리는 이 행동을 보아서 그가 예언하는 마당에서도 거짓 선지자의 심리를 버리지 않은 것을 볼 수 있다. 그가 단념하지 않고 여러 차례 예언을 하려고 시도한 것은 혹시 이스라엘을 저주할 수 있는 기회를 만들기 위함이었다. 어떤 학자들은 이때에 취한 발람의 행동은 참된 선지자의 신분으로 하였다고 한다. 그러나 그것은 전혀 잘못된 해석이다.

16-24 여호와께서 발람에게 임하사. 1-4절까지의 해석을 참조하라. 발람이 이 예언에 있어서 하나님의 진실성을 찬송하였고(19절), 하나님의 말씀의 불변성을 말하였으며(20절), 이스라엘의 행복에 대하여 찬송하였다(21-24절). 그 행복은 다른 것이 아니고 ① 이스라엘은 택한 백성이므로 회개할 때에 그 죄를 사함 받으며(21절) ② 하나님을 왕으로 모시는 행복이다(21절). "왕을 부르는 소리가 그 중에 있도다"라는 말씀이 그 뜻이다. 또한 ③ 하나님의 능력에 의하여 이스라엘은 강한 고로 사술이나 복술이 그 민족을 해할 수 없다는 것이다(22-24절).

25-30 발람과 발락은 이때까지 이스라엘을 저주하려는 계획이 실패되었으므로 이제 또다시 세 번째로 다른 지점에 도달하여 이스라엘을 저주하려고 준비하였다. 이것을 보면 그때 모압 왕 발락은 어디까지나 종교 정책으로 나라의 어려움을 해결하려고 끝까지 힘썼다. 그가 그렇게 시도한 원인은 그가 알기에 이스라엘의 승리가 종교적 비결에 있었기 때문이다. 곧, 이스라엘을 승리하게 하시는 이가 여호와 하나님이라는 사실을 밝히 알게 된 그는 아무래도 자기 나라의 난관을 종교적으로만 해결할 수 있는 줄 믿었다. 그러므

로 그는 신의 이름으로 저주할 수 있는 술사 발람을 끝까지 사용해 보려고 하였다. 그의 어리석은 생각에는 발람이 여호와의 마음을 붙잡아 이스라엘을 저주할 수만 있다면 이스라엘의 세력은 무너질 줄 알았던 것이다. 그러나 그것은 망상이었다.

| 설교자료

1. 하나님께서는 어떤 때에 그의 백성을 대적하는 자들에게 임하셔서 그 백성에게 유익하도록 그들을 사용하신다. 발람은 거짓 선지자였지만 하나님께서는 그의 행동을 지배하시기 위하여 그에게 임하셨다(4, 16절). 하나님은 신자들의 구원을 위하여 모든 방면으로 역사하신다. 신자들은 이 사실을 알 때에 더욱 구원에 대하여 안심할 수 있다.

2. 여호와께서 저주하지 않으신 자를 저주할 자는 없다(8절). 그러므로 인간의 생사화복은 전적으로 하나님께만 달려 있다. 사무엘상 2:6-8에 말하기를 "여호와는 죽이기도 하시고 살리기도 하시며 스올에 내리게도 하시고 거기에서 올리기도 하시는도다 여호와는 가난하게도 하시고 부하게도 하시며 낮추기도 하시고 높이기도 하시는도다 가난한 자를 진토에서 일으키시며 빈궁한 자를 거름더미에서 올리사 귀족들과 함께 앉게 하시며 영광의 자리를 차지하게 하시는도다 땅의 기둥들은 여호와의 것이라 여호와께서 세계를 그것들 위에 세우셨도다"라고 하였다(참조. 단 4:35).

3. 발람과 같은 사람도 하나님의 성령으로 감동되어 옳게 생각할 때는 의인의 죽음같이 죽기를 원하였다(10절). 성도는 의인의 죽음을 죽기 때문에 여호와께서 귀히 보신다(시 116:15; 참조. 10절의 해석).

4. 하나님은 언제나 언행이 일치하시다. 그러므로 그의 말씀은 곧 사실과 마찬가지이다(19절). 로마서 3:4에 말하기를 "사람은 다 거짓되되 오직 하나님은 참되시다 할지어다"라고 하였다. 성경에 기록된 모든 사실들은 그의 진실성을 보여주는 것이다. 그의 말씀은 이루어졌고 또 이루어지는 중에 있다.

5. 하나님께서는 그 택한 백성에게 한하여 특별히 사죄의 은총을 베푸신다(21절). 시편 32:1-2에 말하기를 "허물의 사함을 받고 자신의 죄가 가려진 자는 복이 있도다 마음에 간사함이 없고 여호와께 정죄를 당하지 아니하는 자는 복이 있도다"라고 하였다. 하나님께서는 죄인들의 죄를 용서하시고 그들을 자기 백성으로 삼으신다. 시편 130:3-4에 "여호와여 주께서 죄악을 지켜보실진대 주여 누가 서리이까 그러나 사유하심이 주께 있음은 주를 경외하게 하심이니이다"라고 하였다.

제 24 장

✜ 내용분해

1. 발람이 이스라엘을 저주하려다가 도리어 축복함(1-9절)
2. 발락이 발람에게 떠나라고 함(10-13절)
3. 발람의 마지막 예언들(14-24절)
4. 발람과 발락이 각자 자기 곳으로 돌아감(25절)

✜ 해석

1-2 점술을 쓰지 않고. 발람의 이와 같은 태도는 진심으로 회개하고 그렇게 한 것이 아니고 일시 하나님을 기쁘시게 하여 이스라엘을 저주하도록 허락 받으려는 것이다.

하나님의 영이 그 위에 임하신지라. 성령께서 그에게 임하신 것은 그를 옳게 여겨 그리하신 것이 아니고 그를 사로잡아 쓰시려는 것뿐이다. 그것은 마치, 성령께서 다윗을 잡으러 가던 사울을 사로잡으시고 그로 하여금 엎드러져서 예언하게 했던 것과 같은 것이다(삼상 19:24).

3-4 눈을 감았던 자가 말하며 하나님의 말씀을 듣는 자, 전능자의 환상을 보는 자, 엎드려서 눈을 뜬 자가 말하기를. 곧 발람은 자기를 가리켜 하나님의 계시만을 전하는 자라는 것을 거듭거듭 말한다. 이런 반복은 강조체이다. 그는 실상 자기의 소욕대로 한 마디 말도 하지 못하고 성령께 사로잡혀 말하게 된 것이다.

5-7 여기서는 발람이 이스라엘의 행복을 내다보고 말한다. 그는 주로 이스라엘을 물가의 백향목과 같이 간주하였다. 근동 지방에는 물이 귀하므로 그는 물을 행복과 관련시켰다. 그는 그때 이스라엘의 현실을 말함보다 그 민족의 장래를 내다본 것이다. 곧, 그 민족의 왕은 아각보다 위대할 것이며 그 민족은 마침내 그 당시에 강한 나라인 아각의 나라 아말렉보다 흥왕하게 되리라고 한다.

8-9 여기서는 이스라엘이 하나님의 은혜로 강하여진 사실을 지적하고 앞으로도 하나님께서 그 민족과 함께하심으로 그 민족을 축복하는 자는 복을 받고, 저주하는 자는 저주를 받을 것이라고 한다. 그 민족이 이같이 위대해질 이유는 오로지 하나님께서 그 민족과 함께하시기 때문이다. 여기 이른 바 들소, 수사자, 암사자 등은 모두 힘을 상징한 것이다.

10-13 발락은 이제 와서 발람에게 더 이상 기대를 가지지 않고 서로 헤어지기를 원하였다. 이때에 발람은 자기가 이스라엘을 저주하지 못하는 이유에 대하여 또다시 진술한다. 곧, 그는 아무리 이스라엘을 저주하고 싶어도 하나님의 말씀을 어기고는 할 수 없다는 것이다. 그의 이와 같은 말 가운데는 그에게 아직도 이스라엘을 저주하고자 하는 의욕이 있음을 말해 준다. 이것은 거짓 선지자의 옳지 않은 심리이다. 그는 어찌하여 하나님의 택하신 백성을 저주하고 싶어했던가?

14-19 발람은 네 번째로 또다시 예언하게 되었다. 눈을 감았던 자가 말하며 하나님의 말씀을 듣는 자가 말하며 지극히 높으신 자의 지

식을 아는 자, 전능자의 환상을 보는 자, 엎드려서 눈을 뜬 자가 말하기를(15-16절). 이 말씀에 대하여는 앞에 있는 3-4절 말씀의 해석을 참조하라.

내가 그를 보아도 이때의 일이 아니며 내가 그를 바라보아도 가까운 일이 아니로다(17절). 발람의 이와 같은 말은 그의 메시아 예언에 대한 특별한 설명으로 먼 장래에 이루어질 일을 가리킨다. 이 아래 나오는 "별"이나 "규"는 신약시대의 '그리스도'에 대한 예언임을 잘 깨닫게 한다.

한 별이 야곱에게서 나오며 한 규가 이스라엘에게서 일어나서(17절). 여기서 "별"이라는 말은 다시 "규"라는 말로 설명되었다. "규"(שֵׁבֶט)는 임금의 통치를 상징하는 지팡이를 가리킨다. 이것은 야곱의 예언(창 49:10)에도 나와 있다. 그러므로 이것은 구원사적인 용어이다. 타르굼 옹켈로스(Onkelos)는 이것이 직접 메시아를 가리킨다고 번역하였다. 여기 "별"이나 "규"에 대한 해석은 다음과 같이 나뉜다. ① 이스라엘에 나타날 보통 임금을 가리킨다고 함. 그러나 성경이 일반 임금을 예언했을 리는 없다. ② 이스라엘 나라를 가리킨다고 함. 이 해석은 일리가 있다. 그런 경우에 이것은 메시아를 가리킬 수도 있다. 그 이유는 이스라엘 국가가 위대해지는 것은 오로지 메시아로 말미암아서만 가능하기 때문이다.[36] ③ 델리취는 이것이 직접적으로 메시아를 가리킨다고 한다. 메시아가 세계를 통치하시리라는 말씀은 성경에 많이 있다(호 3:5; 렘 30:9; 겔 34:24; 37:24, 25; 삼하 7:12-16; 시 2편; 72편; 110편).

셋의 자식들(כָּל־בְּנֵי־שֵׁת)(17절). 이 말은 '전쟁 소동의 자식들'(Söhne des Kriegsgetümmels)이라고 번역되기도 하고(Ges-Buhl), 또한 '교만의 자식들'(Koehler), 또 '전쟁 소동의 친구들'이라고도 번역된다(König). 이것은 천국의 시민과 반대되는 모든 적그리스도 국가를 가리킨다.

---

36) E. W. Hengstenberg, *Christology of the Old Testament and a Commentary on the Messianic Predictions* (London: Rivington, 1847), p. 101.

남은 자들을 그 성읍에서 멸절하리로다(19절). 여기 "남은 자들"이라는 말은 '하나님의 마지막 원수들'을 가리킨다(Van der Woude).

20 아말렉은 민족들의 으뜸이나 그의 종말은 멸망에 이르리로다. 아말렉은 이스라엘의 적국이며 모든 적그리스도들의 대표라고도 할 수 있다. 이런 나라가 망하게 됨은 장차 메시아 왕국이 승리하기 때문이다.

21-24 겐 족속. 이것은 미디안 족속을 가리키거나(Calvin), 혹은 가나안에 있는 겐 족속을 가리킬 것이다. 그 족속이 앗수르에게 망하고, 앗수르는 깃딤 해변의 국가(구브로 섬이 있는 해변 나라)에게 망하게 된다. 그때 에벨, 곧 셈족의 일파도 망하게 된다. 우리가 이 점에서 명심할 것은 이런 일들이 모두 하나님으로 말미암는다는 말씀(23절)이다. 이같이 적그리스도 국가들이 쇠망하는 것은 메시아 왕국의 진흥을 위한 것이다.

｜설교자료

1. 하나님의 축복을 받는 자들은 하나님이 심으신 침향목과 같다(6절). 하나님의 축복을 받는 자를 나무에 비유한 말씀은 성경에서 종종 발견된다. 시편 1:3에는 "그는 시냇가에 심은 나무가 철을 따라 열매를 맺으며 그 잎사귀가 마르지 아니함 같으니 그가 하는 모든 일이 다 형통하리로다"라고 하였고, 예레미야 17:7-8에는 "무릇 여호와를 의지하며 여호와를 의뢰하는 그 사람은 복을 받을 것이라 그는 물가에 심어진 나무가 그 뿌리를 강변에 뻗치고 더위가 올지라도 두려워하지 아니하며 그 잎이 청청하며 가무는 해에도 걱정이 없고 결실이 그치지 아니함 같으리라"라고 하였다.

2. 발람은 거짓 선지자였지만 하나님께서 그를 지배하시며 사용하실 때는 별수 없이 진리를 말하게 된 것이다. 그러므로 그도 메시아를 예언하게 되

었다(17절). 그는 이방 세계에 대하여 메시아를 예언적으로 선포할 때에 "별"로 비유한 것이다. 이 예언은 모압을 위시하여 동방 국가들 가운데 알려졌을 것이다. 그러므로 그때로부터 1,500년 후에도 동방의 박사들은 그 별이 나타나기를 기다렸던 것이다(마 2:1-12). 하나님의 말씀은 진리인 고로 영원히 없어지지 아니하고 끝까지 승리한다.

제 25 장

✤ 내용분해

1. 이스라엘 백성이 모압 여인들과 음행함(1-3절)
2. 하나님께서 모세에게 그 범죄자들을 처벌하게 하심(4-5절)
3. 아론의 손자 비느하스의 열심과 열병이 그침(6-9절)
4. 하나님께서 비느하스를 칭찬하심(10-15절)
5. 하나님께서 모세에게 미디안 사람을 치라고 하심(16-18절).

✤ 해석

1-3 싯딤은 모압 평원에 있는 지방이다. 이스라엘 백성이 모압 여자들과 음행하게 된 것은 미디안 사람들의 궤계에 의하여 그렇게 된 것이다(18절). 이때 미디안 사람들이 발람의 충동을 받아 모압과 합작하여 이스라엘 백성으로 하여금 음행죄를 범하게 한 것이다(참조. 22:4, 7; 31:16).

그 여자들이 자기 신들에게 제사할 때에 이스라엘 백성을 청하매 백성이 먹고 그들의 신들에게 절하므로(2절). 당시 우상주의는 흔히 음행과 관련되어 있었다. 언제든지 비진리는 죄악을 장려하며 불결을 양성시킨다. 이스라엘 백성은 자기들과 음행한 여자들에게 이끌려서 그들의 우상 숭배에 동참하였다.

바알브올에게 가담한지라(3절). "바알브올"이라는 말은 브올이라는 곳에서 섬기는 바알이라는 뜻이니(신 3:29; 4:46), 그 신(神)들을 위하여 그 신당 가까이 창기들의 방이 부속되어 있었다. 음행은 바알 신을 경배하는 일 가운데 하나였다.

4-5 태양을 향하여 여호와 앞에 목매어 달라(4절). 이것은 많은 사람들이 밝히 보는 가운데서 범죄자들을 교수형에 처하라는 것이다. 이와 같은 처형은 거기 해당되는 범죄자들의 죄악이 극도로 악함을 보여 준다. 이런 형벌을 받는 자들은 백성의 두령들이므로 그 죄책이 더 중대하였던 것이다. 언제든지 남들을 죄 가운데로 인도하는 범죄의 주동자들은 더 큰 형벌을 받아야 합당하다.

6 이스라엘 자손의 온 회중이 회막 문에서 울 때에 이스라엘 자손 한 사람이 모세와 온 회중의 눈앞에 미디안의 한 여인을 데리고 그의 형제에게로 온지라. 이때 이스라엘 백성이 울게 된 것은 하나님의 진노로 전염병이 번졌기 때문이었다(참조. 9절). 그때 하나님의 벌은 임하였고 백성은 그 들의 범죄로 인하여 걱정하는 중에 있는 그 현장에 이스라엘 자손 중 한 사람이 부끄러움도 없이 미디안 여자를 데리고 왔으니, 그는 그 당시에 문제 되었던 죄악에 대하여 너무도 파렴치한 행동을 취한 것이다. 하나님께서는 극도로 악독한 죄악에 대하여는 벌을 아끼지 아니하신다.

7-8 아론의 손자…비느하스가 보고 회중 가운데에서 일어나 손에 창을 들고…이스라엘 남자와 그 여인의 배를 꿰뚫어서 두 사람을 죽이니 염병이…그쳤더라. 이때 아론의 손자 비느하스가 그의 거룩한 열심으로 하나님의 공의를 이룬 것이다. 그 결과로 그때까지 이스라엘 사람들 중에 퍼지던 염병이 그쳤다. 신자들이 사람을 사랑함으로 하나님을 기쁘시게도 하지만, 그의 공의의 분노를 풀어드

림으로 그를 만족하게 해 드리는 일도 있다. 그러므로 그들은 이 두 가지 면을 다 살펴야 되며, 또 결단성 있게 행해야 한다. 시편 76:10에 말하기를 "진실로 사람의 노여움은 주를 찬송하게 될 것이요 그 남은 노여움은 주께서 금하시리이다"라고 하였다.

9 그 염병으로 죽은 자가 이만 사천 명이었더라. 고린도전서 10:8에서 사도 바울은 이 사건을 언급하면서 "이만 삼천 명"이라고 하였으니, 그것은 어찌하여 민수기의 숫자와 같지 않은가? 어떤 학자는 말하기를, 고린도전서 10:8의 것은 하루 동안에 죽은 자의 수를 말한 것뿐이니, 다른 날에 죽은 자들까지 합하면 "24,000명"이 될 것이라고 하였다.

그러나 칼빈은 말하기를 "성경이 숫자를 말하는 때에는 대략 말하는 일이 있다. 그렇다면 이 점에 있어서 민수기 저자는 총수 24,000명을 말한 데 대하여 바울은 그것을 23,000명이라고 대략 말하였을 것이다"라고 하였다. 위의 어느 해석을 취하든지 문제는 해결된다.

10-11 아론의 손자…비느하스가 내 질투심으로 질투하여. 하나님은 자기 백성이 우상을 섬길 때에 질투하신다. 그러나 그 질투는 부당한 것이 아니고 그의 것이 빼앗길 때에 심히 좋지 않게 생각하시는 것이므로 정당하다. 하나님께서는 그의 영광을 위하여 이스라엘 백성을 세우셨다. 그럼에도 불구하고 그 백성이 다른 신을 섬길 때에 그는 정당하게 질투하신다. 이때에 이스라엘 백성이 이방 여자들과 음행한 것은 그들의 우상 섬긴 일과 관련된 것이었다(참조. 1-3절의 해석). 그러므로 그는 그 사건으로 인하여 "질투심"을 가지셨다. 이때 비느하스의 처사는 하나님의 이 마음을 만족시켜 드린 것이다.

12-13 내가 그에게 내 평화의 언약을 주리니 그와 그의 후손에게 영원한 제사장 직분의 언약이라. 일설에 "평화의 언약"이라는 말은 비느하스가 사람을 죽였음에도 불구하고 그를 보호해 주시겠다는 언약이라고 한다. 그러나 이 해석보다는 13절의 말씀대로 비느하스와 그 후손이 대대토록 대제사장이 될 것을

보장하시는 언약이라고 함이 옳다. 물론 그가 아론의 손자이므로 자동적으로 대제사장이 될 것은 명백하다. 그러나 그의 자손들이 대대토록 아무 분쟁이 없이 대제사장이 되는 것은 하나님의 은혜로만 성립된다.

14-15 여기서는 비느하스로 말미암아 죽임당한 남자와 여자의 내력에 대하여 간단히 말한다. 그들의 내력을 밝힌 이유는 그들의 죽음이 하나님의 진노를 멈추는 데 있어서 중요한 역할이었기 때문이다. 이같이 성경은 역사성을 계시의 중요한 요소로 가지기 때문에 사람들의 내력을 기록함에 있어서 자세하다. 성경은 인간의 상상에서 나온 작품이 아니라 하나님의 감동으로 된 것으로 인류의 역사, 특히 이스라엘의 역사적 사건들을 그대로 기록한 하나님의 말씀이다.

16-18 여기서는 하나님께서 모세에게 미디안 사람들을 치라고 명하셨다. 그 이유는 그들이 궤계에 의하여 이스라엘 백성으로 하여금 우상을 섬기도록 유인했기 때문이다(참조. 31:16).

| 설교자료

1. 하나님께서는 바알브올의 범죄 사건에 관계된 두령들을 잡아 엄벌에 처하게 하셨다(4-5절). 지도자들은 남들을 지도할 수 있는 은혜를 받았으므로 그들은 자신들의 범죄에 대하여 엄격한 원리로 책임을 지게 된다. 그 이유는 그들이 범죄한 결과로 남들도 망하게 되기 때문이다(마 23:13).

2. 하나님의 하시는 일은 사랑만이 아니고 공의로도 나타난다(10-13절). 하나님께서는 공의가 실시되지 않을 때 기뻐하시지 않는다. 공의 실행에 대한 그의 열정은 여기서 "질투"라는 말로 표현되었으니, 그것은 특히 이 방면에 대한 그의 열심이 뜨거운 것을 보여주기 위한 것이다.

제 26 장

↓ 내용분해

1. 하나님이 각 지파의 20세 이상이 된 자를 계수하라고 하심(1-4절)
2. 각 지파의 20세 이상 된 자를 계수함(5-51절)
3. 각 지파의 명수대로 공평하게 땅을 나누어 주라고 하심(52-56절)
4. 레위 지파의 생후 1개월 이상 된 남자를 별도로 계수함(57-62절)
5. 시내 광야에서 계수된 자들은 통계에 들어가지 못함(63-65절)

↓ 해석

1-2 하나님께서 모세와 엘르아살에게 각 지파 중에서 20세 이상 된 남자들을 계수하라고 하셨다. 이스라엘의 범죄 때문에 염병이 유행하여 24,000명이 죽었는데 그 후에 인구 조사를 하게 하신 것은 하나님의 뜻하신 바가 있다. 그것은 염병으로 많은 사람이 죽었어도 아직도 가나안을 정복할 수 있는 군대를 이룰 수 있다는 것이다. 이것이야말로 진노 중에도 긍휼을 잊

지 않으시는 하나님의 역사이다(합 3:2). 그러므로 **염병 후에**라는 말씀이 1절 초두에 나온다. 20세 이상 된 자들을 계수함은 전쟁을 위한 것이다(2절).

3-4 이 부분의 말씀을 보면 모세와 엘르아살이 즉각적으로 하나님의 말씀을 순종하였다. 이와 같은 순종이 신앙생활의 진실성을 말해준다. 하나님의 말씀을 듣기만 하고 순종하지 않는 자는 스스로 자신을 속이는 자이다(약 1:22).

5-51 여기서는 열두 지파의 20세 이상 된 자들을 각각 계수한 통계들을 보여 준다. 이 통계를 보고 우리는 다음과 같은 신령한 진리를 깨달을 수 있다.

1) 르우벤은 야곱의 맏아들이지만 계수함을 입은 자가 43,730명 정도로서 수효가 적은 편이다. 이것은 르우벤은 "탁월하지 못하리니"라고 한 야곱의 예언(창 49:4)과 같이 되었다고 생각된다. 모세는 야곱의 예언을 해석하는 의미에서 말하기를 "르우벤은 죽지 아니하고 살기를 원하며 그 사람 수가 적지 아니하기를 원하나이다"(신 33:6)라고 하였다. 델리취는 이것을 개역하여 "르우벤은 살고 죽지 않고 그 인수가 적기를 원하노라"라고 한다. 어느 번역을 취하든지 르우벤 지파의 인구가 많은 편으로 표현되지 않은 것만은 사실이다.

이 지파에서 고라 당의 반란에 참가한 자들이 있었던 사실(9-11절)은 그 지파에게 불행한 일이었다. 그 사건 때문에 르우벤 지파의 인구수가 어느 정도 감해졌을 것이다. 그 사건은 후세 사람들을 주의시키는 경고가 되었다. 본문 10절에 "징표가 되게 하였으나"라고 한 말씀은 '경고가 되게 하셨다'라는 뜻이다. 여기 징표라는 말(נֵס)은 '경고'라는 뜻이다.

2) 시므온 지파의 장정의 수효는 22,200명이라고 하였으니, 처음 인구 조사 때보다 훨씬 적어졌다(참조. 1:23). 그 지파가 왕성하지 못한 원인은 그 조상 시므온의 범죄로 인하여 저주를 받은 까닭이다(창 49:5-7; 참조. 창 34장).

3) 유다 지파의 장정의 수효는 76,500명으로 모든 지파들 중에서 최고에

달한 것이다. 유다 지파에 대하여는 야곱의 축복도 놀랍거니와(창 49:8-12), 이후에 모세의 축복도 그러하다(신 33:7). 유다의 행적을 보아도 그는 축복을 받을 만큼 귀한 일들을 하였다. 그는 형제들이 요셉을 죽이려고 할 때에 죽이지 못하도록 그들을 설득시켰고(창 37:26), 그 형제들과 함께 애굽에 갔을 때는 아버지를 위하여 자기가 베냐민 대신 감금되기를 원한 적도 있었다(창 44:33).

52-56 이 부분은 하나님께서 각 지파에게 가나안 땅을 나누어 줄 원리에 대하여 하신 말씀이다. ① 각 지파의 장정의 명수대로 나누라고 함(53-54절). ② 제비 뽑아 나누라고 함(55절). 제비 뽑는 제도는 특별히 계시시대에 있어서 많이 사용되었다. 잠언 16:33에 말하기를 "제비는 사람이 뽑으나 모든 일을 작정하기는 여호와께 있느니라"라고 하였다. 계시시대에 하나님께서 이 제도를 통하여 그의 뜻을 계시하신 일이 많다. 예를 들면 요나도 제비 뽑음으로 그 풍랑의 원인자로 판명되었다.[37] 우리는 이 점에 있어서 주의할 것이 있다. 그것은 제비 뽑는 제도가 어느 시대에나 하나님의 계시 방법이라고 할 수 없다는 것이다. 그 이유는 계시시대에 사용된 방법이 계시의 효과를 발생한 것은 특별히 그 시대에 국한된 까닭이다. 예를 들면 계시시대에는 하나님께서 인간의 꿈을 통해서도 계시를 주셨다. 그러나 다른 시대에는 꿈이 하나님의 계시를 보여준다고 할 수 없고 다만 하나님께서 특별히 그런 것들을 사용하실 때에 신자들이 하나님의 뜻을 알게 된다(계시의 권위 같은 것은 아니지만).

57-62 이 부분은 레위 지파 중 생후 1개월 이상 된 남자를 계수한 사건이 소개되었다. 그것은 군대 봉사를 위한 것은 아니고 다만 그 지파의 남자 수효를 확인하여 신령한 일에 봉사하게 하려는 것이다. 61절에는 예외로 레위 지

---

37) 욘 1:7; 참조. 수 7:16; 삼상 10:20-24; 14:41-42; 대상 24:5; 느 11:1; 행 1:26.

파 사람들의 실수에 대하여 기록하였으니, 곧 나답과 아비후의 범죄에 대한 것이다. 이것을 특별히 기록한 목적은 후대인들을 경고하기 위한 것이다.

63-65 여기서는 일찍이 출애굽 이후 처음 계수되었던 장정들이 이번 통계에는 포함되지 않았다고 밝힌다. 이 말씀의 목적은 하나님 말씀의 권위를 보여주려는 것이다. 곧, 애굽에서 나온 장정들은 여호수아와 갈렙 외에는 모두 광야에서 죽으리라고 하신 말씀(14:23-35)이 그대로 이루어졌다는 것이다(참조. 65절). 이것을 보면 광야에서 죽은 자들은 하나님께서 이미 말씀하신 그대로 된 것이다.

| 설교자료

1. 하나님께서는 앞으로 있을 가나안 정복을 위하여 다시 장정의 수효를 조사하게 하셨다. 그것은 염병이 지난 다음에도 장정의 수효가 부족하지 않다는 것을 보여주기 위한 것이었다(1-4절). 하나님께서는 진노 중에도 긍휼을 베푸셔서 그들의 수효가 부족함이 없도록 남겨 두신 사실이 이 일로 증명된 것이다. 그뿐만 아니라 우리는 이것을 보고 질서를 귀히 여기시는 하나님이심을 재인식하게 된다. 민수기에는 정확한 숫자로 질서를 정비한 사실이 여러 차례 기록되어 있다.

2. 장정 조사에 있어서 여기서도 사람들의 축복에 대한 하나님의 주권 역사가 드러난다. 물론 그것이 단기간에 된 것은 아니고 상당한 시일이 지나서 드러난 결과이다. 곧, 르우벤 지파와 시므온 지파의 장정 수효가 많지 못한 반면에 유다 지파의 장정 수효는 가장 많은 사실이다. 그것은 야곱의 예언(창 49:8-12)대로 된 것이다.

제 27 장

✣ 내용분해

1. 므낫세 종족에 속하는 딸들이 기업을 청구함(1-4절)
2. 모세가 하나님 앞에 나아가 받은 응답(5-11절)
3. 하나님께서 모세의 죽음을 예고하심(12-14절)
4. 모세가 하나님께 자기의 후계자를 청원함(15-17절)
5. 하나님께서 모세에게 여호수아를 그의 후계자로 세우라고 하심(18-21절)
6. 모세가 여호수아를 그의 후계자로 세움(22-23절)

✣ 해석

1 여기에 므낫세 종족의 조상들의 이름과 그 딸들의 이름이 함께 나온다. 이같이 사람들의 내력을 그 조상들까지 소급하여 말하는 것은 성경의 특색 가운데 하나이다. 이것은 하나님 말씀의 역사성을 보여 준다. 우리는 무더기로 나오는 이름들을 보고도 은혜를 받는다. 곧, 여기 기록된 말씀들이 어

디까지나 사실에 입각하여 기록된 것을 볼 때 성경의 진실성을 믿게 된다.

3 우리 아버지가 광야에서 죽었으나 여호와를 거슬러 모인 고라의 무리에 들지 아니하고 자기 죄로 죽었고 아들이 없나이다. 그들의 이와 같은 진술은 신앙에서 나온 말이다. 그들은 고라당의 반역 행위가 하나님을 거스른 무서운 죄임을 알았고, 또한 그들의 조상이 광야에서 죽은 원인이 죄라는 것을 인정한다. 이와 같은 사상은 신앙에 근거한 것이다. 불신자들은 죄악의 값이 사망임을 알지 못한다.

5-11 이때에 모세는 므낫세 종족의 딸들의 청원을 가지고 여호와 하나님께 아뢰었다. 그는 이스라엘의 어떠한 일이든지 자기의 지혜로써 처리하지 않았다. 하나님의 일은 모두 하나님의 지혜로 이루어져야 한다. 하나님께서는 모세의 기도를 들으시고 응답하여 주셨으니, 곧 그 여자들에게도 장차 얻을 가나안 땅을 분깃으로 주라는 것이다. 하나님께서는 이 점에 있어서 더 광범위하게 문제 해결을 주셨다. 기업을 받아야 할 사람이 죽은 후에 자녀나 형제가 없는 경우에 그 가까운 친족에게라도 그 사람의 기업을 주라는 것이다(8-11절). 하나님께서 이같이 지시하신 것은 이스라엘 사람의 기업을 끝까지 그 사람의 지파에 속하도록 하신 지혜로운 말씀이다. 일이 이렇게 되지 않으면 12지파에게 가나안 땅을 분배한 것이 끝까지 그대로 보존될 수 없다. 하나님의 뜻은 그 땅이 12지파에게 공평하게 분배되기를 원하셨고, 또 그대로 유지되기를 원하셨다(참조. 26:52-56).

하나님께서 그 여자들에게도 남자들과 마찬가지로 기업을 주셨으니 이것은 인권에 있어서 남녀동등임을 보여 준다. 여자들은 이 세상에서만 아니라 내세에도 기업을 누림에 있어서 남자들과 동등하다(벧전 3:7). 고린도전서 11:11-12에 말하기를 "그러나 주 안에는 남자 없이 여자만 있지 않고 여자 없이 남자만 있지 아니하니라 여자가 남자에게서 난 것같이 남자도 여자로 말미암아 났으나 모든 것이 하나님에게서 났느니라"고 하였다.

12-14절. 여기서는 하나님께서 모세의 죽음에 대하여 예언하신다.

12 여호와께서 모세에게 이르시되 너는 이 아바림 산에 올라가서 내가 이스라엘 자손에게 준 땅을 바라보라. "아바림 산"은 모압 평원에 있는 산맥이며, 그 산맥에 "느보산"이 포함되어 있다(참조. 민 33:47; 신 32:49). 그리고 "비스가산"은 느보산의 한 봉우리이다(신 3:27; 34:1). 그런데 하나님께서 그 산에 올라가서 가나안 "땅을 바라보라"고 하신 것은 무슨 목적인가? 그것은 모세로 하여금 하나님의 약속 성취를 좀 더 실감 있게 깨닫도록 해주시기 위함이다(신 34:1-4). 신자에게 있어서 하나님의 진실성을 알고 그것을 느끼며 믿는 것처럼 귀한 것은 없다. 그에게는 하나님이면 그만이다.

13 본 후에는 네 형 아론의 돌아간 것같이 너도 조상에게로 돌아가리니. 여기서 하나님께서 아론의 죽음에 대하여 말씀하신 것은 의미심장하다. 아론은 보통 사람의 죽음과 달리 하나님의 은혜로우신 특별 간섭으로 복되게 죽은 것이었다(20:28). 이제 모세도 머지않아서 그런 은혜로운 죽음을 죽게 될 것이라고 하신다.

"조상에게로 돌아간다"라는 말씀은 무슨 뜻인가? 일설에 이것은 조상들이 묻힌 묘지에 묻히리라는 뜻이라고 하나 옳지 않다. 모세는 아브라함이나 기타 조상들이 묻힌 가나안 땅에 장사되지 못하였다. 그는 이방 모압 땅에 장사되었는데 그 묘를 아는 자가 없다(신 34:6). 그러므로 이 말씀의 뜻은 모세가 하나님의 계약에 참여한 조상들(아브라함, 이삭, 야곱)이 간 하늘나라에 갈 것을 의미하였다(마 8:11; 눅 16:22).

14 그 물가에서 내 거룩함을 그들의 목전에 나타내지 아니하였음이니라(20:10-11 해석).

15-17 모세가 자기의 죽을 것을 내다보고 하나님 앞에 구한 것은 이스라엘 백성을 위하여 후계할 지도자였다. 그는 언제나 자기의 개인 문제보다 하나님의 백성을 중점적으로 생각한다(히 11:24-26).

18-21 그에게 안수하고. 하나님께서 모세에게 명하시기를 여호수아에게 안수하라고 하신다. "안수"는 직분을 전해 주는 표시인 동시에 그 직분을 감당할 수 있는 은사도 받게 하는 방편이다.

네 존귀를 그에게 돌려. 이 말씀은 모세에게 그의 직분을 여호수아에게 주라는 말씀이다. 우림의 판결. "우림"은 대제사장의 에봇에 보관되어있는 것으로 하나님의 뜻을 확인하는 데 사용되었다. 그런데 우림의 모양에 대하여는 성경에 기록되지 않았다.

22-23 여기서는 모세가 하나님의 말씀대로 여호수아에게 안수한 사실에 대하여 말한다.

| 설교자료

1. 하나님께서는 아들이 없는 이스라엘 사람에 한하여서는 그들이 받을 기업을 그의 딸들에게 주라고 하셨다(아버지가 죽은 경우에)(1-8절). 이와 같은 제도는 인권에 있어서 남녀가 동등임을 보여 준다.

2. 하나님께서 미구에 모세가 죽을 것을 예언하셨을 때에(12-14절) 모세는 자기의 후계자를 세워주시기를 구하였다(15-17절). 이것을 통하여 우리는 참된 지도자들의 성직을 위한 사역 원칙을 볼 수 있다. 참된 사역자는 자기 당대만 아니고 후대를 위하여 역시 책임을 느낀다. 그는 자기의 봉사만 중요하게 생각하지 않고 남들의 봉사에 대하여도 똑같이 귀하게 평가한다. 그러므로 그는 자기의 후계자에 대하여 뜨거운 관심을 가진다. 사도 바울도 그의 제자 디모데에게 부탁하기를 "또 네가 많은 증인 앞에서 내게 들은 바를 충성된 사람들에게 부탁하라 그들이 또 다른 사람들을 가르칠 수 있으리라"(딤후 2:2)고 하였다. 하늘나라의 일꾼들은 하나님을 위하여 일하는 것이므로

다른 사람들도 같은 일을 할 수 있도록 봉사하는 자이다.

제 28 장

내용분해

1. 머리말: 이스라엘이 여호와께 드릴 제물에 대한 말씀(1-2절)
2. 매일 드릴 제물(3-8절)
3. 안식일에 드릴 제물(9-10절)
4. 월삭에 드릴 제물(11-15절)
5. 무교절에 드릴 제물(16-25절)
6. 맥추절에 드릴 제물(26-31절)

해석

2 내 헌물, 내 음식인 화제물 내 향기로운 것은 너희가 그 정한 시기에 삼가 내게 바칠지니라. 여기 "내"라는 말이 세 번 나오는데 그것은 하나님께서 그가 받으셔야 할 제사를 강조하심이다. 인간은 하나님께 바쳐야 할 것을 심각하게 생각하지 않으나 하나님께서는 그의 받으실 제물에 대하여 강조하신다. 사람

이 본래 지음 받은 목적은 하나님을 섬기기 위함이었다. 그러므로 인간으로서는 하나님께 제물을 바치는 것이 그의 본분이다(전 12:13).

3-4 "너희가 여호와께 드릴 화제는 이러하니 일 년 되고 흠 없는 숫양을 매일 두 마리씩 상번제로 드리되 어린 양 한 마리는 아침에 드리고 어린 양 한 마리는 해 질 때에 드릴 것이요." "상번제"(עֹלָה תָּמִיד)는 제단에서 계속적으로 태우는 제사를 말한다. 태우는 것은 하나님께 온전히 바침을 의미한다. 이것은 장차 오실 예수 그리스도께서 하나님께 바침이 되시고 우리를 위하여 영원히 중보자가 되어주실 것을 비유한다. 이 비유에서 결론적으로 생각할 수 있는 의미는 영원하도록 우리를 위하여 번제물이 되어주신 그리스도 안에 있는 우리도 항상 하나님 앞에 기도해야 한다는 것이다. 우리를 위하여 대신 하나님께 바쳐진 그리스도는 우리 자신들의 헌신을 결단하게 하신다. 그러므로 우리도 상번제와 같이 늘 헌신되어야 한다.

5-7 여기서는 상번제와 함께 드려야 할 소제에 대하여 말한다. 소제의 제물에는 몇 가지가 있는데 고운 가루, 기름, 독주 등이다. "고운 가루"는 그리스도의 완전하신 인간성에 의하여 이루어진 노력과 순종을 비유하고, "기름"은 성령을 비유하고, "독주"는 그의 기쁜 순종을 비유한다. 일설에 "소제"도 역시 가축으로 바치는 희생제와 같은 의미를 가진다고 하며, "고운 가루"는 고기에 해당하고, "기름"은 가축의 지방에 해당되고, "술"은 가축이 흘린 피에 해당된다고 한다. 그러나 보스(Geerhardus Vos)는 이 학설을 반대한다.

여기 "고운 가루"와 "기름"과 "독주"의 분량에 대한 숫자는 어떤 의미를 가지는지 아는 자 없다. 그러나 하나님께서 그렇게 정하신 것이므로 거기에도 우리로서 알 수 없는 오묘한 뜻이 있는 줄 알아야 한다. 그것도 신앙이다. 독주를 전제물로 드린 데 대하여 이상하게 생각하는 경향도 있다. 그러나 독주 자체가 악한 것이 아니고 무엇이든지 사람이 잘못 사용할 때에 그것이 좋지 않은 것이다. 술도 좋은 목적으로 사용되는 일이 있으니, 그것은 약으로 사용되는 때이다(눅 10:34; 딤전 5:23; 참조. 빌 2:17; 딤후 4:6).

9-10 안식일에는 일 년 되고 흠 없는 숫양 두 마리와 고운 가루 십분의 이에 기름 섞은 소제와 그 전제를 드릴 것이니 이는 상번제와 그 전제 외에 매 안식일의 번제니라. 이 말씀을 보면 안식일에는 다른 날의 두 배를 드린 것이다. 이것은 안식일에는 다른 날보다 하나님께 예배하기를 더욱 힘쓰라는 것이다. 인간의 경건 생활에 있어서 보통으로 힘쓰는 것도 필요하지만 보통 이상으로 강조하는 때도 있어야 한다. 그렇게 강조하는 때가 없으면 보통으로 힘쓰는 일도 지속되기 어렵다.

11-15 여기서는 초하루에 드릴 제물에 대하여 말한다. 매월 초하루에 많은 제물을 바친 것은 지난 1개월 동안에 지은 죄를 용서받기 위함이다. 이날에 노동하지 말라는 말씀은 없다(참조. 대상 23:31; 대하 2:4; 8:13; 31:3; 스 3:5; 느 10:33; 사 1:13-14; 66:23; 겔 45:17; 46:3; 호 2:11). 그러나 후대에는 이날에 노동을 쉬었고(암 8:5), 경건한 이스라엘 사람들이 선지자를 찾아가서 배웠으며(왕하 4:23), 가족들이 감사 제물을 드렸다(삼상 20:5, 29). 이날 제사에는 제물이 더욱 많다. 여기서도 가축의 희생으로 드리는 것이 있는 동시에 식물의 열매로 된 소제도 함께 드렸다. 이같이 두 가지 제물이 병행하는 것은 그 제사의 완전성을 갖추기 위함이었다. 제물을 드림에 있어서 동물에만 국한된 것이 아니고 식물의 열매도 동반하게 된 것이다. 3-7절에 대한 해석을 참조하라.

16-25 여기서는 무교절에 드릴 제물들을 말해준다. 무교절은 유월절 다음 날부터 7일 동안 계속된다. 이 절기에는 7일 동안 무교병을 먹으며(17절), 첫날에는 성회로 모이고 아무 노동도 하지 않고(18절), 번제와 소제를 매일 드렸다(19-21절). 그리고 속죄제를 드리고(22절), 상번제를 여전히 계속하며(23절), 제7일에 성회로 다시 모이고 아무 노동도 하지 않았다(25절).

우리는 여기서 몇 가지 중요한 뜻을 생각할 수 있다. 이 절기의 제사에는 많은 제물들이 바쳐졌다. 그것은 그 절기가 하나님의 특별하신 구원행사를 기념하기 때문이다. 곧, 이 절기는 유월절에 직속하여 이스라엘의 출애굽 구원을 기념하는 것이다. 사람이 하나님께로부터 받은 은혜가 클수록 그는 그것을 기억하여 하나님께 바치는 감사의 예물이 많아야 한다.

그뿐만 아니라 이 절기 기간에 두 날은 이스라엘 백성이 성회로 모이고 아무 노동도 하지 않았다. 그들이 노동하지 않는 목적은 육신의 걱정을 버리고 전적으로 하나님께 경배를 드리려는 데 있다. 노동하지 않고 쉬는 것은 놀기 위함이 아니다. 본문에도 "성회로 모일 것이요"라고 하였으니, 그것은 하나님께 예배하기 위한 성회였다. 번제와 소제에 대한 중요한 뜻에 대하여는 3-7절의 해석을 참조하라.

26-31절. 여기서는 맥추절에 드릴 제물에 대하여 설명한다. "맥추절"은 유월절 후 7주간 지나서 다음 날이다. 그러므로 이날을 "칠칠절"이라고도 하고, "오순절"이라고도 한다(출 34:22; 레 23:15-16). 이날에는 처음 익은 열매, 곧 새 소제를 드린다(26절). 28절의 "소제"(새 소제)는 이것을 거듭 말하여 해석한 것뿐이다. 성회로 모이고 아무 노동도 하지 않으며(26절), 번제를 드리고(27-29절) 속죄제와(30절) 상번제를 드린다(31절).

26 칠칠절 처음 익은 열매를 드리는 날에 너희가 여호와께 새 소제를 드릴 때에도. 여기 이른바 "처음 익은 열매"는 어떻게 드렸던가? 먼저 유월절 주간(무교절을 포함한) 후 첫날에 곡식단을 바치는 것이 그 전주곡이고(레 23:15), 그 후 7주간 지나서 제50일에 새 소제를 드리게 되어 있다. "새 소제"라는 것은 그 해의 새로운 곡식 가루로 만든 떡 두 덩어리를 드림이다(레 23:16-17). 성회로 모여 아무 일도 하지 않음은 하나님께 경배하기 위함이다.

27-29 여기서는 번제에 대하여 말하고, 앞 절에서 진술된 새 소제를 겸하여 해설한다. 소제(새 소제)는 새해의 곡식 가루로 만든 떡을 드림이다. "번제"와 "소제"의 의미에 대하여는 3-7절의 해석을 참조하라.

맥추절 제사에 있어서 우리가 취할 신령한 뜻은 다음과 같다.

1) 유월절 지난 이튿날에 처음 익은 곡식단을 하나님께 바친 것은 그리스도의 부활을 상징한다. 그리고 그때부터 50일이 되는 날에 새 곡식 가루로 만든 떡 두 개를 하나님께 드렸으니 그것은 그리스도의 부활로 말미암아 거듭나게 될 일반 신자들(교회)을 상징한다.

2) 번제를 드린 사실(27-29절)은 신자들이 하나님께 생명을 바쳐 헌신해야 할 것을 상징하는 것이다.

3) 이 제사에 있어서 역시 속죄제를 덧붙였으니 그것도 의미심장하다. 신자는 하나님께 많이 바치되 역시 자기 자신의 허물과 죄 때문에 속죄하여 주신 그리스도 안에서 그것을 바쳐야 한다(참조. 눅 17:10; 히 13:15-16).

설교 ▶ 맥추절의 의미(민 28:26-31)

1. 새 소제를 드림(26절)

"새 소제"는 떡 두 개를 하나님께 드리는 제사이다. "떡 두 개"는 오순절에 생겨난 기독교회를 비유한다. 로마서 11:16에 말하기를 "제사하는 처음 익은 곡식 가루가 거룩한즉 떡덩이도 그러하고 뿌리가 거룩한즉 가지도 그러하니라"라고 한다. 이 말씀은 본문의 "떡 두 덩이"가 기독교회의 비유인 사실을 알려 준다. 기독교회가 하나님의 거룩한 단체로 성립된 근본은 처음 익은 열매되신(고전 15:23) 그리스도이시다. 구약의 절기 순서가 이 사실을 예언한다. 처음에 있는 유월절은 그리스도의 죽으심을 비유하고, 그 다음에 있는 초실절(처음 익은 곡식을 하나님께 바치는 날이니 유월절 주간이 지난 첫날)은 그리스도의 부활을 비유한다. 그리고 그날부터 50일 만에 있는 오순절은 성령 강림의 날(곧, 신약 교회가 생겨난 날)을 예표한 것이다.

그렇다면 떡 두 개는 확실하게 기독교회를 비유한 것인데 교회는 왜 떡 두 개에 비유되었는가?

1) 떡은 곡식의 희생으로 된 것인데 그것이 하나님을 위한 희생 단체인 기독교회를 잘 보여 준다. 교회는 하나님을 위하여 전적으로 제물과 같이 희생되어야 한다. 로마서 12:1에 "너희 몸을 하나님이 기뻐하시는 거룩한 산 제물로 드리라"고 하였고, 고린도전서 6:19-20에는 "너희는 너희 자신의 것이 아니라 값으로 산 것이 되었으니 그런즉 너희 몸으로 하나님께 영광을 돌리라"라고 하였고, 히브리서 13:15-16에는 "그러므로 우리는 예수로 말미암아 항상 찬송의 제사를 하나님께 드리자 이는 그 이름을 증언하는 입술의 열매니라 오직 선을 행함과 서로 나누어 주기를 잊지 말라 하나님은 이같은 제사를 기뻐하시느니라"라고 하였다(참조. 엡 5:2; 빌 2:17; 4:18; 벧전 2:5). 교회는 하나님께 아름다운 제물 드림을 잊지 말아야 한다. 맥추절도 처음 익은 곡식을 바치는 정신으로 일관한다(민 15:19-21). 이것은 하나님께 바치되 정성을 골자로 한 정신이다. 하나님께 참되이 바치는 방법에 대하여 어떤 지도자는 말하기를 "네가 상함이 되기까지 바쳐라"(Give till you get hurt)라고 하였으니 지당한 말이다. 다윗 왕이 아라우나의 타작마당에서 하나님께 번제를 드리려 할 때 아라우나가 제물로 사용할 소와 제물을 태우는 데 소요되는 나무를 왕께 드리겠다고 말했을 때 다윗은 그의 호의를 사양하고 정당한 값을 지불하면서 말하기를 "값없이는 내 하나님 여호와께 번제를 드리지 아니하리라"(삼하 24:24)라고 하였다. 한 영혼이 천하보다 귀하다면 내 영혼을 맡아 구원해 주시는 하나님을 위한 것이라면 무엇이 아까우랴!

2) 새 소제에서 "떡 두 개"의 둘이라는 수효가 역시 기독교회와 관련되어 있다. 둘은 증거 숫자로 그 증거의 신빙성을 말해 준다. 예수님께서도 말씀하시기를 "너희 율법에도 두 사람의 증거가 참되다 기록하였으니"(민 35:30)라고 하셨다(요 8:17). 그가 전도인 70명을 보내실 때도 두 사람씩 보냈으니(눅 10:1), 그것도 이와 같은 의미를 가진 것이다. 기독교회를 비유한 스가랴 4:3

의 "두 감람나무"도 그러하다(참조. 계 11:3). 교회가 증거하는 복음은 참되므로 교회를 가리켜 "진리의 기둥과 터"(딤전 3:15)라고 하였다.

2. 번제를 드림(27절)

"번제"는 원칙적으로 예수 그리스도께서 죄인을 구원하시기 위해 몸을 바치신 것을 비유한다. 그러나 그것은 우리가 그리스도 안에서 몸을 바쳐야 할 것도 가리킨다. 우리가 몸은 바치지 않고 다른 것만 바치는 것은 하나님께 기쁜 제물이 못 된다. 사도 바울이 마게도냐 교회의 연보에 대하여 칭찬한 말씀은 다음과 같다. "그들이 먼저 자신을 주께 드리고 또 하나님의 뜻을 따라 우리에게 주었도다"(고후 8:5).

우리는 우리를 멸망에서 구원해주신 그리스도를 위해 우리의 몸 전체를 바쳐야 한다. 아프리카 선교사 알렉산더(J. Alexander)가 우리에게 전한 이야기가 있다. 아프리카 사람이 산중에서 사자를 만나서 죽게 되었을 때 알렉산더 선교사가 그를 데려다가 치료하여 다 나은 다음에 그의 집으로 보냈다. 그 후에 그 사람이 찾아와서 말하기를 "아프리카의 산림 법률에 의하면 짐승에게 죽을 뻔한 자는 그를 구원해 준 은인의 종이 되는 법입니다. 그러므로 나는 선교사님의 종이 되겠습니다"라고 하였다. 홍인종(아메리칸 인디언)에게 선교한 데이비드 브레이너드(David Brainerd)는 어느 비 오는 주일 저녁에 말을 타고 가다가 하나님께 헌신할 마음에 불탔다. 그는 말에서 내려 길가에 꿇어앉아 하나님께 기도하며 자기의 몸을 바치기로 서약하였다. 그때 이상하게도 그 어둡던 밤이 그에게 환해졌다고 한다. 인도의 개척 선교사 캐리(Carey)는 구두 수선을 하는 사람이었다. 그는 자기의 수입 전부를 전도 비용으로 사용하면서 마을마다 다니며 복음을 전하였다. 그는 후에 인도로 가서 위대한 선교사가 되었다.

제 29 장

↓ 내용분해

1. 나팔절에 드릴 제물(1-6절)
2. 대속죄일에 드릴 제물(7-11절)
3. 초막절에 드릴 제물(12-38절)
4. 결론(39-40절)

↓ 해석

1-6 **일곱째 달에 이르러는 그 달 초하루에 성회로 모이고 아무 노동도 하지 말라 이는 너희가 나팔을 불 날이니라.** 이 부분은 나팔절 지키는 법을 말해 준다. 나팔절은 이스라엘로 하여금 앞으로 속죄일의 회개와 초막절의 경사를 내다보도록 주의시키는 절기이다. 그날에는 종일토록 나팔을 불되 누구든지 어디서나 들을 수 있도록 분다. 나팔 부는 것이 그날의 특징이다. 이날에 하나님께 제물을 드리되 ① 역시 번제와 소제를 드림(2-4절). 번제와 소제를 함께 드린

사실에 대하여는 28:3-7의 해석을 참조하라. ② 매달 월삭의 번제는 여전히 드림(6절; 참조. 28:11-15의 해석). ③ 상번제도 여전히 드림(6절). 상번제에 대하여는 28:3-7의 해석을 참조하라.

위의 제사법을 보면 특별한 절기에는 다른 때보다 제물을 배가하였다. 여기서 우리가 주목할 수 있는 것은 하나님의 백성은 하나님께 될 수 있는 대로 많이 바치려고 힘쓰는 경향이다. 신자가 하나님께 많이 바칠수록 축복을 더 많이 받게 된다. 사도행전 20:35에 말하기를 "주 예수께서 친히 말씀하신 바 주는 것이 받는 것보다 복이 있다 하심을 기억하여야 할지니라" 하였고, 고린도후서 9:6에는 "많이 심는 자는 많이 거둔다"라고 하였으며, 8절에는 "하나님이 능히 모든 은혜를 너희에게 넘치게 하시나니 이는 너희로 모든 일에 항상 모든 것이 넉넉하여 모든 착한 일을 넘치게 하게 하려 하심이라"고 하였다. 신자들은 하나님께 바치는 것을 위주로 해야 한다.

7-11 이 부분의 말씀은 속죄일 곧 7월 10일에 드릴 제사에 대하여 말한다. 이 절기의 특징은 하나님 백성이 마음을 괴롭히는 일이다. 곧, 각각 자기의 죄를 회개하는 의미로 신령한 근심을 가져야 한다는 것이다. 성회로 모이는 것과 노동을 하지 않는 목적이 거기에 있다. 사람이 자기 죄 때문에 마음을 괴롭힘으로 죄를 없이할 수는 없으나, 죄를 사랑하는 마음은 중단시킨다. 죄를 사랑하지 않을 때 회개가 성립된다. 하나님께서는 그렇게 회개한 자의 죄를 대속하여 주신다. 그러므로 레위기 23장은 마음을 괴롭힘에 대하여 역설한다(27, 29, 32절). 죄 때문에 마음을 괴롭히는 일, 곧 통회에 대하여 스가랴 12:12-14은 그 중요한 원리를 보여준다. 곧, 사람마다 자립적으로 착실히 해야 한다는 것이다. 거기 "따로 하고"라는 말이 여러 번 나오는데 그것이 그런 뜻이다. 사람들은 죄를 통회할 때에 결단코 외식으로 하지 않아야 한다. 요엘 2:13에 말하기를 "너희는 옷을 찢지 말고 마음을 찢고 너희 하나님 여호와께로 돌아올지어다"라고 하였다. 하나님은 통회하며 우는 것을 가장 아

름답게 보신다. 야고보서 4:9-10에는 "슬퍼하며 애통하며 울지어다 너희 웃음을 애통으로 너희 즐거움을 근심으로 바꿀지어다 주 앞에서 낮추라 그리하면 주께서 너희를 높이시리라"고 하였다.

사람이 아무리 죄를 회개할지라도 속죄의 제물을 바치지 않는다면 사죄는 될 수 없다. 그러므로 대속죄일에는 속죄자이신 그리스도를 예표하는 가축의 제물을 많이 바쳤다. 여기 기록된 번제물, 소제물, 또는 속죄제물 등이 모두 그리스도를 예표한다. 그리고 그것들은 겸하여 그리스도 안에 있는 자들이 그리스도로 말미암아 역시 바침이 될 것을 예표한다. 번제는 생명을 바치는 것이고, 소제는 생활과 노력을 바치는 것이다. 그리고 속죄제는 그렇게 바치는 신자가 여전히 자기에게는 죄와 허물이 있는 고로 그리스도의 보혈을 계속적으로 힘입기 위해 드리는 제사이다. 속죄제물은 그리스도밖에 없다.

12-38 이 부분에서는 초막절 혹은 장막절의 제물에 대하여 말해준다. 이 제사는 8일 동안 계속되었는데 그날 바치는 제물에 대하여 두 가지 특징을 보여준다.

1) 이 제사에는 많은 제물을 드렸으니, 그 모든 제사에 제물로 사용된 짐승의 수효가 215이다. 이같이 제물이 많은 이유는 그 절기가 광야의 고난을 회상하면서 하나님의 구원을 기념하며, 또 많은 추수를 감사하는 절기이기 때문이다. 이것을 보면 신자는 감사를 위주로 섬겨야 한다. 그러므로 바울은 말하기를 "범사에 감사하라"(살전 5:18)고 하였다.

2) 수송아지의 수효는 첫날에는 13이었던 것이 매일 하나씩 감소하다가 제8일에는 전날보다 여섯이 감해져서 하나가 되었다. 학자들의 해석에 의하면 이같이 된 경향은 구약의 많은 제물이 마침내 그것들이 예표하는 그리스도 한 분으로 집중되는 의미에서 하나로 종결되었다고 한다. 이때 8일 동안 드린 제사에 있어서 번제와 소제를 아울러 드렸다. 번제와 소제에 대하여는 28:3-7의 해석을 참조하라.

장막절의 행사는 미래의 천국을 예표한다. 이 절기의 축하 행사에 대하여는 레위기 23장이 더 자세하게 말했으니, 그때 이스라엘 사람들이 "아름다운 나무 실과와 종려나무 가지와 무성한 나뭇가지와 시내 버들을 취하여 너희의 하나님 여호와 앞에서 이레 동안 즐거워할 것이라"(40절)고 하였다. 이것은 구속이 완성된 내세의 새 땅에서 평화와 즐거움으로 사는 승리한 교회의 행복을 말해준다(Andrew Bonar). 장막절은 감사절이므로 감사 행위가 절정에 도달한다. 그러므로 그것은 감사로만 충만한 내세의 표상이라고 할 수 있다.

설교▶ 감사를 풍성히 하자(민 29:12-38)

장막절은 오늘날 추수 감사절과 같다. 출애굽기 23:16에 말하기를 "수장절을 지키라 이는 네가 수고하여 이룬 것을 연말에 밭에서부터 거두어 저장함이니라"고 하였다. 신명기 16:16-17에 말하기를 "너의 가운데 모든 남자는 일 년에 세 번 곧 무교절과 칠칠절과 초막절에 네 하나님 여호와께서 택하신 곳에서 여호와를 뵈옵되 빈손으로 여호와를 뵈옵지 말고 각 사람이 네 하나님 여호와께서 주신 복을 따라 그 힘대로 드릴지니라"라고 하였다. 이 말씀은 초막절, 곧 장막절에 감사해야 될 것을 가르친다. 그런데 본문을 보면 장막절을 지키는 이스라엘이 다른 절기보다도 가장 많은 희생제물을 바치도록 되어 있다. 그 절기에 8일 동안 드린 짐승의 수효가 모두 215이다. 우리는 풍성히 감사해야 할 것을 이 본문에서 배운다. 우리의 감사의 조건들은 무엇인가?

1. 하나님 자신이 살아계시므로 감사함

하나님이 계시지 않는다면 인생은 아무런 가치도 없다. 만일 그렇다면 인생은 공중에 뜬 먼지와 같고 지구는 낭떠러지에서 굴러떨어지는 돌과 같을 것이다.

2. 하나님은 구원자이시므로 감사함

시편 121:2-3에 말하기를 "나의 도움은 천지를 지으신 여호와에게서로 다 여호와께서 너를 실족하지 아니하게 하시며 너를 지키시는 이가 졸지 아니하시리로다"라고 하였다. 우리는 하나님의 보호를 깨달아야 한다. 오래 전에 어느 청교도가 그의 아들과 함께 각각 말을 타고 서로 다른 지역을 다녀왔다. 아들의 보고에 의하면, 도중에 말에서 떨어졌으나 아무 데도 상하지 않았다고 하면서 하나님의 도우심을 감사하였다. 이때 아버지는 그의 감사하는 말을 듣고 대답하기를 "나는 언제나 말을 타고 다녔지만 이때껏 한 번도 떨어진 적이 없었으니 감사하다"고 하였다. 사람들은 하나님의 보호하심을 깨닫는 데 있어서 매우 둔하다. 하나님께서는 우리가 그의 보호하시는 은혜를 깨닫기 원하신다. 그러므로 그는 어떤 때에 우리로 하여금 죽을 지경의 아슬아슬한 형편에 처하게도 하신다. 스펄전이 어떤 교회에서 설교하고 폐회한 뒤에 교인들이 모두 교회당에서 나왔다. 그들이 다 나오자마자 교회당이 무너졌다. 그때 교우들은 서로 말하기를 "우리가 스펄전 목사님의 설교를 통하여 은혜를 받았는데 예배당이 무너짐으로 받은 은혜가 더 크다"고 하였다. 그들은 그 위험한 상황을 모면하게 해주신 하나님의 보호하심에 대하여 감사한 것이다.

3. 하나님께서 깊은 은혜를 주시므로 감사함

하나님은 우리가 실감할 수 없는 깊고 오묘한 은혜들을 우리에게 주시기 위하여 예비하시고 계신다. 그가 우리의 죽음도 은혜되게 하셨다고 하며(고전 3:22; 참조. 시 116:15), 모든 것이 합력하여 우리에게 유익하게 되도록 하셨다고도 하며(롬 8:28), 우리로 영원한 내세에 들어가도록 하셨다고 한다(벧후

3:13). 어머니의 복중에 있는 태아가 이 세상을 볼 수 있겠는가. 그와 같이 우리는 성경에 기록된 은혜들을 다 느끼지 못한다. 그러나 우리는 성령과 하나님의 말씀에 의하여 그 모든 은혜를 확신한다.

4. 범사에 우리를 유익하게 하시는 하나님이시므로 감사함

난관과 역경 가운데서도 우리는 하나님의 인자(仁慈)를 찾아보고 감사해야 한다. 그것은 '섞여 있는 은혜'라고 할 수 있다. 성도는 마땅히 감사의 조건을 발견하도록 힘써야 한다. 그 이유는 우리가 하나님께 감사하는 것이 또다시 은혜 받는 길이기 때문이다. 그러나 사람들은 욕심이 너무 많으므로 받은 은혜를 기억하지도 않는 것이 유감이다. 매튜 헨리는 강도에게 돈지갑을 한 번 빼앗겼었는데 그때 그는 말하기를 "나는 남의 것을 도적하지 않았으니 감사하다"라고 하였다. 브래드포드(John Bradford)는 말하기를 "왕이 나를 놓아주면 감사하겠고, 나를 감옥에 가두어도 감사하겠고, 나를 태워 죽여도 감사하겠노라"고 하였다. 우리는 무슨 일을 당하든지 하나님 표준으로 생각하게 되므로 감사해야 한다. 기쁜 일이 있으면 주님께 찬송할 기회가 되었으니 감사해야 되고, 괴로운 일을 당했으면 하나님께 기도할 기회가 되었으니 감사해야 한다(약 5:13).

사람이 하나님께 감사하지 않는 심리는 생활의 중심을 자기 자신에게 옮겨 하나님을 중심하지 않는 데서 생긴다. 스펄전은 말하기를 "일어서서 주님의 사랑을 찬송함 없이 자기의 길만 가는 자는 뱀과 같다"라고 하였다. 뱀은 항상 땅에 붙어서 다니는 것같이, 감사할 줄 모르는 자는 하나님을 우러러보며 찬송하는 그 생활을 하지 않는다.

39-40 이 구절들은 위의 모든 말씀의 결론이다. 39절의 이 절기라는 말은 '이것들'이라는 뜻인데 위에 관설된 모든 절기들을 말한다. 서원제나 낙헌

제(39절)는 화목제에 포함되어 있는 제사들이다. 레위기 7:16; 신명기 12:6의 해석을 참조하라.

| 설교자료

1. 범죄한 인류는 자기 마음을 괴롭게 함이 필요하다. 그러므로 참된 종교는 사람들로 하여금 마음을 괴롭게 하며 반성하게 하며, 회개하게 하기 위한 절기의 제도를 포함하고 있다(참조. 7-11; 사 22:12-14; 전 7:3-4; 욜 2:13; 눅 6:21; 약 4:9-10).

2. 장막절은 이스라엘이 광야에서 당한 고난을 기념하는 절기이다. 이 절기가 칠월 십오일부터 7일 동안인데 여러 날 그 행사를 가지게 된 것은 의미심장하다(12-38절). 그때는 추수를 마친 기쁜 시기이다. 기쁜 때에 지난날의 고난을 회고하는 것은 지혜로운 일이다(레 23:42-43). 그 이유는 기쁨의 어머니가 고난이기 때문이다. 따라서 이 절기는 감사절의 의미도 포함하고 있다. 이 절기에 가장 많은 제물을 하나님께 드리는 것도 이 때문이다.

제 30 장

❧ 내용분해

1. 서약에 대한 일반적 원리(1-2절)
2. 지켜야 할 서약과 지키지 않아도 되는 서약(3-16절)
    1) 부친의 집에서 동거하는 여자의 경우(3-5절)
    2) 남편을 처음 맞이하는 여자의 경우(6-8절)
    3) 과부나 이혼당한 여자의 경우(9절)
    4) 남편과 동거하는 여자의 경우(10-15절)
    5) 결론(16절)

❧ 해석

1-2 사람이 여호와께 서원하였거나 결심하고 서약하였으면 깨뜨리지 말고 그가 입으로 말한 대로 다 이행할 것이니라. 이 말씀은 어떤 남자(אִישׁ)가 하나님께 재산을 바치기로 약속하였거나 혹은 하나님께 헌신하기 위하여 금식과 같은 것

을 하기로(마음을 제어하기로) 약속하였다면 그는 그 약속을 반드시 지켜야 한다는 것이다. 하나님의 백성은 하나님의 자녀이므로 하나님을 본받아야 한다(벧전 1:15-16). 민수기 23:19에 말하기를 "하나님은 사람이 아니시니 거짓말을 하지 않으시고"라고 하였고, 시편 15:4에는 "그의 마음에 서원한 것은 해로울지라도 변하지 아니하며"라고 하였다. 그러나 사람이 어떤 때에 진리를 모르고 옳지 않은 것을 하기로 약속하였다면 말할 필요도 없이 그것을 지키지 않는 것이 하나님께 합당하다.

설교 ▶ 진실을 지키자(민 30:1-2)

본문은 사람이 일단 하나님께 서약한 일이 있으면 그대로 지켜야 한다고 한다. 이 말씀은 신자들이 사람을 상대로 한 서약을 지킴에 있어서도 진실해야 할 것을 보여준다. 특별히 여기서는 하나님께 서약한 것을 진실히 지켜야 할 것을 가르친다.

1. 진실은 하나님께 속하고 거짓은 마귀에게 속함

하나님께서는 그 하시는 일에 있어서도 변함이 없으시다. 야고보서 1:17에 "그는 변함도 없으시고 회전하는 그림자도 없으시니라"라고 하였다. 이것은 그의 지으신 만물로도 증명된다. 만물은 본래 지으신 그대로 계속 존재하고 있다. 물은 태초에도 물이요 오늘도 물이다. 그뿐만 아니라 그는 구원 질서에 있어서도 언제나 말씀하신 대로 이루신다. 첫 사람 아담에게 메시아가 오실 것을 약속하셨는데(창 3:15), 수천 년 후에 그 약속이 성취되어 그리스도께서 이 세상에 오셨다. 그러나 마귀는 처음부터 거짓말쟁이이다. 예수님께서는 마귀에 대하여 말씀하시기를 "진리가 그 속에 없으므로 진리에 서지 못하고 거짓을 말할 때마다 제 것으로 말하나니 이는 그가 거짓말쟁이요 거짓의 아비가 되었음이라"(요 8:44)고 하였다.

2. 진실을 지키는 방법

진실을 지키려면 소극적으로는 거짓말을 하지 않아야 한다. 거짓말에는 여러 종류가 있는데 그 가운데 하나는 과장이다. 사람들은 사실에 대하여 말할 때 과장으로 흐르는 경향이 많다. 작은 것을 크다고 말하며, 혹은 큰 것을 작다고 말하는 일도 많다. 이런 표현 방법은 거짓된 인간성의 자연적 폭로라고 할 수 있다. 인간성이 거짓되므로 그 속에 있는 거짓이 넘쳐 나온다. 이것은 야고보서 1:21의 "넘치는 악"에 속한다(참조. 롬 1:29). 과장하는 자는 실상 자기만 범죄하는 것이 아니고 남들도 범죄하게 만든다. 듣는 자들이 그 과장하는 말을 액면대로 믿는 때에 결국 거짓을 믿는 자가 되어 그들도 거짓된 자가 된다. 그뿐만 아니라 사람이 연약하여 거짓말을 하는 일도 많다. 예를 들면 평상시에는 참말을 하는 자들도 혹시 궁지에 빠지면 그들의 입에서 거짓말이 갑자기 튀어나온다. 그러므로 이런 사람들도 거짓말의 근성을 지니고 있다. 우리는 진실을 지키는 데 있어서 적극적으로 해야 한다. 그것이 양심적 생활이다. 양심의 성격은 진실이다. 그러므로 그것은 진실에서만 평안을 가지므로 자연인으로도 양심(화인 맞은 양심, 딤전 4:2)을 지켜야 참된 평안이 있다. 더욱이 그리스도인은 하나님을 섬기는 양심(거듭난 자의 착한 양심, 딤전 1:19)으로 사는 자니(행 23:1; 롬 9:1-2; 딤후 1:3) 어떤 경우에도 진실을 지켜야 한다. 그 이유는 하나님은 우리 중심에 진실을 원하시기 때문이다(시 51:6). 그러므로 그리스도인은 진실을 지키는 데 있어서 외식으로 하지 말고 자기 삶을 위한 기쁨으로 해야 한다. 진실을 원하는 양심생활을 하는 자는 잘못한 일에 대하여 그럭저럭 넘기지 않고 회개를 단행한다.

일제 강점기시대 김윤섭 전도사는 신사 참배를 반대하다가 경찰에 체포되었다. 그때 그는 경찰의 강요를 받아 신사 참배를 하겠다고 허위 진술하고 시말서를 썼다. 그 후에 그는 회개하고 그 경찰서로 찾아가서 전에 썼던 시말서를 취소하고 옥고를 당하다가 순교하였다. 이와 같은 것이 역시 회개를 통한 양심생활이요 또 신앙생활이다.

양심과 신앙은 서로 나눌 수 없는 절실한 관계를 가지고 있다. 신자가 일상생활에서 진실하지 못하면 양심이 무디어지고 그의 믿음도 약해진다. 그러므로 바울은 말하기를 "믿음과 착한 양심을 가지라 어떤 이들은 이 양심을 버렸고 그 믿음에 관하여는 파선하였느니라"(딤전 1:19) 하였고, 또한 "깨끗한 양심에 믿음의 비밀을 가진 자"(딤전 3:9)라야 집사의 직분을 받을 수 있다고 하였다. 믿음과 양심의 관계가 이같이 밀접한 이유는 무엇인가? 그것은 하나님의 말씀이 우리의 지식이나 성품, 혹은 이성(理性)을 상대하는 것이 아니고 우리의 양심을 상대하기 때문이다. 양심은 하나님의 말씀을 받음으로써 회개하게도 되고, 즐거워하게도 되고, 안전을 느끼게도 된다. 양심은 영혼의 생명을 좌우하는 기관이라고 할 수 있다. 사람의 양심이 어두워지면 영혼이 죽는다. 그러므로 우리는 회개하며 참으로 주님을 믿어서 양심을 지켜 나아가야 한다.

3. 진실성과 서약

차원 높은 사회일수록 사람들은 약속을 지킨다. 진실하지 못한 사람들의 사회에는 약속이라는 것이 성립될 수 없다. 하나님은 진실하시므로 그의 약속에 의하여 사람들을 대해 주시며 그 약속들을 다 이루신다. 이같이 진실하신 하나님을 섬기는 신자들은 하나님 앞에서 약속한 것을 엄중히 지켜야 한다. 사람을 상대로 약속한 것도 지켜야 한다면 하나님 앞에서 약속한 것이야 말할 것이 무엇이랴! 성경에 기록된 성도들은 하나님 앞에서 약속한 일들이 있었고 또 그것들을 지켜야 할 처지에 있었다. 야곱은 루스 땅에서 하나님께 서원하기를 장차 그곳에 돌아와 제단을 쌓겠다고 하였다(창 28:18-22).

그런데 그가 밧단아람에서의 생활을 정리하고 돌아오던 때에 그는 20년 전에 서원하였던 벧엘(본래 이름은 루스)로 가지 않고 세겜이라는 땅에 와서 살게 되었다. 그때 그는 약속을 지키지 않은 죗값으로 세겜에서 큰 환난을 당하였다(창 34장). 마침내 그는 회개하고 루스(벧엘) 땅으로 돌아와 제단을 쌓았다(창35:1-7).

오늘날 교회생활에 있어서도 신자들이 신앙을 잘 지키지 못하는 것은 결국 하나님께 서약한 것을 소홀히 하는 죄악이다. 곧, 신자들은 세례받을 때 하나님과 교회 앞에서 복음과 그의 말씀을 참되이 믿으며 지키겠다고 약속한 바 있다. 그럼에도 불구하고 후일에 그들이 신앙적으로 살지 못한다면 그것은 약속을 위반하는 죄악이다.

과거에 순교자들은 하나님께 약속한 것을 지키기 위하여 생명을 바쳤다. 그들은 사람을 두려워하는 것보다 하나님을 두려워하였다. 예수님의 제자 사도 베드로와 다른 사도들은 핍박을 받으면서 하는 말이 "사람보다 하나님께 순종하는 것이 마땅하니라"(행 5:29)고 하였다. 순교자 크랜머(Thomas Cranmer)는 신앙을 지키다가 종교 재판에 회부되어 박해를 받게 되자 시말서를 쓰고 석방되었다. 그러나 그가 후에 회개하고 다시 바른 신앙을 주장하다가 체포되었을 때는 그 시말서를 취소하고 순교하였다. 그는 사람보다 하나님께 순종하였다.

3-5 이 말씀은 처녀가 무엇을 하나님 앞에 서원한 경우 그의 부친이 그것을 금하지 않는 한 지켜야 한다는 것이다. 그렇다면 여기 한 가지 해결할 문제가 있다. 그것은 그 여자가 하나님 앞에서 옳은 것(물질이나 몸을 바침과 같은 것)을 서원했음에도 불구하고 그의 부친이 그것을 금지하면 그 서원을 지키지 않아도 된다는 점이다. 그러나 이것이 문제가 될 것은 없다. 그 이유는 아직 미성년인 그를 지도하는 권한이 아버지에게 있기 때문이다.

6-8 여기서는 여자가 결혼하기 전에 하나님 앞에서 어떤 서원을 했을 경우, 결혼 후에 그것에 대한 실행 여부를 말해준다. 물론 그가 지금은 그 남편의 말을 순종할 처지에 있다. 그러므로 그 남편이 그의 서원에 동의하지 않는 한 그것을 실행할 수 없으므로 그가 서원한 때도 실행하지 못했을 경우에 하나님의 용서를 받는다. 여기서 우리는 남편에게 대한 아내의 순종에 대하여는 성경의 말씀들을 상고해야 한다. 고린도전서 11:9에 말하기를 "또 남자가 여자를 위하여 지음을 받지 아니하고 여자가 남자를 위하여 지음을 받은 것이니"라고 하였고, 고린도전서 14:34에는 말하기를 "율법에 이른 것같이 (여자는) 오직 복종할 것이요"라고 하였고, 베드로전서 3:5에는 말하기를 "전에 하나님께 소망을 두었던 거룩한 부녀들도 이같이 자기 남편에게 순종함으로 자기를 단장하였나니"라고 하였다. 그리고 디모데전서 2:11에는 말하기를 "여자는 일체 순종함으로 조용히 배우라"고 하였다.

9 과부나 이혼 당한 여자의 서원이나 그가 결심한 모든 서약은 지킬 것이니라. 과부나 이혼 당한 여자는 독립된 자들이요 아무에게도 부속된 인격이 아니다. 그러므로 그들이 하나님 앞에 약속한 것을 지키는 데 있어서 막을 자가 없다. 그뿐만 아니라 그들의 고독한 처지는 하나님께 전속하여 살 수 있는 가장 행복한 처지가 되었다. 디모데전서 5:5에 말하기를 "참 과부로서 외로운 자는 하나님께 소망을 두어 주야로 항상 간구와 기도를 하거니와"라고 하였다 (롬 7:1-3; 고전 7:39-40). 그러므로 그들이 하나님께 제물을 바치기로 서약하였으면 그것을 지키는 것이 오히려 복되다.

10-12 여기서는 남편의 집에서 살고 있는 여자가 하나님께 서원한 경우를 취급한다. 남편이 아내의 서원한 사실을 듣고 허락한 경우에 그는 그것을 실행해야 한다(참조. 6-8절 해석).

13-15 여기서는 여자의 서약한 것에 관한 일반적 원리를 보여 준다. 그러나 그의 남편이 들은 지 얼마 후에 그것을 무효하게 하면 그가 아내의 죄를 담당

할 것이니라. 곧, 그 남편이 그 아내의 서약한 사실을 알고도 말이 없다가 얼마 후에 그것을 실행하지 못하도록 금지시킨다면 그 죄책을 그 남편이 담당한다는 것이다. 이것은 지도자의 지도 원리가 일관성이 있어야 될 것을 보여 주기도 한다. 만일 지도자가 지도 원리에 있어서 일관성이 없으면 지도 받는 자들의 과오에 대하여 그 자신이 책임을 부담하게 된다.

16 **이는 여호와께서 모세에게 명령하신 규례니 남편이 아내에게, 아버지가 자기 집에 있는 어린 딸에 대한 것이니라.** 이 말씀은 30장의 결론이다.

| 설교자료

1. 사람이 하나님 앞에서 서약한 것은 파약할 수 없다(2절). 시편 15:4에 말하기를 "그의 마음에 서원한 것은 해로울지라도 변하지 아니하며"라고 하였다. 여호수아 9:3-21에 보면 이스라엘 민족은 기브온 족속과 약속한 것을 끝까지 지켰다.

2. 지도자가 당연히 할 말을 하지 않으면 그 침묵 때문에 발생한 일에 대하여 책임을 진다(4, 7, 11절). 그런 침묵은 묵인, 혹은 묵계라고 할 수 있다. 신자들은 마땅히 말을 삼가야 되거니와(전 5:2), 책임 없는 침묵도 삼가야 한다.

제 31 장

↓ 내용분해

1. 하나님께서 모세에게 미디안을 대적하여 원수를 갚으라고 하심(1-2절).
2. 모세가 하나님의 말씀에 순종함(3-6절)
3. 이스라엘 군대의 전과(7-12절)
4. 모세가 군대 지휘관들에게 노함(13-18절)
5. 전쟁에 나아갔던 군인들에게 시행한 결례(19-24절)
6. 전리품을 분배함(25-47절)
7. 지휘관들이 하나님께 금품을 바침(48-54절)

↓ 해석

1-2 미디안에게 원수를 갚는 것은 미디안 족속이 이스라엘을 유혹하여 음행하게 하고 또 우상을 섬기게 했기 때문이다(민 25:1-18). 여기 원수를 갚는 행동은 "원수를 갚지 말라"(레 19:18)는 말씀과 위반되는 것 같다. 그러나

레위기의 말씀은 개인적인 원수를 사랑하라는 것이고, 여기서는 하나님의 원수를 말함이니, 하나님의 원수를 갚는 것은 신구약이 마찬가지로 불가피한 일로 가르친다. 신약의 경우를 보면 하나님의 원수를 갚는 것은 사도들이 하나님의 권위로 징계한 사실에서 나타난다(행 13:4-12; 딤후 4:14). 그런데 어떤 사람들은 하나님의 원수를 갚는 일이 구약에만 국한된 듯이 잘못 말한다. 하나님의 말씀은 신구약이 동일하게 사람이 개인적인 원수는 마땅히 사랑해야 한다고 가르친다(레 19:18; 잠 25:21-22; 마 5:44; 눅 6:27, 35).

3-6 여기서는 이스라엘이 미디안을 치기 위하여 출전한 사실을 진술한다. 당시 이스라엘이 전쟁을 대비할 때 승전에 필요한 두 가지 중요한 일을 한 바 있다. ① 매 지파에서 1,000명씩 출병하게 한 것은 공평한 처사이고 ② 제사장 비느하스에게 성소의 기구와 신호나팔을 가지고 함께 가도록 하였으니, 그것은 전쟁에 있어서 하나님만 신뢰한 행위이다.

7-12 미디안을 쳐서 남자를 다 죽였고(7절). 비평가들은 잘못 말하기를 31장에 기록된 이스라엘의 미디안 정복 기사는 역사적 사실이 아니라고 한다. 그들이 그와 같이 말하는 중요한 이유가 이 구절에 있다고 하면서 여기에 미디안 남자를 "다 죽였다"고 기록하였으니 그것이 후대의 역사적 사실과 맞지 않는다는 것이다. 실상 후대의 역사를 보면 미디안 민족은 계속 나타난다(삿 6-8장). 그러나 비평가들의 이와 같은 말은 옳지 않다. 이때에 미디안 남자를 다 죽였다는 것은 그때 전장에 출전했던 자들을 다 죽였다는 것이다. 미디안 민족은 그 당시에 한 곳에만 거주하지 않았다(창 25:4; 출 2:15).

그 죽인 자 외에 미디안의 다섯 왕을 죽였으니 미디안의 왕들은 에위와 레겜과 수르와 후르와 레바이며 또 브올의 아들 발람을 칼로 죽였더라(8절). 여기 "다섯 왕"은 실상 아모리 족속의 왕 시혼의 부하들이었다(수 13: 21). 이 구절에 왕들의 이름이 자세히 기록된 것을 보아서도 31장이 역사적 기록임을 알 수 있다. 역사적이 아닌 우화를 기록하는 문인은 사람들의 이름을 자세히 기록하는 데 흥미를 가지지 않는다. 그때 이스라엘이 미디안 왕들을 죽인 사실에 대하여 민수기 기자는 관심을 크게 가졌다. 그 이유는 그 왕들이 이스라엘을 범죄하도록 유인한 사건에 있어서 두목들이었기 때문이다.

이때 "발람"이 죽임을 당한 것(8절)도 여기에 두드러지게 기록되었다. 그 이유는 그가 이스라엘의 범죄 사건에 있어서(민 25:1-3) 배후 조종자였기 때문이다(참조. 16절; 계 2:14).

탈취한 것, 노략한 것, 사람과 짐승을 다 빼앗으니라(11절). 전장에 나아갔던 군인들이 전리품을 많이 가지고 돌아오는 것은 크게 승리한 것을 말해준다. 그때 이스라엘이 많은 전리품을 취하게 된 것은 하나님께서 그들과 함께해 주신 증표라고 할 수 있다(참조. 출 3:20-22).

13-18 여기서는 승전하고 돌아오는 군대 장관들에 대해 모세가 노를 발한 태도를 보여 준다. 그가 노한 이유는 그들이 미디안 여자들을 살려 둔 까닭이다. 그들이 미디안 여자들을 살려 둔 것이 긍휼을 베푼 것처럼 생각되나, 모세는 이 점에 있어서 그렇게 한 일이 부당하다고 지적하였다. 모세도 약자들(전범자들이 아닌)을 긍휼히 여기는 것을 옳게 여기지만 미디안의 죄악을 징벌하는 전쟁에 있어서는 달리 취급하였다. 그 죄악은 25:1-4에 기록된 대로 미디안이 궤계로써 이스라엘을 음행 죄에 빠뜨린 악행을 말한다. 그 시점에서 모세는 여자들에게 그 죄책이 많다고 본 것이다. 그는 이 사실들을 성경 본위로 취급하고 피상적으로 하지 않았다. 그래서 그는 그 여자들 중에 바알브올의 사건에 관련된 자들이 있을 것으로 생각하고 그들을 조사하여 죽일 자를 죽이도록 하였다. 살릴 자들은 오직 순결한 자들이었다(18절).

그리고 모세는 아이들 중에 남자는 다 죽이라고 하였다(17절). 이것은 언뜻 보면 잔인한 것 같다. 그러나 그때 이스라엘이 미디안을 친 것은 하나님의 진노를 풀어드리는 심판이었던 것이다. 심판은 공의에 속한 것이므로 잔인하게 보이는 것도 그 이면에 있어서는 도리어 정당한 것이다.

19-24 모세는 승전하고 돌아온 군인들에게 결례를 행하도록 하였다. 그 이유는 그들이 시체에 많이 접촉하였기 때문이다. 제사장 엘르아살은 모세의 부탁대로 결례를 실행시켰다. 이것을 보면 모세가 모든 일에 있어서 하나님의 법도를 진실하게 지킨 것을 알 수 있다. 따라서 그때 이스라엘의 운동은 하나님 중심이었고 또 성결을 위주한 것이었다. 이것은 신약시대의 교회에 대하여 모본이 된다고 할 수 있다.

25-47 여기서는 승전하고 돌아온 이스라엘 군대의 전리품을 분배함에 대하여 말한다. 그것은 다음과 같다. 그 전리품의 절반은 군인들에게 주고 다른 절반은 회중에게 주는 것이었다. 군인들은 자기들의 분깃에서 500의 1을 하나님께 드리고, 회중도 자기들의 분깃에서 50분의 1을 레위인에게 주었다.

그 탈취물 곧 군인들의 다른 탈취물 외에(32절). 곧, 군인들의 탈취물(미디안 여자들과 아이들) 중에서 모세의 명령에 의하여 죽임이 된 자들이 있었다(13-18절). "다른 탈취물"이라는 말은 그들을 가리킨다.

48-54 여기서는 군대장관들이 하나님께 감사하여 금품을 드린 사실에 대하여 말한다. 그들의 감사한 이유는 그들이 전장에 거느리고 나갔던 군인들 중에 한 사람도 죽지 않고 무사하다는 것이다(49절). 전쟁에 있어서 이와 같은 일은 하나님의 기적적인 간섭으로만 있을 수 있다. 하나님께서 이스라엘에게 이런 놀라운 승리를 주심으로 그들로 하여금 앞으로 있을 가나안 전쟁에 승리의 확신을 가지도록 하신 것이다. 이것은 이번 전쟁에 도와주신 하나님께서 미래의 많은 전쟁에도 그같이 하실 것을 보장하시는 약속과 같다.

| 설교자료

1. 하나님께서 모세를 명하여 미디안을 멸하게 하셨다(1-18절). 하나님의 이같은 명령은 침략이 아니고 심판이었다. 하나님은 그의 보시기에 멸망시켜

아깝지 않은 자를 멸하시는 심판의 권세를 가지셨다. 개인이나 민족이 끝까지 죄를 회개하지 않으면 이 세상에서도 심판을 받는 법이다.

2. 모세는 전장에서 돌아온 자들에게 결례를 행하도록 하였다(19-24절). 이스라엘은 어느 때든지 성결을 파수하도록 되어 있었다. 그것이 하나님의 백성 된 자격이다. 그들이 성결을 떠난다는 것은 그들의 죽음을 의미한다(참조. 고후 6:17-18). 성결은 행복보다 귀하다.

3. 이스라엘 백성이 전리품들을 하나님의 뜻대로 분배하여 가지는 동시에 그 분깃의 일부분을 하나님께 바쳤다(25-47절). 참된 종교는 무엇에 있어서든지 하나님의 주권과 소유권을 깨닫게 한다. 우리는 언제나 하나님 앞에 빈손으로 나타나지 않아야 한다(참조. 출 34:20; 신 16:16). 하나님께 바치는 데 세밀한 신자들이 진실하고 정성스러운 신자들이다.

제32장

✤ 내용분해

1. 르우벤 지파와 갓 지파의 청원(1-5절)
2. 모세가 그 청원을 부당하게 여김(6-15절)
3. 그들이 모세에게 다시 조건부로 청원함(16-19절)
4. 모세의 허락과 그들의 약속(20-27절)
5. 모세가 그들의 청원권을 지도자들에게 부탁함과 그들(르우벤 자손과 갓 자손)의 순종 약속(28-32절)
6. 르우벤 지파와 갓 지파, 그리고 므낫세 반 지파가 차지할 땅들(33-42절)

✤ 해석

1-5 이때 르우벤 지파와 갓 지파 사람들이 모세에게 와서 청원한 것이 있다. 그것은 이스라엘이 미디안을 쳐서 얻은 땅(실상은 아모리 왕 시혼의 영토, 33절; 참조. 수 13:21)을 저희의 분깃으로 허락해 주기를 청원한 것이다. 이 청

원에 있어서 그들이 이스라엘을 위하여 실행해야 할 공동 책임에 대하여는 말하지 않았으니 그것은 잘못이다. 이때에 그들이 그 책임 문제를 전혀 생각하지 않았는지는 확실히 알 수 없다. 그러나 그들이 이 청원 가운데 그런 문제는 말하지 않았으므로 이스라엘을 위한 공동 책임에 대하여 그들의 협력 정신이 희박함을 모세가 지적하였다(6절). 우리는 이권보다 책임 이행을 앞세워야 한다.

6-15 위에 언급된 르우벤 지파와 갓 지파의 청원에 대하여 모세가 여기서 책망한다. 곧 그들의 움직임은 이스라엘 민족으로 하여금 낙심하게 한다는 것이다(6-7절). 모세는 이 점에 있어서 일찍이 있었던 가나안 정탐 사건(13-14장)을 거울삼아 가르친다. 그때도 신앙이 없었던 정탐들이 이스라엘로 하여금 낙심하게 하여 출애굽 당시 계수된 20세 이상이 된 자들은 여호수아와 갈렙 이외에 모두 광야에서 멸망 받았다는 것이다.

하나님의 백성으로 하여금 낙심하게 하는 행동은 무서운 결과를 가져오는 죄악이었다. 그러므로 예수님께서 말씀하시기를 "작은 자중에 하나를 실족하게 할진대 차라리 연자맷돌을 그 목에 매여 바다에 던지우는 것이 나으리라"(눅 17:2)고 하셨다. 우리는 모세의 이 교훈에 있어서 몇 가지 중요한 원리들을 지적할 수 있다. ① 단체 행동에 있어서 소수의 좋지 못한 행동이 전체에 악영향을 준다는 것(6절). ② 천성을 향한 성도들에게 낙심은 금물이라는 것(7-9절). ③ 신자들이 하나님의 기업을 얻는 유일한 비결은 하나님을 믿고 순종함이라는 것(11-12절). ④ 하나님을 순종하지 않는 죄를 참으로 돌이키지 않으면 영원한 멸망을 받는다는 것(13절). ⑤ 과거 역사에 있었던 죄악을 되풀이하는 자는 하나님의 더욱 심한 진노를 받는다는 것(14절)이다.

16-19 르우벤 지파와 갓 지파 사람들은 모세의 경고를 듣고 그 자리에서 다짐하기를, 이스라엘을 위한 공동 책임을 이행하겠다고 하며, 다른 지파 사람들과 함께 요단을 건너가서 가나안 정복의 책임을 이행하겠다고 한다. 그

뿐만 아니라 그들은 가나안 땅(요단 저편)에서는 분깃을 받지 않겠다고 한다.

그들이 이같이 분명한 태도를 취한 것은 모세의 경고를 듣고 진심으로 순종한 태도이다. 지도자의 선한 책망을 바로 받는 자들은 언제나 형통한다. 모세가 그들을 경고함에 있어서 꾸짖는 언사를 사용하였음에도(6, 14절) 불구하고 그들은 반항하지 않고 도리어 부드러워졌다. 시편 141:5에 말하기를 "의인이 나를 칠지라도 은혜로 여기며 책망할지라도 머리의 기름같이 여겨서 내 머리가 이를 거절하지 아니할지라 저희의 재난 중에라도 내가 항상 기도하리로다"라고 하였다.

20-27 여기에는 모세가 르우벤 지파와 갓 지파의 청원을 허락한 것이 기록되어 있다. 그의 이와 같은 허락에 뒤이어 공동 책임 이행에 대한 그들의 약속이 기록되었다.

28-32 모세가 엘르아살과 여호수아와 각 지파의 두령들에게 르우벤 지파와 갓 지파의 청원대로 이루어주도록 명령하였다. 이때에도 르우벤 지파와 갓 지파 사람들은 이스라엘 전체를 위한 자기들의 책임을 이행하겠다고 또 다시 확언한다. 이같이 그들은 책임 문제에 대하여 철저한 인식을 가졌다. 그러므로 그들이 이 일에 대하여 세 번 거듭 말하였다(16-19, 25-27, 31-32절). 우리는 그들의 이와 같은 철저한 순종에서 배울 것이 있다.

33-42 여기서는 모세가 르우벤 지파와 갓 지파와 므낫세 반 지파에게 아모리 왕 시혼의 국토와 바산 왕 옥의 국토를 준 사실에 대하여 말한다. 여기에 땅 이름들이 자세히 나온다. 이것을 보면 이 부분의 말씀이 어디까지나 역사적 사실에 근거한 것을 알 수 있다. 신학 사상을 고취하려는 목적으로 글을 쓰는 사람들은 여기서처럼 땅의 이름들을 나열하는 데 취미를 가지지 않는다.

| 설교자료

1. 이스라엘 백성이 아직 가나안 땅에 들어가기 전에 르우벤 자손과 갓 자손은 이미 얻은 땅을 달라고 청원하였다(1-5절). 그것은 부당한 일이었다. 모세는 그들의 이와 같은 태도가 이스라엘 대중으로 낙심하게 하는 것이라고 하였다(9절). 그 이유는 ① 단체 생활에 있어서 공평을 해치는 행동이었으며 ② 사리사욕을 위한 개인주의였기 때문이다. 단체는 언제나 불공평한 처사로 무너지며 개인주의로 인하여 망한다. 잠언 21:3에 말하기를 "공의와 정의를 행하는 것은 제사 드리는 것보다 여호와께서 기쁘게 여기시느니라"라고 하였다.

2. 르우벤 자손과 갓 자손은 모세의 말을 옳게 여기고 자기들의 전쟁 책임을 준행하겠다고 약속하였다(16-19절). 그들의 이와 같은 태도는 진리에 부합한 것이다. 언제나 사람들이 진리대로 순종할 때에는 단체 생활이 순조로워진다.

제 33 장

✤ 내용분해

1. 이스라엘의 노정(路程)에 대한 머리말(1-4절)
2. 이스라엘의 노정과 관계된 지명들(5-49절)
3. 모압 평지에서 나타난 하나님의 말씀(50-56절).

✤ 해석

2 모세가 여호와의 명령대로 그 노정을 따라 그들이 행진한 것을 기록하였으니. 이 말씀은 오경이 모세의 저술임을 확증한다. 어떤 학자들은 말하기를 이 말씀을 보아서 모세가 이 부분(1-49절)을 기록하였다는 것은 명백하나 오경의 다른 부분까지 기록하였다는 것은 아니라고 한다. 그러나 그런 학설은 옳지 않다. 오경에 모세의 기록이라는 말씀이 몇 군데 있는데(출 17:14; 24:4; 34:27; 신 31:9, 22, 24) 이것은 그 부분들만 모세의 기록이라는 의미가 아니다. 특별히 그 부분들을 모세의 기록이라고 밝힌 것은 이유가 있어서 그와 같이 밝힌

것이다. 그러나 그 말씀 때문에 다른 부분들은 모세의 기록이 아니라고 결론을 내릴 수는 없다. 계시록에도 몇 구절에 요한의 기록이라고 기록되어 있다 (계 14:13; 21:5). 그렇다고 하여 그 말씀이 계시록의 다른 부분들은 요한의 저술임을 부인하는 것은 아니다.

3 이스라엘 자손이 애굽 모든 사람의 목전에서 큰 권능으로 나왔으니. 이스라엘의 출애굽은 은밀히 도망해 나온 것이 아니었고 광명정대하게 승리자로서의 출발이었다. 그 일은 하나님께로부터 났으며 또 하나님께서 성사시키셨다. 오늘날 우리의 구원운동도 그렇다.

4 애굽인은 여호와께서 그들 중에 치신 그 모든 장자를 장사하는 때라 여호와께서 그들의 신들에게도 벌을 주셨더라. 이 말씀은 위의 3절 내용을 좀 더 밝혀 준다. 이스라엘이 출애굽 할 때 하나님의 권능이 그들과 함께하셨는데 그것은 애굽의 장자들이 초자연적으로 사망함이었다. 그리고 그것은 애굽 사람들에게 부끄러움의 벌이었다.

설교▶ 세상에서 나오라(민 33:3-4)

애굽은 이 세상을 비유한다. 옛날 이스라엘 민족이 그곳에서 나온 것은 오늘날 신자들이 영적으로 불러내심을 받고 죄악 세상에서 나온 것을 비유한다(히 6:18). 고린도후서 6:17에는 "너희는 그들 중에서 나와서 따로 있고"라고 하였고, 요한계시록 18:4에는 ""내 백성아, 거기서 나와 그의 죄에 참여하지 말고 그가 받을 재앙들을 받지 말라고 하였다. 그러면 영적으로 이 세상에서 나올 때의 처지는 어떠한가?

1. 먼저 유월절을 지냄

옛날 이스라엘 백성은 유월절 다음 날 애굽에서 나왔다(민 33:3). 유월절은 피로 속죄 받은 절기였다(출 12:6-7). 그들이 속죄함을 받은 후에야 약속의 땅을 지향하고 애굽을 떠난 것처럼 신약시대의 신자들도 무엇보다 먼저 유월절 양으로 비유된 그리스도의 피를 믿어서 속죄를 받아야 한다. 속죄받지 않은 자는 천국에 들어가는 길과 상관도 없다. 옛날 이스라엘도 하루 속히 애굽을 떠나려고 긴장되었으나 유월절을 지킨 후에야 떠날 수 있었다. 그 이유는 죽은 자가 걸어갈 수 없음과 같이 인간은 허물과 죄로 죽었으므로(엡 2:1) 그리스도의 보혈을 믿어 죄사함 받기 전에는 살아날 수가 없다. 그는 먼저 살아나야 천성을 향하여 걸어갈 수 있다. 그리스도의 피로 죄사함 받는다는 것은 하나님께서 지정하신 유일한 사죄 방법이다. 그의 피는 하나님의 피이다. 이 피는 다른 것으로 대치될 수도 없다. 성령도 그리스도의 피를 대신할 수 없다. 무엇이든지 그리스도의 피를 대신한다고 한다면 그것은 반기독교적 행위인 것이다. 기독교 2,000년 역사상에 그리스도를 잘 믿은 사람들은 그리스도의 피를 구원의 근본으로 믿었다. 바울은 말하기를 "내가 너희 중에서 예수 그리스도와 그의 십자가에 못 박히신 것 외에는 아무 것도 알지 아니하기로 작정하였음이라"(고전 2:2) 하였고, 무디(Dwight Lyman Moody)는 말하기를 "예수님께서 이 세상에 남기고 가신 것은 그의 피밖에 없다"라고 하였다.

2. 세상 사람들의 눈앞에서 나아감

이스라엘 백성은 애굽에서 나아갈 때 모든 애굽 사람들의 목전에서 나아갔다고 한다(민 33:3). 오늘날 신약시대의 신자들도 그와 같이 행해야 한다. 그들의 신앙 행위는 천지 만물이 호응하는 광명정대한 것이다(마 28:18-20; 요 3:35; 롬 8:19). 아니, 그보다도 천지의 창조자이신 하나님께서 그 한 가지 (우리의 신앙생활)를 기뻐하셔서 우리를 그리스도께 연결시키셨다(고전 3:21-23). 그러므로 우리는 모든 세상 사람들 앞에서 담대히 그리스도 신앙을 자랑하며 증거해야 한다(마 10:32-33; 고전 1:31; 고후 10:17). 바울은 말하기를 "내가 복음을 부끄러워하지 아니하노니 이 복음은 모든 믿는 자에게 구원을 주시는 하나님의 능력이 됨이라"(롬 1:16)고 하였다.

3. 큰 권능으로 나아감

옛날 이스라엘이 애굽에서 나갈 때 큰 권능으로 나아갔다고 한다(민 33:3). 우리 그리스도인들도 이 세상에서 천성을 향하여 나아가되 그와 같이 권능 있게 나아가야 한다. "하나님의 나라는 말에 있지 아니하고 오직 능력에 있음이라"(고전 4:20)라고 하였다. 이스라엘은 광야 생활중에도 하나님의 능력 가운데서 살았다. 그렇다고 해서 그들에게 고난이 없었다는 것은 아니다. 그들은 출애굽 이후 계속적으로 고난을 받았다(참조. 신 8:1-3). 그것은 그들로 하여금 고난 많은 생활을 바탕으로 하여 하나님의 살아 계심을 체험하게 하시려는 것이었다. 이스라엘의 광야생활은 고난의 생활이라는 의미에서 그 기간도 40년이었고, 경유한 지방들도 40으로 계수된다. 민수기 33:5-49에 기록된 지명들을 계수해 보면 40여 개이다. 성경에서 40이라는 수효는 고난을 상징한다. 이스라엘이 하나님의 능력을 체험한 환경은 그와 같이 고난으로 이어졌다. 오늘날 우리 신자들도 고난을 당할 때 그것을 하나님의 능력 체험의 바탕으로 알아야 한다. 이 점에 있어서 우리가 명심할 것 한 가지가 있다. 그것은 우리가 하나님의 능력을 받는 방법이다. 그 방법은 다음 설교에서 모세의 생애를 통하여 배울 수 있다.

설교▶ 하나님의 권능(민 33:3-4)

사람들은 누구나 난제들을 무수히 가지고 있다. 그 한평생은 가시밭길이요 험산 준령이다. 불신자들은 그 모든 문제들을 해결하지는 못하면서 공연히 회피해 보려고 한다. 그것은 마치 타조가 사냥꾼을 보고 그 머리를 모래 속에 묻고 죽음의 위기를 넘긴 듯이 그 상태로 가만히 있는 것과 같다. 그러나 그리스도인은 하나님의 능력을 받음으로 이런 문제들을 참되이 해결한다. 그러면 하나님의 능력을 받는 방법은 어떠한가?

1. 성경 말씀을 잘 들음으로 능력을 받음

하나님께서 모세에게는 대면하여 말씀하셨다(민 12:8). 오늘날 우리에게는 성경이 하나님의 말씀이다. 하나님의 말씀은 능력 있는 말씀이라는 의미에서 예레미야 23:29에 말하기를 "내 말이 불 같지 아니하냐 바위를 쳐서 부스러뜨리는 방망이 같지 아니하냐"라고 하였다. 조지 뮬러(George Müller)는 16세 때에 도적질하다가 잡혀서 감옥살이한 적이 있었고, 대학생 시절에는 남을 속이는 것과 방탕한 생활을 많이 하였다. 그러던 그가 20세 때에 성경 말씀에 사로잡혀 변화를 받고 완전히 새사람이 되었다.

2. 주님을 전적으로 신뢰함으로 능력을 받음

모세는 보이지 않는 하나님을 보는 것같이 하여 참았다(히 11:27). 사람들이 하나님을 믿지 못하는 이유는 그를 볼 수 없는 까닭이라고 한다. 그러나 참된 믿음은 보이는 것 위주의 생활을 하지 않는다. 우리가 사람을 믿는 데 있어서 멀리 떨어져 있을 때에도 얼마든지 그를 신임한다. 예수님께서는 능력을 베푸실 때마다 상대방에게서 믿음 한 가지만 요구하셨다. 역대하 16:9에 말하기를 "여호와의 눈은 온 땅을 두루 감찰하사 전심으로 자기에게 향하는 자들을 위하여 능력을 베푸시나니"라고 하였다. 사람이 주님을 찾되 전심으로 찾아야 한다. 전심으로 주님을 찾지 않는 것은 한 사람이 두 주인을 섬기는 것이요(마 6:24), 한 입으로 찬송도 하고 저주도 하는 모순과 같다(약 3:10). "샘이 한 구멍으로 어찌 단 물과 쓴 물을 내겠느냐"(약 3:11)라고 하였다.

3. 무슨 일이나 하나님만을 위해 행함으로 능력을 받음

모세는 평생 주님의 영광만 위하여 살았다(히 11:24-26). 신자들은 모두 주님의 증인이다. 그들은 주님의 영광을 나타내기 위하여 살아야 한다. 다니엘의 세 친구도 주님의 영광을 위하여 풀무불의 위협 앞에서도 굳게 설 때에 하나님께서 그들을 구원하여 주셨다(단 3:16-30). 하나님의 능력은 결단코 인간의 사리사욕을 위하여 사용하도록 되어 있지 않다. 그것은 어디까지나 하나님을 나타내기 위하여 있는 것이다. 그러므로 우리는 사업을 하는 데 있어서도 주님의 영광을 위하여 해야 한다. 그렇게 할 때에 거기서도 하나님의 능력이 나타난다. 하나님의 능력은 인간이 자기를 깊이 묻어 버리고 하나님만 나타내려고 힘쓸 때에 그 자리에 임한다. 이같이 사는 것이 바울의 말한 바 약한 생활이다. 이런 약한 생활은 나약한 생활을 의미하지 않고 하나님의 영광을 위하여 자신은 언제나 미천한 자리에 거하는 생활을 의미한다. 고린도후서 12:9에 "내 능력이 약한 데서 온전하여짐이라" 하였고, 10절에는 "내가 약한 그 때에 강함이라"고 하였다(참조. 고전 1:26-29; 2:1-5).

4. 하나님과 교통함으로 능력을 받음

하나님과 교통한다고 함은 사람이 고요한 시간을 마련하여 하나님께 기도함을 말함이다. 모세는 고요한 미디안에서 40년 동안을 살았고, 바울은 아라비아에서 3년을 그렇게 살았다. 사람을 상대로 분주히 사는 것보다 하나님을 상대로 고요히 지냄이 더 귀하다. 이런 의미에서 격언에도 말하기를 "말하는 것이 은과 같다고 하면 침묵은 금과 같다"고 말한다. 하나님과 교통하는 사람에게는 능력이 임한다. 그는 모든 난제도 쉽게 통과한다. 주석가 벵겔(Johann Albrecht Bengel)은 신약 주석을 다 저술했는데 평소에 늘 말하기를 "우리가 매일 태연히 사는 것과 같이 죽는 것도 예사로이 해야 한다. 죽는 것은 이 방에 앉았다가 저 방으로 옮기는 것과 같이 평범한 일이다"라고 하였다. 그는 그 말과 같이 과연 죽음을 태연히 맞았다. 그는 신약 주석의 마지막 페이지 교정을 마치고 고요히 별세하였다.

5-49절. 이 부분에는 이스라엘이 광야에서 경유한 곳의 지명들이 나온다. 모세가 이 지명들을 낱낱이 기록한 목적은 다음과 같다.

1) 이스라엘로 하여금 그 땅 이름들을 보고 그때 나타난 하나님의 사랑이나 진노를 기억하도록 하려는 것이다. 우리가 과거에 있었던 하나님의 역사를 회고함으로 받은 은혜를 불일 듯 회상하게 한다.

2) 영적으로 신약시대 신자들을 가르치려고 함이다(롬 15:4). 우리의 신앙생활은 광야 여행과 같다. 우리는 날마다 조금씩 천성을 향하여 진행한다(벧전 2:11).

3) 이스라엘은 하나님의 인도하심을 따라서 행진하였다. 그 행진이 빠르지는 못했지만 하나님의 인도로 진행되었으므로 최선의 행진이었다.

이스라엘의 여정은 다음과 같이 분석될 수 있다. ① 라암셋에서 시내 광야까지(5-15절) 11단계였고, ② 시내 광야에서 가데스까지(16-36절) 21단계였고, ③ 가데스에서 모압까지(37-49절) 9단계였다. 이 모든 단계들을 통하여 경유한 땅이 모두 41곳이었다. 이 지명들 가운데는 우리가 알 수 없는 것들이 대부분이다.

9 마라를 떠나 엘림에 이르니 엘림에는 샘물 열둘과 종려 칠십 그루가 있으므로 거기에 진을 치고. 그들이 "샘물 열둘과 종려 칠십 그루가 있"는 곳을 발견한 것은 우연한 일이 아니다. "열둘"은 12지파를 위한 것이요, "칠십"은 70장로(출 24:9)를 위한 것이다. 그러므로 이런 장소는, 하나님께서 이스라엘 민족을 위하여 이미 오래전부터 예비하고 기다리셨던 것으로 알려진다(Baumgarten, Kurtz). 하나님께서는 그 백성을 이같이 사랑하신다(시 23:2).

설교 ▶ 마라와 엘림(민 33:9)

이스라엘의 광야 40년 여행은 신자의 이 세상 생활을 비유한다. 그들은 그곳에서 고통도 많이 받았지만 하나님의 위로도 많이 받았다.

1. 마라 땅의 경험

마라(מָרָה)는 '쓰다'는 뜻인데 그곳의 물이 써서 마실 수 없었다(출 15:23). 그때 그들이 물 없는 광야에서 모처럼 찾아낸 샘물이 쓴 물이었다. 이와 같은 불행한 일은 이 세상의 모든 불행한 실정을 비유한다. 이 세상에는 참된 생명의 길이 없다. 혹 거기에는 생명의 길처럼 보이는 것들이 있기는 하다. 그러나 우리가 그것들을 따라가 보면 그것들은 모두 우리에게 쓴맛을 준다. 그것들은 마침내 우리에게 슬픔과 실망을 줄 뿐이다.

2. 엘림 땅에서의 경험

이스라엘이 엘림에 와서는 12샘물과 종려나무 70주를 만났다. 성경 저자는 여기 12 수효와 70 수효에 흥미를 가지고 특별히 그 수효들을 기록한 것이 분명하다. 12는 12지파의 수효요, 70은 이스라엘의 70장로들의 수효였다. 이같이 기이한 수효로 나타난 샘물들과 종려나무들은 그때 여행에 지친 이스라엘 백성을 환영하였다. 확실히 그것들은 하나님이 그들을 위하여 예비해 두신 것이었다. 고진감래라는 격언도 있지만 그보다도 더욱 성경 말씀의 참됨을 우리에게 알려 주었다. 시편 30:5에 "'그의 노염은 잠깐이요 그의 은총은 평생이로다 저녁에는 울음이 깃들일지라도 아침에는 기쁨이 오리로다'라고 하였고, 예레미야애가 3:32에는 "그가 비록 근심하게 하시나 그의 풍부한 인자하심에 따라 긍휼히 여기실 것임이라"라고 하였다. 그러므로 우리는 이 두 가지 사실에 대하여 하나님 앞에서 올바로 처신해야 한다. 야고보서 5:13

에 "너희 중에 고난 당하는 자가 있느냐 그는 기도할 것이요 즐거워하는 자가 있느냐 그는 찬송할지니라"고 하였다(참조. 전 7:14).

38-39 이스라엘 자손이 애굽 땅에서 나온 지 사십 년째 오월 초하루에 제사장 아론이 여호와의 명령으로 호르 산에 올라가 거기서 죽었으니 아론이 호르 산에서 죽던 때의 나이는 백이십삼 세였더라. 여기서는 대제사장 아론의 죽음에 대하여 특별히 기록한다. 그 이유는 아론은 이스라엘의 출애굽 운동과 광야 여행에 있어서 모세와 함께 지도자였기 때문이다. 이 말씀에 대한 해석은 다음 설교로 대신한다.

설교 ☞ 아론의 죽음에 대하여 (민 33:38-39)

아론의 죽음은 모든 다른 신자들의 죽음 내용을 보여주는 계시라고 할 수 있다. 그 이유는 그것이 두 가지 요소를 보여주는 계시라고 할 수 있기 때문이다.

1. 죽음이라는 것이 인간의 죄 때문에 하나님의 명령으로 임하게 되었음을 보여줌

시편 90:3에 말하기를 "주께서 사람을 티끌로 돌아가게 하시고 말씀하시기를 너희 인생들은 돌아가라 하셨사오니"라고 하였다. 아론의 죽음도 그의 죄 때문이었다. 특별히 그가 가나안 땅에 들어가지 못하고 죽게 된 것은 그가 전에 므리바에서 지은 죄 때문이었다(20:10-12). 그가 여호와의 명령으로 죽게 되었다고 하였으니(38절), 이 말씀이 그 뜻이다.

실존주의자들은 인간의 죽음이 자연적 현상이라고 잘못 말한다. 하이데거는 "죽음은 본래부터 우리의 존재(Dasein)에 속한다"고 하였다.[38] 실존주

---

38) M. Heidegger, *Sein und Zeit* (Halle: Max Niemeyer, ³1931), p. 190.

의자들은 죽음을 "자연"이라고 하여 그것을 낙관하려고 하며 또 미화(美化)하려고 한다. 실존주의자 스텐베르거도 말하기를 "죽음에 대하여 위로하는 말을 내던져라, 죽음 그것이 위로이다"라고 하였다.[39] 이와 같은 사고방식으로 바르트(Karl Barth)도 말하기를 "죽음은 인간의 본연이며 창조질서에 속하도록 결정된 것이므로 그것은 좋은 것이다. 그러므로 인간 존재는 끝나도록 되어 있고 죽도록 되어 있다"라고 하였다.[40] 그는 또 "인간이 죽은 후에는 인간 존재의 계속이라는 것은 있을 수 없다"고 강력히 말한다.[41]

이 점에 있어서 우리는 위에 소개된 바르트의 학설에서 의문 되는 점을 다음과 같이 지적할 수 있다. 그가 말하기를, 인간의 죽음은 자연(Natur) 질서 곧 하나님의 창조 질서에 속한 것이므로 그것은 선한 것이라고 하였다. 그러나 이것은 우선 성경에 위배되는 주장이 아닌가. 창세기 2:17에 말하기를 "선악을 알게 하는 나무의 실과는 먹지 말라 네가 먹는 날에는 정녕 죽으리라"라고 하였으니, 이 말씀은 아담이 선악과를 먹지 않았다면 영생할 뻔한 것을 분명히 보여준다. 그러므로 죽음은 창조 질서에 속하지 않고 인간의 범죄로 말미암아 온 것이다.

2. 여호와의 명령에 의한 아론의 죽음은 그의 구원을 의미함

하나님은 언제나 진노 중에라도 긍휼을 잊지 않으신다(합 3:2). 여호와께서는 아론으로 하여금 가나안에 들어가기 전에 죽도록 하셨는데 그것은 그

---

39) A. Sternberger, *Der verstandene Tod: Eine Untersuchung zu Martin Heideggers Existenzialontologie*. Studien und Bibliographien zur Gegenwartsphilosophie 6 (Leipzig: Hirzel, 1934), p. 139.

40) K. Barth, *Die kirchliche Dogmatik* III/2: *Die Lehre von der Schöpfung* (Zollikon-Zürich: Evangelischer Verlag, 1947). "Es gehört auch zu des Menschen Natur. Es ist auch Gottes Schöpfung, die es so bestimmt und geordnet hat und es ist insofern gut und recht so, dass das Sein des Menschen in der Zeit endlich ist dass der Mensch sterblich ist."

41) K. Barth, *Die kirchliche Dogmatik* III/2: *Die Lehre von der Schöpfung* (Zollikon-Zürich: Evangelischer Verlag, 1947), p. 770. "Der Mensch als solcher hat also kein Jenseits."

를 벌하심이었다(20:23-24). 그러나 그것은 동시에 그를 사랑하심이었다. 아론이 죽을 때에 하나님의 특별하신 취급을 받은 것이 사실이다(20:28). 그가 병이 나서 죽은 것이 아니고 하나님의 명령을 따라 산에 올라가서 그 아들에게 제사장 직분을 인계하고 평안히 죽어 그 열조에게로 돌아갔다고 하니(20:24), 그것이 그의 구원이다. 20:24의 해석을 참조하라.

50-56 이 부분에서는 하나님께서 이스라엘이 가나안에 들어가서 해야 할 일을 보여주신다. 그것은 ① 그 땅의 민족들을 몰아내라고 하심(52절). ② 그 땅의 우상들을 훼파하라고 하심(52절). ③ 제비를 뽑아서 각 지파에게 땅을 나누어 주라고 하심(54절). ④ 만일 이스라엘이 가나안 민족들을 몰아내지 않으면 그들이 이스라엘에게 화가 된다고 하신다(55-56절).

제비 뽑아. 26:55-56에 있는 같은 말 해석을 참조하라.

| 설교자료

1. 33장에는 이스라엘의 광야 노정기가 기록되어 있다. 이는 모세가 여호와의 명령대로 기록하였다고 한다(2절). 이것을 보면 하나님께서는 우리가 과거에 체험한 하나님의 은혜를 기억하도록 권장하신다. 우리는 과거에 받은 은혜의 체험을 회상함으로 다시 은혜를 받는다. 예수님은 에베소 교회의 회개를 촉구하시면서 말씀하시기를 "그러므로 어디서 떨어졌는지를 생각하고 회개하라"(계 2:5)고 하셨고, 사데 교회에 대하여는 "네가 어떻게 받았으며 어떻게 들었는지 생각하고 지켜 회개하라"(계 3:3)고 하였다.

2. 5-49절에는 지명들이 자세히 기록되었다. 어떤 고등비평가들은 오경을 역사적 기록이라기보다 후대인이 쓴 신화적 기록이라고 주장하나 부당한

말이다. 만일 후대인이 신학사상을 가르치기 위해서 이 책을 썼다면 그가 지명들로 가득 찬 33장과 같은 글은 쓰지 않았을 것이다. 그 이유는 그런 저자는 역사적 자료보다 사상에 치중하기 때문이다.

3. 하나님은 이스라엘 자손에게 가나안 거민들을 몰아내라고 명령하셨다(50-56절). 이와 같은 명령의 동기는 가나안 거민들이 우상주의자들이었기 때문이다(52절). 그들은 우상을 위해 자녀들을 불에 태우기까지 하였으니, 그들의 이 방면 죄악이 심각하였던 것이 사실이다. 죄악이 가득한 곳에는 심판이 내리는 법이다(마 24:28).

제 34 장

✣ 내용분해

1. 가나안 땅의 경계선(1-12절)
2. 아홉 지파와 반 지파만 분깃이 있음(13-17절)
3. 각 지파의 족장 상대로 땅을 나누어 줌(18-29절)

✣ 해석

2 그 땅은 너희의 기업이 되리니. "기업"(נַחֲלָה)이라는 말은 '분깃', 혹은 '소유'를 의미한다. 하나님께서 모세를 통하여 가나안 땅이 이스라엘의 분깃이 된다고 다시 확인시켜주신 것은 그들로 하여금 그 땅을 정복할 용기를 가지도록 북돋우어 주시는 것이다. 이때 그들의 정복 행위는 침략이 아니라 하나님의 심판을 대행하는 거룩한 행사였다. 땅은 하나님의 것인데 그가 그것을 어느 민족에게 맡겨 주셨어도 그 민족의 죄악이 관영할 때에는 그것을 회수하셔서 다른 민족에게 주신다. 그것이 하나님의 심판행위다.

3-12 하나님께서는 이스라엘 지파들이 분할해 가질 가나안 땅의 사방 경계선들을 분명히 가르쳐 주신다.

1) 여기에 말씀하신 경계선은 본래 약속하셨던 것보다 좁아졌다. 그가 본래 약속하신 것은 북편으로 유프라테스강까지라고 하셨다(창 15:18). 이와 같은 차질은 다음과 같이 해설된다. 곧, 이스라엘이 다윗과 솔로몬 왕 때에는 그 국토가 유프라테스강까지 이르렀다(삼하 8:3; 대하 9:26). 그러므로 하나님께서 아브라함에게는 그 사실을 미리 말씀하신 것이다. 이스라엘이 가나안에 처음 들어갈 때는 그런 광대한 땅을 차지할 필요가 없었다. 하나님께서는 일반적으로 사람들에게 필요 이상의 것을 주시지 않는다. 우리 신자들도 하나님께 무엇을 간구할 때 필요한 것을 구해야 하고 탐심으로 구하면 안 된다. 우리의 욕망을 제재하는 경계선이 있어야 한다. 하나님께서 그 택한 백성에게는 이 세상 것을 많이 주시지 않는다. 그때 이스라엘은 당장 방대한 영토를 받지 못하였다. 그 이유는 그들의 참된 기업은 하나님 자신이시기 때문이다. 잠언 16:8에 말하기를 "적은 소득이 공의를 겸하면 많은 소득이 불의를 겸한 것보다 나으니라"고 하였다(참조. 시 37:16).

2) 우리가 여기 가나안 땅의 경계에서 또 한 가지 주목할 것이 있다. 그것은 그 국경이 역시 뜻깊은 지대들로 경계를 표했다는 것이다. 그것들은 사해, 광야, 바다와 같은 것들이다. 이것들은 아름답지 못한 것들이다. 하나님께서 택하신 국가는 이런 환경 가운데 둘러싸여 있으면서 하나님의 영광을 나타내도록 되어 있다. 그것들은 이 세상을 비유하는 것이다.

13-15 여기에는 가나안 땅을 나누어 주는 데 대하여 부탁한 말씀이 나온다. 곧, 그 땅은 아홉 지파 반에게만 나누어 주라는 것이다. 그렇게 해야 할 이유는 르우벤 지파와 갓 지파와 므낫세 반 지파가 요단강 건너편에서 이미 분깃을 받았기 때문이다. 가나안 땅을 나눔에 있어서는 제비를 뽑으라고 하였다(13절). 제비 뽑음에 대하여는 26:55-56에 있는 같은 말 해석을 참조하라.

16-29 여기에는 가나안 땅을 나누어 주는 데 지도할 자들의 이름과 그 땅의 분깃을 차지할 각 지파의 족장들의 이름들이 나온다. 여기 나온 모든 족장들의 이름들을 보니, 이 기록이 진실한 역사적 문건임을 알 수 있다. 성경은 그 어느 부분이든지 진실한 역사성을 지니고 있다. 고등비평가들의 말대로 민수기가 후대의 신학적 문헌이라면 그 저자가 사람들의 이름들을 자세하게 기록하지는 않았을 것이다.

| 설교자료

1. 하나님께서는 이스라엘이 차지할 땅의 경계선을 명백히 가르쳐 주셨다(1-12절). 이와 같은 말씀은 장차 위험 부담이 있는 전쟁에 가담할 이스라엘에게 용기와 담력을 줄 것이었다. 이같이 하나님께서 자세하게 그들이 차지할 땅의 경계선까지 말씀하셨으니, 그 말씀은 그들의 승리를 보장하신 것이다. 신자들은 하나님의 말씀에서 힘을 얻는다. 그 이유는 그 말씀은 천지를 창조하신 하나님의 말씀이기 때문이다.

2. 이스라엘이 장차 가나안 땅을 점령한 뒤에는 각 지파가 분깃을 차지할 일이 있을 것이었다. 하나님께서는 이 일도 질서 있게 실행되기 위하여 각 지파에서 한 사람씩 대표를 택하게 하셨다(16-29절). 이 점에 있어서 우리가 배울 것은 ① 하나님은 무슨 일에든지 미리부터 준비의 태세를 갖추신다는 것 ② 또한 하나님께서는 무슨 일이든지 질서와 조직을 가지신다는 것이다(고전 14:33).

제 35 장

✢ 내용분해

1. 하나님께서 48성읍을 레위 사람들에게 주라고 하심(1-8절)
   1) 성읍과 그 주위의 땅을 주라고 하심(1-7절)
   2) 레위인에게 성읍을 주되 각 지파에서 공평하게 취하여 주라고 하심 (8절)
2. 도피성 제도를 명하심(9-15절)
3. 고의적으로 살인한 자를 처벌하라고 하심(16-21절)
4. 본의 아니게 살인한 자에 대한 규례(22-28절)
5. 살인자를 죽이되 충분한 증거에 의하여 시행할 것(29-30절)
6. 결론(31-34절)

✢ 해석

1-8 여기서는 레위인에게 성읍을 줄 것에 대하여 자세히 말한다. 그들에

게 줄 것은 성읍만이 아니라 그 주위에 있는 땅까지 주도록 하였다. 하나님께서 그들에게 이같이 주도록 하신 것은 야곱의 예언대로 된 일이다. 레위 지파에 대하여 야곱은 예언하기를 "그들을 야곱 중에서 나누며 이스라엘 중에서 흩으리로다"(창 49:7)라고 하였다. 그들이 유대 민족 중에 분산하여 살게 된 것은 그들의 죄 때문에 받은 저주였다(창 49:5-7). 이와 같은 사실은 언뜻 보면 레위인은 불행하게 된 것 같다. 그러나 그들은 실상 하나님의 신령한 일만 맡아보는 자들로서 후대를 받은 셈이다. 하나님께서는 진노 중에도 긍휼을 잊지 않으신다(합 3:2). 하나님의 택한 백성은 그들의 죄 때문에 벌을 받는 것도 확실하다. 그러나 그들이 아주 망하는 법은 없다. 하나님께서는 그들에게 또 다른 방면으로 은혜를 베푸신다. 미가 7:8-9에 말하기를 "나의 대적이여 나로 말미암아 기뻐하지 말지어다 나는 엎드러질지라도 일어날 것이요 어두운 데에 앉을지라도 여호와께서 나의 빛이 되실 것임이로다. 내가 여호와께 범죄하였으니 그의 진노를 당하려니와 마침내 주께서 나를 위하여 논쟁하시고 심판하시며 주께서 나를 인도하사 광명에 이르게 하시리니 내가 그의 공의를 보리로다"라고 하였다.

너희가 레위인에게 모두 사십팔 성읍을 주고 그 들도 함께 주되(7절). 여기 이른바 "그 들도 함께 주되"(אֶת־מִגְרְשֵׁיהֶן)라는 말은 레위인들에게 주는 성읍의 '변두리도 함께 주라'는 뜻이다. 이같이 하나님께서는 레위인들을 긍휼히 여기시되 자세하게 하신다.

이스라엘 자손의 소유에서 레위인에게 너희가 성읍을 줄 때 많이 받은 자에게서는 많이 떼어서 주고 적게 받은 자에게서는 적게 떼어 줄 것이라 각기 받은 기업을 따라서 그 성읍들을 레위인에게 줄지니라(8절). 이 말씀의 뜻은 다음과 같다. 곧, 땅을 많이 받은 지파는 레위인에게 성읍을 주되 많이 주고, 땅을 적게 받은 지파는 레위인에게 적게 주라는 뜻이다. 여기 "기업"이라는 말은 소유를 가리킨다. 이 구절을 보면 하나님의 공평하신 처사가 밝히 드러난다(고후 8:11).

9-15 여기서는 도피성 제도에 대하여 말한다. 도피성은 물론 본의 아니게 살인한 자가 피신하는 곳인데 그 죄인은 당시의 대제사장이 죽기까지 그곳에서만 거주해야 하는 법이다. 도피성 제도는 그리스도를 비유한다. 그리스도는 모든 신자들의 피난처이시다. 이런 의미에서 히브리서 6:18에는 말하기를 "앞에 있는 소망을 얻으려고 피하여 가는 우리"라고 하였다(참조. 롬 8:1). 구약에서는 여호와(그리스도는 여호와이심)를 가리켜 피난처라고 하였다.[42]

이 점에 대해서 우리가 주목할 만한 것은 이스라엘 중에 우거하는 타국인들도 똑같이 도피성의 혜택을 입을 수 있다는 사실이다. 신약시대에 이방인들도 유대인과 마찬가지로 그리스도 안에서 구원을 받는다.

16-21 여기서는 고의적으로 살인한 자를 처벌함에 대하여 말한다. 그 처벌은 물론 사형이었다.

피를 보복하는 자는 그 살인한 자를 자신이 죽일 것이니 그를 만나면 죽일 것이요(19절). 이 말씀을 보면 살인자는 재판을 받지 않고 직접 죽임이 된 것 같다. 그러나 12절을 보면 살인자는 어떤 사람이든지 물론하고 신중한 재판을 받도록 되어 있다. 30절에는 말하기를 "사람을 죽인 모든 자 곧 살인한 자는 증인들의 말을 따라서 죽일 것이나 한 증인의 증거만 따라서 죽이지 말 것이요"라고 하였다(참조. 24절). 19절에 나타난 대로만 보면 살인자를 처벌한 내용이 밝히 표현되지는 않았다.

"그를 만나면 죽일 것이요"라는 말씀이 무슨 뜻이겠는가? 그 보복자가 그 살인자를 만나려고 찾아다니다가 어느 곳에서 만났다는 말인가? 이 문구의 의미는 그런 경우가 아닌 것같다. 그 이유는 그 살인자가 재판을 받도록 되어 있으니(30절), 그가 자유로 어디나 출입하였을 리가 없다. 그를 재판한 당국자가 그를 어떤 방법으로든지 구금하였을 것이다. "그를 만나면 죽일 것

---

42) 신 33:27; 삼하 22:3; 시 9:9; 14:6; 46:1, 7, 11; 57:1; 59:16; 62:7-8; 71:7; 91:9; 94:22; 렘 16:19.

이요"라는 문구에 있어서 "만난다"(מצא)라는 히브리어는 '넘겨받는다'라는 뜻이다. 이것은 재판 마당에서 그 살인자를 죽이도록 내어 줄 때 보복자가 먼저 손을 댈 수 있는 기회를 가짐에 대하여 말한다. 따라서 그것은 개인적 보복을 말함이 아니고 법적 보복을 의미하는 것이다. 신명기 13:9-10에 보면 그때의 사형법은 군중이 모두 합세하여 죽이는 데 가담하였다. 그러므로 그 원고가 단독으로 죽이는 것처럼 표현된 말씀은 그 사형 집행의 순서를 전면적으로 진술함이 아니다.

22-28 여기서는 본의 아니게 살인한 자에 대한 법규를 말해준다. 본의 아니게 살인한 자는 도피성에 피신함으로 구원을 받게 된다. 그러나 그가 그곳에 피신하여 당시의 대제사장이 죽기 전에는 거기서 나오지 않아야 한다. 이 제도는 하나님의 자비를 보여준다. 그런 제도가 없다면 피해자의 가족이나 친척이 가해자를 함부로 죽일지도 모른다. 만일 그렇게 된다면 그도 억울하게 죽게 될 것이다. 그러므로 그 사람을 살리도록 하는 것이 공의에도 부합하는 것이다. 피해자의 가족이나 친척이 그를 함부로 죽이는 것은 무법한 일이므로 하나님의 법에 용납될 수 없다. 그러므로 도피성 제도는 공의에도 합당한 것이다.

29-30 여기서는 고의적으로 살인한 자를 처벌함에 관한 법규를 말한다. 이 법규에 있어서 우리가 주목하는 것은 그때 살인자를 처벌하되 신중한 재판을 경유하고 실행한 사실이다. "한 증인의 증거만 따라서 죽이지 말 것이요"(30절)라는 말씀을 보면 그 재판 진행이 참으로 신중하고 공정했던 것을 알 수 있다.

31-34 여기서는 살인자들을 공정한 법대로 다스려야 될 것을 보여준다. 고의적으로 살인한 자를 속전을 받고 놓아줄 수 없고, 또한 도피성에 피한 자를 그 당시의 대제사장이 죽기 전에 속전을 받고 그의 땅으로 돌아가게 할 수 없다. 만일 속전을 받고 이런 문제들을 해결한다면 그것은 땅을 더럽히는

일이라고 하나님은 말씀하신다. 곧, "그 피를 흘리게 한 자의 피가 아니면 속함을 받을 수 없느니라"(33절)고 하셨다.

이 점에 있어서 어떤 이들은 잘못 깨닫고 "구약에는 고의로 살인한 자를 죽이라고 하였으나 주님은 살인강도와 동행하셨다"라는 식의 해석을 한다. 이와 같은 말은 구약을 오해한 것이다. 민수기 35장은 법률상 문제를 취급한 것이고 개인의 윤리를 말한 것이 아니다. 신약성경도 법률에 의하여 치안을 유지하는 것을 옳게 여겼다(롬 13:1-7). 개인의 자격으로 자기에게 해를 끼친 자를 용서하는 원리는 구약에도 있다(레 19:18). 이 점에 있어서도 구약과 신약은 같은 것이다. 하나님의 진리는 변하지 않는다. 예수 그리스도는 어제나 오늘이나 영원하도록 동일하시다(히 13:8).

| 설교자료

1. 35장에는 도피성 제도에 대하여 자세히 말한다. 곧, 이스라엘 중에서 부지중에 살인한 자가 피할 도피성을 예비하라는 것이다. 부지중에 살인한 자가 피해자의 가족이나 또는 친척으로 말미암아 죽임이 된다면 그것은 옳지 않다. 그 이유는 그에게 살인할 동기가 없었음에도 불구하고 보복자에 의하여 죽임이 되는 때에는 또다시 무죄한 자의 피를 그 사회에 흘리는 결과가 되기 때문이다. 그것은 그 사회에 앙화를 가져올 것이다. 하나님께서 이런 불행을 막으시기 위하여 그의 자비로 도피성을 예비하셨다.

2. 하나님은 사람의 생명(피)을 존중히 여기신다(33절). 그러므로 피 흘리기를 두려워하는 그 사회가 옛날부터 잘 되었으며 또 발달하였다. 하나님의 법을 지키는 자는 개인이든지 단체든지 하나님의 축복을 받는다.

제 36 장

✤ 내용분해

1. 요셉 지파의 수령들이 모세에게 질문함(1-4절)
2. 모세가 여호와의 말씀으로 대답함(5-9절)
3. 슬로브핫의 딸들이 순종함(10-12절)
4. 결론(13절)

✤ 해석

1-4 여기에는 요셉 지파의 수령들의 질문이 기록되었다. 그것은 슬로브핫이라는 사람(요셉 지파)의 딸들이 장차 가나안에서 기업을 받을 터인데(27:1-11), 만일 그들이 다른 지파로 출가하게 되는 경우에는 그들이 저희 기업(분깃으로 받은 땅)도 가지고 간다고 할 때는 요셉 지파가 받은 기업이 그만큼 감소된다는 것이다. 그러므로 그 수령들은 모세에게 와서 이 문제의 해결을 구하였다.

5-9 요셉 지파의 수령들의 질문에 대하여 모세는 여호와의 말씀으로 선히 처리하였다. 그것은 슬로브핫의 딸들이 출가는 할 것이로되 다른 지파 사람들에게 가지 말고 자기 지파 사람들에게 가라는 것이다. 모세는 이와 같은 해결 방법을 모든 다른 지파들에게도 통용하도록 하였다(8-9절).

모세가 여호와의 말씀으로 이스라엘 자손에게 명하여(5절). 모세는 언제든지 이스라엘의 문제를 자기의 지혜로 해결하는 경우가 없었다. 그는 언제나 하나님의 말씀을 받아 전달하는 대언자로서 그들에게 말해주었다. 그러므로 오경에 기록된 모세의 말씀은 모두 우리 신앙의 대상이다. 우리는 하나님의 말씀만 종교적 진리로 믿는다.

10-12 여기서는 슬로브핫의 딸들의 순종에 대하여 말한다. 혼인은 남녀 개인의 자유에 있는 것이므로 다른 사람들이 그것을 규제할 수 없다. 그렇지만 하나님께서는 혼인의 법칙을 명령적으로 말씀하실 수 있다. 이때 슬로브핫의 딸들은 혼인 문제에 있어서 하나님의 말씀을 권위 있게 받아들여 그대로 순종하였으니 그것이 역시 신앙이다.

13 이는 여리고 맞은편 요단 가 모압 평지에서 여호와께서 모세를 통하여 이스라엘 자손에게 명령하신 계명과 규례니라. 위에 기록된 모든 말씀은 모세가 하나님께로부터 받은 것이다. 이같이 모세는 자기가 전한 말씀이 신적 권위 있는 말씀임을 강조한다.

구약주석
신명기

A Commentary on THE BOOK OF DEUTERONOMY

신명기 주석
목차

해석
제1장	409
제2장	419
제3장	424
제4장	431
제5장	437
제6장	450
제7장	456
제8장	461
제9장	469
제10장	475
제11장	482
제12장	488
제13장	498
제14장	506
제15장	513
제16장	519
제17장	522
제18장	527
제19장	533
제20장	537

제21장	542
제22장	549
제23장	555
제24장	560
제25장	566
제26장	570
제27장	574
제28장	576
제29장	584
제30장	589
제31장	596
제32장	603
제33장	616
제34장	623

설교

설교 하나님의 인도를 회고함(1:1-46)	415
설교 하나님만 믿고 순종하자(2:13-37)	423
설교 모세의 마지막(3:23-29)	426
설교 우리의 사랑의 유일한 대상(6:4-9)	451
설교 광야의 훈련(8:1-5)	464
설교 성전의 의의(12:11-14)	492
설교 실천주의에서 살자(30:11-14)	591
설교 강하고 담대하라(31:7-8)	597
설교 하나님 말씀의 역사(32:1-4)	604
설교 하나님과 그의 교회(32:9-12)	608
설교 모세의 무덤(34:1-6)	626
설교 모세의 죽음에 대하여(34:1-8)	629

특별참고
  십계명의 계시사적 의의 439
  이방인의 소위 예언들 531

제1장

⚜ 내용분해

1. 머리말(1-5절)
2. 호렙산에서 가데스 바네아에 이르기까지 이루어진 하나님의 인도 (6-46절)

⚜ 해석

1-5 이 구절에서 땅 이름들과 연대를 자세하게 기록하고 있다. 이것을 보면 성경은 어디까지나 역사성을 지니고 있다. 성경은 하나의 이념만을 가르치기 위한 작품도 아니고, 어떤 공허한 환상에 대한 기록도 아니다. 성경은 역사적 진실성을 강조하여 하나님 약속이 역사적으로 실현됨으로 인간이 그것을 명백히 붙잡도록 한다. 이같이 영원은 시간화 되어서 신자들로 하여금 영원을 파악하게 한 것이다.

6-8 여기서는 하나님께서 이스라엘 민족들에게 가나안 땅을 점령하라

는 말씀이 전달된다. 그때 이스라엘 민족은 가나안 민족에 비하여 약했으나 그들은 하나님의 인도와 능력을 의지하여 가나안 민족을 정복하도록 되어 있다. 가나안을 정복하리라는 하나님의 약속은 일찍이 그들의 조상 아브라함과 이삭과 야곱에게 주신 것이었다(8절). 이같이 그들은 하나님의 약속 신앙을 제일로 생각하고 전진해야 할 처지에 있었다. 신자는 하나님의 약속의 맛을 아는 자이다. 그들은 이 세상의 어떠한 세력이나 화려한 것에 관심을 두지 않고 하나님의 약속의 말씀 아래 안식한다. 이것이 신앙이다.

9-19 이 부분에는 이스라엘이 가나안으로 향하여 가던 도상에, 자체의 정비를 위하여 행정 기구를 분업적으로 조직한 데 대하여 말씀한다. 이것은 모세가 장인 이드로의 충고를 따라 실행한 지혜로운 일이었다. 이 점에 있어서 우리가 두 가지를 보게 된다. 하나는 이스라엘 백성을 거느림에 있어서 질서를 중요시하였다는 것과 또 하나는 공의를 앞세웠다는 것이다. 질서와 공의는 단체 생활에 있어서 가장 중요한 생활 원리라고 할 수 있다. 한 사람이 모든 일을 다 하는 것보다 많은 사람들로 하여금 각기 재능에 의하여 일하도록 기구를 정비하는 것이 하나님의 진리이며, 특별히 모든 일에 있어서 의(義)를 그 행로로 가짐이 언제나 하나님의 뜻인 것이다. 하나님의 백성은 캄캄한 세상에서 그 행보(行步)의 방향을 잡기 어렵다. 그러나 하나님의 말씀에 밝히 계시된 대로의 그 방향은 언제나 의의 길이다. 그러므로 본문에서 그것을 강조한다(16-18절).

이스라엘 민족이 두 가지 원리(질서와 공의)를 가지고 가나안을 향하여 진행하였으므로 그 길에서도 형통하였다. 본문에 "크고 두려운 광야를 지나 아모리 족속의 산지 길로 가데스 바네아에 이르렀다"는 말씀(19절)은 바로 이것을 의미한다. 질서와 공의를 파수하는 민족은 어떤 험난한 환경도 돌파할 수 있다.

이 부분(9-19절)에서 우리는 몇 가지 문제를 생각해 보려고 한다.

1) 9절부터는 앞부분과 달리 1인칭 단수, 곧 "내가"라는 말이 나오기 시작한다. 우리는 이 점에 있어서 이 부분의 저작자가 윗부분의 저작자와 같은 사람이 아니라고 보면 안 된다. 윗부분에서는 모세라는 이름이 나오고 있어서 그 부분은 모세의 작품이 아니고 다른 사람의 것인 듯한 인상을 준다. 그러나 모세가 집필자이면서도 자기 행적을 기록할 때 자기를 제삼자인 듯이 말할 수 있었던 것이다. 이는 마치 바울이 삼층천 체험을 기록할 때 자기를 제삼자인 듯이 기록한 것과 마찬가지이다. 그는 말하기를 "내가 그리스도 안에 있는 한 사람을 아노니 그는 십사 년 전에 셋째 하늘에 이끌려 간 자라"(고후 12:1-2)고 하였다. 그러므로 우리는 9절 이하에 갑자기 1인칭 단수 대명사 "내가"라는 말이 나왔다고 하여 이상하게 생각할 것이 없다.

2) 11절에 있는 "허락하신"(דִּבֶּר)이라는 번역은 말씀했다는 뜻인데 그 뜻은 '약속'을 의미한다. 허락이라는 뜻과 약속이라는 뜻은 서로 다르니 허락이라는 것은 상대방의 요청을 들어준다는 뜻이고, 약속이라는 것은 상대방의 요구를 불문하고 솔선적으로 주는 것을 가리킨다. 하나님께서 이스라엘 백성에게 번성하게 해주시겠다고 약속하신 것은 은혜에 속하는 것이다.

이 부분(9-19절)에서는 모세가 모든 관원들을 세운 역사적 유래를 밝혀서 자기의 죽은 후에도 그들의 권위가 서도록 하여 준다. 곧, 그들도 하나님이 세우신 직분이라는 것이다.

20-28 여기서는 이스라엘 백성들의 제안에 의해 모세가 정탐들을 가나안 땅에 보냈던 결과를 말해 준다. 이 부분의 말씀도 역시 이스라엘의 불신앙과 그 패역함을 지적한다.

그 땅의 열매를 손에 가지고 우리에게로 돌아와서 우리에게 말하여 이르되 우리의 하나님 여호와께서 우리에게 주시는 땅이 좋더라 하였느니라(25절). 그 정탐들이 가나안 땅의 열매를 가지고 와서 일반 민중에게 보여준 것은 그 땅의 매우 좋은 사실을 실물로 알려 주는 것이다. 그때 이스라엘은 이 사실 앞에서 마땅히 하나님의 말씀을 생각했어야 했다. 곧 하나님께서 일찍이 예고하시기를 가나안 땅은 젖과 꿀이 흐르는 땅이라고 하셨다(출 3:8). 그들이 그때 그 말씀을 기억했더라면 하나님의 진실성을 깨닫고 그 땅에 들어갈 용기를 얻었을 것이다. 그러나 그들이 그때도 하나님의 말씀을 기억하지 못하고 자기들 자신만 생각하였다.

장막 중에서 원망하여 이르기를 여호와께서 우리를 미워하시므로 아모리 족속의 손에 넘겨 멸하시려고 우리를 애굽 땅에서 인도하여 내셨도다(27절). 이스라엘 민중의 이와 같은 말도 극도로 하나님을 노엽게 하는 것이었다. 그들은 하나님의 중심과 정반대로 말하였다. 하나님은 그들을 사랑하시고 택하셔서 거기까지 인도하여 오셨는데 그들은 정반대로 잘못 말하기를, 하나님께서 저희를 미워하여 애굽에서 끌어내어 멸망시킨다고 하였다. 그들은 사랑을 미움으로 오해하였다. 불신앙자는 이같이 하나님을 오해하는 법이다.

우리가 어디로 가랴 우리의 형제들이 우리를 낙심하게 하여 말하기를 그 백성은 우리보다 장대하며 그 성읍들은 크고 성곽은 하늘에 닿았으며 우리가 또 거기서 아낙 자손을 보았노라 하는도다(28절). 여기에 소개된 그때 이스라엘 백성의 사고방식은 역시 불신앙에 속한다.

1) 그들은 그때 가나안 땅에 살고 있는 민족들이 강하였을 것을 생각지 못하였던가? 하나님께서 일찍이 그 땅의 민족들이 약하다고 말씀하신 적은 없었다. 하나님께서 이스라엘로 하여금 가나안 민족들을 멸망시키도록 하신 것은 그 민족들의 힘이 약한 까닭이 아니었고, 다만 그들의 죄악이 관영한 때문이었다(참조. 창 15:16). 그 민족들이 아무리 강할지라도 하나님께서 그의 능력에 의하여 이스라엘로 하여금 그 땅을 정복하게 해주시겠다고 약속하셨다(창 15:18-21).

2) 이스라엘 민족은 이때에 하나님을 무시하고 원망하였다. 그들은 가나안 성읍이 하늘에 닿았다는 정탐들의 보고를 듣고 질겁하였다. 불신앙자들

은 이같이 하나님보다 다른 것을 두려워하면서 불신앙사상을 선전한다(참조. 민 13:31-33; 14:3).

29-33 여기서는 모세가 믿음 없는 정탐들의 말을 듣고 낙심하는 민중을 위로하며 격려하기를 "내가 너희에게 말하기를 그들을 무서워하지 말라 두려워하지 말라"(29절)고 하였다. 이런 반복체는 강조의 의미이다. 그는 그들의 용기를 돕기 위하여 이유를 붙였다. 곧, 하나님께서 과거에 이스라엘을 도와주신 것같이 이제도 그리하실 것이라고 하였다. 과거에 나타나신 하나님의 은총을 기억하여 현재와 미래에도 하나님의 도와주심을 믿을 수 있다는 사상은 성경에 많이 있다. 그것은 진실한 성경적 사고방식이다.

34-39 여기서는 가나안에 들어갈 수 없는 자들과 들어갈 수 있는 자들에 대한 하나님의 말씀을 이스라엘에게 기억시킨다.

1) 가나안에 들어갈 수 없는 자들은 애굽에서 나온 자들 중 20세 이상 계수함을 받은 자들로서 끝까지 순종하지 않은 자들이다(35절; 참조. 민 14:26-30). 이 말씀은 수효와 상관 없이 끝까지 신종(信從)하지 않는 자들은 구원에 참여할 수 없음을 보여 준다. 그리고 이 사건은 신약 교회에서 그리스도를 믿는다고 하면서 진리를 순종하지 않는 자들을 비유한다.

2) 모세도 가나안에 들어갈 수 없었다. 모세는 일반 회중처럼 불신앙의 죄를 계속 범한 것은 아니지만 하나님께서 그의 죄를 분명히 지적하셨다. 곧 "너희가 나를 믿지 아니하고 이스라엘 자손의 목전에서 내 거룩함을 나타내지 아니한 고로" 약속의 땅에 들어갈 수 없다고 몇 차례 말씀해 주셨다(민 20:10-12; 27:12-14; 신 32:48-52; 34:4). 지도자의 작은 죄악이 하나님 앞에서는 큰 것으로 간주된다. 시편 기자는 이 므리바 사건에 대하여 기록하기를 "그들이 또 므리바 물에서 여호와를 노하시게 하였으므로 그들 때문에 재난이 모세에게 이르렀나니 이는 그들이 그의 뜻을 거역함으로 말미암아 모세가 그의 입술로 망령되이 말하였음이로다"(시 106:32-33)라고 하였다. 그 사

건 당시에 모세와 아론에게 내리신 하나님의 선고는 참으로 엄중하였다(민 20:12-13). 모세는 여기서 하나님의 그 말씀을 이스라엘 회중에게 상기시킨다. 곧 "여호와께서 너희 때문에 내게도 진노하사 이르시되 너도 그리로 들어가지 못하리라"(신 1:37)라고 하신 말씀이다. 이 점에 있어서 우리가 한 가지 생각할 것은 모세가 가나안에 들어가지 못한 것이 도리어 그에게 유익한 면도 있다는 것이다. 그 이유는 하나님께서 사랑하시는 모세를 그 광야에서 데려가신 것이 그의 선하신 뜻이기 때문이다.

3) 갈렙과 여호수아는 가나안 땅에 들어갈 수 있었다(36-38절). 그들은 특별히 가나안에 들어가서 정탐하는 사명을 마치고 돌아와서 신앙의 담력으로 굳게 서서 충성하였으니(민 13:30; 14:6-10), 그것은 민중을 거느릴 만한 그들의 자격이었다. 그들은 실상 이스라엘 제2세의 지도자로 가나안에 들어가게 된 것이다.

4) 선악을 분별하지 못하던 그들의 자녀들이 가나안에 들어가게 되었다(39절).

너희가 사로잡히리라 하던 너희의 아이들. 이 말씀은 의미심장하다. 불신앙으로 행하는 사람들의 생각과 하나님의 생각은 정반대이다. 불신앙자들의 마음에 사로잡히리라고 생각되던 자들을 하나님은 보호해 주신다. 이 점에 있어서 생각할 것은 하나님께서 그 백성으로 더불어 맺으신 계약은 그들의 실패 때문에 폐지되는 법이 없다는 것이다. 그들이 실패해도 하나님은 그 자손들에게 계약 성취를 보게 하신다. 하나님은 한 번 약속하신 것은 신실히 이루어 주신다.

40-46 이스라엘의 피상적인 회개는 응답을 받지 못했다. 하나님께서는 패역한 그들을 향하여 "너희는 방향을 돌려 홍해 길을 따라 광야로 들어갈지니라"(40절)라고 말씀하셨다. 이 말씀은 그가 가나안을 향한 이스라엘의 걸음을 후퇴시키는 명령이었다. 하나님께서는 그때의 불신앙자들로 하여금

가나안 땅에 들어가지 못하도록 하시기 위해서 그들의 노정을 변경하신 것이다. 그때 그들은 피상적으로 회개하며 말하기를 "우리가 여호와께 범죄하였사오니"(41절)라고 하였다. 그러나 그들은 하나님의 명령을 순종하지 않고 아모리 족속으로 더불어 전쟁을 일으켰다. 참된 회개를 하지 않는 자는 이같이 불순종을 고집한다. 애굽의 바로 왕도 그와 같이 행한 바 있었다. 이때에 이스라엘 민족이 패전하고 돌아와서는 하나님 앞에서 통곡하였다(45절). 그러나 그것도 진정한 회개는 아니었고 에서의 울음(히 12:16-17)과 같은 망령된 것이었다.

설교▶ 하나님의 인도를 회고함(신 1:1-46)

1. 이스라엘 공동체의 행정 기관 정비(9-18절)

이것은 호렙산에 이르기 직전에 된 일로서 이드로의 충고에 따라서 실행된 것이다(출 18:18). 이 사건은 70장로를 택한 일과 같은 것은 아니다(참조. 민 11:14).

1) 지도자의 아량. 모세는 이스라엘을 다스리는 무거운 짐을 지고도 그들이 또다시 번성하기를 원하며, 하나님의 약속이 이루어지기를 원한다. 11절의 "허락"이라는 말은 "말씀하였다"라고 번역되어야 한다. 신명기에는 약속에 관한 말씀들이 많다.[43]

2) 조직의 목적은 편리를 위함보다 의를 위함임(16-18절). 캄캄한 현세에서 하늘나라를 찾아가는 길에서는 의를 나침반으로 삼는다.

---

43) 참조. 1:21; 6:3; 9:3, 28; 10:9; 11:25; 12:20; 15:6; 18:2; 26:18; 27:3; 29:12.

2. 크고 두려운 광야도 무사히 지났음(19절)

그들이 이때 통과한 광야는 바란 광야인데 세칭 "미궁"(迷宮)이라고 한다. 그곳에는 전갈과 뱀이 많고 물이 없으며(32:10; 렘 2:6), 험한 길이다. 이 험한 길을 잘 통과한 것은 앞날의 험한 길도 잘 갈 수 있다는 용기를 준다.

3. 그들이 정탐들의 보고를 듣고 낙심했으므로 그들은 가나안에 못 들어감(20-33절)

1) 땅이 좋다고 한 것은 확실함. 포도 한 송이 달린 가지를 막대기에 꿰어 두 사람이 메고 돌아왔으니 좋은 땅인 것이 사실이다. 그것은 하나님의 말씀(출 3:8; 13:5; 33:3; 레 20:24)과 일치하였다. 민수기 13:27에는 "과연 젖과 꿀이 흐르는 땅"이라고 하면서 예언과 일치함을 강조한다. 하나님께서 그 땅에 강적이 없으리라는 뜻으로 예언하신 적은 없다. 정탐들 중에 불신앙으로 보고한 열 사람의 말, 곧 거기 강한 민족들이 있다는 말도 사실은 사실이다. 그러나 하나님께서 그의 권능으로 그들을 이기게 해주시겠다고 약속하신 바 있다. 그러므로 그들의 불신앙은 하나님 말씀의 진실성을 무시한 불신앙이었다(32절). 모세는 신앙의 근거가 하나님 말씀이라는 의미에서 이 부분에도 '하나님의 말씀'을 언급한다(21절).

2) 그뿐만 아니라 그들은 과거에 주신 많은 은혜의 체험을 불신앙하였다(29-32절).

4. 광야에서 범죄한 이스라엘이 받은 심판(34-45절)

1) 한 세대가 거의 전멸함. 여호수아와 갈렙 외에는 모두(출애굽 당시 20세 이상이었던 장정들) 광야에서 죽었다. 그들이 죽은 원인은 저희의 완악함이었다. 사람들이 어떤 죄에서 완전히 돌아서지 않고 번번이 불신앙을 거듭할 때에 또는 그들이 앞으로도 계속 같은 죄를 범할 것이 내다보일 때에는 하나님

께서 그들을 멸하신다.

2) 모세도 가나안에 들어가지 못하리라고 함(37절). "너희 때문에"(בִּגְלַלְכֶם) 라는 말씀이 이 사실을 보여 준다.

3) 여호수아와 갈렙 두 사람만 들어가리라고 함(36, 38절). 소수라도 하나님의 말씀을 순종한 자들이 천국에 들어간다.

4) 사로잡히리라고 염려하던 그들의 어린 자녀들이 들어감(39절). 이것도 인간의 교만을 꺾으시는 하나님께서 행하시는 일이다. 이스라엘은 그들의 아이들이 약자이므로 원수들에게 사로잡힐 것을 염려하였다(민 14:31). 하나님은 사람들의 불신앙 사상과는 아주 반대로 행하시는 일이 많다.

루터(Martin Luther)는 말하기를 "하나님은 어떤 때에 인간의 생각과는 정반대로 역사하신다"라고 하였다. 그러므로 하나님은 약한 자들을 들어서 강한 자들을 부끄럽게 하신다.

5. 그때 이스라엘 민족에게 광야로 돌이키라 하심과 그들의 불신앙, 그들의 실패(40-46절)

하나님께서 이스라엘 백성에게 후퇴하라고 하신 이유는 ① 그들에게 가나안에 들어갈 신앙 준비가 없었기 때문이었다. ② 그들이 그때 울었는데 그것은 회개의 울음이 아니고 앞길이 캄캄하였기 때문이다. ③ 그들이 전진을 원했으나 그것은 욕심이었고 신앙은 아니었다. 그들은 이제 하나님의 허락 없이 가던 길을 가려고 했는데 그것은 하나님의 인도하시는 순서가 아니었다. 그런데도 그들은 저희 생각대로 강행하다가 실패하였다. 신자의 길은 하나님 자신인 사실을 그들은 몰랐다(요 14:6). 하나님께서 전에 인도하셨던 방향이라도 이제 그가 돌이키라고 하시면 그들은 순종했어야 할 것이었다.

| 설교자료

1. 아브라함의 자손이 하늘의 별과 같이 번성하리라는 하나님의 약속(창 15:5)은 마침내 이루어졌다. 모세는 여기서 그것을 명심하고 이스라엘에게 말하여 그들의 신앙을 견고하게 한다(10-11절). 하나님이 약속하신 것은 언제든지 이루어지고야 만다. 그러므로 우리는 성경에 기록된 하나님의 말씀을 믿고 안심해야 한다.

2. 지도자는 자기 홀로 일하는 자가 아니고 모든 다른 사람들로 하여금 일하도록 도와주어야 한다(12-15절). 그것이 참된 지도자의 자격이다. 지도자들 중에는 모든 일을 홀로 다 하고자 하는 지나친 욕심을 가지는 자들이 있다. 그런 자들의 하는 일은 능률도 나지 않고 도리어 실수가 많다. 그뿐만 아니라 그는 지도를 받는 사람들이 가지고 있는 많은 재능을 발휘하지 못하게 만든다. 모든 사람들은 다 각기 하나님께로부터 받은 재능과 사명이 다르다(참조. 딤후 2:20-21).

3. 이스라엘에는 하나님의 약속을 믿지 않는 죄악이 있었다(22-33절). 그들은 가나안을 정탐하고 돌아온 열 사람의 보고를 하나님의 약속보다 더 믿었다(25-28절). 그뿐만 아니라 그들은 모세의 격려하는 말을 듣고도 하나님의 약속(가나안 땅을 주시겠다고 하신 것)을 믿지 않았다(29-33절). 하나님의 약속을 잘 믿는 자들이 참 신자들이다.

제 2 장

↓ 내용분해

1. 이스라엘이 세일 산에서 지체함(1-3절)
2. 이스라엘이 에돔 족속을 침범하지 못하도록 명령받음(4-7절)
3. 이스라엘이 모압을 침범하지 못하도록 명령 받음(8-12절)
4. 애굽에서 나온 1세대 이스라엘이 모두 광야에서 패망할 사실을 알려줌(13-15절)
5. 이스라엘에게 암몬 족속을 침범하지 말라고 하심(16-23절)
6. 헤스본 왕 시혼과 그 백성을 진멸함(24-37절)

↓ 해석

1-3 이스라엘은 일찍이 가나안 정탐들의 불신앙적인 보고를 듣고 낙심하였다. 그러므로 하나님께서 그들의 가나안 진격을 지연시키셨다. 그 이유는 그들이 가나안 땅에 들어가서 승리할 수 있는 길은 오직 하나님이 함께

해 주시는 데만 있기 때문이다. 하나님은 믿는 자들과만 함께하신다. 이제 하나님의 약속을 믿지 않고 또 참되이 회개하지 않은 이스라엘 백성은 후퇴할 수밖에 없었다. 그래서 그들은 하나님의 종 모세의 지도를 따라 마침내 후퇴하여 세일 산에서 유리하게 되었다. 그것이 본문 1절에 방향을 돌려 라는 말씀의 내용이다. 하나님께서는 이스라엘 민족을 단시일 내에 가나안 땅으로 인도하시려면 하셨을 것이다. 그러나 하나님은 그들로 하여금 가나안에 들어가기에 합당하도록 그들의 신앙을 연단시키기 원하셨던 것이다.

4-7 하나님께서 이스라엘을 인도하여 가나안 땅으로 가게 하시는 도중에 그들로 하여금 에돔 족속을 침범하지 못하게 하셨다. 그 이유는 하나님께서 세일 산을 중심한 지대를 그 족속에게 주셨기 때문이었다. 하나님이 주신 것을 사람이 빼앗을 수 없다. 이 말씀에서 우리가 볼 수 있는 사실은 하나님께서 모든 다른 민족들에 대해서도 그의 주권으로 그들의 지경을 정하신 사실이다. 하나님께서는 이스라엘로 하여금 에돔을 침범하지 못하도록 명령하심에 있어서, 이스라엘은 다만 여호와 하나님을 의지하면 부족함이 없을 것을 명심시켰다. 그들은 광야에서 40년 동안 다른 민족의 도움을 받지 않고 오직 하나님의 은혜로만 살아 왔었다. 그들은 언제나 하나님을 믿고 전진할 뿐이었다. 7절에 말하기를 "여호와께서 이 사십 년 동안을 너와 함께 하셨으므로 네게 부족함이 없었느니라"고 하였다.

8-12 여기서는 하나님께서 이스라엘에게 모압을 괴롭게 말라고 명령하셨다. 그 이유는 역시 모압 족속의 땅도 하나님께서 모압 백성들에게 주셨기 때문이라는 것이다(9절). 10-12절의 말씀을 괄호 부호로 구분한 것은 무슨 이유일까? 그것은 이스라엘에게 믿음을 더해 주시려는 것이다. 곧, 모압이 그 땅에서 살기 전에 강대한 민족이 살고 있었으나 하나님의 경륜에 의하여 그들은 별수 없이 그 땅을 모압에게 내주었다는 것이다. 하나님께서 그의 뜻을 이루어 가실 때에는 그와 같이 될 수밖에 없다. 마찬가지로 이때에도 가나안

땅에 강한 민족들이 살고 있지만 하나님의 경륜에 의하여 이스라엘이 문제 없이 들어갈 수 있다는 것이 계시되어 있다.

13-15 여기에는 애굽에서 나온 1세대가 모두 멸절된 사실이 기록되었다. 그들이 이같이 되리라고 하나님께서 예고하신 것은 그때부터 38년 전 가데스에서 된 일이었다(민 14:23-30). 하나님의 말씀은 이같이 정확하게 이루어진다. 성경은 신구약을 물론하고 하나님 말씀과 그 말씀의 성취 사건들로 성립되어 있다. 애굽에서 나온 1세대가 여기서 끝난 것은 본래 애굽에서부터 계시되었다. 곧 모세가 바로 왕 앞에서 말하기를, 우리를 놓아주면 삼 일 길을 가서 여호와께 제사를 드리겠다고 한 것뿐이었다. 출애굽기 처음 부분을 읽는 자들이 모세의 이와 같은 말을 읽고 언뜻 생각하기를 바로에게 내놓은 모세의 이와 같은 말은 거짓말이 아닌가 할 것이다. 그 이유는 그때의 이스라엘의 출애굽 목적이 마침내 가나안 땅에 들어가려는 것이었기 때문이라고 할 것이다. 그러나 이제 38년 후에 애굽에서 나왔었던 1세대가 모두 죽고 가나안 땅에 못 들어간 것을 보니, 바로 앞에 내놓았던 모세의 말도 성령의 감동에 의한 진실한 말이었다.

여기 그들이 멸망당한 사건이 기록된 이유는 이제부터 가나안 진격이 시작되기 때문이다. 가나안 진격은 이스라엘 2세대에게 맡겨졌다. 1세대는 하나님이 주신 가나안 진격의 기회를 받았었음에도 불구하고 정탐들의 보고를 듣고 불신앙으로 포기하였다(민 14:10, 29-35). 하나님께서는 은혜의 기회를 버리는 자들을 버리시고 그것을 다른 사람에게 주신다.

16-23 여기서는 하나님께서 암몬 족속을 괴롭게 하지 말라고 하신다. 그 이유는 그 땅을 하나님께서 그들에게 주셨다는 것이다. 이 점에 있어서 모세는 암몬 땅이 암몬 족속의 소유가 된 역사를 밝혀 준다. 곧, 그 땅도 본래는 르바임, 다시 말하면 거인족의 땅이었으나 하나님께서 암몬 족속으로 하여금 그들을 멸하고 점령하게 하셨다는 것이다. 비록 거인족이라도 죄악이 관

영하면 하나님께서 그들을 멸하신다. 그와 같이 죄악이 관영한 가나안 민족들도 망한다는 것이다. 하나님은 이 말씀으로 가나안 진격의 임무를 맡은 이스라엘을 격려해 주신다. 이와 같은 실례를 이 밖에도 두 가지 들어 말한다. 곧, 하나님께서 에서의 자손을 들어서 호리 족을 멸하신 것과 또 갑돌 족을 들어서 아위 족을 멸하신 것과 같은 것이다. 이것을 보면 세계 모든 민족들의 성쇠는 대주재하나님의 장중에 있다.

24-37 이 부분에서는 이스라엘이 헤스본 나라를 멸망시킨 데 대하여 말한다. 그때 하나님께서 헤스본 땅을 이스라엘에게 주시기로 작정하셨다(24절). 그러므로 그 민족(아모리 족)이 이스라엘 앞에서 패하게 되었다. 하나님은 그 민족으로 하여금 전쟁을 통하여 패하도록 그 왕의 마음을 완악하게 하셨다(30절). 하나님께서 사람의 마음을 완악하게 하신다 함은 그가 그 사람의 마음을 붙들어 주시지 않고 버려두심을 말한다. 사람의 마음이 하나님의 돌보시는 은혜 밖에서는 언제나 패역해진다. 그러므로 사람의 마음이 완악해진다는 것은 그의 망할 징조이다.

진멸이라는 말(34절)은 히브리 원어로 하람(חרם)이니 극도로 악한 자들을 멸함으로 하나님의 공의를 만족시킴이다. 그러므로 그들의 죽음은 이런 의미에서 제물과 같다는 것이다. 극도로 악한 자들은 하나님의 크신 긍휼로도 용납될 수 없는 자들이다. 예를 들면 그때의 가나안 민족들은 극도로 악하여 저희 자녀들을 불로 태워서 저희가 섬기는 우상에게 바쳤던 것이다. 이것은 그들의 죄악의 한 면이었다. 그런 민족은 진멸당하는 것이 하나님의 공의이다. 그러므로 가나안 민족을 아낌없이 진멸하라는 하나님의 말씀을 읽을 때 우리는 그 민족의 죄가 그 받을 벌보다 오히려 컸다는 사실을 느껴야 한다. 하나님은 그들에게 대해서도 오래 참아주셨다. 그가 아브라함을 갈대아 우르에서 불러내어 가나안 땅에 오게 하신 뒤에 그에게 말씀하시기를 400여 년을 기다리라고 하셨다. 하나님은 자비하셔서 죄인의 죽는 것을 기뻐하시지 않는다(겔 18:32). 그러나 죄인의 죄악이 관영할 때에는 마침내 벌을 내리신다(참조. 창 15:16).

설교▶ 하나님만 믿고 순종하자(신 2:13-37)

하나님께서는 그 말씀하신 대로 천하 만민을 주장하신다.

1. 40년 동안이나 하나님을 원망하며 시험하던 무리도 마침내 다 멸절되었다(14-15절). 그것은 일찍이 하나님께서 말씀하신 대로 되어진 일이다(참조. 1:35; 민 14:22-23, 32-33). 그들은 모세와 아론을 많이 괴롭혔다. 하나님께서는 그들에 대하여 말씀하시기를 "열 번이나"(민 14:22) 시험하였다고 하셨다.

2. 하나님께서 이스라엘 자손을 어느 민족보다 사랑하셨지만 그들이라도 하나님이 주시지 않은 것을 받을 수 없었다. 암몬 땅은 암몬 민족에게 주셨으므로 이스라엘은 그 땅을 취하지 못할 것이었다. 하나님은 이같이 모든 민족들이 거주할 땅도 주장하시는 주권을 가지셨다. 우리는 어느 때나 하나님을 절대로 순종해야 한다.

하나님께서는 암몬 족속의 땅에 앞서 거주하던 민족도 멸망시키셨다. 아무리 강한 민족이라도 죄악이 관영한 때에는 약소 민족의 힘으로도 그 강국을 물리칠 수 있었다. 그렇게 하시는 것이 하나님의 작정이었다. 이와 같은 사실은 이 부분에 세 가지 실례로 명시되어 있다. 곧, 강대한 르바임 족속과 호리 족속과 아위 족속의 멸망 사건이다. 하나님께서는 이런 실례를 들어서 이스라엘을 격려하셨다. 아무리 약소 민족이라도 하나님께서 함께하실 때에는 그 민족이 강대한 민족들을 멸망시킬 수 있음을 밝혀, 이스라엘의 가나안 진격을 격려하였다.

제3장

✤ 내용분해

1. 바산 왕 옥을 정복함(1-11절)
2. 요단강 이편 땅을 두 지파 반에게 나누어 주고 정복에 동참할 것을 부탁함(12-20절)
3. 여호수아를 격려함(21-22절)
4. 모세의 기도와 하나님의 말씀(23-29절)

✤ 해석

1-11 이스라엘이 하나님으로부터 승리의 약속을 받고 바산 왕과 싸워서 그 땅을 점령하였다. 여기 계시된 하나님의 말씀 중, "네가 헤스본에 거주하던 아모리 족속의 왕 시혼에게 행한 것과 같이 그에게도 행할 것이니라"(2절)고 한 말씀은 이스라엘에게 용기를 주었다. 신자가 전에 받았던 은혜의 경험은 그로 하여금 앞으로도 은혜 받을 것을 바라보게 한다.

이 부분에서 우리가 볼 수 있는 것은 이스라엘이 정복한 바산 왕 옥의 세력은 강대하였다는 것이다. 그것은 그 나라에 성읍이 많고 그 성읍들은 모두 방위 시설이 되어 있다는 것으로 알 수 있고(4-5절), 그 나라의 왕 옥은 거인이었다는 것으로 보아서도 알 수 있다(11절). 그 나라가 이같이 강하였음에도 불구하고 이스라엘이 그 나라를 정복하여 이긴 원인은 하나님이 함께해 주신 데 있었다.

12-20 이미 정복한 두 나라의 땅은 두 지파와 반 지파에게 나누어주었다. 르우벤과 갓 지파에게는 시온 왕의 땅을 주었고, 므낫세 반 지파에게는 바산 왕 옥의 땅을 주었다. 이때 땅을 차지한 그들은 이스라엘 민족을 위한 병역을 끝까지 복무함이 공평한 일이었다. 민수기 32:1-42의 말씀이 이 일에 대하여 자세히 말한다. 그 말씀을 읽음으로 우리는 귀한 교훈을 받을 수 있다(참조. 빌 2:4). 그들이 만일 전쟁 초기에 사욕을 따라서 행동했다면 이스라엘이 가나안을 정복함에 있어서 사기를 잃을 뻔하였다. 전쟁에는 사욕을 따르는 자의 행동이 모든 군대로 하여금 낙심하게 만든다. 참된 신자는 온 교회의 평안을 보기 전에는 자기 개인의 평안을 도모하지 않는다.

21-22 여기서는 모세가 그의 계승자 여호수아를 격려한다. 그의 격려사는 두 가지로 되었다. ① 하나님께서 이전에 이스라엘로 승리하게 하신 것을 생각하라는 것. 하나님은 과거에 우리를 도와주셨다. 우리는 과거에 나타난 하나님의 능력을 회상함으로 용기를 얻는다. ② 하나님께서 끝까지 이스라엘을 도와주실 것을 기억시킴. 이것은 하나님의 약속을 기억시킨 것이다.

23-29 여기서는 모세가 자기도 가나안에 들어가기 위하여 기도한 것을 말해준다. 그때 하나님은 그의 기도대로 이루어주시지 않고 이제는 후계자 여호수아를 세워 일을 잘하도록 붙들어 주라는 뜻을 보여주셨다. 하나님의 일꾼은 후배를 세우는 일을 자기의 중요한 임무로 알아야 한다. 그만해도 족하니(רַב־לָךְ)라는 말씀(26절)은 '네가 받은 은혜는 그것으로 족하다'는 뜻이

다. 이것은 하나님께서 바울에게 주신 말씀과 유사하다(고후 12:8-9).

설교⊁ 모세의 마지막(신 3:23-29)

1. 모세의 욕망(23-25절)

하나님께서는 일찍이 모세에게 말씀하시기를, 모세는 가나안에 들어가지 못한다고 하셨다. 모세는 그것을 알고 있었다. 이제 가나안 땅이 가까워짐에 따라서 그는 거기 들어가기를 원하였다. 그는 하나님께 기도하였다.

1) 모세는 하나님의 권능을 끝까지 보기를 원함(24절). 그는 "주께서 주의 크심과 주의 권능을 주의 종에게 나타내시기를 시작하셨사오니"라고 한다. 우리는 여기 "시작하셨사오니"라는 말을 주의해야 한다. 이 말은 그가 가나안 정복으로 완전히 나타날 능력까지 보기 원한다는 것이다. 이것은 그의 욕심이다. 그는 그때 하나님의 능력보다 하나님의 뜻(혹은 하나님 자신)으로 만족하는 신앙을 가지지 못한 것이다. 하나님의 능력이 귀하지만, 그의 뜻(하나님 자신)은 더 귀하다. 그는 요셉처럼 "나는 죽으나 하나님이"(창 50:24) 이스라엘 백성을 가나안 땅으로 인도하실 것이라고 했어야 할 것이다.

2) 아름다운 산악 지방인 가나안 땅을 보게 해 달라고 함(25절). 사람은 누구나 평생 목표하고 고생한 소망이 이루어지는 것을 보기 원한다. 모세는 가나안 복지를 그 민족의 소망으로 바라보면서 얼마나 고생하며 참아 왔는가? 40년 동안 애굽에서 지식을 배웠고, 40년 동안 광야에서 이스라엘을 인도하기 위하여 가지가지로 고난을 당하였다. 이제 가나안 땅을 눈앞에 놓고 거기 들어가 볼 마음이 나는 것은 자연스럽다. 그러나 보다 밝히 보는 영적 견지에서는 그럴 필요가 없는 것이다. 가나안 땅이 아무리 아름답다 해도 죄인들이 살던 곳이다. 그는 아브라함처럼 "더 나은 본향", 곧 하늘에 있는 것을 찾았어야 할 것이었다(히 11:16). 그는 지금까지 그렇게 살아왔었다. 그는

"바로의 공주의 아들이라 칭함 받기를 거절하고 도리어 하나님의 백성과 함께 고난 받기를 잠시 죄악의 낙을 누리는 것보다 더 좋아하고 그리스도를 위하여 받는 수모를 애굽의 모든 보화보다 더 큰 재물로" 여겼다. 그가 그렇게 한 목적은 하나님의 상을 받기 위함이었다(히 11:24-26). 그럼에도 불구하고 이번에는 모세가 이때까지 살아온 원리(히 11:24-26)에 배치되는 기도를 하였다. 이때 하나님께서 그의 기도를 이루어 주지 않으시고 진노하신 것은 도리어 그를 바로 세우시는 데 유익하였다. 하나님은 그의 선하신 뜻대로 모세를 그 본래 걸어가던 생활 노선으로 귀정시키셨다. 그는 평생 의를 위하여 고생만 하고 세상에서는 아무것도 받는 것이 없도록 되어 있다. 그러나 그것이 가장 축복 받은 사람의 생활 노선이다.

2. 모세의 생애에 대한 하나님의 지도 원리(26-29절)

1) 모세의 이때까지의 생활을 족하다고 하심. 본문 26절에 말하기를 "그만해도 족하니"라고 하였다. 이것은 평생 쏘는 가시 같은 고통을 없애달라는 바울에게 "내 은혜가 네게 족하도다"고 하신 주님의 응답과 같다(참조. 고후 12:7-10). 이것은 하나님 보시기에 ① 모세가 평생 고생만 하고 세상의 위로는 받지 못한 것이 잘된 일이라는 뜻임. 사람이 이 세상에 났다가 주님을 위하여 고생함은 큰 복이다. 그는 이제 하늘나라의 상급을 바라보며 영광의 주님을 기다리게 된다(벧전 1:7). ② 모세는 머지않아 이방의 모압 땅 비스가 산 위에서 혼자 죽게 되는 것이 잘되는 일이라는 뜻이다. 보통 사람들은 남들의 위로를 받는 가운데서 평안히 죽기를 원한다. 그러나 예수님은 죽으실 때에 사람의 위로가 전혀 없었고, 리빙스톤(David Livingston)은 아프리카에서 혼자 기도하다가 죽음을 맞이했다. 모세는 많은 사람들의 죽음을 보아왔다. 그는 애굽에서 함께 나온 60만 대중의 죽는 것을 보았고, 그의 가까운 친척 중에서도 미리암의 죽음(민 20:1)과 아론의 죽음(민 20:27-29)도 보았다. 이제

그는 죽기를 원할 처지도 되었다. 많은 사람의 죽음을 목격하며 살아온 의인은 더 살아 있을 마음이 없어진다. 그 모든 죽은 사람들을 이때까지 인솔하던 그가 어찌 더 살 마음이 있으랴. 그는 그 모든 죽은 사람들에 대하여 연대책임도 져야 할 것이었다. 그는 그러한 점도 깨닫고 하는 말이 "여호와께서 너희 때문에 내게 진노하사"(26절)라고 하였다. 그러나 그는 본문에 기록된 대로 더 살 마음도 있었다. 그러나 그것은 하나님의 뜻이 아니었다. 그러므로 하나님은 그의 요구를 거절하셨다.

2) 가나안 땅을 바라보기만 하라고 하심(27절). 하나님께서 무슨 목적으로 모세에게 높은 산에서 가나안 땅을 바라보게 하셨을까? 그것은 하나님께서 아브라함에게 그 땅을 주시마 하신 약속의 성취를 그로 하여금 실감하게 하려는 것뿐이다. 그리하여 그의 믿음을 증가시키려는 것이다(참조. 신 34:1-4).

3) 모세로 하여금 그 후계자 여호수아를 격려하게 하심(28절). 사람들의 각기 할 일을 하나님께서는 다 분정(分定)해 두셨다. 모세는 이스라엘의 정치적 지도자요, 중보자요, 계시의 전달자였다. 그는 하나님과 교통하며 또 이스라엘 백성을 영적으로 인도하는 데 충성하였다. 그는 애굽에서 많은 학문을 통달한 자로서 하나님의 하시는 일에 대하여 많은 글을 쓰기도 하였다. 특별히 그는 출애굽 당시부터 되어진 광야의 노정기를 자세히 기록하였으며(민 33:2), 오경을 기록하여 후세에 전하였다. 그는 이 일에 역사의 증인으로서 충성하였다. 이제 그의 역할은 끝났다. 그는 이제 후계자를 세워야 될 것이었다. 그는 이 세상에서 상받는 것을 열망해서는 안된다. 하나님의 일꾼은 남들로 하여금 일할 수 있도록 뒷받침한 것으로 만족해야 한다. 모세의 뒤를 잇는 일은 전쟁이므로 그 일을 맡을 자는 따로 있었다. 그는 여호수아였다. 여호수아는 씩씩한 군인이었다.

| 설교자료

1. 전쟁은 여호와께 속하였다. 어느 민족이든지 하나님께서 패하게 하실 때엔 스스로 이길 수 없다. 구약에는 어떤 민족을 이스라엘의 손에 붙이셨다는 말씀이 많이 나온다. 하나님은 바산 왕 옥을 이스라엘의 손에 붙이셨다(3절). 그러므로 이스라엘이 승리하게 된 것이다. 시편 127:1에 말하기를 "여호와께서 성을 지키지 아니하시면 파수꾼의 깨어 있음이 헛되도다"라고 하였다. 그러므로 신자들은 범사에 하나님을 바라보아야 한다.

2. 르우벤 족속과 갓 족속과 므낫세 반 지파는 요단강을 건너기 전에 벌써 땅을 차지하게 되었다(12-17절). 그 대가로 그들은 가나안 정복에 있어서 이스라엘의 선봉이 되어 싸우지 않으면 안 되었다. 이것을 보면 성경의 말씀은 모든 행정에 있어서도 공평의 원리를 보여 준다. 하나님께서는 우리가 어떤 처사에든지 공평하게 하는 것을 기뻐하신다. 사람을 외모로 취급하지 말아야 할 것은 신구약의 말씀이 많이 강조하고 있다(참조, 1:17; 요 7:24; 약 2:1).

3. 하나님께서는 미래의 축복이 확실할 것을 우리에게 보여 주시기 위하여 우선 현재에 우리로 하여금 그의 능력을 맛보게 하신다. 그가 헤스본 왕 시혼과 바산 왕 옥을 이스라엘의 손에 붙이셔서 그들로 하여금 패망하게 하신 것은 앞으로 이스라엘이 가나안에 들어가서 모든 왕들을 정복하게 될 것을 보장하여 주신 처사였다(21-22절). 빌립보서 1:6에 말하기를 "너희 안에서 착한 일을 시작하신 이가 그리스도 예수의 날까지 이루실 줄을 우리는 확신하노라"고 하였다.

4. 우리는 하나님이 세우신 처지에서 만족을 느낄 줄 알아야 한다. 그 이

유는 하나님이 주신 것은 그의 표준에서 만족한 것이기 때문이다. 모세는 가나안 땅에 들어가기를 원하였으나 하나님께서는 그의 기도를 허락하지 않으시고 그의 생명을 거두어 가시는 것을 좋게 여기셨다. 그것이 모세에게도 만족한 일이라고 하셨다(26절). 바울은 평생 자기 몸에 가시(사탄의 사자)가 있었으므로 그것을 물리쳐 주시기를 하나님께 세 번이나 기도하였으나 하나님께서는 그것을 도리어 그에게 족한 은혜라고 말씀하셨다(고후 12:9).

제 4 장

✢ **내용분해**

1. 하나님의 법도를 순종하라고 함(1-8절). 이스라엘이 그 법도를 순종하면,
    1) 가나안 땅에 들어가게 됨(1-4절)
    2) 가나안 땅에서도 하나님의 규례와 법도를 지켜야 함(5-6절)
    3) 하나님은 의로우시며 우리가 기도할 때에 도와주심(7-8절)
2. 하나님을 섬기는 자들은 형상을 만들지 말 것(9-14절)
3. 우상을 섬기면 열국에 사로잡혀 가게 되고, 회개하면 다시 회복됨(15-31절)
4. 여호와 하나님의 규례와 명령을 순종하라고 함(32-40절)
5. 도피성 셋을 요단 이편에 설립함(41-43절)
6. 모세가 이스라엘에 율법을 선포한 장소(44-49절)

↓ 해석

1-8 규례와 법도(1절). 이것은 생명이 없는 규칙이나 제도가 아니고 살아 계신 하나님을 모시기 위한 제도이다. 그러므로 그것을 정성껏 지키는 자는 영육이 아울러 살게 된다. 그것을 정성을 다해 지키는 자는 그것을 가감하지 않고 지키는 것으로 드러난다.

여호와께서 바알브올의 일로 말미암아 행하신 바(3절). "바알브올"은 그때 가나안 족속들이 음행으로 섬기는 우상이었다. 그들은 풍년을 기원하는 행사로 그 신을 섬겼다. 이스라엘 민족이 이 우상을 섬긴 죄로 24,000명이 염병으로 죽었다(민 25:1-9). 그러나 그 우상에 끌리지 않고 여호와께 붙어 떠나지 않은 자들은 살았다. 4절의 붙어(הַדְּבֵקִים)라는 말은 중요하다. 그것은 '단단히 붙음'(to cleave to any one fast)을 의미한다. 사람이 하나님께 단단히 붙어 있으면 하나님밖에 참 하나님이 없는 줄 알며, 그는 하나님의 축복을 받는다. 그러므로 그는 우상을 섬길 마음조차 가지지 않는다.

우리 하나님 여호와께서 우리가 그에게 기도할 때마다 우리에게 가까이 하심(7절). 잠언 15:8에 "정직한 자의 기도는 그가 기뻐하시느니라"고 하였다. 그러므로 성경에서 기도를 향으로 비유했다(계 5:8). 천문학자 뉴턴(Isac Newton)은 말하기를 "나는 망원경으로 하늘을 본다. 그러나 밀실에서 기도함으로 더욱 하늘이 가까워지며 하나님이 가까워진다"라고 하였다. 그러므로 버어마(미얀마)에서 선교한 저드슨(Adoniram Judson)은 말하기를 "어떤 희생을 내면서라도 기도는 유지하라"고 하였다. 기도를 참되이 하면 우리 마음이 평안하다. 그것이 주님께서 가까이 해주시는 증표이다. 그러므로 유명한 의사 하이슬룹(Hysloop)은 말하기를, 불면증을 고치는 비결은 습관적으로 기도함이라고 하였다.

그 규례와 법도가 공의로운 큰 나라가 어디 있느냐(8절). 하나님이 주신 규례와 법도는 의롭기 때문에 지키기 어려운 것이 아니다. 시편 19:8에 "여호와의 교훈은 정직하여 마음을 기쁘게 하고"라고 하였다. 사람은 옳은 것을 좋아한다. 특별히 거듭난 성도는 옳은 것 사모하기를 주리고 목마른 것같이 한다(마 5:6). 그는 진리와 함께 기뻐한다(고전 13:6).

하나님의 규례와 법도는 택한 백성 이스라엘에게만 계시되었다. 그런 의미에서 그때 이스라엘은 큰 나라였다. 이와 같은 규례와 법도는 오늘날 하나님의 교회와도 관련되었으며, 그것들은 그리스도에게서 성취되어 은혜와 진리의 형태로 우리에게 임하였다.

9-24 하나님은 형상이 없으시다. 그가 호렙산에 나타나셨을 때도 형상은 보이지 않았다. 그때 그는 어떻게 나타나셨는가?

1) **불과 흑암** 가운데 나타나심(11절). "불"은 하나님의 성결의 위엄을 상징하고(히 12:29), "흑암"은 그의 진노를 상징한다. 하나님께서 인간에게서 얼굴을 돌이키시면 인간들의 사회는 흑암과 같아서 아무런 소망도 없다. 하나님께서 불과 흑암 중에 임하심은 사람들로 하여금 그를 두려워하게 하려는 것이다(히 12:28). 그들이 보이지 않는 하나님을 보이는 형상으로 바꾸어 피조물을 섬기면 하나님께서 그들을 벌하신다는 것이 이와 같은 두려운 환경으로 암시된 것이다(24절). 이 부분 말씀 중에 "형상은 보지 못하였느니라"(12, 15절)고 한 말씀이 자주 나왔으니, 그것은 호렙 산에 있었던 하나님의 계시가 그 시대에 팽창하던 우상주의를 깨뜨리고 참 하나님의 종교를 세우려는 것임을 보여 준다. 참 하나님의 종교는 형상을 보고 섬기는 것이 아니다.

2) **음성으로만 나타나 언약을 세우심**(12-13절). 하나님은 우상과 달라서 말씀(음성)으로 나타나신 하나님이시며, 또한 사람들과 계약을 맺으시며, 그의 영원하신 진실성을 보여 주시는 참된 신 이시다.

하늘 위의 모든 천체 곧 너희의 하나님 여호와께서 천하 만민을 위하여 배정하신 것(19절). 여기 "모든 천체"라는 말은 모든 별들의 무리들을 말함이다. 하나님께서 그것들을 지으신 목적은 천하 만민을 위하신 것이다. 곧, 그것들로 하여금 땅에 사는 사람들을 비추도록 하려는 것이다(창 1:16- 18). 그러므로 그것들은 사람들을 섬기기 위한 것이다. 그럼에도 불구하고 사람이 그것들을 섬기는 것은 어리석은 일이다.

25-31 여기서는 이스라엘이 가나안에서 자녀들을 낳으며 오랫동안 평안히 지낼 때에 타락하여 우상을 섬기게 되면 그 백성이 그 땅에서 쫓겨나서 이방에 흩어져 그 나라들의 우상을 섬기게 될 것이라고 한다. 이것은 하나님께서 죄인들을 벌하시는 방법 중 하나다. 하나님은 죄를 범하기 좋아하는 자들을 죄 가운데 내버려두신다(롬 1:24, 26, 28). 이같이 벌하시는 원리에 의하여, 그는 이방의 우상을 섬기는 이스라엘을 우상 섬기는 이방으로 추방하여 우상이나 섬기도록 내버리신다.

그러나 그들이 그곳에서 회개하기만 하면 그는 그들을 회복하시겠다고 약속하신다. 그런데 그 회개만은 참된 것이어야 한다고, 그는 요구하신다. "만일 마음을 다하고 뜻을 다하여 그를 구하면 만나리라"는 말씀(29절)이 그 뜻이다. 그들의 이와 같은 회개는 그들이 이방에 사로잡혀간 것 같은 환난 때문이다. 평안은 사람을 부패하게 하고, 고난은 사람을 바르게 만든다. 하나님께서 진실히 회개하는 자들을 받으심은 그의 계약을 성취하시는 일 중 하나이다. 그는 이탈된 백성에게 환난을 보내서라도 회개시켜 언약 중심의 구원운동을 성취하신다(30-31절).

32-40 여기서는 여호와께서만이 참 하나님이시므로 그의 규례와 법도를 지키라고 하신다. 오직 여호와께서 참 하나님이 되시는 증거는 (1) 그가 이스라엘에게 말씀을 계시하심과(33, 36절) (2) 그가 이스라엘로 하여금 출애굽하게 하심이다(34, 37절).

한글 성경에 "한 없이 오래 살리라"(40절)고 번역된 것은 오역이다. 히브리 원문의 바른 번역은 "날들이 연장되리라"이다.

41-43 세 도피성에 대하여는 민수기 35:9-15을 참조하라.

44-49 모세가 이스라엘 민중에게 율법을 선포한 지방에 대하여 시온(48절)이라고 한 것은 예루살렘을 가리킨 "시온"이라는 말과 다르다.

| 설교자료

1. 하나님께서 이스라엘 민족으로 하여금 가나안 땅을 차지하게 하심은 그들에게 공로나 의가 있음이 아니었고(9:4-6) 하나님께서 그들을 택하셨기 때문이다. 그러나 하나님께서 그들로 하여금 그의 규례와 법도는 지켜야 한다고 하셨다(4:1-2). 그들이 하나님의 법도를 지키는 것이 하나님 앞에 공로는 될 수 없고 하나님을 믿는 증표가 된다. 아무리 택한 백성으로 자처하여도 믿음이 없는 자는 참된 택한 백성이 아니다.

2. 이스라엘이 하나님의 법도를 지킴으로 모든 다른 민족들에게 하나님을 보여주게 된다(6-8절). 이스라엘은 세상 권세를 가지고 다른 나라들 가운데 으뜸이 되려고 할 것이 아니다. 이스라엘은 다만 만민에게 하나님을 알려주는 거룩한 백성이 되어야 한다. 이같이 신약시대의 교회도 하나님의 말씀을 지켜 하나님의 살아 계심을 모든 사람들에게 보여주어야 한다.

3. 하나님께서 호렙산에서 이스라엘에 말씀하신 것은 인류 역사상 유일하고 위대한 계시였다. 그럼에도 불구하고 그때 아무 형상도 나타난 일은 없었다(15절). 그것을 보아도 하나님은 말씀으로 역사하시는 신이시다. 그의 보이지 아니하시는 특성은 그가 참되신 하나님이신 증거이다. 보이는 형상으로 신을 만드는 종교는 인간의 부패성에서 나온 것이다(참조. 16절).

4. 아무리 범죄하여 벌 받은 인생이라도 회개하면서 전심으로 주님을 찾으면 주님을 만나게 된다(29절). 이것이 참된 종교의 내용이다. 예수님께서도 말씀하시기를 "너희는 가서 내가 긍휼을 원하고 제사를 원하지 아니하노라 하신 뜻이 무엇인지 배우라 내가 의인을 부르러 온 것이 아니요 죄인을 부르러 왔노라"(마 9:13)고 하셨다.

제 5 장

↓ 내용분해

1. 하나님은 이스라엘 백성에게 시내산 언약의 내용인 계명을 지키라고 부탁하심(1-6절)
2. 십계명을 말씀과 글로 주셨다고 알려줌(7-22절)
3. 장로들의 청원에 의하여 모세가 중보자의 역할을 함(23-29절)
4. 중보자 모세에게 부탁하신 하나님의 말씀(30-33절)

↓ 해석

1 듣고…배우며 지켜 행하라. 이 말씀은 이스라엘이 하나님의 규례와 법도를 신중히 취급해야 할 것을 보여 준다. 그들이 그것을 지켜 행하려면 그것을 듣고 배움이 필요하였다. 그 이유는 그것이 생명을 주는 하나님의 율법이기 때문이다. 그것을 바로 배우는 자는 우선 그것의 단맛을 알게 되고 따라서 그것을 지키게 된다.

2-3 여기서는 이스라엘이 하나님의 규례와 법도를 지켜야 할 이유를 보여 주었는데 곧 그 규례와 법도는 하나님의 언약의 말씀이라는 것이다. 하나님이 이스라엘과 언약을 맺으신 것은 그 백성(이스라엘)을 사랑하신 까닭이다. 그것은 그들을 축복하기 위한 것이다. 그러므로 그의 규례와 법도는 폭군의 명령과 같은 것이 아니다.

우리 곧 우리. 이것은 "우리"라는 말을 강조하는 문투이다.

4-5 **너희가 불을 두려워하여.** 여기 "불"이라는 것은 하나님께서 임하심에 수반된 쉐키나(שכינה) 영광이다. 모세가 부름 받을 때도 가시덤불에 붙는 불을 보았다. 이것은 하나님의 성결의 위엄을 상징한다(히 12:28-29).

너희 중간에 서서 여호와의 말씀을 너희에게 전하였노라. 이 말씀에 대하여 갈라디아서 3:19을 참조하라. 이때 모세가 죄가 없어서 중보자의 위치에서 활동한 것이 아니고 하나님께서 그를 그 자리에 세우셨기 때문이다.

6 **종 되었던 집에서 인도하여 낸 네 하나님.** 이 말씀은 십계명을 지키라고 하시는 그가 '이스라엘의 구주'시라는 뜻이다. 그러므로 그의 계율은 사랑이요 결코 가혹한 명령이 아니다.

7-21절. 이 부분에서는 십계명을 말해 준다. 우리는 먼저 십계명의 계시사적 의의를 생각해 보아야 한다.

*****

{특별참고}
십계명의 계시사적 의의

1. 십계명의 완전성

십계명의 완전성과 영구성은 그것이 ① 10수로 된 사실 ② 하나님의 친수로 기록된 사실 ③ 돌에 새겨(오래오래 보관할 수 있도록)진 사실 ④ 법궤에 보관된 사실 등으로 증명된다.

예수님은 십계명을 존중히 여기시는 의미에서 이것을 바리새인의 의와 대조시켜 해설하셨다. 물론 그의 해설이 십계명의 첫부분(1-4계명)에 대해서는 침묵하시고 뒷부분(5-10계명)에만 관계된 것이 사실이다. 그러나 그것은 그가 그 첫 부분을 무시하신 의미가 아니다. 그는 그때 바리새인들의 외식을 교정시키시는 의미에서 계명 해설을 하신 것이다. 당시 바리새인들은 외부적인 의식적 예배로 하나님을 섬기는 줄로 착각하고 있었다(계명의 첫 부분인 "의"도 지키지 않으면서). 그러므로 그들은 계명의 둘째 부분(사람을 사랑하라는 계명들)도 제대로 지키지 못하였다. 그러므로 예수님께서 그 부분(계명의 둘째 부분)의 깊은 의미를 해설하시는 데 치중하셨다.

2. 십계명의 영적 성격

십계명은 영적 성격을 근본으로 가진 것이다. 제2계명에 말한 대로 하나님의 계명을 지키는 자는 '하나님을 사랑하는 자'요, 그의 계명을 지키지 않는 자는 '그를 미워하는 자'라는 뜻이 나타나 있다(출 20:5-6). 그뿐만 아니라 제10계명에는 탐심을 금하였으니 이것도 십계명의 성격이 영적인 것을 보여 준다. 신명기 6:5에서 하나님을 섬기는 방법은 "마음, 성품, 힘을 다하여 그를 사랑함"이라고 하였고, 예수님도 이 말씀을 인용하셨다(마 22:37; 참조. 롬 8:7, 14; 13:10).

3. 율법의 목적

율법이 이스라엘에 임한 목적은 ① 은혜의 계약(택함받아 구원받는 제도)을 폐기하기 위한 것이 아니다. 그것이 하나님의 백성으로 하여금 가나안 땅을 차지하게(세상의 후사되게) 할 수 없었다. 그들이 가나안 땅을 차지하게 되는 것은 하나님께서 그들을 택하셨기 때문이다(신 9:5-6). ② 그들로 하여금 가나안 땅에서 하나님의 백성으로서 하나님을 영화롭게 하도록 하려는 것이다.

그와 같이 우리 그리스도인들도 율법을 지킨 공로로 구원받는 것은 아니지만(구원의 공로는 예수 그리스도밖에 없음), 율법을 행할 필연성 아래 있다. 그 이유는 믿음은 그 자체가 선한 것이고 또한 선한 행실로 전개되어야 하기 때문이다. 우리가 믿음과 행실에 대하여 말할 때에 양자를 논리적으로는 분리해서 말할 수 있다. 그런 논법은 양자의 각기 다른 작용을 논함이다. 곧, 믿음은 나무의 뿌리와 같아서 하나님의 선물과 은혜(그리스도)를 섭취하는 작용을 하고, 행위는 모든 선을 남들에게 내주는 작용을 한다는 것이다. 그러나 우리가 실제적으로는 믿음과 행실을 나눌 수 없다. 우리는 뿌리와 나무의 관계를 끊을 수 없다. 뿌리에서 나무를 찍으면 그 뿌리는 얼마간 살다가 마침내 죽는다. 뿌리가 살기 위해서는 나무도 절대로 필요하니, 양자는 일체이다. 믿음이 구원의 공로는 되지 못하나 구원의 방편은 되는 것처럼 행실도 그러하다. 우리가 믿음을 관념에만 국한시켜 생각하면 안된다. 믿음이 행실로 전개되어야 그것이 구체적이고 생명 있는 것이다. 심리적 형태로서의 믿음보다 행위적 형태로서의 믿음이 참으로 유력한 것이다.

4. 십계명과 그리스도의 새 계명 간의 관계

그리스도께서는 우리에게 "새 계명"을 주셨다(요 13:34). 그것은 신자들이 서로 사랑해야 될 것을 가르치는 계명이다. 그러면 새 계명은 십계명과 다른 것인가? 사도 바울은 신자들에게 서로 사랑하라고 하면서 "사랑은 율법(십계명)의 완성"(롬 13:8-10)이라고 하였다. 이 말씀에 의하면 십계명도 신자들이 서로 사랑해야 될 것을 가르친다.

그리스도께서 주신 "새 계명"은 사랑의 동기에 있어서 십계명보다 새로운 성격을 띤다. 십계명은 이스라엘이 애굽에서 구원받은 사실(출 20:2), 곧 신약적 구원의 예표를 사랑의 동기로 하였다. 그리고 "새 계명"은 그 예표의 성취, 곧 신약적 구원을 동기로 한다. 이 점에서 그리스도의 계명이 새 계명이라는 이름을 가지게 된다. 그러므로 새 계명이라는 것은 십계명이 폐지된다는 의미를 내포하지 않는다. 그것은 도리어 신자들로 하여금 그것을 더욱 완전히 깨닫고 더욱 힘있게 지키게 된다는 의미를 가진다(롬 3:31).

7 나 외에는 다른 신들을 네게 두지 말지니라. 여기 "나"라는 말은 앞절의 말씀과 통하고 있다. 곧, 이스라엘의 유일하신 참 하나님은 그들을 애굽에서 구원해 주신(6절) '그 여호와 하나님'이라는 뜻이다. 구원을 주지 못하는 자는 하나님이 아니다(참조. 요 9:25).

여기 "외에"(עַל־פָּנָי)라는 말(알 파나이)의 히브리 원어를 '대립하여'라는 뜻이라고도 하고(John Calvin), 혹은 '병립시켜'라는 뜻이라고도 한다. 어느 것이 옳든 간에 이것은 하나님 외에 다른 것은 종교적 경배의 대상으로 간주하지 말라는 말씀이다. 당시 다신론 사상으로 가득 찬 세상에 대하여 이 첫 계명(제 1계명)은 하늘에서 내려온 폭탄선언이었다. 이 계명은 행동으로만 아니라 마음으로도 지켜야 한다(신 8:11, 17, 19). 많은 사람이 외모로는 다신론자가 아닌 듯하지만 마음으로는 그러하다. 그들은 하나님보다 물질과 사람과

이 세상 것들을 더 믿는 사상을 가지고 있으니 그것은 다신론 사상이다. 하나님은 그런 사상을 미워하신다(사 3:1-3).

8-10 여기서는 하나님을 섬기며 경배하는 방법에 대하여 말한다. 그것은 ① 하나님을 보이는 형상으로 만들어 놓고 그것을 섬기지 말라는 것. 하나님은 육체가 아닌 영이시므로 우리는 그를 보려고 하지 말아야 한다. ② 하나님 섬기듯이 피조물에게 영광을 돌리지 말라는 것. 피조물을 하나님 섬기듯이 사랑하거나 두려워함은 우상 숭배의 죄악이다.

질투하는 하나님(9절). 이 말씀은 히브리 원어로 엘 카나(אֵל קַנָּא)인데, 한글 개역판 이전에 번역된 우리말 성경에는 "노여워하는 하나님"이라고 번역되어 있다. 그러나 개역은 칼빈과 델리취가 지지하는 것이며 잘 된 번역이다. 여기 "질투"라는 것은 불의한 질투를 말함이 아니고 의로운 것이니, 곧 자기의 가장 사랑하는 것이 남에게 빼앗길 때 일어나는 심리이다. 하나님은 그의 택하신 백성을 뜨겁게 사랑하시므로 그 백성을 우상에게 빼앗길 때에 질투하신다. 그는 우상을 섬기는 그 백성을 향하여 음행하는 백성이라고 꾸짖으신다. 이런 말씀은 선지서에 많이 나온다. 그가 그 백성을 가장 사랑하시지 않는다면 그들을 가리켜 음행한다는 말씀을 사용하시지 않았을 것이다.

나를 사랑하고 내 계명을 지키는 자(10절). 여기 "사랑"이라는 말은 귀하다. 하나님은 마지못하여 순종하는 자를 기뻐하시지 않고 자원하는 마음으로(사랑으로) 경배하는 자를 기뻐하신다.

천대까지 은혜를 베푸느니라(10절). 이 말씀을 보면 하나님께서는 사람들에게 벌을 주심보다 은혜 주시기를 기뻐하신다. 그런데 여기서 문제 되는 것은, 의인의 자손들은 대대손손이 모두 잘 되는가 하는 것이다. 우리는 이 점에 있어서 이 말씀의 의미를 바로 알아야 한다. 이 말씀의 의미는 하나님을 참으로 공경한 자들은 그의 자손들 중 천대에 이르러서도 축복을 받는 일이 있다는 것이다. 예를 들면 아브라함은 그의 자손들 중에서 예수 그리스도가 탄생하셨으니, 그는 아브라함보다 2,000년 후에 탄생하신 분이다. 그러나 아브라함의 자손(육적 자손)이라고 하여 다 잘 된 것은 아니다. 예를 들면, 이스마엘에게서 난 자들과 그 밖에 많은 자손들이 복을 받지 못한 일들도 있다.

11 너는 네 하나님 여호와의 이름을 망령되이 일컫지 말라. 여기 "일컫는다"(נָשָׂא)는 히브리 원어는 호칭에만 국한될 것이 아니고 어떤 방법으로든지 하나님의 성호를 이용함을 가리킨다. 그리고 "망령되이"(לַשָּׁוְא)라는 말은 '헛되이' 혹은 '거짓되이' 등을 의미한다. 이 계명은 ① 외식으로 하나님을 공경함이 죄라는 뜻이고 ② 인간이 자기의 거짓을 진실한 듯이 가장하기 위하여 하나님의 이름을 이용함이 죄 됨을 지적한다.

12-15 안식일을 지켜 거룩하게 하라(12절). 이 말씀은 하나님의 백성 된 신자들은 마땅히 "안식일"을 거룩히 지켜야 함에 대하여 가르친다.

1) 그날을 거룩히 지키는 방법을 세 가지로 말씀하셨다. ① 거룩히 지킴(출 20:8). 이것은 그날에 하나님께 예배드림이다. ② 엿새 동안은 힘써···일함(13절). 안식일을 거룩히 지키는 자는 다른 날에는 불신자보다 노동을 더욱 충성되이 해야 한다. 이렇게 하는 것이 안식일 성수에 필요한 조건이다. 가령 어떤 신자가 불신자의 일을 맡아 보는 경우에 있어서, 다른 날도 책임을 충실히 이행치 않고 안식일에 휴식한다면, 그의 주인이 기뻐하지 않을 것이다. 그러나 그가 다른 날에 불신자보다 더욱 직무에 충실하면, 그가 안식일을 지킬 때에도 혹시 그의 주인 앞에서 문제될 것 없다. ③ 아무 일도 하지 말 것(14절). 여기 "일"이라는 말은 히브리 원어로 멜라카(מְלָאכָה)니, 육체의 생활을 위하여 계속되는 육체적, 정신적 업무와 영업과 관련된 것을 말한다. 안식일은 육체를 위하지 않고 영적 생활을 위하는 날이기 때문에 우리는 하나님께 예배드리는 일을 위주로 해야 한다.

2) 12-15절은, 인생으로서 제칠일에 안식해야 할 이유를 말씀한다. 그것은 하나님께서 "천지와 만물"을 창조하시는 일을 "엿새 동안에" 마치시고

"일곱째 날에 안식하사 그날을 복 주사 거룩하게 하셨기 때문"이다(창 2:1-3). 여기 계시된 안식일 성수의 이유로 가르치는 것은, 사람이 마땅히 하나님을 본받는 의미에서 그날에 일을 쉰다는 의미도 있지만, 특별히 하나님께서 그날을 "복되게" 하셨으므로 그날을 복 받는 날로 지키는 의미도 있다. 사람이 "제칠일"을 성수하면 복을 받는다. 프랑스 혁명 때 사람들이 제칠일 안식일을 폐지하고 제십일 안식일을 세운 적이 있었다. 그러나 이 새 제도의 결과가 사람에게 해로웠으므로 후에 그것이 제칠일 안식일로 환원되었다.

학자들 중에는 안식일 법은 옛날 유대 민족을 위한 법이고 현대인(신자나 불신자)에게는 관계없다고 잘못 해석한다. 그러나 안식일 법은 온 인류가 지켜야 할 법이다. 그 이유는 그것이 하나님의 창조질서에 근거한 것이기 때문이다. 본문에도 "하나님 여호와의 안식일인즉"이라는 말씀이 있다. 이것은 제 칠일에 하나님께서 안식하셨다는 뜻이다. 그러면 안식일에 하지 말아야 할 일은 무슨 일인가? 그것은 직업적으로 가지는 노동(servile work)으로서(레 23:25) 예배에 방해되는 일을 가리킨다.[44] 구약시대에도 이날에 부득이한 일은 하게 되었다. 마카비 시대에는 안식일에 침략자가 쳐들어올 때 맞서 싸워야 한다고 마카비(Maccabeus)는 가르쳤다(Mac. 2:40, 41). 마카비 시대는 안식일을 엄수해야 함을 가르치던 시대였음에도 불구하고 그와 같이 부득이한 일은 그날에도 할 수 있다고 하였다.

16 네 부모를 공경하라. 여기 "공경하라"는 말은 히브리 원어로 카베드(כָּבֵד)니, 부모의 권위에 합당하게 존경함이다. 그것은 그들에게 순종함과 그들의 은혜를 갚음이다(시 3:1; 잠 1:8; 6:20; 23:22; 엡 6:1; 골 3:20). 이 말씀은 윗사람(부모와 다른 어른들)에게 순종할 도덕을 가르치는 것이니(레 19:32; 잠 16:31; 20:29; 딤전 5:1-2), 사회 질서를 위한 도덕이라고 할 수 있다.

---

44) Z. Ursinus, *A Commentary on the Heidelberg Catechism* (Grand Rapids: Eerdmans, 1954), p. 558.

네게 준 땅에서 네 생명이 길고. 이것은 가나안 땅에서 사회의 안녕 질서로 인하여 이스라엘의 국가적 행복이 길 것을 가리킨다. 그러나 이 말씀 중에는 부모에게 효를 행한 자들의 장수함을 가리키기도 한다. 부모에게 효성을 다한 자도 어떤 다른 이유로 일찍 죽는 일이 있기는 하다. 성경은 기계적인 법률 조문으로 된 것이 아니고 살아 계신 하나님의 생명 있는 진리이다. 살아 계신 하나님은 약속을 실시하심에 있어서 늘 같은 방식으로만 하시지 않으신다.

17 살인하지 말지니라. 여기 '죽인다'(רָצַח)는 말의 히브리 원어는 전쟁이나 재판 결과로 사람을 죽이는 것 같은 것을 의미하지 않고, 개인적 행위로 죽임을 의미한다. 이것은 하필 완전히 살인한 경우만을 가리키지 않고 살인에 이를 수 있는 모든 행위, 곧 증오, 구타 등도 포함한다.

18 간음하지 말지니라. 이것은 모든 불결한 성적 사상과 행동을 금하는 계명이다. 일부다처주의(polygamy)는 창조질서(일부일처주의)를 위반함이다. 그런데 이상한 것은 구약시대에 이름 높은 성도들(아브라함, 야곱, 다윗 등)이 이 질서를 위반하였다. 그럼에도 불구하고 하나님은 그들을 계속적으로 사용하셨다. 구약시대의 일부다처주의 문제를 예수님께서 정리하여 주셨다(마 19:3-8). 곧 "너희 마음의 완악함을 인하여 아내 내어버림을 허락하였거니와"(마 19:8)라고 하셨는데, 여기 이른바 "마음의 완악"은 구약시대 사람들이 하나님의 계시와 은혜에 아직 어두웠던 것을 가리킨다. 예수님의 이 말씀은 계시의 점진성에 비추어 하신 말씀이다. 구약시대는 신약시대에 비해 계시가 밝히 나타나지 않았던 때였다. 그러므로 그 시대 사람들의 아내 버리는 일(그것은 결국 다처주의)이 허락되었었다. 그러나 여기 "허락"이라는 말은 '참아 버려둔다'는 뜻이고(sufferance of forebearance), 정당시한 인허(sufferance of approval)는 아니었다. 신약시대는 계시가 더욱 밝아졌으므로 이런 일이 허락되지 않는다. 하나님께서 많이 준 자에게서는 많이 찾으신다(눅 12:48).

19 도둑질 하지 말지니라. 이것은 사람이 이웃을 해롭게 하면서 자기 자신

의 이익을 도모함을 금하는 계명이다. 많은 사람이 드러나게 도적질은 하지 않지만 간교한 탈을 쓰고 이 계명을 범한다.

20 거짓 증거하지 말지니라. 이것은 거짓말로 남의 명예에 손상을 입히는 것을 금함이다. 이것은 법정에서 뿐 아니라 일상생활 가운데서도 사실이 아닌 꾸며낸 말로 남을 낮추어 말하는 것을 금함이다(잠 10:12). 성경에 기록된 어떤 사건들을 보면 하나님께서 어떤 때에는 거짓을 용납하신 듯하다. 그러나 그 사건들을 자세히 연구해 보면 그런 것이 아니다. 예를 들면, 다음과 같은 사건들이다.

1) 리브가가 야곱을 시켜서 그의 형 에서로 가장하도록 한 것(창 27:18, 19, 24). 하나님께서 에서로 가장한 야곱을 맏아들의 기업으로 축복하신 것을 보면 그가 거짓도 용납하신 듯이 보인다. 그러나 우리는 이 사건을 다음과 같이 해석해야 한다. 곧, 이 사건에 있어서 리브가와 야곱은 거짓된 행동을 취하기는 하였다. 그러나 하나님께서 야곱을 축복하신 것은 그의 거짓된 행위에 동조하시는 의미가 아니었다. 그것은 그가 인간에게 옳지 않은 행위가 있음에도 불구하고 그의 예정하셨던 은혜(창 25:23)를 변동 없이 주시는 원리를 보여 준다.

2) 기생 라합이 이스라엘의 정탐 두 사람을 숨겨 주고 여리고 임금의 사신에게 거짓말을 한 사건(수 2장). 이 사건에 있어서 라합은 거짓말을 하였다(수 2:4-5). 그것은 잘못이었다. 그러나 그에게 믿음도 있었다. 그러므로 하나님의 말씀은 그의 믿음대로 갚아주신 것을 말한 것뿐이다(히 11:31; 약 2:25).

3) 사무엘이 다윗에게 기름을 부을 때 취했던 은닉 행위(참조. 삼상 16:2-3). 하나님께서 다윗에게 기름을 부으라고 사무엘에게 말씀하실 때 사무엘은 그 말씀에 순종하기를 주저하였다. 그 이유는 사울 왕을 두려워한 까닭이다. 이때 하나님은 사무엘에게 말씀하시기를, 암송아지를 끌고 가서 제사를 드리러 왔다고 하라고 하셨다. 사무엘은 이새의 집으로 갈 때 하나님의 말

씀대로 행함과 동시에 그의 마지막 아들 다윗에게 기름을 부었다(삼상 16:4-13). 이것은 속이는 행위가 아니고 가리우는 행위이다. 가리우는 일은 성경 말씀이 정당시한다(잠 11:13).

4) 애굽의 바로 왕이 히브리 산파들에게 명하기를 히브리 여인이 출산하는 아들은 모두 죽이라고 하였을 때 산파들이 꾸며낸 거짓말(참조. 출 1:15-21). 왕의 명을 어긴 산파들의 변명은 물론 거짓말이었다(19절). 그런데 그들이 하나님의 축복을 받은 것은 거짓말 때문이 아니라 그들의 믿음 때문이었다(출 1:21).

5) 아람 군대가 엘리사를 잡으려고 도단에 왔을 때 하나님께서 엘리사의 기도를 들어 주셔서 잡으러 온 아람 사람들의 눈을 어둡게 하셨다. 그때 엘리사는 그 사람들에게 말하기를 "이는 그 길이 아니요 이는 그 성읍도 아니니 나를 따라 오라 내가 너희를 인도하여 너희가 찾는 사람에게로 나아가리라"(왕하 6:14-19) 하고 저희를 인도하여 사마리아에 이르렀다. 이 사건도 언뜻 보면 엘리사가 거짓말을 한 듯이 보이고, 하나님도 그 일에 동조하신 듯이 보인다. 그러나 엘리사의 말은 거짓말이 아니었다. 엘리사가 아람 사람들에게 자기의 발견될 곳이 도단이 아니라고 한 것이 참 말이다. 그 이유는 그 순간에 그가 도단에서 그들에게 잡히지 않도록 했기 때문이었다. 그가 그들과 만날 곳을 사마리아로 그의 마음에 작정하였던 것이다. 그는 그들을 인도하여 사마리아로 가서 그들에게 자기를 나타냈다(20-23절). 엘리사의 이 행동은 거짓이 아니다.

6) 여호수아가 아이 성을 칠 때 복병한 사건(수 8:1-17). 이 전술은 하나님께서 여호수아에게 지시하신 일이었다(2절). 이것이 거짓인가? 그런 것이 아니다. 그가 한 부대를 복병시키고 다른 한 부대로 하여금 유도 작전을 하게 한 것은 양심을 속인 일이 아니었다. 그와 그의 군대는 아군의 작전계획을 따라 수행했을 뿐이고 그 군사기밀을 적군에 통고할 의무는 없는 것이다. 정당

한 일을 위하여 은닉의 행위를 취함은 성경 말씀이 정당시한다(잠 11:13).[45]

21 탐내지도 말지니라. 이것은 마지막 계명이면서 실상 모든 계명을 포괄한다. 예를 들면 "네 이웃의 아내를 탐내지 말라"는 것은 제7계명의 내용을 가리키기도 한다. 이 계명은 모든 죄악이 사람들의 마음에서부터 용납될 수 없음을 가르친다. 그러므로 바울은 말하기를 "율법은 신령"(롬 7:14) 하다고 하였다.

22-27 여기서는 각 지파의 두령들이 모세에게 하나님과 백성 사이에 중보의 역할을 해 달라고 청원하였다. 그들의 청원을 하나님께서 정당시하셨다. 사람들이 양심적으로 요구하는 참된 중보자는 예수 그리스도이시다.

28-33 중보자로 세움이 된 모세는 이스라엘에게 하나님의 규례와 법도를 순종하라고 강권한다. "좌로나 우로나 치우치지 말고"라는 말씀은 어느 면으로든지 하나님의 법도를 떠나지 말라는 뜻이다(17:11, 20; 수1:7). 행복에 이르는 유일한 참된 길은 성결의 길이다.

| 설교자료

1. 십계명을 주신 하나님은 폭군이 아니고 그와 반대로 그 백성을 사랑하시는 구주이시다(6절). 우리는 십계명을 볼 때 하나님의 엄위보다 그의 사랑을 느낄 줄 알아야 한다. 그 계명들의 목적은 실상 우리로 하여금 악에서 떠나 생명의 주님께로 돌아오도록 하려는 것이다. 십계명은 주로 금령으로 되어 있다. 그와 같이 된 이유는 사람들이 이미 그 금하시는 죄악에 물들어 있기 때문이다. 그러므로 그들은 우선 그런 죄악에서 떠나는 것이 급선무이다. 그러나 이 금령들은 신자들로 하여금 겨우 남을 해하지 않는 정도의 소극적

---

45) J. Murray, *Principles of Conduct: Aspects of Biblical Ethics* (Grand Rapids: Eerdmans, 1957), pp. 136-147.

인 생활에 머물도록 하는 것은 아니다. 그 이유는 이 금령을 지키는 동기가 하나님을 사랑하는 데 있기 때문이다. 하나님을 사랑하는 자는 사랑의 동기로(기쁨으로) 죄를 떠날 것이므로 사랑의 동기로 적극적으로 모든 선을 행할 것도 확실하다(롬 13:8-10).

2. 십계명은 하나님께서 친수로 돌 판에 써 주셨다(22절). 그것은 영구히 인류에게 전해야 될 것을 의미하는 것이다. 이 돌 판이 그대로 오늘날까지 전해지지는 않았으나 그 계명의 내용은 우리에게 전해졌다. 우리는 그것으로 만족하다. 어떤 사람들은 잘못 말하기를, 오늘날 신약 교회는 십계명을 지킬 필요가 없다고 한다. 그러나 그것은 잘못이다. 신약 교회가 지킬 계명은 사랑인데(요 13:34), 이 사랑은 십계명을 지키는 것도 포함한다(롬 13:8-10).

3. 구약시대에도 인간의 성품은 중보자를 요구하였다(27절). 다시 말하면 그들이 직접 하나님 앞에 나아갈 자격이 없으므로 자기들과 하나님 사이에 돕는 자가 있어서 하나님의 말씀을 받아 전해 주기를 원하였다. 이것을 보면 그들도 하나님을 보지 못하였으나 그의 말씀만으로 만족하려고 하였다. 하나님께서는 그들의 이 태도를 옳게 보셨다(28절). 신약시대에도 우리는 하나님의 말씀만으로 족하게 여기는 신앙을 가져야 한다. 마태복음 8:5-13에 기록된 백부장의 신앙이 그런 신앙이었다(마 8:8).

4. 하나님께서 그 백성에게 그의 말씀을 지키되 좌우로 치우치지 말라고 하셨다(32절). 하나님의 말씀을 지킴에 있어서 좌우로 치우치지 않는다는 것은 무엇을 의미하는가? 이것은 진리의 궤도에서 이탈하지 않는 것을 가리킨다. 우리가 공의를 행하려다 그 방면으로 치우치면 포학이 되기 쉽고, 사랑을 행하려다 치우치면 나약이 되기 쉽다.

제 6 장

✤ 내용분해

1. 계명에 복종하라고 권면하는 머리말(1-3절)
2. 복종을 가능하게 하는 기본 원리(4-5절)
3. 실제적인 복종 행위(6-9절)
4. 계명 순종과 반대되는 행위들을 엄금함(10-19절)
5. 후손들에게 이스라엘 종교의 유래를 말해 줄 필요성(20-25절)

✤ 해석

1 하나님이 주신 땅과 하나님이 세우시는 신정국에서는 사람들이 하나님의 규례와 계명을 지켜야 하나님의 축복을 받는다고 한다.

2-3 하나님의 계명은 영구히 변함없이 그대로 이루어질 것이므로 자자손손이 그 말씀을 지켜야 한다고 한다(마 5:18).

4-5 우리 하나님 여호와는 오직 유일한 여호와이시니 너는 마음을 다하고 뜻을 다

하고 힘을 다하여 네 하나님 여호와를 사랑하라. 하나님은 한 분이시므로 신자는 그 하나님만을 전적으로 사랑해야 한다. 여기 "다 하여"(לֹּכ)라는 말이 세 번 나온 것은 하나님을 섬기는 일의 특징을 지적한다. 하나님은 우리를 지으셨으므로 우리는 전적으로 그에게 속한다. "마음"은 사랑과 정서의 기관이고, "뜻"으로 번역된 히브리 원어(נֶפֶשׁ)는 실상 "영혼"이다. 이것은 '생명' 혹은 '인격'을 가리킨다. "힘"(מְאֹד)은 체력과 정신력, 기타 무슨 힘이든지 다 가리킨다.

"사랑함"(אָהֵב)은 하나님을 섬기는 방법이다. 이것이야말로 하나님을 살아 계신 인격으로 상대함이다.

6-9 이 부분에는 하나님의 말씀에 대한 이스라엘의 취급 방법이 비유적으로 기록되었다. 이것은 단지 그들의 기억에만 그 말씀을 간직하라는 것이 아니고 그 말씀을 5절의 말씀과 같이 열렬히 사랑하라는 것이다. 이 부분의 말씀은 그것을 해설한 셈이다. 하나님의 말씀을 지키는 자는 사랑으로 해야 하나님께 합당하다. 하나님의 말씀을 지식으로만 취급하는 것은 하나님을 생명 없는 기계로 상대함이니 그를 모독함이다.

설교▸ 우리의 사랑의 유일한 대상 (신 6:4-9)

사람은 그의 사랑의 대상에 따라서 그 사람의 인격이 결정된다. 돈을 사랑하는 자는 돈의 종이 되고, 세상을 사랑하는 자는 세상의 종이 되고, 자기를 사랑하는 자는 자기 자신의 종이 되어 멸망을 자초한다. 사람은 마땅히 무한히 좋으신 하나님을 사랑해야 한다. 본문은 사람이 하나님을 사랑함에 있어서 그 참된 방법을 보여 준다.

1. 하나님을 사랑할 동기

4절에 말하기를 "이스라엘아 들으라 우리 하나님 여호와는 오직 유일한 여호와시니"라고 하였다. 이 말씀에 의하면 하나님은 우리를 찾아오신 여호와시니, 곧 그리스도시다. 그는 성부 하나님께서 우리에게 주신 성자 하나님이시다. 우리가 그와 함께 살아보면 그가 모든 좋은 것의 근원이 되심을 알게 된다. 특별히 그가 우리를 다스려 주심이 무엇보다 우리에게 좋은 것이다. 우리 마음속에는 우리의 원수들이 많은데 그리스도께서 그것들을 쫓아내시며 물리쳐 주심은 가장 반가운 일이다. 그뿐만 아니라 우리가 평생 우리 자신만 섬긴 결과는 우리의 죽는 시간에 원통히 후회할 것밖에 없다. 그러나 우리가 그리스도를 복종한 일은 영원하도록 우리에게 만족을 준다. 우리가 그의 보호를 받는 방법은 그에게 순종함이다. 이같이 그리스도는 우리의 사모할 유일한 대상이시다. 성경에 기록된 참된 성도들은 자기 자신에게 돌아오는 이해관계는 불문에 붙이고 무엇보다 먼저 하나님을 인하여 감사하며 사모하였다. 시편 16:2에 "내가 여호와께 아뢰되 주는 나의 주님이시오니 주 밖에는 나의 복이 없다 하였나이다" 하였고, 시편 27:4에 "내가 여호와께 바라는 한 가지 일 그것을 구하리니 곧 내가 내 평생에 여호와의 집에 살면서 여호와의 아름다움을 바라보며 그의 성전에서 사모하는 그것이라"라고 하였다. 시편 73:25에는 말하기를 "하늘에서는 주 외에 누가 내게 있으리요 땅에서는 주 밖에 내가 사모할 이 없나이다"라고 하였다(참조. 시 43:4).

2. 하나님을 사랑하는 방법

본문 5절에 말하기를 "너는 마음을 다하고 뜻을 다하고 힘을 다하여 네 하나님 여호와를 사랑하라"고 한다. "마음을 다한다" 함은 애정의 중심이 되는 심장을 다함이고, "뜻을 다한다" 함은 영혼을 다함이고, "힘을 다한다" 함은 정신적 또는 육체적 능력을 다 바침이다. 이 말씀은 실상 인생으로서 하나님을 사랑함에 있어서는 우리 자신들에게는 남는 것이 없도록 되어야 한다는 뜻이다. 그것은 우리가 하나님 앞에서 없는 것같이 됨이다. 과연 그와 같이 되는 것이 진리이다. 우리 인생은 본래 없던 것인데 하나님께서 우리를 지어 주셔서 있게 된 것이니, 우리 자신에게는 원래 아무것도 없었다. 우리가 이제 하나님을 사랑한다면 우리는 원점으로 돌아가야 한다. 진리대로 산 사람들은 하나님을 중심하고 자기는 원점으로 돌아갔다. 욥은 그의 자녀들이 장남의 집에서 잔치하는 중에 대풍으로 집이 무너져서 모두 죽었고, 그의 많은 재산도 환난으로 하루아침에 다 없어졌을 때에 도리어 하나님을 찬송하였다. 그는 말하기를 "주신 이도 여호와시요 거두신 이도 여호와시오니 여호와의 이름이 찬송을 받으실지니이다"(욥 1:21) 하였고, 그는 또 "우리가 하나님께 복을 받았은즉 화도 받지 아니하겠느냐"(욥 2:10)라고 하였다. 그는 이같이 자기 자신은 원점에서 만족을 느꼈다. 다윗도 그의 어린 자식이 죽었을 때 슬퍼하지도 않고 도리어 정신을 가다듬고 생(生)의 새 출발을 하면서 말하기를 "아이가 살았을 때에 내가 금식하고 운 것은 혹시 여호와께서 나를 불쌍히 여기사 아이를 살려 주실는지 누가 알까 생각함이거니와 지금은 죽었으니 내가 어찌 금식하랴 내가 다시 돌아오게 할 수 있느냐 나는 그에게로 가려니와 그는 내게로 돌아오지 아니하리라 하니라"(삼하 12:22-23)고 하였다. 다윗의 이와 같은 사고방식은 하나님을 중심하고 자기는 원점에서 만족할 줄 아는 데서 나온 것이다. 그는 그의 어린아이가 죽은 것이 하나님의 뜻대로 된 줄 알았으며, 그것을 변동시킬 수 없는 줄 알고 상심하지 않았다. 우리도 하나님을 사랑한다면 모든 것을 하나님께 바치고 우리 자신은 원점에서 살 줄 알아야 한다.

10-19 이스라엘이 노력 없이 가나안 땅을 얻을 것이므로 그들이 그곳에 들어간 후에 쉽사리 해이해지고 하나님을 떠날 위험성이 있다. 그러므로 하나님께서 미리 경고하신다(10-11절).

12-19절에 몇 가지 주의사항이 기록되었다.

1) 하나님을 잊지 말 것(12절).

2) 하나님을 구체적인 생활로 섬길 것(13절). 그를 경외하며 섬기며 그 이름으로 맹세할 것이라는 말씀이 그 뜻이다. 그 "이름으로 맹세함"은 그를 '신앙함'을 가리킨다(참조. 시 63:11; 사 48:1-2; 렘 4:2; 12:16).

3) 우상을 섬기지 말 것(14-15절). 질투하시는 하나님이라는 말씀에 대하여는 출애굽기 20:5의 같은 말 해석을 참조하라.

4) 여호와를 시험하지 말 것(16절). "시험한다" 함은 사람이 하나님을 '의심함'이나 '원망함'을 가리킨다. 맛사에 대하여는 출애굽기 17:2, 7, 신명기 33:8, 시편 95:8을 참조하라.

5) 하나님의 명령을 지킬 것(17-19절). 그들이 그의 명령을 지켜서 선을 행하면 가나안 땅에서 복을 받게 될 것이니, 하나님의 명령은 폭군의 가혹한 명령과 같은 것이 아니고 주님께서 약속하시는 생명이다(참조. 요 12:50).

20-25 여기서는 이스라엘에게 그 규례와 법도의 유래를 자손들에게 가르치라고 한다. 그 교훈의 요점은 ① 하나님께서 이스라엘을 출애굽시켜 가나안 땅으로 인도해 주셨다는 것(23절). ② 그가 이 모든 규례를 주셨다는 것(24절). ③ 그 목적은 생명의 복을 누리게 하려는 것이며(24절), 또한 의를 소유하게 하려는 것이라고 한다(25절). 의로움이 없는 생활은 참된 행복이 아니다. 의를 소유함이 곧 삶이다.

| 설교자료

1. 우리는 하나님을 사랑함에 있어서 모든 것을 다 해야 한다(5절). 모든 것을 우리에게 주신 이를 이보다 부족하게 사랑하는 것은 만족하지 못하다. 마귀는 우리에게서 부분적인 것이라도 차지하기를 원한다. 그러나 하나님은 전심으로 그를 찾는 자를 기쁘게 여기신다(대하 16:9; 렘 29:13). 사람들이 하

나님을 전심으로 찾지는 않으면서 하나님이 없다고 한다. 그들은 참으로 어리석다.

2. 하나님께서 이스라엘에게 가나안 땅으로 들어가라고 하실 때 언제든지 그의 약속을 기억시킨다(10절). 하나님은 자기의 약속을 실현된 사실과 같이 취급하시고 그 백성으로 하여금 그것을 근거로 하여 행동하라고 하신다. 신구약 성경에 포함되어 있는 많은 약속들은 신자들의 기업이라고 할 수 있다.

3. 인간은 평안할 때 하나님을 잊어버리기 쉽다(10-15절). 그러므로 환난보다도 평안이 도리어 신자에게는 해롭다. 시편 119:67에 말하기를 "고난당하기 전에는 내가 그릇 행하였더니 이제는 주의 말씀을 지키나이다"라고 하였고, 시편 119:71에는 말하기를 "고난당한 것이 내게 유익이라 이로 말미암아 내가 주의 율례를 배우게 되었나이다"라고 하였다(참조. 욥 42:5-6).

제 7 장

❧ 내용분해

1. 가나안 족속들을 쳐서 이길 때 그들을 진멸하고 그들과 융화되지 말라고 함(1-5절)
2. 이스라엘 자손들이 그와 같이 실행할 이유(6-8절)
3. 오직 여호와만 참 하나님이심(9-11절)
4. 여호와께서 모든 법도를 지키는 이스라엘을 형통하게 하심(12-16절)
5. 이스라엘은 가나안 족속들을 두려워하지 말라고 하심(17-24절)
6. 우상에 입힌 금과 은을 취하지 말라고 하심(25-26절)

❧ 해석

1 여호와께서 너를 인도하사. 이 말씀은 이스라엘의 가나안 정복이 어디까지나 하나님의 인도하심에 의하여 성취되는 것임을 기억시킨다. 하나님의 인도하심을 받는 자들은 그것을 인식함이 필요하니, 이것은 신앙으로만 된다.

너보다 많고 힘이 센 일곱 족속을 쫓아내실 때에. 가나안 족속들이 강대하여 승산이 없다는 정탐꾼들의 불신앙적 보고를 듣고(민 13:31-33), 이스라엘 온 백성은 낙심한 때가 있었다. 그렇지만 하나님께서 그들에게 가나안 땅을 기업으로 주실 것을 약속하셨고 현 시점까지 인도하셨으므로 이스라엘은 다만 하나님의 약속과 그의 능력만 신뢰하고 "가나안···일곱 족속"을 정복할 수 있도록 된 것이다.

2 너는 그들을 진멸할 것이라. 여기 "진멸"이라는 말은 히브리 원어로 하람(חרם)이니 희생제물로 바침을 가리킨다. 이것은 이스라엘이 가나안 민족을 모두 죽임으로 하나님의 공의에 만족함이 됨을 가리킨다. 이와 같은 처사는 잔인한 듯이 보이나 실상은 그렇지 않다. 가나안 민족들의 죄악은 극도로 관영하였으므로 그들이 그와 같이 죽임을 당함이 마땅하였다. 그때 그들의 죄악이 극도로 관영하였던 사실은 다음 두 가지 실례로도 증명된다. ① 그들은 우상에게 제사할 때 자기 아이들을 죽여서 제물로 바쳤음. 오늘날 고고학자들이 그와 같은 가증한 일의 유적을 발굴하였다. 네 살부터 열두 살까지의 아이들의 뼈를 담은 납골 단지들이 수백 개나 발굴되었다. ② 아세라 여신(女神)과 주상(男神)을 섬기는 제도에 있어서 그 신당 가까이에서 남녀의 음행하는 순서가 있었음. 이같이 종교적으로 극히 부패하였던 가나안 민족들이 다른 방면에 있어서도 극히 부패하였을 것은 말할 여지도 없다.

3-5 그들과 혼인하지도 말지니(3절). 하나님께서 이스라엘에게 가나안 민족과 결혼하지 말라고 하신 이유는 가나안 민족이 우상 숭배하는 족속이었기 때문이다. 남녀가 결혼하면 한 몸같이 되므로 이스라엘 사람이 가나안 사람과 결혼하면 그것 때문에 이스라엘 민족이 우상 숭배에 감염될 것은 명백하다. 그러므로 하나님이 그것을 금하셨다. 오늘날도 신자는 불신자와 결혼하면 안 된다.

주상···아세라(5절). "주상"은 생산신(生産神)으로서 남신(男神)을 가리키고,

"아세라"는 여신(女神)을 가리킨다.

6-8 이 부분 말씀은 이스라엘이 가나안 민족들과 동화되지 말아야 할 이유를 보여주었으니, ① 이스라엘은 하나님의 택하신 백성인만큼(6절), 그들은 성별되어야 할 것이었다. 그런데 하나님께서 그들을 택하신 이유는 무엇인가? 그것은 그들 자체에는 의가 없었는데(7절), 다만 하나님이 그들을 무조건적으로 사랑하셨기 때문이었다(호 14:4). ② 이스라엘은 여호와의 은혜로 속량 받았기 때문에(8절) 그들은 하나님의 소유였다. 그 때문에 그들은 성별된 생활을 해야 될 것이었다.

9-11 하나님은 신실하시므로 우리가 그의 규례와 법도를 지켜야 한다. 여기 말씀하신 대로 하나님이 신실하시다 함은 그가 계약하신 대로 상선벌악 하신다는 뜻이다.

그를 사랑하고 그의 계명을 지키는 자(9절). 신자가 계명을 지킴은 결코 계명을 규율로만 취급하는 것이 아니고 하나님을 사랑함으로 기쁜 일로 여김이다. 하나님은 기쁘게 순종하는 자를 사랑하신다.

천대까지…인애를 베푸시되(9절; 참조. 출 20:6). 그를 미워하는 자에게는 당장에 보응하여 멸하시나니(10절). 여기 "당장에"(אֶל־פָּנָיו)라는 말의 히브리 원어는 "대면하여"라고 번역되어야 한다. 그러므로 이 구절의 뜻은 그 범죄한 자 자신에게 '벌로 보응함'을 가리킨다(참조. 욥 21:19).

12-15 하나님의 계명을 지키는 자에게 임할 복은 이 땅 위의 물질과 자손의 번창함이다. 그것은 가나안에 처음 정착하게 된 이스라엘에게 필요한 것이었다. 이런 자연 은총(물질이 풍족함과 자손의 번창함)은 특별 은총(영적 은혜)이 내릴 외부적인 바탕으로서 필요하다. 우선 가나안 땅에 사람들이 정착된 뒤에야 안전하게 영적 운동이 실현될 것이다.

여호와께서 네 조상들에게 맹세하신 언약을 지켜 네게 인애를 베푸실 것이라(12절). 여기서도 하나님의 신실성에 대하여 다시 말씀하신다(참조. 9절). 그가 이스라엘에게 축복하심은 그들에게 의가 있음이 아니었고 그의 언약을 지키시기 위한 것이다. 그는 아브라함과 이삭과 야곱에게 일찍이 가나안 땅을 그 자손들에게 주시고 축복하시겠다고 약속하신 바 있었다(참조. 창 15:18-21). 하나님은 전에 약속하셨던 것을 불신실한 그들 중에서라도 어떤 모양으로든지 실현하신다. 하나님은 계약의 하나님이시다.

16 올무가 되리라. 이 말씀은 가나안 민족을 그 땅에 남겨두면 이스라엘이 그들의 우상을 따라 범죄하게 될 "올무"가 된다는 뜻이다. 하나님께서 그의 백성을 특별히 세우시는 목적은 언제든지 그를 섬기는 성결을 이루는 데 있다.

17-24 여기서는 이스라엘에게 가나안 족속들을 두려워하지 말라고 하신다. 그들이 두려워하지 않게 되려면 ① 출애굽 때에 베푸신 하나님의 구원을 기억함으로(18-19절) ② 하나님께서 친히 가나안 족속들을 멸하실 것을 믿음으로(19-21절) ③ 그 민족들을 쫓아내되 점점 쫓아내어 들짐승의 위험도 이스라엘에게 미치지 않도록 하실 것을 믿음으로(22절) ④ 마침내 그 민족들이 모두 진멸될 것을 믿음으로 성립된다(23-24절).

25-26 이스라엘은 우상에 입혔던 은이나 금도 취하지 말아야 한다. 그 이유는 그것이 올무가 되기 쉽기 때문이다. 여기 이른바 "올무"라는 것은 진멸될 것(심지어 금이나 은도)을 취하는 자가 받을 벌을 가리킨다. 후일에 아간이 그런 화를 받았으니, 그것이 한 실례이다(수 7장). 이 부분 말씀은 우상을 극히 미워해야 할 것을 가르친다.

| 설교자료

1. 신자가 택함을 받은 사실은 그가 하나님의 사랑을 받은 증거다(7-8절). 그러므로 그는 하나님의 사랑을 즐거워하되 그 어떤 환경 가운데서도 즐

거워할 수 있다. 바울은 말하기를 "누가 우리를 그리스도의 사랑에서 끊으리요 환난이나 곤고나 박해나 기근이나 적신이나 위험이나 칼이랴"(롬 8:35)라고 하였다(참조. 롬 8:38-39).

2. 우리는 과거에 받은 은혜를 회고함으로 현재와 미래의 역경도 돌파할 것을 믿게 된다(17-18절). 다윗이 골리앗을 대항해 싸워 이길 수 있다는 담력을 가지게 된 것도 그가 일찍이 양을 지키던 시절 양을 해하려는 사자나 곰을 대항하여 싸울 때에 이기게 해주셨던 하나님의 능력을 믿는 데서 생긴 것이다(삼상 17:32-37).

3. 하나님께서 이스라엘에게 강조하신 것은 가나안 땅의 우상을 없애 버리라는 것이다(25-26절). 그가 그와 같이 명령하신 이유는 이스라엘은 하나님만 공경해야 할 거룩한 백성이기 때문이다. 현대의 그리스도인들도 그리스도 안에서 하나님 한 분만 사랑해야 한다. 우리가 무엇이든지 하나님보다 다른 것을 더 사랑할 때에 그것도 우상 숭배이다. 예컨대 하나님보다 물질을 더 사랑하는 심리는 우상숭배다(참조. 골3:5).

제 8 장

✤ 내용분해

1. 하나님께서 이스라엘에게 그의 모든 명령을 지키라고 하심(1절)
2. 하나님께서 이스라엘을 양육하심(2-6절)
3. 이스라엘은 가나안 땅에서 형통할 때에 여호와를 잊지 말라고 하심(7-16절)
4. 이스라엘은 자기의 능력에 의하여 가나안 땅을 얻은 듯이 착각하지 말라고 하심(17-18절)
5. 하나님을 잊어버리고 우상을 섬기면 멸망을 받으리라고 하심(19-20절)

✤ 해석

1 내가 오늘 명하는 모든 명령을 너희는 지켜 행하라 그리하면 너희가 살고 번성하고 여호와께서 너희의 조상들에게 맹세하신 땅에 들어가서 그것을 차지하리라. 하나님께서는 그 백성에게 명령을 주실 때에 폭군과 같이 하시는 것은 아니다. 그는

그들을 사랑하시므로 그들에게 생명이 될 말씀만 주신다. 그러므로 그 백성은 그의 말씀을 지킬 때에 소망과 기쁨을 가지고 할 수 있다.

2 이 구절부터 5절에서는 하나님께서 그의 사랑하시는 백성을 거룩한 백성으로 양육하시기 위하여 거친 광야에서 오랫동안 지나게 하신 사실을 보여 준다. 그 양육의 방법은 여러 가지로 나타나 있다. 곧, ① 그들을 어려운 자리에 빠뜨려 낮추심(2-3절). ② 그들을 시험하심(2절). ③ 기적적으로 돌보아 주심(3-4절). ④ 그들을 징계하심(5절) 등이다.

3 **또 너도 알지 못하며 네 조상들도 알지 못하던 만나를 네게 먹이신 것은 사람이 떡으로만 사는 것이 아니요 여호와의 입에서 나오는 모든 말씀으로 사는 줄 네가 알게 하려 하심이니라.** "만나"에 대하여는 민수기 11:7-9의 해석을 참조하라. "여호와의 입에서 나오는 모든 말씀으로 산다"는 것은 사람의 사는 것이 여호와의 명령 여하에 달렸다는 뜻이다. 곧, 그 명령이 "만나"로 사람들을 살리도록 한 것이면 그대로 된다는 뜻이다. 이 말씀은 그 표면에 있어서 육신의 생명이 산다는 뜻을 가리키고 있다. 그렇다고 하여 우리는 이 말씀이 육신의 생활유지만을 의미했다고 하면 안 된다. 여기 "산다"라는 말은 영적 생명을 그 근본으로 지니고 있다. 바빙크(Herman Bavinck)에 의하면 "하나님을 경외함과 그와 더불어 사귐으로 얻는 생명만이 참 생명이고 이 세상 생명은 참 생명이 아니다. 하나님은 이 참 생명을 약속하시는 의미로 구약에도 많이 말씀하셨다.[46)] 많은 사람들은 위의 구절들을 이 세상 구원과 관련된 듯이 해석한다. 그러나 이 말씀을 하신 이가 천지를 창조하신 이시고 그의 권능은 한이 없으시다. 그는 산 자와 죽은 자를 주장하신다. 그는 죽은 자도 다시 살리신다"라고 하였다(1929, pp. 660-662). 바빙크의 이 해석은 하나님을 중심한 영생론에 근거한 것이다. 이것이 성경적 진리이다.

---

46) 창2:17; 레 18:5; 신 8:3; 30:20; 32:47; 잠3:16; 8:35, 36; 11:19; 12:28; 13:14; 14:27; 19:23.

철학자들이 말하는 영혼 불멸론(immortality of soul)은 진리가 아니다. '영혼은 섞이지 않는 단일한 바탕, 곧 영으로 되었으므로 분해될 수 없으므로 불멸한다'는 플라톤(Platon)과 기타 헬라 철학자들의 영혼관은 자율주의적인 것으로 성경적이 아니다. 성경이 말하는 영혼의 영생은 어디까지나 하나님께 의존하여 있으므로 성경의 영생론은 타율주의적인 것이다. 인간이 참으로 산다는 것은 하나님을 모시는 데 있다. 하나님이 생명이시다. 신명기 30:20에 "네 하나님 여호와를 사랑하고 그의 말씀을 청종하며 또 그를 의지하라 그는 네 생명이시요 네 장수이시니"라고 하였다. 그러므로 하나님께서 이스라엘로 하여금 하나님께 순종함을 배우게 하시려고 광야 생활을 주셨다. 그가 광야에서 그들로 낮아지게도 하시고 그들을 시험하기도 하시며, 주리게도 하셨다(2-3절). 그들이 하나님의 말씀을 순종함이 바로 그들의 생명이다.

하나님의 말씀을 순종한다는 뜻은 무엇인가? 율법주의의 번거롭고 어려운 고행주의를 가리키는 것인가? 그런 것이 아니다. 신명기 30:11-14에 말하기를 "내가 오늘 네게 명령한 이 명령은 네게 어려운 것도 아니요 먼 것도 아니라 하늘에 있는 것이 아니니 네가 이르기를 누가 우리를 위하여 하늘에 올라가 그의 명령을 우리에게로 가지고 와서 우리에게 들려 행하게 하랴 할 것이 아니요 이것이 바다 밖에 있는 것이 아니니 네가 이르기를 누가 우리를 위하여 바다를 건너가서 그의 명령을 우리에게로 가지고 와서 우리에게 들려 행하게 하랴 할 것도 아니라 오직 그 말씀이 네게 매우 가까워서 네 입에 있으며 네 마음에 있은즉 네가 이를 행할 수 있느니라"라고 하였다. 여기서 모세가 말한 것은 율법의 정죄하는 면을 생각한 것이 아니고 하나님의 사랑을 받은(30:6-7) 신앙으로 율법 지킴을 염두에 둔 것이다.

4 이 사십 년 동안에 네 의복이 해어지지 아니하였고 네 발이 부르트지 아니하였느니라(참조. 29:5). 어떤 학자들은 이 구절 내용을 하나님의 기적에 의하여 이루

어진 것으로 생각한다. 그러나 다른 학자들은 이것이 하나님의 일반적 섭리에 의하여 이루어진 것이라고 한다. 매튜 헨리(Matthew Henry)는 이 말씀을 단순히 영적으로만 취급하였으니, 곧 주님을 진실히 따르는 자들의 길은 형통한다는 것이다.

설교▶ 광야의 훈련(신 8:1-5)

요한계시록 12:6에 말하기를, 여자가 광야로 도망하여 그곳에서 양육을 받는다고 하였다. 이것은 교회가 광야와 같은 괴로운 곳에서 바로 성장함을 비유한다. 그런데 하나님께서 광야에서 이스라엘 백성을 훈련시키신 방법은 그들을 낮추심과 시험하심이다.

1. 낮추심

낮춘다는 말은 히브리 원어로 아나(ענה)니 '괴로움을 당하게 함'을 뜻한다. 사람이 고통을 당함이 기쁜 일은 아니지만 고통을 당해 보아야 정신을 차리고 바른길을 가게 된다. 고생해 보지 못한 사람은 교만하기 쉬우며 하나님도 잊어버린다. 쇠는 풀무불에서 녹아야 그릇으로 되어 나오는 것처럼, 사람은 고난으로 말미암아서 바로 되어 나온다. 천국의 문은 진주문이라고 하였다. 진주는 조개 속에 불순물이 들어갔을 때 자극을 받아서 나온 분비물이 굳어진 것이라고 한다. 그러므로 진주는 고난의 결정체를 비유한다.

2. 시험함

사람은 시험을 당할 때 자기의 약점을 발견한다. 신자에게 찾아오는 시험은 그를 안타깝게 만드는 것이 그 특징이다. 욥이 시험받을 때는 네 차례나 재앙이 임하여 그의 속을 안타깝게 만들었다. 이스라엘 민족이 광야를 지날 때 물이 없어서 목마른 적이 한두 번이 아니었다. 그러나 사람이 시험을 받아 그것을 이김으로 하나님이 주시는 은혜를 체험하게 되며 또 영적으로 성장한다. 신자는 자기의 지혜나 자기 능력으로는 성장할 수 없다. 인간 자체에는 영적으로 바로 될 기질이 전혀 없다. 사람들은 창세기 9:26의 "셈의 하나님"이라는 말을 오해하고 다음과 같이 잘못 말한다. 곧, 셈족은 그 바탕이 하나님을 잘 알 수 있고, 또한 잘 섬길 수 있으므로 셈족인 아시아 민족(그들은 아시아 민족들을 셈족이라고 함)은 다른 민족들보다 성경을 더 잘 깨달을 수가 있다고 한다. 그러나 "셈의 하나님"이라는 말은 그런 의미가 아니다. 그 말은 셈족 가운데서 아브라함의 자손, 곧 그리스도가 나실 것을 가리킨다. 셈족도 다른 족속과 똑같이 죄인이므로 하나님의 은혜로만 영적 지식을 깨닫게 된다. 그들에게만 독특하게 종교적 장점을 주신 것은 아니다. 셈족이 다른 민족보다 우수하게 영적 지능이 발휘되도록 지음 받은 것은 아니다.

신앙은 시험을 통과함으로 은혜를 받아서 유지된다. 영국 교회가 매리 여왕의 핍박을 받던 시절에는 많은 성도들이 옥에 갇혀서 신앙 절개를 지키고 타협하지 않았다. 그런데 매리 여왕이 죽은 뒤 그들이 석방되어 집으로 돌아가서는 타락한 사람이 많았다고 한다. 그뿐만 아니라 우리의 신앙은 시험을 당해 이길 때 더욱 강해진다. 설교만 듣고 믿는 신앙은 약하다. 우리가 실제로 어려움을 당해서 하나님의 도우심을 경험함으로 우리의 신앙은 힘을 얻는다. 우리가 시험을 당할 때에는 하나님께서 피할 길을 주신다. 그러므로 우리는 잠잠히 그의 주시는 힘을 기다려야 한다(출 14:14). 우리 마음대로 그 시험을 해결하려다 가는 도리어 더 어려운 데 떨어진다. 브래드포드(John Bradford)는 평생 류마티즘으로 고생하였다. 그의 심령에는 늘 우울증이 있어서 그리스도인으로서의 기쁨이 매우 적었다. 그런데 그가 신앙을 지키기 위하여 감옥에 들어간 다음부터는 류마티즘이 없어졌고, 그의 마음은 기쁨으로 넘쳤다고 한다. 그는 마침내 순교하였다.

7-16 여기서는 이스라엘이 가나안 땅에 들어가서 형통할 때 여호와를 잊지 말아야 할 것을 다짐한다. 그들이 거기 들어가면 풍부한 산물을 얻게 된다. 거기는 곡물이 많이 나고 과실도 풍부하다(7-8절). 그리고 그곳에서는 귀한 금속들이 많이 날 것이라고 한다(9절). 이스라엘 후대 역사에 이 말씀이 그대로 이루어졌다. 다윗이 성전을 짓기 위하여 철과 동을 많이 준비하였는데 그것들도 그 땅에서 난 것이었다(대상 22:3, 14; 참조, 삼하 8:8; 대상 18:8). 여행자들도 팔레스타인 각지에서 금속이 많이 산출됨을 입증한다.

사람은 물질이 풍족하고 평안해질 때 하나님을 잊어버리기 쉽다. 그러므로 하나님께서는 그들에게 애굽에서 구원해 주시고 광야에서 인도하여 주신 하나님을 기억하라고 부탁하신다(12-16절). 그 하나님은 어떠한 분이신가? 그는 ① 이스라엘을 애굽 땅 종 되었던 곳에서 이끌어내셨으며 ② 그들을 위험한 광야에서 보호해 주시되 그들의 먹고 마실 것을 기적적으로 공급해 주시고 ③ 그들로 하여금 복을 받게 하시려고 그들을 낮추시며 또 시험을 통과하게 하신 분이시다. 1-5절의 설교를 참조하라.

17-18 하나님께서는 여기서 그들에게 또 한 가지 경고를 발하신다. 곧, 그들이 가나안 땅에 들어가서 자기들의 능력으로 스스로 된 줄로 알지 말라는 것이다. 언제든지 자충족하는 사상은 하나님 앞에서 배은망덕하는 죄를 의미하는 것이다. 그것이 그와 같이 무서운 죄악임에도 사람들은 어두워서 순간순간 그 죄악에 빠진다. 모든 좋은 것들은 하나님께서 홀로 주신다. 고전 4:7에 말하기를 "누가 너를 남달리 구별하였느냐 네게 있는 것 중에 받지 아니한 것이 무엇이냐 네가 받았은즉 어찌하여 받지 아니한 것 같이 자랑하느냐"라고 하였다.

19-20 이스라엘이 만일 하나님을 잊어버리고 우상을 섬기는 경우에는 하나님께서 그들을 멸망시키시겠다고 하신다. 어떤 개인이든지 민족이든지 망하게 되는 원인은 죄뿐이다. 누구든지 죄악을 끝까지 고집하면 멸망을 받

는 데 있어서 예외가 없다. 그 이유는 하나님은 오직 한 분이시며 모든 개인들과 민족들의 하나님이시기 때문이다. 그리스도를 믿으면 구원받는 데 있어서도 차별이 없다. 롬 3:29-30에 말하기를 "하나님은 다만 유대인의 하나님이시냐 또한 이방인의 하나님은 아니시냐 진실로 이방인의 하나님도 되시느니라 할례자도 믿음으로 말미암아 또한 무할례자도 믿음으로 말미암아 의롭다 하실 하나님은 한 분이시니라"고 하였다.

| 설교자료

1. 하나님의 사랑을 받는 신자들도 종종 광야와 같은 역경을 만나게 된다. 그렇게 역경을 만나게 하시는 하나님의 목적은 신자의 신앙인격을 육성하시려는 것이다(2절). 사람이 역경을 당해보지 못하면 자기의 신앙 부족을 발견하지도 못하고, 또 주님을 믿으려는 동기도 가져보기 어렵다. 그러므로 교회가 양육을 받는 곳이 광야로 비유되었다(계 12:6).

2. 사람은 하나님의 입에서 나오는 모든 말씀으로 산다(3절). 다시 말하면 사람은 하나님이 살게 하여 주시는 방법(그 어떠한 방법이든지)에 의해서만 살게 된다. 그러므로 우리는 하나님만 의지할 따름이다. 그리고 우리가 어떤 선한 방법으로 살든지 그것은 하나님의 은혜인줄 알아야 한다.

3. 사람이 평안하게 되면 교만해지고, 교만해지면 하나님을 잊어버리게 된다(12-16절). 그러므로 신자들은 고난을 당할 때에도 감사한 생각을 가져야 한다.

4. 우리는 어떠한 성공을 하든지 그 성공을 하나님께서 이루게 해주신 줄

알아야 한다(17-18절). 신자는 그리스도를 떠나서는 아무런 과실도 맺을 수 없다(요 15:4).

제 9 장

✤ 내용분해

1. 이스라엘이 그 땅을 차지하도록 하나님께서 도와주실 것이라고 함 (1-3절)
2. 하나님께서 그들로 하여금 승리하게 하실 이유(4-5절)
3. 가나안 땅을 차지하게 될 이유는 그들의 의로움에 있지 않다고 역설함 (6-24절)
   1) 그들은 항상 하나님을 거역하였음(6-7절)
   2) 호렙산에서 그들이 지은 죄(8-21절)
   3) 기타 다른 지방에서 그들이 지은 죄(22-24절)
4. 호렙산에서 범죄한 이스라엘을 위해 모세가 기도한 내용(25-29절)

✤ 해석

1-3 여기서는 이스라엘이 가나안 땅을 정복하게 된 것이 그들의 힘으로

된 것이 아님을 역설한다. 하나님께서는 인력으로 할 수 없는 것을 이루심으로 그의 살아 계심을 보여주신다. 그러므로 신자들은 난관들 앞에서 낙심할 필요가 없다. 그들은 그들의 믿음이 부족한 사실을 원통히 여기고 먼저 믿음을 받기 위하여 기도해야 한다.

성벽은 하늘에 닿았으며. 우리는 이와 같은 표현을 자구적(字句的)으로 해석하기보다 그 당시에 사람들이 사용하는 표현을 그대로 성벽이 높다는 의미에서 그와 같이 표현하였다. 하나님의 종 모세는 그들의 표현 방법을 그대로 인용하여 가나안 땅의 성벽들이 난공불락을 장담하듯 높이 솟아 있음을 사람들에게 알게 한다.

크고 많은 백성은 네가 아는 아낙 자손이라(2절). 그때 "아낙 자손"은 거인족을 말한다(참조. 2:10). 가나안 땅의 높은 성벽이나 거인족은 점령하기 어려운 대상들이었다. 그러나 하나님께서는 약한 것을 들어서 강한 것을 부끄럽게 하실 수 있다(참조. 고전 1:27).

여호와께서 네게 말씀하신 것같이 너는 그들을 쫓아내며 속히 멸할 것이라(3절). 여기 이른바 "쫓아낸다"는 말과 "속히 멸한다"는 말은 서로 모순된 것이 아니다. 멸한다는 것은 반드시 죽인다는 뜻이 아니고 가나안 민족들의 사회를 파괴시켜 그들로 하여금 거기서 살지 못하도록 하는 것도 의미한다. 그러므로 쫓아내는 것과 멸한다는 것은 여기서 같은 의미로 사용되었다. "속히 멸한다"는 것은 언뜻 보면 신명기 7:22의 말씀과 상충되는 것 같다. 거기서는 "이 민족들을 네 앞에서 조금씩 쫓아내시리니 너는 그들을 급히 멸하지 말라"고 하였다. 그러나 이 두 가지 표현은 서로 어긋나는 것이 아니다. 여기서 속히 멸한다 함은 하나님께서 가나안 민족들의 사회를 패망하게 하심에 있어서 신속히 실행하시겠다는 의미이다. 그러나 우리가 알 것은 그 사회가 패망한 후에도 그 민족들이 어느 정도 남아 있을 것이고, 점점 그곳에서 물러갈 수 있는 것이다. 신명기 7:22은 그런 뜻이다.

4-5 하나님께서 이스라엘의 교만을 경계하신다. 곧, 그들이 가나안 땅에서 승리할 때 자기들의 의로움 때문에 그와 같이 되는 줄 알고 교만하지 말라는 것이다. 사람이 하나님 앞에서 잘 되어 나아가는 데 가장 큰 장애물은 교만이다. 그러므로 잠언 16:18은 말하기를 "교만은 패망의 선봉이요 거만한 마음은 넘어짐의 앞잡이니라"고 하였다. 자기가 잘됨으로 인하여 교만해지는 것은 실질에 있어서 자기가 하나님 노릇하는 죄를 범하는 것이다. 그렇게 생각되는 이유는 그가 하나님의 하신 일을 자기가 하였다고 생각하기 때문이다. 그러므로 하나님께서는 교만한 자를 잠시라도 사용하시지 않는다. 그는 교만한 자에게서는 그 본래 주셨던 은혜도 거두신다. 야고보서 4:6에 말하기를 "하나님이 교만한 자를 물리치시고 겸손한 자에게 은혜를 주신다"고 하였다.

하나님께서 이스라엘에게 가나안 땅을 주신 것은 그들 자신에게 의가 있음이 아니고 다만 ① 가나안 민족들이 심판받을 정도로 악한 까닭이다(5절). ② 일찍이 하나님께서 그 땅을 아브라함의 자손에게 주시겠다고 약속하신 까닭이다(5하). 누구든지 의가 없음에도 불구하고 하나님의 세워주심이 되었다면 그는 하나님의 심판 마당에서 황송함뿐이고 자랑할 것이 없다. 또한 그가 하나님의 약속에 의해 하나님 앞에서 좋은 것을 받았다면 그는 감사할 뿐이고 하나님의 신실하심을 더 깊이 믿을 뿐이다.

6-21 여기서는 이스라엘이 가나안 땅을 차지하게 된 것이 그들의 의로움에 있지 않다는 사실에 대하여 길게 논증한다. 여기서는 특별히 그들의 역사적 죄악을 지적하는 중 그들이 호렙산에서 하나님을 반역한 사실에 대하여 자세히 말한다.

이스라엘이 하나님을 반역한 사실은 그들이 산 아래서 금송아지를 만들어 섬긴 악독한 일이었다. 그 죄악의 패역함은 다음과 같다.

1) 그들이 금송아지를 만들어 섬기던 때는 그들의 지도자 모세가 그들을

위하여 산에 올라가서 금식기도하며 십계명을 받던 때였다(9-11절). 그들이 그때는 마땅히 다른 때보다 더욱 영적으로 긴장할 뿐 아니라 그들은 모세의 하산을 간절히 기다렸어야 될 것이었다. 그럼에도 불구하고 그들은 모세를 배반하고 금송아지를 만들어 섬겼다.

2) 그들이 지금까지 살아 남아있는 것은 그때의 범죄가 가벼워서가 아니라 모세의 중보기도를 들어주신 하나님의 자비하심 때문이었다(12-22절). 그들의 범죄에 대하여 하나님께서는 그것이 극히 악하다는 의미에서 몇 가지 말씀을 하셨다. 첫째, 그들이 하나님의 말씀을 속히 떠났다고 하심(12절). 사람이 하나님의 은혜를 많이 받고도 속히 변하여 타락하는 것은 그야말로 괴악한 일이다. 둘째, 목이 곧은 백성이라고 하심(13절). 성경에 목이 곧다는 말씀은 멸망 받아 마땅한 극도로 패역한 죄를 가리킨다. 셋째, 그들을 멸하시겠다고 하심(14절). 멸망 받을 만한 죄악은 극도로 악한 것이다.

모세가 하나님의 이와 같은 예고를 듣고 내려와서 본즉 과연 그 말씀대로였다(16절). 하나님께서 미리 말씀하신 것은 언제나 사실로 드러난다. 모세도 그들의 죄상을 보고 견딜 수 없어서 십계명이 기록된 두 돌판을 던져 그들의 눈앞에서 깨뜨렸다(17절).

그럼에도 불구하고 모세는 그 백성을 버리지 않고 다시 산으로 올라가서 그들을 위하여 사십 주야를 금식하며 기도하였다. 하나님께서는 모세의 기도를 들으시고 이스라엘 백성도 용서하시고 또 아론도 용서하셨다. 이 사실을 보면 이스라엘이 이때까지 살아 남아있는 것조차도 모세의 간절한 기도를 들어주신 하나님의 긍휼에 의한 것뿐이다. 그러므로 그들은 그 어느 순간에라도 자기 자신에게 의가 있다고 생각하면 안 될 것이다(참조. 32:1-24).

22-24 여기서는 또다시 이스라엘의 죄악을 지적한다. 모세는 그들의 죄악이 큰 사실을 다시 보여주어 그들로 하여금 교만하지 못하도록 경고한다. 그들의 죄악은 금송아지 사건 이후에 거듭거듭 있었던 하나님을 향한 원망

과 불신앙이었다. ① 다베라와 관련된 사건. 이때는 그들이 악한 말로 하나님을 원망한 죄로 벌을 받았다(민 11:1-3). ② 맛사와 관련된 사건. 이때는 그들이 마실 물이 없는 때에 하나님을 믿지 않고 시험하며 원망함으로 범죄하였다(출 17:1 이하). ③ 기브롯 핫다아와와 관련된 사건. 이때는 그들이 광야 생활 중에 고기를 먹지 못했다고 불평하면서 울며 하나님을 멸시하고 출애굽을 후회하는 불신앙의 죄를 범하였다(민 11:4-6, 20, 33-34). ④ 가데스 바네아와 관련된 사건. 이때는 가나안을 정탐하고 돌아온 열 명의 불신앙적 보고를 들은 그들이 울면서 후회와 원망과 불평과 극단적인 행동으로 하나님을 배반하는 죄를 범하였다(신 1:19 이하; 민 14:1-10). 이 네 사건은 모두 이스라엘의 원망과 불신앙을 내포한 것이다(참조. 민 14:22).

25-29 여기서는 앞에서 이미 말한 금송아지 사건과 관련된 모세의 기도 내용을 보여 준다. 그 기도 내용은 이스라엘 백성의 죄를 용서해 주시기를 구함인데 용서의 이유로서는 다음과 같은 몇 가지를 들었다.

1) 이스라엘은 하나님께서 모처럼 큰 권능으로 구원해내신 하나님의 기업이므로 멸하지 마시기를 구함(26-29절). 하나님께서는 시작하신 선한 일을 언제나 끝까지 이루신다(빌 1:6).

2) 이스라엘의 조상들에게 주신 계약을 기억하사 그들을 멸하지 마시기를 구함(27절). "아브라함과 이삭과 야곱을 생각하사"라는 뜻이다. 이것은 진리에 입각한 참된 기도이다(시 105:8; 106:45; 111:5).

3) 하나님의 성호를 위해 그들을 용서해 주시기를 구함(28절). 곧, 하나님께서 이제 그들을 버리신다면 이방 민족들이 하나님을 무력하다고 비방할 것이 우려된다는 것이다. 예레미야도 이와 같은 기도를 하였고(렘 14:7, 9, 21), 다니엘도 그와 같은 기도를 하였다(단 9:17-19).

| 설교자료

1. 하나님이 함께해 주시는 이스라엘은 강대한 나라들과 싸워서도 이기게 되었다(1-3절). 그러므로 개인이든지 국가든지 하나님의 축복을 받아야 형통한다. 시편 127:1에 "여호와께서 집을 세우지 아니하시면 세우는 자의 수고가 헛되며 여호와께서 성을 지키지 아니하시면 파수꾼의 깨어 있음이 헛되도다"라고 하였다. 신자들은 하나님께만 소망이 있는 줄 알고 전심으로 그를 바라보며 순종해야 한다.

2. 이스라엘이 가나안 땅을 소유하게 된 것은 하나님의 약속 성취로 된 것이다. 이스라엘에게 가나안 땅을 차지할 만한 의는 없었다. 그럼에도 불구하고 하나님께서는 그들에게 약속하신 것을 이루셨다. 우리는 하나님의 진실성을 믿는 데 있어서 최선을 다할 만하다(5-6절).

3. 하나님의 종 모세는 자기 자신보다 하나님의 백성을 더 사랑하였다. 그는 그들의 범죄를 보고 두 번째 40일 금식기도를 하였다(18절). 하나님께서 범죄한 이스라엘을 멸망시키고 모세의 자손으로 큰 나라를 이루겠다고 하실 때도 그는 그것을 기뻐하지 않고 끝까지 이스라엘을 용서해 주시기를 기도하였다(14절; 참조. 출 32:9-14).

제 10 장

✣ 내용분해

1. 하나님께서 모세에게 다시 두 돌판을 다듬어 가지고 산에 올라오라고 하심(1-5절)
2. 하나님이 아론의 범죄를 용서하셔서 제사장직이 대대로 계속되었음 (6-9절)
3. 모세가 다시 금식할 때 하나님께서 주신 말씀(10-11절)
4. 이스라엘이 하나님께 대하여 마땅히 할 일(12-15절)
5. 이스라엘이 불쌍한 자들에 대하여 마땅히 행할 일(16-19절)
6. 이스라엘에게 하나님을 섬기라고 다짐하심(20-21절)

✣ 해석

1-5 여기 있는 말씀은 실상 9장의 계속이라고 할 수 있다. 9장 끝(25-29절)에 범죄 한 이스라엘을 위한 모세의 기도가 기록되었고, 거기에 이어서

10장 초두(1-5절)에서는 하나님께서 모세에게 하신 말씀, 곧 **"두 돌판을 다듬어 가지고 산에 올라 내게로 나아오고 또 나무궤 하나를 만들라 네가 깨뜨린 처음 판에 쓴 말을 내가 그 판에 쓰리니 너는 그것을 그 궤에 넣으라"**(1-2절)고 당부하신 사실에 대하여 말한다(출 32:30-34). 이때 모세는 하나님의 말씀대로 두 돌판을 만들어 가지고 산에 올라가 다시 40주야를 금식하였다. 이 사실은 실상 하나님께서 이스라엘의 죄를 용서하시고 계약의 은혜를 회복시키신 처사였다.

십계명은 계약을 받은 백성이 언약의 하나님께 지킬 은혜의 말씀이고 결코 무거운 짐이 아니다. 이 계약을 영구히 보존시키기 위하여 하나님께서는 이 두 돌판을 "궤", 곧 법궤 안에 보관하라고 하셨고 모세는 그대로 순종하였다. 그러면 법궤는 무엇인가?

법궤에 대하여 좀더 상세하게 말하면 다음과 같다. 비평가들은 이스라엘의 법궤가 다른 민족들의 종교에서 유래된 것으로 잘못 안다. 예를 들면 애굽 탐무즈(Tammuz) 신의 함(궤)이나 혹은 애굽 신의 보좌 모양에서 법궤의 모양이 유래되었다고 한다. 그러나 이런 학설은 이스라엘 유일신 종교가 이교 사상을 배척한다는 것을 생각하지 못한 잘못이다. 그뿐만 아니라 이교의 신당시설은 소위 저희 신(神)을 모시는 곳이라고 하지만 이스라엘의 회막이나 법궤는 그런 것이 아니다.

"법궤"(אֲרוֹן)는(레 16:2) 이스라엘과 하나님과의 관계에 있어서 성례전(sacraments)의 의미를 가진다(참조. 렘 3:16). 법궤는 그 안에 십계명을 포함한 것으로 "증거궤"(אֲרוֹן הָעֵדֻת)라고도 하고(출 25:22; 26:33, 34; 수 4:16), "여호와의 언약궤"(אֲרוֹן בְּרִית־יְהוָה)라고도 한다(민 10:33; 14:44; 수 3:3, 6). 이 두 가지 이름은 결국 같은 뜻을 가진다.

십계명은 하나님께서 그 자신을 증거하심과 동시에 그와 그의 백성과의 언약을 성립시키신 종교 윤리적 표현이다(신 4:13). 이런 의미에서 아우구스

티누스(Aurelius Augustine)와 보스(Geerhardus Vos)는 법궤가 그리스도의 성육(incarnation)을 상징한다고 말하고, 칼빈은 하나님의 현림의 보증이라고 하였다(참조. 시 14:7). 신자는 이같이 하나님이 제정하신 상징을 믿어야 한다. 그것은 하나님의 객관적 계시의 방법 중 하나다. 그것이 하나님의 제정하신 것임으로 효력을 발생하는 것이다.

6-9 여기서는 하나님께서 범죄한 이스라엘을 용서하시고 그들로 하여금 가나안 땅을 향하여 행진하도록 해주심에 대하여 말씀한다. 이 일에 있어서 모세는 특별히 하나님 백성의 특권이라고 할 수 있는 제사 행위의 계속을 강조한다. 그러므로 아론이 죽은 후에 그의 아들 엘르아살이 그 직임을 계승하였다는 말이 나오고(6절), 하나님 봉사를 위한 레위 지파의 직임 수행에 대한 말씀도 자세하게 나온다(8-9절).

우리가 또 한 가지 주목할 것은 가나안 땅을 목표한 이스라엘의 행진이 계속된다는 말씀이 여러 차례 반복된 사실이다(6, 7절). 그리고 또 한 가지 지나칠 수 없는 말씀은 "욧바다"에 시내가 많았다는 말씀이다(7절). 광야에서 시냇물은 보배이다. 특별히 여기 시냇물에 대한 언급은 우리로 하여금 그 때 나타난 하나님의 긍휼을 생각하게 한다.

10-11 여기서는 모세가 두 번째 40주야 금식할 때 그가 받은 하나님의 말씀을 진술한다. 이것은 하나님께서 이스라엘 백성을 용서하신 후 모세에게 그들을 인도하여 가나안 땅을 취하라는 말씀이다(11절).

12-15 **네 하나님 여호와를 경외하여 그의 모든 도를 행하고 그를 사랑하며 마음을 다하고 뜻을 다하여 네 하나님 여호와를 섬기고(12절).** 이 말씀은 인간이 하나님께 대하여 취할 태도를 보여 준다. 우리가 이 말씀을 해석할 때 윗 말씀과 아랫 말씀의 연관을 볼 수 있다.

1) "여호와를 경외함"과 "도를 행함"과의 관련성. 인간은 먼저 자기의 죄인 됨을 알 때 하나님을 두려워할 수밖에 없고, 하나님을 두려워할 때 하나

님의 말씀을 행하게 된다.

2) 하나님을 사랑함과 마음을 다함에 대하여. 하나님을 사랑하는 자는 모든 것을 다하여 그를 섬기게 된다. 사랑이 없는 경건은 기쁨이 없고, 따라서 생명도 없다. 신자는 하나님의 구원의 은혜를 깨달을 때 그를 사랑하게 된다. 따라서 그는 모든 것을 다하여 하나님을 섬기게 된다.

네 행복을 위하여 네게 명하는 여호와의 명령과 규례를 지킬 것이 아니냐(13절). 앞에서는 사람이 무엇보다 먼저 하나님을 두려워하며 사랑함으로 하나님을 섬기라는 뜻이고, 여기서는 사람이 자기의 행복을 위하여 그같이 하라는 뜻이다. 신자는 먼저 자기의 행복 여부를 염두에 두지 않고 하나님을 경외해야 한다(단 3:16-18). 그 이유는 하나님을 경외하는 것이 사람의 본분이기 때문이다(전 12:13). 또한 성경에는 사람이 진심으로 하나님을 섬기면 복을 받는다고 약속하였으므로 신자가 행복을 염두에 두고 행하는 것도 당연한 일이다.

하늘과 모든 하늘의 하늘과 땅과 그 위의 만물은 본래 네 하나님 여호와께 속한 것이로되 여호와께서 오직 네 조상들을 기뻐하시고 그들을 사랑하사 그들의 후손인 너희를 만민 중에서 택하셨음이 오늘과 같으니라(14-15절). 이 말씀은 위에 언급된 하나님 봉사의 이유에 대하여 말한다. 곧 하나님께서는 천지 만물을 지으시고 그것들을 소유하고 계신 분이시며, 말할 수 없이 위대하신 영광의 주님이시다. 그럼에도 불구하고 그가 모든 민족들 중에서도 특별히 이스라엘을 그의 백성으로 택하셨다. 이 사실이 이스라엘에게는 너무나 형용할 수 없이 놀라운 은혜이다. 간단히 말해서 하나님은 이스라엘의 하나님이시다. 그러므로 이스라엘은 하나님을 위하여 사는 생활에 전심전력해야 될 것이었다. 성경이 가르치는 경건은 하나님 제일주의이다. 우리 신자들에게 하나님 그 이상은 없다.

16-19 모세는 이스라엘 백성에게 부탁하기를, 하나님의 위대하심을 생각하여 힘이 없는 자를 사랑하라고 한다. 하나님이 위대하시므로 하나님을 사랑하는 것이 경건의 근본이라고 할 수 있고, 힘이 없는 자를 사랑하는 것이

경건의 열매라고 할 수 있다. 야고보서 1:27에 "하나님 아버지 앞에서 정결하고 더러움이 없는 경건은 곧 고아와 과부를 그 환난 중에 돌보고 또 자기를 지켜 세속에 물들지 아니하는 그것이니라" 하였고, 요한1서 4:20-21에는 "누구든지 하나님을 사랑하노라 하고 그 형제를 미워하면 이는 거짓말하는 자니 보는 바 그 형제를 사랑하지 아니하는 자는 보지 못하는 바 하나님을 사랑할 수 없느니라 우리가 이 계명을 주께 받았나니 하나님을 사랑하는 자는 또한 그 형제를 사랑할지니라"고 하였다(참조. 렘 7:3-7).

나그네(18절)는 이스라엘 가운데 거주하는 이방 사람들을 가리킨다. 성경은 이런 사람들을 고아나 과부와 같이 취급하였다.

20-21 이 부분 말씀은 12-19절 말씀의 결론이라고 할 수 있다. 곧 하나님께 전속하여("친근히 하고") 그를 두려워하며 섬기며 믿으라고 다짐한 것이다. 이스라엘이 하나님을 그와 같이 섬겨야 할 이유는 하나님께서 그 민족의 초창기부터 기사와 이적으로 그들을 양육하셨으며 그들을 구원하시고 또 왕성하게 하신 까닭이다(21-22절).

그 이름으로 맹세하라. 이 말씀의 뜻은 '그를 믿으라'는 말과 같다. 그는 네 찬송이시요. 이것은 하나님께서 이스라엘을 구원해 주셨으므로 그들에게 기쁨이 되신다는 의미이다. 네 하나님이라고 함은 이스라엘에게 있어서 최대의 행복을 의미하는 말씀이다. 14-15절 말씀이 이 사실에 대하여 밝히 가르쳐 준다.

↓ 평주

폰 라트(G. Von Rad)는 신명기의 이 부분 말씀(12-21절)이 이사야의 영향을 받은 듯이 말한다.[47] 그는 여기 하나님의 선택 개념이 이사야의 그것과 같은 듯이 말하고 있다(Gottesvolk, pp. 83-89). 그러나 신명기의 하나님 백성의 개념은 이사야의 그것과 달리 취급되었다. 신명기는 택함 받은 지 오래지 않은 백성을 취급한다. 신명기에는 하나님의 백성 전체에 축복이 약속되었으나 이사야에는 소수의 남은 백성에게 축복이 약속되었다.

| 설교자료

1. 두 번째 돌 판에 쓰신 십계명은 처음부터 법궤에 보관되어 왔다. 그 언약궤를 신중히 운반하기 위하여 레위 지파는 전적으로 이 일에 봉사하였다(8절). 이같이 십계명이 신중하게 보관된 사실(1-9절)은 우리로 하여금 그 순정성을 믿게 해 준다. 십계명과 마찬가지로 하나님의 말씀(구약성경)은 처음부터 엄숙히 그대로 보관되어 내려왔다. 우리가 가지고 있는 성경이 그와 같이 보관되어 온 사실은 우리가 하늘에서 지금 말씀하시는 하나님의 말씀을 받는 것과 같은 기쁨을 우리에게 준다.

2. 하나님은 인간을 초월하여 계신 두려우신 하나님이시다. 그럼에도 불구하고 그는 불쌍한 자들을 돌보아 주심에 있어서 지극히 자상하시다(17-18절). 그러므로 그는 우리가 절대로 믿을 만한 참되신 구주이시다. 그의 초월성은 우리를 구원하실 수 있는 능력을 보장하고, 그의 사랑은 불쌍한 자들을 돌보아 주시는 필연성을 보장한다.

3. 20절의 말씀대로 우리는 하나님께 대하여 네 가지 경건한 관계를 맺게

---

47) G. von Rad, *Deuteronomy: A Commentary* (Old Testament Library) (London: SCM, 1966), p. 84.

되었으니, 곧 그를 경외함, 그에게 친근히 함, 그 이름으로 맹세함, 그를 찬송함이다. 이 네 가지는 결국 하나님의 초월성(경외의 대상), 그의 사랑(친근의 대상), 그의 진실성(맹세, 곧 믿음의 대상), 그의 아름다우심(찬송의 대상)이다. 이같이 하나님은 완전하셔서 우리의 구주가 되신다.

제 11 장

✤ 내용분해

1. 여호와를 사랑하여 그의 법도와 규례를 지키라고 함(1-7절)
2. 여호와의 명령을 지키는 여부에 따라서 화복이 결정됨(8-17절)
3. 하나님을 순종하면 큰 복을 받을 것이 강조됨(18-25절)
4. 복과 저주는 이스라엘의 눈앞에 명백히 나타나 있음(26-30절)
5. 결론(31-32절)

✤ 해석

1 그런즉 네 하나님 여호와를 사랑하여 그가 주신 책무와 법도와 규례와 명령을 항상 지키라. 여기서도 성경 다른 데서와 마찬가지로 하나님의 모든 법도를 지키는 일에 있어서 사랑을 원동력으로 말해준다. 여호와를 사랑함이 없이는 그의 모든 법도를 바로 이해하지도 못하고 지키지도 못한다. 하나님의 법도를 지키기 위해서는 먼저 그의 사랑하심과 그의 완전하심을 느껴야 한다. 그를

모든 것 중의 모든 것으로 귀중하게 여기며 사랑하기 전에 어떻게 그의 말씀을 지킬 수 있으랴.

2-7 여기서는 신자들이 하나님을 사랑하게 되는 동기에 대하여 말한다. 그 동기는 그들이 하나님의 놀라운 역사를 체험하는 데 있다. 이때에 이스라엘은 애굽에서와 광야를 통행하면서 하나님의 모든 이적과 기사를 여러 차례 체험하였다. 2절에 그것들은 한마디로 "징계"라고 한다. "징계"(מוּסָר)라는 히브리 원어는 '교육'을 의미한다. 하나님께서는 이스라엘을 그의 백성으로 육성하시기 위하여 모든 기이한 일들을 행하시되 사랑을 그런 방법으로 나타내시고, 때로는 징계를 그와 같이 나타내셨다. 그가 애굽 군대를 홍해에 멸하신 것(출 14:26-28)과 고라의 사건으로 다단과 아비람을 멸하신 것(민 16:20-33)은 그의 위엄을 나타내신 진노의 벌이었다.

8-12 여기서는 또다시 하나님의 말씀을 지킬 이유에 대하여 자세히 말해 준다. 그것을 몇 가지로 분류할 수 있다.

1) 그들이 하나님의 말씀을 지키면 강해진다고 함(8절). 강성할 것이라고 함은 강해질 것을 말한다. 사람이 하나님의 말씀을 지키면 죄악에서 멀어지기 때문에 심령이 강해질 것은 명백하다(참조. 잠 28:1).

2) 그들이 가나안 땅을 얻게 된다고 함(8절). 그들이 하나님의 말씀을 지키면 하나님께서 그들과 함께하실 것이므로 그 땅의 정복은 하나님께서 이루어 주실 것이다.

3) 그들이 그 땅에서 사는 날이 장구하리라고 함(9절). 하나님의 축복을 오래 유지하는 방법은 하나님을 순종하는 것밖에 다른 길은 없다.

4) 이스라엘이 차지하게 될 가나안 땅은 하나님께서 특별히 돌보시는 지역이라고 함(10-12절). 지리적 조건이 좋다는 것은 하나님의 혜택을 많이 받았다는 것을 의미한다. 그들이 종살이했던 애굽 땅은 발로 물을 대던 곳이었다(10절). 곧, 당시 애굽에서는 밭에 나일강물을 끌어댈 때 그들이 발로 물 기

계를 운전하였다는 것이다. 그러나 가나안 땅은 제때 비가 오는 땅이므로 사람들이 그런 수고를 하지 않고 자연의 혜택을 누린다고 생각할 수 있다. 이런 의미에서 12절에 말하기를 "네 하나님 여호와의 눈이 항상 그 위에 있느니라"고 하였다.

13-17 여기서는 하나님의 말씀을 순종하면 복을 받고 순종하지 않으면 화를 받는다고 대조적으로 말하여 그들의 순종을 격려하신다.

너희의 하나님 여호와를 사랑하여 마음을 다하고 뜻을 다하여 섬기면(13절). 이 말씀에 대하여는 10:12의 같은 말 해석을 참조하라. 성경은 어디서든지 하나님을 섬기는 일에 신자들의 전심전력을 강조한다. 역대하 16:9에 "여호와의 눈은 온 땅을 두루 감찰하사 전심으로 자기에게 향하는 자들을 위하여 능력을 베푸시나니"(시 50:15)라고 하였고, 예레미야 29:13에는 "너희가 온 마음으로 나를 구하면 나를 찾을 것이요 나를 만나리라"고 하였다(참조. 사 55:6).

여호와께서 너희 땅에 이른 비 늦은 비를 적당한 때에 내리시리니(14절). "이른 비"는 양력 10, 11월경에 내리는 비로서 파종을 위한 비이며, "늦은 비"는 양력 3, 4월경에 내리는 것인데 추수하기 직전에 곡식의 결실을 위하여 필요한 것이다. 자연계의 움직이는 모든 일들 가운데 특별히 철을 따라 비가 내리는 것은 하나님의 사랑을 보여 준다. 비가 가늘게 내려서 곡식에 유익하도록 그것을 고루고루 적셔 준다. 그러므로 모세는 비를 보고도 하나님의 사랑을 깨달았다(참조. 32:1-2). 오늘날 팔레스타인 땅에 이른 비와 늦은 비가 때에 맞게 내려서 곡식이 잘 되게 하는 것이 더욱 이와 같은 사실을 느끼게 한다.

그들이 만일 하나님의 말씀을 지키지 않고 마음에 미혹하여 우상을 섬기게 되면 위(14-15절)에 약속한 물질적 축복도 받을 수 없고 그들 자신도 멸망할 것이라고 한다(16-17절). 실상 이스라엘의 역사에는 하나님께서 이같이 징계하신 일이 있다. 하나님께서 악한 아합 왕 때에 비를 내리지 아니하셨으므로 이스라엘 백성이 도탄 중에 빠진 일도 있었고(왕상 17장), 예레미야 시대에는 그때 사람들이 선지자의 경고를 듣지 않았으므로 그 땅에 심한 기근이 있었다(렘 14:1-6).

18-25절. 여기서는 이스라엘이 마땅히 하나님의 말씀을 지켜야 할 일에 대하여 한층 더 강조하여 말하는 동시에 그에 따르는 더 풍부한 축복에 대하여 말한다.

18-20 이러므로 너희는 나의 이 말을 너희의 마음과 뜻에 두고 또 그것을 너희의 손목에 매어 기호를 삼고 너희 미간에 붙여 표를 삼으며 또 그것을 너희의 자녀에게 가르치며 집에 앉아 있을 때에든지, 길을 갈 때에든지, 누워 있을 때에든지, 일어날 때에든지 이 말씀을 강론하고 또 네 집 문설주와 바깥 문에 기록하라. 우리는 이 말씀을 자구적(字句的)으로 보지 말고 그 중심사상을 파악해야 한다. 그것은 이스라엘에게 하나님의 말씀을 마음과 행위와 그 모든 활동에 나타내라는 것이다. 그 말씀을 손목에 매듯이 손의 일로 그것을 나타내고, 그것을 두 눈썹 사이에 붙인 듯이 늘 눈으로 보며, 그것을 집 문설주와 바깥문에 기록한 듯이 출입할 때도 잊지 말라는 것이다. 요컨대 이 말씀은 그들로 하여금 하나님의 말씀을 늘 명심하고 지키게 하려는 것이다. 이러한 말씀을 읽고 그것을 종교 의식으로 취급하여 실제로 성경 구절을 기록하여 그것을 눈썹 사이나 손목에 붙이는 것은 잘못이다. 바리새인들은 이와 유사한 것을 의식화하여 율법의 말씀을 기록하여 옷에 달고 다녔다. 그러므로 예수님께서는 그것을 책망하셨다(마 23:5). 성경에는 어떤 진리를 강조하기 위하여 외부적인 표현으로 묘사된 말씀들이 있다. 요엘 2:13에 말하기를 "너희는 옷을 찢지 말고 마음을 찢으라"고 하였고, 마태복음 5:30에는 "또한 만일 네 오른손이 너로 실족하게 하거든 찍어 내버리라"고 하였다. 이 말씀들은 영적 의미를 강조하기 위한 은유이다. 신명기 6:6-9에 있는 같은 구절 해석을 참조하라.

21-25 여기서는 하나님의 말씀을 진정으로 순종하는 경우에 이스라엘

이 받을 축복을 다시 길게 말한다. ① 그들이 가나안 땅에서 장구한 세월 동안 살 수 있다고 함(21절). ② 그들이 그 땅에서 강한 나라를 이루고 레바논과 유프라테스까지 영토를 차지하리라고 함(24절). 이 말씀과 같이 다윗과 솔로몬 때에는 이스라엘이 유프라테스 하수까지 세력을 떨쳤다(참조. 삼하 8:3; 왕상 4:21; 대하 9:26). ③ 다른 민족들이 이스라엘을 두려워하리라고 함(25절). 하나님이 그들과 함께해 주시는 증거가 확실할 때 사람들은 두려워할 수밖에 없다. 이스라엘이 애굽에서 나오기 직전에는 하나님의 큰 권능이 나타났으므로 바로 왕과 그 신하들이 떨었다(출 11:8).

26-30 이 부분에서는 하나님의 말씀을 순종하는 여부가 반드시 복과 화를 좌우한다는 의미에서 대조적으로 역설(力說)한다. 곧, 복과 저주를 그들의 눈앞에 세워 놓았다는 것이다. 이런 의미에서 모세는 이스라엘에게 장차 가나안 땅에 들어가서도 또다시 이 사실을 선포하라고 한다. 곧, 그리심 산에서는 하나님의 말씀을 지키면 복을 받는다는 것을 선포하고, 에발 산에서는 하나님의 말씀을 위반할 때 저주를 받는다고 선포하라고 하신다. 모세는 이 말씀을 다시 강조한다(27:11- 13). 후일에 여호수아는 이대로 실행하였다(수 8:30-35).

31-32 이 구절들은 위의 모든 말씀의 결론이다. 곧, 이스라엘은 마땅히 하나님의 법도를 지켜야 할 것을 강조한다.

| 설교자료

1. 우리는 과거에 받은 하나님의 은혜를 회고할 때 우리의 신앙생활에 힘을 얻어 하나님의 말씀을 더욱 잘 지키게 된다(2-8절). 그러므로 우리가 과거에 체험한 하나님의 능력은 우리에게 영구한 효과를 준다고 볼 수 있다.

2. 구약시대에 이스라엘이 하나님을 진실하게 섬길 때 물질적 축복이 그들에게 있었다(13-14절). 그러나 신약시대에는 하나님을 진실히 공경하는 자에게 주로 영적 축복이 공급된다(물질적 축복이 제외되는 것은 아니지만). 우리는 물질적으로 부요함보다 신앙적으로 부요함을 원해야 한다(참조. 눅 12:21; 약 2:5).

3. 신자들이 하나님의 말씀을 지키는 여부로 복과 저주가 결정된다(26-28절). 그러므로 우리는 하나님의 말씀을 지킬 때 기쁨으로 할 것이고, 생명 없는 규칙이나 이론을 지키는 것처럼 염증을 느껴서는 안 된다.

제 12 장

✥ 내용분해

1. 하나님께서 이스라엘에게 모든 우상들을 파괴하라고 명하심(1-3절)
2. 하나님의 택하신 곳에서 제물을 드리라고 하심(4-14절)
3. 제물은 택한 곳에서만 먹을 수 있다고 하심(15-19절)
4. 위의 말씀을 거듭하심(20-28절)
5. 그 땅의 거민이 섬기던 우상에게 미혹되지 말라고 하심(29-32절)

✥ 해석

1-3 파멸하며…헐며…깨뜨리며…불사르고…찍어…멸하라. 이같이 하나님께서 이스라엘에게 이교를 철저히 분쇄하라고 하셨다. 그럼에도 불구하고 고등비평가 할다르(Alfred Haldar)와 그라프-벨하우젠(Graf-Wellhausen)은 이스라엘의 제사 제도가 가나안 민족들의 우상 종교들에서 유래되었다고 하니 그것은 억지 주장이다. 우리는 오경의 주요한 교훈이 거짓된 종교를 박멸함과 참

종교를 세우는 데 있다고 본다. 성경에서 시종일관 사람이 하나님 섬기는 것이 제일임을 보여 주셨다. 주상은 기둥과 같은 것을 세워서 남신(男神) 모양을 만들었고, 아세라 상은 푸른 나무로 여신(女神)을 만들었는데 둘 다 다산과 풍년을 가져오는 생산신(生産神)으로 섬겼다. 신명기 7:5의 해석을 참조하라.

4 너희 하나님 여호와께는 너희가 그처럼 행하지 말고. 곧 이방인들이 어디서나 우상을 섬기는 것처럼 이스라엘은 하나님을 그와 같이 섬기지 말라는 것이다. 이방인들은 계시에 의존하지 않고 종교를 가지므로 마음대로 어디서든지 어떤 우상이든지 만들어 섬겼다. 그러나 이스라엘의 참된 종교는 유일신이신 하나님의 계시를 따라서 종교 시설을 가져야 할 것이었다. 다음 구절이 여기에 대하여 밝혀 준다.

5 오직 너희의 하나님 여호와께서 자기의 이름을 두시려고 너희 모든 지파 중에서 택하신 곳인 그 계실 곳으로 찾아 나아가서. 고등비평가들은 이 말씀을 보고 신명기가 요시야 시대 직전에 기록되었다고 한다. 곧, 이 말씀은 요시야 시대에 있었던 우상 철폐 운동과 예배 처소의 단일화 운동을 반영시킨다고 한다. 그러나 이것은 잘못된 해석이다. 이것은 저작자 모세가 앞날 가나안 땅에 거주하게 될 이스라엘의 할 일을 예고한 것이다. 곧, 가나안 정착 시대는 광야시대와 달라서 정해진 한 곳에서 예배하게 될 것이었다.

일정한 한 곳에서 유일신 하나님께 예배하게 된 것은 ① 그때 이교 세계에 유행되었던 다신교의 풍습과 반대되는 것이다. 이와 같은 제도를 통해서도 하나님께서는 모든 우상숭배를 금하셨다. ② 하나님을 경배하는 자들, 곧 신자들의 단합을 장려하심이다. 신자들은 한곳에 모임으로 같은 교훈을 받게 되어 교회의 통일과 평화를 유지한다. ③ 그때 하나님이 계시하신 장소에서만 예배한 것은 역시 계시 의존주의였다. 계시 의존주의는 사람들의 신앙을 발생시키며 유지 시킨다. 어떤 일에 있어서든지 하나님의 말씀을 따른다는 것은 결과적으로 신앙 일관 주의를 성립시킨다.

6-14절. 여기서는 이스라엘이 장차 가나안 땅에서 제물을 드리되 하나님이 택하신 한 곳에서만 할 것이며, 또 거기서 제물을 먹으며 즐거워할 수 있다고 한다.

6-7 이 부분은 하나님의 백성이 하나님께 드릴 것을 드리고 기뻐해야 할 것을 가르친다. 드리고(6하), 즐거워할지니라(7하)고 한 말씀이 이 진리를 보여 준다. 하나님은 즐거움으로 드리는 봉사를 받으신다. 번제는 하나님의 백성의 헌신을 상징하고(참조. 레 1장 주석), 희생은 제물을 가리킨다.

십일조는 ① 레위 족속과 제사장들의 생활비를 제공하기 위한 것이며(민 18:24, 26, 28) ② 가난한 자들과 고아와 과부와 같은 외로운 자들을 구제하기 위한 것이다(신 14:22-29). 십분의 일이라는 액수는 아브라함이 멜기세덱 제사장에게 바친 수량이었고(창 14:20), 이스라엘 백성이 레위 족속에게 그와 같이 바쳤으므로 이상적 수량일 것이다. 그렇지만 교회가 교인들에게 십일조 또는 십일조 이상을 강제로 거둘 것은 아니다(고후 8:12; 9:7; 출 35:5, 21, 29; 36:3).

장로교 예배 모범에 "목사마다 그의 섬기는 교회가 감사한 마음으로 헌금하도록 성경으로 양육하는 것이 마땅하니, 신도마다 다소를 무론하고 자기의 힘대로 바치게 할 것이다"라고 명시되어 있다.[48] 하나님께 정성으로 바쳐야 함은 고금을 무론하고 원칙에 있어서는 변하지 않는다. 출애굽기 23:15에 말하기를 "빈손으로 내 앞에 나오지 말지니라"고 하였다(참조. 신 16:16). 예수님은 십일조 헌납에 자세하였던 바리새인들에 대해, 종교 윤리적 동기는 없이 외식으로만 실행한 그들의 잘못을 꾸짖으셨다(마 23:23; 눅 11:42). 그러나 그가 그들의 십일조 헌납 그 자체는 좋게 여기셨다.

소와 양의 처음 난 것들이라는 말에 대하여는 출애굽기 13:2, 12; 민수기

---

48) 총회 헌법수정위원회 편, 『헌법』(서울: 대한예수교장로회[합신] 총회 교육부, 2007), p.380 (제7장 "헌금", 제6항).

18:15을 참조하라. 하나님 앞에 즐거움으로 드리는 예물들도 먼저 제단에 피를 뿌리는 순서가 있은 뒤에 바쳐야 한다(레 3장; 7:11-38). 이같이 신약시대에 신자가 감사와 기쁨을 누리게 되는 것도 그리스도의 피로 말미암는다. 하나님께 드리는 첫 소산과 십일조도 역시 거제물이다(민 18:12-32).

낙헌제(נְדָבָה)와 서원제(נֶדֶר)는 화목제의 종류이다. 낙헌제에 대하여는 레위기 7:16, 22:21, 23:38, 민수기 15:3, 29:39을 참조하라. 거제물은 무슨 제사든지 드리고 제단에 불사르지 않는 부분인데 제사장과 그 가족의 몫이다. 그것이 하나님의 것이라는 의미로 쳐들어 바치는 의식을 통과한 뒤에는 그것을 제사장에게 분깃으로 준다(민 18:8-15).

여호와 앞에서 먹고…너희와 너희 가족이 즐거워할지니라(7절). "즐거워하라"는 말은 12절에도 나온다. 성경에 거듭 말한 것은 그것을 강조하는 문투이다. 하나님께 예배하며 즐거워하는 것은 매우 중요하다. 하나님께서는 기쁨으로 드리는 제사를 받으신다. 모든 외식적 예배자들은 하나님께 예배함을 괴로운 짐으로 여기니, 그들의 예배는 도리어 하나님을 괴롭힌다(참조. 사 43:22-24).

8-14 **우리가 오늘 여기에서는 각기 소견대로 하였거니와(8절).** 이 말씀을 보아도 이 글을 쓰는 저작자가 아직 가나안에 들어가지 못하고 광야에 있었던 사실을 알 수 있다. 가나안 정착시대, 곧 요시야 왕의 개혁 직전에 신명기가 기록되었다는 고등비평가들의 학설은 그릇된 것이다.

"소견대로 하였다" 함은 광야에서 여행하던 이스라엘 민족은 일정한 예배 장소를 가지지 못하고 얼마 동안 가다가 체류하는 곳마다 예배 장소도 정하였다는 뜻이다. 그리고 광야생활 환경의 특수 사정 때문에 제사의 어떤 규례들은 지켜지지 못하였다는 것이다.

안식과 기업(9절). 이것은 가나안 땅을 말함인데 하나님의 백성이 장차 받을 하늘나라 기업을 상징한다(참조. 히 4:8-9).

여호와께서 자기 이름을 두시려고 한 곳을 택하실 그 곳(11절). 곧, 이스라엘이 가나안 땅에 들어간 후에 하나님께서 계시하실 예배 장소를 말한다. 그곳이 처음에는 "실로"(수 18:1)라는 땅이었고, 후에는 예루살렘으로 옮겨졌다(대상 15:1). 이스라엘이 한 곳에서만 예배하는 유익에 대하여는 5절의 같은 말 해석을 참조하라.

레위인과도 그리할지니(12절). "레위인"은 이스라엘의 성전 봉사에 종사하는 자이므로 제물 가운데서 분깃을 차지하도록 되어 있다. 하나님께서는 신령한 일을 하는 자들의 필요를 친히 공급해 주신다. 마태복음 10:10에 "일꾼이 자기의 먹을 것 받는 것이 마땅함이라"고 한 말씀이 그 뜻이다(참조. 고전 9:13). 사람은 혹시 자기 일꾼을 억울하게 할 때가 있으나, 하나님께서는 어김없이 그의 일꾼에게 상을 후히 주신다.

너는 삼가서 네게 보이는 아무 곳에서나 번제를 드리지 말고 오직 너희의 한 지파 중에 여호와께서 택하실 그 곳에서 번제를 드리고(13-14절). 예배 장소의 단일화는 12장에 있어서 다섯 번이나 거듭 말하여 강조되었다(5, 11, 14, 18, 26절). 여기서 이 문제를 강조한 목적은 가나안 땅에 어디에나 많이 있는 우상 숭배의 장소들을 금하는 것이다. 그렇게 많이 산재한 우상 숭배의 장소들은 다신주의의 특징이다. 이스라엘 종교는 그것과는 반대로 유일신주의 이므로 예배 장소의 단일성이 강조되었다.

설교▶ 성전의 의의(신 12:11-14)

예레미야가 바벨론 군대의 예루살렘 침략을 예언할 때 거짓 선지자들은 말하기를 "이것이 여호와의 성전이라, 여호와의 성전이라, 여호와의 성전이라"(렘 7:4)고 하였다. 그들이 하나님의 말씀은 순종하지 않으면서 성전만 의지하였다. 곧, 그들은 그 찬란한 성전 때문에 재앙을 면할 줄 알았다. 그들이 정의와 긍휼과 믿음은 버리고(마 23:23), 성전만 믿었으니, 그것은 "하루살이는 걸러내고 약대는 삼키는" 소경의 일이었다. 예수님의 제자들은 헤롯왕이 지은 성전의 웅장함을 말하였다. 그러나 예수님은 그것을 보시지 않고 그 건물의 돌 하나도 돌 위에 남지 않고 다 무너지게 될 심판날을 내다보시고 세상 끝날에 대하여 가르쳐 주셨다(마 24:1-2). 초대교회가 예배 처소를 지었다는 기록은 성경에 없다. 그러나 그런 일에 대한 기록이 없는 이유는 교회생활에 있어서 예배당보다는 다른 것이 더 중요하기 때문이다. 그들은 중요한 것을 위주로 하였으므로 예배당에 대하여는 말할 필요도 느끼지 않았던 것이다. 그러면 초대교회가 우선적으로 중요시한 것은 무엇인가? 그것은 본문이 가르쳐 준 대로 하나님의 이름이다.

1. 성전은 하나님께서 그의 이름을 두시는 곳이므로 중요함

1) 하나님의 이름은 그의 계시하시는 말씀을 의미한다. 하나님은 그의 말씀을 대리자로 세우시고 그것이 전파되는 곳에 함께해 주겠다고 약속하셨다. 그의 말씀의 권위가 바로 그의 권위이다. 하나님의 말씀이 전파되는 곳에 그가 함께해 주신다. 선지자 예레미야가 자기는 아이와 같아서 말할 줄을 모른다고 하니, 하나님께서 말씀하시기를 "너는 아이라 말하지 말고 내가 너를 누구에게 보내든지 너는 가며 내가 네게 무엇을 명령하든지 너는 말할지니라 너는 그들 때문에 두려워하지 말라 내가 너와 함께 하여 너를 구원하리라 나 여호와의 말이니라···보라 내가 내 말을 네 입에 두었노라"(렘 1:7-9)고 하셨다. 예수님은 말씀하시기를 "내가 너희에게 분부한 모든 것을 가르쳐 지키게 하라 볼지어다 내가 세상 끝날까지 너희와 항상 함께 있으리라"(마 28:20)고 하셨다.

2) 하나님의 이름은 그의 권세를 가리킨다. 우리가 하나님께 기도할 때 그리스도의 이름으로 한다. 예수님은 말씀하시기를 "진실로 다시 너희에게 이르노니 너희 중의 두 사람이 땅에서 합심하여 무엇이든지 구하면 하늘에

계신 내 아버지께서 그들을 위하여 이루게 하시리라 두세 사람이 내 이름으로 모인 곳에는 나도 그들 중에 있느니라"(마 18:19-20)라고 하셨다. 예수님은 우리의 기도를 그의 이름으로 시행해 주실 것을 종종 말씀하셨다(요 14:13, 14; 16:23, 24).

성전은 주님의 이름 권세가 나타나는 곳이다. 다시 말하면 그 집은 기도하는 곳이다. 이사야 56:7에 말하기를 "내 집은 만민이 기도하는 집"이라고 하였다. 그러므로 솔로몬이 성전을 지을 때부터 하나님께서 건축 과정에도 고요한 분위기를 유지하도록 하셨다. 그 건축 현장에서 "방망이나 도끼나 모든 철 연장 소리가 들리지 않도록"(왕상 6:7) 하셨다. 기도의 중요성에 대하여 우리는 두말할 것도 없다. 다른 일은 아무리 좋은 일이라 할지라도 쉬는 시간이 있다. 그러나 기도는 쉬지 말라고 하셨다(살전 5:17). 기도만은 우리가 죽는 시각에도 해야 할 일이다.

2. 성전은 하나님께 모든 것을 바치는 곳이므로 중요함

본문 11절에 신자들이 바쳐야 할 제물들이 다섯 가지가 기록되었다. 제일 먼저 나오는 것이 "번제"이다. 번제는 양을 불태워 바침을 가리키는데 그 말의 히브리 원어(הָעֹלָה)가 오묘한 뜻을 가진다. 그것은 무엇을 태워서 파멸시킨다는 뜻이 아니고, '태워서 고상하게 만드는 것'을 의미한다. 이것은 신자들의 헌신을 비유한다. 신자들의 헌신은 이같이 중요하다. 우리가 우리의 몸을 하나님께 바침으로 손해 되는 것이 아니고 도리어 유익하게 된다. 사람이 하나님께 자신을 바치지 않으면 죄짓고 더러워진다. 아담도 하나님을 떠나서 범죄한 다음부터 보기에 부끄러운 몸이 되었다. 그래서 그와 그의 아내 하와는 동산 나무 사이에 숨었다(창 3:7-8).

번제에 있어서 우리가 또 한 가지 생각할 것이 있다. 그것은 양을 불로 태워서 바침이다. 불은 고난을 비유한다. 모세는 이스라엘 백성이 애굽에서 당한 고난을 "쇠 풀무불"(신 4:20)라고 하였다. 하나님께서 그의 백성을 고상하게 만드시는 과정에 불과 같은 고난을 사용하셨다.

번제 다음으로 바치는 것은 하나님께 드리는 "예물들"이다. 오늘날 우리도 하나님 앞에 물질을 바치는 데 힘써야 한다. 신명기 16:16에 말하기를 "여호와께 보이되 빈손으로 여호와께 보이지 말라"고 하였다(참조. 출 23:15; 34:20). 우리가 하나님께 바치는 일에 무관심하면 안 된다. ① 물질을 귀히 여길진대 그것을 귀하신 하나님께 바쳐야 되지 않겠는가! ② 우리의 소유는 모두 주님의 것인 줄 알아야 한다. 고린도전서 4:7에 말하기를 "네게 있는 것 중에 받지 아니한 것이 무엇이냐 네가 받았은즉 어찌하여 받지 아니한 것 같이 자랑하느냐"라고 하였다. 우리가 주님을 모르고 살던 때 물질을 내 것이라고 하던 습성대로 행하면 안 된다. 하나님의 것을 내 것으로 인식하고 있는 것은 도둑의 심사이다. 그뿐만 아니라 하나님께 바친다고 하면서 극소 분량으로 하려고 애쓰는 것은 하나님을 걸인 취급하는 악행이다. 본문의 "희생"이라는 말과 "아름다운 서원물"이라는 말은 우리의 헌금이 역시 정성껏 드려져야 할 것을 가리킨다.

특별히 "십일조"(6, 11절)는 하나님께 바치는 데 있어서 하나님께서 정해 주신 수량이므로 그것을 바치는 자는 하나님이 기뻐하실 것을 드린다는 긴장을 느낀다. 신자들이 하나님께 헌금하면서도 부주의와 건망증과 무성의한 태도로 하기 쉽다. 그런 태도는 죄악이다.

15-19 여기에는 두 가지가 지시되어 있다.

1) 이스라엘은 제물이 아닌 고기를 어디서나 자유로이 먹을 수 있다고 함. 그런 고기는 정한 자나 부정한 자나 먹을 수 있었다.

정한 자나 부정한 자에 대하여는 민수기 18:11을 참조하라. 우리는 여기서 엄격한 성별을 가르치는 장면에서도 인간의 자유가 어디까지나 보장된 것을 볼 수 있다. 참된 종교는 인간의 자유를 억압하지 않는다.

오직 그 피는 먹지 말고(16절). 성경에서 "피"는 생명과 같이 취급한다(레 17:11-14). 피 먹는 것을 금지한 이유는 ① 사람의 성품이 잔인해짐을 방지하기 위한 것이며 ② 피는 제물로 사용되는 존엄성을 지니고 있는 까닭이며 ③ 사람이 고기를 먹을 수 있으나 생명으로 간주되는 피는 하나님께 바친다는 의미에서 그것을 먹지 말라고 하였다.

2) 제물은 하나님의 택하신 곳(예배 장소)에서만 먹으라고 함. 이 점에 대하여는 위의 6-14절에 대한 해석을 참조하라.

20-28 여기 있는 말씀은 15-19절의 내용을 되풀이한 것이다. 성경에 중요한 말씀들은 여러 곳에서 거듭거듭 강조되었다.

29-32 여기서는 이스라엘이 가나안에 들어간 후 우상주의에 미혹되지 말라고 강력히 부탁한다.

↓ 평주

1. 일반 고등비평가들은 신명기 12:5의 "자기의 이름을 두시려고 너희 모든 지파 중에서 택하신 곳인 그 계실 곳으로 찾아 나아가서" 제물을 드리라(예배하라)는 말씀에 대하여 말하기를, 이것은 요시야 왕 때 예루살렘에서만 제물을 드리도록 처음으로 제도화하기 위해 가르친 것이라고 한다. 그러나 이스라엘에 있어서 예배 장소의 단일화는 요시야 시대에 처음 생긴 것이 아니다. 이스라엘 민족은 일찍부터 예배 장소의 단일성 교리를 지켜 왔었다.

1) 그들이 광야에서도 하나의 성막에서 예배를 드렸었다.
2) 8절에 "우리가 오늘 여기에서는 각기 소견대로 하였거니와"라고 한 말씀도 그들이 광야에서는 각기 마음대로 어디서나 예배하였다는 의미가 아

니다. 이 말씀의 뜻은 제단의 수효 문제에 관하여 사람들이 자의대로 생각하였다는 것이 아니고, 오히려 다른 문제에 관하여 자유로웠다는 것을 가리킨다. 예를 들면, 광야에서는 성막을 다른 곳으로 이동하는 동안에 매일 드리는 제사가 실행되지 못했었다(Keil & Delitzsch).

3) 5절 말씀 자체도 이미 실행되어 내려오는 예배의 단일화를 계속하라는 것으로 보인다.[49]

4) 고등비평가들은 그들의 학설을 출애굽기 20:24이 뒷받침한다고 주장한다. 그 구절의 "내 이름을 기념하게 하는 모든 곳"이라는 표현에 의하면 다수의 제단이 동시에 있었던 것으로 생각될 듯하다. 그러나 그것은 같은 시기에 여러 곳에 제단들이 있었다는 의미가 아니다. 그것은 다음과 같이 해석된다. 곧, 시대에 따라서 제단이 다른 곳으로 옮겨지면 그것이 또 하나의 다른 제단으로 알려졌을 것이다. 그러나 체계적으로는 언제나 제단은 하나뿐이었다.

2. 폰 라트는 신명기 12:5에 대하여 말하기를 "자기의 이름을 두시려고 택하신 곳"이라는 말씀이 히브리 종교의 초기 사상과 다르다고 하면서 히브리 종교의 초기 사상으로서 솔로몬의 사상은 하나님께서 예루살렘에 임재하여 계신다고 생각하였으나(왕상 8:12; 왕하 19:14). 신명기(12:5)에서는 하나님이 거기 계신다고 하지 않고 하나님의 이름이 거기 있다고 생각되었을 뿐이라고 한다.[50] 그러나 그의 견해는 잘못되었다. 솔로몬이 하나님께서 예루살렘 성전에 계실 것으로 말한 바(왕상 8:12-13) 있지만 그 뒤에는 "하나님이 참으로 땅에 거하시리이까 하늘과 하늘들의 하늘이라도 주를 용납하지 못하겠거든 하물며 내가 건축한 이 성전이오리이까"(왕상 8:27)라고도 말하였다.

---

49)   G. C. Aalders, *A Short Introduction to the Pentateuch* (London: Tyndale Press, 1949), pp. 74-75.
50)   G. von Rad, *Deuteronomy: A Commentary* (Old Testament Library) (London: SCM, 1966), p. 90.

제 13 장

❖ 내용분해

13장은 이스라엘이 가나안 땅에 들어간 이후에 있을 수 있는 우상 숭배의 유혹을 방지하기 위한 하나님의 경고이다. 그리고 여기에 언급된 유혹들이 가장 유력한 것들이다.

1. 거짓 선지자들의 유혹(1-5절)
2. 가족과 친구들의 유혹(6-11절)
3. 수다한 군중의 유혹(12-18절)

❖ 해석

1-4 여기서는 거짓 선지자들의 유혹을 경고한다.

너희가 알지 못하던 다른 신들을 우리가 따라 섬기자고(2절). 참 종교를 떠나도록 하려는 거짓된 종교는 언제나 사람들에게 새것을 가지고 유혹한다. 그러나 참된 종교적 진리는 옛날부터 그대로 내려오는 것이다. 그것이 변할 수 있다면 진리가 아닐 것이다. 하나님은 언약의 하나님이시므로 처음에 말씀하신 것을 그대로 항상 유지하신다.

그가 네게 말한 그 이적과 기사가 이루어지고. 거짓 선지자들이 "이적과 기사"를 행할 때는 많은 사람이 그들을 따르게 된다. 확실히 거짓 선지자들도 이적을 행한다. 그 이적은 마귀로 말미암는 거짓된 이적이다. 거짓 선지자들의 많은 이적 때문에 사람들이 하나님의 말씀을 버리고 그들의 이적을 따라가기 쉽다. 이적과 기사를 위주로 하는 자의 신앙생활은 건전하지 못하게 될 우려가 있다(고전 1:22). 그러므로 바울은 말하기를 "유대인은 표적을 구하고 헬라인은 지혜를 찾으나 우리는 십자가에 못 박힌 그리스도를 전하니"(고전 1:22-23)라고 하였다. 그러므로 신자들은 ① 언제든지 그리스도를 전파하는 말씀을 첫째로 구해야 하며 ② 많은 이적이 어떤 지도자들로 말미암아 나타나도 신자들은 그 지도자들의 교훈이 어떠한지 분별하여 그것이 종래의 그리스도를 중심한 성경적 교훈을 위반하는 경우에는 그들을 두려워하지 말고 배척해야 한다. 하나님께서는 어떤 때에 신자들의 믿음을 시험해 보시기 위해 거짓 지도자들의 이적 행함을 묵인하신다. 하나님은 아브라함의 신앙 연단을 위하여 그의 독자 이삭을 번제로 드리라는 시험도 하셨다. 이같이 신자들의 신앙 연단을 목적으로 거짓된 지도자들의 이적 행함을 방임하시는 일이 있다. 그는 신자들이 하나님의 말씀으로 영을 분별하며, 또 진리의 말씀으로 거짓 지도자들의 교훈을 비판하도록 하신다. 그러므로 이적과 기사가 동반되는 그릇된 종교운동 앞에서도 겸손하게 그러나 굳게 서서 하나님의 말씀을 붙잡고 그 이상한 현상들을 시험해 보는 것은 신자들의 경건한 태도이다.

5 그런 선지자나 꿈꾸는 자는 죽이라. 왜 그때는 법이 이렇게도 엄하였던가? 그러나 우리는 다음과 같은 사실을 알 때 이 문제가 해결된다.

1) 그때는 이스라엘이 받은 하나님의 계시가 지극히 명백했음에도 불구하고 그것과 반대로 이방 종교를 주장하는 것은 극단적인 죄악이었다. 그러므로 이방 종교를 따라가기 위해 반역 행동을 하는 자들은 그때의 분위기로 보아서 사형을 당해 마땅하였다.

2) 그때는 종교적 심판이 매우 엄하였다. 그때 이스라엘이 가나안 민족들을 멸절하는 그 운동이야말로 오래 참으신 하나님의 심판을 대행한 것이었다. 하나님께서 가나안 민족들을 오래 참으시다가 마침내 멸절시키는 동기는 그 민족들의 우상주의 때문이었다. 그러므로 이런 심판 마당에서 교만하게 하나님의 심판 동기를 무시하고 이방 종교를 가르치려고 이탈한 자들은 하나님의 심판 앞에서 멸망을 당하고 있는 가나안 민족들과 같은 벌을 받아 마땅한 죄악이었다.

3) 그때 이스라엘은 신정국가로 정교일체의 국가였으므로 종교적 죄악도 권력으로 다스렸다. 신약시대에는 하나님 이외에 우상을 섬기는 자들을 권력으로 다스리지 않는다. 그 이유는 신약 교회는 정교일체의 원리를 가지지 않고 신령한 나라를 이루기 위해 영적전쟁을 수행하는 사명을 받았기 때문이다. 그뿐만 아니라 신약 교회의 신자들은 주님만 사랑하고 다른 것을 섬기지 말아야 될 것을 분명하게 가르치고 있다(참조. 마 6:24; 눅 14:26; 골 3:5).

악을 제할지니라(참조. 신 17:7; 19:19; 21:21; 22:21-22, 24; 24:7). 폰 라트는 여기에 거짓 선지자들의 운동과 관련된 말씀이 있는 것을 보아서 이스라엘 사회가 복잡해진 왕정시대에 신명기가 기록되었다고 한다.[51] 그러나 요시야의 개혁 운동은 바알 우상에 대하여 말한 바 있으나 여기에는 바알이라는 말이 전혀 없다. 그뿐만 아니라 왕정시대의 개혁운동은 민중들로 하여금 우상 숭배의 죄악을 회개하도록 하였으나 여기에는 그런 것이 없다. 여기서는 우상주의를

---

51) G. von Rad, *Das fünfte Buch Mose: Deuteronomium* (Göttingen: Vandenhoeck & Ruprecht, 1964), p. 69.

이스라엘에 끌어들이기 위해 공작하는 운동의 출발을 언급한다. 그러므로 이 부분(1-5절)은 왕정시대의 저술이 아니고 이스라엘이 가나안에 정착할 무렵에 발생할 수 있는 일을 내다보고 모세가 기록한 것이 확실하다.

6-11 여기서는 이스라엘로 하여금 우상 숭배에 빠지도록 만드는 또 하나의 위험한 운동을 예고한다. 그것은 가장 가깝고 사랑스러운 자들을 방편으로 삼은 유혹인 것이다.

네 어머니의 아들 곧 네 형제나 네 자녀나 네…아내나 네…친구(6절). 이 사람들은 그와 같은 유혹의 방편이 되기에 가장 효과적인 관계를 가졌다. 그러므로 예수님도 말씀하시기를 "무릇 내게 오는 자가 자기 부모와 처자와 형제와 자매와 더욱이 자기 목숨까지 미워하지 아니하면 능히 내 제자가 되지 못하고"(눅 14:26)라고 하셨다.

다른 신들 곧 네 사방을 둘러싸고 있는 민족 혹 네게서 가깝든지 네게서 멀든지 땅이 끝에서 저 끝까지에 있는 민족의 신들(7절). 이 말씀은 천하의 신이라고 하는 모든 신은 총망라하여 무용한 것으로 돌리고 오직 여호와 하나님만이 참된 신이심을 다시 강조하는 말씀이다. 이같이 유일신주의가 이스라엘의 건국 초기에 역설되어 온 것이다. 고등비평가들 중 어떤 이들은 이스라엘의 유일신주의는 왕정시대의 선지자들로 말미암아 주장되기 시작하였다고 하는데 그것은 사실과 맞지 않는 말이다. 여기에 기록된 말씀은 이스라엘이 가나안 땅에 들어가서 당할 일들을 예고한 것이다. 고등비평가들의 말대로 신명기의 이와 같은 기록은 왕정시대에 우상주의로 떨어진 이스라엘 종교를 개혁하기 위하여 그 시대의 어떤 선지자가 기록하였다고 하나, 여기에 기록된 문투는 개혁 혹은 회개를 주장한 기미를 보여 주지 않고, 우상주의에 감염된 일이 전혀 없는 이스라엘에게 가나안에 들어가서 조심할 것을 가르친 것이다.

너는 용서 없이 그를 죽이되. 우리는 이 말씀을 읽을 때 이런 일이 인류 사회에 있을 수 없는 듯이 생각하기 쉽다. 어떻게 사람이 자기 자녀나 아내나 기타 사랑하는 자를 죽이도록 내어줄 수 있겠는지 의심하기 쉽다. 그러나 우리는 이 말씀을 그때의 역사적 실정에 비추어 해석해야 한다. 위에 이미 말한 것과 같이 그때 가나안 민족이 하나님의 심판을 받는 이유가 그 땅에 가득 찬 그들의 우상주의 때문이었다. 그러므로 이스라엘 사람도 같은 죄악을 범하는 한, 그들도 가나안 사람과 마찬가지로 공의의 심판을 받을 처지에 있다.

네가 먼저 그에게 손을 대고 후에 뭇 백성이 손을 대라. 우리는 이점에 있어서 그때 법을 집행하는 방법이 질서 있게 진행되었다는 것과 또한 어디까지나 증거를 중대시하였다는 것을 볼 수 있다. 범죄자를 가장 사랑하는 가족이나 친구가 증인 자격으로 먼저 그에게 손을 댄다는 것은 그의 범죄가 확실한 것을 보여준다. 우리는 여기서 그 재판 과정이 왕정시대의 것과 다른 점을 볼 수 있다. 왕정시대의 법적 질서는 좀 더 중앙 정권에 집중되어 왕이 그 재판장이었다(왕상 3:16-28). 그런데 이때에는 제사장과 장로들이 재판을 주관하고 있었다(16:18; 17:9; 21:9). 그러므로 우리는 이 말씀을 보아서도 신명기가 왕정시대의 기록이 아니고 이스라엘의 건국 초기에 시행될 법규를 가나안에 들어가기 전에 모세가 기록한 것으로 확신한다.

12-16 여기서는 사람들을 우상숭배로 유혹하는 또 한 가지 위험한 방편을 예고한다. 그것은 군중을 통한 우상주의 운동이다. 사람들은 군중을 두려워한다.

너는 자세히 묻고 살펴보아서 이런 가증한 일이 너희 가운데에 있다는 것이 확실한 사실로 드러나면(14절). 이 말씀을 보아도 그때 사람을 정죄하는 법의 질서를 볼 수 있다. 그때 법을 집행하는 자들이 뜬소문만 듣고 행동을 취하지 않았으며, 재판 진행자들은 무엇보다 먼저 사건의 진상을 규명하는 데 착안하였다.

그 성읍과 그 탈취물 전부를 불살라 네 하나님 여호와께 드릴지니(16절). 범죄한 이스라엘의 한 도시 거민들을 전부 죽이고 그 탈취물을 모두 불사르는 것이 하나님께 제물을 드리는 것과 같다. 이것이 하람(חרם), 곧 진멸의 처사로서 하나님을 기쁘시게 한다. 그것은 다음과 같은 사실로 성립된다.

그때 가나안의 우상숭배자들을 멸절시키는 것은 하나님께서 그 크신 자비로 오랜 세월 동안 참으시다가 마침내 그들을 심판하시는 사건이었다. 이 심판은 지나친 행위가 아니고 오히려 정당하고 의로운 처사이다. 그러므로 심판은 하나님을 기쁘시게 하는 것이다. 우리는 이 점에 있어서 기억할 것이 있다. 곧, 하나님께서 그때 가나안 민족들의 우상주의를 심판하시게 된 것은 그들의 범죄에 대한 단기적인 처사가 아니었다는 것이다. 하나님께서 아브라함을 갈대아 우르에서 불러 내셔서 가나안 땅으로 인도하신 후에도 400여 년을 기다리시고(창 15장) 이제 심판하시는 것이다. 이와 같은 심판 현장에서 가나안의 우상을 선전하는 이스라엘 사람이 있다면, 그는 하나님의 심판을 업신여긴 것이니 극히 악한 자라고 할 수밖에 없다. 하나님께서 그런 자들을 멸절시키심도 그의 공의에 합당한 처사였다.

17-18 네 조상들에게 맹세하심 같이 너를 번성하게 하실 것이라(17절). 이스라엘이 가나안에 입주할 때에 그 땅 면적에 비례하여 인구가 매우 적은 편이었다. 그러므로 그중에서 한 도시를 멸절시킨다는 것은 그들의 건국 초기에 있어서 매우 취하기 어려운 행동이었다. 그럼에도 불구하고 하나님의 영광을 위하여 많은 인명 피해를 감수하면서도 하나님의 심판을 대행하는 것은 그들의 신앙이었다. 그러므로 하나님께서는 그런 행동을 기쁘게 여기시고 인구를 번성하게 하시겠다고 약속하셨다. 신자는 어떠한 손해가 예측되더라도 하나님의 영광을 위하여 마땅히 할 일을 해야 한다. 그리하면 도리어 유익을 얻게 된다.

사람이 믿음으로 용단할 때 세상 사람 보기에는 손해를 당하는 것 같지만 도리어 결과는 그와 반대로 전개된다. 하나님은 세상 사람들의 생각과는 정반대로 역사하신다. 그는 어리석은 자를 들어 지혜 있는 자를 부끄럽게 하시고, 약한 것들을 택하사 강한 것들을 부끄럽게 하신다(고전 1:27).

⚜ 평주

고등비평가 폰 라트는 말하기를 "13장에 선지자로 인한 종교적 타락이 기록되었는데 그것이 이미 가나안 혼합주의로 인하여 더러워진 선지자들로 말미암았으니 이런 혼합주의 영향은 사무엘 시대에도 없었고, 후대 왕정시대에 있었던 것이다. 그리고 한 도시의 타락 운동(13-19절)은 물론 왕정시대 이전에는 있을 수 없었다"고 하였다[52] 폰 라트의 이와 같은 말은 신명기가 모세의 저술일 수 없다는 것이다. 그는 신명기의 권면 부분을 모세의 말이라고 하면서도 그 저술 시기는 후기 왕정시대라고 한다.[53] 그러나 우리는 신명기 13장의 내용도 모세의 저술인 줄 안다. 13장에 기록된 거짓 선지자에 대한 말씀은, 가나안에 들어가기 전에 모세도 예언적으로 할 수 있는 말이다. 6-11절의 해석을 참조하라.

| 설교자료

1. 거짓 선지자들이 이적과 기사를 행해도 신자들은 그를 따라가지 않아야 한다. 하나님의 말씀은 이적과 기사보다 중요하고 더 믿을 만하다. 그러므로 하나님께서는 신자들에게 그의 말씀을 파수하면서 이적과 기사에 끌리지 말라고 하신 것이다. 신자들이 하나님의 말씀을 굳게 붙잡고 나갈 때에 그들의 신앙이 견고해진다(1-4절).

2. 우리는 신앙 문제에 있어서 하나님 편에 설 것이고 인정에 끌려 흔들리

---

52) G. von Rad, *Das fünfte Buch Mose: Deuteronomium* (Göttingen: Vandenhoeck & Ruprecht, 1964), p. 10.
53) G. von Rad, *Das fünfte Buch Mose: Deuteronomium* (Göttingen: Vandenhoeck & Ruprecht, 1964), pp. 28-29, p. 21 참조.

지 말아야 한다. 하나님은 우리를 창조하신 참된 신이시니, 우리는 혈연관계보다 하나님을 더욱 사랑해야 한다(6-9절). 구약시대에는 우상으로 미혹하는 자들을 죽였으나 신약시대에는 그렇게 하지 않는다. 그러나 그런 자들에 대하여 영적으로 강하게 대항해야 한다.

3. 사람들을 우상으로 미혹하는 자들이 일어났다는 소문이 들릴 때 이스라엘의 치리자들은 먼저 그 분명한 증거를 살폈다(12-14절). 이것을 보면 하나님이 세우신 그때의 법규가 극히 공정하였던 사실을 알 수 있다. 하나님은 언제나 공평하시다.

제 14 장

↓ 내용분해

1. 이방인들처럼 죽은 자들을 위하여 괴상하게 슬픔을 나타내지 말라고 함(1-2절)
2. 이스라엘이 먹을 수 있는 고기와 먹지 못할 고기(3-20절)
3. 스스로 죽은 짐승을 먹지 말라고 함(21상)
4. 염소 새끼를 그 어미젖에 삶지 말라고 함(21하)
5. 매년 소산의 십일조를 여호와께 드리라고 함(22-27절)
6. 삼 년마다 소산의 십일조를 저축하여 레위인과 불쌍한 자들을 도와주라고 함(28-29절)

↓ 해석

1-2 죽은 자를 위하여 자기 몸을 베지 말며 눈썹 사이 이마 위의 털을 밀지 말라. 그때 가나안 땅에 거하던 이방인들은 죽은 자를 위하여 괴상한 방식으로 슬

픔을 나타냈다. 곧, 그들은 슬픔 때문에 몸의 지체를 상하게 하는 일들이 있었다. 이런 풍속은 하나님을 모르는 자들의 잘못된 사상에서 나온 것이다. 하나님을 공경하는 자들은 사람에게 소망을 두지 않고 하나님께 소망을 두기 때문에 초상을 당해도 지나치게 슬퍼하지 않는다. 그뿐만 아니라 하나님을 경외하는 자들은 하나님께서 선하게 지으신 몸을 상하게 하지 않는다. 이스라엘은 하나님의 거룩한 백성이므로 하나님을 모르는 이방 민족들과 타협하지 않고 어디까지나 진리대로 성별된 생활을 해야 할 것이다.

3-20절. 이 부분에 기록된 동물들에 대하여 먼저 서론적으로 몇 가지 생각할 것이 있다.

1) 알더스(G. Ch. Aalders)는 여기에 기록된 동물들이 팔레스타인보다 애굽과 시내산과 유다 남방의 산물이라고 하였다. 우리는 이와 같은 근거에서도 오경이 모세의 저술이라고 할 수 있다. 곧, 저자가 팔레스타인에 거주한 사람이 아니고 애굽에서 나와서 시내 광야와 모압 평원에서 지낸 사람(모세)으로 생각된다. 14장에 기록된 동물들에 대한 그의 진술은 대략 다음과 같다. "낙타"(7절)는 아라비아가 그 원산지이고 "독수리"(12절)는 시내 산에서, "타조"(15절)는 아프리카에서 각각 서식하고 "당아"(17절)와 "학"과 "대승"(18절)은 애굽에 많으며 "불그스름한 사슴"은 팔레스타인 남쪽에, "볼기 흰 노루"는 사해 남쪽에, "뿔 긴 사슴"은 애굽에서 각각 많이 서식한다는 것이다(5절). 14장에 기록된 동물들이 대부분 모세가 거주했던 지방들의 산물이다. 이와 같은 사실은 우리로 하여금 신명기(또는 오경 전부) 집필자가 모세였음을 믿게 하는 데 도움을 준다.

고등비평가 드라이버(Samuel Rolles Driver)는 이런 주장을 반대하여 말하기를 "그 동물들이 팔레스타인에 서식하지 않는다면 저자가 팔레스타인에 입주할 이스라엘 민족에게 그런 동물들을 먹지 말라고 예고할 필요가 무엇인가?"라고 한다.[54] 그러나 드라이버의 반대 이론은 성립될 수 없다. 알더스가 지적한 것은 그 동물들의 주요 서식지가 애굽, 시내 산, 유다 남쪽이라는 뜻이다. 그 지방들에 많이 서식하는 동물들이 팔레스타인에는 전혀 없겠는가. 동물들이 다른 지방으로 이동하는 일도 있지 않은가.

2) 우리가 이 점에 있어서 또 한 가지 명심할 것이 있다. 곧, 동물의 고기를 구분하여 먹으라는 규례는 이스라엘이 가나안 땅에 들어가기 전에 선포되었을 것이다. 우리가 이 사실을 생각해 보아도 이 부분 말씀이(오경 다른 부분도) 가나안에 들어가기 전 모세의 저술인 것이 알려진다. 이 규례는 이스라엘로 하여금 우상주의에 물든 가나안 이족(異族)들과(그들은 여기서 금한 동물의 고기를 먹음) 타협하지 않게 하려는 것이니, 미리부터(이스라엘이 가나안에 들어가기 전) 그것이 선포되었을 것이다.

이 규례가 기록된 목적에 대한 다른 학설들도 있기는 하다. ① 어떤 학자들은 이 규례가 단순히 위생적 목적으로 제정된 것이라고 한다. 다시 말하면 이 규례에서 금지된 동물의 고기는 인체에 해롭다는 것이다. 그들은 이 학설을 성립시키기 위하여 몇 가지 증거를 든다. 곧, 이 규례대로 생활한 유대인은 다른 민족들보다 장수한다고 하며, 중세에 유럽에 흑사병이 유행되어 다른 민족들 가운데서는 많이 죽었음에도 불구하고 유대 민족은 별로 피해를 겪지 않았다는 것이다. ② 또 다른 학자들은 이 규례가 상징적 의미를 가진다고 하면서 이 규례가 금지시킨 동물들은 종교 윤리적 불결과 죄악을 상징한다는 것이다.

우리는 이 점에 있어서 다음과 같이 말할 수 있다. 이 규례가 위생 관계로 생각되어야 할 면도 있고 상징적 의미로 생각되어야 할 면도 있기는 하다. 그

---

54) S. R. Driver, *A Critical and Exegetical Commentary on Deuteronomy* (Edinburgh: T. & T. Clark, 1902), pp. 160-161.

러나 하나님께서 이 규례를 이스라엘에게 주신 목적은 이미 말한 바와 같이 그들로 하여금 우상주의자들(가나안 민족과 기타 이방 민족들)과 사귀지 않도록 하려는 것이다. 이것은 사도행전 10:9-16에 베드로가 받은 계시가 잘 밝혀 준다. 그때 베드로가 계시로 받은 것은 하늘에서 내려온 큰 보자기 안에 "땅에 있는 각색 네 발 가진 짐승과 기는 것과 공중에 나는 것들"이 있는 것을 보았고, 또 그것들을 "잡아먹으라"는 음성을 들었다. 그것은 베드로에게 이제부터 이방인들과 기탄 없이 교제하며 복음을 전하라는 뜻이다.

4-8 여기서는 이스라엘이 먹을 만한 짐승과 먹지 못할 짐승들을 구분한다. 물론 이 구분은 대표적으로 몇 가지 종류를 들어 말한 것이다. 그런데 먹을 만한 짐승의 표준은 굽이 갈라지고 겸하여 새김질하는 것들이다. 이 두 가지 가운데 하나만 없어도 먹을 수 없었다. 학자들은 이와 같은 표준을 여러 가지로 영해(靈解)한다. 굽이 갈라진 것은 성별을 비유하고, 새김질은 하나님의 말씀에 대한 묵상을 비유했다고 한다. 그러나 이와 같은 영해는 성경적 뒷받침이 없으므로 추측에 불과하다. 우리는 차라리 이와 같은 표준에 대하여 어떤 의미를 확실성 있게 드러내기 어렵다고 생각한다. 이 점에 있어서 우리는 그 두 가지 특징을 가진 짐승들은 육식 동물이 아니므로 사납지 않고 정결한 것들임을 알 수 있다. 온유의 덕과 성결의 덕을 숭상하는 하나님의 백성은 이런 것들을 먹을 만하다.

신약시대에 이르러서 하나님께서는 이와 같은 법규들을 계속적으로 실행시키지 않으신다. 그 이유는 이와 같은 법규는 그때 이스라엘로 하여금 음식물을 구별 없이 먹는 이방인들과 타협하지 않도록 하기 위한 것이었다. 그러나 신약시대에는 이런 외부적인 장벽을 폐지하고 세계적으로 복음을 전하는 때이므로 그런 규례 때문에 사람들 사이에 장벽을 둘 필요가 없게 되었다 (참조. 행 10:9-16). 이 부분(4-8절) 말씀에 대하여는 레위기 11:1-19의 해석을 참조하라.

9-10 지느러미와 비늘 있는 것은 너희가 먹을 것이요. 어떤 학자들은 "지느러미와 비늘"을 각각 영적해석이라하여 이 모양 저 모양으로 재미있게 말한다. 그러나 그런 해석은 성경적 근거가 없이 받아들일 수 없다. 우리는 다음과 같이 생각한다. "지느러미와 비늘 있는" 고기는 그것들이 없는 고기보다 정결한 것으로 믿는다. 성경의 이 부분 말씀은 이런 자연물들 가운데서도 깨끗한 것을 취하여 하나님 백성에게 성결의 도를 가르친 것뿐이다.

12-19 이 부분에 기록된 새들은 작은 동물이나 뱀 같은 것을 잡아먹는 더러운 것들이다. 그러므로 이것들은 도덕적으로 불결한 것을 상징한다. 이 때 하나님께서 이런 자연물을 가지고도 이스라엘에게 성별을 가르치는 의미에서도 그것들을 먹지 말라고 하셨다. 물론 신약시대에 이르러서는 하나님께서 이러한 규례를 폐지하셨다. 그 원인은 구약시대의 외부적인 성결의 제도가 신약시대에는 영적으로 성취되었기 때문이다(참조. 행 10:9-16).

21 스스로 죽은 모든 것은 먹지 말 것이나. "스스로 죽은" 동물은 그 고기에 피를 보유하고 있으므로 그것을 먹는 경우에는 피도 겸하여 먹게 된다. 하나님께서는 일찍이 이스라엘에게 피를 먹지 말라고 하셨다.[55]

너는 염소 새끼를 그 어미의 젖에 삶지 말지니라. 어떤 학자들은 이것이 젖떼기 전의 어린 염소 새끼를 먹지 말라는 의미라고 한다. 그러나 그보다도 이것은 우리 번역대로 어미 염소의 "젖"에 어린 새끼를 삶아 요리하는 것을 금함이다. 그런 요리는 잔인성을 나타낸다. 하나님께서는 언제든지 이런 잔인한 것을 금하심에 있어서 세밀하시다. 어미 새와 그 새끼를 아울러 취하지 말라는 교훈(신 22:6)도 이와 같은 것이다. 이런 규례는 동물을 위하시는 의미도 있지만, 그보다도 하나님의 백성의 자비의 덕을 배양하시기 위함이다(참조. 고전 9:9-10).

---

55) 창9:4; 레 3:17; 7:26-27; 17:10-14; 신 12:16, 23; 15:23.

22-27 여기서는 이스라엘이 그 농산물의 십일조를 성전에 가지고 가서 제물로 바친 후 자기 가족들과 함께 즐거워해야 할 것을 말해 준다. 제물을 먹으며 즐거워하는 것은 단순한 식사뿐만 아니라 하나님을 경외하는 예배의 순서로 간주되었다. 그러므로 23절에 말하기를 "네 하나님 여호와 경외하기를 항상 배울 것이니라"고 하였다. 이런 예배는 신약시대의 성찬식을 예표한 것이라고 생각된다. 성찬식에서는 신자들이 먹고 마시는 것으로 신앙을 비유한다. 먹고 마시는 것같이 믿는 것이야말로 거짓이 없는 내부적인 믿음이고, 주님과 연합하는 믿음이고, 실제적 믿음이다.

이 점에 있어서 하나님께서는 성전에서 멀리 떨어져 있는 사람들에게 편리한 방법을 보여주기까지 하신다. 그것은 그 모든 예물들을 현지에서 팔고 그 돈으로 성전 가까운 곳에서 다시 전과 같은 현물을 사라는 것이다. 하나님께서는 그의 백성을 지도하심에 있어서 이같이 주밀하시다. 제사법이 이같이 자세한 것이 신자들의 신앙에 유익하다. 그 이유는 신앙은 계시의존사색 안에서만 참다운 생명을 보존하기 때문이다. 신앙에는 자율주의가 금물이다. 신자는 주밀하신 하나님의 지도 아래서 움직일 때 오히려 기쁨과 안전보장을 느낀다.

네 성읍에 거주하는 레위인은 너희 중에 분깃이나 기업이 없는 자이니 또한 저버리지 말지니라(27절). 곧, 이스라엘이 하나님께 제사를 드리고 그 권속들과 함께 제물을 먹을 때에 레위 사람들과 함께 먹으라는 뜻이다. 하나님께서는 신령한 일을 맡은 자들을 잊지 아니하시고 물질면에 있어서도 빈틈없이 그들을 돌보아 주신다. 이런 말씀은 레위기와 민수기에도 많이 있다.

28-29 여기서는 매 삼 년 끝에 그 해 소산의 십일조를 다 모아서 성읍 가운데 저장하고 레위 사람을 돌보라고 하며, 또한 불쌍한 자들(나그네와 고아와 과부)을 도와주라고 한다. 하나님께서는 언제나 불쌍한 자들을 잊지 않으신다. 잠언 19:17에 "가난한 자를 불쌍히 여기는 것은 여호와께 꾸이는 것이

니 그 선행을 갚아 주시리라"고 하였다.

| 설교자료

1. 죽은 자를 위하여 지나치게 슬퍼하는 것은 하나님을 경외하는 사람들에게 언제나 합당하지 않다(1-2절). 하나님을 참으로 경외하는 백성은 내세의 소망을 지니고 있다(살전 4:13).

2. 이스라엘은 가증한 짐승의 고기를 먹지 아니하여 종교적 성결을 파수하였다(3, 7-19절). 이것은 그때 이스라엘이 이방인으로 더불어 합류하지 않도록 하려고 세운 규례이다. 그때 이방인들은 우상주의에 속하였으므로 이스라엘은 그들을 멀리하는 것이 필요하였다. 이것을 보면 사람은 언제나 신본주의로 살아야 될 것이 알려진다. 신약시대에는 이런 외부적인 규례가 더 계속하지 않게 되었다. 그 이유는 하나님께서 신약시대에는 외부적인 것보다는 내부적으로 성령에 의하여 우리를 성별(聖別)하시기 때문이다. 그러나 신약시대에도 구약시대와 마찬가지로 하나님의 백성은 신본주의로 일관한다.

3. 하나님의 백성은 하나님께 십일조를 드려야 한다(22절). 그들의 수입은 하나님께서 주신 것이므로 그에게 예물을 드려 하나님의 은혜를 감사해야 한다. 그들은 감사함으로 더 큰 은혜를 받게 된다.

제 15 장

✤ 내용분해

1. 7년마다 부채를 면제해 주라고 함(1-3절)
2. 부채를 면제해 줌으로 받는 축복(4-6절)
3. 가난한 자에게 후히 꾸어 주라고 함(7-11절)
4. 안식년에 종들을 놓아주라고 함(12-18절)
5. 소나 양의 처음 난 것을 하나님께 드리라고 함(19-20절)
6. 흠 있는 소나 양은 하나님께 바치지 말라고 함(21-22절)
7. 제물을 먹을 때에 피는 먹지 말라고 함(23절)

✤ 해석

1 매 칠 년 끝에는 면제하라. "매 칠 년"은 하나님께서 제정하여 주신 안식년이다. 안식년은 그리스도로 말미암아 만물까지도 안식으로 들어가는 영원한 시대의 예표이다. 이 해에는 모든 속박을 풀어 놓아 주는 기쁜 일을 실

시하게 하였다. 그러므로 이 해에 채권자들은 자기에게 빚진 자들을 면제해 주도록 된 것이다.

3 **이방인에게는 네가 독촉하려니와 네 형제에게 꾸어준 것은 네 손에서 면제하라.** 여기서 "이방인"(נָכְרִי)은 이스라엘에 귀화한 자가 아니고 임시로 체류하는 자를 의미한다. 이 말이 '나그네'(גֵּר)와 구분된다. '나그네'는 이스라엘에 귀화한 이방인을 가리킨다.

이 점에 있어서 이방인은 차별 대우를 받은 것 같다. 그러나 이 문제를 그렇게 생각할 필요는 없고 다만 임시로 체류하는 이방인의 생활 근거가 다른 곳에 있음을 참고하여 그렇게 취급한 것뿐이다. 그의 생활 환경이 유대가 아니므로 그를 별도로 취급하는 것이 당연한 일이다.

4-6 여기서는 위에 말한 것과 같이 이스라엘이 빚진 자의 부채를 면제해 줄 때 하나님의 축복을 받는다는 것이다(4-5절). 이것은 개인적으로 복을 받는다고 하기보다는 사회적으로 복이 있을 것을 말한다. 우리가 그 말씀을 사회적 의미로 해석해야 하는 이유는 "네가 여러 나라에 꾸어 줄지라도 너는 꾸지 아니하겠고"(6절)라고 말하여 국가적(사회적)으로 받을 복리를 가리키기 때문이다. 이스라엘 사람들이 모두 자기에게 빚진 자들의 부채를 탕감해 준다면 그 사회의 경제생활이 부흥될 것은 필연적인 사실이다. 그런 사회에는 부한 자가 더 부해지거나 가난한 자가 더 가난해질 우려가 없어질 것이다. 그러나 이 점에 있어서 우리가 명심해야 될 것이 있다. 아무리 경제 부흥을 가져올 만한 조건들을 갖추었다 할지라도 하나님께서 함께하시지 않으면 진정한 행복을 가져오지 못한다는 것이다. 물질이 부요한 자들도 하나님께서 함께하시지 않으면 참으로 행복한 자들이 아니다. 히브리 원문에는 6절 초두에 이유 접속사(כִּי)가 있어서 그 앞에 나온 말씀의 이유를 말해 준다. 곧, 이스라엘 중에 가난한 자가 없어지게 될 이유는 하나님께서 그들을 축복하셔서 그들의 사회가 부요해질 것이기 때문이라는 것이다.

7-11 여기서는 이스라엘이 가난한 자에게 넉넉히 꾸어줌으로 동정을 베풀어야 한다고 말한다. 그런데 이와 같은 선을 실행하기 위해서는 명심할 것이 몇 가지 있다.

1) 꾸어주는 사람은 마음을 완악하게 가지지 말 것(7절). 가난한 자에게 긍휼을 베풀지 않는 완악한 자가 되지 않도록 조심하라는 것이다. 우리가 다른 사람에게 대하여 완악해지면 하나님께 대해서도 완악해지기 쉽다. 가난한 자가 꾸고자 할 때 우리는 그 사람이 그 꾼 것을 갚을 수 있는 여부에 대하여 생각해 볼 수 있다. 그러나 그보다는 그가 갚지 못할 경우에는 장차 부활할 때 나에게 하늘의 보상이 있다는 것을 내다보아야 한다(눅 6:35; 14:14; 16:9).

2) 악한 생각을 품지 말 것(9절). 악한 생각은 안식년이 가까와 탕감해 주는 것을 싫어하여 꾸어 주지 아니함이다. 이와 같은 사고방식은 하나님께서 정해주신 안식년 제도를 기뻐하지 않는 불신앙이다. 채권자가 빚을 받지 못하고 마침내 안식년이 되어 탕감해 준다고 해서 그 자신에게 손해되는 것이 아니다. 그의 선행을 하나님께서 갚아주신다(잠 19:17).

3) 가난한 자가 여호와께 호소할 것을 기억할 것(9절). 잠언 21:13에 말하기를 "귀를 막고 가난한 자가 부르짖는 소리를 듣지 아니하면 자기가 부르짖을 때에도 들을 자가 없으리라"고 하였다.

4) 인색한 마음을 품지 말 것(10절; 참조. 고후 9:7). 잠언 11:24에 말하기를 "흩어 구제하여도 더욱 부하게 되는 일이 있나니 과도히 아껴도 가난하게 될 뿐이니라"라고 하였다.

5) 땅에는 언제든지 가난한 자가 있음을 기억할 것(11절). 곧, 하나님께서 땅 위에 가난한 자들도 계속하여 있도록 하셨으므로 우리는 하나님을 두려워하는 마음으로 가난한 자들을 도와주어야 될 것이다. 잠언 22:2에 말하기를 "가난한 자와 부한 자가 함께 살거니와 그 모두를 지으신 이는 여호와시

니라"고 하였다. 그러므로 가난한 자를 구제하는 것은 누구든지 언제나 실행해야 할 일이다. 예수님도 말씀하시기를 "가난한 자들은 항상 너희와 함께 있거니와"(요 12:8)라고 하셨다.

12-18 여기서는 안식년을 당하여 이스라엘이 종들을 해방해야 할 것을 가르친다. 안식년은 영원한 내세의 예표이므로 그해에는 모든 불행한 자의 속박을 풀어 준다. 하나님은 부자유하게 된 사람들이 놓이는 것을 기뻐하신다. 예레미야 시대에는 시드기야 왕이 하나님의 약속을 어기고 노예를 해방하지 않았으므로 하나님의 책망을 받고 마침내 바벨론의 침략을 받게 되었다(렘 34:8-22).

이 점에 있어서 우리는 종들을 후대하라고 하신 하나님의 긍휼과 자비를 주목해야 한다. 그것은 여기에 몇 가지로 나타났다.

1) 종들을 놓아 보낼 때 빈손으로 가게 하지 말라는 것(13-14절). 그들이 그와 같이 해야 할 이유는 하나님께서 축복해 주신 분량 중에서 실행할 것이기 때문이다. 그들이 소유한 물질은 그들의 것이 아니다. 그뿐만 아니라 이스라엘 민족 자체가 종으로 있던 애굽 땅에서 하나님의 자비로 구속함을 받았기 때문이다. 사람이 언제든지 자기의 처지를 생각해 봄으로 같은 처지에 있는 다른 사람을 동정할 수 있게 된다.

2) 해방되기를 원하지 않고 그 주인의 집에 평생 머물기를 원하는 종의 소원을 들어줄 것(16절). 그의 그런 소원을 들어주는 것이 역시 그를 후대함이다.

송곳을 가져다가 그의 귀를 문에 대고 뚫으라(17절)고 한 말씀은 무슨 뜻인가? 이것은 법정에서 하는 일인데(출 21:6), 그로 하여금 순종을 서약하게 하는 의식이다(시 40:6-8). 그 종의 귀를 문에 대고 뚫는 것은 언뜻 볼 때 잔인해 보인다. 그러나 그때 이방에서는 종을 자기 소유로 표할 필요가 있을 때는 종의 이마를 불로 지져서 표하였다. 하나님을 모르는 이방 사람들의 잔인성에 비하면 이스라엘은 그 종의 귀를 뚫는 정도였으니 매우 경미한 것이었다. 그때 종이 영구히 그 주인의 집에 머물기로 작정한 것을 증거하기 위하여 영구히 남길 만한 표는 그 몸의 어떤 지체에 표하는 것이 필요하였던 것이다.

3) 종을 해방하는 것을 기쁘게 여길 것(18절). 이스라엘이 이같이 행할 이유는 그 종이 품삯을 받지 않고 주인의 집에서 봉사하였기 때문이다. 품꾼의 삯을 주지 않음은 큰 죄악이다. 그런데 품꾼보다 배나 봉사한 종을 박대하면 얼마나 큰 죄가 되겠는가? 그러나 그 주인이 그를 후대할 때 하나님께서 함께하시고 크게 축복하실 것이다.

19-20 여기서는 소나 양의 첫 새끼를 하나님께 제물로 바치라고 한다. 하나님께서 이와 같은 법을 제정하신 이유는 이스라엘이 애굽에서 나올 때 애굽 사람들의 장자들과 처음 난 짐승들은 하나님의 벌로 다 죽었으나 이스라엘의 장자들과 처음 난 짐승들은 살려 주셨기 때문이다(출 11:4-7; 12:29-30). 언제든지 하나님의 구원의 은혜를 받은 자들은 하나님의 것이 되는 법이다. 그리스도인들도 이런 의미에서 장자들이요(히 12:23) 따라서 하나님의 것이다(계 14:4).

너와 네 가족은 매년 여호와께서 택하신 곳 네 하나님 여호와 앞에서 먹을지니라(20절). 이 말씀은 19절에 소나 양의 첫 새끼를 하나님께 제물로 바친 뒤에 그 제물의 고기를 먹으라는 의미이다. 그때 제사법에 있어서 제물의 고기를 회막 뜰에서 먹었는데 그 먹는 것도 역시 제사의식 중의 하나이다. 그것은 속죄하여 주신 하나님의 은혜를 누림에 대한 비유이다(레 6:16; 7:15-18). 이와 같은 제사 행위는 신약시대의 성찬 행위를 예표한다고 할 수 있다.

21-23 여기서는 소나 양의 첫 새끼라도 흠이 있는 것이나 병든 것은 하나님 앞에 제물로 바칠 수 없고 그것들은 다른 동물(노루나 사슴)처럼 잡아먹으라고 부탁한다. 물론 그 피는 먹지 말라고 다짐한다.

흠 있는 것이나 병든 것을 하나님 앞에 바치지 말라고 한 이유는 흠 있는 것들은 절대 완전하신 예수 그리스도를 예표할 수 없기 때문이다. 하나님께 드리는 제물들은 예수 그리스도를 예표하는 것이니 그것들이 완전하여 흠이 없어야 한다.

| 설교자료

1. 신정국가인 이스라엘 율법에는 면제법이 있다. 그것은 매 7년 끝에 빚진 자의 빚을 탕감해 주라는 것이다(1-2절). 이것은 세계 어느 국법에도 없는 것이다. 이같이 하나님께서는 사람들로 하여금 남에게 주기를 힘쓰라고 가르치셨다. 그들이 그와 같이할 때 복을 받는다고 하나님은 말씀하셨다(5절). 이것은 주는 것이 받는 것보다 복이 있다는 진리를 강조함이다(행 20:35).

2. 하나님께서는 그 백성으로 하여금 가난한 자를 깊이 동정하도록 하셨다(7-11절). 잠언 14:31에 말하기를 "가난한 사람을 학대하는 자는 그를 지으신 이를 멸시하는 자요 궁핍한 사람을 불쌍히 여기는 자는 주를 공경하는 자니라" 하였고, 잠언 19:17에는 "가난한 자를 불쌍히 여기는 것은 여호와께 꾸어 드리는 것이니 그의 선행을 그에게 갚아 주시리라" 하였고, 잠언 21:13에는 "귀를 막고 가난한 자가 부르짖는 소리를 듣지 아니하면 자기가 부르짖을 때에도 들을 자가 없으리라"고 하였다.

3. 하나님께서는 언제나 압제 아래 있는 자를 불쌍히 여기시며 놓아주시기 원하신다(12-18절). 그가 예수 그리스도를 이 세상에 보내신 것은 죄악의 종 된 인생들을 놓아 주시기 위한 것이다(참조. 눅 4:18-19; 요 8:34-36).

제 16 장

↓ 내용분해

1. 유월절을 지키라고 하심(1-8절)
2. 오순절을 지키라고 하심(9-12절)
3. 장막절을 지키라고 하심(13-17절)
4. 재판장과 관리들을 세워서 백성을 공평하게 다스리라고 하심(18-20절)
5. 여호와의 제단 곁에 아세라 상을 세우지 말라고 하심(21-22절)

↓ 해석

1 아빕월은 유대 나라의 정월인데 양력 3, 4월경에 해당한다. 이달에 유월절을 지키는 목적은 이스라엘 민족이 애굽에서 구출된 사건을 기념하기 위한 것이다. 이것은 우리가 그리스도로 말미암아 이 세상에서 구원받음에 대한 표상이 되는 명절이다.

2 소와 양으로 네 하나님 여호와께 유월절 제사를 드리되. 구약시대에는 하나

님께 드리는 어떤 제사였든지 가축의 피를 중심으로 하였다. 이것은 하나님께 음식을 드리는 의미가 아니고 죄인들의 죄를 담당하신 그리스도의 보혈을 예표하는 것이었다(참조. 고전 5:7).

3 이스라엘 민족은 유월절에 누룩 없는 떡을 먹도록 되어 있었다. 누룩 없는 떡은 무엇을 뜻하는가? 그것은 이 구절에서 고난의 떡이라고 하였으니, 이스라엘이 애굽에서 나오면서 당한 고생을 기념하는 것이다. 그러나 또 한 가지 명심할 것은 부패를 떠난 우리의 성결한 생활을 상징하는 의미도 있다(고전 5:8).

4 제사 드린 고기를 밤을 지내 아침까지 두지 말 것이며. 이 말씀도 역시 신령한 뜻을 상징하였으니, 신성한 제물을 부패하도록 오래 두지 않게 하려는 것이다. 그러므로 하나님께서는 그것을 막기 위하여 이 교훈을 주셨다.

8 네 하나님 여호와 앞에 성회로 모이고 일하지 말지니라. 이때 노동을 쉬게 한 것은 사람들로 하여금 그 절기에 하나님의 구원의 은혜를 전적으로 생각하면서 은혜받도록 하기 위한 것이다.

9-12 이 부분에서는 오순절에 대하여 말한다. 오순절은 유월절 이후 50일 만에 지키는 절기이다. 이때에는 처음 익은 열매를 하나님께 바쳤다(참조. 레 23:15-16, 20). 이 절기에 있어서 우리가 특별히 주목할 만한 것은 절기의 행사로서 특별히 많은 불쌍한 사람들을 돌본 사실이다. 곧, 노비와 객과 고아와 과부와 같은 사람들이 이 절기에 혜택을 입는 대상이 된다(11절). 고대 근동의 함무랍비 법전은 노예들에게 대하여 이런 자비를 베푼 일이 없다. 그러나 여호와 하나님의 율법은 그런 불쌍한 사람들을 특별히 돌보아주도록 하였다. 하나님께서는 그 백성으로 하여금 과거에 애굽에서 종 되었던 사실을 기억하라고 늘 강조하신다(12절). 불쌍한 자들을 돌보는 것은 중요한 일이므로 하나님께서는 자기 백성이 그런 일을 할 수 있도록 미리 훈련을 받게 하셨다.

13-17 이 부분은 장막절에 대하여 많이 말한다. 장막절은 티스리월, 곧 유대의 7월 15일부터 한 주간 지킨 명절이었다. 그 시기는 양력으로 9, 10월 경이다. 이 절기는 이스라엘의 광야생활을 기념하기 위한 것인데 그들은 이 기념행사를 통하여 신앙 인격의 훈련을 받는 동시에 하나님이 주신 소망을 바라보게 된 것이다. 실상 이스라엘의 광야생활은 신앙 인격 훈련을 위한 연단의 생활인 동시에, 가나안을 소망으로 바라본 생활이었다. 이 절기의 신령한 뜻이 그리스도 안에 있는 교회로 말미암아 성취되었다. 교회는 광야와 같은 이 세상에서 고난과 은혜를 통하여 신앙 훈련을 받는 동시에 하늘나라의 소망을 가진다.

이 절기에 있어서도 하나님께서는 특별히 많은 불쌍한 자들이 혜택을 받도록 하셨다. 이스라엘 백성은 이 절기를 지키면서 종들과 고아와 객과 과부를 접대하도록 된 것이다(14절). 그리고 이 절기에는 그들이 어느 다른 절기보다 많은 예물을 하나님께 바치도록 되어 있다(참조. 16절; 민 29:12-39).

18-20 이 부분은 재판을 공정하게 해야 할 것을 강조한다. 이 일에 대하여는 잠언에 기록된 지혜의 말씀처럼 나타난 표현들이 있다. 예를 들면 "뇌물은 지혜자의 눈을 어둡게 하고 의인의 말을 굽게 하느니라"(19절)고 한 말씀이다. 폰 라트는 20절에 대하여 말하기를 "20절은 옛날의 자료가 다시 설교로 풀이함이 된 또 하나의 실례이다"라고 하였다. 다시 말하면 이 책은 저작자보다 훨씬 오래 전에 있었던 자료가 그로 말미암아 해석되었다는 것이다. 폰 라트의 견해는 신명기가 모세 이후 시대에 어떤 사람의 저술이라는 것이며, 그 저작자가 자기보다 훨씬 옛날의 자료들을 설명적으로 채용했다는 것이다.[56] 그러나 폰 라트의 이와 같은 견해는 잘못이다. 이 책에 있는 신명기식 설명체가 모세의 말일 수 없다고 하는 것은 너무도 지나친 추측이다.

---

56) G. von Rad, *Das fünfte Buch Mose: Deuteronomium* (Göttingen: Vandenhoeck & Ruprecht, 1964), p. 115.

제 17 장

↓ 내용분해

1. 흠이나 병이 있는 가축을 하나님께 드리지 말 것(1절)
2. 우상 숭배자를 처벌하는 규례(2-7절)
3. 분쟁 사건을 판결하는 규례와 재판장의 판결에 복종하지 않는 자에 대한 처벌(8-13절)
4. 이스라엘의 왕을 택하는 법규와 왕의 행동 원리(14-20절)

↓ 해석

1 흠이나 악질이 있는 소와 양은 아무것도 네 하나님 여호와께 드리지 말지니 이는 네 하나님 여호와께 가증한 것이 됨이니라. 이와 같은 규례는 다음과 같은 이유를 가지고 있다. ① 제물은 그리스도를 표상하는 것인데 완전한 것이어야 한다. 그럼에도 불구하고 흠 있는 것을 드리는 자가 있다면 그것은 그리스도와 아무런 관련이 없이 드린 제물이다. 그리스도와 관련이 없는 제물은 하나님 앞

에 가증할 뿐이다. ② 제물은 창조자요 구원자이신 하나님을 위한 것이니 지극한 정성으로 바쳐야 한다. 만일 누가 흠 있는 것을 하나님께 드린다면 그는 하나님을 하나님으로 섬기지 않는 자이다 (말 1:6-14).

2-7 여기서는 우상 숭배자를 처벌함에 대하여 말한다. 이 점에 있어서 우리가 주목할 것이 몇 가지 있다. ① 우상을 숭배한 것은 하나님과 사람 사이의 언약을 위반한 죄악이라는 것(2-3절). 신자들이 하나님 앞에서 받은 언약은 그들이 첫째로 하나님만 섬겨야 한다는 것과 둘째로 그의 말씀만 순종해야 한다는 것이다. 이것은 특별히 하나님 앞에 그들의 절개를 의미하는 것이다. 이것은 부부 사이에 절대로 요구되는 행동 원리와 같다. 그러므로 이스라엘이 우상을 섬기면 하나님은 그것을 가리켜 음행이라고 하셨다. ② 우상을 숭배한 범죄자를 엄중한 증거에 의해서만 다스림. 그것을 "자세히 조사하라"는 말씀(4절), "한 사람의 증언으로는 죽이지 말라"는 말씀(6절)이 이것을 말해 준다. 그뿐만 아니라 그런 범죄자를 돌로 쳐 죽일 때에 증인이 먼저 그에게 손을 대라고 하였으니, 그 정죄와 사형 집행이 얼마나 엄격하게 사실주의로 진행되었음이 알려진다. 우리는 이 점에 있어서 하나님의 공평을 볼 수 있다.

군중이 우상 숭배자들을 돌로 쳐 죽인 사실은 언뜻 보면 잔인한 것 같다. 그러나 우리는 다음과 같은 사실들을 염두에 두고 이런 형법을 살펴보아야 한다. ① 그때는 하나님께서 우상주의 민족들을 심판하시고 유일신주의 신정국가를 세우시려는 초기 단계였다. 그러니만큼 우상 숭배자가 이스라엘 사람이라고 하여 용서받을 근거는 전혀 없다. ② 그뿐만 아니라 그 범죄를 처벌하는 방법에 있어서도 역시 심판의 성격을 지닌 것이다. 심판은 극도의 두려움을 보여주는 것이다. 두려운 것이라고 하여 반드시 잔인성을 띤 것은 아니다.

8-13 여기서는 일반 분쟁 사건의 판결 방법에 대하여 말한다. 그 판결 방

법은 제사장과 재판장에게로 나아가서 물어봄이다(9절). 이것을 보면 그때 판결은 어디까지나 하나님의 율법에 근거한 것이다. 그것이 바로 신정국가의 재판 성격이다. 그러므로 그 판결법대로 순종하지 않는 자들이 역시 죽임을 당하였다. 이 법도 너무 지나친 형벌인 듯하다. 그러나 여기서 재판자의 판결에 승복하지 않는 자는 그 판결이 비진리라는 생각으로 그렇게 한 것이 아니고 교만하여 그렇게 한 것이다. 우리 한역에 무법하게 행하고(בְּזָדוֹן)라는 말의 히브리어는 '교만'을 의미한다. 교만하여 윗사람의 판결에 순종하지 않는 것은 반역 행위였다. 그러므로 그가 죽임이 되는 것이 신정국가의 권위를 유지하기 위하여 당연히 있을 일이었다.

이것을 보면 하나님께서는 질서 유지를 위하여 사람들로 하여금 위에 있는 자에게 복종하도록 하셨다(벧전 2:13-14). 위에 있는 권위를 업신여기는 것은 이단자들의 행동이다(유 1:8).

14-15 여기서는 이스라엘의 왕을 택하는 법규를 말해 준다. 이 법규에는 두 가지 요소가 들어 있다.

1) 하나님이 택하여 주신 자를 왕으로 세울 것(15절). 참된 왕은 하나님을 경외하고 하나님의 말씀으로 다스리는 자이다. 그 이유는 참된 복종을 요구할 자는 인간을 창조하신 하나님밖에 없기 때문이다. 군주 정치는 왕권이 하나님께로부터 유래하였다는 주장을 세우지만 형식뿐이고 그 주장대로 참되이 시행되지 않은 예가 많다. 그것은 주로 세습주의에 입각하여 민중으로 하여금 맹종하게 하였다. 그와 반면에 민주주의는 하나님보다 민권을 최고 권위로 생각하는 점에 있어서 과오를 범한다. 그러나 그것이 헌법과 민중의 투표에 의하여 선출하는 것이므로 하나님의 뜻에 합당한 자를 세우도록 되는 실례가 많다고 생각된다.

2) 타국인을 세우지 말 것(15절). 타국인은 이스라엘을 다스림에 있어서 우선 공정하게 하지 못할 것이다. 그 이유는 그는 이스라엘의 실정을 이해하

는 데 부족하고, 또한 타국인은 이스라엘에만 있었던 계시 역사를 이해함에 있어서도 부족하였을 것이다. 하나님의 말씀을 중심하여 운영되는 신정국가의 왕으로서 그런 사람은 등용될 수 없다. 여기서 타국인을 제외시킨 것은 혈통주의나 민족주의보다 하나님의 계시 본위에서 그와 같이 된 것이다. 신정국가는 하나님의 말씀으로 하나님의 백성을 다스리는 국가이다.

16-20 여기서는 이스라엘의 왕이 된 자의 행동 원리를 보여준다.

1) 병마를 많이 두지 말 것(16절). 이스라엘의 왕이 된 자로 하여금 병마를 많이 두지 못하게 하신 것은 병마를 많이 두는 것이 하나님보다 군대의 힘을 의지하는 불신앙이기 때문이다(시 20:7; 33:16-17; 147:10). 그뿐만 아니라 여기서 병마를 금하신 중요한 이유는, 이스라엘이 병마를 수입하기 위하여 애굽으로 더불어 거래하게 될 것을 우려한 까닭이다. 하나님께서는 일찍이 이스라엘에게 애굽과 접촉하여 그 나라의 풍속을 배우지 말라고 예고하셨다(레 18:3). 그리고 하나님께서 이스라엘에게 애굽으로 돌아가지 말라고 하셨다(출 13:17).

2) 아내를 많이 두지 말 것(17절). 그가 아내를 많이 두면 쾌락 사랑하기를 하나님 사랑함보다 더 하여(미혹되어) 공의와 법도를 바로 분별하지 못하게 된다.

3) 은금을 저축하지 말 것(17절). 돈을 사랑하는 것은 일만 악의 뿌리가 된다(딤전 6:10).

4) 율법서의 등사본을 레위 사람 제사장 앞에서 기록하여 자기 옆에 둘 것(18절). 왕이 이와 같이 해야 할 것은 그는 누구보다도 하나님을 경외하며 겸손하며 또 진리를 지켜야 하겠기 때문이다(19-20절).

↓ 평주

폰 라트는 3절의 "일월성신"에 절하는 우상 숭배에 대한 언급이 후대의 부가된 문구라고 한다.[57] 그는 이런 우상주의가 왕정시대에만 있었다고 한다(왕하 23:5, 11). 그러나 고고학자들이 발굴한 라스 샤므라 토판(Ras Shamra Tablets)에 의하면 가나안 민족들이 그런 우상주의를 가졌었고, 애굽 민족도 그리하였었다.[58] 비평가들은 이스라엘에게 애굽과 거래하지 말라고 한 말씀(16절)이 솔로몬의 잘못을 염두에 두고 생각된 후대 왕정시대의 사상이며, 또한 왕을 주의시키신 다른 말씀(17-20절)도 그렇다고 한다.[59] (참조. 왕상 10:28). 그러나 애굽에 다시 돌아가지 말라고 암시한 말씀은 모세의 사상이다. 그뿐만 아니라 17-20절에 왕을 주의시킨 다른 말씀이 간단하여 후대적인 복잡성을 지니고 있지 않으니, 왕정시대 이전의 사상인 것이 알려진다.[60] 솔로몬보다 훨씬 후대에 유다의 왕이 된 요시야 시대에 나온 교훈이 아닌 것은 이미 솔로몬 자신이 신명기의 말씀을 알고 있는 사실이 그의 성전 낙성식 기도에 나타났기 때문이다(왕상 8:12-61). 특별히 그의 기도에서 성전을 가리켜 "하나님 여호와의 이름을 위한 전"이라고 말한 것(왕상 8:16, 17, 18, 20, 44)은 신명기의 사상이다. 신명기 12:5, 11, 21에 그 사상이 나왔다.

---

57) G. von Rad, *Deuteronomy: A Commentary* (Old Testament Library) (London: SCM, 1966), p. 117.
58) G. T. Manley, *The Book of the Law: Studies in the Date of Deuteronomy* (London: Tyndale Press, 1957), p. 99.
59) S. R. Driver, *A Critical and Exegetical Commentary on Deuteronomy* (Edinburgh: T. & T. Clark, 1902), pp. 211-212.
60) G. T. Manley, *The Book of the Law: Studies in the Date of Deuteronomy* (London: Tyndale Press, 1957), p. 118.

제 18 장

↓ 내용분해

1. 제사장들과 레위인의 분깃(1-8절)
2. 가나안 땅의 모든 가증스러운 우상 숭배와 술수를 용납하지 말라 (9-14절)
3. 예언직의 제도를 약속하심(15-19절)
4. 거짓 예언자들을 처분함에 대하여(20-22절)

↓ 해석

1-5 여기서는 제사장들과 레위 족속의 분깃에 대하여 말한다. 그들은 전적으로 성전 봉사에 헌신하였으므로 일반 백성이 그들의 생활비를 분담해야 할 것이었다. 그것은 성전에서 드린 제물 중 어떤 부분으로 성립된다. 고린도전서 9:13에 말하기를 "성전의 일을 하는 이들은 성전에서 나는 것을 먹으며 제단에서 섬기는 이들은 제단과 함께 나누는 것을 너희가 알지 못하느냐"

라고 하였다.

6-8 여기서는 어떤 성읍에서 살던 레위 사람이 성막 봉사를 지원하여 찾아왔을 때 그가 받을 대우에 대하여 말한다. 고등비평가들은 이것이 신명기가 요시야 시대에 기록된 증표라고 한다. 요시야의 개혁 운동으로 인하여 높은 곳들(산당들)이 훼파될 때 거기에서 근무하고 있던 레위 사람들이 쫓겨나서 성막 있는 곳으로 찾아간 사실이 여기에 암시된다고 한다. 그러나 그것은 사실과 위배된다. 요시야 왕 개혁 당시에 제사장들이 예루살렘으로 올라가지 않았다고 성경은 말한다(왕하 23:9).

9-14 여기서는 이스라엘 민족이 가나안 땅에 들어가서 그 땅의 종교적 미신에 감염되지 않도록 주의시킨다. 곧, 그 땅의 미신에 속한 사람들을 용납하지 말라는 것이다. 사람들이 혹 잘못 생각하기를 미신에 속한 사람을 감화시키기 위하여 어느 정도 그들의 미신과 타협하는 것이 좋다고 한다. 그러나 그것은 아주 잘못된 생각이다. 그것은 독약을 어느 정도 마심으로 독약의 해를 예방할 수 있다고 하는 모순된 생각과 같다. 미신과 타협하지 말아야 함에 대하여는 하나님께서 엄격하게 가르치셨다. 하나님께서 가나안 족속들을 멸절시키신 이유도 여기에 있다.

15 미신 사상을 방비함에 있어서 미신에 속한 자들을 물리치는 것만으로는 부족하고(9-14절), 더욱 적극적인 대책을 세워야 하는데 여기서는 그 대책을 말씀해 준다. 그것은 이스라엘을 바로 가르칠 수 있는 예언자 제도에 대한 약속이다. 옳은 사상을 소유하지 못하고는 잘못된 사상을 물리칠 수 없다.

너희 가운데 네 형제 중에서 너를 위하여 나와 같은 선지자 하나를 일으키시리니. "선지자"라는 말은 ① 집합명사로서 모든 시대의 선지자들을 의미한다고 함(Kimchi, Alshech, Lipman). ② 그리스도를 의미한다고 함(Justin Martyr, Tertullian, Athanasius, A. Augustine, Deyling). ③ 집합명사로서 모든 선지자들을 의미하면서도 궁극적으로는 그리스도를 의미한다고 함(Nicolaus de Lyra, J. Calvin, Grotius). 우리는 이 마지막 해석이 옳다고 생각한다. 신약 성경 저자들은 이 말이 그리스도를 의미한다는 뜻으로 말하고 있다(요 1:21; 6:14; 7:40-41; 행 3:22-23; 7:37). 이것을 보면 여기 "선지자"는 '그리스도'를 의미한 것도 사실이다. 그러나 15절의 문맥은 모세 이후에 일어날 많은 선지자를 겸하여 가리킨 것이다.

"너의 가운데 네 형제 중에서"라는 말은 미신을 숭상하는 이방 민족을 제외시키는 강한 표현이다. 이것은 하나님의 참된 계시를 받아 내려온 유대 민족을 가리킨다. 그러나 이것은 민족적인 차별을 포함한 말이 아니고, 계시 본위와 하나님의 선택적 주권을 염두에 둔 말씀이다. 이런 의미에서 예수님도 말씀하시기를 "구원이 유대인에게서 남이라"(요 4:22)고 하셨다.

모세가 그리스도를 가리켜 자기와 같은 선지자라고 한 것은 무슨 뜻인가? 그것은 그리스도께서 신약시대에 중보자가 되실 것이, 마치 자기가 구약시대 전반에 걸쳐서 하나님의 계시를 전달하는 데 대표자가 된 것과 마찬가지임을 지적한 것이다. 물론 천국의 본질 문제에 있어서 말할 때 예수 그리스도는 구약시대에도 모세와 기타 모든 성도들을 위한 중보자이시다. 모세도 그리스도로 말미암아 계시를 받았다. 그러므로 구약시대의 모든 선지자들의 사역은 모세로 말미암아 전달받은 율법과 신지식을 파수하는 데 불과하였다. 다시 말하면 그들의 사역은 모세로 말미암아 임한 율법과 약속을 그대로 지켜 나가도록 한 파수꾼에 불과하였던 것이다. 그러므로 구약시대는 모세 한 사람으로 대표될 만하다. 그뿐만 아니라 모세는 그리스도의 모형이라고 할 수 있으니, 그 이유는 그는 선지자요(신 18:15), 제사장이요(출 24:4, 8), 또한 왕이었기 때문이다. 물론 그리스도는 모세보다 말할 수 없이 탁월하신 수준에서 이 세 가지 직분을 겸하셨다. 모세의 사역이 그리스도의 예표라는 의미의 말씀은 고린도전서 10:1-4에 나타나 있다. 구약시대에 모세의 위치는 특별한 것이다. 그리고 모세를 원망하는 것은 바로 하나님을 원망하는 것으로 간주되었다(히 3장, 4장). 이같이 모세는 구약시대의 대표자였다. 여기서 우리가 기억할 것은 모세도 그리스도를 위하여 있었다는 사실이다(요 5:45-47).

16-19 모세는 여기서 15절에 언급한 예언 제도에 대한 약속은 이미 호렙산에서 이루어진 일이라고 밝혀 준다. 그때 이스라엘 백성이 하나님을 직접 만나기를 두려워한 것은 하나님께서 기뻐하신 일이었다(16-17절). 사람은 마땅히 중보자 그리스도를 통해서만 하나님과 교제하려고 해야 하나님 앞에 온당하다. 우리는 언제든지 그리스도 안에서만 하나님을 알며 또 섬긴다. 그것이 가장 만족한 경건이다.

20-22 여기서는 하나님의 말씀을 받은 바 없이 하나님의 이름으로 선지자의 행세를 하는 자는 죽임을 당하리라고 한다. 이것은 그때 정교일치의 시대에 매우 타당하였다. 특별히 그때는 미신의 죄악으로 관영한 가나안 민족들을 심판하는 때이므로 미신의 무리에 속한 자는 어떤 자든지 가나안 사람과 같이 취급되었다. 그런 거짓 선지자는 그때 당장 실시되던 하나님의 심판을 무시하는 자이므로 그 자신도 심판을 받아야 마땅했다.

만일 선지자가 있어 여호와의 이름으로 말한 일에 증험도 없고 성취함도 없으면 이는 여호와께서 말씀하신 것이 아니요 그 선지자가 제 마음대로 한 말이니 너는 그를 두려워하지 말지니라(22절). "제 마음대로"라는 뜻은 교만을 의미한다. 그때 모든 미신의 무리가 벌을 받는 마당에서 미신을 가르치는 자는 극도로 교만한 자이다. 그런 자는 그때의 가나안 민족처럼 엄벌에 처할 만하다.

* * * * *

{ 특별참고 }
이방인의 소위 예언들

고고학자들이 발굴한 티그리스와 유프라테스 골짜기에 있는 마리(Mari)의 토판에 의하면 다음과 같다.

1) 마리 왕 짐리빔(Zimribim)에게 한 사람이 메시지를 가지고 왔다는 것이다. 그것은 그 사람이 꿈 가운데 다간(Dagan) 신에게서 받은 명령이라고 하며 그 내용은 베냐민 사람들을 정복하라는 것이다. 이 명령에 윤리적 교훈은 전혀 없다.

2) 마리 왕에게 무훔(Muhhum)이라는 사람이 다간 신의 메시지를 가지고 와서 전했다는 것인데 그 내용은 왕으로 하여금 죽은 자에게 제사하라는 것이었다. 여기서 지적된 죽은 자는 왕의 부친 야둘림(Jahdullim)을 가리킨 것이다.

3) 또 하나의 토서판에도 무훔이 왕에게 전한 메시지가 기록되어 있다. 그것의 내용은 도성의 문을 건축하라는 것이다.

4) 또 하나의 메시지가 토서판에 있는데 그것도 다간 신에게서 보내왔다는 것이며, 짐승을 제물로 드려서 제사하라는 것이었다. 위의 토서판이 말하는 신은 지방신이고 세계적인 대주재가 아니며, 또한 다신론 사상에서 생각된 신이다. 그리고 그 메시지들의 내용은 윤리적이 아니다.

5) 애굽에도 소위 예언자들이 있었다. 이푸웰(Ipu-Wer)이라는 성자가 바로에게 찾아와서 말하기를, 그 땅에 있었던 재앙들의 책임은 바로 왕에게 있다고 한 것이다. 그가 그 땅의 황폐를 진술한 내용은 이사야 1:7과 비슷하다.

그러나 이사야는 이스라엘이 하나님께 반역한 사실을 중점으로 가르쳤으나, 이푸웰은 그런 것을 말하고 있지 않다.

그리고 이푸웰의 예언 중에 메시아 예언처럼 보이는 것도 있는데 그것은 이상적인 왕을 목자로 진술한 점이다. 이는 에스겔의 예언과도 유사해 보인다 (겔 34:23). 그러나 그의 이 말이 애굽의 과거의 왕을 말함인지, 혹은 미래의 왕을 말함인지 알기 어렵다. 어쨌든 이푸웰의 예언은 영적인 메시아가 아니고 이 세상 통치자를 말한 반면에, 에스겔은 영적인 메시아를 예언한 것이다.

| 설교자료

1. 레위 지파는 땅을 분깃으로 받지 않았고 하나님을 기업으로 소유하였다(1-2절). 이것은 하나님만을 기업으로 하고 영생하는 그리스도인의 처지를 비유한다(참조. 엡 1:11, 14; 벧전 1:4).

2. 하나님의 자녀는 다른 종교와 타협하지 않아야 한다(9-14절). 그 이유는 다른 종교들은 사람을 멸망으로 인도하기 때문이다. 그러므로 사도행전 4:12에 말하기를 "다른 이로써는 구원을 받을 수 없나니 천하 사람 중에 구원을 받을 만한 다른 이름을 우리에게 주신 일이 없음이라"고 하였다.

3. 참 선지자의 증거는 그 예언의 성취 여부를 보아서 알 수 있다(22절). 구약에 기록된 모든 참된 선지자들의 예언은 그대로 다 이루어졌다. 그들 당시에 있었던 거짓 선지자들은 자기들의 소위 예언을 기록할 용기조차 없었다. 그 이유는 그들의 말이 거짓이라는 사실을 그들 자신이 알았기 때문이다.

제 19 장

✤ 내용분해

1. 도피성의 제도(1-10절)
2. 고의로 사람을 죽인 자는 도피하였어도 잡혀 죽임이 됨(11-13절)
3. 경계표를 이동하지 말라고 하심(14절)
4. 증인에 대한 법규(15-21절)

✤ 해석

1-10 여기서는 이스라엘이 가나안에 들어가서 도피성을 두어야 할 것을 말씀한다. 민수기 35장도 이 문제에 대하여 말씀하였다. 거기에는 좀 더 자세히 기록되었다.

우리가 이 말씀에서 주목할 것은 ② 하나님은 무죄한 자의 죽는 것을 기뻐하시지 않는다는 사실이다. 그러므로 그는 부지중에 살인한 그 사람을 살려 주시기 위하여 그로 하여금 살 수 있는 길을 마련하셨다. 가나안 땅을 세

구역으로 나누어 도로를 닦은 것(3절)은 도피자에게 도움을 주기 위함이다 (6절). ② 하나님께서는 사람의 외부적 행위보다 마음 중심을 보시고 판단하신다는 사실이다. 살인 사건과 같은 비참한 일이 벌어졌다 하더라도 하나님께서는 고요히 가해자의 중심을 보신다. 이와 반대로 사람들은 외모만 보고 판단하며 또 행동을 취한다. 이렇게 움직이는 인간 사회는 많은 비진리의 열매를 가져온다. 본의 아니게 저질러진 살인 사고의 예는 성경에 기록된 대로 사람이 산에서 나무를 찍을 때에 뜻밖에 도끼가 자루에서 빠지면서 옆 사람을 죽게 한 것과 같은 사건이다(5절). 그것은 전혀 악의 없이 순간적인 사고로 이루어진 살인이다.

이 셋 외에 세 성읍을 더하여(9절; 참조. 민 35:13-15).

11-13 그 **본 성읍 장로들이 사람을 보내어 그를 거기서 잡아다가 보복자의 손에 넘겨 죽이게 할 것이라**(12절). 이 말씀은 고의로 살인하고 도피성에 가서 숨은 자를 벌하는 방법이다. 그 방법은 장로들이 그를 체포하여 보수자의 손에 넘겨 죽이도록 한 것이다. 우리는 이 말씀을 잘 해석하면서 읽어야 한다. 이것은 그 살인자와 보복자를 직접 대결시키는 장면을 말함이 아니다. 이것은 사형을 당해야만 될 죄수를 죽이는 데 있어서 보복자가 먼저 손을 대는 것 같은 법적 절차를 말한 것이다(13:9-10). 민수기 35:16-21에 대한 해석을 참조하라.

네 눈이 그를 긍휼히 여기지 말고 무죄한 피를 흘린 죄를 이스라엘에서 제하라 그리하면 네게 복이 있으리라(13절). 이 말씀은 고의로 살인한 자를 개인적으로 불쌍히 여기거나 용서하지 말라는 뜻이 아니다. 이것은 개인적 행동 원리를 말한 것이 아니고 국가의 치안을 유지하기 위한 법률을 말한 것이다.

이 점에 있어 우리가 또 한 가지 주목할 것은 여기서 하나님의 공의가 나타난 사실이다. 하나님은 사랑의 하나님이시지만 겸하여 공의의 하나님이시다. 공의가 폐지된다면 억울함을 당한 자가 신원 받을 길이 없을 것이다. 일이 그렇게 된다면 불의가 조장되고 말 것이다. 그러나 피해자가 신원하는 일은 그 자신이 개인적으로 할 것이 아니고 법적 기관에서 할 것이다. 신정국가에서 법적 기관은 하나님의 대리자이다. 본문의 "네 눈이 그를 긍휼히 보지 말고"라는 말씀은 이스라엘의 법적 기관에 주신 말씀이고 보복자(피해자의 가족이나 친척)에게 주신 것이 아니다. 하나님께서는 개인적으로 복수하는 행위를 금하셨다(레 19:18).

14 네 소유가 된 기업의 땅에서 조상이 정한 네 이웃의 경계표를 옮기지 말지니라. 하나님의 법에 있어서 "경계표"는 신성시되었다. 그러므로 경계표를 이동하는 자는 저주를 받으라고까지 말하였다(참조. 신 27:17; 잠 22:28; 23:10-11). 이와 같은 교훈은 사회생활 각 분야의 주권성도 포함한다고 생각된다. 곧, 가정, 학교, 직장, 그 밖의 분야에 대한 소유자의 권리는 하나님이 주신 것으로 침해될 수 없는 것과 같은 것이다. 개인의 소유권이 독재 국가에서는 인정되지 않는다. 그러나 정상적인 국가들은 이것을 보장한다.

여기 "조상"이라는 말은 이전 시대의 사람들을 의미한다. 곧, 전대에 이미 분배된 남의 소유에 대하여 침해하지 말라는 뜻이 이 말에 포함되었다.

15-20 이 부분에는 두 가지가 기록되어 있으니 ① 법정에서 증인을 사용함에 있어서 한 사람만으로 될 수 없고 두 사람 혹은 세 사람으로 하라는 것이다(15절). 이것은 판결의 공정을 보장하기 위한 공의로운 제도이다. 여기 두 사람 이상의 증인을 요구한다는 것은 사람의 수효의 중요성을 생각한 것이 아니고 증거의 성격을 완비하려는 것이다. 다시 말하면 한편 사람의 증거만으로는 공정한 판결을 내리기 어려우므로 쌍방의 증거를 요구한 것이다. ② 위증자를 자세히 분별하여 엄히 처벌하라는 것이다(16-19절). 여기 이른바 위증하는 자는 무죄한 사람을 정죄하며 고소하는 자니, 그런 자는 피고의 받을 벌을 당하게 된다. 이것을 보면 그때 이스라엘의 법정이 극히 공정하였던 것을 알 수 있다.

21 네 눈이 긍휼히 여기지 말라 생명에는 생명으로, 눈에는 눈으로, 이에는 이로, 손

에는 손으로, 발에는 발로이니라. 이것은 이스라엘의 재판 기관에 주신 말씀이고 개인적 복수를 명한 말씀이 아니다. 그런데 어떤 사람들은 이 말씀을 잘못 알고 피해자가 가해자에게 개인적으로 복수하라는 말씀인 듯이 구약시대와 신약시대를 대조시켰다. 곧, 구약시대는 악을 악으로 갚으라는 시대이고, 신약시대는 악을 악으로 갚지 말라는 시대라고 한다. 그러나 이와 같은 해석은 여기 21절의 말씀을 법적 기관의 재판 원리인 줄 모르고 잘못 말한 것이다. 구약에도 개인으로는 복수하지 말라고 많이 강조하였다(레 19:18; 잠 24:17; 25:21-22).

제 20 장

✤ 내용분해

1. 이스라엘은 다른 민족과 전쟁하게 될 때에 그들을 두려워하지 말라고 하심(1절)
2. 전쟁 직전에 제사장이 백성에게 할 말(2-4절)
3. 유사들이 백성에게 할 말(5-9절)
4. 전쟁 전에 먼저 적에게 화친을 요청하라고 하심(10-11절)
5. 적이 화친하기를 원하지 않는 경우에는 전쟁하라고 하심(12-15절)
6. 가나안 민족들에 한하여는 화친을 청할 필요 없이 그들을 멸망시키라고 하심(16-18절)
7. 점령 지대의 과목을 찍지 말라고 당부하심(19-20절)

✤ 해석

1 네가 나가서 적군과 싸우려 할 때에 말과 병거와 백성이 너보다 많음을 볼지라도

그들을 두려워하지 말라. 이 말씀은 특별히 그때 가나안 정복과 관계된 것이다. 하나님께서 이스라엘에게 가나안을 주시기로 약속하셨고, 또한 그 땅을 치라고 명령하셨으므로 그 전쟁에서 이스라엘이 승리할 것은 확실하다. 그러므로 그들은 적군의 수효가 많다고 두려워할 필요는 없었다. 물론 이와 같은 승리의 약속은 하나님의 말씀을 순종하는 때에 한해서만 성취될 것이었다.

애굽 땅에서 너를 인도하여 내신 네 하나님 여호와께서 너와 함께하시느니라. 이 말씀은 그들로 하여금 적군을 두려워하지 않게 하려는 목적으로 주신 것이다. 과거에 그들이 애굽 땅에서 나오게 된 사실을 생각하면 하나님의 능력을 깨닫게 될 것이다. 그런 능력의 구원을 생각하는 자들로서는 어떤 강한 원수들이라도 두려워하지 않게 된다. 과거에 받은 은혜는 현재와 미래에 대해서도 용기를 주는 것이다.

2 너희가 싸울 곳에 가까이 가면 제사장은 백성에게 나아가서 고하여 그들에게. 폰 라트는 이 구절부터 4절까지의 말씀이 후대의 보충 삽구라고 하였다.[61] 그가 그와 같이 말하는 이유로서는 앞 절에 "네가"라고 한 것이 이 구절에 와서는 갑자기 "너희가"라고 2인칭 복수로 변하였기 때문이라고 한다. 그러나 신명기 저작자가 상대방을 가리켜 단수 대명사 "네가"라는 말과 복수 대명사 "너희가"라는 말을 자주자주 바꾸어 사용한 사실을 볼 때에 그것은 그 저작자의 습관적인 문투로 보아야 한다. 그런 변동에 따라서 매번 저작자도 달라졌다고 하는 것은 자연스럽지 않은 해석이다.

3-4 전쟁 직전에 군인들을 향하여 두려워하지 말라고 권고할 자는 여기서 제사장이라고 한다(2절 끝). 이때 제사장은 하나님의 대리자였으므로 하나님의 말씀을 전하는 사명을 지니고 있었다. 진정으로 하나님을 섬기고 그와 함께하는 자들의 사명은 중대하다. 그들은 하나님의 영음을 참으로 듣고

---

61) G. von Rad, *Das fünfte Buch Mose: Deuteronomium* (Göttingen: Vandenhoeck & Ruprecht, 1964), p. 94.

위험한 때에도 모든 사람에게 위로와 격려를 주어야 한다. 하나님의 음성을 들은 바울은 파선 당할 뻔한 조난 중에서 많은 승객을 위로하였고 또 안심시켰다(행 27:23-25).

5-9 여기서는 그때 군대 복무를 면제시키는 네 가지 조건을 보여 준다. 곧 ① 새집을 건축 중인 자(5절). ② 포도원의 수확을 앞둔 자(6절). ③ 여자와 약혼한 자(7절). ④ 믿음이 약하여 두려워하는 자(8절) 등이다.

1) 위의 조건들을 보면 하나님께서 가나안 전쟁에 출전할 수 있는 자격자들을 선별하신 것이 분명하다. 이스라엘의 가나안 전쟁에서의 승패는 사람의 힘에 좌우될 것이 아니고 하나님께 속한 것이었다. 이때에 하나님께서 인간에게 요구하신 것은 그의 쓰시기에 합당한 제물다운 자들이었다. 그들의 수효가 비록 적을지라도 그것은 문제 될 것이 없었다. 그 이유는 하나님께서 그들을 통하여 역사하실 것이기 때문이다. 하나님이 원하시는 군인은 그 마음이 가정이나 재물에 빼앗기지 아니한 자요, 그리고 하나님의 약속을 믿고 담대한 자들이었다. 군대 편성에 있어서 이와 같은 원리는 하나님이 세우신 기드온의 군대에 있어서도 마찬가지였다(삿 7장).

2) 5-9절의 말씀은 역시 신약시대에 될 일도 예표한다. 곧, 주님을 따르는 자는 이 세상일에 매어서는 안 된다는 것이다. 그러므로 예수님께서 말씀하시기를 "손에 쟁기를 잡고 뒤를 돌아보는 자는 하나님의 나라에 합당하지 아니하니라"(눅 9:62)고 하셨다(참조. 마 8:20-22). 고린도전서 7:29-30에 말하기를 "형제들아 내가 이 말을 하노니 그 때가 단축하여진 고로 이후부터 아내 있는 자들은 없는 자 같이 하며 우는 자들은 울지 않는 자 같이 하며 기쁜 자들은 기쁘지 않은 자 같이 하며 매매하는 자들은 없는 자 같이 하며" 라고 하였다(참조. 고전 7:32-34; 마 24:37- 39; 눅 14:18-20; 17:28-29).

10-15 여기서는 가나안 민족 이외의 다른 민족을 상대한 전쟁에 대하여 말한다. 이 일에 있어서 하나님은 이스라엘이 그 민족에게 먼저 화친하기를

힘쓰라고 하신다. 이 점에 있어서 우리가 볼 수 있는 것은 하나님께서 죄악이 관영한 민족을 징벌하시지만 아직 그렇지 않은 민족에 대하여는 달리 취급하시는 사실이다. 그러나 그 민족도 끝까지 하나님의 말씀을 무시할 때 하나님께서는 그들을 징계하셨다.

16-18 여기서는 하나님께서 가나안 민족들을 진멸하라고 하셨다. 그가 이런 명령을 하신 것은 그때 가나안 사람들이 심판 받을 자들이었기 때문이다. 그 민족들이 멸망의 심판을 받게 된 원인은 그들의 죄악이 극도로 악하였던 까닭이다. 그때 그 민족들의 죄악 가운데도 대표될 만한 것은 극악한 우상숭배였다. 그들은 자기 자녀를 불태워 몰록 신에게 바쳤고, 또한 바알 신을 섬기는 장소에는 창기의 방을 준비하고 제사와 음행을 함께 행하였다. 그들의 타락은 말할 수 없이 극도에 이르렀던 것이다.

19-20 여기서는 이스라엘로 하여금 그 점령 지대에 있는 과목들을 보호하라고 말씀하신다. 그것은 그때 그들로 하여금 군대의 식료품으로 그것들을 이용하게 하려는 것이었다. 이런 말씀을 보면 하나님께서는 사람들로 하여금 전쟁 중에도 파괴를 일삼지 않고 죄와 상관이 없는 것은 보호해야 할 정신을 가지게 한다.

| 설교자료

1. 이스라엘이 먼 거리에 있는 적국과 싸우게 될 경우에 군대를 모집하는 원리는 특수하였다. 곧, 그것은 몇 가지 병역 면제법을 가진 사실이다. 그 면제법들 중에 전쟁을 겁내는 자도 면제된다는 것이다(8절). 이런 법은 하나님께서 그 전쟁을 싸워 주시는 원리에서 생각된 것이다(3-4절). 하나님의 일을 하는 자들은 자원하는 마음으로 해야 한다. 하나님께서는 그런 사람들과 함께해 주신다.

2. 가나안 땅 밖에 있는 이족들과 전쟁하게 될 때에(15절) 이스라엘 민족은 먼저 평화를 요청하도록 되어 있다(10-11절). 이것은 하나님의 자녀들의 선량한 정신을 보여 준다. 언제나 하나님의 자녀는 먼저 화목을 원해야 되지만(마 5:9) 복음으로 세상을 정복하는 일을 포기하고 화목을 주장하는 것은 아니다. 그는 화평의 방법으로 복음의 승리를 끝까지 관철한다. 본문의 "그 모든 주민들에게 네게 조공을 바치고 너를 섬기게 할 것이요"(11절)라는 말씀은 하나님의 백성이 진리로 세상을 정복할 것에 대하여 예표하는 것이다.

3. 이스라엘이 가나안 민족들에게 대해서만은 화평을 요청하지 말고 직접 전쟁을 개시하도록 되어 있다. 그 이유는 그 땅의 민족들은 이미 이스라엘의 손에 붙인 바 되었기 때문이다(16-18절). 하나님의 심판을 받는 민족이 진멸되어야 한다는 것은 잔인에 속한 것이 아니고 공의의 심판에 속한 것이다. 우리는 어떤 민족이 진멸되는 심판을 볼 때 그 배후에 쌓인 그들의 죄악이 얼마나 중하였음을 느낄 줄 알아야 한다.

제21장

✤ 내용분해

1. 죽인 자를 알 수 없는 살인 사건에 대한 해결책(1-9절)
2. 이스라엘 사람이 포로 된 여자를 취함에 대하여(10-14절)
3. 두 아내가 있는 가정에 있어서 장자의 기업 문제(15-17절)
4. 패역한 아들에 대한 처리 문제(18-21절)
5. 나무 위에 달려 있는 시체의 처리건(22-23절)

✤ 해석

1-9절. 범인을 잡지 못한 살인 사건에 대하여 다른 나라에서는 종교적으로 아무 할 일이 없을 것이다. 그러나 신정국가인 이스라엘에서는 종교 의식을 거행함으로 그 사건을 처리하도록 하였다. 이것이 신정국가의 특색이라고 할 수 있다. 신정국가는 하나님을 중심한 나라이므로 사건 처리에 있어서 하나님 앞에서 해결 받는 것을 첫째로 한다.

3-4 그 피살된 곳에서 제일 가까운 성읍의 장로들이 그 성읍에서 아직 부리지 아니하고 멍에를 메지 아니한 암송아지를 취하여 그 성읍의 장로들이 물이 항상 흐르고 갈지도 않고 씨를 뿌린 일도 없는 골짜기로 그 송아지를 끌고 가서 그 골짜기에서 그 송아지의 목을 꺾을 것이요. 장로들은 그 지방 책임자들이므로 그 지방을 대표하여 송아지를 제물로 쓰기 위해 죽이는 역할을 하였다. 그 송아지는 아직 멍에를 메지 아니한 것이다. 송아지는 순한 성격을 가진 짐승이므로 하나님 앞에 제물이 될 자격을 지니고 있다. 그리스도께서도 세상 죄를 지고 가는 하나님의 어린양이니만큼 순전히 하나님께만 바쳐진 속죄제물이시다. 그리고 그리스도 안에 있는 신자들도 어떤 의미에서는(속죄제물 이외의 다른 의미) 하나님 앞에 순전히 바침이 되어야 한다. 이런 의미에서 사도 바울은 말하기를 "내가 하나님의 열심으로 너희를 위하여 열심 내노니 내가 너희를 정결한 처녀로 한 남편인 그리스도께 드리려고 중매함이로다"(고후 11:2)라고 하였다.

5 레위 자손 제사장들도 그리로 갈지니 그들은 네 하나님 여호와께서 택하사 자기를 섬기게 하시며 또 여호와의 이름으로 축복하게 하신 자라 모든 소송과 모든 투쟁이 그들의 말대로 판결될 것이니라. 제사장들이 그 사건 해결의 장소에 참석함은 하나님을 대리하여 그리한 것이다. 이것은 사건 해결에 있어서 하나님의 권위로만 만족하게 된다는 뜻을 내포한다. 그들의 임석이 하나님의 권위를 대표한다는 의미에서 여기 몇 가지 표현이 나온다. ① 그들은 하나님의 택하신 자라는 것 ② 그들은 하나님의 이름으로 축복할 수 있다는 것 ③ 그들은 소송과 논쟁을 판결할 수 있다는 것 등이다. 그때 그들은 하나님의 말씀을 맡은 대로 지도하였다. 오늘날 신약시대 신자들에게는 성경 말씀이 그런 역할을 한다. 우리는 성경 말씀대로 문제를 해결할 때에 그것이 판결이 된다.

6하 모든 장로들은 그 골짜기에서 목을 꺾은 암송아지 위에 손을 씻으며. 이때 장로들은 그 지방 사람들을 대표하여 그 살인 사건에 관계한 일이 없음을 맹세하는 의미에서 손을 씻은 것이다. 이 맹세에 그 지방 사람들도 다 참가한 셈이 된다. 그리고 그 죽은 송아지는 체포되지 않은 범인을 대신한 것이다. 이와 같은 대신 속죄의 사상은 장차 오실 그리스도의 속죄적 죽음에서 열매를 거둔다. 그리스도의 속죄가 없다면 짐승들의 피로 말미암는 속죄는 무의미할 것이다. 이때 그 속죄제물로 말미암아 이스라엘 민중의 죄가 사유함이 된다. 이스라엘의 죄는 다른 것이 아니고 무죄한 피에 대한 그들의 공동적 죄책(그 범인을 잡아 처리하지 못한 것)이다. 그들이 범인을 잡지 못했을 경우에는 그 대신 송아지를 잡아 속죄한 것이다.

이 점에 있어서 우리가 명심할 것은 범죄자 처리에 대하여 사회에 공동 책임이 있다는 것이다. 무죄한 자가 죽임을 당한 사건이 공정하게 처리되지 못하면 그 사회가 공동적으로 화를 받는다는 것이 여기에 계시되어 있다. 오늘날 사람들은 이 점에 있어서 너무 무심하다. 그들은 자기 개인에게 피해가 돌아오지 않는 한, 불의한 사건들을 묵과한다. 우리는 여기서 손을 씻는 장로들의 처사를 배워야 한다.

8 **여호와여 주께서 속량하신 주의 백성 이스라엘을 사하시고 무죄한 피를 주의 백성 이스라엘 중에 머물러 두지 마옵소서.** 장로들은 무죄한 피 값이 그들의 사회에 돌아오지 않도록 하기 위하여 속죄제와 결례를 행하였다. 그들은 이같이 자기들 자신보다 이스라엘 공동체의 복리를 위할 처지에 있었다.

9 **정직한 일.** 이것은 하나님 앞에 옳은 것을 가리킨다.

10 **네가 나가서 적군과 싸울 때에.** 이것은 이스라엘이 가나안 땅의 민족들과 전쟁할 것을 의미하지 않고, 그들이 가나안 땅에 정착한 후에 그 주위의 다른 나라들과 싸우게 될 것을 말함이다.

11-13 **네가 만일 그 포로 중의 아리따운 여자를 보고 그에게 연연하여 아내를 삼고자 하거든 그를 네 집으로 데려갈 것이요 그는 그 머리를 밀고 손톱을 베고 또 포로의 의복을 벗고 네 집에 살며 그 부모를 위하여 한 달 동안 애곡한 후에 네가 그에게로 들어가서 그의 남편이 되고 그는 네 아내가 될 것이요.** 이것은 이스라엘 사람이 전쟁 포로

를 아내로 삼는 경우를 말씀하여 준다. 이 점에 있어서 한 가지 문제가 생긴다. 언뜻 보면 이것이 7:3-4의 내용과 맞지 않는 것 같다. 거기서는 이스라엘에게 이방 여자(가나안 여자)를 취하지 말라고 하지 않았던가? 그러나 여기에 말하는 여자는 가나안 여자를 의미하지 않는다. 구약시대에 이스라엘 백성이 취하지 못할 이방 여자는 그때 우상주의로 팽창하였던 가나안 여자들에게 국한된다. 모세 자신이 이방인 구스 여자를 취하였고(민 12:1), 요셉은 애굽 여자를 취하였고(창 41:45), 보아스는 모압 여자 룻을 취하였다(룻 4:13). 에스라와 느헤미야가 바벨론에서 돌아왔을 때에 문제되었던 유대인들의 결혼 문제도 가나안 여자들을 취한 사건이었다(스 9:1-3).

"그 여자가 머리를 밀고 손톱을 벤 것"은 그의 부모를 떠난 슬픔을 표시하기 위한 것이다. 그로 하여금 1개월 동안 슬퍼하도록 기회를 준 것은 인권을 존중한 제도이다. 사로잡혀 온 그 여자의 심리가 아직 슬픔에 잠겨서 안정되지도 않은 때에 결혼을 강행한다는 것은 인도적으로 통할 수 없는 일이다. 그러므로 하나님께서는 그런 사람과의 결혼을 허락하시되 사리에 합당한 순서를 밟도록 하셨다.

14 그 후에 네가 그를 기뻐하지 아니하거든 그의 마음대로 가게 하고 결코 돈을 받고 팔지 말지라 네가 그를 욕보였은즉 종으로 여기지 말지니라. 하나님께서는 사로잡혀 와서 결혼하는 여자의 인격을 존중히 여기는 편으로 가르치신다. ① 이스라엘 남자가 그 여자를 사랑해 주지 않는 한, 그는 외국에서 고독의 쓴잔을 마시고 있을 수밖에 없다. 그는 이스라엘 사회에서 대화도 통하지 않았을 것이니 그때 그의 생활이야말로 감옥의 죄수와 같았을 것이다. 그런 경우에 그로서는 자기 조국으로 돌아가는 것 이상으로 기쁜 일이 없을 것이다. ② 그를 종으로 취급하지 말라고 하신 것이 역시 그의 인격을 존중시한 말씀이다. 비록 그 여자가 이스라엘에 포로(포로는 종과 같았음)로 왔지만 이제는 자유인으로 대우를 받아 돌아가게 되었다.

이 점에 있어서 한 가지 의문이 되는 것은 이 사건에 있어서 남편 된 자가 그 여자를 기뻐하지 않는 것이 죄가 아니겠는가? 그의 기뻐하지 않는 원인이 무엇인지 본문에 기록되어 있지 않으므로 우리로서는 이에 대하여 말할 근거가 전혀 없다. 설령 그 남편이 그 여자를 기뻐하지 않는 것이 옳지 않은 동기에서 시작되었다 할지라도 하나님께서는 그 여자를 붙잡아 두라고 하실 리가 없다. 그 이유는 만일 그를 미워하면서도 붙잡아 둔다는 것은 그를 더 괴롭히는 것이 되기 때문이다.

15-17 여기서는 두 아내를 가진 자가 그 소생들에게 대하여 대우할 규례를 말해 준다. 이 점에 있어서 우리가 몇 가지 생각할 것이 있다.

1) 여기서 두 아내를 가진 남편의 경우를 취급할 때 두 아내를 소유한 것이 본래 하나님의 법이라는 것을 전제하고 말한 것이 아니다. 이것은 두 아내를 가진 자의 불행한 사태에 대한 수습책을 말한 것뿐이다. 구약시대에 있어서도 일부다처주의는 하나님의 본래의 뜻이 아니다(마 19:4-6; 말 2:15). 다만 그때 사람들의 완악한 마음 때문에 그런 일이 일어난 것이었다(마 19:8). 그러므로 그 시대에 있어서 어떤 때에 하나님께서 이스라엘의 중혼을 묵인하신 바 있다. 그러나 그들이 중혼으로 인하여 좋지 않은 열매를 거둔 것도 사실이니, 그것은 중혼을 기뻐하시지 않는 하나님의 섭리의 결과였다. 신약시대는 이 점에 있어서 구약시대보다 엄격하다. 그 이유는 신약의 복음은 하나님의 창조질서를 그 본래대로 회복하게 하는 것이기 때문이다. 그러므로 예수님은 중혼을 엄격히 금하셨다(마 19:3-9).

2) 두 아내를 가진 자가 감정적으로 일을 처리하지 말고 의리로 해야 할 것을 가르친다. 곧, 그가 미워하는 아내로 말미암은 아들이 먼저 출생하고, 이후에 사랑하는 아내로 말미암은 아들이 출생했을 경우에 그는 의리를 따라서 그의 미워하는 아내에게서 난 아들에게 장자의 기업을 주어야 한다. 하나님의 이와 같은 처사는 그가 인생에게 대하여 어디까지나 의리를 찾아보

기 원하심이다. 그런데 많은 사람들이 가정생활에 있어서나 사회생활에 있어서나 심지어 교회생활에 있어서도 의리보다는 자신들의 심리적 경향(미움, 혹은 사랑)으로 흘러간다. 그렇게 중요한 일들이 순리대로 처리하지 않음으로 인하여 좋지 않은 결과를 가져온다. 우리는 쉽게 심리적으로 기울어지지 말고 굳게 서서 의리를 지켜야 한다.

18-21 여기서는 불효한 아들을 처리함에 대하여 말씀한다. 그런 아들은 결국 돌에 맞아 죽는 형벌을 받게 된다. 그런데 그런 벌을 받을 아들은 어떠한 자인가? ① 완악하고 패역한 아들(18절). 이는 고집스럽고 반역하는 자를 말한다. ② 징계하여도 순종하지 아니하는 자(18절). 다시 말하면 그런 자는 끝까지 부모의 권위를 무시하고 반역하기를 계속하는 자이다. ③ 방탕하며 술에 잠긴 자(20절 끝). 이런 사람은 단 한 가지 좋은 것도 소유하지 못하고 정신병자와 같이 되어 모든 것을 파괴하고, 가정뿐만 아니라 국가와 사회에도 해독만 끼치는 위험한 자이다.

그런데 이런 아들을 처리함에 있어서 그 부모가 먼저 그를 재판정으로 이끌어 가게 한다. 성문에 이르러 그 성읍 장로들에게 나아가서라는 말씀이 그 뜻이다. 이것은 신중을 기하기 위하여 취하여진 순서이다. 죄인을 처벌하는 일은 개인에게 맡겨진 것이 아니고 공적 재판에 속한 일이다. 언제나 하나님의 법은 공정하다. 언뜻 보면 패역한 자식을 죽이도록 하는 법은 가혹해 보인다. 그러나 그때 이런 벌을 당할 만한 자식은 우리가 상상할 수도 없을 정도로 몹시 흉악했을 것이다. 하나님께서는 이러한 벌을 받아 마땅한 자에 한하여 그 형법을 실시하도록 제한하셨을 것이다. 우리가 또 한 가지 생각할 것은 이런 법을 보아서 부모를 거역하는 죄가 얼마나 크다는 것을 알 수 있다. 그것은 사랑을 거역하는 죄이므로 극히 악한 것이다. 하나님을 알지 못한 시대 옛 글에 불효와 같이 큰 죄가 없다고 하였다. 하나님의 말씀은 이 점을 더욱 밝히 드러낸다.

22-23 여기서는 나무 위에 달려 죽은 시체를 밤새도록 그 상태로 두지 말라고 한다. 하나님께서 이같이 명령하신 이유는 극히 잔인하게 죽임이 된 시체를 계속 보게 되면 그 사람이 그 잔인성에 감염될 위험성이 있기 때문이다. 예수님은 이같이 잔인한 사형을 받으셨으니 곧 저주의 죽음이었다(갈 3:13). 그는 죄가 없으시면서도 우리를 대신하여 죄인이 되셨다(고후 5:21).

제 22 장

↓ 내용분해

1. 이웃 사람들 사이에 친목을 도모하는 법규와 자비를 베풀기 위한 법규
   (1-4절)
2. 창조질서의 본연의 구별을 보전하기 위한 규례(5, 9-11절)
3. 생명을 보호하기 위한 규례(6-8절)
4. 율법을 기억하기 위한 의복의 제도(12절)
5. 아내의 명예를 훼손시킨 데 대한 처리 문제(13-21절)
6. 성 도덕을 위한 규례들(22-30절)

↓ 해석

1-4 여기서는 이웃 사람(동족)의 유실물을 찾았을 때에 그것을 그 주인에게 돌려주도록 하라고 가르친다. 특별히 소나 양이나 나귀를 찾았을 때에 그렇게 하라고 한다. 이 점에 있어서 우리가 세 가지 중요한 뜻을 볼 수 있다.

그것은 ① 남의 재산을 보호하여 주되 내 것을 보호함같이 하라는 사랑의 법이요 ② 그 짐승들의 생명을 보호하여 주라는 자비의 덕이요 ③ 짐승이나 물건에 대해서도 이같이 하였으니 사람에 대하여는 더욱 그리하라는 것도 말해 준다.

5 여자는 남자의 의복을 입지 말 것이요 남자는 여자의 의복을 입지 말 것이라 이같이 하는 자는 네 하나님 여호와께 가증한 자니라. 어떤 학설에 우상 숭배자들이 그 제사하는 시간에 여자는 남자 옷을 입고 남자는 여자 옷을 입었다고 한다. 그러므로 하나님께서는 이스라엘로 하여금 그와 같은 우상 숭배의 풍습을 따르지 않게 하려는 의미에서 이런 법규를 주셨다고 한다. 그러나 하나님께서 이런 법규를 주신 목적은 남녀를 각각 다르게 지으신 그의 창조질서를 보전시키기 위한 것이다. 성경은 여자와 남자의 서로 다른 천연적 지위를 구별하여 지키도록 가르친다(고전 11:3-16).

6-7 여기서는 누구든지 새끼나 알을 품은 새를 만나면 그것을 둘 다 잡지 말라고 한다. 이것은 새들을 보호하기 위한 법이라고 할 수 있다. 하나님께서 새를 지으신 것은 인류의 유익을 위하여 하신 것이다. 그러므로 사람들이 새에 대하여 잔인하게 행하는 것을 기뻐하시지 않는다. 그리고 또 한 가지 우리가 명심할 것이 있으니, 곧 이와 같은 법규는 사람들에게 자비의 덕을 배양하기 위한 것이다. 하나님께서 짐승들에 대하여 내신 법규가 역시 사람들을 위한다는 말씀은 또한 다른 데도 있다(출 23:19; 참조. 고전 9:9-11).

8 네가 새 집을 지을 때에 지붕에 난간을 만들어 사람이 떨어지지 않게 하라 그 피가 네 집에 돌아갈까 하노라. 지붕에 난간을 만들지 않았으므로 혹시 사람이 떨어져 죽었다면 그 집 주인에게는 안전사고에 대비하지 못한 책임이 있다고 할 수 있다. 이 사건은 산에서 나무를 찍던 자의 도끼가 자루에서 빠져나갈 때 옆에 있던 사람이 맞아서 죽은 경우와 다르다. 이 일은 사람의 부주의로 인하여 생긴 것이 아니고 부지중에 일어난 사고이므로 도끼 임자에게 책임

이 없다고 하였다. 그러나 난간이 없는 지붕에서 사람이 떨어져 죽은 경우에는 그 집 주인에게 책임이 있다고 한다. 그런 의미에서도 "그 피가 네 집에 돌아갈까 하노라"고 하였다.

이 말씀을 보면 하나님께서 생명을 보호하시기 위하여 백방으로 사람들을 주의시키신 것이 드러난다. 그는 죄인의 죽는 것도 기뻐하시지 않는다(겔 18:32; 33:11).

9-11 네 포도원에 두 종자를 섞어 뿌리지 말라 그리하면 네가 뿌린 씨의 열매와 포도원의 소산을 다 빼앗길까 하노라 너는 소와 나귀를 겨리하여 갈지 말며 양 털과 베 실로 섞어 짠 것을 입지 말지니라. 여기 기록된 말씀은 ① 무엇이나 하나님께서 창조하신 그대로 순종을 보존시켜 나가야 될 것을 가르친다. 그뿐만 아니라 ② 이 말씀이 영적 의미도 가지고 있다. 그것은 우리가 신앙생활에 있어서 하나님의 말씀을 혼잡하게 하지 말고 순수하게 그대로 전하고 그대로 살아야 한다는 것이다(고후 2:17). ③ 또한 이 말씀 가운데는 우리가 불신자와 멍에를 함께 메지 말아야 될 것도 보여 주고 있다(고후 6:14). 불신자와 멍에를 함께 메지 않는다는 것은 육체적인 생활에 있어서 신자가 그들로 더불어 전혀 접촉하지 않아야 한다는 것이 아니다. 그것은 신령한 일에 있어서 신자들이 불신자의 사상과 타협하거나 또는 그들과 합작하는 것을 금하는 것이다. 칼빈은 이 부분의 말씀이 신앙생활의 순결성을 장려하기 위한 것이라고 하였다. 우리는 이런 규례들을 매우 사소한 것이라고만 생각할 수 없다. 그 이유는 우리의 신앙생활에 있어서 순결을 배양하는 것이 생명과 같이 귀하기 때문이다.

12 너희는 너희가 입는 겉옷의 네 귀에 술을 만들지니라. 이 말씀에 대하여는 민수기 15:38 이하의 주석을 참조하라.

13-21 여기서는 어떤 남자가 자기 아내에 대하여 그 처녀 때의 순결을 의심하는 경우에 그 성읍 장로들 앞에서 재판 받는 규례를 말한다. 만일 그 아내가 순결한 것으로 드러나면 그 남편이 은 100세겔의 벌금을 내고 부부의

관계를 다시 확고하게 가지게 된다. 그러나 그 아내가 순결하지 못했다면 돌로 쳐 죽임을 당할 것이었다. 이 말씀을 보면 부부의 관계를 참되이 성립시키는 요소는 오직 순결뿐이다. 처녀의 순결성을 중요시하지 않는 시대가 있다면 그 시대는 타락한 시대이다. 그 시대는 인간 생활의 어느 면에서든지 순결이라는 것을 주장할 필요조차 없이 된 것이다. 그러므로 그 시대는 아무 표준도 없는 시대이다.

22-27 여기서는 자의로 간음한 남녀는 죽임이 되는 사실에 대하여 말한다. 그때 사회는 성 도덕을 엄중한 벌로 세워 나갔다. 그때 그 벌이 그렇게 엄격하였던 원인에 대하여 우리는 다음과 같이 생각할 수 있다. (1) 그때 이방 세계(특별히 가나안 땅)는 성도덕이 극도로 문란하였다(레 20:10-21, 특별히 23절). 그러므로 하나님께서는 극도의 엄격한 처벌 제도를 이스라엘 사회에 세워서 그 사회가 이방 세계의 악한 풍습에 동화되지 않도록 방지하셨다. 어떤 죄악이든지 그 사회를 멸망하게 할 만큼 부패를 드러낸다면 그런 죄악은 극형으로 처단해야 한다. 그렇게 해야 그 사회가 유지된다. (2) 뿐만 아니라 가나안 민족들이 극도로 음란하였으므로 그들은 멸망을 받게 되었는데 이스라엘 사람이라고 하여 동일한 죄악에 빠지는 때에 경하게 취급될 수 있을까? 그럴 수 없다. 하나님은 공의로우심으로 이방인의 죄와 유대인의 죄를 똑같이 처벌하신다.

28-29 여기서는 어떤 남자가 약혼하지 않은 처녀로 더불어 통간한 사건에 대하여 처리 방법을 말해 준다. 그들을 사형으로 다스리지 말고 특별한 절차를 결혼하게 하셨다.

30 이 구절에 대하여는 레위기 20:11을 참조하라.

| 설교자료

1. 이스라엘은 그 동포의 길 잃은 소와 양을 만났을 때 그것을 그 주인에게 찾아 주도록 하였다(1-4절). 이것은 그들의 형제애를 장려하는 법규이다. 그러나 이것은 형제처럼 사랑하는 자에게 국한하여 행하라는 것은 아니라 그의 원수에 대해서도 행할 선행이었다(출 23:4-5). 여기에 가르치는 친절은 이웃 사랑 하기를 내 몸과 같이 하라는(마 22:39) 하나님의 말씀대로 된 것이다. 우리가 이웃을 내 몸같이 사랑해야 할 이유는 남들도 나 자신과 같이 하나님의 형상으로 지음 받았기 때문이다(약 3:9). 하나님의 형상이라는 점에 있어서는 남과 나는 한 몸이다.

2. 이스라엘의 여자는 남자의 옷을 입지 말아야 하며, 남자는 여자의 옷을 입지 말아야 한다(5절). 이 법규의 목적은 (1) 성별을 혼동하지 않게 하려는 것. 사람들의 성별이 혼동되면 사회 윤리가 문란하여진다. (2) 속이는 죄악을 막으려는 것. 여자가 남자의 옷을 입는다면 그것은 자기를 남자로 나타내는 속임수이다.

하나님께서는 남녀를 각각 특징 있게 지으셨는데 그것이 구별되어 있어야 한다. 여자는 여자의 신분으로 하나님께 감사하고, 남자는 남자의 신분으로 하나님께 감사해야 한다. 고린도전서 11:11-12에 말하기를 "주 안에는 남자 없이 여자만 있지 않고 여자 없이 남자만 있지 아니하니라 이는 여자가 남자에게서 난 것 같이 남자도 여자로 말미암아 났음이라 그리고 모든 것은 하나님에게서 났느니라"고 하였다.

3. 하나님께서는 이스라엘에게 어미 새와 그 새끼를 아울러 취하지 말라고 하셨다(6-7절). 이것은 사람들로 하여금 잔인성을 피하고 자비로운 성품

을 배양하게 하려는 것이다. 그뿐만 아니라 그들로 하여금 짐승의 생명까지도 아끼도록 하신 것이다. 짐승의 생명도 하나님께서 지으셨으니 필요 없이 그 생명을 살해하는 것은 하나님의 뜻이 아니다. 사람들은 자기가 처한 환경에서 만물을 취급하는 가운데 역시 신령한 교훈을 받아야 한다. 그들이 만물을 잘못 취급하면 그들의 성격에도 악영향이 미친다. 하나님께서는 우리가 환경과 만물을 접촉할 때 믿음과 덕이 장성하는 것을 원하신다.

제 23 장

✢ 내용분해

1. 이스라엘 총회는 순결과 영예를 위하여 수치스러운 민족을 그 회중에 허용하지 않음(1-8절)
2. 이스라엘의 진중에서 순결을 파수함(9-14절)
3. 도망하여 온 종들에게 대한 대우(15-16절)
4. 창기 제도를 금함(17-18절)
5. 동포들에게 고리로 돈을 빌려주지 말 것(19-20절)
6. 하나님 앞에서 서원한 것을 갚을 것(21-23절)
7. 추수할 때 밭과 포도원에서 베푸는 긍휼(24-25절)

✢ 해석

1-8 이 부분에서는 이스라엘의 총회에 참가하지 못할 사람들(혹은 조건부로 참가할 사람들)에 대하여 말씀한다. ① 생식기가 상한 자(1절). 생식기가

상한 것이 죄는 아니지만 그것 때문에 그 사람은 이스라엘 총회에 참가하지 못하였다. 이스라엘 총회에 참가하지 못한다는 것은 그 모든 종교적 회합에서 어떠한 직책이든지 맡을 수 없음을 말한다. ② 사생자(2절). 사생자는 음란의 자식이므로 십대까지도 거룩한 이스라엘 총회에 참가하지 못한 것이다. ③ 암몬 사람과 모압 사람(3-6절). 그들이 영구적으로 이스라엘 총회에 참가할 수 없는 이유는 발람을 통하여 이스라엘을 저주하려는 운동을 벌였기 때문이다(민 22-24장). 하나님께서 축복하시는 자를 저주하는 죄는 이같이 크다. ④ 에돔 사람···애굽 사람(7-9절). 그들은 삼대 후에야 이스라엘 총회에 들어올 수 있다고 한다. 여기서 우리가 주목할 수 있는 것은 에돔 사람이 이스라엘에게 대하여 친절히 하지 않았으나(민 20:14-21), 그들을 미워하지 말라고 하나님은 이스라엘에게 말씀하셨다. 그리고 애굽 사람도 이스라엘을 학대한 일이 있었음에도 불구하고 하나님께서는 이스라엘에게 그들을 미워하지 말라고 하신다. 다만 이스라엘이 그들의 땅에서 나그네로 있었던 사실을 기억하고 감사한 생각을 가지라고 하신다. 이것을 보면 하나님께서 신자로 하여금 남들의 단점은 보지 말고 장점만 생각하여 그들을 사랑하도록 가르치신다.

9-14 이 부분의 말씀은 이스라엘이 전쟁 때 하나님이 함께해 주심을 받기 위해 주의해야 될 것을 말씀한다. 그것은 이스라엘 진지를 깨끗하게 하라는 것이다.

1) 종교 윤리적으로 악을 멀리할 것(9절). 이것은 물론 하나님 보시기에 합당하지 않은 불의한 행실을 버리라는 것이다. 어느 나라든지 전쟁에 승리를 거두려면 먼저 의를 소유해야 한다. 잠 14:34에 말하기를 "공의는 나라를 영화롭게 하고 죄는 백성을 욕되게 하느니라"고 하였다(참조. 잠 11:6, 19, 27; 13:6; 16:12).

2) 외부적으로 청결하게 하라. 이것은 오물을 처분하고 환경을 깨끗하게

함이다(10-13절). 이것은 몽설이나 배설물 같은 것을 잘 처리하여 의식적 순결을 지킴이다. 하나님은 이런 외적 청결도 원하신다. 그 이유는 ① 외적 불결은 그때 영적 불결을 상징하는 것이기 때문이었다. ② 뿐만 아니라 외적 불결을 처리하지 않는 것은 그들의 태만을 의미하는 것이기 때문이었다. 하나님께서는 인간의 게으름을 미워하신다(마 25:26; 잠 22:13; 26:13-16). 사람들의 환경이 더러우면 그들의 마음도 불결하다는 것을 보여준다.

이상과 같이 이스라엘 군대가 내적, 외적으로 정결할 때 하나님께서 그들과 함께해 주시고 그들은 그 전쟁에 승리하게 된다(14절).

15-16 여기서는 사람이 도망하여 온 종을 만났을 때 그를 주인에게 돌려보내지 말고 그로 하여금 잘 살도록 길을 열어 주라고 한다. 하나님께서는 압박을 당하는 자를 불쌍히 여기신다. 그 시대에는 도망한 종을 그 주인에게로 돌려보내면 그가 박해를 당할 우려가 있었다. 그러므로 그를 불쌍히 여겨 도와주는 것이 필요하였다.

17 여기서는 이스라엘 사회에 창기나 남창을 용납하지 말라고 한다. 창기나 남창의 제도는 가나안 민족들의 우상 숭배와 관련되어 있었다. 그들의 신당 부근에는 창기의 거처가 부설되어 있었으며, 음행은 그 우상 숭배의 한 순서였다. 그런 악한 제도는 신정국가에 용납될 수 없다. 이같이 이스라엘의 참 종교는 어디까지나 윤리적 성격을 근본적 요소로 가진다.

18 창기가 번 돈과 개 같은 자의 소득은 어떤 서원하는 일로든지 네 하나님 여호와의 전에 가져오지 말라 이 둘은 다 네 하나님 여호와께 가증한 것임이니라. 하나님께 바치는 물질은 제물과 같다. 제물은 어디까지나 깨끗해야 한다. 잠언 15:8에 말하기를 "악인의 제사는 여호와께서 미워하셔도 정직한 자의 기도는 그가 기뻐하시느니라" 하였고, 잠언 21:27에는 "악인의 제물은 본래 가증하거든 하물며 악한 뜻으로 드리는 것이랴"라고 하였다. 우리가 하나님께 무슨 물질을 바치기 전에 먼저 우리 자신을 깨끗이 하여 바쳐야 한다. 고린도후서 8:5에

"그들이 먼저 자신을 주께 드리고 또 하나님의 뜻을 따라 우리에게 주었도다"라고 하였다.

19-20 여기서는 이스라엘에게 돈을 꾸어줄 때 동족에게서는 이자를 받지 말고 타국 사람에게서는 받으라고 한다. 돈을 빌려가는 자들은 물론 극빈자들이었다. 그러므로 이스라엘은 동족을 돕는 의미에서 이자를 면제해주도록 한 것이다. 동족끼리 서로 도와줄 때 ① 서로 친목하게 될 것이고 따라서 강력히 단결된 나라가 될 수밖에 없다. ② 가난한 자들이 도움을 받으므로 경제적으로 부흥하게 될 것이었다. 그들이 이 말씀대로 올바로 행할 때 하나님께서 그들과 함께해 주신다. 그러므로 그들이 범사에 축복을 받을 것이었다(20하).

그런데 타국인에게는 돈을 꾸어줄 때 이자를 받으라고 하였다. 그러나 이 제도는 결코 민족 차별에서 나온 것이 아니다. 하나님께서는 모든 민족들을 똑같이 사랑하신다. 그때 "타국인"(נָכְרִי)은 이스라엘 땅에 이주해 와서 동화되어 사는 자, 곧 나그네(גֵּר)가 아니다. 여기서 "타국인"은 본국에 국적을 가지고 그곳에 경제적 기반을 가진 자들이므로 이스라엘이 그들에게 특혜를 베풀지 않아도 되었다. 설혹 특혜를 베푼다할지라도 그들은 결국 자기 나라의 경제적 형편을 따라 그 장래가 좌우될 것이다.

21-23 여기서는 하나님께 서원한 것을 속히 실행하라고 한다. 물론 하나님 앞에 서원한 것은 사람과 약속한 것보다 더욱 중대한 일이다. 야곱은 서원하였던 대로(창 28:20-22) 벧엘로 돌아오지 않고 세겜으로 돌아와 그곳에서 살고 있다가 환난을 당하였다(창 33:18-34장). 그러므로 그는 마침내 벧엘로 돌아갔다(창 35:1-8). 시편 15:4에 말하기를 하나님을 참으로 섬기는 자는 "마음에 서원한 것은 해로울지라도 변하지 아니한다"고 하였다.

24-25 여기서는 포도원에서나 밭에서나 사람들이 긍휼을 입을 수 있음에 대하여 말한다. 곧 그들이 시장할 때에는 남의 포도원에서 취할 수 있다

는 것이다. 그러나 그릇을 가지고 가서 열매나 이삭을 따서 담아 가지고 가는 것만은 허락되지 않았다.

 이것을 보면 그때 이스라엘의 사회 제도가 어디까지나 사람을 불쌍히 여기는 동시에 법도 무시하지 않은 사실을 알 수 있다. 그릇을 가지고 남의 밭에서 추수해 가는 것은 남의 소유를 침범하는 행위다.

제 24 장

✤ 내용분해

1. 이혼하는 법규(1-4절)
2. 결혼하고 새 가정을 이룬 자에 대한 병역 문제(5절)
3. 가난한 자의 맷돌은 담보물로 취하지 말 것(6절)
4. 사람을 유괴한 자는 죽일 것(7절)
5. 나병에 걸리지 않기 위하여 조심할 것(8-9절)
6. 담보물을 받는 데 있어서 가혹하게 하지 말 것(10-13절)
7. 품꾼을 학대하지 말 것(14절)과 그 품삯을 속히 줄 것(15절)
8. 사람마다 자기의 죄 값을 자기가 당할 것(16절)
9. 나그네와 고아와 과부를 억울하게 하지 말 것(17-18절)
10. 나그네와 고아와 과부가 밭과 과수원에서 추수 후에 남은 것을 얻도록 할 것(19-22절)

✧ 해석

1 **사람이 아내를 맞이하여 데려온 후에 그에게 수치되는 일이 있음을 발견하고 그를 기뻐하지 아니하면 이혼 증서를 써서 그의 손에 주고 그를 자기 집에서 내보낼 것이요.** 여기 이른바 "수치되는 일"이라는 것은 무엇인가? 그것이 음행이 아닌 것만은 확실하다. 만일 그것이 음행이었다면 이미 22:22-27에 말한 것같이 그런 여자는 죽이라고 했기 때문이다. 그렇지만 여기서는 그저 이혼 증서를 주어서 내보내라고만 하였다. 이같이 음행한 연고 없이 아내와 이혼하는 것을 허용한 것은 그때 완악한 이스라엘을 위한 특별한 조치였다. 예수님의 말씀에 의하면 일단 결혼한 남녀는 음행한 연고 없이는 나누일 수 없는 것이 본래 하나님의 법이었다(마 5:32; 19:8). 그러나 여기 본문에 언급한 "이혼"은 그때 이스라엘의 완악함 때문에 허용된 것뿐이다. 그러므로 이런 법을 신약시대 신자들이 적용하면 안된다. 신약시대는 하나님이 세우신 본래의 법을 그리스도께서 회복하신 시대이다. 그러므로 신약시대에는 음행한 연고 없이 이혼할 수 없다. 일설에 고칠 수 없는 난치병에 걸린 남편이나 아내와의 이혼은 정당하다고 한다. 그러나 그것은 옳지 않다. 그 이유는 난치병에 걸린 자는 더욱 불쌍히 여김이 되어야 할 것인데 도리어 버림을 당한다는 것은 있을 수 없는 일이다. 무엇보다도 음행한 연고 이외의 모든 다른 조건들은 무엇이든지 이혼의 정당성을 성립시키지 못한다.

2-3 **그 여자는 그의 집에서 나가서 다른 사람의 아내가 되려니와 그의 둘째 남편도 그를 미워하여 이혼 증서를 써서 그의 손에 주고 그를 자기 집에서 내보냈거나 또는 그를 아내로 맞이한 둘째 남편이 죽었다 하자.** 이 말씀은 하나님께서 그 여자의 재가한 것을 정당시하신다는 의미가 아니고, 그저 그 여자의 자유로 그렇게 취한 행동을 언급한 것뿐이다. 그의 둘째 남편도 그를 또 버렸으니 그것도 그 남편의 완악함을 인하여 된 일이다(마 19:8). 위의 1절 해석을 참조하라.

4 그 여자는 이미 몸을 더럽혔은즉 그를 내보낸 전남편이 그를 다시 아내로 맞이하지 말지니. "몸을 더럽혔다"라는 말은 다른 남자와 관계했다는 뜻이다. 그러므로 그 본부가 그를 다시 취하면 그것은 간음죄를 범함이다(마 5:32).

네 하나님 여호와께서 네게 기업으로 주시는 땅을 범죄하게 하지 말지니라. 여기 "땅으로 범죄하게 한다"라는 말은 '그 땅이 더러워진다'라는 뜻이다. 극도로 더러운 일이 있을 때는 이런 표현이 사용된다(레 18:25; 민 35:33-34; 시 106:38; 렘 3:1-2).

5 사람이 새로이 아내를 맞이하였으면 그를 군대로 내보내지 말 것이요 아무 직무도 그에게 맡기지 말 것이며 그는 일 년 동안 한가하게 집에 있으면서 그가 맞이한 아내를 즐겁게 할지니라. 여기서도 우리는 하나님의 긍휼의 자세하신 면을 주목할 수 있다. 새로 결혼한 신부가 부득이 그 남편의 입대로 말미암아 홀로 남게 되면 그 신부의 사정은 극히 고독한 자리에 빠진다. 그러므로 하나님께서는 그 신부의 이와 같은 사정을 살펴 주신다. "아무 직무도 그에게 맡기지 말라"는 것은 그 신랑이 집을 떠나서 해야 할 일을 맡기지 않도록 하라는 것이다. 결혼한 즉시 부부가 서로 떨어져 산다는 것은 괴로운 일이다. 하나님께서는 이런 사정까지 세밀히 살펴 주시니, 그의 사랑이 얼마나 섬세한가!

6 사람이 맷돌이나 그 위짝을 전당 잡지 말지니 이는 그 생명을 전당 잡음이니라. 그때 가난한 사람들은 하루하루 맷돌로 곡식을 갈아서 양식을 마련하였던 것이다. 그러므로 그들이 부채 때문에 맷돌을 빼앗긴다면 음식을 마련할 수 없는 딱한 사정에 빠질 것이었다. 이 법규도 하나님의 긍휼의 자세한 내용을 보여 준다. 참다운 긍휼이라는 것은 세밀한 법이다. 불쌍한 자들은 실상 남들이 알기 어려운 문제를 가지고 있다. 그러므로 자세히 살펴 주는 자가 없다면 그의 문제가 해결되기 어렵다. 우리는 사마리아 사람이 강도에게 맞아서 죽게 된 자를 돌보아 준 사실에 대하여 잘 안다. 그는 그 죽게 된 자를 불쌍히 여기는 데 있어서 자세하였다. 곧, "가까이 가서 기름과 포도주를 그 상처

에 붓고 싸매고 자기 짐승에 태워 주막으로 데리고 가서 돌보아 주니라 그 이 튿날 그가 주막 주인에게 데나리온 둘을 내어 주며 이르되 이 사람을 돌보아 주라 비용이 더 들면 내가 돌아올 때에 갚으리라 하였으니"(눅 10:34-35)고 하였다.

7 사람이 자기 형제 곧 이스라엘 자손 중 한 사람을 유인하여 종으로 삼거나 판 것이 발견되면 그 유인한 자를 죽일지니 이같이 하여 너희 중에서 악을 제할지니라. 이 말씀은 사람을 납치한 자가 설혹 그 납치된 사람을 죽이지 않았어도 큰 죄를 범했다는 것을 지적한다. 그것은 사형을 받을 만하다. 이것은 ① 인권을 유린한 죄악이고 ② 죽이겠다는 위협으로 그 납치된 자를 부렸거나 또는 팔아먹을 것이니 살인죄와 같은 것이다.

8 너는 나병에 대하여 삼가서 레위 사람 제사장들이 너희에게 가르치는 대로 네가 힘써 다 지켜 행하되 너희는 내가 그들에게 명령한 대로 지켜 행하라. 이 말씀의 뜻은 이스라엘 사람들이 나병에 걸리지 않도록 제사장들의 교훈을 잘 지키라는 뜻이다. 그때는 하나님께서 범죄자들을 어떤 경우에 나병으로 벌하셨다. 예를 들면 미리암(민 12:1-2, 9-10), 게하시(왕하 5:27), 웃시야 왕(대하 26:21) 등이 그렇게 되었다. 하나님은 어떤 때에는 죄인을 질병으로 벌하신다(민 16:46. 참조. 요 5:14).

9 너희는 애굽에서 나오는 길에서 네 하나님 여호와께서 미리암에게 행하신 일을 기억할지니라(민 12:10). 하나님께서는 여기서 미리암의 나병에 걸렸던 사실을 거울로 삼아 이스라엘을 경고하신다. 특별히 그는 모세를 원망한 죄로 나병에 걸렸던 것이다. 모세를 원망한 죄는 하나님을 섬기는 자(제사장의 일과 같은 일)를 대적하는 죄악이었다. 윗 절에 "제사장들이 너희에게···명령한 대로 지켜 행하라"고 한 것이 이런 사실을 염두에 두고 하신 말씀이다.

10-13 여기서는 누구든지 다른 사람에게 돈을 꾸어줄 때 담보물을 받는 일에 있어서 조심할 것을 보여준다. ① 그 담보물을 받으려고 채무자의 집안

에까지 들어가지 말고 그 집 밖에 서 있으라는 것(10-11절). 이것은 그가 담보물을 받되 각박하게 하지 말고 너그럽게 하라는 의미이다. 담보물을 내주고 돈을 빌리는 사람의 처지는 가련한 것이다. 그러니만큼 채권자는 그에 대하여 너그럽게 행해야 될 것이었다. 하나님께서는 이같이 자세하게 불쌍한 자들의 처지를 동정해 주신다. ② 그 담보물이 의복인 경우에 채권자는 그것을 받았어도 해질 때 돌려주라는 것(12-13절). 그가 그렇게 해야 하는 이유는 그 가난한 자가 그 옷을 입고 자기 때문이다. 이것을 보면 그때 이스라엘은 금전 거래에서도 단지 영리주의로 흐르지 않고 어디까지나 의리와 예의를 앞세웠다. 사회생활이 이같이 될 때 사람들이 서로 단합하게 되고, 또한 그 사회의 경제생활이 나아질 것이다.

14-15 여기서는 가난한 품꾼에 대한 합당한 대우를 말씀한다. ① 그를 학대하지 말 것(14절). 사람은 악한 근성이 있어서 자기 수하에 있는 사람을 무시하기 쉽고 따라서 어떤 경우에는 학대하기도 쉬운 것이다. 일을 너무 지나치게 시키는 것도 학대가 될 수 있다. ② 품삯을 지불할 때도 미루지 말 것(15절). 그 가난한 자는 품삯을 속히 받아야 그날그날의 식생활을 근근이 유지한다. 그러므로 그의 마음은 품삯을 계속 생각하고 있다. 부자들은 이런 사정을 헤아리지 못하기 쉽다. 이런 사정을 알아주라는 법이 하나님께로부터 나왔다(참조. 약 5:4).

16 아비는 그 자식들로 말미암아 죽임을 당하지 않을 것이요 자식들은 그 아버지로 말미암아 죽임을 당하지 않을 것이니 각 사람은 자기 죄로 말미암아 죽임을 당할 것이니라. 우리는 이 말씀을 읽고 깨달을 것이 있다. 곧, 아무리 부자 관계라 할지라도 형법상 죄책 문제에 있어서는 서로 분담하지 못한다는 것이다. 그것이 그렇게 되는 이유는 ① 부자간이라 할지라도 그 두 사람은 각기 딴 사람이기 때문이며 ② 부자 관계가 아무리 친밀할지라도 아버지가 자식을 근본적으로 바로 되게 할 능력이 없고 자식이 아버지에 대해서도 그러하다.

그러므로 그들은 서로 형법상 죄책 문제에 있어서 책임질 수 없다. 그러므로 하나님께서 주신 참다운 법규는 범죄자가 자기 죄 값을 자기 홀로 지도록 하신 것이다. 사람은 모두 각기 개별적으로 하나님 앞에 선다. 에스겔 18:4에 말하기를 "모든 영혼이 다 내게 속한지라 아버지의 영혼이 내게 속함 같이 그의 아들의 영혼도 내게 속하였나니 범죄하는 그 영혼은 죽으리라"고 하였다(참조. 겔 18:20).

17-18 여기서는 나그네와 고아와 과부를 억울하게 하지 말라고 한다. 사람은 흔히 세력 있는 사람 앞에서는 예의도 지키고 행실을 조심하지만 힘없는 나그네나 고아나 과부 앞에서는 안하무인격으로 행동한다. 그러므로 이런 불쌍한 사람들을 잘 알아주는 사람일수록, 그의 신앙생활의 진실성이 드러난다. 그러므로 야고보서 1:27에 말하기를 "하나님 아버지 앞에서 정결하고 더러움이 없는 경건은 곧 고아와 과부를 그 환난중에 돌보고 또 자기를 지켜 세속에 물들지 아니하는 그것이니라"라고 하였다.

하나님께서는 이런 불쌍한 사람들을 잘 돌보아야 할 이유로 출애굽하기 전에 이스라엘이 약 400년간이나 종살이 하던 애굽 땅에서 하나님의 은혜로 구속된 사실을 제시하신다(18절). 다시 말하면 그들도 불쌍한 처지에 빠졌던 일이 있었고, 또 거기서 하나님의 긍휼을 입은 일이 있다는 것이다. 그들이 그 사건을 생각할 때에는 모든 불쌍한 자들을 볼 때 동정하지 않을 수 없다. 이론으로 배우는 것보다 실제 경험으로 배우는 것이 우리 행동에 실행력을 준다.

19-22 이 부분 말씀은 나그네와 고아와 과부를 불쌍히 여기는 한 방면을 제시한다. 그것은 밭에서나 과수원에서나 추수할 때 밭에나 과수원에 얼마를 남겨 두어서 그들에게 도움이 되게 하라는 것이다. 여기 "나그네와 고아와 과부"라는 말이 세 차례나 나와서 그들에게 대한 동정을 강조한다.

제 25 장

❧ 내용분해

1. 태형법(1-3절)
2. 곡식 떠는 소를 먹일 것(4절)
3. 계대 혼인법(5-10절)
4. 싸우는 마당에서 남편을 도와 싸우되 옳지 않게 행동한 여자에 대하여(11-12절)
5. 공정한 도량형기를 사용할 것(13-16절)
6. 아말렉 족속에 대해서 이스라엘이 취할 태도(17-19절)

❧ 해석

1-3 여기서는 재판장이 재판할 때 시비를 밝히고 잘못된 자를 태형으로 벌함에 대하여 말씀한다. 그런데 이 점에서도 그는 죄의 경중에 따라서 때리게 하되 40번 이상은 때리지 못하게 하였다. 이와 같은 제한은 역시 인권을

존중함이었다. 본문에 매를 지나치게 때리면 네가 네 형제를 경히 여기는 것이 될까 하노라(3절)고 하였으니, 그것이 바로 인권을 존중하라는 말씀이다. 이같이 이스라엘의 법규는 그 어느 면에 있어서나 가혹한 것이 아니고 공의를 나타내는 동시에 인간의 존엄성을 침해하지 않는 질서를 내포하고 있다. 특별히 사람을 구타함으로 다스리는 일은 무법하게 되기 쉬운 것이다. 그 이유는 그 형벌을 집행하는 자가 혈기로 동하기 쉬운 까닭이다. 그러므로 그때 태형에 있어서 회수를 제한하기 위하여 이를 법제화한 것은 하나님의 지혜로 된 것이다.

4 곡식 떠는 소에게 망을 씌우지 말지니라. 이것은 가축에 대해서도 사람으로서 마땅히 지켜야 할 공정한 법이다. 짐승도 하나님이 창조하신 것이므로 사람이 그것을 잘 보호하는 것이 하나님의 뜻이다. 그뿐만 아니라 사람이 그렇게 함으로 그 짐승으로 말미암는 유익을 거두게 된다. 우리는 이 점에 있어서 좀 더 나아가 생각할 것이 있다. 그것은 우리가 하나님의 모든 피조물에 대하여 잘 간수해야 할 사실이다. 창세기 1:28에 "땅을 정복하라···모든 생물을 다스리라"고 한 말씀이 그 때문에 있다. 어느 민족이든지 땅을 잘 간수하지도 않고 모든 자연을 잘 다스리지도 않는다면 그것은 하나님 앞에 합당하지 않다. 하나님께서 곡식 떠는 소에 대하여 이같이 사람을 가르치신 말씀은 간접적으로는 하나님의 일꾼들을 잘 대접하라는 의미이다(고전 9:9-10).

5-10 여기서는 아들이 없이 죽은 형이나 동생을 위하여 그 형제 중에서 그 죽은 자의 아내를 취해야 한다는 법에 대하여 말씀한다. 그런데 이 법이 실행되지 않을 때도 그것을 강요한 것은 아니다. 다만 그것을 실행하지 않는 자는 이스라엘 법정에서 권면을 받게 된다. 그러나 그가 거기서도 실행하기를 거부하면 그만두기로 하되 한 가지 당하는 일이 있었다. 그것은 9-10절이 말해 준다.

그의 형제의 아내가 장로들 앞에서 그에게 나아가서 그의 발에서 신을 벗기고 그의

얼굴에 침을 뱉으며 이르기를 그의 형제의 집을 세우기를 즐겨 아니하는 자에게는 이같이 할 것이라 하고(9절). 여기 이른바 "발에서 신을 벗기고"라는 말은 무엇을 의미하는가? 그것은 그 동생이 형의 기업을 누릴 자격이 없다는 의미인 것이다. 이스라엘 풍속에 누가 그 친척 된 자에게 기업을 물려줄 때는 자기 신을 벗었다(룻 4:7-8). "그 얼굴에 침을 뱉은 것"은 그를 모욕하는 행동이다.

이스라엘 중에서 그의 이름을 신 벗김 받은 자의 집이라 부를 것이니라(10절). 이것은 기업에 의하여 기업을 이어가는 것이 그 시대에 있어서 중요한 일이었으므로 이런 법규가 생긴 것이다. 우리 그리스도인들은 신앙의 유산을 대대로 지키도록 힘써야 한다. 그것은 반드시 육신의 후손들에게 국한된 것만 아니고 누구에게든지 복음을 전하고 가르침으로 실행되는 것이다. 예수님께서 말씀하시기를 "또 내 이름을 위하여 집이나 형제나 자매나 부모나 자식이나 전토를 버린 자마다 여러 배를 받고 또 영생을 상속하리라"(마 19:29) 하셨고, 또 "누가 내 어머니이며 동생들이냐 하시고 둘러앉은 자들을 보시며 이르시되 내 어머니와 내 동생들을 보라 누구든지 하나님의 뜻대로 행하는 자가 내 형제요 자매요 어머니 이니라"(막 3:33-35)고 하셨다.

11-12 여기서는 두 사람이 싸울 때 그 한 사람의 아내가 자기 남편을 돕기 위하여 상대방의 생식기를 잡은 경우에 그 처리법을 말씀한다. 그것은 그 여인의 손을 찍어 버리라는 것이다. 우리는 이 점에 있어서 그 여인의 과오가 무엇인가 생각해 보아야 한다. 그 여인은 성적 예의를 지키지 않았다. 성적 예의를 지키지 않는 것은 음란에 가까운 것이다. 그때 가나안 민족들이 극히 패륜하여 모두 멸절되는 심판을 받는 마당에 있어서, 그들의 땅을 유업으로 받는 이스라엘의 음란도 그와 마찬가지로 엄벌을 받아 마땅한 것이었다.

13-16 여기서는 이스라엘 사람들이 매매하는 데 있어서 정직해야 할 것을 강조한다. 곧, 도량형기를 이중으로 가지지 말라는 것이다. 남에게서 받을 때는 큰 것으로 받고 줄 때는 작은 것으로 주는 것은 남들을 속임이다. 잠언

16:11에 말하기를 "공평한 저울과 접시저울은 여호와의 것이요 주머니 속의 저울추도 다 그가 지으신 것이니라" 하였고, 잠언 20:10에는 "한결같지 않은 저울추와 한결같지 않은 되는 다 여호와께서 미워하시느니라"라고 하였다. 그리고 잠언 21:6에는 "속이는 말로 재물을 모으는 것은 죽음을 구하는 것이라 곧 불려다니는 안개니라" 하였고, 잠언 21:3에는 "공의와 정의를 행하는 것은 제사 드리는 것보다 여호와께서 기쁘게 여기시느니라"라고 하였다.

17-19 여기서는 이스라엘에게 아말렉 민족을 끝까지 벌해야 할 것을 명하신다. 그가 아말렉 민족을 이같이 취급하신 이유는 무엇인가? 그것은 그 민족의 죄악이 관영하여 반드시 땅 위에서 심판을 받아야 하겠기 때문이다. 그 민족의 죄악이 관영한 증표는 그 민족이 이스라엘의 출애굽 초기에 하나님을 대항하여 전쟁한 사실이다(출 17:8-16). 그 민족이 그렇게 악하였음에도 불구하고 하나님께서는 모세 때부터 400년 후에 사울로 하여금 그들을 멸절시키도록 하셨던 것이다(삼상 15장).

아말렉 민족의 악독한 죄에 대하여는 특별히 18절이 말해준다. 곧, ① 그들이 하나님을 두려워하지 않는다는 것. ② 그들이 이스라엘을 공격하되 이스라엘의 허약한 뒤를 따라와서 쳤다는 것이다. 그들은 하나님의 택하신 민족을 도와주지는 않고 도리어 공격하되 잔인하게 하였다. 이런 죄악 때문에 그들은 심판받을 수밖에 없었다.

제 26 장

✣ 내용분해

1. 첫 열매를 바치는 자의 신앙 고백(1-11절)
2. 셋째 해 십일조를 바치는 자의 기도(12-15절)
3. 하나님과 그 백성 사이의 계약(16-19절)

✣ 해석

1-4 맏물(2절)은 하나님께 제일 좋은 것을 바친다는 의미에서 택한 것이다(출 22:29; 레 23:10; 민 18:12, 13). 이스라엘 사람이 제일 좋은 것을 하나님께 바치는 것은 가나안 땅으로 인도해 주신 하나님의 은혜를 기억한다는 뜻으로 그리한 것이다. 그리고 제물을 바칠 때는 제사장을 통하여 하였다. 이것은 오늘날 우리가 그리스도로 말미암아서만 하나님께 나아가게 됨을 예표한다.

5-11 여기에는 이스라엘 사람의 신앙 고백이 기록되어 있다.

1) 이스라엘이 본래는 애굽에서 노예로 지냈다고 함(5-6절). 참된 신자는 언제나 자기가 아무 것도 아님을 자백한다. 인간은 자기를 높일 때에 멸망을 당한다. 문예 부흥으로 인간이 자기를 높인 결과 맹목적인 자유사상이 왕성하였고 세계 전쟁을 두 번이나 겪었다. 인간은 자기를 비참한 죄인으로 늘 인식해야 한다. 그러므로 바울은 말하기를 "오호라 나는 곤고한 사람이로다 이 사망의 몸에서 누가 나를 건져내랴"(롬 7:24)고 하였다.

2) 하나님께서 구원해 주신 사실을 회고함(7-9절). 신자들은 자기 자신의 행한 일을 생각하지 말고, 언제나 하나님께서 행하신 일만 참된 일로 여겨야 한다. 하나님께서 이루신 일만이 우리에게 의미도 있고 구원이 된다. 우리가 그의 하신 일을 생각할 때에는 든든하고 힘이 난다.

3) 신자의 할 일(10-11절). 하나님의 은혜를 입은 신자는 하나님께 바치며 또 다른 사람들을 도와주어야 한다. 스펄전(Charles Haddon Spurgeon)이 영국 공업 도시인 맨체스터(Manchester)에서 설교하면서 다음과 같이 말하였다. "돈을 많이 벌으시요, 그리고 많이 저축하시요, 그리고 그 돈을 모두 주님을 위하여 쓰시오." 우리가 주님을 위하여 물질과 재능을 사용하면 우리 자신도 산다. 그러나 우리가 그것들을 붙잡고 있으면 우리 자신이 죽는다. 자체 안에 있는 물을 계속 흘러 내려가게 하는 갈릴리 바다에서는 고기가 살지만 물을 받기만 하고 내주지 않는 사해에서는 고기가 죽는다. 사해 위로 새가 가까이 날아가다가는 죽는 일도 있다고 한다.

12-15 셋째 해 곧 십일조를 드리는 해(12절; 참조. 레 27:30; 민 18:21). 내가 애곡하는 날에 이 성물을 먹지 아니하였고 부정한 몸으로 이를 떼어두지 아니하였고 죽은 자를 위하여 이를 쓰지 아니하였고(14절; 참조. 레 7:20; 21:11; 호 9:1). 십일조의 사용법은 불쌍한 자를 도와 주는 일이었다(12절). 참된 경건은 인간에게 긍휼과 자비를 베푼다. 야고보서 1:27에 말하기를 "하나님 아버지 앞에서 정결하고 더러움이 없는 경건은 곧 고아와 과부를 그 환난 중에 돌보

고 또 자기를 지켜 세속에 물들지 아니하는 그것이니라"고 하였다(참조. 잠 14:31; 19:17).

16-19 이스라엘은 하나님의 명령하신 바를 지키겠다고 약속하고, 하나님은 그들을 "**보배로운 백성**"(18절)이라고 인정하신 것이다. 이와 같은 계약에 의하여 하나님은 실제에 있어서 그들을 "**모든 모든 민족 위에 뛰어나게 하사 찬송과 명예와 영광을 삼으시고 그가 말씀하신 대로 너를 네 하나님 여호와의 성민이 되게 하시리라**"(19절)고 하신다.

⚜ 평주

폰 라트는 다음과 같은 사실에서 문맥상 모순이 발견된다고 한다. 곧 4절 초두에 의하면 처음 열매를 드리는 자가 벌써 제사장에게 그것을 넘겨주었는데 10절에 의하면 그가 그것을 나중에 넘겨줄 것으로 기록되어 있다는 것이다.[62] 그러나 폰 라트의 이와 같은 관찰은 잘못된 것이다. 델리취(Franz Julius Delitzsch)는 말하기를 "10절의 말씀은 다만 이 부분의 교훈을 종결하는 결론에 불과하다. 곧, 처음 열매를 드리는 자가 벌써 그것을 제사장에게 전달하였으나 여기서는 그저 그것을 결론적으로 다시 설명한 것뿐이다"라고 하였다(Keil/Delitzsch, 1978, p. 426).

▎설교자료

1. 이스라엘은 가나안 땅에 들어간 후에 각기 그 소산의 처음 익은 곡식

---

[62] G. von Rad, *Deuteronomy: A Commentary* (Old Testament Library) (London: SCM, 1966), p. 157.

을 하나님께 드려 감사하였다(2절). 그 감사의 취지가 하나님의 약속대로 그들이 가나안 땅에 들어왔다는 것이다(3절). 이 감사는 하나님의 약속 성취를 인식하는 감사이다. 하나님의 약속 성취를 깨닫는 자는 하나님의 사랑을 실감하게 된다. 그때 그는 하나님이 자기 하나님이신 것을 알고 감사하게 된다.

2. 이스라엘은 역사적 사실에 입각한 신앙을 가졌다(5-9절). 그들의 신앙은 주관적이고 순간적인 심리적 각성에만 근거한 것이 아니고 장구한 세월 동안 이스라엘 역사에 나타난 하나님의 모든 구원행위에 깊이 근거를 두었다. 이스라엘의 공동체에 실현된 하나님의 구원운동은 한 개인 상대로 나타난 것보다 더욱 위대하고 객관성 있는 것이다. 이것을 아는 이스라엘은 그 조상 아브라함때부터 실현된 구원사를 회고하게 된 것이다.

3. 진정한 이스라엘은 하나님 앞에서 은혜를 간구함에 있어서 개인의 유익을 위함보다 이스라엘 공동체의 유익을 구하였다(15절). 언제나 개인주의는 진리가 아니다. 개인주의는 무엇보다도 먼저 자기를 편협하게 만들며 불행하게 만든다. 그리스도인은 천국의 공익을 위하여 기도해야 되며 또 수고해야 한다.

제 27 장

✤ 내용분해

1. 이스라엘이 계속하여 율법을 기억하도록 돌에 새겨 에발산에 세우라고 함(1-10절)
2. 이스라엘이 가나안에 들어간 후에 그리심산과 에발산에서 율법을 선포함(11-26절)

✤ 해석

1-10 이스라엘로 하여금 가나안에 들어가서 율법을 돌에 새겨 그 돌들을 에발 산에 세우도록 하였다. 이것은 그들이 율법을 영구히 지키고 하나님을 섬기겠다는 서원과 같은 것이다. 그리고 그들은 에발 산에 제단도 쌓고, 거기서 번제와 화목제도 드리도록 하나님의 명령을 받았다. 이같이 율법을 힘써 지키는 동시에 하나님께 제사하는 일도 병행되었으니 이 사실을 깊이 생각할 만하다. 곧, 이스라엘이 율법을 지켜야 하지만 그것을 잘 지키든지 못

지키든지 속죄는 받아야 될 것이었다. 그 이유는 그들이 율법을 완전히 지키는 것도 그리스도 안에서 할 수 있는 것이기 때문이다. 제물은 어떠한 제물이든지 그리스도의 표상이다.

11-13 이스라엘이 가나안에 들어갔을 때 그들의 여섯 지파는 이스라엘을 축복하기 위하여 그리심산에 서고, 또 다른 여섯 지파는 저주하기 위하여 에발산에 서도록 되어 있다. 다시 말하면 그리심산에 선 자들은 이스라엘이 축복을 받을 일에 대하여 선서하고, 그 밖의 다른 지파들은 저주를 받을 일에 대하여 선서하게 된 것이다. 그 선서의 방법은 레위 사람이 율법을 선포할 때 "아멘"으로 받아들이는 응답으로 된 것이다. 하나님의 백성은 어떤 중요한 일에 있어서 선서하는 것이 필요하다. 그들은 그것으로 그들의 생활을 결정한다. 이는 마치 신약시대에 신자들이 세례 받을 때 신앙 고백으로 선서하는 것과 마찬가지이다.

14-26 여기서는 그리심산과 에발산 사이에서 레위 사람이 율법을 선포함에 대하여 말씀한다. 여기 축복과 관계된 율법은 기록되지 않고 저주와 관련된 율법만 기록되었다. 그런데 여기 저주와 관련된 열두 가지 죄악은 극도로 악한 죄악을 금지하기 위한 것이다. 이런 죄악들은 그때 가나안 족속들이 범한 것이며 특별히 패륜에 속하는 음란의 죄악이다. 패륜에 속하는 음란에 대하여는 네 가지 조문으로 말한다(20-23절). 이스라엘로 하여금 가나안 땅에 들어가서 이와 같은 패륜의 영향을 받지 않게 하려고 모세의 율법은 음란한 죄를 특별히 엄하게 다스렸다.

제 28 장

↓ 내용분해

1. 이스라엘이 하나님의 말씀을 순종함으로 받게 될 축복(1-14절)
2. 이스라엘이 하나님의 말씀을 불순종함으로 받게 될 저주(15-68절)

↓ 해석

1-6 하나님의 택한 백성은 하나님의 말씀을 순종하는 것이 그의 축복을 받을 유일한 길이다. 그러므로 28장에 하나님의 말씀을 순종해야 할 일에 대하여 여러 차례 말한다(1, 2, 9, 13-14절). 그런데 하나님의 말씀을 순종한다는 것은 단순한 기계적 복종을 말함이 아니고 기쁜 마음으로 하나님을 믿으면서 순종함을 가리킨다(47절).

하나님의 말씀을 지키면 축복을 받는다는 데 대하여 본문은 매우 재미있는 표현들을 가지고 있다. 곧 하나님의 말씀을 지키는 자가 복을 받되 어디서든지 받는다는 것이다. "성읍에서도…들에서도…몸의 자녀와…토지의

소산과…소와 양의 새끼…광주리와 떡 반죽 그릇…들어와도…나가도"(2-6절)
다 복을 받는다는 것이다. 이것은 간단히 말해서 그 사람이 언제든지 어디서
든지 무엇을 하든지 복을 받는다는 것이다. 그렇다면 그 사람이 복을 따라다
니는 것이 아니고 복이 그 사람을 따라다니는 셈이다. 이같이 복을 받는 이
유는 모든 것을 다 주장하시는 하나님께서 그 사람과 함께해 주시기 때문이
다. 능치 못하심이 없으신 하나님을 떠나서야 어떻게 이런 복을 받을 수 있겠
는가?

7-14 여기서는 이스라엘이 국가로서 받을 복에 대하여 말씀하신다. 물
론 이 복은 이스라엘이 하나님의 말씀을 지킴으로 성취된다. 그 받을 복을
분류하면 다음과 같다. ① 공격해 오는 적군을 이김(7절). ② 사업에 축복을
받아서 창고가 가득해짐(8절). 이것은 땅에서 복 받을 것을 말함이다(8절
끝). 이에 대하여는 11-13절이 다시 설명하였으니, 곧 생산이 풍부할 것을 말
씀한다. ③ 하나님께서 함께해 주시는 나라로 알려짐(10절). 이스라엘이 하나
님의 말씀을 지키기만 하면 하나님께서 특별히 축복하실 것이므로 다른 나
라들이 그 사실을 보고 두려워하게 된다.

위에 언급된 대로 이스라엘이 받을 축복은 주로 물질적인 것이다. 이 점
에서 신정국가와 신약 교회가 약간 다르다. 신약 교회는 영적인 축복 받기를
위주로 한다. 이런 차이점이 생기게 된 원인은 다음과 같이 설명되어야 한다.
곧, 신정국가인 이스라엘 나라는 신약 교회의 예표라고도 할 수 있으나 겸하
여 세상 끝날에 나타날 영광의 나라를 비유하기도 한다. 영광의 나라는 하나
님의 의가 충만한 동시에 만물도 새로워지는 것이다. 새 하늘과 새 땅이 영광
의 나라 환경이라면 거기 있는 물질도 역시 영화로울 것이다. 옛날에 하나님
께서 이스라엘 신정국가를 축복하신 것이 이와 같은 영광의 세계를 예표한
다고 할 수 있다. 그 이유는 이스라엘이 하나님의 말씀에 순종하여 의를 소
유할 때 그 결과로 그 땅과 모든 환경과 물질도 축복받을 것이기 때문이다.

15-68절. 이 부분에서는 이스라엘이 하나님의 말씀을 순종하지 않을 경우에 그 나라가 받을 저주를 말씀해 준다.

15-19 여기서는 순종하지 않는 개인이 받을 저주에 대하여 말하였으니, 곧 그의 생활의 모든 분야에서 저주를 받는다는 것이다. 이것이야말로 저주가 그를 따라다닌 것같이 되어 있다. 이것은 그가 하나님을 거스르기 때문에 어디에나 계시는 하나님의 진노를 당함이다.

20-46 이 부분에서는 이스라엘이 가나안 땅에서 나라를 세운 후에 하나님을 떠나 저주를 받는 일이 있을 것을 예언한다. 이것은 유다 나라가 그 말년에 부패해져서 바벨론에 사로잡혀 간 사실만 예언한 것이 아니다. 이것은 바벨론 포로 이전에 이루어질 일들을 가리킨 것으로 생각된다. 이 부분(20-46절)에 진술된 여러 가지 저주들을 분류하면 다음과 같다. 곧, 질병(21-22절), 한재(22절), 풍재(22절), 전쟁의 환란(25-26, 28-34, 36-37, 41절), 종기(27, 35절), 흉년(38-40, 42절), 낮아짐(43-44절) 등이다. 여기 기록된 재앙들 중에 그 주요한 것이 전쟁의 환난이다. 질병, 기근과 같은 것도 실상 전쟁 때 함께 당하게 되는 것이다. 이스라엘이 하나님의 말씀을 지키지 않고 우상을 섬길 때에 다른 민족의 침략을 당하여 사로잡혀 간 일이 많이 있다. 북국 이스라엘 사람들은 앗수르 왕 디글랏 빌레셀에게 많이 사로잡혀 갔으며(왕하 15:29; 대상 5:26), 그 후에 앗수르 왕 살만에셀도 북국 이스라엘 사람들을 사로잡아 갔다(왕하 17:3-6, 18). 모세는 장차 이스라엘이 죄로 인하여 당할 고난이 심할 것을 여러 가지로 진술하였다. 그중에도 30-33절 말씀은 우리가 특별히 생각할 만한 것이다. 거기서는 이스라엘이 기대했던 대로 일이 되지 않아 실망하게 될 사실들을 많이 말하여 준다. 그것은 **"네가 여자와 약혼하였으나 다른 사람이 그 여자와 같이 동침할 것이요 집을 건축하였으나 거기에 거주하지 못할 것이요 포도원을 심었으나 네가 그 열매를 따지 못할 것이며"**(30절)라는 말씀과 같은 것이다. 이런 일들은 전쟁 때에 있게 되는 상황이다. 이런 일을 당

하는 자들의 심리는 극히 실망하게 되는 것이다. 그들이 이와 같은 처지에서는 죄를 깨닫게 될 만하다.

47-68 이 부분에 있어서 이스라엘의 죄악이 먼저 진술된다. 그 이유는 그들의 저주 받는 원인이 죄악이기 때문이다. **네가 모든 것이 풍족하여도 기쁨과 즐거운 마음으로 네 하나님 여호와를 섬기지 아니함으로 말미암아**(47절). 이것은 이스라엘이 하나님의 축복으로 큰 나라를 이루고 왕성한 후에 교만하여 하나님을 떠나게 될 것을 가리킨다. 이와 같은 말씀은 신명기 32:15에도 나온다. "여수룬이 기름지매 발로 찼도다 네가 살찌고 비대하고 윤택하매 자기를 지으신 하나님을 버리고 자기를 구원하신 반석을 업신여겼도다"라고 한 말씀이다. 그들의 이와 같은 행동은 배은망덕한 행위이다. 그들이 하나님의 은혜로 잘 되었으니만큼 즐거운 마음으로 하나님을 더 잘 섬겨야 할 것이다(참조. 약 5:13). 그러나 그들이 그렇게 하지 않고 도리어 하나님을 버렸으므로 하나님도 그들을 버려 이방에 넘겨주실 것이라고 한다. 이 내용이 47-68절에 기록되어 있다. 여기에 관설된 대로 이스라엘을 침략할 나라는 주로 바벨론이라고 할 수 있다. 그 이유는 본문 49절이 그 나라를 "독수리"로 비유하였기 때문이다(합 1:6 이하; 렘 48:40; 49:22; 겔 17:3). 여기에 기록된 대로 이스라엘이 침략해 오는 원수로 말미암아 받을 고난은 그들의 죗값이다. 그것은 다음과 같은 몇 가지 두려운 말씀으로 나타나고 있다.

1) 그들이 풍족한 가운데서도 하나님을 섬기지 않았으므로 이제는 주리고 목마른 중에서 원수를 섬기게 되리라는 것(47-48절). 이와 같은 현상은 바로 그 전에 풍부할 때와 대조된 것이다. 이런 대조 현상은 그들이 당할 불행한 일이 하나님의 징계로 이루어진 사실이라는 것을 보여준다.

2) 이스라엘에서 거리가 먼 곳에 있는 강국이 침략해 온다는 것(49절). 나라와 나라 사이의 전쟁은 일반적으로 가까이 있는 나라들끼리 충돌되어 일어나는 법이다. 그럼에도 불구하고 이상하게 먼 나라에서 침략자가 온다는

것은 하나님의 특별하신 간섭으로 된 것이다. 이스라엘이 이런 침략을 당할 때는 마땅히 죄를 깨달아야 할 것이었다.

3) 말로 형용할 수 없는 참변을 보게 됨(50-57절). 사람이 고난을 받되 극도로 비참한 처지를 당하면 그것이 하나님의 징계인 줄을 깨달아야 한다. 전도서 7:14에 말하기를 "곤고한 날에는 생각하라"고 하였다. 그러면 이 부분에 기록된 고난은 어떠한 것인가? ① 그 침략자의 행동이 잔인함(50절). ② 이스라엘의 모든 산물을 다 빼앗고 남기지 아니함(51절). ③ 그 침략자가 이스라엘의 성읍을 포위하였을 때 포위된 자들이 먹을 것이 없어서 어린 자식의 고기를 먹음과 같은 것(52-57절)이다. 특별히 여기 세 번째로 기록된 비참한 사건에 대하여 길게 묘사되었다. 곧, 54-55절에 **"너희 중에 온유하고 연약한 남자까지도 그의 형제와 그의 품의 아내와 그의 남은 자녀를 미운 눈으로 바라보며 자기가 먹는 그 자녀의 살을 그 중 누구에게든지 주지 아니하리니"**라고 하였다. 곧 침략자가 이스라엘 도성을 포위했을 때 포위된 이스라엘 사람들은 식량이 떨어져서, 먹을 것을 위해서는 유순한 남자라도 악화되어 자녀의 고기를 먹으며, 그것을 혼자 먹으려고 가족에게도 주지 않는다는 뜻이다. 56-57절에 **"또 너희 중에 온유하고 연약한 부녀 곧 온유하고 연약하여 자기 발바닥으로 땅을 밟아 보지도 아니하던 자라도 자기 품의 남편과 자기 자녀를 미운 눈으로 바라보며 자기 다리 사이에서 나온 태와 자기가 낳은 어린 자식을 남몰래 먹으리니"**라고 하였다. 곧, 어떤 여자들은 온유하고 연약하여 어디 외출하려면 무엇을 타고 다녀서 발바닥으로 땅을 밟아 보지도 못할 정도였다. 그런 여자도 그 포위된 성읍 안에서 식량이 떨어졌으므로 악화되어 자기의 낳은 어린 자식을 잡아먹으리라는 뜻이다. 그가 남편과 자기 자녀를 미운 눈으로 바라보는 것은 자기의 먹을 것을 그들이 먹고자 하였기 때문이다. 그때는 사람들이 악화되어 이와 같은 비참한 일을 행한다는 것이다.

이 예언은 후대에 그대로 이루어졌다(왕하 6:24-30; 애 4:10). 이런 사건이야말로 너무 비참해서 말이 막힐 정도이다. 그런 사건을 겪을 때 이스라엘은 저희의 죄악을 깊이 회개해야 될 것이다. 그런 비참한 사건들 앞에서는 하나님께로 돌아가는 것 이외에 무슨 다른 방도를 생각하겠는가.

4) 이상한 질병이 유행함(60-61절). 본문에 말하기를 **이 율법책에 기록하지 아니한 모든 질병과 모든 재앙을 네가 멸망하기까지 여호와께서 네게 내리실 것이니**(61절)라고 한다. 이런 재앙도 이스라엘로 하여금 하나님을 생각하게 만들 것이다. 사람들은 일찍이 없었던 새로운 재앙들을 볼 때에도 그것을 우연한 일로 여기면 안 된다. 그 이유는 율법책에 기록되지 아니한 재앙과 질병들도 있으리라고 하나님께서 예고하셨기 때문이다.

5) 전쟁으로 말미암아 이스라엘이 포로 되어 각국으로 흩어져 고난당함(62-68절). 그들이 이런 고난을 당할 것에 대하여 여기에 길게 진술되었다. 특별히 65-68절의 말씀은 그 고생이 얼마나 비참할 것인가를 자세히 말한다. 이스라엘 민족이 각국에 흩어져서 고생하리라는 말씀은 문자 그대로 옛날부터 이루어져 내려왔다. 유다 나라가 사로잡힐 일에 대하여 이사야가 예언한 대로(사 6:11-12; 11:12; 39:6) 여러 차례 바벨론으로 사로잡혀 갔다(왕하 24:1-5; 25:1-21; 대하 36: 5-7; 렘 52:30; 단 1:1-3). 그후에도 이스라엘은 로마로 말미암아 사로잡혀 간 일이 있다. 주후 70년경에 로마 장군 티투스(Titus)가 유대인 17,000명을 애굽으로 보내고, 그중에 17세 미만 소년들은 팔도록 하였다(Josephus, de Bell. Jud. VI. 9, 2). 이것은 68절 말씀의 성취이다. 그리고 중세에도 많은 유대인들이 각국에 흩어지는 비극이 있었고 또 팔리기도 하였다(Depping, Die Juden im Mittelalter). 근대에도 유대인들이 외국에서 많이 고난 당한 사실이 있다. 특별히 제2차 세계대전 때에 독일에서 그들 중 막대한 수효가 살육을 당하였다. 이 사실들을 보면 이 부분(62-68절)에 기록된 말씀이 그대로 성취되었고 또 성취되고 있다.

↓ 평주

폰 라트는 말하기를 "재앙 부분이 축복 부분보다 4배나 길다. 이것을 보면 이 부분에 균형이 깨진 것이 이상하다. 그러므로 여기는 많은 후대의 보충 삽입구가 있었다고 생각된다"라고 하였다.[63] 그러나 재앙과 벌에 대한 부분이 긴 이유가 다른 데 있다. 곧, 하나님께서 이스라엘의 태만을 아시므로 그들로 하여금 잘못을 범하지 않도록 하기 위하여 자극성 있는 경고를 하시려는 데 있는 것이다(Calvin). 폰 라트는 또 말하기를 "이 부분에 유다가 외국 세력으로부터 압제 받을 일들이 기록되었다. 곧, 하나님께서 적국을 불러 유다를 사정없이 벌하시리라는 것이다. 이런 개념은 후대의 선지자들의 사상에 속한다. 우리는 이 부분 말씀을 볼 때 유다가 벌써 바벨론에 의해 쓰라린 경험을 당하였다고 추측한다"라고 하였다.[64] 그렇다면 폰 라트의 생각에는 이 부분 말씀이 모세의 저술이 아니라는 것이다.

폰 라트의 이와 같은 말은 성경을 하나님의 말씀으로 믿지 않은 결과이다. 신명기의 이 부분에 사용된 용어들이 후대 예언자들의 예언에도 나온다. 그러나 예언자들이 신명기의 이 말씀을 잘 알고 그것이 그대로 성취되었다는 의미로 말하였으므로 양쪽의 용어가 서로 같을 수밖에 없다. 신명기(모세 오경에 속하는 다른 책들도)가 구약 전반에 반영되어 있음을 보아서도 이스라엘은 그 건국 초기부터 오경을 알고 있었다.[65] 폰 라트는 특별히 신명기 28:25 이하와 30절 이하와 47절 이하에 있는 이스라엘의 장래에 당할 패전 참상에 관한 기록을 근거로 하고 다음과 같이 말한다. 곧, "신명기는 왕정

---

63) G. von Rad, *Deuteronomy: A Commentary* (Old Testament Library) (London: SCM, 1966), p. 175.
64) G. von Rad, *Deuteronomy: A Commentary* (Old Testament Library) (London: SCM, 1966), pp. 175-76.
65) G. C. Aalders, *A Short Introduction to the Pentateuch* (London: Tyndale Press, 1949), pp. 111-129.

시대의 이스라엘에게 호소한 것이다. 그와 동시에 신명기는 이스라엘의 권위 있던 전통을 신학적으로 재설하여 그 자체를 정경화하려는 경향을 나타내고 있다"라고 하였다.[66] 마르틴 노트(Martin Noth)도 이와 같은 말을 하고 있다. 그는 말하기를, 신명기 28장의 저자와 레위기 26장의 저작자는 그들보다 훨씬 오래 전의 한 전통을 따라서 각기 제 나름대로 글을 지었다고 한다.[67] 위의 학자들은 신명기 28장을 위시하여 그 책의 많은 술어들에 왕정시대의 흔적이 있다고 하면서 이런 말을 한 것이다. 그러나 권위 있는 보수주의 학자들은 이런 학설을 강력히 반대하였으니 정당하다. 알더스는 말하기를, 오경에는 "모세가 죽은 이후 시대의 역사적 사실에 대한 기록은 단 한 가지 실례도 없다"라고 하였다.[68] 파이퍼(Robert H. Pfeiffer)는 28장의 한 절반쯤은 포로 후 시대의 작품이라고 하였다. 그는 이 부분에 기록된 전화들이 벌써 지나간 역사적 사실들이었다고 하며, 47-57절의 기사는 실상 BC 586년에 있었던 바벨론의 예루살렘 정복 결과에 대한 묘사라고 한다.[69]. 그리고 웰취(A. C. Welch)는 이 부분 말씀이 살곤 왕으로 말미암은 사마리아 멸망 역사를 회고한 것이라고 한다.[70] 이들의 학설은 모세가 장래 일을 예언할 수 없었다는 자연주의에 속한다. 그들이 이런 식으로 신명기에서 기적적인 요소들을 부인한다면 그것은 이 책의 가장 중요한 내용을 무시함과 같다. 기독교에서 기적들을 제거한다면 거기 신앙의 대상이 될 만한 것은 없어진다. 그 이유는 기독교는 초자연주의를 중심으로 지니고 있기 때문이다.

---

66) G. von Rad, *Deuteronomy: A Commentary* (Old Testament Library) (London: SCM, 1966), p. 29.
67) M. Noth, *Das dritte Buch Mose: Leviticus* (Göttingen: Vandenhoeck & Ruprecht, 1962), pp. 195-196
68) G. C. Aalders, *A Short Introduction to the Pentateuch* (London: Tyndale Press, 1949), p. 58.
69) R. H. Pfeiffer, *Introduction to the Old Testament* (London: Black, 1948), p. 184.
70) A. C. Welch, *Deuteronomy: The Framework of the Code* (London: Oxford University Press, 1932), p. 204.

제 29 장

✦ 내용분해

1. 모압 땅에서 세운 언약의 머리말(1절)
2. 이스라엘로 하여금 깨달음으로 언약에 참가하도록 하는 하나님의 역사(2-9절)
3. 모압 땅에서 이스라엘에게 하나님의 언약을 재확인시킴(10-15절)
4. 후대 이스라엘의 타락을 우려함(16-19절)
5. 이스라엘이 타락하여 우상을 섬김으로 받게 될 벌을 예고함(20-28절)
6. 결론(29절)

✦ 해석

1 모압 땅에서 그들과 세우신 언약의 말씀은 이러하니라. 하나님께서 여기서 세우신 언약은 호렙산에서 세우신 그것에 비하여 실질적으로 다른 것은 아니다. 이것은 다만 이전 언약, 곧 시내 산 언약을 확고히 하는 것뿐이다. 하나님

과 그 백성의 관계는 언제든지 계약적인 것이다. 곧, 하나님은 말씀하시고 그 백성은 그 말씀대로 믿고 순종하는 것으로 성립된다.

2-4 모세는 여기서 그때 이스라엘 사람들의 무지함을 지적한다. 그들은 애굽 땅에 나타내셨던 하나님의 권능을 많이 목도하고도 아직까지 그 의미를 충분히 알지 못하고 있다는 것이다. 그들이 애굽에서만 아니라 그 후 광야에서도 40년 동안 하나님의 기적들을 많이 보았다. 그럼에도 불구하고 그들이 깨닫는 은혜를 받지 못하였다. 그 책임은 그들 자신에게 있다. 그 이유는 그들이 그 죄악 성품으로 인하여 은혜를 사모하지 않고 태만한 자리에서 세월을 보냈기 때문이다. 그러면 그들이 그 기적들을 보고 깨닫는다는 것은 무엇을 의미할까? 그것은 그들이 하나님의 사랑과 능력을 깨닫고, 하나님이 그들의 하나님이 되어 주신 것을 믿으며 감사하는 일이다. 그러나 그들은 이와 같은 신령한 자리에 이르지 못하였다. 모세는 그것을 여기서 탄식하면서 하나님을 그들의 하나님으로 모시도록 다시 언약을 확고히 하는 것이 필요하다고 가르친다.

5-9 광야 40년 동안 하나님께서 이스라엘로 하여금 훈련을 받게 한 복적도 하나님이 그들의 하나님이신 것을 그들로 하여금 깨닫게 하려는 것이었다(6절). 실상 그들은 광야에서 하나님의 보호를 받으며 살아왔다(5절). 그들이 광야에서는 일반적으로 먹는 떡과 마시는 포도주와 같은 것을 만나 볼 수 없었으나, 하나님의 권능으로(만나와 또 반석에서 나는 물과 같은 것으로) 생명을 유지하게 된 것이다. 그들이 이러한 방식으로 살게 되었으니, 그들은 하나님이 그들의 하나님이신 것을 깨달아야 마땅했다. 하나님의 이적들은 사람들의 편리를 위한 것이 아니고 사람들로 하여금 하나님을 자기들의 하나님으로 알게 하려는 것이다. 이것이 하나님과 사람의 관계를 참으로 맺어 주는 언약의 중심 요소이다.

이스라엘이 가나안 접경에 이르러서 헤스본 왕 시혼과 바산 왕 옥과 더불어 싸워 이기게 된 사실도 하나님의 기적으로 된 것이다. 그들은 이런 기적을 체험함으로 하나님을 사랑의 대상으로 모셔야 될 것이었다. 그런데 그들이 그렇지 못하였으므로 모압 땅에서도 다시 하나님과 그들 사이에 언약을 세움이 필요하였다. 언약이라는 것은 하나님과 그 백성과의 관계(하나님께서 그들의 하나님이시라는 것)를 맺는 행사이다.

10-15 여기서는 모압 땅에 소집된 이스라엘 대중이 다시 한번 거룩한 언약에 참가하게 된다고 선포하여 그들의 주의를 환기시켰다. 그 언약에 참가하게 되는 자들의 범위는 매우 넓다. 이 사실을 강조하기 위하여 모세는 여기서 여러 가지로 말하였으니, 심지어 "유아들과…객(이방인으로서 이스라엘에 귀화 한 자)과 나무를 패는 자…물 긷는 자…까지"(11절) 언급한다. 그뿐만 아니라 그때 아직 태어나지도 않은 그들의 후손들 곧 오늘날 우리와 함께 여기 있지 아니한 자들(15절)까지도 그 언약에 참가하게 된다고 한다. 이 언약(모압 땅에서 이룩된 것)은 새것이 아니고 본래 아브라함에게 주셨던 것이니(13절), 그것은 모든 그리스도인도 참가하게 되는 것이다(롬 4:23-24).

16-19절. 여기서는 하나님의 언약을 떠나서 우상을 따라가는 자들이 일어날 것을 염려한다. 실상 이 말씀은 그런 일이 있을 것을 미리 알고 가르친 예언이라고 할 수 있다.

16-17 (우리가 애굽 땅에서 살았던 것과 너희가 여러 나라를 통과한 것을 너희가 알며 너희가 또 그들 중에 있는 가증한 것과 목석과 은금의 우상을 보았느니라) 곧, 이스라엘이 애굽이나 기타 국가들을 통과해 오면서 그들의 우상이 가증스러웠던 것을 잘 알게 되었다는 것이다. 이스라엘이 그런 우상을 섬긴다는 것은 있을 수 없는 일이다. 그것이야말로 멸망을 자초하는 어리석은 행동이다. 그럼에도 불구하고 후대 이스라엘이 이방의 우상들을 따라간다면 그들은 독초와 쑥의 뿌리(18절)와 같은 자들이다. "독초와 쑥의 뿌리"라는 말은 악독한 교

훈을 주장함에 있어서 회개할 줄 모르고 끝까지 완악해진 자들을 가리킨다 (참조. 히 12:15). 이런 완악한 자들의 주장은 19절에 나타나 있다.

19 이 저주의 말을 듣고도 심중에 스스로 복을 빌어 이르기를 내가 내 마음이 완악하여 젖은 것과 마른 것이 멸망할지라도 내게는 평안이 있으리라 할까 함이라. "젖은 것과 마른 것이 멸망"한다는 것은 무슨 뜻인가? 어떤 학설에서는 "젖은 것"은 우상 숭배에 빠진 자를 의미하고, "마른 것"은 우상 숭배를 갈망하는 자를 의미한다고 한다. 그러나 이 해석은 자연스럽지 않다. 이 말은 '모든 사람을 차별 없이 멸망시킨다'는 의미이다. 모두 멸망하는 그 판국에서도 "독초와 쑥의 뿌리"로 비유된 자들은 호언장담하기를 평안할 것이라고 한다. 예레미야 시대에도 우상 숭배자들은 백성들에게 저희 생각대로 가르치기를 "평강하다 평강하다"(렘 6:14; 8:11)라고 하였다.

20-28 여기서는 하나님을 떠나서 완악하게 우상 섬기는 자들을 벌하심에 대하여 말씀한다. 우리는 여기서 몇 가지 주목할 것이 있다. ① 하나님께서 그들을 벌하시되 율법책에 기록한 대로 하신다고 함(20-21절). 율법책에 기록된 것은 변할 수 없이 확실한 것을 가리킨다. 그럼에도 불구하고 그런 벌을 받을 행동을 하는 자가 있다면 그는 어김없이 그 벌을 받을 수밖에 없다. ② 후손들과 또 멀리 있는 이방인들도 이스라엘의 멸망한 폐허를 보고 증거한다고 함(22-28절). 다시 말하면 하나님께서 이스라엘에게 우상을 섬기지 말라고 하신 것은 온 천하 사람이 알 수 있을 만큼 명백하였고, 또한 그들이 그 죄로 말미암아 멸망한 것이 너무도 확실하므로 그들의 후손과 또 멀리 있는 이방 사람들도 그것을 확신하고 증거한다는 것이다.

29 감추어진 일은 우리 하나님 여호와께 속하였거니와 나타난 일은 영원히 우리와 우리 자손에게 속하였나니 이는 우리에게 이 율법의 모든 말씀을 행하게 하심이니라. 곧, 계시 되지 않은 감추어진 일들은 하나님만이 아시고, 또 홀로 관계하신다. 그러나 나타난 일, 곧 계시된 말씀은 하나님의 백성이 관계할 것이라는

뜻이다. 다시 말하면 그들은 그들에게 계시된 이 율법의 말씀을 지킬 책임이 있다는 것이다.

제 30 장

✧ 내용분해

1. 이스라엘이 사로잡혀 간 땅에서라도 회개하기만 하면 다시 본토에 돌아오리라고 함(1-10절)
2. 하나님의 말씀은 지키기 어려운 것이 아님(11-14절)
3. 하나님의 명령을 지키는 여부로 인하여 곧바로 화복(禍福)이 결정됨 (15-20절)

✧ 해석

1-2 여기서는 이스라엘이 그 사로잡혀 간 땅에서 회개할 것을 말한다. 그들은 회개를 통하여 다음 두 가지에 도달한다.
  1) 하나님의 명령을 지키는 여부에 따라서 화 혹은 복을 가져왔다는 사실을 기억하게 됨. 그들이 괴로운 포로 생활 가운데서 저희의 과거를 회고할 때 과연 하나님의 말씀은 그대로 성취되어 순종은 축복을 가져왔고 불순종

은 저주를 가져왔다는 것을 분명히 알게 될 것이다. 이 시점에 이르러서야 그들이 마음을 돌이키기 시작한다. 이런 의미에서 본문에 말하기를 일이 마음에서 기억이 나거든(1절)이라고 한다.

2) 그들이 하나님의 말씀을 순종하게 됨. 여기 마음을 다하고 뜻을 다한다(2절)는 말씀이 그들의 회개에 있어서 중요하다. 언제든지 하나님을 섬기는 일은 우리의 마음을 다함으로만 이루어진다. 여기 "뜻"이라는 말은 '영혼'을 의미한다.

3-10 그들이 회개한 결과로 받는 축복은 다음과 같다.

1) 하나님께서 그들을 긍휼히 여기심(3절). 하나님은 회개하는 죄인을 기뻐하신다(눅 15:20).

2) 하나님께서 먼 나라에 흩어졌던 그들을 돌아오게 하심(3 하-5절). 본문에 말하기를 **"네 쫓겨간 자들이 하늘가에 있을지라도 네 하나님 여호와께서 거기서 너를 모으실 것이며"**(4절)라고 하였으니, 이 말씀을 보면 회개자를 구원하시는 데 있어서 하나님의 능력이 지극히 크신 사실을 알 수 있다. "하늘가에 있을지라도" 이끌어 온다고 한다. 우리는 하나님께서 이같이 큰 능력으로 우리의 구원을 이루어 주신다는 데 대하여 믿음의 담력을 얻어야 한다.

3) 그들의 조상보다 그들이 더 번성하게 됨(5절). 이것도 회개자들에게 주시는 하나님의 특별한 은총이다. 그는 본래의 의인보다 회개하고 새사람이 된 자를 더 사랑하시고 축복하신다.

4) 그들의 심령에 은혜를 주심(6절). 하나님께서 그들의 마음에 할례를 주신다는 것은 외부적인 물질의 은혜보다 더 중요한 것이다. 그것은 하나님을 알고 또 믿도록 하여 주시는 '중생의 은혜'를 주심이다(겔 11:19; 36:26). 이것은 육적 생명보다 귀한 생명이다.

5) 그들의 원수가 패망함(7절). 하나님께서는 언제든지 심령이 낮아진 자들을 돌보심으로 그들을 핍박하면서 교만해진 자들을 낮추신다.

6) 그들이 하나님을 순종하는 은혜를 받음(8절). 물질의 은혜보다 순종하는 은혜가 앞서야 한다.

7) 물질의 은혜를 받음(10절). 그들이 하나님의 말씀을 순종하는 은혜를 받았으므로 뒤이어서 물질의 은혜도 받는다(참조. 마 6:33).

11-14 여기서는 하나님의 말씀을 순종하는 것이 어려운 일이 아니라는 것을 역설한다. 곧, 그들이 하나님의 말씀을 받음과 동시에 자동적으로 그 말씀을 순종할 수 있는 힘도 받을 수 있다는 것이다.

설교 ▶ 실천주의에서 살자(신 30:11-14)

하나님께서 우리에게 말씀을 주신 것은 우리로 하여금 그대로 살게 하려는 데 있다. 하나님의 말씀을 듣기만 하고 실행하지 않는 자는 스스로 속는 자이다. 그런 자는 고귀한 말씀을 낭비하는 죄인이 된다. 그런데 우리가 하나님의 말씀을 쉽게 실행할 수 있는 길이 있다. 그것은 하나님이 이루어 주신 길이니 그의 말씀이 우리에게 가까워지게 하신 사실로 성립되었다. 11절에 말하기를 "내가 오늘 네게 명령한 이 명령은 네게 어려운 것도 아니요 먼 것도 아니라"고 하였다. 그 명령은 우리에게 주신 성경을 가리킨다.

1. 깨달음으로 행함

성경을 깨달을 수 있는 자는 반드시 유식한 사람도 아니고 철학자도 아니다. 성경은 성령의 감동으로만 깨닫게 된다. 성령의 감동으로 깨닫게 되는 지식을 가리켜 "매우 가까운 지식"(14절)이라고 하였다. 가까운 지식은 냉랭한 것이 아니고 사랑의 생명으로 약동한다. 숯불에 손을 대면 덴다는 것을 아는 것은 행동을 일으킨다. 하나님의 말씀에 대하여 성령의 감동으로 깨달아지는 지식은 그와 같이 행동을 일으킨다. 이런 지식은 우리가 기도로만 받는다.

2. 신앙으로 행함

가까이 임한 하나님의 말씀은 사람들에게 믿음을 준다(롬 10:17). 사람에게 강한 신념이 있을수록 그 행위가 강하게 나오는 법이다. 모세가 장성하여 바로의 공주의 아들이라 칭함을 거절한 것은 믿음의 힘이었다(히 11:24). 이 밖에 성경에 기록된 믿음의 용단들이 다 그러하다. 그러므로 존 번연(John Bunyan)은 "거룩한 전쟁"이라는 책에 믿음, 소망, 사랑 이 세 가지 중에 믿음이 첫 순서로 나온 것은 믿음이 우리 행동에 있어서 가장 앞서 나가야 하는 장군이 되기 때문이라고 하였다. 그러므로 요한1서 5:4에 "세상을 이기는 승리는 이것이니 우리의 믿음이니라"고 하였다. 믿음은 무엇이기에 그와 같이 힘이 있는가? 그것은 사람이 우주 만물을 환하게 내다보는 것 같은 밝음에서 하나님께 대하여 취하여지는 행동이기 때문이다. 파스칼(Blaise Pascal)은 믿음을 가리켜 도박)이라 하였고, 칸트(Immanuel Kant)는 결단이라 하였고, 키에르케고르(Søren Aabye Kierkegaard)는 양자택일이라고 하였다. 그러나 이런 말들은 성경의 믿음을 바로 정의하지 못했다. 파스칼의 말대로 신앙은 도박이라고 할 수 없다. 왜 그런가 하면 도박은 불확실한 모험의 의미를 가졌기 때문이다. 신앙은 진리를 아는 데서(적어도 하나님을 바로 아는 데서) 필연적으로 일어나는 행동인 것이다. 그뿐만 아니라 칸트가 말한 것과 같이 신앙은 사람이 그 의지할 대상에 대하여 아는 바 없이 결단을 내리는 것도 아니다. 또한 신앙은 키에르케고르가 생각한 것 같은 양자택일도 아니다. 의지할 대상을 모르면서 그저 택할 수는 없는 것이다. 신앙은 진리이신 하나님을 아는 데서 일어나는 기쁨과 함께 일어나는 현상이다. 이와 같은 참된 신앙이 있는 사람의 마음속에는 성령의 능력이 함께하시므로 그의 행동은 힘 있게 뻗어나간다.

3. 평안함으로 행함

하나님의 말씀을 행하는 것은 평안을 가져온다. 사람들이 죄를 범하는 길은 참으로 험악하다. 그들이 죄를 범하는 동안 하나님을 떠나게 된다. 하나님을 떠난 자의 영은 말할 수 없는 비참에 떨어진다. 그는 어두움과 괴로움과 온갖 더러운 가운데서 해를 당하고 있는 것이다. 그뿐만 아니라 그의 범죄한 결과는 이 세상 사람들에게서도 천대와 멸시와 형벌을 받게 된다. 그러므로 범죄의 길은 얼마나 괴로운 길인가. 그와 반대로 하나님의 말씀을 순종하면서 사는 자는 위로 하나님을 기쁘시게 하는 즐거운 동기를 가지고 있는 동시에 하나님이 함께해 주시는 은혜를 받으며 마침내 하늘 상급을 받는다. 그가 걸어가는 길에 물론 육신상 고통도 있고 난관도 없지 않다. 그러나 그는 그 모든 고통과 난관이 도리어 복이 되도록 하는 하나님의 약속을 가지고 있다. 그러므로 그는 기쁨으로 그 길을 갈 수 있다. 병자가 아무리 쓴 약이라도 병이 치료된다는 소망으로 먹게 되므로 그것을 쉽게 먹을 수 있다.

어떤 사람은 성격이 게을러서 옳은 길로 행하기를 기뻐하지 않는다. 그러나 그는 이때 지혜를 사용해야 한다. 그는 자기의 게으른 성격대로 자기 자신을 방임해 버리면 시간이 흘러감과 함께 그의 영혼이 부패해진다는 것을 알아야 한다. 그는 자기의 병을 알고 그것을 고칠 수 있는 방침을 세워야 한다. 그는 그 병을 고치기 위해서는 어떤 방법이라도 환영해야 한다. 그는 특별히 가족들이나 친구들의 권면과 지도를 잘 받아들여야 한다. 그뿐만 아니라 어떤 사람은 고질과 같이 되어진 죄악 때문에 하나님의 말씀을 기뻐하지 않는다. 예를 들면 의심, 탐심, 정욕, 참지 못함과 같은 죄악들에게 지배되기 때문에 그렇게 된다. 이런 사람들은 자신을 이런 고질에서 고침 받기 위하여 무엇보다도 지혜롭게 처신해야 한다. 위에 말한 바와 같이 그는 이 점에 있어서 다른 사람들의 권면과 충고를 잘 들음으로 이런 고질적인 죄악들을 이길 수 있다. 그는 자기의 죄악들을 이기는 것이 실상 기쁜 일이다. 그가 그것들을 이기지 못하면 영원히 비참한 죄악의 포로가 된다.

15-20 여기서는 하나님의 말씀을 지키는 여부가 바로 생사 화복의 문제를 결정한다는 것을 말씀한다. 곧, 하나님의 말씀을 지키면 복을 받고 그것을 지키지 않으면 화를 받는다는 진리는 정확무오하다. 이 점을 강조하기 위하여 ① 하나님께서는 생사화복을 그들 앞에 두었다고까지 하였고(15, 19절) ② 천지를 증인으로 삼는다고 하였으며(19절) ③ 살기 위하여 생명을 택하라고 하였다(19절 끝). 하나님께서 그들에게 그의 말씀을 주신 것은 그들에게 생명을 주신 것과 같다. ④ 그들이 그것을 자유롭게 택할 수 있다고 한다. 그의 말씀을 순종하는 것이 바로 하나님을 모시는 방법이라고 한다(20절). 그들이 그 율법을 순종하면 그가 그들의 하나님이 되시기 때문에 20절에 말하기를 "그는 네 생명이시요 네 장수이시니"라고 하였다.

↓ 평주

폰 라트는 1-10절에 대하여 말하기를, 이 부분 저자는 포로시대에 살고 있었던 것이 틀림없다.[71]고 잘못 말하였다. 1절의 "네가 네 하나님 여호와로부터 쫓겨간 모든 나라 가운데서"라는 말씀은 저자 당시에 이스라엘 민족이 실제로 포로 된 처지에 있다는 뜻이 아니다. 이것은 30:14 이하에 말한 예언에 연속하여 장래의 일을 말하는 것이다. 이 구절 이하의 말씀은 장래 이스라엘 민족이 포로 되었던 자리에서 회개하고 본토로 귀환될 것을 가리킨다. 클라인(M. G. Kline)은 모세가 예언한 이와 같은 회복이 그리스도의 구원운

---

71) G. von Rad, *Deuteronomy: A Commentary* (Old Testament Library) (London: SCM, 1966), p. 183.

동을 가리키기도 한다는 뜻으로 말하였으니 정당하다.[72] 그뿐만 아니라 여기에 기록된 하나님의 성호는 포로시대에 선지자들이 사용한 그것과 다르다. 여기서는 하나님의 성호를 가리켜 "네 하나님 여호와"라고 하며, 그것이 1-10절 가운데 12차례 나왔다. 그러나 포로시대의 선지자들은 하나님의 이름을 가리켜 "여호와" 혹은 "만군의 여호와"라고 하였다.

---

72) M. G. Kline, *Treaty of the Great King; the Covenant Structure of Deuteronomy: Studies and Commentary* (Grand Rapids: Eerdmans, 1963), pp. 132-133.

제31장

✢ 내용분해

1. 모세가 이스라엘 백성에게 여호수아의 지도하에 가나안으로 들어가라고 부탁함(1-6절)
2. 모세가 여호수아에게 강하고 담대하라고 함(7-8절)
3. 모세가 제사장들과 장로들에게 하나님의 율법을 백성에게 가르치라고 함(9-13절)
4. 하나님께서 모세와 여호수아에게 이스라엘의 장래 일을 말씀하심(14-22절)
5. 하나님께서 여호수아에게 이스라엘을 거느리고 가나안 땅에 들어가라고 하심(23절)
6. 모세가 장차 이스라엘의 부패에 대비하기 위하여 행한 일(24-30절)

✢ 해석

1-6 이 부분에서 모세가 백성에게 중요한 교훈을 준다. 그것은 몇 가지로

분류할 수 있으니, ① 자기는 이제 늙었으므로 여호수아를 후계자로 내세운다는 것(2-3절). 노년에 이른 지도자가 자기의 후계자를 세우도록 힘쓰는 것은 그의 중요한 덕행이요 또 업적이다. ② 그들로 하여금 하나님의 권능을 믿고 가나안 땅에 들어가라고 함(3-5절). 모세는 그들의 믿음을 돕기 위하여 두 가지 중요한 말씀을 준다. 첫째는, 하나님께서 그들보다 앞서 가나안으로 가셔서 그 민족들을 멸하신다는 것이다. 이스라엘은 앞서가시는 하나님만 의지하면 거기 들어가게 된다. 둘째는, 그들이 가나안에 들어가기 전에 하나님께서 이미 아모리 왕 시혼과 바산 왕 옥을 멸하셨다는 것이다. 이스라엘은 이와 같은 하나님의 권능을 체험하였으므로 앞으로 가나안 땅에 들어가서 승전할 것을 확신할 수 있다. ③ 강하고 담대하라고 함(6절). 그들이 강하고 담대해야 할 이유는 하나님께서 그들과 함께하실 것이기 때문이다.

7-8 여기서 모세는 자기의 후계자 여호수아에게 강하고 담대하라고 한다. 여기서 "강하고 담대하라"는 말씀은 육체의 담력을 권장함이 아니고 영적 담력을 장려한 것이다. 그 이유는 그 담력이 하나님으로 말미암기 때문이다. 가나안 땅을 정복할 책임을 맡은 여호수아에게 필요한 것은 하나님의 약속을 믿고 강하고 담대함이다.

설교▶ 강하고 담대하라(신 31:7-8)

사람은 살아가는 동안 비관하여 낙심하기도 잘하고, 겁약하여 자포자기도 잘한다. 그러나 그것은 경거망동이다. 사람이 이 세상에 출생한 이상 비관이나 낙심은 하나님 뜻이 아니다.

1. 우리는 하나님께로부터 소명을 받았으므로 낙심하지 말고 강하고 담대해야 한다.

7절에 "맹세하신 땅에 들어가서 그들에게 그 땅을 차지하게 하라"는 말씀이 있는데 그것은 여호수아에게 사명을 맡기시는 말씀이다. 사람마다 생긴 모습이 다르며 그 성격이 다른 것처럼 그들의 사명과 재능과 직종도 다양하다. 그리스도인들은 어느 분야에 종사하든지 그 일 가운데서 하나님을 섬겨야 한다. 사람이 자기가 맡은 일에 전심전력하면서 하나님을 섬길 때에 그 일의 가치는 이 세상에서 가장 고귀하게 되어진다. 비록 통치자가 되었다고 할지라도 하나님을 섬기지 않는다면 그는 마귀를 따르는 천한 자가 되고, 아무리 하찮은 일을 하는 자라 할지라도 그가 하나님을 섬기면 그는 하나님의 자녀의 특권을 받은 자이다. 그러므로 사람은 언제나 자기 사명에서 기뻐하며 그 사명을 충실하게 실행해야 한다. 하나님의 기뻐하시는 일을 하지도 않으면서 하나님께 자기의 일을 해 주시기만을 바라는 것은 억지요 도둑의 행위이다.

2. 우리가 정복자의 의식을 가짐으로 강해진다.

7절에 "이 백성을 거느리고···그 땅을 차지하게 하라"고 하신 말씀은 또한 '정복하라'는 부탁이다. 하나님께서 본래 사람을 지으시고 정복자로 세우셨다. 창세기 1:28에 "하나님이 그들에게 복을 주시며 하나님이 그들에게 이르시되 생육하고 번성하여 땅에 충만하라, 땅을 정복하라"고 하셨다. 우리는 자연을 정복해야 하며 죄악을 정복해야 한다. 그런데 사람들은 어찌하여 정복하지 못하는가? 그들이 어디까지나 자기 자신, 곧 '나'라는 좁은 울타리 안에 갇혀 있기를 원하기 때문이다. 만물을 창조하시고 주재하시는 하나님을 믿고 땅끝까지 가야 할 줄 아는 자들은 커지며, 넓어지며 정복한다. 사람이 정복자의 심리를 가지면 용기를 얻는 법이다. 나의 중학 시절의 친구였던 사람이 인생을 비관한 나머지 자살하려고 산중에 들어갔다가 거기서 깨달은 바 있어서 집으로 돌아왔다. 그는 '내가 자살할 결심과 같은 큰 용기를 가지고 한번 앞길을 개척하며 분투하여 살아 보겠다'고 결단을 내렸다는 것이다.

그러면 정복자의 프로그램은 어떤 것인가? 그것은 먼저 나를 쳐서 복종시킴이다. 고린도전서 9:26-27에 바울은 말하기를 "나는⋯싸우기를 허공을 치는 것 같이 아니하며 내가 내 몸을 쳐 복종하게" 한다고 하였다. 또 그는 고린도후서 4:12에 "그런즉 사망은 우리 안에서 역사하고 생명은 너희 안에서 역사하느니라"고 하였다. 바울이 항상 죽는다고 함(고후 4:11)은 주님을 위하여 고난을 받는다는 뜻이다. 말한다. 고난은 우리 자신의 신앙을 완성하는 비결이다. 매리 여왕 때에 투옥된 많은 신자들은 주님을 위하여 죽을 각오가 있었다. 그러나 매리 여왕이 죽은 후에 그들은 신앙의 자유를 얻었다. 그들이 석방되어 집으로 돌아가서는 거의 타락하였다고 역사가는 증거한다. 이같이 고난은 오묘하다. 영원한 내세, 곧 새 예루살렘의 성문도 진주로 되었다(계 21:21). 진주는 고난의 결정체다.

그리고 우리는 사탄을 쳐서 정복해야 한다. 에베소서 6:12에 말하기를 "우리의 씨름은 혈과 육을 상대하는 것이 아니요⋯악의 영들을 상대함이라"라고 하였다. 우리의 원수는 이 두 가지밖에 없다. 이 두 가지 원수(나 자신과 마귀)를 이길 때 땅끝까지 우리의 복음 증거는 퍼진다. 이 밖에 다른 것을 쳐 이기려는 것은 탈선이고, 따라서 영적 싸움에 실패를 가져온다. 마귀를 이기는 비결은 하나님의 전신 갑주를 입고 기도하는 것 외에 다른 길이 없다(엡 6:10-18). 예수님께서 벙어리 귀신 들린 아이를 고치신 뒤에 제자들이 묻기를 "우리는 어찌하여 능히 그 귀신을 쫓아내지 못하였나이까"(막 9:28)라고 할 때 예수님은 말씀하시기를 "기도 외에 다른 것으로는 이런 종류가 나갈 수 없느니라"(막 9:29)라고 하셨다.

3. 우리는 하나님이 함께해 주신다는 약속 때문에 강해진다.

8절에 말하기를 "여호와 그가 네 앞에서 가시며 너와 함께 하사 너를 떠나지 아니하시며 버리지 아니하시리니 너는 두려워하지 말라 놀라지 말라"
고 하셨다. 하나님께서 우리와 함께해 주시는 것 이상의 강한 세력은 없다.
온 천하 사람이 다 나를 반대할지라도 하나님 한 분이 나와 함께해 주신다면
그것은 이미 승리한 것과 같다. 예수님의 신성 교리가 반대를 받던 그 시대에
온 교계가 모두 그 운동에 합세하였다. 그때 아타나시우스(Athanasius)는 20
년 동안 망명 생활을 하면서도 그리스도의 신성을 성경대로 주장하였다. 어
떤 사람이 그에게 찾아와서 하는 말이 "온 세상이 당신을 반대합니다" 할 때
그는 대답하기를 "온 세상이 나를 반대하면 나는 온 세상을 반대하겠소"라
고 하였다. 하나님은 언제나 진리를 주장하는 자와 함께해 주신다. 그러므로
우리는 되는대로 갈 것이 아니라 그의 말씀대로 행해야 한다. 신명기 29:29
에 말하기를 "오묘한 일은 우리 하나님 여호와께 속하였거니와 나타난 일은
영구히 우리와 우리 자손에게 속하였나니 이는 우리로 이 율법의 모든 말씀
을 행하게 하심이니라"고 하였다. 그러므로 우리에게 있는 하나님의 말씀은
보배이다. 무디(Dwight Lyman Moody)는 말하기를 "하나님을 그의 말씀으로
붙잡으라"(Take God by His word)고 하였다. 아브라함이 갈대아 우르를 떠날
적에도 "여호와의 말씀을 따라갔다"(창 12:4)고 한다. 그렇다면 "여호와의 말
씀"은 얼마나 귀한가! 우리는 그 말씀 변두리에 겨우 붙어서 가지 말고 그 말
씀을 깊이 잡고 걸어가야 한다.

9-13 모세는 제사장들과 장로들에게 명하기를 이스라엘 민중에게 율법
을 가르치라고 한다. 이 점에 있어서 우리가 특별히 두 가지 주목할 만한 것
이 있다. ① 일정한 시기에 민중을 거룩한 곳에 모으고 율법을 가르치라는
것(10-11절). 본문을 보면 특별히 초막절에 그렇게 하라고 한다. 교훈의 효과
는 특별히 대중 집회에 많이 나타난다. ② 이스라엘 사람은 누구든지 율법을
배우도록 함(12-13절). 특별히 어린아이들과 이스라엘에 동화된 이방인까지

이 일에 참가하도록 되었다. 여기 타국인(נֵּכָר)이라는 말은 실상 "나그네"라고 번역되어야 한다. "나그네"는 이방인으로서 이스라엘에 귀화한 자들이다.

14-22 여기서는 하나님께서 모세와 그 후계자 여호수아를 상대하시고 이스라엘의 장래에 대하여 말씀하신다. 그것은 장차 그들이 우상을 섬긴 죄로 말미암아 하나님의 징계를 받는다는 것이다. 그는 또 모세에게 부탁하시기를, 이스라엘이 그렇게 될 것을 대대로 가르치라고 하신다. 이 점에 있어서 우리가 몇 가지를 주목할 수 있다. ① 사람이 범죄하면 하나님으로부터 멀어진다는 것(17절). 내 얼굴을 숨기리라(18절)고 하신 말씀이 그 뜻이다. ② 범죄한 자들이 환난을 당함으로 반성하게 됨(17절). 그 때에 그들이 말하기를 이 재앙이 우리에게 내림은 우리 하나님이 우리 가운데에 계시지 않은 까닭이 아니냐라고 한다. ③ 노래로 가르치라는 것(19절). 사람들이 노래로 진리를 가르치는 일은 크게 유력하다. 그 이유는 사람들이 노래를 실감있게 받기 때문이다. ④ 사람은 평안하고 부유하면 타락함(20절; 참조. 32:15). 그러므로 교회가 참다운 양육을 받을 장소는 광야와 같은 고난의 환경이다(계 12:6).

23 여기서는 하나님께서 친히 여호수아를 임명하신다. 그는 여호수아에게 부탁하시기를 "강하고 담대하라"고 하신다. 이 말씀에 대하여는 7-8절에 대한 설교를 참조하라.

24-30 이 부분의 말씀을 보면 모세는 장래 이스라엘이 타락할 것을 확실히 알았다(27, 29절). 그가 그것을 알게 된 이유는 이 시점까지 그의 지도하에 있으면서도 그들이 범죄하였다는 것이다. 물론 그가 이스라엘의 장래에 대한 이런 깨달음은 하나님의 계시에 의한 것이었다(16, 20절). 그가 장래 이스라엘의 타락을 경고하기 위하여 여기서 두 가지를 실행하였다. ① 율법책을 법궤 곁에 보관하게 함(24-26절). 그 목적은 장래 이스라엘로 하여금 그들의 범죄에 대하여 책임을 느끼게 하려는 것이다. 이런 의미에서 율법은 증거의 역할을 한다(26절). ② 이스라엘의 타락에 대한 예언을 노래로 써서 대대

로 가르치게 함(30절). 그 노래가 32장에 기록되었다.

✣ 평주

드라이버는 31장에서 34장까지가 창세기에서 민수기까지에 섞여 있는 왕정시대의 여러 가지 문서들(JEP)의 종합이라고 하였다.[73] 그러나 31장에는 율법이 모세의 저술이라는 말씀이 포함되어 있다(9, 24절). 율법을 작성한 모세가 그것을 기록하도록 될 것은 필연적인 사실이다. 함무라비(Hammurabi)라는 바벨론 왕도 그 제정한 법을 기록하였다. 그런데 법을 기록하는 자가 그 법의 조문만 기록하는 것이 아니고 그 법을 제정하게 된 경위와 역사를 기록할 것도 역시 기대되는 일이다. 후자의 경우에 있어서 모세가 친히 기록하였을 수도 있고, 혹은 대필자를 시켜서 할 수도 있다. 그러나 나의 이와 같은 말은 그것을 모세가 친필로 기록하였음을 부인함이 아니다. 다만 그가 대필자를 사용하였다 해도 그의 감시하에서 된 일이므로 그의 친필과 마찬가지라는 의미뿐이다. 사도 바울도 대필자를 사용하였다(참조. 고전 16:21; 갈 6:11; 골 4:18; 살후 3:17).

---

73) S. R. Driver, *A Critical and Exegetical Commentary on Deuteronomy* (Edinburgh: T. & T. Clark, 1902), p. 333.

제 32 장

✤ 내용분해

1. 머리말(1-2절)
2. 하나님의 고상한 덕과 이스라엘의 패역(3-6절)
3. 이스라엘에 대한 하나님의 사랑을 역사적으로 알아보라고 함(7-12절)
4. 이스라엘이 가나안 복지를 차지할 것을 내다봄(13-14절)
5. 이스라엘이 우상 섬길 것을 내다봄(15-19절)
6. 우상을 섬긴 이스라엘이 외국의 침략을 받아 거의 망하게 될 것을 내다봄(20-27절)
7. 대적들은 징벌을 받고 이스라엘은 복을 받게 됨(28-43절)
8. 모세가 이 노래를 이스라엘에게 들려주고 그들에게 율법을 지키라고 함(44-47절)
9. 모세는 가나안 땅을 바라볼 뿐이고 들어가지는 못하리라는 하나님의 말씀(48-52절)

↓ 해석

1-2 이슬처럼 맺히나니 연한 풀 위의 가는 비 같고 채소 위의 단비 같도다. 이것은 모세의 겸손한 말이다. 여기서도 그의 온유의 덕을 볼 수 있다(민 12:3). 그는 하나님의 율법을 받아 가르치는 선지자였으므로 그 교훈의 자료는 엄격한 것이다. 그럼에도 불구하고 그는 엄격한 말씀을 온유하게 시행하였다. 이것이 하나님의 참된 종의 방법이다. "이슬"은 사람이 알지도 못하는 밤에 풀들을 적셔 주고, "가는 비"는 모든 초목이 상하지 않도록 내리는데 이것은 하나님의 자비의 덕을 상징한다.

3-4 여기서는 하나님의 완전하신 덕이 어떠하심을 증거하였다. 모세가 이 덕을 거론하는 이유는 이스라엘의 패역해진 원인이 하나님에게서는 전혀 찾아볼 수 없음을 보여주기 위함이다. 그들의 패역은 아무런 핑계도 할 수 없는 형벌 받아 마땅한 것이었다.

하신 일이 완전하고. 이 말씀은 하나님의 '행하시는 일들이 바르다'는 뜻이다. 그의 모든 길이 정의롭고 진실하고 거짓이 없으신 하나님이라고 함은 역시 '그의 하시는 일이 의롭고 참되다'는 뜻이다. 공의로우시고 바르시도다라고 한 말씀도 역시 위의 말씀과 같은 뜻을 강조하기 위하여 중복된다.

설교▶ 하나님 말씀의 역사(신 32:1-4)

32장에 기록된 모세의 노래는 실상 여호와께서 그에게 알려주신 것으로서 그 내용이 앞장 19절 이하에 대략 나타나 있다. 물론 그 내용은 이스라엘이 장차 하나님을 저버리고 우상을 섬김으로 하나님의 징계를 받게 된다는 것이다(참조. 31:15-18, 20-22절).

그럼에도 불구하고 벨하우젠은 32장이 모세의 저술이 아니라고 한다. 그 이유는 ① 32장이 기록된 시기는 이스라엘 백성이 가나안을 점령한 지 이미 오랜 세월이 지난 뒤라는 것(7-12절). 그러나 7-12절의 말씀은 모세로서도 할 수 있는 것이다. 이스라엘이 가나안을 점령하기 전에도 열국에 땅을 정하여 주셨고, 이스라엘에도 주실 땅을 약속하셨다. ② 저자가 32장을 쓸 때는 이미 이스라엘은 가나안에 살던 중이었다고 함(13-14절). 그러나 13-14절 말씀은 이스라엘이 가나안에 들어가도록 되어 있는 사실을 확정적으로 생각하고 예언한 것으로 보아야 한다. 예언은 종종 과거사로 나타난다. ③ 32장이 기록되는 때는 이스라엘이 팔레스타인에서 우상 숭배에 빠졌다가 벌을 받아서 거의 망하게 되었다고 함(15-30절). 그러나 15-30절 말씀도 과거사로 기록된 예언이다. 이 예언은 전에 하나님께서 가르쳐 주신 대로(31:16-21) 예언한 것이다. ④ 하나님께서 이스라엘을 다시 돌보시고 그 이방 원수에게서 구원해 주신다는 것은 포로시대의 산물이라고 함(34-43절). 그러나 그런 말씀이라고 하여 반드시 포로시대의 작품이라고 할 것은 없다. 벨하우젠은 이와 같은 하나님의 약속이 후대 선지자들의 예언과(호 2:14; 사 1:24; 겔 16:60; 20:40) 유사하다는 이유로 그렇게 말했으나 그것은 잘못이다. 이와 같은 사상은 이미 30:1-8에도 나타나 있다. 모세를 통한 하나님 말씀의 사역은 다음과 같다.

1. 하나님의 말씀은 반드시 이루어진다

본문 1절에 말하기를 "하늘이여 귀를 기울이라 내가 말하리라 땅은 내 입의 말을 들을지어다"라고 하였다. 이 말씀의 뜻은 무엇인가? 이것은 그의 전하는 하나님의 말씀이 반드시 이루어진다는 것이다. 그렇게 그 말씀은 비길 데 없는 진실성을 가졌다. 사람은 살다가 죽으므로 오랜 세월 후에 하나님의 말씀이 성취되는 그 내용을 보지 못할 것이다. 그러나 하늘과 땅은 영구하므로 그 예언의 성취를 볼 수 있다(비유). 우리는 하나님 말씀의 진실성이 이같이 놀라움을 인식해야 한다. 예수님은 말씀하시기를 "천지는 없어질지언정 내 말은 없어지지 아니하리라"(마 24:35)라고 하셨다. 우리는 변하는 세상에 살면서 변하지 않는 것을 붙잡고 의지해야 한다. 변하는 것을 붙잡았다가는 누구든지 실패한다(참조. 벧전 1:24-25).

2. 하나님의 말씀은 온유하게 역사한다.

본문 2절에 말하기를 "내 교훈은 비처럼 내리고 내 말은 이슬처럼 맺히나니 연한 풀 위의 가는 비 같고 채소 위의 단비 같도다"라고 하였다. 이 말씀을 보면 모세의 사역이 참으로 온유하게 시행되었음을 알 수 있다. 모세는 권능도 많이 행하였고 지식도 많았으며(행 7:22) 오경을 기록할 만큼 말씀도 풍부했다. 그러면서도 그는 가장 온유한 사람이었다(민 12: 3). 두려운 율법을 전파하는 모세도 그처럼 온유하였거든 어린양을 따르는 신자들은 얼마나 온유해야 하겠는가? 온유함은 다른 사람들을 인도하는 지도자의 최대의 덕이라고 할 수 있다. 하나님의 은혜의 역사도 요란스럽고 강한 모양보다는 미천하고 약한 것 같은 모습으로 나타난다.

본문에 "이슬"이나 "가는 비"나 "단비"로 비유된 하나님 말씀의 역사는 ① 사람들의 연약함을 아시고 그 정도에 맞추어 교훈을 조절함이다. 그것은 말을 많이 하는 것보다 적게 하는 것을 의미한다. 비도 단번에 소낙비로 내리는 것보다 조금씩 오랫동안 내림으로 곡식을 유익하게 한다. 우리가 전도함에 있어서도 불신자를 이따금 조금씩 맛있는 말로 권면하는 것이 효과적이고, 단번에 많은 말을 할 때에 도리어 역효과를 내기도 한다. 기간은 성공의 중요한 요소이다. 단비가 시절을 따라 내리는 것같이 우리의 전도도 단비처럼 대상자의 형편에 맞추어 시간을 들여 실시되어야 한다. 잠언 25:11에 말하기를 "경우에 합당한 말은 아로새긴 은 쟁반에 금 사과니라"고 하였다. 사람들은 흔히 말을 많이 해야 효과를 거두는 줄 안다. 그러나 말이 많으면 실수가 많다. ② 하나님의 말씀은 강한 자, 부자, 권세 있는 자, 잘난 자 같은 특수한 계층을 상대함보다 연약하고 미천한 자들을 오히려 더 상대하는 것이다. 성경은 말하기를, 주님께서 가난한 자에게 복음을 전하신다고 하였다. 야고보서 2:5에 "하나님이···가난한 자를 택하사 믿음에 부요하게 하시고"라고 하였다. 2절에 "연한 풀" 또는 "채소"라고 한 것은 약한 자들을 비유한다.

5-6 여기서는 이스라엘의 패역함을 지적한다. 그들의 패역의 원인은 하나님께 있지 않다. 하나님은 완전하시다(4-5절; 참조. 렘 2:5). 그런데 모세가 이스라엘을 패역하다고 할 때에 어느 시대의 이스라엘을 가리켰을까? 이것은 이스라엘이 가나안에 정주한 뒤에 오랜 세월을 지나서 이루어질 일들을 내다본 예언이다. 이 예언은 하나님께서 이미 모세에게 알려주신 이스라엘의 장래 죄악상이다. "여호와께서 모세에게 이르시되 너는 네 조상과 함께 누우려니와 이 백성은 그 땅으로 들어가 음란하게 그 땅의 이방 신들을 따르며 나를 버리고 내가 그들과 맺은 언약을 어길 것이라"(31:16)고 하신다.

7-12 여기서는 모세가 장래 이스라엘로 하여금 그들에게 대한 하나님의 사랑을 역사적으로 고찰하게 한다. 그 사랑은 하나님께서 이스라엘을 그의 친 백성으로 택하시고 행하시는 특별하신 사랑이다. 그 사랑은 이스라엘이 완전한 민족으로 나타나기 전부터 역사하신 사랑이다. 이런 의미에서 7절에 "옛날을 기억하라 역대의 연대를 생각하라 네 아버지에게 물으라"고 한다. 하나님께서는 이스라엘 민족이 땅 위에 구성되기 전부터 그들에게 가나안 땅을 주시려고 섭리하신 바 있었다. 곧, 상고시대에 모든 나라에 땅을 분배하실 때(창 10:21-24; 11:10-26; 12:1-5; 15:12-21) 아직 존재하지도 않는 이스라엘을 염두에 두시고 민족들의 국경을 정하셨던 것이다. 8절에 지극히 높으신 자가 민족들에게 기업을 주실 때에, 인종을 나누실 때에 이스라엘 자손의

수효대로 백성들의 경계를 정하셨도다라고 한 말씀이 그 뜻이다.

그뿐만 아니라 하나님께서는 이스라엘을 친히 인도하여 그가 주시려는 땅에 정착하게 하셨다. 그 과정은 그가 이스라엘을 광야로 인도하여 신앙 훈련을 받게 하시고 마침내 가나안 땅에 들어가도록 하신 사실이다. 하나님은 이 일을 성취해가심에 있어서 그의 택하신 이스라엘을 자기의 기업과 같이 귀중히 여기셨고(9절), 눈동자같이 지키셨고(10절), 또한 독수리가 그 새끼를 훈련시키는 것과 같이 이스라엘을 광야에서 영적으로 연단시키셨다(11절).

드라이버는 그의 신명기 주석에서 이 점(7-12절)에 대하여 고등비평 학설을 적용시켜서 이 부분 말씀은 이스라엘이 가나안을 점령하고 오랜 세월이 지난 뒤에 붓을 든 저작자의 문투라고 한다. 그는 이 부분의 "옛날"(7절)이라는 말을 보아서 그 저작자는 모세가 아니고 모세 이후 오랜 세월이 지난 뒤의 인물이라고 한다.[74] 그러나 드라이버의 이와 같은 해석은 아주 잘못된 것이다. 이 부분(7-12절) 말씀은 틀림없이 모세 자신의 저술이다. 모세는 족장 시대부터 아니 그보다 훨씬 이전부터 이스라엘에 대하여 하나님의 경영하신 일을 본문과 같이 예언적으로 말할 수 있다.

설교 ▶ 하나님과 그의 교회(신 32:9-12)

신구약 성경은 하나님과 교회의 관계를 전적으로 말씀하고 있다. 그러므로 교회는 하나님 앞에 중요한 존재이다.

---

[74] S. R. Driver, *A Critical and Exegetical Commentary on Deuteronomy* (Edinburgh: T. & T. Clark, 1902), p. 345.

1. 하나님은 교회를 사랑하심(9절)

하나님께서 교회를 사랑하시는 것은 어느 정도인가? 우리는 이 일에 대하여 막연하게 생각할 것이 아니고 명백히 생각해야 한다. 우리는 교회에 대한 그의 사랑의 정도를 앎으로 우리의 처신도 바로 할 수 있다. 하나님은 교회를 가리켜 자기의 기업이라고 하신다(9절). "기업"이라는 것은 무엇인가? 그것은 사람에게 있어서 생명과 같이 중요하다고 할 수 있다. 기업이 없는 사람은 생활 유지를 못한다. 하나님께서 그의 교회를 기업과 같이 사랑하신다 함은 그의 생명과 같이 사랑하신다는 것과 같다. 과연 그렇다. 그는 교회를 위하여 자기 독생자의 생명을 희생하게 하셨다. 하나님께서 교회를 사랑하시므로 교회의 신자들을 가리켜 "자녀"라고도 하고, "신부"라고도 하셨다.

우리는 우리 신자들을 향한 하나님의 사랑을 알아 드려야 한다. 사랑을 몰라주는 것처럼 마음 아픈 일은 없다.

2. 하나님께서 교회를 양육하시는 방법(10-12절)

1) 광야에서 양육하심(10절; 참조. 계 12:14). 본문에 말하기를 "여호와께서 그를 황무지에서, 짐승의 부르짖는 광야에서 만나시고 호위하시며 보호하시며"라고 한다. 이스라엘 백성이 광야생활을 40년간이나 하게 된 이면에는 하나님의 목적이 있었다. 하나님께서 그들을 단시일 내에 가나안 땅까지 인도하실 수도 있었다. 그러나 하나님께서는 계획적으로 그들의 광야생활을 40년간이나 연장시키셨다. 그 목적은 거기서 이스라엘 백성으로 하여금 고생을 당함으로 신앙 훈련을 받게 하려는 것이었다. 하나님께서는 어떤 때에 우리에게 고난을 주신다. 따라서 우리의 일이 어떤 때에는 단시일 내에 되지 않고 오랫동안 지연된다. 그것은 우리 자신들을 바로 만드시려는 하나님의 계획에서 그렇게 되는 것이다. 그는 우리가 무엇을 점령하며 소유하는 것보다, 우리 자신이 하나님 앞에 합당한 자가 되는 것을 원하신다. 그는 우리

를 가르치심에 총집중하신다. 아프리카에서 어떤 전쟁으로 인하여 사람들이 모두 피난을 떠나게 된 일이 있었다. 그때 백인 선교사(여자)는 피난하지 않고 자기 집에 머물러 있으면서 흑인 아이 한 명을 가르치고 있었다고 한다. 그것이 영혼을 신령하게 훈련시키는 하나님의 종들이 하는 일이다.

2) 교회를 자기 눈동자같이 지키심(10절). 사람에게 있어서 눈동자는 참으로 귀중하다. 바울은 자기를 사랑하는 갈라디아 사람들의 지극한 사랑을 가리켜 말하기를 "너희가 할 수만 있었더라면 너희의 눈이라도 빼어 나에게 주었으리라"(갈 4:15)고 하였다. 사람이 눈을 얼마나 보호하는가? 하나님께서는 교회를 그와 같이 사랑하시며 보호하신다.

3) 독수리가 그 새끼를 사랑하듯이 하나님께서 교회를 사랑하심(11절). 본문에 말하기를 "마치 독수리가 그 보금자리를 어지럽게 하며 그 새끼 위에 너풀거리며 그 날개를 펴서 새끼를 받으며 그 날개 위에 그것을 업는 것같이"라고 하였다. 그러면 독수리는 그 새끼를 어떤 방법으로 사랑하는가? 이 말씀이 세 가지를 보여 주고 있다.

① 독수리가 그 보금자리를 어지럽게 한다는 것이다. 곧, 그 보금자리를 흩어서 그 새끼가 붙어 있지 못하게 한다는 것이다. 하나님께서는 신자들을 평안하게 해주시는 사랑보다 때로는 그들을 어려운 가운데 두신다. 그들은 종종 마음의 고통도 당하며 생활의 고통도 당면하게 된다. 그들은 어떤 때에 전혀 발붙일 곳을 찾지도 못한다. 그러나 그런 일들은 우연한 일이 아니고 하나님께서 그들의 보금자리를 어지럽게 하시기 때문에 그렇게 되는 것이다. 그런 때에 그들은 결심하게도 되고 하나님을 의지하게도 된다. 다시 말하면 그들은 그런 때에 신앙의 날개를 펴서 보이지 않는 세계로 날아갈 수 있는 기회를 얻는다.

② 독수리는 그 새끼 위에 너풀거린다고 한다. 다시 말하면 독수리는 그 새끼들을 보금자리에서 떨어뜨리고 그것들을 따라가며 보호하려고 너풀거

린다는 것이다. 하나님도 고난을 당한 교회에 대하여 가까이 계셔서 그 위험을 면하게 하려고 대비하고 계신다.

③ 독수리가 그 날개를 펴서 새끼를 받으며 그 날개 위에 그것을 업는다고 한다. 보통 다른 새들은 새끼를 발톱으로 운반한다. 그러나 독수리는 그 새끼를 자기 날개 위에 업는 것을 볼 때 새끼를 보호하는 방법이 더욱 철저하다고 할 수 있다. 설혹 그 어미 독수리가 상해를 당하는 경우에도 어미에게 업혀 있는 새끼는 안전할 수 있다. 우리는 이 비유에서 교회에 대한 하나님의 사랑을 볼 수 있다. 그는 우리의 짐을 친히 져 주신다(시 68:19).

13-14 여기 기록된 대로 이스라엘이 받을 물질적 축복은 가나안 땅에서 나는 산물이다. "**높은 곳**"이라는 말도 가나안 산지를 가리키고, "**밭의 소산**"이라는 말도 그 땅의 산물을 염두에 둔 것이다. **꿀, 기름, 젖, 아름다운 밀, 포도즙** 같은 것도 그러하다. 그뿐만 아니라 여기 사용된 동사가 과거사로 되었으므로("먹게 하시며 마시게 하셨도다") 가나안 땅에 정착한 후에 이루어진 일을 말한 것같이 느껴진다. 그러므로 고등비평가 드라이버는 13-14절 말씀을 보아도 32장은 모세의 기록이 아니고 그의 시대보다 훨씬 후대에(이스라엘이 가나안 땅에 정착한 지 오랜 후에) 기록된 것이라고 한다. 그러나 드라이버의 이와 같은 해석은 히브리어 문법을 염두에 두지 않고 나온 것이다. 히브리어 문법에 의하면 선지자의 예언이 종종 과거사로 표현된 것은 미래 사건의 확실성을 보여 준다. 다시 말하면 선지자들은 미래의 일을 확실하게 이미 이루어진 일을 보는 것처럼 종종 과거사로 말한다. 우리는 32장의 말씀이 예언인 사실을 31장에서 확실히 알 수 있다(31:16-19, 20-22, 24-29절).

15-19 여기 여수룬(ישֻׁרוּן)이라는 말은 학자들에 따라서 해석이 다르다.

1) 코닐(Cornill)과 슐츠(Schultz)는 "옳고 작은 민족"이라고 번역하였고,

2) 아퀼라 역, 심마쿠스 역, 테오도티온 역(Aqu., Symm., Theod.)은 이 말

을 "옳은 자"(εὐθύς εὐθυτατος)라고 번역하였다.

3) 존 길(John Gill)은 이 말을 히브리어 슈르(שור)에서 온 것으로 간주하고 '보는 자들'을 의미한다고 하였다.

4) 70인역(LXX)은 이것을 "사랑 받은 자"(ἠγαπημένος)라고 번역하였다. 칼빈은 이 번역을 따른다.

5) 델리취를 위시하여 보수주의자들과 심지어 고등비평가 드라이버도 이 말이 야샤르(ישר)라는 말에서 왔다고 본다. 야샤르는 '옳음'을 의미한다. 따라서 "여수룬"은 '옳은 자'를 가리킨다. 이 해석이 옳다고 본다. 이것은 '이스라엘'을 가리킨다.

이때 여수룬(ישרון)이 이스라엘에게 사용된 것은 마땅히 의롭게 살아야 할 이스라엘인데 타락하였으니 '탄식한다'라는 뜻이다. 여기서 모세는 이스라엘의 우상 섬긴 사실을 원통히 여기면서 말한다. 그 문투는 다음과 같은 표현들로 잘 나타나고 있다. ① **네가 살찌고 비대하고 윤택하매**(15절)라는 말이다. 그들이 윤택해진 복을 받았으면 마땅히 하나님의 은혜인 줄 알고 감사해야 할 것인데 도리어 하나님을 버렸으니 그것은 너무도 모순된 행동이다. ② 여기 기록된 하나님의 성호들과 우상의 이름들과의 대조도 역시 이스라엘의 배신에 대한 저작자의 눈물겨운 탄식을 보여준다. 곧, **자기를 지으신 하나님, 자기를 구원하신 반석**(15절), **하나님**(17절), **너를 낳은 반석, 너를 내신 하나님**(18절)을 버렸다는 것이다. 그와 반면에 그들이 **가증한 것, 귀신들, 그들의 알지 못하던 신들, 근래에 들어온 새로운 신들**(16-17절, 옛날부터 참된 신으로 알려진 하나님이 아니고 믿을 수 없는 새로운 신), **조상들이 두려워하지 아니하던 것들**(17절, 믿을 수 없는 것들)을 섬겼다는 것이다.

드라이버는 이 부분(15-19절) 말씀이 이스라엘의 가나안 정착 후 오랜 후에 우상 숭배한 사실을 알고 있는 어떤 저자가 기록한 것이라고 한다. 그 이유는 이 부분 말씀이 후대 선지자들의 탄식과 유사한 까닭이라고 한다. 그러나 드라이버는 모세의 이 예언의 성취 사건에 대한 후대 선지자들의 증거가 으레 모세의 예언 내용과 일치될 수밖에 없는 사실을 생각하지 못한 것이다.

20-27 여기서는 이스라엘이 우상을 섬긴 죄로 외국 세력의 침략과 기타 재앙을 당하도록 하시는 하나님의 심판을 진술한다. 여기에 나타난 하나님의 징벌을 몇 가지로 분류할 수 있다.

1) 하나님께서 그 얼굴을 가리우심(20절). 이것은 그가 회개하지 않는 이스라엘을 채찍질하지 않으시고 그들의 행하는 대로 죄악의 길에 내버려 두심을 가리킨다(참조. 롬 1:24, 26, 28).

2) 하나님께서 질투하심(21절). 질투도 옳은 종류가 있으니, 그것은 자기의 소유가 남에게 빼앗길 때 일어나는 것이다. 하나님께서는 그의 택하신 백성을 결코 빼앗기기를 원치 않으신다. 그러므로 그는 그의 백성이 우상을 섬길 때는 질투하신다. 따라서 그들에게 진노하시고 벌을 내리신다.

3) 그의 백성의 시기심을 일으키심(21절). 곧, 그가 회개하지 않는 백성을 그 이상 더 권고하시지 않고 다른 사람들을 불러서 은혜를 주심으로 그들로 하여금 시기하게 하신다. 이 구절 말씀은 호세아 선지자가 말한 것과 같이 백성 아닌 자(로암미), 곧 이방인들을 불러서 백성으로 삼으시는 하나님의 역사를 말한다. 하나님께서는 교만한 자를 물리치시고 겸손한 자에게 은혜를 주신다(약 4:6). 그의 교회에서는 종종 "나중 된 자로서 먼저 되고 먼저 된 자로서 나중 되는"(마 20:16) 일이 많다.

4) 그가 여러 가지 재앙으로 회개하지 않는 이스라엘을 징계하심(22-26절). 이 점에 있어서 저작자 모세는 이때에 하나님의 분노를 불로(22절) 비유하였다. 불의 성질은 어디까지나 태울 대상으로 번져나가는 것과 같이 하나님의 진노는 끝까지 회개하지 않는 자에게 멸할 기세로 임한다. 여기에 그 징벌의 참상을 여러 가지로 표현하였으니, 혹 기근으로 혹 한재로 혹 전염병으로 혹 들짐승으로 혹 해로운 독종으로 또 혹은 전쟁으로 나타나게 되어 있

다. 이와 같은 하나님의 진노는 후대에 범죄 한 이스라엘에게 종종 실시되었다. 그러므로 드라이버는 이것을 근거로 하여 말하기를, 32장의 이와 같은 말씀은 모세 시대에는 부합하지 않다고 한다. 그는 이런 말씀이 후대의 이스라엘이 우상 숭배 때문에 받은 하나님의 징벌 선언과 같다고 한다. 그러나 앞에서 이미 말한 바와 같이 모세의 예언과 그 성취에 대한 선지자들의 말씀이 서로 유사해질 것은 기대될 만한 일이다.

28-39 여기서는 이스라엘을 신원하여 주실 하나님의 역사에 대하여 여러 가지 이유로 말씀한다.

1) 이스라엘을 침략할 이방인들은 무지함(28-31절). 그들은 자기들이 힘이 강하여 이스라엘을 이긴 줄로 잘못 생각한다. 사실은 그런 것이 아니고 하나님께서 이스라엘을 징계하시기 위하여 그들에게 내어 주셨으므로 그들이 이스라엘을 패배시킨 것뿐이었다. 여기 이른바 그들의 반석(30절)은 이스라엘의 하나님 여호와를 말함이다.

2) 그들이 악독한 죄악을 쌓았음(32-34절). **그들의 포도나무**(32절)와 **그들의 포도주**(33절)는 이방인들의 죄악의 산물을 말한다. 그들은 포도나무를 재배하듯이 죄악된 문화를 건설하였다. 그것은 하나님 보시기에 **독이 든**(32절) 것과 같았고, **뱀의 독**(33절)과 같았다. 인류의 죄악이 이 정도에 이르면 하나님께서 반드시 벌하신다. **내게 쌓여 있고 내 곳간에 봉하여 있다**(34절)고 함은 하나님께서 그들의 악독이 넘침을 기억하시고 불원한 장래에 벌하실 것을 가리킨다.

3) 하나님께서는 그의 택하신 백성을 억울한 가운데 영원히 버리지 아니하시고 반드시 신원하여 주심(35-36절). 이스라엘 민족이 원수에게 죽임을 당하고 극히 쇠약해졌을 때 하나님께서는 다시 그들을 돌보시고 구원하신다. **그들의 무력함과 갇힌 자나 놓인 자가 없음을 보시는 때에로다**(36절). 이 문구에 있어서 "갇힌 자나 놓인 자"는 '모든 사람들'을 의미한다. 이스라엘의 모

든 사람들이 없어진 듯이 그 민족이 약해졌을 때 하나님께서는 그들을 불쌍히 여기시고 구원해 주신다.

4) 이방 우상을 규탄하심(37-39절). 이 부분에 있는 말씀은 하나님께서 이방인들의 우상종교가 헛되고 무용한 것임을 역설하신다. 그것들은 그 섬기는 자들을 환난 가운데서 건져 주지 못하므로 오직 하나님께서만 유일하신 구원자이신 사실이 드러나게 된다. "**나 곧 내가 그인 줄 알라 나 외에는 신이 없도다**"(39절)라는 말씀이 그 뜻이다.

위의 몇 가지 이유를 들어서 하나님은 이스라엘을 신원하여 주심이 당연함을 보여주신다.

40-42 여기서는 하나님께서 이스라엘의 원수를 심판하실 것을 다시 확언하신다.

43 하나님께서는 그가 이스라엘의 원수를 갚아 주신 일에 대하여 열방은 즐거워하라고 하신다. 하나님의 구원운동을 세계 만민이 봄으로 그들이 하나님께서 살아 계심을 믿고 구원을 받을 처지에 있다. 후대의 선지자들도 가나안 땅에서 오랜 역사를 가진 이스라엘이 외국 세력으로부터 침략을 당하였다가도 마침내 구원받을 소망이 있음을 종종 말하였다. 그러므로 드라이버는 이 부분 말씀도 후대의 왕정시대에 속하는 저작자가 기록하였다고 한다. 그러나 드라이버의 이와 같은 해석은 잘못된 것이다. 이 말씀도 모세의 예언임에 틀림없는 것은 이스라엘이 가나안에 들어가기 전에 사역한 모세가 성령의 감동으로 후대 왕국 시대의 일들을 예언할 수 있었기 때문이다. 우리는 32장의 모든 말씀이 예언인 사실에 대하여 이미 많이 증거한 바 있다. 신명기 31:16-19에서는 하나님께서 이스라엘의 장래 일을 모세에게 예언해주셨고, 모세는 그것을 노래로 써서 이스라엘에게 가르치도록 되어 있었다.

제33장

❖ 내용분해

1. 머리말(1절)
2. 이스라엘 전체가 축복받았다고 함(2-5절)
3. 모든 지파에게 주실 복에 대한 모세의 예언(6-25절)
4. 결론(26-29절)

❖ 해석

1 하나님의 사람 모세. 여기 "하나님의 사람"이라는 말은 선지자들을 지칭함에 많이 사용되었다(삼상 2:27; 9:6; 왕상 12:22; 13:1; 왕하 4:7).

죽기 전에 이스라엘 자손을 위하여 축복함이 이러하니라. 사람의 임종 시는 가장 중요한 순간인데 그때 해야 할 중요한 말은 하나님의 축복을 전달하는 말 이상 귀한 것은 없을 것이다. 그것은 일종의 기도이다. 이것을 보아도 기도는 가장 중요한 일이다.

2-5 여호와께서 시내 산에서…세일 산에서…바란 산에서 비추시고. 하나님께서 "시내 산"에 나타나셨지만 그 계시의 광채가 모든 다른 민족들에게까지 미친다는 의미에서 "세일 산"과 "바란 산"도 여기에 언급된다. **일만 성도**(2절)라는 말은 '천사들'을 말함이고, **번쩍이는 불**(2절)이라는 말은 '엄위롭게 심판도 가져올 율법'이라는 뜻이다.

여호와께서 백성을 사랑하시나니 모든 성도가 그 수중에 있으며(3절). 이것을 보면 엄위로운 율법을 주시는 하나님께서 역시 사랑의 하나님이심을 알 수 있다. 모세가 우리에게 율법을 명령하였으니(4절). 여기에 "모세"라는 말이 나온다고 하여 고등비평가들은 이 부분 말씀이 모세의 작품일 수 없다고 한다. 그러나 고대의 서적들 중에서 저작자를 제삼자 격으로 관설하는 일이 있었다.

야곱의 총회의 기업이로다(4절). "야곱의 총회"는 구약 교회를 가리키고, 율법을 가리켜 그 교회의 "기업"이라고 함은 그것을 가장 귀하게 여기는 표현이다(시 119:111).

여수룬(5절)이라는 말은 '옳은 자'라는 뜻인데 이스라엘의 별명이다. 왕이 있었으니(5절). 이것은 '하나님께서 이스라엘의 왕'이라는 뜻이다.

6 르우벤은 죽지 아니하고 살기를 원하며. 이것은 르우벤 지파의 생존은 유지되지만 왕성하지는 못할 것을 보여준다. 야곱의 예언에도 그 지파는 탁월하지 못하리라고 말한 바 있다(창 49:4).

7 유다의 음성을 들으시고. 곧, 유다 지파에서 그리스도가 나심으로 하나님께서는 그리스도의 기도를 들으시고 그 백성을 구원하실 것을 예언한다. 고등비평가들에 의하면 이 예언은 왕정시대에 남북으로 분열된 유다가 연합을 원한 것을 보여 준다는 것이다. 그들은 이 말씀을 그런 뜻으로 해석하고 신명기가 왕정시대에 기록되었다는 증표를 삼는다. 그러나 그것은 억측에 불과하다.

그의 백성에게로 인도하시오며. 고등비평가 드라이버에 의하면 이 말씀도 역시 이스라엘이 남북국으로 분열된 증표를 보여 준다고 하며, 그 뜻은 유다가 갈려진 백성에게 돌아오는 것을 의미한다고 한다. 그러나 이 말씀의 뜻은 유다 지파가 전쟁에 승리하고 돌아오게 되기를 원한다는 것이다. 특별히 유다 지파에서 이스라엘의 지도자들이 많이 나게 될 것이므로 그 지파는 외국의 침략을 막는 전쟁에 많이 종사하게 될 것이었다(참조. 창 49:9-10).

8-11 여기서는 레위 지파를 축복한다.

둠밈과 우림(8절). 이것은 대제사장이 에봇에 간직하고 있는 것으로 하나님의 뜻을 확인하는 데 사용되는 성물이었다. 레위 지파는 제사장의 직무를 맡을 것이므로 "둠밈과 우림"이 그들에게 있다고 한다.

주께서 그를 맛사에서 시험하시고 므리바 물가에서 그와 다투셨도다(8절). 곧, 맛사에서 물이 없으므로 백성들은 레위 지파의 두 지도자 모세와 아론을 원망하였다. 그때 그 두 지도자는 잘 참아서 그 시험을 이겼다. 그들은 레위 지파를 빛냈으며 그들로 말미암아 하나님께서는 레위 지파에게도 축복하신다는 것이, 본문에 암시되어 있다(출 17:1-7).

그는 그의 부모에게 대하여 이르기를 내가 그들을 보지 못하였다 하며 그의 형제들을 인정하지 아니하며 그의 자녀를 알지 아니한 것은 주의 말씀을 준행하고 주의 언약을 지킴으로 말미암음이로다(9절). 곧 레위 지파는 혈통이나 인정을 초월하여 하나님의 성결과 영광을 파수하였다는 뜻이다. 이 말씀은 일찍이 이스라엘이 금송아지 우상을 섬겼을 때 모세의 명령에 의하여 그 죄를 회개하지 않는 자들을 사정없이 숙청하는 일에 종사한 레위 지파의 행동을 염두에 둔 것이다(민 25:6-8; 출 32:26-29). 이것은 주님을 따르는 자의 모범이다. 예수님도 이와 같은 진리를 가르치셨다(마 10:37).

여호와여 그의 재산을 풍족하게 하시고(11절). 레위 사람들은 제사장의 직무를 맡을 뿐이고 육신을 위하여 일할 자들이 아니었다. 그러므로 그들에게는 하나님께서 친히 그들에게 필요한 양식을 주실 것이다. 특별히 이 점을 모세가 강조한 것은 만고에 폐할 수 없는 원리이다. 신령한 일을 하는 사람들의 생계는 특별히 교회가 보장해야 한다.

그를 대적하여 일어나는 자와 미워하는 자의 허리를 꺾으사(11절). 하나님께서는 자기를 위하여 세우신 자를 대적하는 자를 반드시 꺾어주신다(민 16장).

고등비평가들은 이 부분 말씀을 보고 레위 지파가 특별히 대우를 받게 될 것을 말한다고 한다. 그리하여 그들은 신명기가 왕정시대에 기록되었을 것이라고 본다. 그러나 레위 사람이 이런 특별한 대우를 받게 될 일에 대하여는 선지자 모세로서 예언할 수 있는 것이다.

12 여호와의 사랑을 입는 자는 그 곁에 안전히 살리로다. 이것은 베냐민 지파가 성전 가까이에 분깃을 차지할 일에 대한 예언이다. 이것은 그 지파가 하나님의 사랑을 받을 사실에 대한 표현이다.

13-17 여기서는 에브라임 지파가 차지한 지방이 비옥하여 풍부한 산물이 있을 것을 예언한다. 이 말씀은 천연계의 산물도 하나님의 은혜라고 증거함이다. 곧, **"가시떨기나무 가운데에 계시던 이의 은혜로"**(16절)라는 말씀이 그 뜻이다. 하나님께서는 일찍이 호렙 산에서 모세에게 나타나실 때에 떨기나무 가운데 나타나셨다(출 3:4). 그 하나님은 계약의 하나님이시다. 그는 이스라엘과 계약하신 대로 그 후손들에게 축복하신다. 야곱도 요셉을 축복할 때 모세의 축복과 유사한 말을 하였다(창 49:22-26).

18 스불론이여 너는 밖으로 나감을 기뻐하라 잇사갈이여 너는 장막에 있음을 즐거워하라. "스불론"은 해변 땅을 차지할 것이므로 무역을 위하여 해외에 나가게 되고, "잇사갈"은 농업에 종사할 것이므로 장막에 머문다고 말한다(참조. 창 49:13-15).

19 그들이 백성들을 불러 산에 이르게 하고. 여기 '백성들'이라는 말은 비록 스불론과 잇사갈 지파의 땅이 예루살렘에서 멀리 떨어져 있어도 자기 지파의 백성들을 인도하여 성전산에 갈 것을 말한다. 모래에 감추인 보배를 흡수

하리로다. 이것은 해산물을 가지고 다른 나라와 무역하게 될 것을 가리킨다.

20-21 **암사자같이 엎드리고(20절).** 이것은 갓 지파의 호전적인 성격을 말한다(창 49:19). **그가 자기를 위하여 먼저 기업을 택하였으니(21절).** 이것은 갓 지파가 가나안에 들어가기 전에 전쟁하여 이긴 땅을 택하고(참조. 29:7-8) 법을 세운 모세의 지도에 순종한 것을 가리킨다(참조. 민 32:2-6, 25-27).

22-25 이 부분은 단, 납달리, 아셀, 세 지파에 대한 축복의 말씀이다. **단은 바산에서 뛰어나오는 사자의 새끼로다(22절).** 이것은 단 지파의 호전적인 성격을 묘사한 것이다(창 49:17). **은혜가 풍성하고 여호와의 복이 가득한 납달리(23절).** 이것은 그 지파가 차지할 땅이 비옥할 것을 말한다. **그의 발이 기름에 잠길지로다 네 문빗장은 철과 놋이 될 것이니(24-25절).** 이것은 아셀 지파가 차지할 땅에서 물산이 풍부할 것을 가리킨다(참조. 창 49:20).

26-29 여기서는 결론적으로 이스라엘 민족 전체가 받을 복을 내다본다. 이스라엘이 받을 복은 간단히 말해서 하나님 자신이시다. 본문은 이스라엘에게 임할 복이 모두 하나님으로 말미암는다고 지적한다. 하나님은 위대하심(26절). 하나님은 이스라엘의 거처가 되심(27절). 하나님은 이스라엘의 보호자가 되심(27절). 야곱의 샘, 곧 야곱의 자손은 하나님의 은혜로 비옥한 땅을 받음(28절). 이스라엘은 하나님으로 말미암아 구원을 받음(29절). 이같이 이스라엘은 순전히 하나님 중심의 축복을 받으리라는 것이다.

↓ 평주

1. 폰 라트는 33장의 축복이 야곱의 축복(창 49장)에 비하여 후대적인 색채를 보여 준다는 의미로 다음과 같이 말하였다. "이 부분의 축복은 훨씬 안

정된 시대 성격을 보여 준다. 지파들 사이에 정치적 실정이 안정되어 있고 긴장된 것이 보이지 않는다. 이 축복에는 책망이라는 것은 전혀 없다. 그러므로 이 축복이 기록된 시대는 BC 9세기나, 혹은 8세기였을 것이다"라고 하였다.[75] 그러나 폰 라트의 이와 같은 관찰은 극히 주관적이다. 모세의 축복이 야곱의 그것과 똑같을 수는 없다. 그것들은 각기 특징을 지니고 있으니, 그 이유는 모세는 각 지파에 대하여 야곱과 좀 다른 면으로 말하였기 때문이다. 모세의 축복이 야곱의 축복과 똑같지 않다는 이유로 그것을 후대 왕정시대의 저술이라고 함은 억설이다.

2. 드라이버는 33장을 모세가 기록하지 않았다는 의미로 말하기를 "4절의 '모세가···율법을 명령하였으니'라는 말은 모세 자신의 기록이라고 할 수 없다. 그리고 28절에 '이스라엘이···곡식과 새 포도주의 땅에···있다'고 한 말은 가나안 정복을 이미 지나간 일로 회고하는 글이니, 가나안에 들어가지도 못한 모세가 기록하였다고 할 수 없다"고 하였다.[76] 그러나 "모세"라는 이름이 모세의 작품에 나올 수 없다는 그의 이론은 성립될 수 없다. 모세는 하나님의 계시를 받아서 기록할 때 그것을 자기 자신의 사상으로 생각하지 않았다. 그런 처지에서는 저자가 자기 자신을 제삼자 격으로 취급할 수 있게 된다.

알더스는 말하기를 "우리는 본문이 말함과 같은 환경에서 33장이 작성되었다고 확실히 믿는다. 그러나 우리는 33장의 저작자가 모세인지, 혹은 그와 같은 시대 사람인지 결정할 처지에 있지 않다. 여기 기록된 축복 예언 그 자체는 모세의 말씀인데 아마 그 자신이 친히 기록하지는 않았던 것을 그와

---

75) G. von Rad, *Deuteronomy: A Commentary* (Old Testament Library) (London: SCM, 1966), p. 208.
76) G. von Rad, *Deuteronomy: A Commentary* (Old Testament Library) (London: SCM, 1966), p. 388. "v. 27-28 look back to the conquest of Palestine as past."

같은 시대 사람들이 그대로 충실히 기록하였을 수도 있다"고 하였다.[77] 우리는 그보다도 33장을 모세가 직접 기록한 글이라고 믿는다.

그리고 27-28절의 말씀이 가나안 정복을 과거 사건인 듯이 진술했다는 것도 문제 될 것이 없다. 27절의 대적을 "쫓으시며"(וַיְגָרֶשׁ)라는 말과 28절의 "거하며"(וַיִּשְׁכֹּן)라는 말, 그리고 이슬을 "내리는"(יַעַרְפוּ)이라는 말도 미래사이다. 킹제임스 성경도 동사들을 미래사로 번역하였다. 그러면 가나안 땅에서 곡식과 새 포도주가 나는 사실을 그 땅에서 살아본 경험자들 외에는 알 수 없겠는가? 그런 것이 아니다. 일찍이 다녀온 정탐들도 그런 지식을 모세에게 전하였을 것이다(민 13:27). 그보다도 모세는 그때 가나안의 지리를 상식적으로도 알았을 것이다. 그 땅이 "젖과 꿀이 흐르는 땅"이라는 것은 그가 사명을 받을 때도 들었고(출 3:8), 오래전 조상 때부터 그 땅에 대한 지식을 전해 들었을 것이다. 그의 조상들이 거기서 살다가 애굽으로 내려갔던 것이다. 드라이버가 자기의 편견을 따라 27-28절에 기록된 미완료 동사들을 과거사로 번역한 것(וַיְגָרֶשׁ = and he drave out; וַיֹּאמֶר = and said; וַיִּשְׁכֹּן = and dwelt)은 잘못이다.

70인역(LXX)은 이 구절들에 들어 있는 동사들을 미래사("쫓으시며" = ἐκβαλ "거하며" = κατασκηνώσει "내리는" = δρόσῳ)로 번역하였다.

---

[77] G. C. Aalders, *A Short Introduction to the Pentateuch* (London: Tyndale Press, 1949), p. 153.

제 34 장

유대인 학자들 가운데 필론(Philo)이나 요세푸스(Josephus) 같은 사람들은 모세 자신이 34장도 기록하였다고 한다. 다만 탈무드(Talmud)는 34장이 여호수아의 기록이라고 하였다. 칼빈은 이 부분 말씀이 여호수아나 엘리에서의 기록이라고 할 수 있다고 하면서도 확실성이 없다고 한다. 그는 34장의 저작자 문제는 매우 작은 문제라고 하였다. 칼빈이 이같이 말하는 이유는, 34장은 오경의 부록이라고 할 수 있으므로 영감받은 다른 저작자가 그것을 기록하였다고 해도 오경을 모세의 저술이라고 함에는 아무 지장이 없다는 뜻일 것이다.

↓ 내용분해

1. 모세가 비스가 산꼭대기에 올라가서 가나안 땅을 바라봄(1-4절)
2. 모세의 죽음(5-8절)
3. 모세의 후계자(9절)
4. 모세의 위대함을 회고함(10-12절)

✢ 해석

1-4 모세가 모압 평지에서 느보 산에 올라가 여리고 맞은편 비스가 산꼭대기에 이르매(1절). 모세의 이와 같은 행동은 하나님의 말씀에 순종하여 취한 것이었다. 그는 물론 그 산에 올라가 죽게 될 것을 인식하고 있었다. 그는 죽음을 향하여 자진해서 행동을 취한 것이다. 이같이 죽음을 유유히 맞이하는 자에 대하여는 죽음도 그 위협하는 성격을 잃어버렸다.

여호와께서 길르앗 온 땅을 단까지 보이시고 또 온 납달리와 에브라임과 므낫세의 땅과 서해까지의 유다 온 땅과 네겝과 종려나무의 성읍 여리고 골짜기 평지를 소알까지 보이시고(1-3절). 가나안 땅을 보여주신 주인공은 하나님이시다. 그가 가나안 온 땅을 모세에게 보여주신 목적은 그로 하여금 하나님의 약속 성취를 실감하게 하여 그의 믿음을 도와주시려는 데 있었다. 4절 "이는 내가 아브라함과 이삭과 야곱에게 맹세하여 그의 후손에게 주리라 한 땅이라"(4절)고 한 말씀이 이와 같은 해석을 충분히 지지한다. 신앙은 언제나 하나님의 약속에 근거하여 하나님을 의지하는 것이다. 하나님의 약속은 신앙을 발생시키고 또 강화시킨다. 세상을 떠나게 된 모세에게 가장 중요했던 것은 약속 신앙이었다.

너는 그리로 건너가지 못하리라(4절). 이 점에 있어서 우리는 몇 가지 중요한 사실들을 생각할 수 있다. ① 모세는 이스라엘을 가나안 땅으로 인도하기 위하여 죽도록 고난과 수고를 담당한 것뿐이었고, 그 자신은 가나안 문호에까지 와서도 들어가지 못하게 되었다. 이것이 어떤 의미에서는 모든 참된 신자들의 표준이 되었다. 곧, 신자는 이 세상에서 수고만 하고 상급을 받지 않는 것이 그리스도의 말씀에 합당한 생활이다(눅 14:12-14). ② 하나님께서 모세의 장래에 대하여 더욱 복되게 하셨다. 가나안 땅에 들어가서부터 이스라엘의 할 일은 전쟁인데 그 일에 적임자는 모세보다도 여호수아였다. 모세는 군인이라기보다 정치가였다. 그러므로 모세의 역할은 이때에 완수되었다고 생각된다. 그러므로 그로서는 땅에 있는 것보다 하나님께로 가는 것이 도리어 행복한 일이었다.

5-6 벧브올 맞은편 모압 땅에 있는 골짜기에 장사되었고 오늘까지 그의 묻힌 곳을 아는 자가 없느니라(6절). 폰 라트는 이 점에 있어서 잘못 해석하기를, 여기 말한 대로 "벧브올 맞은편 모압 땅에 있는 골짜기"라고 장지가 밝혀져 있으므로 처음에는 사람들이 그 묘의 위치를 알았을 것이라고 한다. 그러면서 "오늘까지 그가 묻힌 곳을 아는 자가 없다"고 한 것은 중간에 모세가 묻힌 곳이 분실되었다는 뜻이라고 한다.[78] 그러나 이 해석은 우리 문맥에도 부합하지 않고 유다서 9절의 말씀에도 맞지 않는다. 우리 한역의 "장사되었고"라는 말은 실상 "그가 장사하셨고"라고 번역해야 옳다. 이 번역은 우리와 입장을 달리하는 고등비평가 드라이버도 지지한다. "그가 장사하셨다"는 말은 모세의 시체를 처분하신 이가 하나님이시라는 뜻이다. 이와 같은 의미를 유다서 9절이 역시 지지하고 있다. 거기에 말하기를 "천사장 미가엘이 모세의 시체에 관하여 마귀와 다투어 변론하였다"고 한다. 그러므로 하나님께서 미가엘을 시켜서 모세의 시체를 처분하신 것이 분명하다. 따라서 "오늘까지 그의 묻힌 곳을 아는 자가 없느니라"고 한 말씀은 모세가 죽은 후로부터 '그가 묻힌 곳이 알려지지 않았다'는 뜻이다. 하나님께서 모세의 시체를 친히 처분하셨으므로 사람들이 알지 못한다는 것이다.

성경에 있는 대로 성도들은 가족이나 기타 사람들의 시체를 땅 속에나 굴속에 잘 보관하여 왔다. 이런 의미에서 화장은 성경적이라고 하기 어렵다. 그런데 성경에 기록된 성도들이 시체를 굴속이나 지하에 보관한 목적은 그것을 숭배하기 위함이 아니었다. 그들은 특별히 하나님의 약속을 후대에 기억시키기 위하여 그렇게 하기도 하였다. 아브라함이 막벨라 굴을 사서 자기

---

78) G. von Rad, *Deuteronomy: A Commentary* (Old Testament Library) (London: SCM, 1966), p. 210.

가족들의 시체를 보관한 것은 그 죽은 자들이 하나님의 약속대로 가나안 땅을 점령하지 못하고 기다리다가 죽었다는 것을 기억시키려는 것이었다. 아브라함이 막벨라 굴을 헷 족속에게서 살 때에 하나님의 약속을 기억하고 그리 하였다. 그 내용은 이렇다. 그때 헷 족속이 아브라함에게 거저 주려고 하였으나 그는 끝까지 사양하고 돈을 주고 그 굴을 샀다. 그것은 그 땅이 아직 자기로서는 거저 받을 만한 땅이 아님을 기억했기 때문이었다. 그는 그때부터 400년 후에야 그 땅을 받게 된다는 하나님의 약속을 확실히 믿었다. 요셉도 임종시에 이스라엘 자손에게 자기 해골을 가지고 후일에 가나안 땅에 들어갈 것을 맹세하게 하였다(창 50:22-26). 요셉의 이 행동도 역시 자기 해골을 가나안 땅에 보관하도록 하여 후세에 이스라엘로 하여금 하나님의 약속을 기다리던 그의 생활을 명심하게 하려는 것이었다. 이같이 성경에 기록된 성도들은 그 시체를 보관함에 있어서도 하나님 중심으로 하였다. 다시 말하면 그들은 후손들로 하여금 그들의 무덤을 통해서라도 하나님의 구속 역사를 회고하게 하려는 것이었다. 이럼에도 불구하고 무지한 인생들은 의인들의 무덤을 숭배하며, 혹은 의인들의 비석을 꾸며서 자기 자신들의 명예를 얻으려 하였다(마 23:29).

설교 ▶ 모세의 무덤(신 34:1-6)

여호와께서 아시던 자 모세는 어찌하여 가나안에 들어가지 못하고 그 문 앞에서 죽고 말았는가? 어찌하여 그 무덤마저 어디 있는지 찾지 못하게 되었는가? 언뜻 보면 이것은 인간의 허무를 말해 주는 것 같다. 그러나 그런 것이 아니다.

1. 모세는 하나님의 말씀대로 죽음

본문 5절에 말하기를 "여호와의 종 모세가 여호와의 말씀대로 모압 땅에서 죽어"라고 하였다. 모세가 하나님의 말씀에 순종하여 지정된 장소에서 죽는 것이 하나님 보시기에 족한 것이었다. 신명기 3:26에 "그만해도 족하니"라고 하신 말씀은 모세가 이때까지 이스라엘 민족 때문에 고난 받은 것이 잘 된 것이라는 말인가? 내세가 없다면 그것을 잘 된 것이라고 할 수 없다. 그러나 성경 말씀에 의하면 이 세상에서 주님을 위해 고난을 많이 받고 죽는 성도에게는 내세의 상급이 크다고 한다. 그러므로 모세의 죽음도 만족한 것이라고 할 수 있다. 히브리서 11:24-26에 "믿음으로 모세는 장성하여 바로의 공주의 아들이라 칭함 받기를 거절하고 도리어 하나님의 백성과 함께 고난 받기를 잠시 죄악의 낙을 누리는 것보다 더 좋아하고 그리스도를 위하여 받는 수모를 애굽의 모든 보화보다 더 큰 재물로 여겼으니 이는 상 주심을 바라봄이라"고 하였다. 그러므로 모세의 죽음은 틀림없이 내세의 상급을 받기 위한 것이다.

우리는 누구나 성공하고 죽기를 원한다. 그러나 성공이란 무엇인가? 그것은 세상의 상급이 아니라(세상의 상급은 마귀의 상급과 크게 다를 바 없다) 하나님의 상급을 받게 되는 것이다. 우리는 의를 위하여 고생하다가 이룸이 없이 죽어도 하나님 앞에서만 살았다면 그것이 성공이다. 우리는 주님을 위한 고난을 바랄 것이고 세상의 칭찬을 바랄 것은 아니다.

2. 사람이 찾을 수 없는 무덤

신명기 34:6에 말하기를 "오늘까지 그의 묻힌 곳을 아는 자가 없느니라"고 하였다. 사람들이 모세의 무덤을 찾지 못하는 이유는 하나님께서 친히 그 시체를 장사하셨기 때문이다(유 9절). 하나님께서 모세에 대하여 그의 시체까지 간섭하신 것은 마치 그가 에녹을 살아 있는 그대로 천국으로 옮기신 것

(히 11:5)과 유사하며, 그가 모세와 더불어 끝까지 동행하신 증표라고 할 수 있다(참조. 눅 9:30-31). 하나님께서 사람과 함께해 주신다는 것은 그 사람의 구원을 의미한다. 하나님께서 모세의 시체까지 건사하셨다는 것은 그의 생전에 그를 대면하여 아시던 교제의 연속을 의미하는 것이다. 모세가 죽고 그의 내세 생활이 없다면 그의 시체를 건사하신 하나님의 처사가 무의미할 것이다. 그가 자기를 사랑하는 자의 시체를 건사하신 것은 그 시체와 함께 그 영혼을 귀하게 여기신 행동이다. 그러므로 바빙크는 말하기를 "사람의 시체를 매장하는 풍속은 인간 존재의 사후 계속을 믿는 증거이다. 화장은 이스라엘의 고유한 풍속이 아니고 하나의 형벌이었다"(참조. 창 38:24; 레 20:14; 21:9; 수 7:25; 삼상 31:12; 암 6:10)라고 하였다.[79)]

하나님으로부터 독립된 영혼의 영생이라는 것은 성경에 없다. 그런 영생이 있다고 생각함은 사망의 심판성을 무시함이다. 성경이 말하는 영생은 하나님이 사람과 함께하시는 데만 있다. 죽지 아니함이 하나님께만 있는 것이므로(딤전 6:16), 하나님의 역사가 있는 곳에 죽었던 사람의 영생은 그 수반 현상으로 기대된다. 모세의 영생을 알아보려고 할 때 우리는 죽은 모세의 영혼에 대한 어떤 낙관적인 말씀보다 오히려 하나님이 모세와 함께하셨다는 말씀을 더 만족하게 여겨야 한다. 영생 문제에 있어서 사람은 어디까지나 피동적이고 의존적이다.

7 모세가 죽을 때 나이 백이십 세였으나 그의 눈이 흐리지 아니하였고 기력이 쇠하지 아니하였더라. 우리는 이 말씀 가운데서 두 가지를 깨닫게 된다. ① 하나님

---

79) H. Bavinck, 1929, p. 657. ""Reeds de gewoonte van het begraven en de groote beteekenis die daaran gehecht werd, is van dat geloof bewijs. Vebranding der lijken was in Israel niet inheemisch; zij had alleen plaats na voltrokken doodstraf, GEN. 38:24, LEV. 20:14, 21:9, JOS. 7:25, I SAM. 31:12, AMON. 6:10"; 참조. 암 2:1.

이 쓰시는 일꾼은 일하는 날 동안 그것을 감당할 능력이 계속된다는 것. ② 사람은 반드시 그 정력이 쇠약해진 다음에만 죽는 것이 아니라는 것이다.

설교▶ 모세의 죽음에 대하여(신 34:1-8)

모세는 구약시대의 선지자들 중 가장 위대한 자였다. 그는 여호와께서 대면하여 아시던 자라고 한다(신 34:10). 그러나 그도 죽었다. 구원받은 성도에게 있어서 죽음은 불행이 아니다(참조. 시 116:15).

1. 그는 죽기 전에 모압 땅 느보산에서 이스라엘의 소망이었던 가나안 땅을 바라보았음(1-4절)

그가 가나안 땅에 들어가지는 못했으나 그 땅을 보기는 하였다. 하나님께서 이 땅을 그에게 보여주신 목적은 무엇이었을까? 그에게 보여주셨다는 말씀이 이 부분에 세 번(1, 3, 4절)이나 나온다. 이것은 그 백성이 하나님의 언약대로 반드시 그 땅에 들어가게 될 것을 실감 있게 느끼게 하려는 것이다. 다시 말하면 그 목적은 아브라함과 이삭과 야곱에게 주셨던 언약의 내용이 확실히 성취된다는 것이다(4절). 성도는 자기는 죽어도 하나님의 계약 성취로 만족해야 한다. 하나님의 계약만 성취된다면 자기의 구원도 성취된다. 인간의 의미는 하나님의 계약 성취에만 달려 있다. 우주 만물은 하나님의 계약 성취를 위하여 존재하며, 또한 그 성취에 따라서 우주 만물 자체의 의미가 실현된다. 그러므로 요셉은 임종시에 말하기를 "나는 죽을 것이나 하나님이 당신들을 돌보시고 당신들을 이 땅에서 인도하여 내사 아브라함과 이삭과 야곱에게 맹세하신 땅에 이르게 하시리라"(창 50:24)고 하였다.

2. 모세가 죽은 뒤에 그 시체를 하나님께서 건사하심(6절)

하나님께서 그의 시체까지 건사하신 사실(유 9절)은 뜻깊은 일이다. 그가 모세의 시체를 감추셨으므로 그의 무덤을 아는 자가 없다. 이 세상 사람들은 사람들에게 자신을 알리기를 원한다. 그래서 그들은 죽은 후에라도 무덤을 건사해 주기를 원한다. 그러나 그것은 허영심이다. 우리는 하나님의 인정을 받는 것으로 만족할 줄 알아야 한다. 전도서 7:1에 말하기를 "좋은 이름이 좋은 기름보다 낫고 죽는 날이 출생하는 날보다 나으며"라고 하였다. 여기 이른바 "좋은 이름"은 '하나님 앞에 아름다운 이름'을 말함이다. 하나님 앞에 아름다운 자에게는 죽는 날이 출생하는 날보다 낫다. 사람이 출생한 뒤에는 실상 걱정거리가 따른다. 이 세상의 질병이 그를 기다리며, 모든 죄악도 기다리고 있다. 그러나 성도가 죽으면 그런 일이 없고 즉각 하나님께로 가게 된다.

3. 모세의 죽음은 그의 사명 완수를 의미한 것이 아님(7절)

그가 죽을 때에 눈이 흐리지 않았고 기력도 쇠하지 않았다. 이것을 보면 하나님께서 성도를 데려가시는 것은 일(사업)이 표준이 아님을 알 수 있다. ① 하나님께서 그의 일을 사람에게 의뢰하시지 않는다는 것을 알게 하심. 하나님의 일은 하나님께서 누구를 시키시든지 이루어질 수 있다. ② 사람은 그 업적이 많으면 일반적으로는 교만해지기 때문이다. 많은 일을 하고 교만한 것보다 일을 적게 하고 겸손한 편이 낫다.

9 모세가 눈의 아들 여호수아에게 안수하였으므로 그에게 지혜의 영이 충만하니.

"안수하였으므로 그에게 지혜의 영이 충만하였다"는 것은 안수라는 의식을 기회로 하여 여호수아에게 하나님의 지혜가 임하였다는 것이다. 이것은 결코 "안수"라는 접촉을 통하여 물리적으로 그 지혜가 전달되었다는 것은 아니다. 하나님의 은혜는 물질이 아니므로 물질적으로 전달되는 줄 알면 안 된다. 여기서 "안수"는 ① 상징적 의미를 가질 뿐으로 직분 수여와 같은 영적 의미를 가지며 ② 또한 안수자와 안수 받는 자의 사랑의 연합을 의미한다. 예수님께서 병자를 고치실 때에 안수에 의하여 하신 일도 있으나, 그렇게 하시지 않은 때도 있다. 이것을 보면 능력의 역사가 안수에 매인 것이 아니다.

이스라엘 자손이 여호와께서 모세에게 명령하신 대로 여호수아의 말을 순종하였더라(민 27:18-23). 곧, 하나님께서 모세로 하여금 여호수아를 후계자로 세우게 하시고 이스라엘로 그를 복종하게 하셨다.

10-12 여기서는 선지자 모세의 위대함에 대하여 말한다. 모세는 모든 선지자보다 위대하다는 것이 여기에 강조되어 있다. 모세는 구약 계시에 있어서 인간 편으로는 기초적 사역을 하였다. 모든 다른 선지자들은 모세로 말미암은 계시를 그대로 파수하며 해석하는 역사를 하였을 뿐이다.

✢ 평주

폰 라트는 신명기 34:1-12의 기사가 신명기 32:48-52에 직속하는 것이라고 하였다.[80] 그러나 그의 이 말은 성립될 수 없다. 그 이유는 신명기 34장은 모세가 죽은 후에 기록된 것인데 신명기 32:48-52도 그렇다는 말이 되기 때문이다. 이것은 폰 라트가 신명기를 오경의 다른 부분과 함께 후대 선지자들의 작품이라고 한 셈이다. 그것은 모든 고등비평가들의 공통적인 의견이다.

그러나 이런 견해는 신약성경이 주장하는 저술 시기의 순서를 뒤집어놓는 잘못이다. 신약은 율법서가 연대적으로 앞선다는 의미에서 언제나 "율법과 선지자"라고 한다.

---

80) G. von Rad, *Deuteronomy: A Commentary* (Old Testament Library) (London: SCM, 1966), p. 209.

신명기 34장만은 모세가 죽은 후에 기록한 것이 아니라고 할 수 없다. 그러나 우리가 폰 라트처럼 신명기 34장의 저작자가 신명기의 다른 부분도 기록하였다고 하면 잘못이다. 신명기 34장은 신명기 33장과도 다르게 역사적 문체로 되어서 신명기 33장의 저자와 다른 사람의 저술임을 보여 주고 있다. 신명기 34장은 여호수아와 같은 모세의 수종자가 기록하였을 것이다.

| 설교자료

1. 모세는 하나님의 뜻을 따라 가나안 땅에 들어가지 못하였다. 그러나 그가 죽기 전에 느보산에 올라가서 가나안 땅을 바라보기는 하였다. 그는 그것을 바라봄으로 하나님의 약속(맹세) 성취를 실감하게 되었다(4절). 신자에게는 하나님의 약속을 믿는 것이 생명과 같이 귀하다.

2. 모세는 여호와께서 "대면하여 아시던 자"(10절)라고 하였다. 그는 우리를 위한 특별한 선지자로서 그런 신령한 생활을 가졌었다(참조. 신 18:15). 그러므로 우리도 모세가 본 하나님을 기쁨으로 믿고 또 섬긴다. 로마서 15:4에 말하기를 "무엇이든지 전에 기록된 바는 우리의 교훈을 위하여 기록된 것이니 우리로 하여금 인내로 또는 성경의 위로로 소망을 가지게 함이니라"고 하였다.

참고문헌

Aalders, G. C. A Short Introduction to the Pentateuch. London: Tyndale Press, 1949.

──. De Goddelijke Openbaring in de Eerste Drie Hoofdstukken van Genesis. Kampen: Kok, 1932.

Allis, O. T. The Five Books of Moses. Philadelphia: Presbyterian and Reformed Publishing Co., 1943.

──. God Spoke by Moses: An Exposition of the Pentateuch. Nutley, N. J.: Presbyterian and Reformed Pub. Co., 1958.

Barth, K. Die kirchliche Dogmatik III/2: Die Lehre von der Schöpfung. Zollikon-Zürich: Evangelischer Verlag, 1947.

Bavinck, H. Gereformeerde Dogmatiek, I - VI. Kampen: Kok, 1929.

Bentzen, Aage. Introduction to the Old Testament II. Copenhagen: Gad, 1949.

Bonar, A. A Commentary on Leviticus. London: Banner of Truth Trust, 1966.

Calvin, J. The Four Last Books of Moses arranged in the form of a harmony: Exodus, Leviticus, Deuteronomy, Numbers. Vol. 15-18. Grand Rapids: Eerdmans, 1950.

Davidson, F. ed. The New Bible Commentary. London: Inter-Varsity Fellowship, '1959.

Driver, S. R. A Critical and Exegetical Commentary on Deuteronomy. Edinburgh: T. & T. Clark, 1902.

Fairbairn, P. The Typology of Scripture: Viewed in connection with the Entire Scheme of the Divine Dispensations. Philadelphia: Daniels & Smith, 1852.

Gispen, W. H. Commentaar Op het Ode Testament: Leviticus. Kampen: Kok, 1974-1983.

──. Commentaar Op het Oude Testament: Numeri I - II. Kampen: Kok, 1974-1983.

Gramberg, K. P. C. A. "Leprosy and the Bible," in The Bible Translator. Vol. 11. No. 1. January, 1960.

Gray, G. B. A Critical and Exegetical Commentary on Numbers. Edinburgh: T. & T. Clark, 1903.

Harrison, R. K. Introduction to the Old Testament. London: Tyndale Press, 1970.

Harris, Laird R. Ed. Theological Wordbook of the Old Testament. Chicago: Moody Press, 1980.

Heidegger, M. Sein und Zeit. Halle: Max Niemeyer, 31931.

Hengstenberg, E. W. *Christology of the Old Testament and a Commentary on the Messianic Predictions*. London: Rivington, 1847.

Henry, M. *A Commentary on the Holy Bible*: Genesis to Joshua. Vol. 1. London / Edinburgh: Marshall Brothers, 1925.

Hobart, E. F. *An Introduction to the Old Testament Prophets*. Chicago: Moody Press, 1968.

Hodge, C. *Systematic Theology*. 3 vols. Grand Rapids: Eerdmans, 1952.

Holzinger, H. *Kurzer Handkommentar zum Alten Testament* I: Genesis. Freiburg: Mohr, 1898.

Humbert, P. "Die Neuere Genesis-Forschung," *Theologische Rundschau*.

Josephus, *Antiquities* II.

Keil, C. F. and Delitzsch, F. J. *Commentaries on the Old Testament: The Pentateuch*. Grand Rapids: Eerdmans, 1978.

Kellogg, S. H. *The Book of Leviticus*. New York: A.C. Armstrong and Son, 1891.

Kline, M. G. *Treaty of the Great King; the Covenant Structure of Deuteronomy: Studies and Commentary*. Grand Rapids: Eerdmans, 1963.

Kurtz, J. H. *Sacred Offerings*.

Manley, G. T. *The Book of the Law: Studies in the Date of Deuteronomy*. London: Tyndale Press, 1957.

Marti, D. K. *Kurzer Hand-Commentar zum Alten Testament*. Tübingen: J.C.B. Mohr, 1901.

Murray, J. *Principles of Conduct: Aspects of Biblical Ethics*. Grand Rapids: Eerdmans, 1957.

Noth, M. *Das dritte Buch Mose: Leviticus*. Göttingen: Vandenhoeck & Ruprecht, 1962.

Oehler, G. F. *Theology of the Old Testament*. New York and London: Funk & Wagnalls, 1883.

Pfeiffer, R. H. *Introduction to the Old Testament*. London: Black, 1948.

Pink, A. W. *Gleanings in Exodus*. Chicago: Moody Press, 1962.

Spurgeon, C. H. *Christ in the Old Testament: Sermons on the Foreshadowing of our Lord in Old Testament History, Ceremony, and Prophecy*. London: Passmore and Alabaster, 1899.

_____. *The Treasury of the Bible*. 4 vols. Grand Rapids: Zondervan, 1968.

Steinmueller, J. E. *A Companion to Scripture Studies* II: *Special Introduction to the Old Testament*. New York: J. F. *Wagner*/London: B. Herder, 1942.

Sternberger, A. *Der verstandene Tod: Eine Untersuchung zu Martin Heideggers Existenzialontologie* (Studien und Bibliographien zur Gegenwartsphilosophie 6). Leipzig: Hirzel, 1934.

The Epic of Gilgamesh. An English version with an introduction by N. K. Sandars. Harmondsworth, Middlesex: Penguin Books, 1960.

Tillich, P. *The Protestant Er*a. Chicago: University of Chicago Press, 1948.

Unger, M. F. *Archeology and the Old Testament*. Grand Rapids: Zondervan, 1954.

_____. *Introductory Guide to the Old Testamen*t. Grand Rapids: Zondervan, 1951.

Ursinus, Z. *A Commentary on the Heidelberg Catechism*. Grand Rapids: Eerdmans, 1954.

von Rad, G. *Deuteronomy: A Commentary* (Old Testament Library). London: SCM, 1966.

_____. *Das fünfte Buch Mose: Deuteronomium*. Göttingen: Vandenhoeck & Ruprecht, 1964.

Vos, G. *Biblical Theology: Old and New Testaments*. Edinburgh; Carlisle, Pa: Banner of Truth Trust, 1975.

Welch, A. C. *Deuteronomy: The Framework of the Code*. London: Oxford University Press, 1932.

Wilson, R. D. *A Scientific Investigation of the Old Testament*. Chicago: Moody Press, 1959.

_____. *Is the Higher Criticism Scholarly?* Nashville, Tenn., Dallas, Tex. [etc.]: Publishing house of the M. E. church, South, Lamar & Barton, agents, 1924.

Woudstra, M. H. *The Ark of the Covenant from Conquest to Kingship*. Philadelphia: Presbyterian and Reformed, 1965.

Yahuda, A. S. *Die Sprache des Pentateuch in ihren Beziehungen zum Aegyptischen I*. Berlin u.a.: DeGruyter, 1929.

Young, R. *Analytical Concordance to the Bible on an Entirely New Plan Containing about 311,000 References*. New York: Funk & Wagnalls, 1955.